124. B
D. H

GÉOGRAPHIE MODERNE,

PRÉCÉDÉE D'UN PETIT TRAITÉ de la Sphère & du Globe : ornée de traits d'Histoire naturelle & politique ; & terminée par une *Géographie Sacrée*, & une *Géographie Ecclésiastique*, où l'on trouve tous les Archevêchés & Evêchés de l'Eglise Catholique, & les principaux des Eglises Schismatiques.

AVEC

Une Table des Longitudes & Latitudes des principales Villes du Monde, & une autre des Noms des lieux contenus dans cette Géographie.

Par M. l'Abbé NICOLLE DE LA CROIX.

NOUVELLE ÉDITION,

Revue par J. L. BARBEAU DE LA BRUYÈRE.

Les deux Volumes se vendent 6 liv. reliés.

TOME PREMIER.

A PARIS,

Chez DELALAIN, Libraire, rue & à côté de l'ancienne Comédie Françoise.

M. DCC. LXXIII.

Avec Approbation & Privilège du Roi.

AVERTISSEMENT

SUR

CETTE ÉDITION.

LA Méthode Géographique de M. l'Abbé de de la Croix a été jusqu'à présent si bien accueillie du Public, que le Libraire qui en est actuellement en possession, s'est trouvé obligé de la réimprimer. Il a desiré que je la revisse de nouveau, pour tacher d'y mettre plus de perfection, & y ajouter ce qu'exigeoient les circonstances du temps. Je me suis donc appliqué à ce travail, comme je l'ai fait, il y a vingt ans, à la prière de feu M. l'Abbé de la Croix.

Mais les soins qu'il a pris lui-même de l'orner jusqu'à sa mort, & les attentions de M. Drouet pour les Editions suivantes, sont cause que je n'y ai pas autant fait qu'en 1752. Je me flatte cependant que ceux qui voudront bien l'examiner, trouveront que je lui ai donné quelque perfection, sans néanmoins changer un plan que le Public paroît avoir agréé. Aussi cet Ouvrage a-t-il été pillé dans une prétendue *Nouvelle Méthode Géographique*, qui se vend chez *Mérigot* le jeune, & sur laquelle j'ai cru devoir prévenir le Public, par une Lettre qui a paru au commencement de 1771, & qui se trouve dans *l'Année Littéraire* de 1770, N.° 35, p. 301.

J'y ai démontré non-seulement le Plagiat, mais encore, que le Public perd au change, ayant beaucoup moins dans la prétendue-nouvelle Géographie, que dans celle de l'Abbé de la

AVERTISSEMENT

Croix. C'est aussi ce qu'ont remarqué ceux qui les ont examinées ; & ils me dispensent de justifier cet Abbé sur les petites chicanes que l'on fait dans la Préface de cette Géographie, contre la nôtre. D'ailleurs il ne me paroît pas juste de m'étendre ici sur ce sujet, qu'il faudroit orner pour lui ôter sa sécheresse. Je ne puis mieux faire que de transcrire l'Eloge historique de *M. l'Abbé de la Croix*, que M. Drouet a mis dans l'Edition précédente.

« *Louis-Antoine* NICOLE DE LA CROIX naquit à Paris en 1704. Il fit ses études avec distinction dans la Communauté de Sainte-Barbe : Ecole célèbre par le nombre & l'habileté des Elèves qu'elle a formés. Son goût le décida pour l'état Ecclésiastique ; mais il ne reçut que les Ordres Mineurs. Son humilité & des obstacles qui lui furent communs avec les meilleurs sujets, l'éloignèrent toujours du Sacerdoce, dont ses talens & sa vertu le rendoient digne. Il se consacra à la fonction de Catéchiste ; il la remplit avec l'affection & l'exactitude qu'on peut attendre d'un Ecclésiastique éclairé, d'abord à la Paroisse de S. Hilaire, ensuite à celle de Ste. Marguerite, & enfin à celle de S. Severin. Ses infirmités l'obligèrent de renoncer à cet emploi, dont l'obscurité lui permettoit d'être utile sans blesser sa modestie. Il se livra à un autre genre d'instruction moins pénible, & qui le mettoit également à portée d'instruire de jeunes personnes de la Religion, & de les former à la piété. La Géographie devint l'objet de ses études, & il l'enseigna avec succès jusqu'à la fin de sa vie, que des douleurs presque continuelles terminèrent à l'âge de cinquante-six ans. Il est mort à Paris le 13 Septembre 1760, sur la Paroisse de S. Gervais.

DE L'EDITEUR.

Connu avantageusement par son mérite personnel, & par celui de sa *Géographie Moderne*, il reçut, quelque temps avant sa mort, la qualité de *Censeur Royal*. C'est le seul honneur littéraire qu'il se soit permis de desirer ; mais uniquement par amour pour le Public, auquel il espéroit être utile en approuvant de bons Ouvrages.

L'Abbé de la Croix étoit un homme d'esprit qui cultivoit avec succès la Poësie Latine. Ses amis connoissent de lui plusieurs Hymnes, qui ne sont pas sans mérite. Il avoit aussi fait quelque étude de la Langue Italienne ; & ce fut pour s'y exercer, qu'il entreprit la Traduction Françoise de la *Méthode d'étudier tirée des Ouvrages de S. Augustin*. M. Pierre Ballerini, Directeur de l'Académie établie à Vérone par le Marquis Maffei sous le titre d'APATISTES, ou *Exempts de préjugés*, avoit composé ce petit Ouvrage à la prière & pour l'usage des membres de cette Société, qui a subsisté très-peu de temps. Cette Méthode qui n'est qu'un tissu de passages de S. Augustin rangés sous les titres qui leur conviennent, parut à M. de la Croix digne, malgré sa briéveté, d'être présentée aux François ; & sa Traduction fut publiée peu de temps avant sa mort. Un Journaliste éclairé (*) en parla d'une manière fort honorable pour le Traducteur, dont il rappella par occasion la *Géographie*, qui est, dit-il, *fort estimée & fort répandue*.

Ce dernier Ouvrage est en effet la principale production de l'Abbé de la Croix ; & il lui doit le nom dont il jouit dans la Littérature. Il ne dut qu'à ses propres réflexions & à son expérience le dessein de composer une nou-

---

(*) Le R. P. Berthier : *Mém. de Trévoux*, 1760. *Oct.* art. CVII.

velle Géographie élémentaire, sur le plan qu'il s'étoit formé, où il se proposoit d'éviter également la sécheresse & la diffusion ; deux défauts qu'on reproche assez généralement à tous nos Livres de Géographie. On peut dire qu'il a traité d'une manière neuve, un sujet fort commun à la vérité, mais où il est difficile de prendre un juste milieu.

La première Edition de son Ouvrage parut en 1748, en un gros volume *in*-12. Le Public en approuva le plan; & cette Edition, quoique défectueuse, fut promptement enlevée. Cependant l'Abbé de la Croix ne la regardoit que comme un essai, qui donneroit occasion aux personnes éclairées de lui faire part de leurs lumières. Lui-même revoyoit son Ouvrage sans prévention, afin de lui donner, dans une seconde Edition, toute la perfection dont il sentoit qu'il pouvoit être susceptible, & de le rendre tout-à-fait digne de la confiance du Public.

Il ne fit point difficulté de le soumettre à l'examen d'une personne (*) éclairée, qui revit l'Ouvrage, y fit des additions considérables, & y répandit cette clarté, cet esprit de méthode, qui distingue la *Géographie Moderne*, & la fait préférer à toutes celles qu'on a données jusqu'à présent. Cette seconde Edition parut en 1752, en deux Volumes *in*-12, très-bien imprimés.

Toujours occupé de son Ouvrage, l'Abbé de la Croix l'enrichissoit de différens traits d'Histoire & de Géographie, qui lui sembloient mé-

___

(*) M. BARBEAU DE LA BRUYERE, Associé Honoraire de la Société des Sciences & Belles-Lettres d'Auxerre, connu par une *Mappemonde Historique*, &c.

riter attention. Il en donna une Troisième Edition en 1757, & une Quatrième en 1758, avec des augmentations. Il accompagna cette dernière d'un *Abrégé de la Géographie*, qui fut imprimé à part, la même année. Il l'avoit composé à l'usage des plus jeunes enfans, à qui il suffit de donner des notions générales, & en même-temps pour servir comme de *Tables* à son grand Ouvrage.

Lorsque l'Abbé de la Croix mourut, il se préparoît à donner une Cinquième Edition de son Livre. Il y avoit fait très-peu de corrections, l'Ouvrage paroissant assez travaillé pour n'en plus admettre qu'un petit nombre. Mais se méfiant toujours de ses lumières, dans un sujet si varié, où il est si difficile de se défendre contre les erreurs que la sécheresse de la matière rend presqu'inévitables, il engagea un de ses amis (*) à revoir son Ouvrage sur les Cartes, & à vérifier les traits d'histoire les plus essentiels. Cette Edition ainsi revue, parut en 1762. »

L'EDITION de 1764, n'a point été revue par M. Drouet, ni par aucun autre Homme de Lettres, & il s'y est glissé bien des fautes. M. Drouet a pris un grand soin de celle de 1769, qui a précédé cette nouvelle & *Huitième* Edition. Je donne ci-après, une *Table des Longitudes & Latitudes* beaucoup plus exacte que celle des Editions précédentes, qui a été néanmoins copiée, avec ses fautes, dans la prétendue *Nouvelle Mé-*

(*) M. DROUET, de la Société Littéraire militaire de Besançon, & de la Société des Sciences, Belles-Lettres & Arts d'Auxerre, Bibliothéquaire de MM. les Avocats, Editeur de la dernière édition du Moreri, & de la Méthode pour l'Histoire par l'Abbé Lenglet.

AVERTISSEMENT.

thode Géographique, que j'ai dénoncée au Public comme Plagiaire ; & où l'on s'est contenté d'ajouter dans cette Table, quelques Articles que l'Académie n'a point adoptés. Celle que je donne d'après son espèce d'Almanach, intitulé *Connoissance des Temps*, renferme beaucoup plus de Villes que la Table précédente, & j'y ai même ajouté trois nouveaux Articles importans, que l'Académie a fait publier à part cette année.

L'impression de cette Géographie étoit achevée, lorsqu'il est arrivé deux grandes Révolutions dans le Nord de l'Europe. J'ai fait mettre en conséquence un Carton, à l'Article où il est question de l'autorité du Roi en Suède. Quant à ce qui concerne la *Pologne*, tout ce qu'on en peut dire encore, c'est que trois grandes Puissances voisines se sont accordées à partager entre elles une portion considérable de ce Royaume, dont l'état est des plus tristes depuis cinq ans. L'Empereur d'Allemagne, ou la Maison d'Autriche, s'est emparé d'une portion considérable de la partie Méridionale, y compris Kaminieck ; l'Impératrice des Russies, de la partie Orientale : & le Roi de Prusse, de la partie Septentrionale, c'est-à-dire de la Prusse Polonoise, & de quelques Territoires voisins, de manière cependant que *Dantzick* & *Thorn*, resteront Villes Libres. Le Royaume de Pologne n'aura donc plus qu'environ la moitié de ce qu'il possédoit auparavant.

Ce 12 *Novembre* 1772.

PRÉFACE
DE L'AUTEUR.

L'UTILITÉ de la GÉOGRAPHIE, pour ne pas dire sa néceffité, eft aujourd'hui fi reconnue, qu'il n'eft plus befoin de la prouver. Tout le monde eft convaincu que l'étude de l'Hiftoire eft une des plus utiles; & par-là il eft aifé de fentir de quelle importance eft la Géographie qui depuis long-temps a été appellée *l'un des yeux de l'Hiftoire*. La Chronologie, qui eft l'autre, a fes épines; mais la Géographie n'a que des fleurs : c'eft ce qui fait qu'on a tant de foin d'en procurer la connoiffance aux jeunes perfonnes de l'un & de l'autre fexe. En effet, il n'eft prefque pas poffible de prendre part aux converfations folides, telles que font celles qui roulent fur la guerre, les intérêts des Princes, & leur puiffance tant fur mer que fur terre, ni de lire les Nouvelles publiques avec quelque fruit, qu'on ne foit paffablement inftruit de la Géographie.

Quoique les Livres qui ont paru jufqu'à préfent fur la Géographie foient en affez grand nombre, & qu'on doive de juftes éloges à plufieurs d'entr'eux, dont nous avouons ici volontiers que nous avons beaucoup profité; il femble néanmoins qu'ils laiffent encore à défirer une Méthode plus claire que celle qu'on y a obfervée, outre que prefque tous étant compofés depuis long-temps, ne font pas connoître l'état des différens Empires, Royaumes, &c. tel qu'il eft aujourd'hui. C'eft pour fuppléer à ces défauts, qu'on a cru rendre quelque fervice au Public en compofant cet Ouvrage, dans lequel

PRÉFACE

on a tâché d'employer l'ordre le plus naturel & le plus propre pour aider la Jeunesse, que l'on a euë particulièrement en vue, à retenir les choses dont il est parlé. On a eu soin sur-tout que l'Ouvrage répondît au titre qu'il porte, de *Géographie Moderne*. C'est dans cette vue qu'on s'est appliqué à faire connoître l'état actuel des quatre Parties du Monde, & qu'en faisant la description d'un Royaume, par exemple, de la France, on a observé ce qu'il possède ailleurs, pour donner une idée complette de sa puissance.

Le dessein qu'on a eu d'éviter la multiplicité des Volumes, & de ne pas s'étendre trop sur cette matière, a forcé de ne rapporter que ce qu'elle a de plus intéressant. En effet, quelque avantage que procure l'étude de la Géographie, si propre à orner l'esprit d'un grand nombre de connoissances aussi agréables qu'utiles, par l'usage continuel qu'on en peut faire; il faut convenir néanmoins qu'il suffit à la plûpart du du monde d'en avoir une notion un peu dévélopée. Cette science, dans tous ses détails, est réservée à ceux qui se destinent à être Géographes par état; ce qui convient à peu de personnes. Mais il en est d'autres pour lesquels l'étude de la Géographie peut être moins profonde, sans être pour cela infructueuse. C'est pour ces personnes que l'on donne toutes les Méthodes de Géographie. Ce qui les intéresse, c'est de connoître les mœurs, les coutumes, la religion, & les bornes de chaque Etat; en combien de Provinces ou de Gouvernemens chacun d'eux est divisé; le cours des principales Rivières, le nom des Villes les plus remarquables, & leur situation les unes par rapport aux autres; les grands Hommes que ces Provinces ou Villes ont produits; les différentes révolutions auxquelles

DE L'AUTEUR.

ces Pays ont été exposés ; leur état actuel, & ce qu'ils renferment de plus curieux, tant pour ce qui concerne l'Histoire politique, que l'Histoire naturelle.

C'est aussi le but qu'on s'est proposé dans cet Ouvrage. On ne s'y est pas borné à rapporter les principales révolutions arrivées dans les Etats, & les Hommes illustres en différens genres qui en ont fait l'ornement ; on a eu soin aussi d'y faire entrer certains traits de l'Histoire naturelle, propres à réveiller l'attention de la plûpart des jeunes gens, qui ont coutume de regarder comme fort inutile & ennuyeuse l'étude des noms de Villes & de Provinces, à moins qu'il ne s'y trouve quelque chose de plus intéressant pour eux, & qui les engage à les retenir.

Mais pour ne point interrompre trop fréquemment la suite du discours, on s'est déterminé à donner en notes, au bas des pages, la définition de plusieurs productions naturelles, dont il est parlé dans cet Ouvrage. Comme on l'a entrepris pour les jeunes gens, il a paru convenable d'entrer dans un détail qui pourra paroître inutile à des Lecteurs instruits.

Afin de remédier à un inconvénient trop ordinaire, qui consiste à chercher long-temps sur une Carte des Villes que plusieurs Géographes nomment souvent sans beaucoup d'ordre, on a marqué vers quels Points Cardinaux chacune est située, selon qu'elles se trouvent vers le Nord ou vers l'Orient, vers le Midi ou vers l'Occident. Lorsque des Villes sont placées, ou sur des Rivières, ou proche des Rivières ou des Lacs, on n'a pas manqué de le marquer. On a aussi décrit le cours des principales Rivières, & on a eu soin de nommer les Villes considérables qu'elles arrosent. A l'occasion de plusieurs Villes

PRÉFACE

on indique quelques-uns des grands Hommes qui y ont pris naissance; mais on n'a pas entrepris de les nommer tous. Quelques Villes, comme Paris & Rome, en auroient fourni un si grand nombre, qu'on a cru plus à propos de de n'en nommer aucun dans ces endroits.

Nous avons suivi les Cartes du célèbre Guillaume Delisle; & ce sont celles que nous invitons nos Lecteurs à consulter préférablement à toutes les autres. On ne pourroit les remplacer que par celles de M. Danville, dont l'exactitude est généralement reconnue. Mais ces dernières, partagées en plusieurs feuilles, sont d'un usage peu commode pour les jeunes gens, pour lesquels notre Ouvrage est destiné.

Les Cartes absolument nécessaires pour lire cet Ouvrage avec fruit, sont la Mappemonde, l'Europe, la France, l'Espagne, l'Italie, les Isles Britanniques, l'Allemagne, l'Asie, l'Afrique, l'Amérique, enfin la Carte des Nouvelles découvertes des Russes, &c. Cette dernière a été dressée par M. Buache, sur les Mémoires de M. Joseph Delisle, Professeur Royal, & frère du Géographe de même nom. Il est vrai que les Villes, &c. dont on parle ici, ne se trouvent pas toutes sur les Cartes générales : aussi a-t-on eu la précaution de désigner clairement leur situation par rapport à celles qui en sont les plus proches, mais encore de marquer d'une ✱ celles qui ne s'y trouvent pas, pour servir d'avertissement, & épargner la peine de les chercher inutilement.

Rien ne pourroit être plus utile, avant d'entrer dans les détails de la Géographie, que d'étudier les Cartes & *Tables Analytiques* de la Géographie Naturelle ou Physique, que M. Buache a composées pour l'usage de Monseigneur

DE L'AUTEUR.

le Duc de Bourgogne. Ces Cartes repréfentent le Globe Terreftre partagé en quatre ou cinq parties, par la continuation des chaînes de Montagnes & terreins élevés, d'où fe répandent, dans autant de grandes Mers, les Fleuves qui arrofent les Terreins inclinés vers ces mêmes Mers. Indépendamment de la Divifion naturelle des Terres, que préfente cette nouvelle Méthode, elle rend fenfible celle des Mers, en montrant la continuation des chaînes de Montagnes marines, indiquées par la fuite des ifles, rochers, &c. qui fe joignant aux chaînes de Montagnes terreftres, font fous les eaux la liaifon des Continens, & partagent ainfi les Mers en différens Baffins. On y a de plus, la Divifion méthodique des Fleuves qui fe rendent dans chaque partie de ces Mers, depuis les terreins les plus élevés où ils prennent leur fource.

Pour rendre cet Ouvrage plus utile aux jeunes perfonnes, nous joindrons ici quelques Avis fur la manière de s'en fervir. Il eft à propos qu'elles commencent par fituer fur la Carte toutes les Villes marquées dans chaque Article, avant de lire le détail des curiofités & autres chofes que ces Villes renferment. C'eft pour leur faciliter cette opération, que tous les noms de Villes ont été mis en *alinea* & en caractères nommés *petites Capitales*. Après avoir vu en détail un Royaume, comme la France, il fera très-utile d'en faire une Analyfe, dont on trouvera un Modèle à la fin de la Defcription que nous avons donnée du Royaume de France. Il faudra faire la même chofe à la fin de chaque Partie du monde. Enfin, pour s'inculquer davantage ce qu'on aura appris, il fera bon d'avoir recours à un exercice auffi utile qu'agréable ; c'eft de voyager fur la Carte, en fe demandant à foi-même quel chemin il faudroit prendre pour aller, par exemple, de Paris à Rome, ou à Constantinople, par terre, & pour en revenir par mer.

On peut retirer encore de l'étude de la Géographie faite de la manière qu'on a taché d'exécuter dans cet Ouvrage, un plus grand fruit que tous ceux que nous avons indiqués en commençant cet Avertissement, & plus digne d'un Chrétien. Rien n'est plus propre que cette étude à nous faire admirer la divine Providence, qui a fait naître dans chaque Pays ce qui étoit le plus propre à ceux qui l'habitent, & qui a inspiré à chaque peuple un amour naturel pour sa patrie, quelque triste & quelque désagréable qu'elle puisse être, soit par la nature du climat, soit pour les mœurs des Habitans. Cette étude peut aussi contribuer beaucoup à nous faire adorer la Justice de Dieu sur tant de peuples Idolâtres, Mahométans, Juifs, Hérétiques & Schismatiques, qui occupent la plus grande partie de la Terre, & que Dieu abandonne, les uns aux ténèbres du Paganisme, les autres à des erreurs pernicieuses. Elle apprend aussi à connoître la fidélité des promesses de Dieu envers l'Eglise Catholique, répandue dans les quatre Parties du monde, d'une manière qui la distingue des Sectes séparées d'elle. Enfin rien ne fait mieux voir que cette étude, le néant des choses humaines, si on fait attention aux faits que nous avons eu soin de rapporter en différens endroits de cet Ouvrage. Elle nous représente les plus vastes Monarchies renversées, pour faire place à d'autres qui subissent le même sort, souvent peu de temps après leur fondation. La comparaison que les Riches & les Grands peuvent faire par son secours de l'éten-

DE L'AUTEUR. xv

due de leur domaine, dont ils ne font ordinairement que trop enflés, avec les différentes parties du Monde, est bien propre à dissiper cette enflure. Si la France, par exemple, qui est si puissante, ne tient qu'une très-petite place dans une Mappemonde, quelle place y trouveront-ils pour leurs possessions? Cependant qu'est-ce que toute la Terre elle-même, qu'un point par rapport au Monde entier, qui contient ces grands corps que nous voyons rouler autour de notre Globe dans des espaces immenses, & que nous appellons Planètes & Etoiles? Ce sont les fruits que nous desirons qu'on retire de ce Livre; & nous nous croirions bien récompensés de notre travail, s'il pouvoit contribuer à faire entrer ces vérités plus encore dans le cœur que dans l'esprit de la Jeunesse.

Pour perfectionner cette Edition, non-seulement on a pris le soin de revoir l'Ouvrage en entier; mais de plus on a profité des avis que différentes personnes sçavantes ont bien voulu donner. On y a aussi fait beaucoup d'additions, sur-tout par rapport à la France, aux Pays-Bas, à l'Espagne, à la Suisse, à l'Italie, à l'Allemagne, &c. On se flatte que le Public y verra avec plaisir les Descriptions intéressantes de plusieurs Pays jusqu'ici peu connus : tels sont la Russie, que l'on a décrite suivant le nouvel Atlas Russien publié en 1745, par les ordres de l'Impératrice régnante (*); la Grande Tartarie, qu'on trouvera décrite dans cet Ouvrage d'une manière nouvelle par rapport à son Histoire ancienne & moderne; les nouvelles Découvertes faites en Asie & en Amérique par les Russiens; des Observations curieuses sur les Terres qui sont au

(*) Elizabeth Petrowna, morte en 1762.

Nord-Ouest du Canada; le Pérou & le Pays des Amazones, dont la connoissance exacte & détaillée est dûe au zèle & aux travaux de MM. Bouguer & de la Condamine, de l'Académie des Sciences de Paris, &c.

Quoiqu'on ne se soit point proposé de traiter la Géographie ancienne dans cet Ouvrage, il nous a semblé que ce ne seroit point sortir de notre sujet, de donner un précis de la Géographie Sacrée, à l'usage des jeunes personnes, que nous avons toujours eu en vûe. L'étude de l'Histoire Sainte doit faire partie de leur éducation. Rien ne peut mieux contribuer à les aider dans cette étude, que la connoissance des lieux où se sont passés les grands événemens, dont le souvenir doit nous être toujours présent. On s'est donc proposé de leur donner, sous le titre de *Géographie Sacrée*, une notion des lieux les plus considérables dont il est fait mention dans l'Ecriture-Sainte.

Pour nous conformer au plan méthodique que nous avons suivi dans notre *Géographie Moderne*, nous l'avons divisée en deux parties. La première indique la situation des lieux où ont demeuré les Patriarches, & de ceux où il est arrivé quelque événement célebre pendant la Captivité des Juifs à Babylone, & même au commencement de la Prédication de l'Evangile par les Apôtres. Tous ces lieux se trouvent marqués dans la Carte générale de l'Histoire Sainte, dressée par M. Buache, & présentée en 1754, à Monseigneur le Dauphin, pour l'instruction de Monseigneur le Duc de Bourgogne.

La seconde partie renferme la Géographie de la Judée, & des peuples voisins. On indique dans le premier Chapitre les Villes les plus remarquables qui étoient dans chacune des douze

Tribus. Le second Chapitre détermine la situation des Philistins, Iduméens, Madianites, Moabites & autres Peuples voisins de la Judée. Les Chapitres suivans présentent différentes Divisions géographiques de la Judée; après le retour de la Captivité, & sous Hérode *le Grand* & ses enfans; sous les Romains, sous le Christianisme, & du temps des Croisades; enfin sous les Turcs, & telle qu'elle est aujourd'hui.

Il faut avoir recours pour cette seconde partie à la Carte de la Terre-Sainte, dressée par M. Sanson. C'est la seule que nous puissions indiquer; les Cartes de la Terre-Sainte, dressées par d'autres Auteurs relativement à leurs systêmes particuliers, ne se trouvant que dans les ouvrages pour lesquels elles ont été faites. Nous l'avons suivie nous-mêmes pour la position des lieux dont nous parlons; & nous nous en sommes écartés très-rarement, parceque nous avons voulu éviter d'entrer dans des discussions géographiques, peu à la portée du commun du monde, & fort ennuyeuses pour d'autres que pour des Sçavans.

La justice & la reconnoissance nous obligent de faire connoître celui à qui nous sommes particulièrement redevables de l'état où se trouve aujourd'hui cette Géographie. C'est aux soins & à l'érudition de M. Barbeau de la Bruyere, connu par sa belle *Mappemonde Historique*, &c. que nous en avons principalement l'obligation. L'Auteur de cet Ouvrage se faisant un plaisir de nommer ceux qui y ont eu quelque part, auroit rendu la même justice au feu Abbé Racine, s'il y avoit contribué en quelque chose; ainsi il ne peut s'empêcher d'être surpris de ce que Dom Vaissete, dans sa Géographie, attribue tantôt à

PRÉFACE DE L'AUTEUR.

cet Abbé, & tantôt à son véritable Auteur, la *Géographie Moderne.*

Il sera facile de se convaincre, après le détail que nous venons de faire, que cette Edition doit être regardée comme beaucoup plus exacte & plus ample que la première. Dans un Ouvrage de la nature de celui-ci, ces changemens paroissent si excusables, qu'on ne peut se persuader que les personnes qui sont au fait de la matière, puissent s'en plaindre. (1757).

FAUTES A CORRIGER
dans cette Edition de 1773.

Au Tome I.

Page 117. CHALON, *lisez*, CHAALONS.
    234. S. GINONS, *lisez*, S. GIRONS.
    359. FUENTE, *lisez*, PUENTE.
    435. avant LA BONNE VILLE, *ajoutez*,
        3. LE FAUCIGNY.
    616. LEUTOMBRITZ, *lisez*, LEUTOMERITZ.
    649. LEOPOLD, *lisez*, LEOPOL.

Au Tome II.

    13. GLARE, *lisez*, CLARE.
    40. DEOMORE, *lisez*, DROMORE.
    126. *au bas*, Kabulan, *lisez*, Kakulan.
    148. *au bas*, Pejuvitas, *lisez*, Pijuvitas.
    166. *au bas*, TIX, *lisez*, TIZ.
    186. BACA, *lisez*, BACAN.
    213. *Sachan*, lisez, *Sanchan*.
    308. lig. 19. appartient aux Portugais, *lisez*,
        appartenoit aux Portugais qui l'ont
        abandonné en 1770.
    323. *au bas*, Goaga, *lisez*, Gaoga.

TABLE

DES LONGITUDES & LATITUDES des principales Villes du Monde, conformément aux dernières Observations de Messieurs de l'Académie des Sciences, & autres Astronomes. [*Revue sur la Connoissance des Temps de* 1772 & 1773 *, mais en suivant les Longitudes absolues.*]

Régions.	VILLES.	Long.		Lat. Sept.		
		deg.	min.	deg.	min.	sec.
France	Abbeville	19	30	50	7	1
Suède	Abo	39	52	60	27	0
Indes	Agra	94	24	26	43	0
France	Aix	23	7	43	31	35
France	Albi	20	11	43	55	44
Syrie	Alep	55	0	35	45	23
Syrie	Alexandrette	54	0	36	35	10
Egypte	Alexandrie	47	57	31	11	20
Barbarie	Alger	19	57	36	49	30
France	Amiens	19	58	49	53	38
Hollande	Amsterdam	22	39	52	22	45
Italie	Ancone	31	11	43	37	54
France	Angers	17	6	47	28	8
France	Angoulême	17	49	45	39	3
France	Antibes	24	49	43	34	50
Brabant	Anvers	22	4	51	13	15
Russie	Archangel	56	35	64	34	0
France	Arles	22	18	43	40	33
France	Avignon	22	29	43	57	25
France	Avranches	16	17	48	41	18
France	Aurillac	20	7	44	55	10
France	Auch	18	15	43	38	46
France	Auxerre	21	14	47	47	54
Espagne	Barcelone	19	53	41	26	0
Suisse	Basle	25	15	47	55	0
France	Bayeux	16	57	49	16	30
France	Bayonne	16	10	43	29	21
France	Beauvais	19	45	49	26	2
Allemagne	Berlin	31	6	52	31	30

xx TABLE DES LONGITUDES

Régions.	VILLES.	Long.		Lat. Sept.		
		deg.	min.	deg.	min.	sec.
France	Besançon	23	43	47	13	45
France	Beziers	20	53	43	20	20
Italie	Bologne	29	1	44	29	36
France	Bordeaux	17	5	44	50	18
France	Boulogne	19	7	50	43	31
France	Bourg en Bresse	22	54	46	12	30
Allemagne	Breslaw	34	48	51	3	0
France	Brest	13	9	48	23	0
Pays-Bas	Bruxelles	22	2	50	51	0
				Lat. Mér.		
Amérique Mér.	Buenos-Aires	319	9	34	35	26
				Lat. Sept.		
Espagne	Cadix	11	26	36	31	7
France	Caen	17	18	49	11	10
Egypte	Caire (le)	49	10	30	3	12
France	Calais	19	31	50	57	31
Archipel	Candie	42	58	35	18	45
				Lat. Mér.		
Afrique	Cap de B. Esp.	36	4	33	55	15
				Lat. Sept.		
Afrique	Cap Vert	0	30	14	43	0
Amérique Mér.	Carthagène	302	24	10	26	35
France	Castres	20	5	43	37	10
Amérique Sept.	Caye S. Louis	304	24	18	19	0
Amérique Mér.	Cayenne	325	25	4	56	0
France	Challon sur Seine	22	31	46	46	50
France	Chaalons sur M.	22	2	48	57	12
Indes	Chandernagor	106	9	22	51	26
France	Chartres	19	9	48	26	49
France	Cherbourg	16	2	49	38	26
Italie	Civita Vechia	29	26	42	5	24
France	Clerm. en Auv.	20	45	45	46	45
Allemagne	Cologne	24	45	50	55	0
				Lat. Mer.		
Amérique Sept.	Conception (la)	305	0	36	42	53

ET DES LATITUDES. xxj

Régions.	VILLES.	Long.		Lat. Sept.		
		deg.	min.	deg.	min.	sec.
Turquie	Constantinople	46	36	41	1	0
Danemarck	Copenhague	30	25	55	40	45
France	Coutances	16	13	49	2	50
Pologne	Cracovie	37	30	50	10	0
Bavière	Cremsmunster	31	47	50	10	0
Pologne	Dantzick	36	11	54	22	23
France	Dieppe	18	44	49	55	17
France	Dijon	22	42	47	19	22
France	Dol, en Bret.	15	54	48	33	9
France	Dunkerque	20	2	51	2	4
Ecosse	Edimbourg	14	35	55	58	0
France	Embrun	24	9	44	34	0
Arménie	Erzerum	66	16	39	56	35
Italie	Ferrare	29	20	44	54	0
Italie	Florence	28	42	43	46	30
Allemagne	Francfort s. Mein	26	15	50	6	0
France	Fréjus	24	25	43	26	3
Italie	Gènes	26	16	44	25	0
Suisse	Genève	24	15	46	12	0
Indes	Goa	91	25	15	31	0
Suède	Gothebourg	29	19	57	42	0
Allemagne	Gottingen	27	34	51	32	0
France	Granville	16	3	48	50	11
Allemagne	Gratz	33	4	47	4	18
Angleterre	Greenwich	17	41	51	28	40
France	Grenoble	23	24	45	11	49
Allemagne	Gripswald	31	2	4	20	0
Asie	Jérusalem	53	0	31	50	0
Allemagne	Ingolstadt	29	2	48	46	0
Californie	Joseph (S.) *	267	52	23	3	20
				Lat. Mér.		
Afrique	Isle Bourbon	73	10	20	51	43
				Lat. Sept.		
Afrique	Isle de Fer	0	0	27	47	20

* *Sa Position, & deux autres ci-après, ont été ajoutées par ordre de l'Académie, à la nouvelle Carte Espagnole de l'Amérique Septentrionale.*

xxij *TABLE DES LONGITUDES*

Régions.	VILLES.	Long.		Lat. Mér.		
		deg.	min.	deg.	min.	sec.
Afrique......	Isle de France...	75	8	20	9	45
				Lat. Sept.		
Perse.......	Ispahan	70	30	32	25	0
Canada......	Kébec........	307	47	46	55	0
France	Landau.......	25	48	49	11	40
Suisse.......	Lausane.......	24	25	46	31	5
Pays-Bas.....	Leyde........	22	6	52	8	40
Allemagne...	Leipsick.......	30	0	51	19	14
Allemagne...	Liège........	23	15	50	39	0
France	Lille.........	20	44	50	37	50
				Lat. Mér.		
Pérou.......	Lima	300	50	12	1	15
				Lat. Sept.		
Portugal.....	Lisbonne	8	31	38	42	20
Amérique Sept.	Louisbourg....	297	45	45	53	45
Angleterre....	Londres	17	35	51	31	0
France	Luçon........	16	29	46	27	14
Suède	Lunden.......	31	1	55	41	36
France	Lyon	22	30	45	45	51
Chine	Macao	131	26	22	12	44
Espagne	Madrid.......	14	14	40	25	0
Espagne	Mahon (Port)..	21	28	39	58	46
Indes	Malaca........	119	45	2	12	0
Afrique......	Malte........	32	10	35	54	0
Asie........	Manille	138	0	14	30	0
Pays-Bas.....	Malines	22	9	51	1	50
France	Marseille	23	2	43	17	45
Amérique Sept.	Martinique	316	41	14	43	9
Allemagne ...	Mayence......	26	0	49	54	0
France	Meaux........	20	33	48	57	37
France	Metz.........	23	51	49	7	5
Amérique Sept.	Mexico.....*	278	16	20	0	0
Italie	Milan........	26	50	45	28	10
Italie	Modène	28	53	44	34	0
Pays-Bas.....	Mons.........	21	37	50	27	10
France	Montpellier....	21	33	43	36	33

ET DES LATITUDES. xxiij

Régions.	VILLES.	Long.	Lat. Sept.
		deg. min.	deg. min. sec.
Russie	Moscow	55 26	55 45 20
Allemagne	Munick	29 15	48 2 0
Lorraine	Nancy	23 49	48 41 28
France	Nantes	16 6	47 13 17
Italie	Naples	31 52	40 50 15
France	Narbonne	20 40	43 11 13
Italie	Nice	24 57	43 41 54
Pays-Bas	Nieuport	20 25	51 7 41
France	Nismes	22 1	43 50 35
Amér. Sept.	Nouv. Orléans	287 41	29 57 45
France	Noyon	20 41	49 34 37
Allemagne	Nuremberg	28 44	49 27 0
			Lat. Mér.
Brésil	Olinde	342 30	8 13 0
			Lat. Sept.
France	Orléans	19 34	47 54 4
Pays-Bas	Ostende	20 35	51 13 55
Angleterre	Oxfort	16 25	51 44 57
Italie	Padoue	29 36	45 22 26
France	Paris	20 0	48 50 12
France	Pau	17 31	43 15 0
Chine	Pékin	134 9	39 54 13
France	Perpignan	20 34	42 41 55
Russie	Pétersbourg (S.)	48 0	59 56 0
Amér. Sept.	Pic des Açores	349 30	38 35 0
Afrique	Pic de Ténériffe	1 8	28 12 54
Indes	Pondichery	97 37	11 56 30
Amér. Sept.	Porto-Belo	297 50	9 33 5
Chine	Quanton	130 43	23 8 0
Canada	Québec, v. Kebec.		
			Lat. Mér.
Pérou	Quito	299 45	0 13 17
			Lat. Sept.
France	Reims	21 43	49 14 36
France	Rennes	15 58	48 6 45
Italie	Rimini	30 14	44 3 43

xxiv TABLE DES LONG. ET LAT.

Régions.	VILLES.	Long.		Lat. Mér.		
		deg.	min.	deg.	min.	sec.
Brésil.......	Rio-Janeiro...	339	55	22	54	10
				Lat. Sept.		
France.......	Rochelle (la)..	16	24	46	9	43
Italie........	Rome........	30	9	41	53	54
France.......	Rouen........	18	45	49	26	43
France.......	Saint-Flour...	20	46	45	1	55
France.......	Saint-Malo ...	15	38	48	38	59
Amér. Mér...	Sainte-Marthe.	303	35	11	26	40
France.......	Saint-Omer...	19	55	50	44	46
France.......	S. Paul de Léon.	13	40	48	40	55
Turquie......	Salonique.....	40	48	40	41	10
Palatinat.....	Schwezingen...	26	19	49	23	4
France.......	Sens.........	20	57	48	11	56
Indes........	Siam.........	118	30	14	18	0
Natolie......	Smyrne.......	45	0	8	28	7
Suède........	Stockholm....	35	43	59	20	30
France.......	Strasbourg....	25	26	48	34	35
Indes........	Surate........	90	0	21	10	0
Sibérie.......	Tobolsk.......	86	5	58	12	30
Espagne......	Tolède........	14	20	39	50	0
Suède........	Tornea.......	41	53	65	50	50
France.......	Toulon.......	23	37	43	7	24
France.......	Toulouse......	20	54	43	35	54
France.......	Tours........	18	21	47	23	44
Barbarie.....	Tripoli.......	30	45	32	53	40
Italie........	Turin........	25	20	45	4	14
Hongrie......	Tyrnaw.......	35	14	48	23	30
Suède........	Upsal........	35	25	59	51	50
Danemarck ..	Uranibourg....	30	33	55	54	15
Pologne......	Varsovie......	38	45	52	14	0
Italie........	Venise........	29	45	45	25	0
Amér. Sept...	Vera-Crux (N)*	282	35	19	9	30
Italie........	Vérone.......	28	59	45	26	26
France.......	Versailles.....	19	47	48	48	18
Allemagne....	Vienne.......	34	2	48	12	32
Allemagne ...	Vurtzbourg....	27	54	49	46	6
Pologne......	Wilna........	43	7	54	41	0
Allemagne ...	Wirtemberg ...	30	14	51	43	10
Pérou........	Ylo..........	306	27	17	36	15

GÉOGRAPHIE

GÉOGRAPHIE MODERNE.

✿✿✿✿✿✿✿✿✿✿✿✿✿✿✿✿✿✿✿✿✿✿✿✿✿

PREMIERE PARTIE,

Dans laquelle on traite de la Sphère & du Globe Terrestre en général.

LA Géographie est la Description du Globe Terrestre, & c'est l'une des parties de la *Cosmographie*, ou de ce qui concerne le Monde entier. Cette grande Science comprend l'*Astronomie*, qui traite du Ciel & de ses parties, & la *Géographie* qui regarde la Terre ; c'est-à-dire tout ce que le Tout-puissant a créé pour sa gloire & notre utilité.

Avant que de traiter de la Géographie moderne ou de l'état présent du monde que nous habitons, il convient de parler au moins en abrégé des rapports du Ciel avec la Terre, comme de l'arrangement & du mouvement des principaux corps Célestes. Pour rendre le tout sensible, les Anciens ont inventé une Machine qu'on appelle la *Sphère*, & en l'expliquant on déduit les premiers principes de l'Astronomie.

Tome I.   A

PREMIÈRE SECTION.

De la Sphère, & du Globe Terrestre considéré selon ses rapports à la Sphère.

CHAPITRE PREMIER.

De la Sphère & du Mouvement des Astres.

LE mot *Sphère* veut dire Boule. On a donné ce nom à une Machine inventée pour représenter le Monde, que l'on peut appeller *Sphère naturelle*, comme la Machine qui le représente, peut s'appeller *Sphère artificielle*.

On donne au Monde une figure ronde, parcequ'en effet il nous paroît tel à la vue.

Comme l'on a remarqué dans le Ciel deux *Points* diamétralement opposés, autour desquels tous les Astres tournent, ou semblent tourner; cela a donné lieu de trouver la *Sphère artificielle*.

On a imaginé une ligne qui, partant de l'un de ces Points, va aboutir à l'autre, en traversant la Terre, que l'on a placée dans le Centre du Monde. Cette ligne, autour de laquelle toute la machine roule, s'appelle l'*Axe* ou l'*Essieu* du Monde.

Les Points par où elle entre & sort, s'appellent *Poles*, d'un mot Grec qui signifie *tourner*; parceque toute la Machine de l'Univers tourne autour de ces deux Points.

Après qu'on eut remarqué, que non-seulement toute la machine du Monde tournoit en 24 heures d'Orient en Occident; mais que les Etoiles fixes & les Planètes avoient un Mouvement contraire, d'Occident en Orient, on imagina différens *Cercles* pour expliquer leurs mouvemens, leurs situations réciproques, & leurs rapports avec la Terre.

La Sphère artificielle est donc une Machine composée de plusieurs Cercles, pour représenter le cours des Astres dans le Ciel; & d'un petit Globe au milieu, pour représenter la Terre.

Ces Cercles sont au nombre de dix, dont il y en a six grands; sçavoir, l'Équateur, le Zodiaque, l'Horizon, le Méridien & les deux Colures: & quatre petits; sçavoir, les deux Tropiques & les deux Cercles Polaires. On appelle *grands* les six premiers Cercles, parcequ'ils coupent la Sphère en deux parties égales: les autres s'appellent *petits*, parcequ'ils la coupent en deux parties inégales. Ces Cercles ont leurs Poles & leur Axe. Ces Poles sont deux Points pris dans la surface de la Sphère, également éloignés de tous les points de la circonférence du Cercle dont ils sont Poles. L'Axe de chaque Cercle est la ligne droite que l'on suppose tirée d'un Pole de ce Cercle à l'autre. Chaque Cercle de la Sphère se divise en trois cens soixante Dégrés, chaque Dégré en soixante minutes, chaque minute en soixante secondes, &c.

De l'Equateur.

L'*Equateur* est un grand Cercle, éloigné de 90 Dégrés des Poles du Monde: il s'appelle aussi *Equinoxial*, parceque quand le Soleil se trouve dans ce Cercle, il y a *Equinoxe*, c'est-à-dire, égalité de nuit & de jour.

Voici ses usages principaux. 1. Il divise le Monde en deux parties égales; celle où est le Pole *Arctique* (*a*), s'appelle Septentrionale; celle où est le

---

(*a*) Le mot *Arctique* vient du Grec *Arctos*, qui signifie *Ourse*, parceque les Constellations ou assemblages d'Etoiles qui portent ce nom, en sont proches.

Pole *Antarctique* (a), s'appelle Méridionale. (b) 2. Il marque sur l'Eclyptique les deux Points des Équinoxes, c'est-à-dire, que quand le Soleil y passe, il y a égalité de nuit & de jour dans tous les lieux de la Terre, excepté aux Poles. Cela arrive deux fois l'Année, & alors le Soleil commence pour l'un des Poles un jour de six mois, & pour l'autre une nuit de même durée.

Du Zodiaque.

Le *Zodiaque* est un grand Cercle placé obliquement dans la Sphère. C'est le seul qui ait réellement de la largeur, les autres étant censés n'être que des lignes. Ce qu'on appelle les XII. Signes ou les 12 Maisons du Soleil, sont renfermés dans ce Cercle. Il est appelé *Zodiaque*, d'un mot Grec qui signifie *Animal*; parceque presque tous les Signes portent des noms d'Animaux, comme on le verra dans un moment.

On a donné seize Dégrés de largeur au Zodiaque, huit du côté du Septentrion, & huit du côté du Midi, pour pouvoir renfermer dans cet espace le cours des Planètes, qui ne sortent jamais du Zodiaque.

Il y a au milieu du Zodiaque un autre grand Cercle divisé en 360 Dégrés. On l'appelle *Eclyptique*, parceque c'est dans le plan de ce Cercle, ou près de ce plan, qu'arrivent les Eclypses du Soleil & de la Lune. Il coupe l'Equateur de manière que sa

---

(*a*) Le mot *Antarctique* vient du Grec *Antarctos*, c'est-à-dire, qui est opposé à l'Ourse.

(*b*) M. de l'Isle a fait deux Cartes de ces Hémisphères, qui sont très-intéressantes, parceque chaque Pole étant aux Centres, on y voit toutes les Terres qui les environnent jusqu'à l'Equateur, qui divise ainsi le Globe; au lieu qu'elles sont partagées par le premier Méridien, aux extrémités, dans les Mappemondes ordinaires.

DE LA SPHÈRE.

partie qui en eſt la plus éloignée, eſt diſtante de l'Équateur de 23 dégrés 28 minutes.

L'Équateur diviſe ainſi le Zodiaque en deux moitiés égales ; l'une Septentrionale, l'autre Méridionale. Elles renferment les douze Signes ou Conſtellations, dont les noms ſont exprimés en deux Vers latins, & dans les François qui ſuivent.

Sunt Aries, Taurus, Gemini, Cancer, Leo, Virgo, Libraque, Scorpius, Arcitenens, Caper, Amphora, Piſces.

Bélier, Taureau, Gémeaux, Ecreviſſe, Lion, Vierge, voilà les ſix pour le Septentrion.
Nous en comptons auſſi ſix pour l'autre Hémiſphère.
Balance, Scorpion, Archer ou *Sagittaire*, Capricorne, Verſeau, Poiſſons.
Étant pris trois par trois, ils marquent les Saiſons.

La partie Septentrionale du Zodiaque contient ſix Signes. Les Aſtronomes repréſentent ces Signes en abrégé, par des figures qui ſont ici marquées vis-à-vis de chacun.

    Le Bélier, *Aries*. . . . . . ♈
    Le Taureau, *Taurus*. . . . . ♉
    Les Gémeaux, *Gemini*. . . . ♊
    L'Écreviſſe, *Cancer*. . . . . ♋
    Le Lion, *Leo*. . . . . . . ♌
    La Vierge, *Virgo*. . . . . ♍

La Méridionale en contient ſix autres.

    La Balance, *Libra*. . . . . . . ♎
    Le Scorpion, *Scorpius*. . . . . . ♏
    Le Sagittaire, *Sagittarius* ou *Arcitenens*. . ♐
    Le Capricorne, *Capricornus* ou *Caper*. . ♑

Le Verseau, *Aquarius* ou *Amphora*. . . . ♒
Les Poissons, *Pisces*. . . . . ♓

Chacun de ces Signes contient 30 dégrés. Leur ordre est d'Occident en Orient, suivant le Mouvement propre du Soleil. Ils répondent aux douze Mois de l'Année. Le Soleil entre dans le premier, qui est le Bélier, le 20 ou le 21 de Mars. Le temps dans lequel il entre dans les autres Signes, est depuis le dix-huitième jusqu'au vingt-troisième de chaque Mois.

Il est à propos de remarquer, 1. que les noms de ces Signes sont de la première antiquité, ayant été inventés avant les Égyptiens. La preuve qu'on en peut donner, c'est que, quoique ces noms se trouvent gravés dans leurs monumens les plus anciens, ils n'ont pu en être les auteurs, puisqu'ils n'auroient pas mis la *Vierge* ou *Moissonneuse* au mois d'Août, leur Pays étant inondé dans cette Saison. Il faut donc que ces noms aient été donnés aux Signes dans le temps que tous les Hommes étoient encore, peu après le Déluge, dans les Plaines de Sennaar ou de Babylone, & avant qu'ils se fussent dispersés; par conséquent avant la fondation de la Monarchie des Égyptiens.

2. Il est important aussi d'observer, que le Soleil ne répond plus exactement aux Signes du Zodiaque, ces Signes n'étant que des assemblages d'Etoiles, qui par leur Mouvement propre d'Occident en Orient, font un Dégré en 70 ans, & ainsi elles sont avancées maintenant de 30 Dégrés vers l'Orient. Cette observation montre la vanité de l'Astrologie judiciaire. En effet, quand les Astrologues disent qu'un homme est né sous le dangereux aspect du Scorpion, c'est réellement le Signe de la Balance, qui montoit pour lors sur l'Horizon. On doit faire la même réflexion à l'égard des autres Signes.

3. Ces Signes ont plus de rapport à ce qui se passe sur la Terre, lorsque le Soleil répond à chacun d'eux, qu'à une prétendue ressemblance des Signes avec les choses dont ils portent le nom. Il n'y a que les deux Signes des Solstices, le Capricorne & l'Ecrevisse, qui désignent ce qui se passe par rapport au Soleil : en effet, quand cet Astre se trouve vis-à-vis du Capricorne ou de la Chèvre (en Décembre,) il paroît toujours monter, en quoi il imite la Chèvre sauvage, dont le propre est de grimper sur les rochers. Il continue de monter jusqu'à ce qu'il soit arrivé au Signe de l'Écrevisse (en Juin:) alors il paroît retourner sur ses pas, & aller à reculons, comme fait l'Écrevisse.

Le Signe du Mois de Septembre est la Balance, qui indique l'un des Equinoxes ou l'égalité de la nuit & du jour. Quant à l'autre Equinoxe, du Mois de Mars, le Signe n'y a point rapport, mais à ce qui se passe sur la Terre : le Bélier ou le Mouton, indique ceux des Troupeaux qui sont alors les premiers en état d'aller dans la campagne ; le Lion, les grandes chaleurs de Juillet ; la Vierge, la moisson ; le Sagittaire, le temps de la chasse, en Novembre ; le Verseau, les pluyes en Janvier, &c.

De l'Horizon.

Ce mot *Horizon*, vient d'un mot Grec qui signifie *Borneur*, parcequ'en effet l'Horizon borne la vûe. L'Horizon consideré comme grand Cercle, sépare la partie visible du Ciel d'avec celle qui est invisible.

L'Horizon est différent, selon les différens points de la Terre où l'on peut se trouver. Il a pour Pole deux Points que l'on appelle *Points Verticaux*, du principal qui est au-dessus de notre tête (*vertex;*) nous lui donnons le nom particulier de *Zénith*:

l'autre, directement opposé, est appellé *Nadir.* Ces deux derniers noms sont tirés de la langue des Arabes, qui les ont distingués les premiers.

Il y a deux sortes d'Horizon, l'un rationel ou intelligible, & l'autre visuel ou sensible. On appelle le premier *rationel*, parcequ'il ne peut être conçu que par l'entendement.

L'Horizon rationel est ce grand Cercle concentrique à la Terre, c'est-à-dire, qui a le même Centre qu'elle, & dont les deux Poles répondent au *Zénith* & au *Nadir* du lieu dont il est l'Horizon. Il partage la Sphère en deux parties égales, qu'on nomme *Hémisphères*, (ou Demi-Boules:) l'un est appellé *supérieur* & *visible*, & l'autre *inférieur* & *invisible*.

Outre l'Horizon rationel qui vient d'être défini, il y a le visuel ou sensible, qui est le petit Cercle qui borne notre vûe, lorsque nous sommes en pleine campagne.

Voici les différens usages de l'Horizon rationel, ou de l'Horizon de la Sphère.

1. Il partage le Monde, comme l'on vient de le dire, en deux *Hémisphères*, ou moitiés de Sphère, l'un Supérieur, & l'autre Inférieur ; d'où il s'ensuit que quand il fait jour dans l'un, il fait nuit dans l'autre. 2. Il marque le coucher & le lever des Astres. Ils se levent quand ils paroissent au-dessus de l'Horizon ; & ils se couchent quand ils s'abaissent au-dessous. 3. Il montre la longueur du jour & de la nuit ; puisque le jour n'est autre chose que le temps que le Soleil paroît sur l'Horizon, & la nuit, le temps qu'il est au-dessous. 4. Il détermine le commencement & la fin du Crépuscule & de l'Aurore. En effet, le soir, quand le Soleil baisse au-dessous de l'Horizon, ce qu'on appelle le Crépuscule commence ; & il ne finit que lorsque le So-

leil eſt à 18 Dégrés au-deſſous de l'Horizon : il eſt fort court en Hyver, & plus long en Eté. L'Aurore au contraire, commence le matin, quand le Soleil eſt arrivé à 18 Dégrés au-deſſous de l'Horizon ; & elle finit, quand il eſt parvenu à l'Horizon.
5. Il marque les Points Cardinaux du Monde, qu'on nomme *Nord* ou *Septentrion*, *Sud* ou *Midi*, *Eſt* ou *Orient*, *Oueſt* ou *Occident* : les deux Points où le Méridien & l'Horizon ſe coupent, s'appellent le *Nord* & le *Sud*; les deux Points où l'Horizon & l'Equateur ſe coupent, s'appellent l'*Orient* & l'*Occident*. 6. L'Horizon ſert encore à diſpoſer la Sphère de différentes manières, ou à la mettre dans ſes trois *Poſitions*: nous donnerons un petit détail ſur cela dans un moment.

Il nous faut remarquer auparavant, que dans les Sphères & dans les Globes, on repréſente l'Horizon rationel par un grand Cercle, qui ſert de ſupport à la partie mobile de la Sphère, & dans lequel on fait entrer le grand Méridien. On lui donne de la largeur, pour y marquer pluſieurs choſes d'uſage, que l'on diſtingue par trois Sections ou eſpèce de Cercles. On marque les principaux Vents ſur celle du dehors : celle du milieu ſert à indiquer les Mois; & celle du dedans, les Signes du Zodiaque, ſelon qu'ils répondent aux Mois.

Nous avons dit que l'Horizon ſervoit à mettre la partie mobile de la Sphère en différentes manières : c'eſt ce qu'on appelle les *Poſitions de la Sphère*, relatives à différentes choſes qui ſe paſſent dans le Ciel, & à la diſpoſition de différens Peuples ſur la Terre ; c'eſt ce qu'il s'agit maintenant d'expliquer.

La Sphère peut être placée de trois manières, par rapport à l'Horizon comparé à l'Equateur ; c'eſt-à-dire, que l'Horizon peut avoir trois ſituations différentes, eu égard à l'Equateur: 1. couper l'Equateur à angles droits, c'est-à-dire, perpendiculairement ; 2. couper l'Equateur obliquement ; 3. être parallèle avec l'Equateur. De-là vient la distinction de la Sphère droite, oblique & parallèle.

La Sphère est *droite*, lorsque les Poles du Monde sont dans l'Horizon, & que le Zénith & le Nadir sont dans l'Equateur. Dans cette Position de la Sphère, les Cercles que décrit le Soleil par son Mouvement commun ou annuel, sont coupés par l'Horizon en parties égales : c'est pour cela qu'il y a un Equinoxe perpétuel, c'est-à-dire, que les nuits y sont toujours égales aux jours. Les Peuples qui ont la Sphère droite, voyent le Soleil passer deux fois l'année, au-dessus de leur tête : il n'y a aucune partie du Ciel qui ne leur soit visible ; ils apperçoivent aussi successivement toutes les Etoiles.

La Sphère *parallèle* est celle qui a l'Horizon parallèle (*a*) à l'Equateur, & alors le Zénith & le Nadir répondent aux Poles du Monde. Il résulte de cette Position de la Sphère, que la moitié de l'Ecliptique est au-dessus de l'Horizon, & la moitié au-dessous. Telle est la Sphère pour les Peuples qui sont sous les Poles, supposé qu'il y en ait. Ils ont six Mois de suite le Soleil au-dessus de l'Horizon, & six Mois au-dessous ; leur jour par conséquent est de six Mois, sans compter les Crépuscules qui durent encore quatre Mois ; le Soleil étant deux Mois à parvenir à l'Horizon depuis le commencement du Crépuscule, & deux autres Mois à descendre sous l'Horizon, jusqu'à la fin du Crépuscule. Si l'on ajoute à ces quatre Mois de Crépuscule, que la Lune fait pendant les deux Mois de leur nuit deux fois le tour que le Soleil fait en un an, & qu'ainsi elle luit sur leur Horizon pendant deux demi-Mois,

---

(*a*.) On appelle Cercles parallèles, deux Cercles également distans les uns des autres dans toutes leurs parties.

ces Peuples n'auront qu'un Mois de nuit ; encore peut-on aſſurer, ſur une foule de Relations, au rapport de M. Pluche, que les Crépuſcules étant beaucoup plus grands vers les Poles que dans nos climats, ils jouiſſent de la lumière avant même que le Soleil ſoit arrivé à 18 Dégrés près de leur Horizon. Suivant cette diſpoſition, ces Peuples auroient le plus de part au bienfait de la lumière. Quoi qu'il en ſoit, il eſt certain qu'ils ne voyent jamais que la moitié du Ciel, & toujours la même.

La Sphère *oblique*, eſt celle qui a l'Equateur oblique à l'Horizon. Dans cette Poſition de la Sphère, tous les Cercles que le Soleil décrit chaque jour, par ſon Mouvement journalier, ſont coupés inégalement par l'Horizon, excepté l'Equateur.

Cette Poſition de la Sphère convient à tous les Peuples qui habitent entre l'Equateur & les Poles. Ils n'ont les jours égaux aux nuits que dans le temps des Equinoxes : dans tout le reſte de l'Année, leurs jours ſont plus ou moins grands que les nuits. Cette augmentation des jours, auſſi-bien que des Crépuſcules, devient d'autant plus ſenſible, que l'on approche davantage des Cercles Polaires. La raiſon de cette inégalité des jours & des nuits pour les Peuples qui ont la Sphère oblique, eſt que leur Horizon coupe les Cercles diurnes du Soleil en des parties de grandeurs inégales. Ces Peuples, dans l'eſpace de 24 heures, voyent une portion du Ciel plus grande, à proportion qu'ils approchent de la Sphère droite ; & une moindre, à proportion qu'ils approchent de la Sphère parallèle.

Du Méridien.

Le *Méridien* eſt un grand Cercle qui ſemble paſſer par les Poles du Monde, & par le *Zénith* & le *Nadir* du lieu dont il eſt Méridien, quoique dans le vrai chaque Méridien n'eſt que la ligne qui va d'un Pole à l'autre. On l'appelle Méridien, parcequ'il est midi (*meridies*) pour tous les Peuples qui sont sous cette Ligne, quand le Soleil vient à y passer.

Il faut remarquer qu'on peut aller d'un Pole du Monde à l'autre, sans changer de Méridien : au lieu qu'on ne peut faire un pas d'Orient en Occident, que l'on ne change de Méridien.

Voyons les usages de ce grand Cercle. 1. Il coupe le Monde en deux parties égales, comme tout autre grand Cercle ; mais à la différence de l'Equateur, il coupe le Monde en Hémisphère *Oriental* & en *Occidental*. La partie Orientale est celle où les Astres se levent (*Oriens*;) l'Occidentale, celle où ils se couchent, (*Occidens*.) 2. Il sert à montrer le milieu du jour ou de la nuit, parcequ'il est midi quand le Soleil est parvenu à ce Cercle, d'un côté, & minuit de l'autre. 3. Il montre l'élévation, ou la hauteur du Pole, qui n'est autre chose que l'Arc ou portion du Méridien, compris entre le Pole du Monde & l'Horizon.

Des deux Colures.

Les deux Colures sont deux grands Cercles, qui se rencontrent & se coupent à angles droits aux Poles du Monde. (*a*) L'un s'appelle le *Colure des Equinoxes*, l'autre le *Colure des Solstices*, parcequ'ils coupent l'Ecliptique aux Signes où se font les Equinoxes & les Solstices, pour les premiers au Bélier & à la Balance, pour les seconds, à l'Ecrevisse & au Capricorne. On les nomme *Colures*, parcequ'ils sont coupés par l'Horizon, & autres Cercles.

(*a*) L'angle droit est un angle formé de deux lignes perpendiculaires l'une à l'autre. On appelle perpendiculaire, une ligne qui tombe sur une autre directement, sans pencher plus d'un côté que de l'autre.

De la Sphère.

Des quatre petits Cercles.

Ces Cercles font les deux Tropiques & les deux Cercles Polaires.

Les deux *Tropiques* font deux petits Cercles parallèles à l'Equateur, & qui en font éloignés de 23 dégrés 28 minutes. On les appelle *Tropiques*, d'un mot Grec qui fignifie *tourner*; parceque quand le Soleil y est arrivé par fon Mouvement commun ou annuel, il femble retourner fur fes pas. L'un fe nomme le Tropique du *Cancer* ou de l'Ecrevifle, & l'autre le Tropique du *Capricorne*, parcequ'ils paffent par ces Signes ou Conftellations.

Le Tropique du Cancer est vers le Septentrion, celui du Capricorne vers le Midi. Les Tropiques marquent les deux points de l'Eclyptique où fe font les Solftices, qui donnent le plus long ou le plus court jour de l'année. Le plus long jour pour ceux qui font dans la partie Septentrionale, arrive lorfque le Soleil est dans le Tropique du Cancer à la fin de Juin; & pour ceux qui font dans la partie Méridionale, lorfqu'il est dans le Tropique du Capricorne, en Décembre. C'est alors que ceux qui font dans la partie Septentrionale, comme les Peuples de l'Europe, ont les jours les plus courts. Les Tropiques défignent auffi fur l'Horizon les quatre Points *Collatéraux*, qui font l'Orient & l'Occident d'Eté, l'Orient & l'Occident d'Hyver.

Les deux *Cercles Polaires*, fçavoir, l'*Arctique* & l'*Antarctique*, font deux petits Cercles parallèles aux Tropiques & à l'Equateur, & qui font éloignés des Poles du Monde de 23 dégrés 28 minutes. Le premier est au Septentrion, le fecond au Midi. Ils fe tirent des deux Poles du Zodiaque, autour de ceux du Monde, par la révolution du Mouvement journalier.

Des Astres & de leurs Mouvemens.

Après avoir expliqué les différens Cercles de la Sphère, il est nécessaire de dire quelque chose des différens Mouvemens des Astres, puisque ces Cercles ont été imaginés pour les expliquer.

On distingue deux sortes d'Astres, les *Etoiles fixes* & les *Planètes*.

Les *Etoiles fixes* sont appellées ainsi, parcequ'elles conservent toujours entr'elles la même distance.

Les *Planètes*, ou *Astres errans*, ont reçu ce nom, parcequ'elles sont tantôt plus proches, & tantôt plus éloignées les unes des autres.

Quelquefois elles sont *conjointes*, c'est-à-dire, qu'elles se rencontrent dans le même Dégré du Zodiaque; & quelquefois elles sont *opposées*, ce qui arrive lorsqu'elles se trouvent dans des Dégrés du Zodiaque directement opposés.

Les Astres, outre leur Mouvement commun avec le Ciel d'Orient en Occident, en ont un propre d'Occident en Orient. Il est aisé de comprendre ce double Mouvement, par la comparaison d'une personne qui, étant dans un batteau, est emportée avec le batteau d'Orient en Occident, tandis qu'elle marche sur le batteau, par un mouvement particulier, d'Occident en Orient.

Des Etoiles fixes.

Il paroît impossible de dire au juste combien il y a d'Etoiles; on sçait seulement qu'elles sont en très-grand nombre. Ptolémée & les autres anciens Astronomes en comptoient 1022; mais ils n'ont renfermé dans ce nombre que celles que l'on voit plus distinctement. Depuis l'invention des Lunettes à longue vûe, on ne peut douter qu'il n'y en ait un bien plus grand nombre, puisque la seule *Voie lactée*, que le vulgaire appelle le *Chemin de*

S. Jacques, n'eſt qu'un amas d'Etoiles. On en diſtingue de ſix grandeurs différentes, ſoit qu'elles ſoient véritablement plus ou moins grandes, ou qu'elles nous paroiſſent telles, par rapport à leur éloignement plus ou moins grand de la Terre.

Les Etoiles fixes ont une lumière qui leur eſt propre : il n'en eſt pas de même des Planètes, qui ſont des corps opaques, & qui n'ont de lumière que celle qu'elles reçoivent du Soleil, la ſeule Planète lumineuſe par elle-même.

La preuve que les Etoiles fixes ont une lumière qui leur eſt propre, ſe tire de leur immenſe diſtance de la Terre. La plus voiſine de la Terre, ſelon M. Huygens, eſt de vingt-ſept mille ſix cens & quatre fois plus éloignée que le Soleil. Or la diſtance du Soleil à la Terre eſt au moins de vingt-huit millions de Lieues : il s'enſuit donc que l'Etoile la plus voiſine de la Terre, en eſt diſtante au moins de ſept cens ſoixante & douze milliards neuf cens douze millions de Lieues. Or ſi les Etoiles recevoient leur lumière du Soleil, il faudroit qu'elles la reçuſſent bien foible à une ſi prodigieuſe diſtance. Que ſeroit-ce donc s'il falloit qu'elles nous la renvoyaſſent ? Elles ne nous paroîtroient pas certainement auſſi brillantes. On ſent qu'outre cette première conſéquence, on en peut tirer une ſeconde, bien capable de relever la puiſſance de Dieu dans l'eſpèce d'immenſité qu'il a donnée à ſes ouvrages ; mais nous n'inſiſterons pas ici ſur ce ſujet ; il ſuffira pour un eſprit religieux de l'avoir indiquée.

On a partagé les Etoiles fixes en différentes claſſes, qu'on appelle *Conſtellations*. On en compte 62 en tout ; 23 dans la partie Septentrionale, 27 dans la partie Méridionale, & 12 dans le Zodiaque.

Les Etoiles fixes, par leur Mouvement commun, décrivent des cercles parallèles à l'Equateur : plus elles en ſont éloignées, plus leurs cercles ſont petits. Leur Mouvement particulier d'Occident en Orient, forme des cercles parallèles à l'Eclyptique. Le Mouvement des Etoiles est très-lent ; elles sont 70 ans à faire un Dégré.

Des Planètes en général.

Il y a sept Planètes, ou 16, si l'on veut compter les 9 *Satellites* qui accompagnent les 7 Planètes connues des Anciens. Voici ces Planètes dans leur éloignement de la Terre, avec les signes dont les Astronomes se servent pour les représenter.

Saturne.	♄
Jupiter.	♃
Mars.	♂
Le Soleil.	☉
Vénus.	♀
Mercure.	☿
La Lune.	☾

Les Planètes ne sortent pas du Zodiaque, & le cercle qu'elles parcourent n'a pas le même Centre que la Terre. De-là leur *Apogée*, c'est-à-dire, leur éloignement ; & leur *Périgée*, c'est-à-dire, leur approche de la Terre. Les Planètes, comme les Etoiles fixes, ont un double Mouvement, l'un commun, & l'autre particulier. Ce que nous avons dit en parlant des Etoiles, peut suffire, sans qu'il soit nécessaire de s'étendre davantage sur ce sujet.

Entre les Planètes, il y en a deux qui nous intéressent particulièrement ; c'est pourquoi, il est à propos d'en traiter ici un peu plus au long. Ces Planètes sont le Soleil & la Lune.

Du Soleil.

De toutes les Planètes, le Soleil est la seule qui ait une lumière qui lui soit propre. Son Mouvement n'eſt pas auſſi irrégulier que celui des autres. Il parcourt l'Eclyptique ſans jamais s'en écarter. (*a*) Le cercle qu'il décrit par ſon Mouvement journalier, eſt parallèle à l'Equateur. L'Apogée du Soleil eſt vers le neuvième Dégré du Cancer, & ſon Périgée vers le neuvième du Capricorne. Le centre du Mouvement du Soleil n'étant pas le même que le Centre de la Terre, il arrive de-là qu'il eſt ſept jours de plus dans la partie Septentrionale du Monde, que dans la Méridionale. En effet, il met 186 jours 8 heures, &c. à parcourir les ſix Signes Septentrionaux, & 178 jours 21 heures, &c. pour les Méridionaux. C'eſt ce qui fait que la Table des Climats de mois ſeptentrionaux ne peut ſervir à trouver exactement les Climats de mois méridionaux.

On peut être ſurpris de ce que quand le Soleil eſt dans ſon Périgée, c'eſt-à-dire, plus voiſin de la Terre d'environ un million de lieues; ce ſoit alors que le froid ſe faſſe ſentir plus vivement en Europe. Pour lever cette difficulté, il faut remarquer qu'en Hyver, qui eſt le temps du Périgée du Soleil par rapport à nous, il s'élève moins ſur l'horizon, & que par conſéquent ſes rayons tombent plus obliquement ſur la ſurface de la terre que nous habitons. D'ailleurs, il eſt beaucoup moins de temps ſur l'horizon.

Cet Aſtre s'avance tous les jours d'un dégré envi-

(*a*) On parle ici du Mouvement des Planètes, ſelon le Syſtême de Ptolémée, & ſelon ce qui paroît à nos yeux. Dans ce Syſtême, le Soleil tourne autour de la Terre. Dans un autre, qui eſt celui de Copernic, c'eſt le Soleil qui eſt immobile, & la Terre tourne : ce ſecond Syſtême eſt aujourd'hui le plus ſuivi par les Sçavans. Tycho-Brahé s'eſt aviſé de faire un mélange des deux Syſtêmes précédens. Tout cela ne regarde que le Tourbillon du Soleil; mais ſelon une grande manière d'expliquer l'harmonie du Ciel & les mouvemens des Planètes, on regarde le Soleil comme une Etoile fixe. Il ſuffit d'avoir indiqué ces différens Syſtêmes; en un mot, le reſte eſt inutile pour les jeunes perſonnes qui apprennent la Géographie.

ron d'Occident en Orient, par son Mouvement propre, en parcourant les 360 dégrés de l'Ecliptique dans l'espace de 365 jours six heures moins onze minutes; c'est ce qui forme l'Année solaire, qui est de 365 jours. Les six heures qui restent, font un jour au bout de 4 ans; c'est pourquoi tous les quatre ans il y a une année Bissextile, qui est composée de 366 jours. (*a*) Mais parcequ'il y a onze minutes de moins, ces onze minutes formant un jour dans l'espace de 130 ans, le Pape Grégoire XIII, dans la réformation qu'il fit du Calendrier en 1582, prescrivit que dans l'espace de 400 ans on omettroit trois Bissextiles. Ainsi la dernière année de chaque Siècle n'est point Bissextile, excepté de 400 ans en 400 ans. Cette réformation, adoptée par presque tous les Etats Chrétiens, s'appelle *le nouveau style*.

On appelle *vieux style*, l'ancienne manière de compter, qui étoit encore en usage, il y a une vingtaine d'années dans les Isles Britanniques & dans quelques autres Etats Protestans qui avoient retenu l'ancien *Calendrier Julien*, ainsi appellé de Jules César, son auteur; & qui n'avoient point voulu suivre la réformation du Calendrier, faite par le Pape Grégoire XIII. Mais ils l'ont embrassée depuis quelques années, & il n'y a plus qu'en Russie qu'on se sert encore du vieux style.

De la Lune.

Quoique la Lune nous paroisse plus grande que toutes les autres Planètes, excepté le Soleil, c'est néanmoins la plus petite. Ce qui fait qu'elle nous paroît plus grande que les autres, c'est qu'elle est beaucoup plus près de la Terre. Elle n'en est éloignée en

___

(*a*) On l'a appellée *Bissextile*, parceque les Romains mettoient ce nouveau jour après le 24 du mois de Février, qu'ils appelloient *Sexto Calendas Martias*, ainsi c'étoit un second sixième, *Bis-sexto*.

effet que de quatre-vingt-onze mille Lieues dans son Apogée, & de quatre-vingt mille dans son Périgée. Elle est quarante-neuf fois plus petite que la Terre.

La Lune est un corps opaque, & elle n'a de lumière que celle qu'elle reçoit du Soleil. Les différentes manières dont elle se présente à cet Astre, sont la cause de ce qu'on appelle les *Phases* de la Lune. On en compte quatre: les Nouvelles & Pleines Lunes; le Premier & le Dernier Quartier. La Lune est *Nouvelle*, quand elle est en conjonction avec le Soleil. Alors se trouvant entre le Soleil & la Terre, sa partie éclairée est vers le Soleil, & par conséquent elle ne peut nous éclairer. Mais en s'écartant du Soleil, une portion de la partie éclairée se présente vers nous; & s'augmentant de jour en jour, forme ce qu'on nomme le *Premier Quartier*, lorsqu'elle est parvenue au quart de sa révolution. A mesure qu'elle s'éloigne du Soleil, nous appercevons une plus grande portion éclairée, jusqu'à ce qu'étant arrivée au milieu de son cercle, elle est en opposition avec le Soleil: alors toute la partie éclairée étant de notre côté, c'est la *Pleine Lune*. Se rapprochant du Soleil, la partie éclairée qui est vers nous, diminue; & quand elle est arrivée aux trois quarts de sa révolution, alors elle est dans son *Dernier Quartier*. Il faut remarquer que la différence du premier & du dernier Quartier, consiste en ce que dans le premier, la partie éclairée est vers l'Occident; & dans le dernier, elle est vers l'Orient.

La Lune fait le tour de l'Eclyptique en 27 jours & huit heures, environ; mais comme le Soleil, pendant ce temps, a fait 27 dégrés, il lui faut plus de deux jours pour l'atteindre: d'où il arrive que le temps qui se passe d'une conjonction à l'autre, est de 29 jours douze heures. Douze de ces conjonctions, ou Mois, font une Année Lunaire, & ces Mois sont de 29 & de 30 jours alternativement. Tous ces Mois font ensemble 354 jours, & ainsi l'Année Lunaire a 11 jours de moins que l'Année Solaire. Ces 11 jours, en trois ans, font un Mois Lunaire; & c'est ainsi que les Juifs forment encore aujourd'hui leur Année *intercalaire*, ou de treize Mois.

Cette même Année intercalaire est aussi en usage dans notre Calendrier Ecclésiastique, pour ramener le commencement de l'Année lunaire vers celui de l'Année solaire, après qu'il s'en est un peu écarté. Pour cet effet, on attribue 13 Mois Lunaires à 7 années du Cycle lunaire, qui est un composé de 19 Années. Ces Années qui ont 13 Mois Lunaires, sont la 3e, la 6e, la 9e, la 11e, la 14e, la 17e & la 19e, ou dernière de ce Cycle.

Il est aisé de voir que par le moyen de ce 13e Mois intercalaire, la fin de la 3e année Lunaire se rapproche de la fin de la 3e année Solaire; il n'y a que 3 jours de différence, qui se trouvent de moins dans l'année Lunaire. En effet, trois fois 11 font 33 : ne prenant que 30, il reste 3, qui joint à 33 des 3 années suivantes, font 36. On prend encore 30 pour former le 13e mois de la 6e année, & il reste 6. La 9e année, en faisant la même opération, il reste 9, qui joint à 22, font 31 pour l'onzième année. On prend ensuite 30, & il reste 1, qui joint à trois fois 11, font 34, pour la 14e année. En prenant toujours 30, il reste 4, qui avec 33, la 17e année, font 37. On laisse ces 7 jours, lesquels avec les 22 des deux dernières années de ce Cycle, font 29. On voit par cet exposé, que le 13e mois de la 19e & dernière année du Cycle Lunaire n'a que 29 jours, & que les six autres Mois intercalaires en ont 30.

Mais comme les Nouvelles Lunes ne reviennent pas justement au bout de 19 ans, comme l'avoit cru Méthon, (Astronome d'Athènes, qui a inventé ce Cycle, 432 ans environ avant Jesus-Christ,) mais qu'elles arrivent une heure & demie plutôt, on a été obligé, pour trouver juste les nouvelles Lunes, d'employer la méthode des Epactes, inventée par Aloysius-Lilius, Médecin de Rome, sous le Pontificat de Grégoire XIII; les nombres dont on se servoit auparavant, à l'imitation de Méthon & des Athéniens, pour marquer les Nouvelles Lunes, n'étant pas propres à former un Calendrier perpétuel & exact.

Le Mouvement propre de la Lune se fait suivant un cercle qui coupe l'Eclyptique, en deux points qui s'appellent *Nœuds*. Ce cercle s'éloigne un peu de l'Eclyptique, ce qui empêche qu'il n'y ait Eclypse de Soleil à toutes les Nouvelles Lunes (*a*) & Eclypse de Lune toutes les fois que cette Planète est dans son plein : elles arrivent seulement quand la Lune est dans les Nœuds, ou fort près des Nœuds.

Lorsque la Lune est en opposition, c'est-à-dire, vers le point opposé au Soleil, la Terre se trouvant entre deux, la Lune doit être éclypsée. Quand la Lune est en conjonction avec le Soleil, c'est-à-dire, quand elle répond vers le même point du Ciel, il y a Eclypse de Soleil. Il est aisé de sentir par-là, comment l'Eclypse de Soleil arrivée à la Mort de Jesus-Christ, ne pouvoit être que miraculeuse, la fête de Pâque se célébrant chez les Juifs au commencement de la pleine Lune : aussi a-t-elle été mise par Phlégon, Affranchi de l'Empereur Adrien, parmi les Evénemens les plus remarquables. Il la place en la quatrième année de la deux cens deuxième Olympiade, qui est précisément l'année de la Mort de Jesus-Christ.

Les Eclypses de Lune sont plus fréquentes que celles du Soleil ; la Lune étant un corps opaque,

---

(*a*) L'Eclypse de Soleil devroit plutôt être appellée *Eclypse de Terre*, puisque ce qu'on appelle ordinairement Eclypse de Soleil, n'est que la privation de la lumière de cet Astre pour une partie de la surface de la Terre.

qui n'a de lumière que celle qu'elle reçoit du Soleil, dès que la Terre l'empêche d'être éclairée par le Soleil, elle doit être éclypsée pour toute la Terre. Il n'en est pas de même du Soleil ; la Lune étant beaucoup plus petite que lui, peut bien l'éclypser pour plusieurs Peuples, tandis que d'autres jouissent de sa lumière.

Pour comprendre plus facilement comment cette déclinaison de l'Orbite de la Lune du Cercle de l'Ecliptique dont on a parlé ci-dessus, empêche que les Eclypses ne soient si fréquentes, il faut se représenter deux cercles de tonneau passés l'un dans l'autre, & qui s'éloignent de trois ou quatre doigts : l'un de ces cercles représentera l'Ecliptique, l'autre le cercle de la Lune ; & l'endroit où ils se couperont, représentera les Nœuds de la Lune. On appelle ces Nœuds, *la tête & la queue du dragon*. (a) Le premier se trouve au passage de la Lune à travers l'Ecliptique, du Midi au Septentrion, & s'appelle *Nœud ascendant & boréal*, ou *Tête du Dragon* ; l'autre se trouve au passage de la Lune à travers l'Ecliptique, du Septentrion au Midi, & s'appelle *Nœud descendant & austral*, ou *Queue du dragon*. Ces Nœuds ne sont pas fixes, la Lune coupant l'Ecliptique, tantôt dans un endroit, & tantôt dans un autre.

Des cinq autres Planètes.

Ces Planètes sont Saturne, Jupiter, Mars, Vénus & Mercure. Les trois premières sont plus éloignées de la Terre que le Soleil ; quelquefois néanmoins Mars en est beaucoup plus proche.

Par leur Mouvement propre elles vont d'Occi-

(a) Cette façon de parler vient de ce que les Peuples anciennement s'imaginoient que lors des Eclypses un Dragon vouloit dévorer la Lune. Il y a encore quelques Indiens & des Sauvages de l'Amérique qui ont cette idée.

dent en Orient, en décrivant des cercles qui coupent l'Ecliptique en différens points. Voici le temps qu'elles mettent à faire leurs révolutions.

Saturne fait sa révolution en 29 ans & 155 jours. Il est dix fois plus éloigné du Soleil que la Terre, & par conséquent de deux cens quatre-vingts millions de Lieues. Il est entouré de cinq petites Lunes ou *Satellites*, & d'un cercle qui réfléchit perpétuellement la lumière du Soleil. On l'appelle l'*Anneau de Saturne*, & il a été découvert par M. Huygens en 1659.

Jupiter fait sa révolution en 11 ans & 313 jours. Il est cinq fois plus éloigné du Soleil que la Terre. Cette Planète a autour d'elle quatre petites Lunes ou *Satellites*, qui souffrent de fréquentes Eclypses. L'observation de ces Eclypses est le moyen le plus aisé de fixer les Longitudes, dont nous parlerons bientôt.

Mars fait sa révolution en un an & 322 jours.

Vénus, en sept mois & demi.

Enfin, Mercure en trois mois.

Ces deux dernières Planètes se voyent toujours aux environs du Soleil. La première ne s'en éloigne que de quarante-huit dégrés, l'autre de vingt-huit seulement.

CHAPITRE II.

Application de la Sphère au Globe Terrestre.

LE mot *Globe*, comme celui de *Sphère*, veut dire *Boule*. On regarde la Terre comme une Boule, parcequ'en effet elle est ronde. La preuve s'en tire principalement des Eclypses de Lune, causées par l'ombre que fait la Terre sur la Lune : cette ombre étant ronde, il faut que la Terre le soit aussi.

Comme le Soleil, aussi-bien que le Ciel entier, tourne ou semble tourner autour de la Terre, que l'on place dans la Sphère au Centre du Monde, les Géographes ont transporté au Globe Terrestre presque tous les Cercles de la Sphère, &c. La Terre a donc comme le Ciel, ses Poles, son Axe, son Equateur, son Zodiaque, son Méridien, son Horizon, ses Tropiques & ses Cercles Polaires. A l'égard des Colures, on les a retranchés comme inutiles à ce qui regarde le Globe Terrestre.

Les deux *Poles* de la Terre sont les deux Points de sa surface, par lesquels passe l'Axe du Monde.

L'*Axe* de la Terre, que l'on conçoit être le même que celui du Monde, est la ligne qui traverse le Globe Terrestre & aboutit aux Poles.

La Ligne *Equinoxiale* ou l'*Equateur*, est un grand Cercle marqué sur la surface du Globe, vis-à-vis l'Equateur du Ciel : les Marins l'appellent simplement *la Ligne*, par excellence. Ce Cercle coupe le Globe en deux parties égales, l'une Septentrionale, & l'autre Méridionale.

Le *Zodiaque* de la Terre est aussi un grand Cercle, qui répond au Zodiaque du Ciel, ou plutôt à l'Eclyptique ; il est divisé par les douze Signes. Sa plus grande distance de l'Equateur est de vingt-trois Dégrés vingt-huit minutes. Ce Cercle est inutile sur les Globes & principalement sur les Mappemondes ; & c'est pour cela que les nouveaux Géographes ne l'y mettent point.

Les *Tropiques* sont de petits Cercles, éloignés de l'Equateur, chacun de leur côté, de vingt-trois Dégrés vingt-huit minutes.

Les *Cercles Polaires* sont aussi de petits Cercles, éloignés des Poles de la même distance.

L'*Horizon* est un grand Cercle qui partage le Globe en deux Hémisphères, l'un inférieur, l'autre supérieur. On appelle *supérieur*, celui dans lequel on est. On distingue deux Horizons, l'un rationel, & l'autre sensible. On peut définir le premier ; Un grand Cercle,

cle., dont la circonférence est également éloignée en toutes ses parties du lieu dont ce Cercle est l'Horizon, & qui a pour Poles le Zénith & le Nadir de ce lieu. L'Horizon sensible n'est autre chose que l'étendue que nous pouvons découvrir autour de nous de tous côtés.

L'Horizon du Globe peut devenir l'Horizon de chaque Peuple ; ainsi, ce qu'on appelle monter le Globe horizontalement, c'est faire que l'Horizon du Globe devienne l'Horizon d'un lieu ; ce qui s'exécute en mettant le lieu sous le grand Méridien, & en élevant le Pole au-dessus de l'Horizon, selon la hauteur du Pole du lieu proposé.

Le *Méridien* est représenté dans la Sphère & avec les Globes, par un grand Cercle qui passe par les Poles du Globe terrestre, & par le Zénith & le Nadir du lieu dont il est Méridien : il est différent à mesure qu'on change de lieu vers l'Orient ou vers l'Occident. Les Géographes n'en comptent que trois cens soixante, & ils n'en marquent que trente-six sur les Globes & sur les Mappemondes ; & ce ne sont que les lignes qui vont d'un Pole à l'autre. Ces Méridiens coupent l'Equateur de dix en dix dégrés, & chacun divise le Globe en deux parties, l'une Orientale & l'autre Occidentale.

Pour avoir la suite de tous ces Méridiens, & la *Longitude*, c'est-à-dire, la distance au premier Méridien, des différens lieux de la Terre, on en a établi un qui est le premier, duquel on compte tous les autres. Le nôtre par une Ordonnance de Louis XIII en 1634, est placé à l'Isle de Fer, qui est une des Isles Canaries. Les Espagnols font passer le leur à Tolède. Celui des Portugais passe à l'Isle Tercère, la principale des Açores. Enfin les Hollandois placent leur premier Méridien au Pic de Ténérif, qui est une des plus hautes montagnes du monde, & que l'on trouve dans l'Isle du même nom, qui est l'une des Isles Canaries.

Tome I. B

Pour les Astronomes, ils le prennent ordinairement du lieu où ils font leurs Observations. Messieurs de l'Académie des Sciences de Paris, le font passer à l'Observatoire de cette Ville.

Le Méridien qui accompagne les Globes, est un grand Cercle qui passe par les Poles du Globe terrestre, & qui coupe l'Horizon au Nord & au Sud. On l'appelle le *grand Méridien*, parcequ'il sert de Méridien à tous les lieux de la Terre, en faisant tourner le Globe, & en mettant chaque lieu sous ce Méridien.

Après avoir défini les différens Cercles du Globe, il est à propos de parler des Longitudes & des Latitudes, qui sont d'un très-grand usage dans la Géographie. Nous examinerons donc ce que c'est que les *Longitudes* & les *Latitudes*; sur quels Cercles on compte leurs Dégrés ou parties; enfin, quelle est la longueur de ces Dégrés.

1.° La *Longitude* d'un lieu, c'est la distance qu'il y a du premier Méridien au Méridien de ce lieu, ou autrement l'*Arc du parallèle* compris entre le premier Méridien, & le Méridien d'un lieu particulier.

La *Latitude* d'un lieu, est la distance de ce lieu à l'Equateur: elle est Septentrionale ou Méridionale. On peut définir encore la *Latitude* d'un lieu, l'*Arc du Méridien* compris entre l'Equateur & ce lieu.

2.° Pour comprendre sur quels Cercles les Dégrés de Longitude & de Latitude se comptent, il suffit de faire attention à la seconde définition que nous venons d'en donner. Car puisque la Longitude d'un lieu, par exemple de Paris, est l'*Arc du Parallèle* compris entre le premier Méridien & le Méridien de Paris, il s'ensuit que les Dégrés de Longitude se comptent sur les Cercles parallèles. De même la Latitude de Paris étant l'*Arc du Méridien* compris entre l'Equateur & Paris, les Dégrés de Latitude se comptent sur les Méridiens, c'est-à-dire, sur de grands Cercles qui passent par les Poles.

3.º Il est facile d'appercevoir, par ce que nous avons dit, quelle est la longueur des Dégrés de Latitude & de Longitude. Les Dégrés de Latitude sont tous égaux, & ont chacun vingt-cinq Lieues communes de France, ou vingt Lieues marines. Ceux de Longitude, au contraire, n'ont cette étendue que sous l'Equateur; & depuis ce Cercle jusqu'aux Pôles, ils vont toujours en diminuant. En effet, puisque les Dégrés de Latitude se comptent sur de grands Cercles qui passent par les Pôles, les Dégrés des grands Cercles étant tous égaux, chaque Dégré de Latitude aura par conséquent vingt-cinq lieues. Les Cercles sur lesquels on compte les Longitudes, au contraire, étant parallèles à l'Equateur, & l'Equateur coupant le Globe en deux parties égales, tous les Cercles qui lui sont parallèles doivent être moins grands, ou diminuer à proportion qu'ils approcheront des Pôles; or, tout Cercle ayant trois cens soixante Dégrés, il faudra donc qu'à mesure que les Cercles diminueront, les dégrés deviennent plus petits. Tels sont les Dégrés de Longitude. Mais leur diminution ne devient bien sensible, que vers le trentième Dégré de Latitude; où ces Dégrés n'ont plus que vingt-deux Lieues. Vers le quarante-neuvième, ils n'ont plus que seize Lieues. Vers le soixante-unième, ils ne valent plus que douze Lieues. Vers le soixante-dixième, ils n'ont plus que huit Lieues. Vers le quatre-vingtième, ils ne sont plus que de quatre Lieues : enfin, vers le quatre-vingt-neuvième, les Dégrés de Longitude n'ont plus qu'un quart de Lieue.

Dans les Globes & les Mappemondes, on marque les Dégrés de Longitude sur l'Equateur, & ceux de Latitude sur le grand Méridien. Dans les Cartes particulières bien Orientées (*a*), les Longitudes

---

(*a*) Dans les Cartes qui ne sont pas, comme l'on dit *bien Orientées*, ce qui arrive aujourd'hui fort rarement, on supplée

font marquées en haut & en bas, & les Latitudes sur les côtés à droite & à gauche.

On peut demander pourquoi, le Globe étant égal par-tout, on appelle les uns Dégrés de Longitude, & les autres Dégrés de Latitude. La raison qu'on en donne ordinairement, c'eſt que les Anciens connoiſſant plus d'étendue de terre depuis l'Occident juſqu'à l'Orient, que du Nord au Sud, ils ont appellé les premiers, c'eſt-à-dire, ceux qui ſe comptent d'Occident en Orient, Dégrés de Longitude. Mais on en peut donner une autre raiſon, qui peut-être n'eſt qu'une conſéquence de la première.

Ptolémée, auſſi fameux Aſtronome qu'habile Géographe, qui vivoit 140 ans avant J. C. a le premier marqué ſur les Cartes ces Dégrés, & il a ſuivi la manière de compter les Dégrés en uſage parmi les Aſtronomes. Or ils comptoient les Dégrés en meſurant le Ciel d'Occident en Orient, & ils en comptoient trois cens ſoixante. A l'égard de l'autre manière de meſurer le Ciel du Nord au Sud, ils comptoient les Dégrés ſur un grand Méridien; mais ils le partageoient en quatre parties égales de 90 Dégrés, dont deux étoient pour leur Hémiſphère, qu'ils connoiſſoient ſeul: c'eſt celui que nous nommons l'Oriental. Ptolémée a appliqué cela au Globe; il a compté les Dégrés de Longitude d'Occident en Orient, à commencer par les Canaries, lieu de la Terre que l'on regardoit alors comme le plus Occidental.

A l'égard des 79 Dégrés de Latitude que l'on connoiſſoit alors, il en a compté 63 de l'Equateur à l'Iſle nommée alors Thulé, que pluſieurs Auteurs croient être l'Iſlande, & il les a appellés Dégrés de Latitude Septentrionale; pour les 16 autres

---

à ce défaut en y mettant ce qu'on appelle une *Bouſſole*, où la Fleur-de-Lys indique le côté du Nord, & par conséquent les trois autres Points Cardinaux.

qui reſtoient, il les a appellés Dégrés de Latitude Auſtrale ou Méridionale, & les a comptés auſſi de l'Equateur juſqu'au Cap appellé anciennement de Praſſe, & qui étoit ſitué ſur la côte Orientale d'Afrique, vers le lieu où eſt aujourd'hui Mozambique.

Les Modernes ont ſuivi Ptolémée & les Anciens: ils ont appliqué la ſuite des 180 Dégrés de Longitude où les Anciens étoient reſtés, ſur le nouvel Hémiſphère ou l'Amérique lorſqu'on en a fait la Découverte, il y a plus de 250 ans; & ils ont partagé auſſi cet Hémiſphère en deux parties égales chacune de 90 Dégrés. Voilà pourquoi on compte aujourd'hui les Dégrés de Longitude d'Occident en Orient, que l'on en compte trois-cens ſoixante, & que les Latitudes ſe comptent par quatre fois quatre-vingt-dix Dégrés, de l'Equateur juſqu'aux Poles.

CHAPITRE III.
Des Diviſions de la Terre formées par les Cercles du Globe.

LES Anciens, comme les Modernes, ont fait pluſieurs Diviſions de la Terre, en conſéquence des Cercles imaginés ſur le Globe. Les Tropiques & les Cercles Polaires forment une première Diviſion de la Terre, par les Zones & les Ombres. Les Méridiens ou Cercles de Latitude en produiſent une ſeconde, avec les Cercles parallèles.

ARTICLE I.
Première Diviſion de la Terre, par les Zones & les Ombres.

COMME les Tropiques & les deux Cercles Polaires diviſent le Ciel en cinq Parties, il en eſt de même de la Terre, qu'ils partagent en cinq Parties que l'on appelle *Zones*, (qui fignifient en Grec, Ceintures;) fçavoir, une *Torride* ou *Brûlée*, deux *Tempérées*, & deux *Froides* ou *Glaciales*.

La Zone *Torride* eſt comprife entre les deux Tropiques; elle a 47 Dégrés, c'eſt-à-dire, 1175 lieues, en comptant 25 lieues par Dégrés. Ses Habitans ſont nommés *Amphifciens*, parcequ'ils ont l'ombre tournée, tantôt vers un Pole, tantôt vers l'autre.

Si on examine cependant les chofes avec une plus grande précifion, on ne peut difconvenir qu'il n'y a que ceux qui font fous l'Equateur, ou entre l'Equateur & les Tropiques, qui foient Amphifciens. Ceux qui font précifément fous les Tropiques font *Hétérofciens*, terme Grec qui fignifie d'une autre Ombre. La projection de leur Ombre eſt au Nord ou au Sud, felon les Tropiques qu'ils habitent. Tous les habitans de la Zone Torride, même ceux qui font fous les Tropiques, font *Afciens*, c'eſt-à-dire, fans Ombre, les uns, fçavoir, ceux qui font fous l'Equateur, ou entre l'Equateur & les Tropiques, deux jours chaque Année; les autres, ceux qui font fous les Tropiques, un jour feulement.

Les deux Zones *Tempérées*, font comprifes entre les Tropiques & les Cercles Polaires. Elles ont chacune 43 Dégrés, qui font 1075 Lieues. Les Peuples qui les habitent, font nommés *Hétérofciens*, parcequ'ils ont à Midi l'Ombre tournée toujours vers un même côté; les uns vers le Pole Arctique, & les autres vers le Pole Antarctique.

Les deux Zones *Froides* ou *Glaciales* font renfermées entre les Cercles Polaires & les Poles. Elles n'ont chacune que la moitié de l'efpace de la Zone Torride, c'eſt-à-dire, 23 Dégrés & demi, & par conféquent 587 Lieues & demie. Ceux qui y demeurent font appellés *Périfciens*, parceque l'Ombre tourne autour d'eux. On peut les partager en trois classes. 1. Ceux qui sont sous les Poles qui sont Périsciens pendant six mois : 2. Ceux qui sont sous les Cercles Polaires, qui ne le sont que pendant un jour : 3. Ceux qui sont entre ces deux, qui sont Périsciens pendant plusieurs jours ou plusieurs mois, selon qu'ils sont plus éloignés ou plus voisins des Poles.

ARTICLE II.

Seconde Division de la Terre par les Longitudes & les Latitudes.

COMME les Cercles Polaires & les Tropiques divisent la Terre en cinq Zones, & forment une triple diversité d'Ombres, on peut dire aussi que la différence des Longitudes & des Latitudes forme une triple différence entre les Habitans de la Terre.

Ceux qui ont la même Latitude dans le même Hémisphère, & qui diffèrent de 180 Dégrés en Longitude, sont appellés *Périœciens*, c'est-à-dire, habitans autour. Ils ont même climat ; mais les heures opposées. Les uns ont midi, quand les autres ont minuit.

Les Peuples qui ont même Longitude, & Latitude égale, & non la même, parcequ'ils sont situés dans différens Hémisphères, sont appellés *Antœciens*, c'est-à-dire, Habitans opposés. Ils ont les Saisons opposées ; ainsi, ceux qui habitent la partie Septentrionale sont en Hyver, pendant que ceux qui demeurent dans la partie Méridionale sont en Eté.

Les *Antipodes* étant ceux qui sont diamétralement opposés, ils ont Latitude égale, mais l'une Septentrionale, & l'autre Méridionale ; & ils diffèrent en Longitude de 180 Dégrés. Ils conviennent avec les *Périœciens*, en ce qu'ils diffèrent de 180 Dégrés de Longitude, & avec les *Antœciens* dans le point de Latitude ; mais ces Antipodes ont entre eux tout opposé, Saisons, jours & heures.

CHAPITRE IV.

Des Climats & des autres choses qui concernent le Globe Terrestre.

Nous diviserons ce Chapitre en trois Paragraphes : le premier traitera des Climats ; le second des différentes opérations que l'on peut faire sur le Globe ; le troisième, des principaux Points qui partagent l'Horizon.

§. I. *Des Climats.*

Le nom de Climat vient d'un mot Grec, qui signifie, *pencher*, *incliner*. (*a*)

Un Climat est un espace de terre compris entre deux parallèles, à la fin duquel les plus grands jours ont une demi-heure, ou un mois de plus que dans son commencement.

Pour entendre cette définition, il faut observer que sous l'Equateur les plus grands jours ne sont que de douze heures ; & qu'à mesure qu'on avance vers les Cercles Polaires, les jours augmentent d'une demi-heure par Climat. Aux Cercles Polaires, les plus longs jours sont de 24 heures. Depuis ces Cercles ils augmentent, non plus d'une demi-heure, mais d'un mois entier par Climat, jusqu'aux Poles, où le jour est de six mois, sans y comprendre le Crépuscule & l'Aurore.

On doit sentir par ce que nous venons de dire, la raison de cette distinction des Climats d'heures & des Climats de mois. Il y a 24 Climats d'heures, ou plutôt

---

(*a*) On peut remarquer ici, que la plus grande partie des mots qui concernent les Sciences, viennent de la Langue des anciens Grecs, parcequ'ils en ont été les premiers Maîtres.

DU GLOBE TERRESTRE. 33

de demi-heures, depuis l'Equateur jusqu'à chacun des Cercles Polaires, & six de mois, depuis chacun de ces Cercles jusqu'au Pole. On en compte 60 en tout; 30 depuis l'Equateur jusqu'au Pole Arctique, & autant depuis l'Equateur jusqu'au Pole Anctartique On les marque sur l'un des côtés du grand Méridien de la Sphère.

Il est aisé d'appercevoir pourquoi on compte 24 Climats d'heures depuis l'Equateur jusqu'aux Cercles Polaires, & six de mois depuis ces Cercles jusqu'aux Poles, pourvu qu'on fasse attention que les plus longs jours n'étant que de douze heures sous l'Equateur, & de 24 heures sous les Cercles Polaires, la différence est donc de 24 demi-heures, qui forment 24 Climats; l'espace qui est entre l'Equateur & les Cercles Polaires, étant partagé par les parallèles en 24 portions. Des Cercles Polaires, où les jours sont de 24 heures, aux Poles où le jour est de six mois, il doit y avoir six Climats, puisqu'on divise l'espace qui est entre ces Cercles & les Poles en six portions par les parallèles, pour faire que les plus grands jours y soient plus longs d'un mois à la fin, qu'au commencement de chaque Climat, ou de chacune des six divisions formées par les parallèles.

On peut être surpris d'une chose, qui paroît effectivement singulière; sçavoir, que les Climats d'heures vont toujours en rétrécissant vers les Cercles Polaires, & que ceux de mois au contraire, vont toujours en s'élargissant vers les Poles. En effet, depuis l'Equateur jusqu'au cinquante-neuvième Dégré 14 minutes, il y a 12 Climats; & depuis ce même Dégré jusqu'aux Cercles Polaires, qui sont au soixante-sixième Dégré 30 minutes, il y a aussi 12 Climats. Il sera aisé aussi de voir combien les Climats de mois vont en s'élargissant, si on considère que depuis le soixante-sixième Dégré 30 minutes, où commence

B 5

le premier Climat de mois, jusqu'au soixante-treizième Dégré 20 minutes, il y a trois Climats de mois, & depuis ce Dégré jusqu'au quatre-vingt-dixième, où est le Pole, il n'y a que trois Climats. Cette différence, si sensible entre les Climats d'heures & les Climats de mois, vient, pour les premiers, de l'obliquité du Tropique sur l'Horizon, & pour les seconds, de la progression du Soleil dans l'Eclyptique.

1. La raison pour laquelle les Climats d'heures vont toujours en rétrécissant, vient, comme nous venons de le dire, de l'obliquité du Tropique, causée par l'élévation du Pole ; car plus le Pole est élevé, plus la portion du Tropique voisin devient oblique & grande sur l'Horizon. Or, les Tropiques déterminant le plus grand jour des Climats, le jour est d'autant plus grand, que la portion du Tropique élevé sur l'Horizon est plus grande, & que le Pole aussi est plus élevé ; & comme plus on approche des Cercles Polaires, plus la portion du Tropique élevée sur l'Horizon, devient grande, aussi-bien que l'élévation du Pole, il s'ensuit de-là que plus on avance vers les Cercles Polaires, plus l'espace de terre doit diminuer en largeur, pour faire la différence d'une demi-heure dans le plus long jour.

2. Pour expliquer comment la progression du Soleil dans l'Eclyptique est cause que les Climats de mois vont toujours en s'élargissant, il faut observer que le Tropique est pour les Climats de mois le milieu de leur plus long jour. La raison en est que le Tropique étant tout entier au-dessus de l'Horizon, le Soleil doit faire un certain nombre de révolutions sur le plan de l'Eclyptique, depuis le Dégré de l'Eclyptique coupé par l'Horizon, pour monter jusqu'au Tropique ; & il doit faire ensuite le même nombre de révolutions en descendant dans l'Eclyptique, depuis le Tropique jusqu'à un autre

Dégré de l'Eclyptique coupé par le même plan de l'Horizon. Prenons pour exemple le troisième Climat de mois. Le Soleil fait 45 révolutions en montant, & autant en descendant, ce qui fait 90 révolutions, ou trois mois de jour continuel. Le Tropique étant donc le milieu du plus grand jour pour ces Climats, il s'ensuit que la mesure de la progression du Soleil dans l'Eclyptique, est la mesure des Climats de mois. Si l'on fait réflexion d'ailleurs que le Soleil décline plus sensiblement vers l'Equateur que vers les Tropiques, on appercevra la raison pour laquelle les derniers Climats de mois doivent avoir plus de largeur que les premiers, à proportion de la progression du Soleil dans l'Eclyptique, par rapport à chacun de ces derniers Climats, & du rapport qu'ils ont aux endroits de l'Eclyptique, où la déclinaison du Soleil est plus sensible. En effet, 2 Dégrés 59 minutes de déclinaison vers le Tropique, contiennent un Arc de 60 Dégrés de l'Eclyptique, ce qui fait deux Climats. Il faut ensuite 8 Dégrés 50 minutes de Latitude pour augmenter cet Arc de 60 Dégrés, & faire encore 2 Climats; & enfin 11 Dégrés 40 minutes, pour accroître cet Arc de 60 Dégrés, & faire les deux derniers Climats.

§. II. *Des différentes opérations que l'on peut faire sur le Globe.*

1. *Monter le Globe horizontalement pour un lieu*, comme Paris. Il faut d'abord élever le Pole Arctique sur l'Horizon, si le lieu est dans l'Hémisphère Septentrional, comme Paris; élever le Pole Antarctique, s'il est dans le Méridional : trouver ensuite la Latitude de cette Ville, qui est de 48 Dégrés cinquante minutes pour Paris : élever le Pole d'un pareil nombre de Dégrés, puis mettre la Ville sous le grand Méridien. La raison pour laquelle on éleve le Pole d'un nombre de Dégrés pareil à la La-

titude d'un lieu, c'eſt que l'élévation du Pole eſt toujours égale à la Latitude. Car du Zénith à l'Horizon il y a 90 Dégrés, & du Pole à l'Equateur auſſi 90 Dégrés : de ces deux diſtances égales, ôtez la même diſtance du Pole au Zénith, il reſtera d'une part la hauteur du Pole, & de l'autre la Latitude ou la diſtance du Zénith à l'Equateur ; & ces deux reſtes ſeront néceſſairement égaux.

Cette opération apprendra la hauteur méridienne du Soleil aux Equinoxes & aux Solſtices, & même pour chaque jour de l'année. En effet, lorſqu'on a monté le Globe horizontalement pour un lieu, comme Paris, il y a 49 Dégrés de diſtance entre le Pole & l'Horizon, comme il s'en trouve autant en Latitude entre l'Equateur & le Zénith. Or, du Zénith à l'Horizon il n'y a que 90 dégrés de part & d'autre. Si de ces 90 Dégrés on retranche les 49 de Latitude, il reſte 41, qui exprime la hauteur de l'Equateur ſur l'Horiſon, qui n'eſt autre choſe que ce qui reſte depuis la hauteur du Pole juſqu'à 90. C'eſt la hauteur du Soleil aux Equinoxes. Si l'on ajoute 23 Dégrés & demi de déclinaiſon & de plus grande élévation vers le Pole Arctique, on a 64 Dégrés & demi d'élévation du Soleil à midi au Solſtice d'Eté. Otant des 41 Dégrés de hauteur de l'Equateur, 23 Dégrés & demi, reſte 17 & demi pour le Solſtice d'Hyver. A l'égard des autres jours, il faut trouver dans l'Eclyptique le lieu du Soleil, un jour propoſé : amener ce Dégré ſous le Méridien, & voir alors combien le Soleil décline de l'Equateur, ou en deçà vers notre Pole, ou au-delà vers l'autre Pole. Si on ajoute, après cette opération, par rapport aux Signes Septentrionaux, la déclinaiſon à la hauteur de l'Equateur, on a la hauteur du Soleil à midi pour ce jour. Si on la retranche, lorſque le Soleil eſt dans les Signes Méridionaux, on l'aura de même pour un jour différent.

II. *Trouver la Longitude & la Latitude d'un*

Du Globe Terrestre.

lieu, comme Paris. Il faut tourner le Globe jusqu'à ce que cette Ville soit sous le grand Méridien: le nombre des Dégrés qui se trouveront depuis l'Equateur jusqu'au point du Méridien qui répond directement à ce lieu, marquera sa Latitude. Le Dégré de l'Equateur qui sera sous le grand Méridien, déterminera sa Longitude.

III. *Trouver le lieu du Soleil dans un jour proposé*, par exemple, le dix-huitième d'Août. Cherchez ce jour sur l'Horizon: vous trouverez le vingt-cinquième Dégré du Lion dans le cercle des Signes. Cherchez ensuite ce même Dégré dans le Zodiaque du Globe; c'est le lieu du Soleil le dix-huitième d'Août, c'est-à-dire, que le Soleil est dans le Dégré du Zodiaque céleste, qui répond à celui du Zodiaque terrestre.

IV. *Connoître le lever & le coucher du Soleil un jour proposé*, par exemple, le quinzième de Mai à Paris. Elevez le Pole de 48 Dégrés 50 minutes, ce qui est sa hauteur à Paris: cherchez le lieu du Soleil le quinzième de Mai, c'est le vingt-quatrième Dégré du Taureau: mettez ce lieu sous le grand Méridien, & l'aiguille horaire sur midi; faites tourner le Globe vers l'Orient, jusqu'à ce que le vingt-quatrième Dégré du Taureau touche l'Horizon: faites de même du côté de l'Occident: remarquez l'heure sur le Cadran horaire; vous verrez pour le matin 4 heures & demie, & 7 heures & demie pour le soir.

V. *Trouver le Climat d'heures d'un lieu proposé*, c'est-à-dire, son plus long jour.

Après avoir remarqué la Latitude d'un lieu, par exemple, de Paris, il faut élever d'autant de Dégrés le Pole Arctique, si le lieu est dans la partie Septentrionale, ainsi que celui qui vient d'être nommé; & le Pole Antarctique, si le lieu est dans la partie Méridionale; mettre le premier Dégré du Cancer sous le grand Méridien pour la partie Septentrionale, & le premier Dégré du Capricorne pour la Méridionale : placer l'aiguille du Cadran sur midi, faire retourner ensuite le Globe alternativement vers l'Orient & l'Occident, jusqu'à ce que le premier Dégré du Cancer ou du Capricorne touche l'Horison ; remarquer l'heure sur le Cercle horaire. Ce Cercle marquera à quelle heure le Soleil se leve & se couche dans le plus grand jour, d'où il sera aisé de savoir le Climat.

Pour comprendre comment le lever & le coucher du Soleil, dans les plus grands jours, indiquent le Climat dans tous les lieux entre l'Equateur & les Cercles Polaires, il faut remarquer que le surplus de 12 heures fait connoître le Climat pour tous ces lieux : par exemple, le plus long jour à Paris est de 16 heures, par conséquent 4 heures, ou 8 demi-heures de plus qu'à l'Equateur. Paris est donc au huitième Climat.

VI. *Trouver le Climat de mois d'un lieu.* Ce lieu ne peut être qu'entre les Cercles Polaires & les Poles.

Il faut pour cela élever le Pole du lieu, tourner ensuite le Globe vers l'Orient, & remarquer quels sont les Signes du Zodiaque qui coupent l'Horizon au Nord, pour la partie Septentrionale, & au Sud pour la Méridionale ; puis compter combien il y a de Signes jusqu'au Tropique, ou du Cancer ou du Capricorne ; en doublant ces Signes on aura le Climat.

Prenons, par exemple, un lieu au soixante-dix-huitième Dégré de Latitude Septentrionale. J'éleve le Pole de ce nombre de Dégrés. Je tourne ensuite le Globe, jusqu'à ce que les Signes du Zodiaque viennent couper l'Horison au Nord, le lieu étant dans la partie Septentrionale. Je remarque que ces Signes sont le premier Dégré du Taureau & de la Vierge. Il y a deux Signes jusqu'au premier Dégré du Cancer, sçavoir, le Taureau & les Gémeaux, je double ces Signes ; le Soleil étant deux mois à monter jufqu'au premier Dégré du Cancer, & deux mois à defcendre jufqu'au premier Dégré de la Vierge : donc un lieu, au foixante-dix-huitième Dégré de Latitude Septentrionale, eft à la fin du quatrième Climat de mois. Cette opération eft fondée fur ce principe, que le Tropique eft le milieu du plus long jour des Climats de mois.

VII. *Trouver le jour auquel le Soleil paſſe perpendiculairement fur un lieu.* Il faut remarquer que ce lieu doit être dans la Zone Torride. Mettez la Ville en queftion, par exemple, Goa, qui eft au feizième Dégré de Latitude Septentrionale, fous le grand Méridien : remarquez fur le Méridien la Latitude de cette Ville : enfuite tournez le Globe, & voyez quels Dégrés du Zodiaque paſſeront fur cette Latitude : vous en trouverez deux, le treizième du Taureau, & le dix-huitième du Lion : donc quand le Soleil fera au treizième du Taureau, ce qui eft le troifième de Mai, & au dix-huitième du Lion, le onzième d'Août, il fera perpendiculaire à Goa.

VIII. *Connoître l'heure qu'il eft dans un endroit, quand il eft midi dans un autre ;* par exemple, quelle heure il eft à Vienne, quand il eft midi à Paris. Il faut mettre Paris fous le grand Méridien, & l'aiguille horaire fur midi, tourner enfuite le Globe vers l'Occident, jufqu'à ce que Vienne arrive fous le grand Méridien : l'aiguille marquera une heure après midi. La raifon en eft, que Vienne eft plus Orientale d'une heure, ou de 15 Dégrés.

IX. *Connoître quelle heure il eft dans tous les lieux de la Terre, quand il eft une heure propoſée en un lieu,* par exemple, huit heures du matin à Paris. Il faut faire la même opération que dans la propofition précédente, puifqu'en effet celle dont il s'agit ici, en eft une conféquence. Il faut obferver néanmoins de tourner le Globe vers l'Orient ou vers l'Occident, suivant la situation de différentes Villes; ainsi, dans l'exemple précédent Vienne étant plus Orientale que Paris, il a fallu tourner le Globe vers l'Occident, pour amener Vienne sous le grand Méridien: s'il s'agit au contraire d'une Ville plus Occidentale que Paris, comme Lisbonne, il faut tourner le Globe vers l'Orient.

De ces deux propositions bien conçues, résulte la démonstration de quelques Problêmes qui passent d'abord pour paradoxes; par exemple, qu'il peut y avoir une Semaine de trois Jeudis; que deux Jumeaux mourans le même jour & à la même heure, il peut se faire qu'un des deux ait vécu deux jours plus que l'autre. Une troisième conséquence de ces deux propositions, qui ne renferme pas de difficulté, c'est qu'à tout moment, dans tous les différens lieux de la Terre, on chante les louanges de Dieu, & on offre le saint Sacrifice. A l'égard des deux premiers Problêmes, qui paroissent plus difficiles à résoudre, on n'aura pas beaucoup de peine à en appercevoir la solution, si on fait attention qu'elle dépend d'une supposition, sçavoir, que de deux Voyageurs, l'un va à l'Orient & l'autre à l'Occident, partant tous deux d'un même lieu. L'un, *par conséquent*, gagne un jour entier en faisant le tour du monde, & l'autre en perd un. Il faut dire la même chose des deux Jumeaux, qu'on doit supposer avoir fait le tour du monde en voyageant.

X. *Trouver les Antipodes d'un lieu*, par exemple, de Paris. Il faut baisser le Globe, jusqu'à ce que Paris touche l'Horizon au point du Sud ou du Nord; le point opposé marquera les Antipodes. Une autre manière plus courte de trouver les Antipodes d'un lieu, c'est de chercher un lieu distant de 180 Dégrés de Longitude, & qui ait une Latitude égale, mais dans l'Hémisphère opposé.

§. III. *Des principaux Points qui partagent l'Horizon.*

La nécessité où l'on se trouve dans les détails Géographiques, de se servir à chaque instant des noms des principaux Points qui partagent l'Horizon, pour mieux déterminer la place que les Villes & les Provinces occupent, part rapport à celles qui leur sont voisines, & dont nous parlerons dans cet Ouvrage, nous oblige d'exposer ici leur dénomination.

Entre ces différens Points, on en reconnoît seize principaux, qui ont donné leurs noms aux principaux Vents, tant sur l'Océan, ou la Mer qui environne toute la Terre, que sur la Méditerranée, Mer particulière, qui est entre l'Europe, l'Afrique & l'Asie. Nous donnerons d'abord les noms de ceux qui sont en usage sur l'Océan, comme étant plus intelligibles & les seuls dont nous nous servirons dans la suite de cet Ouvrage.

1. Les quatre principaux Points, nommés autrement *Cardinaux*, sont 1. l'*Orient*, ou l'*Est*, à la droite d'une personne qui regarde un Globe, ou une Carte de Géographie faite régulièrement ou bien Orientée ; 2. le *Midi* ou *Sud*, au bas du Globe ou de la Carte ; 3. l'*Occident* ou l'*Ouest*, à gauche ; 4. le *Septentrion* ou *Nord*, en haut.

2. Les quatre seconds Points qui séparent également chacun des quatre premiers, sont 1. le *Sud-Est* ; 2. le *Sud-Ouest* ; 3. le *Nord-Ouest* ; 4. le *Nord-Est*.

3. Enfin, les huit moindres qui se trouvent chacun entre deux des huit premiers, sont 1. l'*Est Sud-Est*, 2. le *Sud-Sud-Est* ; 3. le *Sud-Sud-Ouest* ; 4. l'*Ouest-Sud-Est* ; 5. l'*Ouest-Nord-Ouest* ; 6. le *Nord-Nord-Ouest* ; 7. le *Nord-Nord-Est* ; 8. l'*Est-Nord-Est*. Ces noms viennent de la langue des Nations Ger-

manique ou Allemande, & l'on prétend que Charlemagne en eſt l'Auteur.

Il ne paroît pas néceſſaire de s'étendre davantage là-deſſus. Si l'on veut s'en éclaircir parfaitement, il faut avoir recours à l'Horizon des Sphères & des Globes nouveaux, où ils ſont tous marqués exactement.

Nous ajouterons ſeulement les noms qu'on donne aux quatre principaux Vents ſur la Mer Méditerranée : l'Eſt eſt appellé *Levante* ; le Midi, *Oſtro* ; l'Oueſt, *Ponente* ; & le Nord, *Tramontana*.

Pour remarquer facilement ſur le Globe Terreſtre la ſituation des lieux par rapport aux quatre Points Cardinaux, il faut obſerver que l'Equateur & les Cercles qui lui ſont parallèles, marquent préciſément tous les lieux qui ſont Orientaux & Occidentaux, relativement les uns aux autres, & que les Méridiens font connoître ceux qui ſont Septentrionaux ou Méridionaux les uns à l'égard des autres. Ainſi, tous les lieux ſitués ſous l'Equateur ou ſur chacun des Cercles qui lui ſont parallèles, ſont Orientaux ou Occidentaux entr'eux ; & ceux qui ſont ſitués ſous un même Méridien, ſont Septentrionaux ou Méridionaux, les uns par rapport aux autres. Mais tous les autres lieux qui ne ſont pas ſitués ainſi, déclinent plus ou moins de ces quatre Points Cardinaux. Il eſt très-utile de s'appliquer à conſidérer ces différentes ſituations reſpectives des divers lieux des quatre Parties du Monde, & c'eſt un des meilleurs moyens de faire du progrès dans l'étude de la Géographie.

SECONDE SECTION.
Description générale du Globe Terrestre, ou de la Mappemonde.

CHAPITRE PRÉLIMINAIRE.
Des termes particuliers à la Géographie, & des Mesures dont elle fait usage.

CE mot *Géographie* vient du Grec, & signifie, comme on l'a déjà dit, *Description de la Terre*. Par la Terre, on entend ce grand Globe composé de terre & d'eau, qu'on appelle le Globe Terrestre.

La *Chorographie* est la description d'un Pays ou d'une Province, par exemple, de la Normandie.

La *Topographie* est la description d'un lieu particulier, comme d'une Ville, ou d'une Seigneurie.

L'*Hydrographie* est la description de l'eau ou des Mers, par exemple, de l'Océan, de la Méditerranée, &c.

Comme on peut représenter la Terre, ou toute entière, ou en partie, de-là est venue la différence des Cartes géographiques, qui peuvent néanmoins se réduire à deux espèces; sçavoir, les Cartes générales & les particulières. Dans la classe des premières, on renferme non-seulement la Mappemonde ou le Planisphère, qui représente tout le Globe Terrestre en deux surfaces comme applaties & communément coupées par le premier Méridien; mais encore les Cartes où on a décrit les grandes Parties du Globe, comme l'Europe, l'Asie, l'Afrique & l'Amérique, ou même des Royaumes, par exemple, la France, &c.

Les Cartes particulières représentent un Pays particulier, comme une Province de quelque État.

Rien n'est plus propre à donner une idée générale de la Terre, qu'un Globe, puisqu'il en a la figure; mais comme il seroit impossible d'en faire un assez gros pour représenter en détail tout ce qu'il est bon de connoître des différentes Parties de la Terre, il faut avoir recours aux Cartes générales & particulières. On doit considérer les dernières sur-tout comme des portions détachées du Globe.

La Géographie, ainsi que les autres Sciences, a certains termes qui lui sont propres, & qu'il est à propos d'expliquer. Il y en a de deux sortes: les uns regardent la Terre, & les autres regardent l'Eau.

Ceux qui regardent la Terre, sont:

Continent ou *terre ferme*. C'est une grande partie de Terre, qui comprend plusieurs Régions, qui ne sont pas séparées par des Mers. L'Europe, dans ce sens est un *Continent*.

Isle, est une portion de terre qui est entièrement environnée d'eau.

Presqu'Isle & *Péninsule*, anciennement *Chersonèse*, est une terre presque entourée d'eau, & qui ne tient au Continent que par une langue de terre.

Isthme, est cette langue de terre, ou portion resserrée entre deux Mers, qui unit un Continent ou une Presqu'isle à la terre ferme.

Pas ou *Col*, est un passage étroit dans les Montagnes.

Cap, est une portion de terre qui avance dans la Mer, & s'élève comme une Montagne: c'est ce que les Anciens appelloient *Promontoire*. On la nomme *Pointe*, si elle a peu d'élévation.

Dunes, sont de petites collines de sable sur le bord de la mer, ou les bords de la mer élevés, qui empêchent qu'elle ne se répande sur les côtés. On appelle aussi quelquefois *Dunes*, des rochers escarpés.

Falaises, sont des Montagnes escarpées sur le bord de la Mer.

Voici en peu de mots la définition des principaux termes qui regardent l'Eau.

Archipel, endroit de la Mer où il y a beaucoup d'Isles.

Golfe, avance considérable de mer dans la terre : les plus grands portent le nom de Mer.

La Baye, ne diffère du Golfe que parcequ'elle est bien moindre, & plus étroite à l'entrée qu'en dedans : souvent même les Peuples du Nord les confondent.

Anse, est une petite avance de mer dans la terre.

Rade, endroit propre à mouiller l'ancre, & où les Vaisseaux sont à l'abri du vent.

Séches, Hauts-fonds, Bancs de Sable, sont les endroits de la mer où il y a peu d'eau.

Détroit, est une partie de la Mer resserrée entre deux terres.

Lac, est une grande étendue d'eau au milieu des terres & qui ne tarit jamais.

Rivière, est une Eau de source qui coule toujours, jusqu'à ce qu'elle se décharge dans quelque autre Rivière ou dans la Mer. Si elle est considérable & qu'elle se décharge dans la Mer, elle reçoit le nom de *Fleuve*, autrement elle garde simplement celui de Rivière.

Confluent ou *Conflant*, est l'endroit où une Rivière se joint avec une autre.

Bouche ou *Embouchure*, d'un Fleuve, est l'endroit où il sort de son lit pour entrer dans un Lac ou dans la Mer.

On appelle la *droite* ou la *gauche* d'une Rivière, le côté de son lit qui est à la droite ou à la gauche d'une personne qui la descend, & la voit couler devant soi ; ainsi, à Paris, le Louvre est à droite de la Seine, & le Collège Mazarin à la gauche.

Les Mesures dont on se sert pour exprimer les distances, ne sont pas les mêmes par-tout.

1. En France, en Espagne, en Suède, en Danemarck & en Suisse, on compte par Lieues.

2. En Italie, en Allemagne, en Hongrie, en Pologne, en Angleterre & en Hollande, on compte par Milles.

Mais les Milles & les Lieues employées par les Habitans de ces différens Pays, ne sont pas les mêmes.

La Lieue commune de France est de deux mille sept cent trente-neuf Pas Géométriques : le Pas Géométrique est de cinq pieds de Roi, dont chacun a douze pouces.

La Lieue d'Espagne est de trois mille quatre cent vingt-huit Pas Géométriques.

Celle de Danemarck, de Suède & de Suisse, est de cinq mille Pas.

Ainsi, la Lieue de France est la plus petite ; celles du Nord sont de près du double.

Le Mille de Hongrie est de six mille Pas Géométriques.

Le Mille d'Allemagne est communément de quatre mille Pas.

Celui de Hollande est de trois mille cinq cens environ.

Celui de Pologne est de trois mille.

Celui d'Angleterre, de deux mille deux cent cinquante.

Celui d'Ecosse & celui d'Irlande de quinze cens.

Enfin, celui d'Italie est de mille Pas Géométriques.

Il sera aisé de réduire cette façon de compter par Milles, en Lieues. Il suffit pour cela d'observer que trois mille Pas font une grande Lieue de France.

CHAPITRE I.

Division générale du Globe Terrestre.

ON divise le Globe Terrestre en deux parties; la Terre & la Mer.

ARTICLE I.
De la Terre.

LA Terre contient le Monde ancien, nouveau & inconnu.

I. Le Monde Ancien, ou connu des anciens Grecs & Romains, renferme un Continent & des Isles.

Le Continent renferme l'Europe, l'Asie & l'Afrique. Les Anciens ne les connoissoient pas dans leur entier.

1. L'Europe, telle qu'elle est aujourd'hui, se divise en quinze Parties : = Trois au Nord; 1. le Danemarck avec la Norwége, 2. la Suéde, 3. la Russie ou Moscovie : = Huit au Milieu; 4. la France, 5. les Pays-Bas, 6. la Suisse, 7. l'Allemagne, 8. la Bohême, 9. la Hongrie, 10. la Pologne, 11. le Royaume de Prusse : = Quatre vers le Midi; 12. le Portugal, 13. l'Espagne, 14. l'Italie, 15. la Turquie d'Europe.

2. L'Asie contient six Parties : = d'Occident en Orient, 1. la Turquie d'Asie, 2. l'Arabie, 3. la Perse, 4. l'Inde, 5. la Chine, 6. la Grande Tartarie.

3. L'Afrique se divise en dix Parties; Trois au Nord; 1. l'Egypte, 2. la Barbarie, 3. le Sahra ou Désert : = Quatre au Milieu; 4. la Guinée, 5. la Nigritie, 6. la Nubie, 7. l'Abissinie : = Trois au Midi, 8. le Congo, 9. la Cafrerie pure, qui s'étend jusqu'au Cap de Bonne-Espérance, 10. la Cafrerie mélangée

ou Orientale, qui renferme les Côtes de Zanguebar & d'Ajan.

Les Isles se divisent en Isles de l'Europe, de l'Asie & de l'Afrique : on les trouve dans l'Océan, dans la Mer Baltique, & dans la Méditerranée.

Les Isle de l'Europe dans l'Océan, sont, 1. la Grande-Bretagne, 2. l'Irlande, 3. l'Islande.

Celles de la Mer Baltique, au moins les principales, sont Zeeland, Fionie, Gothland, Œsel, &c.

Les Isles les plus considérables de l'Europe dans la Méditerranée, d'Occident en Orient, sont 1. Majorque, 2. Minorque, 3. la Corse, 4. la Sardaigne, 5. la Sicile, 6. Malthe, 7. Corfou, 8. Candie, 9. les Isles de l'Archipel.

Les principales Isles de l'Asie, sont, dans la Méditerranée : 1. Chypre, 2. Rhodes, &c. dans l'Océan ou la Mer des Indes, 3. les Maldives, 4. Céylan, 5. Sumatra, Java, Bornéo, appellées les *Isles de la Sonde*, 6. les Moluques, 7. les Philippines, 8. l'Isle Formose, 9. les Isles du Japon, 10. les Marianes.

Les principales Isles d'Afrique sont à l'Occident : 1. Madère, 2. les Canaries, 3. les Isles du Cap-Verd, 4. Saint-Thomas, 5. Sainte-Hélene, &c. 6. à l'Orient, Madagascar, 7. l'Isle Bourbon, l'Isle de France.

II. Le Monde Nouveau renferme un Continent & des Isles.

Le Continent se divise en Amérique Septentrionale & Amérique Méridionale.

L'Amérique Septentrionale peut se diviser en six Parties, sçavoir : 1. la nouvelle France, qui comprend le Canada & la Louisiane, dont la plus grande partie est aux Anglois depuis 1763. 2. les anciennes Possessions Angloises, au Midi & au Nord du Canada ; 3. le Mexique ou nouvelle Espagne ; 4. le nouveau Mexique ; 5. la Californie ; 6. les nouvelles Découvertes, à l'Ouest du Canada.

On

On partage l'Amérique Méridionale en huit grands Pays; 1. la Terre-Ferme; 2. le Pérou; 3. le Chili; 4. le Pays de la Rivière des Amazones; 5. la Guyane; 6. le Bréfil; 7. le Paraguai; 8. la Terre Magellanique.

Les principales Ifles de l'Amérique font, 1. les Açores, 2. Terre-Neuve, près de laquelle eft le grand Banc où fe fait la pêche de la Morue; 3. les Lucayes; 4. les Antilles.

III. Le Monde Inconnu, ou dont on ne connoît que quelques Côtes, eft fitué vers le Pole Arctique, & vers le Pole Antarctique.

Les Terres & Ifles vers le Pole Arctique font, le Spitzberg, la Nouvelle Zemle, &c.

Les Terres & Ifles vers le Pole Antarctique font, la Terre de la Circoncifion, celle de Gonneville, la Nouvelle Zélande, la Terre de Feu, Ifle ou corps d'Ifles, qui font féparées de l'Amérique Méridionale par le Détroit de Magellan, &c.

On peut mettre dans cette même claffe de Terres peu connues, le continent Auftral, qui paroît auffi grand que l'Europe, & où font la Nouvelle Guinée, la Nouvelle Hollande, &c. dont on connoît à peine les Côtes.

ARTICLE II.

De la Mer.

LA Mer fe divife en Mer Extérieure, c'eft-à-dire, qui environne le Continent; & Mers Intérieures, c'eft-à-dire, qui fe trouvent renfermées dans le Continent.

La Mer Extérieure de notre Continent a quatre noms différens, fuivant les quatre Points Cardinaux du Monde.

1. Océan Septentrional ou Glacial.
2. Océan Oriental ou Indien.
3. Océan Méridional ou Ethiopien.
4. Océan Occidental ou Atlantique.

La Mer Extérieure de l'autre Continent conserve le nom général de Mer, & porte deux noms différens.

1. Mer du Nord, qui baigne la partie Orientale de l'Amérique.
2. Mer du Sud ou Mer Pacifique, qui est entre l'Amérique & l'Asie. Elle est à l'Occident de l'Amérique.

Les Mers Intérieures de notre Continent, sont, à commencer par le Nord de l'Europe,

1. La Mer Baltique.
2. La Mer Blanche, ou Golfe de Russie, au Nord-Est de l'Europe.
3. La Mer Méditerranée, dont la partie qui s'avance dans les terres d'Asie, s'appelle Mer du Levant.

Les quatre suivantes communiquent avec la Mer Méditerranée, & en font une extension.

4. L'Archipel, qu'on appelle aussi Mer Blanche, qui est plus fameuse que celle de Russie.
5. La Mer de Marmara, nommée autrefois la Propontide.
6. La Mer Noire, anciennement le Pont-Euxin.
7. La Mer de Zabache, ou Mer d'Azoph, autrefois le *Palus Méotide*, qui se décharge dans la Mer Noire.
8. La Mer Caspienne, qui est au milieu des terres de l'Asie, & au Nord de la Perse.
9. Le Golfe Persique, entre l'Arabie & la Perse.
10. La Mer Rouge, ou Golfe Arabique, entre l'Asie & l'Afrique.

Les Mers Intérieures du nouveau Continent, sont;

1. La Mer Vermeille, près la Californie.
2. La Mer Christiane, ou la Baye d'Hudson.
3. La Baye de Baffin. Ces deux sont au Nord de l'Amérique Septentrionale.
4. Le Golfe de S. Laurent, près l'Isle de Terre-Neuve.
5. Le Golfe du Mexique, entre l'Amérique Septentrionale & la Méridionale.

CHAPITRE II.

Des principaux Isthmes, Golfes, Détroits, Lacs & Rivières.

APRÈS avoir considéré les principales parties du Globe Terrestre, que nous avons divisé en Continens & en Isles, il faut voir maintenant les Isthmes, Golfes, Détroits, Lacs, & Rivières, les plus considérables.

§. I. *Des principaux Isthmes.*

Un Isthme est, comme on l'a déja dit, une portion de terre serrée entre deux Mers, & qui joint une terre avec une autre : il y en a deux considérables en Europe.

1. L'*Isthme de Corinthe*, qui joint la Morée, autrefois le Péloponnèse, avec la Grèce, dans la Turquie Méridionale.
2. L'*Isthme de Précop*, qui joint la petite Tartarie avec la Crimée, près de la Mer de Zabache.

Il y en a un remarquable en Asie, dans l'Inde, près du grand Golfe de Bengale : c'est l'*Isthme de Ténacérim*, qui unit la Presqu'Isle de Malaca avec le Royaume de Siam.

En Afrique il y en a un très-fameux : c'est l'*Isthme de Suès*, qui joint l'Asie avec l'Afrique. Il n'a que 30 lieues de large. On a entrepris autrefois de le couper, pour joindre l'Océan à la Méditerranée ; mais la crainte que l'Egypte, qui est un terrein bas, ne fût inondée, fut une des principales raisons d'abandonner cette entreprise.

En Amérique l'*Isthme de Panama*, joint l'Amérique Septentrionale avec la Méridionale.

§. II. *Des principaux Golfes & Détroits.*

Un Golfe est une portion de Mer, qui s'avance beaucoup dans les terres.

La Mer qui environne le Globe Terrestre, forme huit grands Golfes, six dans l'ancien Continent, & deux dans le nouveau. Il y en a trois dans l'Europe qui retiennent le nom de Mer : 1. la Mer Méditerranée, 2. la Mer Baltique, 3. la Mer Blanche de Russie. Trois en Asie : 1. le Golfe de Bengale, 2. le Golfe Persique, 3. le Golfe Arabique, ou la Mer Rouge. Deux en Amérique : 1. le Golfe du Mexique, entre l'Amérique Septentrionale & la Méridionale ; 2. le Golfe de Californie, ou Mer Vermeille, dans l'Amérique Septentrionale.

Un Détroit est une portion de Mer resserrée entre deux terres, qui fait la communication d'une Mer à une autre. On le nomme encore *Manche, Canal, Pas, Pertuis, Bras de Mer, Fare,* & anciennement *Bosphore.*

Les quatre plus fameux Détroits, sont, 1. *le Détroit du Nord* ou *d'Anian,* en Asie, à l'extrémité de la Tartarie, au Nord-Est ; 2. *le Détroit de Magellan*, dans l'Amérique Méridionale ; 3 & 4. *les Détroits de Davis* & *d'Hudson,* dans l'Amérique Septentrionale. Le premier sépare l'ancien Continent d'avec le nouveau, comme les nouvelles Découvertes le font connoître. Le second sépare le nouveau Continent d'une partie des Terres Antarctiques. Les deux autres sont entre l'Amérique & les Terres Arctiques.

Les Détroits de notre Continent les plus remarquables, sont, 1. *le Détroit de Gibraltar*, entre l'Afrique & l'Europe, il donne entrée à l'Océan dans la Méditerranée; 2. *le Détroit du Sund*, qui joint la Mer Baltique à l'Océan; 3. *le Détroit de Bab-el-mandeb*, entre l'Asie & l'Afrique, il joint la Mer Rouge à l'Océan ou à la Mer des Indes.

§. III. *Des Lacs les plus fameux.*

Les plus fameux Lacs sont ceux, 1. de *Ladoga* & 2. d'*Onega*, vers l'extrémité Occidentale de la Russie ou Moscovie; 3. le Lac *Baikal*, dans la Tartarie Russienne, vers l'Orient. (Nous ne parlons point ici de la *Mer Caspienne*, qui est comme un Lac, mais dont il a été fait mention ci-devant parmi les Mers.) 4. le Lac *Maravi*, en Afrique dans la Cafrerie; 5. le Lac *Supérieur* & autres au milieu de l'Amérique Septentrionale.

§. IV. *Des Rivières.*

On remarque dix principales Rivières en Europe; 1. la Tamise en Angleterre; 2. la Torne, en Suéde, au fond du Golfe de Bothnie & de la Mer Baltique; 3. le Volga, en Russie ou Moscovie; 4. le Don, anciennement Tanaïs, dans le même État; 5. le Danube, qui a sa source en Allemagne, & qui se jette dans la Mer Noire; 6. le Borysthène ou Dniéper, en Pologne; 7. le Rhin, en Allemagne; 8. la Loire, en France; 9. le Tage, en Espagne; 10. le Pô, en Italie.

Il y en a dix considérables en Asie: 1. le Tigre & 2. l'Euphrate, dans la Turquie d'Asie; 3. l'Inde & 4. le Gange, dans l'Inde; 5. le Kian & 6. le Hoan, dans la Chine; & quatre dans la Tartarie, sçavoir, 7. l'Amur, 8. le Lena, 9. le Jenisea, & 10. l'Oby.

En Afrique il y en a quatre remarquables : 1. le Nil, dans l'Abyssinie & l'Egypte ; 2. le Niger, dans la Nigritie : 3. le Zaïre, dans le Congo : 4. le Cuama, dans la Cafrerie.

Dans l'Amérique Septentrionale il y a deux Rivières considérables : 1. la Rivière de Canada ou de S. Laurent : 2. le Mississipi.

Dans l'Amérique Méridionale il y en a deux aussi : 1. la Rivière des Amazones ; c'est le plus grand Fleuve du Monde : 2. la Rivière du Paraguai, ou la Plata.

CHAPITRE III.

Des Villes Capitales des quatre Parties du Monde.

POUR completter l'Explication générale du Globe Terrestre & de la Mappemonde, nous donnerons ici la Liste des Villes *Capitales* des principaux États & grandes Régions du Monde ancien & nouveau. Mais comme quelques Pays, qui sont un assemblage de diverses Souverainetés, n'ont point proprement de Capitales, nous en indiquerons les *principales* Villes.

§. I. *En Europe.*

Iles Britanniques : LONDRES, *Capitale.*
Danemarck : COPENHAGUE, *Capitale.*
Suéde : STOCKHOLM, *Capitale.*
Russie, ou Moscovie d'Europe : MOSCOU & S. PETERSBOURG, *Capitales*, aussi-bien que de tout ce que cet Empire possède en Asie.
France : PARIS, *Capitale.* Ceux qui voudront un plus grand détail sur les principales Villes de ce Royaume, auront recours à l'*Analyse* par laquelle nous terminerons sa Description.
Pays-Bas : BRUXELLES & AMSTERDAM, *Principales.*

Suisse : BERNE & GENÈVE, *Principales*.

Allemagne : VIENNE, DRESDE, BERLIN, HAMBOURG, MAYENCE, FRANCFORT, *Principales*.

Bohême : PRAGUE, *Capitale*.

Hongrie : BUDE & PRESBOURG, *Capitales*.

Pologne : CRACOVIE & VARSOVIE, *Capitales*.

Royaume de Prusse : KONISBERG, *Capitale*. Le Roi réside à *Berlin*, en Allemagne.

Portugal : LISBONNE, *Capitale*.

Espagne : MADRID, *Capitale*.

Italie : TURIN, VENISE, ROME, NAPLES, *Principales*.

Turquie d'Europe : STAMBOL ou CONSTANTINOPLE, *Capitale*, ainsi que de tout l'Empire des Turcs en Asie & en Afrique.

§. II. *En Asie.*

Turquie d'Asie : BURSE, ALEP, JÉRUSALEM, *Principales*.

Arabie : MÉDINE, LA MÈQUE, MOKA, *Principales*.

Perse : ISPAHAM, *Capitale*.

Inde : AGRA, Capitale de l'Empire du Mogol ; GOA, *Principale* de la Presqu'isle en-deçà du Gange ; SIAM & KECHO, *Principales* de la Presqu'isle audelà.

Chine : PEKIN, *Capitale*, & de tout ce qui dépend de cet Empire.

Tartarie : KIRIN, dans la Tartarie Chinoise ; SAMARCAND, dans la Tartarie indépendante ; TOBOLSK, dans la Sibérie, *Principales*.

Dans les Isles d'Asie : en Java, BATAVIA, *Principale* : au Japon, YEDO, *Capitale*.

§. III. *En Afrique.*

L'Egypte, qui dépend des Turcs : LE CAIRE, *Capitale*.

Barbarie : TRIPOLI, TUNIS, ALGER, MAROC, *Principales*.

Sara ou Défert, point de Villes.

Guinée : LA MINA & BENIN, *Principales*.

Nigritie : TOMBUT, *Principale*.

Nubie : SENNAR, *Principale*; SUAQUEM eft aux Turcs.

Abyffinie : GONTAR ou GONDAR, réfidence du Roi de ce Pays où il n'y a que des Villages.

Congo : S. SALVADOR, *Principales*.

Cafrerie pure : LE CAP de Bonne-Efpérance; SOFALA, ZIMBAOÉ, *Principales*.

Cafrerie mélangée : MOZAMBIQUE, AUÇAGUREL, *Principales*.

§. IV. *En Amérique*, dont la plus grande partie appartient à diverfes Nations Européennes.

Amérique Septentrionale.

Canada : QUEBEC, *Capitale*.

Nouvelle Angleterre : BOSTON, *Capitale*.

Louifiane : NOUVELLE ORLÉANS.

Mexique, ou Nouvelle Efpagne : MEXICO, *Capitale*.

Nouveau Mexique, en partie aux Efpagnols : SANTA-FÉ, *Capitale*.

Californie : les Efpagnols y ont fait depuis quelques années des établiffemens, qui font encore peu confidérables.

Nouvelles Découvertes à l'Oueft du Canada : il n'y a que des Villages d'Américains.

Ifles : chacune a fa Capitale, dont nous parlerons en détail dans la cinquième Partie.

Amérique Méridionale.

Terre-Ferme, en grande partie aux Efpagnols : CARTHAGÈNE; SURINAM, aux Hollandois; CAYENNE, aux François, *Principales*.

Pérou : LIMA, *Capitale.* }
Chili : S. IAGO, *Capitale.* } aux Espagnols.

Pays de la Rivière des Amazones : on n'y connoît point de Villes.

Brésil, aux Portugais : S. SALVADOR, *Capitale.*

Paraguai, en grande partie aux Espagnols : BUENOSAIRES, *Capitale.*

Terre Magellanique ; les Nations Européennes n'y ont point d'établissement.

CHAPITRE IV.

Des Religions, Langues, Figures & Couleurs des différens Peuples de la Terre.

ARTICLE I.

Des différentes Religions des Peuples qui habitent la Terre.

Toutes les Religions peuvent se réduire à quatre principales : le Judaïsme, le Christianisme, le Mahométisme & le Paganisme.

Le Judaïsme a deux ou trois branches : 1. la Religion Juive, qui se partage en Rabaniste & 2. Karaïte ; 3. la Samaritaine, qui est une Secte schismatique de la Juive.

Le Christianisme a trois branches : 1. la Religion Catholique ou Romaine ; 2. les Schismatiques Grecs ; 3. les Protestans.

Les Grecs Schismatiques sont partagés en trois Sectes : 1. les Grecs simplement Schismatiques ou Melchites ; 2. les Jacobites ou Cophtes, qui sont Eutychéens ; 3. les Nestoriens.

Les Protestans sont partagés en deux branches :

1. les Luthériens ; 2. les Calvinistes, sans compter trois autres Sectes ; sçavoir, l'Anabaptiste, la Socinienne, qui nie la Divinité de J. C. & la Secte des Quakers ou Trembleurs : ces derniers sont des fanatiques, qui dans leurs prétendues inspirations, affectent des tremblemens dans leurs membres.

Le Mahométisme se partage en deux Sectes : 1. celle d'Omar, suivie par les Turcs, les Mogols & une partie des Tartares ; 2. celle d'Ali, gendre de Mahomet, suivie par les Persans.

Le Paganisme comprend toutes les autres Religions qu'on appelle communément Idolâtres. Les principales Sectes sont celles des Brachmanes des Indes, des Lettrés de la Chine, de Lamas, &c.

ARTICLE II.

De l'étendue de chaque Religion.

§. I. De l'étendue du Judaïsme.

IL y a beaucoup de Juifs en Asie & en Afrique, moins en Europe, & très-peu en Amérique, où ils n'ont été qu'avec les Nations commerçantes. Ils ne forment nulle part un corps de peuple dominant.

Les Caraïtes, qui sont attachés à la Lettre de l'Ecriture-Sainte, & qui n'admettent point les Traditions du gros des Juifs, demeurent en Pologne & dans l'Empire Turc.

Pour la Secte des Samaritains, elle subsiste encore dans la Terre-Sainte, à Naplouse, autrefois appellée Sichem, en petit nombre.

§. II. De l'étendue du Christianisme.

Le Christianisme comprend l'Europe, à peu de chose près. Il est dispersé dans presque toutes les

Régions d'Asie & d'Afrique, & il s'est établi dans les Pays que possèdent les Européens en Amérique.

La Religion Catholique domine seule en Italie, en France, en Espagne, dans plusieurs États d'Allemagne, & dans la meilleure partie de la Pologne. Elle règne aussi, quoique mélangée de Payens, dans tout ce que possèdent les Rois de France, d'Espagne & de Portugal dans l'Amérique, l'Asie & l'Afrique.

Il est important d'observer que la Religion Catolique, outre les lieux que nous venons de marquer, dans lesquels elle domine, est répandue encore dans tous les Pays du monde. On trouve, en effet, des Catholiques parmi les Peuples Mahométans ou Payens de l'Asie ou de l'Afrique; & en Amérique il n'y a que des Chrétiens & des Payens. Ce privilège d'être répandue par-tout, est propre à l'Eglise Catholique. On ne peut dire la même chose des Mahométans, des Payens, ni des Hérétiques. C'est ce qu'on pourra remarquer encore mieux dans notre petit Traité de la Géographie Ecclésiastique.

Entre les Sectes Protestantes, celles des Sociniens, des Anabaptistes & des Quakers se trouvent en Pologne, en Angleterre, & en Hollande (qui est la partie Septentrionale des Pays-Bas.)

En Transylvanie (partie du Royaume de Hongrie) le Socinianisme est public; mais les autres Sectes sont peu étendues, & ne sont dominantes nulle part.

Le Luthéranisme & le Calvinisme sont les seules Sectes qui dominent, & qui se soient étendues dans les autres Parties du monde, par le commerce & les Colonies.

Le Luthéranisme, outre qu'il est en Danemarck & en Suède, domine presque seul dans la partie Septentrionale de l'Allemagne, & est étendu en Pologne, en Hongrie & en Transylvanie.

Le Calvinisme règne en Angleterre, en Hollande, dans plusieurs Pays d'Allemagne, aux environs du Rhin, dans quelques Cantons & Contrées des Suisses, & dans les lieux d'Asie, d'Afrique & d'Amérique, où les Peuples qui le professent ont formé des Etablissemens.

Les Sectes Schismatiques Grecques ne s'étendent pas au-delà de notre Continent.

Celles des Grecs & des Russes sont partie en Europe, & partie en Asie. La première, dans la Turquie d'Europe & d'Asie, sous le Patriarche de Constantinople : la seconde, dans l'Empire de Russie.

Celles des Syriens, des Géorgiens & des Arméniens, sont entièrement en Asie : la première, en Syrie, sous un Patriarche ; la seconde en Géorgie & Mingrélie ; & la troisième dans les deux Arménies, sous deux Patriarches.

Les Syriens & les Arméniens sont Jacobites ou Eutychéens : les Géorgiens sont Schismatiques Grecs.

La Secte des Cophtes ne subsiste qu'en Afrique : les Cophtes sont Jacobites, c'est-à-dire, Eutychéens. Cette Secte est répandue en Egypte, sous le Patriarche d'Alexandrie, qui réside au Caire. Les Abissins sont de la même Secte, & reconnoissent le même Patriarche.

La Secte des Nestoriens s'étend dans la Syrie, dans le Curdistan, dans le Diarbeck, dans l'Irac & dans quelques Provinces de la Perse, sous un Patriarche de Séleucie, qui réside dans un Monastère près de Mosul.

Si l'on veut connoître toutes ces Sectes un peu plus en détail, on peut consulter la *Géographie Ecclésiastique*, que l'on trouvera à la fin du second Volume de cet Ouvrage.

§. III. *De l'étendue du Mahométisme.*

Le Mahométisme est répandu dans les trois Parties de l'ancien Continent, l'Asie, l'Afrique & l'Europe.

En Asie, la Religion Mahométane règne seule en Arabie, domine dans la Turquie d'Asie, dans la Perse, dans le Mogol, dans la partie Septentrionale de la Presqu'isle en-deça du Gange, dans les Isles Maldives, dans une grande partie des Isles de la Sonde & des Moluques.

En Afrique, elle domine dans l'Egypte, la Barbarie, le Biledulgérid, le Sahra, la Nubie, une partie de la Nigritie, & sur les côtes du Zanguebar.

En Europe, dans la Turquie d'Europe, & la petite Tartarie. Elle est aussi professée par un grand nombre de Tartares dépendans de la Russie.

Il se rencontre aussi beaucoup de Mahométans au milieu des États payens de l'Asie & de l'Afrique.

§. IV. *De l'étendue de la Religion Payenne.*

Les Perses adoroient autrefois le Soleil & le Feu ; mais depuis que le Mahométisme est devenu la Religion dominante de la Perse, il n'y a que très-peu de naturels du Pays qui fassent profession de l'ancienne Religion, dont quelques-uns se sont établis sur les côtes voisines de la Perse, ou dans la Presqu'isle en-deçà du Gange. On les appelle *Gaures* ou *Guebres*. Ces Idolatres prétendent néanmoins ne reconnoître qu'un seul Dieu ; & ils regardent le Feu comme son image.

La Religion des Brachmanes étoit autrefois la seule de tout le Mogol & de la Presqu'isle de deçà le Gange ; depuis même que le Mahométisme s'y est établi, elle est encore la plus suivie des peuples naturels du Pays. Elle s'est conservée dominante dans les autres États de cette Presqu'isle, sur-tout dans ceux des *Rayas*, qui se sont maintenus contre le Mogol. Ces Rayas sont de petits Princes Souverains, dont la plupart font hommage à l'Empereur du Mogol, & lui payent tribut.

Les Brachmanes étoient des Philosophes très-austères, qui faisoient profession, selon Porphyre, de vivre seuls à l'écart; ils avoient quelque ressemblance, pour la manière de vivre, avec nos Religieux. Les Bramines qui leur ont succédé, sont des Prêtres Indiens, qui sont la première race des Banians, anciens Idolâtres des Indes, qui croient à la Métempsycose. Les Bramines, comme ceux qui suivent leur Religion, ont un grand respect pour la vache: ils se frottent le visage avec ses excrémens, & ils se croient heureux, s'ils meurent tenant une queue de vache. Les Lamas sont en Tartarie.

Les Chinois, en général, ne connoissent point d'autre Dieu que le Ciel. Il y a cependant parmi eux trois Sectes différentes: la première est professée par l'Empereur & les Nobles ou Lettrés. La seconde adore les Idoles, & leur bâtit des Temples. Les uns & les autres ont un grand respect pour le Philosophe Confucius. Les Lettrés même, quoiqu'ils n'adorent point les Idoles, offrent néanmoins des sacrifices au Soleil & à la Lune, aux Astres, aux Morts, & en particulier au Philosophe Confucius. Ils ont pour cela certains Tableaux qui le représentent, devant lesquels ils font des libations, & présentent du vin, des fruits & des viandes. La troisième Secte est celle des Sorciers: ils adorent le démon, & pratiquent la magie.

L'Idolâtrie règne dans les Isles du Japon, & dans plusieurs autres endroits de l'Asie.

La Religion Payenne domine aussi en plusieurs Contrées de l'Afrique, comme la Guinée, le Monomotapa, la Cafrerie, &c.

L'adoration du Soleil & l'honneur rendu au diable, étoient les Religions les plus générales de l'Amérique, avant que le Christianisme y fût établi. Les Peuples du Pérou adoroient le Soleil, ceux de la Floride & quelques Peuples du nouveau Mexique l'adorent encore. Les Nations du Canada, de la Guyane, du Brésil, & de la plus grande partie du Paraguai, révèrent le diable ou l'Auteur du mal.

On peut résumer en peu de mots tout ce que nous avons dit sur les Religions.

En Europe il y en a trois : la Chrétienne, la Judaïque, la Mahométane : la Judaïque n'est pas dominante ; les deux autres le sont en différens Pays.

En Asie, il y a quatre Religions : la Chrétienne & la Judaïque, qui ont peu d'étendue ; la Mahométane & la Payenne, qui y sont dominantes.

En Afrique quatre : la Judaïque, qui n'est pas dominante ; la Chrétienne, la Mahométane, & la Payenne, qui y sont dominantes. La Religion Chrétienne a moins d'étendue que les deux autres en Afrique. On la professe dans les Pays qui sont sous la domination des Rois de France, d'Espagne & de Portugal, &c.

En Amérique, deux ; la Chrétienne, & la Payenne.

Article III.

Des différentes Langues des Habitans de la Terre.

§. I. *Du nombres des Langues.*

ON peut compter quinze Langues générales : la Latine & la Teutonique dans les deux Continens connus : l'Esclavone, la Grecque, l'Arabe, la Tartare, la Chinoise, l'Africaine ou Bérébere, la Négre & l'Ethiopienne, qui toutes ne s'étendent pas au-delà de notre Continent : la Mexicaine, la Péruvienne, la Tapuye, la Guyarane & la Calybine sont renfermées dans l'Amérique.

§. II. *De l'étendue de chaque Langue générale.*

La Langue Latine est une langue morte, c'est-à-dire, qu'on ne parle plus ; mais elle subsiste encore par ses idiômes, qui sont les Langues Italienne, Espagnole & Françoise, dans les États d'Italie, d'Espagne & de France, & dans les Pays soumis à ces Peuples. Elle a encore l'avantage d'être la Langue dont se sert l'Eglise Romaine, & de faire comme une Langue générale, au moins pour ceux qui ont fait quelques études.

La Langue Teutonique est naturelle à l'Allemagne, à la Suède, au Danemarck, & aux Isles Britanniques : elle s'est aussi étendue dans les Pays soumis aux Peuples qui la parlent, dans l'un & dans l'autre Continent. Cette Langue en a formé diverses autres, qui n'en sont que des idiômes ; sçavoir, l'Allemande, la Flamande, l'Angloise, la Suédoise & la Danoise.

La Langue Esclavonne a produit celle que l'on parle en Russie, en Pologne, en Bohême, en Hongrie, & dans la plus grande partie de la Turquie d'Europe. Les Langues de tous ces Pays, ne sont que des idiômes de la Langue Esclavone.

La Langue Grecque est en usage, mais d'une manière corrompue, dans la partie Méridionale de la Turquie d'Europe, c'est-à-dire, dans l'ancienne Grece & les Isles de l'Archipel. On la parle aussi dans la Natolie, qui fait partie de la Turquie d'Asie.

L'Arabe est en usage dans la Turquie d'Europe ; en Asie, dans l'Arabie, la Turquie d'Asie, la Perse & l'Inde, & encore en Afrique, dans la Barbarie, l'Egypte, le Sahra, la Nigritie, la Nubie & la côte Orientale de la Cafrerie.

DES DIFFÉRENTES LANGUES.

La Tartare est parlée dans la grande Tartarie, dans la Turquie, le Mogol & la Chine.

La Chinoise est en usage, non-seulement dans la Chine, mais encore dans une partie de l'Inde, & dans la plupart des Isles de l'Asie.

L'Africaine, la Négre & l'Ethiopienne, ne sont en usage qu'en Afrique : la premiére dans la Barbarie, le Biledulgérid, le Sahra, la Nubie ; elle est plus ou moins mélangée d'Arabe. La Négre est parlée dans toute la Nigritie & la Guinée ; l'Ethiopienne dans toute l'Ethiopie, ou l'Afrique Méridionale.

La Mexicaine est en usage dans le Mexique ; la Péruvienne dans le Pérou : la Tapuye est la Langue générale des Tapuyes, qui s'étendent dans tout le Brésil ; la Guyarane est en usage dans le Paraguai, jusqu'à la Rivière des Amazones ; la Calybine est la Langue des Caraïbes, peuples des Isles du même nom dans l'Amérique Septentrionale : elle est aussi la Langue générale des peuples de la Guyane & de la Terre-Ferme, dans l'Amérique Méridionale.

Un Sçavant d'Allemagne, nommé Godefroi Hensel, a publié en 1741, à Nuremberg, un Ouvrage Latin sur l'unité & l'harmonie des Langues ; auquel il a joint une Description de toute la Terre, par rapport à la situation des Langues & à leur propagation. Il a rendu ceci sensible par quatre petites Cartes polyglottes, c'est-à-dire, en différentes Langues ; où l'on voit dans chaque Pays le commencement du *Pater*, en la Langue qui s'y parle, & en marge sont les Alphabets de chaque Langue, pour les Peuples qui ont des Caractères. Ces Cartes réunies en une Feuille, font une pièce curieuse : on la trouve à Paris, chez M. Julien, à l'Hôtel de Soubise.

✻

ARTICLE IV.
De la figure & des différentes couleurs des Habitans de la Terre.

EN général, on divise les Habitans de la Terre en blancs & en noirs. Les blancs se divisent 1. en blancs proprement dit; 2. en bruns; 3. en jaunâtres; 4 en olivâtres.

1. Les purs Blancs sont tous les Européens, une partie des Asiatiques, c'est-à-dire, les Habitans de la Natolie, de l'Arménie, de la Géorgie, des Provinces de Perse vers le Septentrion & la Mer Caspienne, les grands Tartares, ceux des Provinces Septentrionales de la Chine, & les Japonois.

2. Les Bruns sont la plus grande partie des Habitans de la Barbarie, de l'Egypte, du Sahra, du Zanguebar; dans l'Asie, les Habitans de la Syrie, du Diarbeck, de l'Arabie, des Provinces méridionales de la Chine, des Isles de Ceylan, des Maldives, des Isles de la Sonde, des Moluques, & des Philippines.

3. Les Indiens sont la plupart jaunâtres. Ceux qui sont basanés, ne le sont que parcequ'ils s'exposent beaucoup au soleil.

4. La plus grande partie des Américains est de couleur olivâtre.

Les Africains en général sont noirs. Si ceux qui demeurent dans la Barbarie, l'Egypte, la Nubie, le Biledulgérid, le Sahra & le Zanguebar, ne le sont pas, c'est que ce sont des Colonies d'Européens & d'Asiatiques.

Quant à la figure des hommes, on en peut remarquer quatre sortes principales.

La première, des Européens, excepté les petits

Tartares & les Habitans de quelques parties Septentrionales & Orientales de la Ruffie. On peut comprendre dans cette claffe les Habitans de la Barbarie, du Biledulgérid, du Sahra & de la Turquie en Afie; la plupart de ceux de la Prefqu'ifle de l'Inde en-deçà du Gange, qui ne font pas beaucoup différens de vifage des Européens.

La feconde forte comprend les Chinois, les grands & petits Tartares, les Habitans de la Prefqu'ifle Orientale ou au-delà du Gange, des Ifles du Japon, des Philippines, des Moluques, des Ifles de la Sonde, qui ont le vifage extrêmement plat, le nez écaché & les yeux ovales.

La troifième comprend les Lapons, les Samogèdes, & peut-être les Habitans des Terres Arctiques, qui ont le vifage tiré en long, affreux, & qui femble tenir de l'Ours. Ce font d'ailleurs de petits hommes gros & trapus: les plus grands n'ont guères que quatre pieds & demi de haut.

La quatrième efpèce eft celle des Africains, à l'exception de ceux qui ne font pas noirs: ils ont le nez plat, de groffes lèvres, & le dedans de la bouche, les lèvres & la langue rouges comme du corail.

SECONDE PARTIE.
De l'Europe.

Nous avons déja remarqué, que la Terre se divise en deux Continens, l'ancien & le nouveau.

L'Ancien renferme l'Europe, l'Asie & l'Afrique; le Nouveau renferme l'Amérique.

Il convient de commencer la Description des quatre Parties du monde, par celle que nous habitons, & qui, par cette raison, nous intéresse particulièrement.

L'Europe, quoique la plus petite des quatre Parties, peut être considérée comme la principale, tant par le nombre de ses Habitans, & la grandeur de ses richesses, que parcequ'elle est la plus fertile en grands hommes, & le centre de la vraie Religion. Le sçavant Bochart a cru que le nom d'Europe venoit d'un mot Phénicien, qui signifie *visage blanc*. Le nom de *Blancs* distingue encore dans les Indes, les Européens des Naturels du Pays.

L'Europe est bornée à l'Occident & au Nord par l'Océan; à l'Orient par l'Asie & ces petites Mers qui font une extension de la Méditerranée; & au Midi par la même Mer, qui la sépare de l'Afrique. Sa plus grande longueur est depuis le Cap S. Vincent (en Portugal,) au huitième Dégré, jusqu'au-delà du soixante-douzième Dégré de Longitude, en y renfermant tout le Gouvernement Russe d'Archangel, ce qui fait 1150 lieues environ. Sa Latitude est depuis le Cap de Matapan, en Morée, ou Turquie Méridionale, jusqu'au Nord-Cap, en Norwège (partie du Royaume de Danemarck:) ce qui fait 36 Dégrés, depuis le trente-sixième jusqu'au soixante-douzième, c'est-à-dire, 900 lieues, à compter 25 lieues par Dégré.

Il se trouve en Europe quatre sortes de Gouvernemens. Le *Despotique*, le *Monarchique*, l'*Aristocratique* & le *Démocratique*. Le premier est celui d'un Souverain qui a pouvoir de vie & de mort sur ses sujets, & qui ne suit d'autres loix que sa volonté ; tel est le Gouvernement de l'Empire de Turquie, &c. Le Gouvernement *Monarchique*, est celui d'un Souverain qui commande seul dans un État ; mais qui est conduit par les loix que ses prédécesseurs ont établies, comme en France, en Espagne, &c. L'*Aristocratique*, est celui où les Seigneurs & les Principaux d'une République commandent, comme à Venise. Enfin, le *Démocratique*, est celui qui dépend du Peuple assemblé, ou de ceux qu'il a choisis pour agir en son nom, comme dans les Cantons Suisses. Il y a des États dans lesquels les trois dernières sortes de Gouvernemens se trouvent réunies ; tel est celui d'Angleterre. Le Gouvernement de Pologne est Monarchique & Aristocratique, & celui de Hollande, ou des Pays-Bas Septentrionaux, est Aristocratique & Démocratique.

On remarque en Europe des Souverains de plusieurs sortes ; les principaux sont :

Un grand Prince Ecclésiastique, qui est le Pape.

Trois Empereurs, celui d'Allemagne, qu'on nomme simplement l'*Empereur* ; celui de Russie ou Moscovie, qu'on appelloit ci-devant *Czar* ; & l'Empereur des Turcs, qui porte le titre de *Grand Seigneur*.

Onze Rois ; sçavoir : ceux de France, d'Espagne, de Portugal, d'Angleterre, de Pologne, de Danemarck, de Suéde, de Prusse, de Bohême & de Hongrie, qui est le même ; celui de deux Siciles ; enfin, le Roi de Sardaigne.

Un Archiduc ; sçavoir, celui d'Autriche, & un Grand Duc, qui est celui de Toscane (en Italie.)

Il y a en Europe quatre Républiques considérables, qui sont celles, de Venise, des Provinces-Unies, ou États de Hollande, des Cantons Suisses, & de Gènes. Il y en a quatre moins puissantes; sçavoir, celles de Genève, entre la France, la Suisse & la Savoye; celle de Luques, au Nord-Ouest de la Toscane; de Saint-Marin, près le Golfe de Venise, & dans le Duché d'Urbin, partie de l'État Ecclésiastique ou du Pape; enfin, la République de Raguse, au Midi de la Dalmatie, sur le Golfe de Venise, à l'Orient.

L'Europe se divise en seize Parties.

Quatre vers le Septentrion, qui sont, les Isles Britanniques, les États de Dancmarck, qui renferment le Danemarck & la Norwège, la Suéde, & la Russie, que nous appellions ci-devant Moscovie.

Huit au Milieu; la France, les Pays-Bas, la Suisse, l'Allemagne, la Bohême, la Hongrie, la Pologne, & la Prusse.

Quatre au Midi : le Portugal, l'Espagne, l'Italie, & la Turquie en Europe.

Comme il est naturel de commencer la Description de l'Europe par les États qui nous sont les plus connus & qui nous intéressent particulièrement, soit par rapport à la Religion, soit par rapport aux liaisons que nous avons avec eux, on donnera d'abord la Description de la France & des Pays-Bas, dont une partie lui appartient. Les États que l'on trouve à son Midi & à son Orient; sçavoir, l'Espagne, le Portugal, l'Italie, la Savoye & la Suisse seront ensuite examinés. Nous considérerons en troisième lieu les autres Pays Catholiques, que l'on trouve dans le Milieu de l'Europe; puis les Communions séparées de l'Eglise Catholique, qui occupent la partie Septentrionale; & nous finirons par la Turquie d'Europe, dominée par des Infidèles, ou des Mahométans.

SECTION I.

De la France.

La *France* qui portoit autrefois le nom de *Gaule*, s'étend entre le treizième Dégré de Longitude & le vingt-cinquième, depuis Brest, Port de Bretagne, à l'Occident, jusqu'à Strasbourg en Alsace, à l'Orient ; & entre le quarante-deuxième Dégré de Latitude Septentrionale, & le cinquante-unième, depuis Dunkerque dans la Flandre, au Nord, jusqu'à Mont-Louis dans le Roussillon, au Sud ou Midi, ainsi, la France a plus de douze Dégrés de Longitude, ce qui fait environ 200 lieues, & 9 Dégrés de Latitude, & par conséquent 225 lieues ; ces Dégrés valant tous 25 Lieues.

La France a au Nord la Manche & les Pays-Bas, à l'Occident l'Océan ; à l'Orient l'Allemagne, la Suisse, la Savoye & le Piémont, partie d'Italie, dont elle est séparée par les Alpes ; au Midi, la Méditerranée, & les Monts Pyrénées, qui la séparent de l'Espagne. La seule Religion Catholique est professée dans ce Royaume, depuis que Louis XIV a révoqué en 1685, l'Édit de Nantes, par lequel Henri IV avoit permis l'exercice de la prétendue Réforme de Calvin.

Ce Royaume qui fournit avec abondance toutes les choses nécessaires à la vie, est le plus ancien des Royaumes de l'Europe. Les François, Peuples d'Allemagne, s'établirent dans la Gaule, qui faisoit partie de l'Empire Romain d'Occident, dans le Ve Siècle. On compte depuis Pharamond, dont le règne a (dit-on) commencé vers l'an 420, jusqu'à Louis XV, 66 Rois sous trois Races ; 22 dans la première, 13 dans la seconde, & 31 dans la troisième. La première s'appelle des Mérovingiens; la seconde, des Carlovingiens; la troisième, des Capétiens. La Couronne de France est héréditaire, & les seuls enfans mâles & légitimes y ont droit, selon un usage aussi ancien que la Monarchie, que quelques-uns rapportent à la Loi Salique, qui exclud les femmes de la possession des Terres.

Le Roi porte les titres de *Roi Très-Chrétien*, confirmé à Louis XI en 1469 par le Pape Paul II, comme une prérogative spéciale du Roi de France; il a encore le nom de *Fils aîné de l'Eglise*. Ce dernier titre est fondé sur ce que, lorsque Clovis l'un des premiers Rois eut embrassé la Religion Chrétienne, il étoit le seul Prince Catholique ou Orthodoxe; les autres étoient engagés dans les hérésies d'Arius ou d'Eutychès.

L'État est composé de trois Corps, qui sont le *Clergé*, la *Noblesse* & le *Peuple*, qu'on appelle le *Tiers-Etat*. C'est ce qui formoit autrefois *les Etats Généraux*, où toutes les Provinces envoyoient leurs Députés: on y décidoit les affaires importantes du Royaume. Les derniers *Etats* se tinrent à Paris, l'an 1614, sous Louis XIII.

Le Royaume de France renferme 21. Universités, 19. Archevêchés, sans y comprendre Avignon; 111. Evêchés, sans compter ceux du Comtat Venaissin & de l'Isle de Corse, que la France possède depuis quelques années, 9. Parlemens, 11. Chambres des Comptes, 9. Cours des Aides, 1. Cour Souveraine en Lorraine, 2. Conseils Souverains, 10. Conseils Supérieurs, 1. Cour & 30 Hôtels des Monnoies. C'est ce qu'on verra plus en détail dans l'*Analyse* ou l'*Abrégé de la France*, qui se trouvera à la suite de la Description détaillée de ce Royaume.

Entre un grand nombre de Rivières qui arrosent la France, on remarque quatre principaux *Fleuves*.

1. La *Seine*. Elle a sa source près Saint-Seine en Bourgogne,

Bourgogne, traverse la Champagne, l'Isle de France, la Normandie, & se décharge dans la Manche, près du Havre-de-Grace. Les Villes principales qu'elle arrose, sont, Troyes, Melun, Paris & Rouen.

2. La *Loire*, prend sa source dans les Montagnes du Vivarais, & après avoir traversé le Velay, le Forez, le Bourbonnois, le Nivernois, l'Orléanois, la Touraine, une partie de l'Anjou, & la partie Méridionale de la Bretagne, elle se décharge dans l'Océan. Elle arrose les Villes de Roanne, où elle commence à porter bateau, Nevers, Orléans, Blois, Tours, Saumur & Nantes.

3. Le *Rhône*. Il prend sa source au Mont Furca ou de la Fourche, près de S. Gothard, en Suisse, traverse le Valais, le Lac de Genève, côtoye une partie de la Savoye, sépare le Dauphiné de la Bresse, passe à Lyon, & se rend presqu'en droite ligne dans la Méditerranée, après avoir arrosé d'un côté le Dauphiné, le Comtat d'Avignon, la Provence, & d'un autre côté une partie du Languedoc. Les Villes les plus remarquables qui sont sur ses bords, sont, Lyon, Vienne, Valence, Montelimart, Avignon, Beaucaire, Tarascon & Arles.

4. La *Garonne*, est appellée la *Gironde*, depuis sa jonction avec la Dordogne au Bec-d'Ambès, jusqu'à son Embouchure dans l'Océan. On trouve sa source au Val d'Aran, dans les Pyrénées; elle traverse le Pays de Cominge, passe à Toulouse, à Agen, arrose le Bazadois, se rend à Bordeaux, & se décharge assez loin de cette Ville dans l'Océan.

Les *Montagnes* (*a*) les plus hautes de France sont les *Alpes*, qui la séparent de l'Italie; les *Pyrénées* qui la bornent du côté de l'Espagne; celles des *Céven-*

(*a*) M. Buache vient de donner une France Physique, ou partagée par la continuité des Chaînes de Montagnes ou de Terreins élevés, & par les Bassins Terrestres des Fleuves, &c.

nes, dans le Bas-Languedoc, les Montagnes d'Auvergne, qui en font une branche ; les *Vosges* qui séparent la Lorraine de l'Alsace & de la Franche-Comté.

Les Géographes partageoient autrefois la France en 12 grands Gouvernemens ; sçavoir, Picardie, Normandie, Isle de France, Champagne, Bretagne, Orléanois, Bourgogne, Lyonnois, Dauphiné, Provence, Languedoc & Guyenne. Mais la division de la France par ses Provinces ou Gouvernemens militaires, est la plus usitée présentement, la plus méthodique, & la plus complette. Nous les disposerons par bandes, ce qui a rapport à leurs climats & productions différentes.

Division de la France en trente-deux Gouvernemens, ou Provinces.

On en compte huit au Septentrion : 1. la Flandre Françoise, 2. l'Artois, 3. la Picardie, 4. la Normandie, 5. l'Isle de France, 6. la Champagne, 7. la Lorraine & le Barrois, 8. l'Alsace.

Treize dans le milieu, d'Occident en Orient : 1. la Bretagne, 2. le Maine, 3. l'Anjou, 4. la Touraine, 5. l'Orléanois, 6. le Berri, 7. le Nivernois, 8. la Bourgogne, 9. la Franche-Comté, 10. le Poitou, 11. l'Aunis, 12. la Marche, 13. le Bourbonnois.

Onze vers le Midi : 1. la Saintonge, qui comprend aussi l'Angoumois, 2. le Limosin, 3. l'Auvergne, 4. le Lyonnois, 5. le Dauphiné, 6. la Guyenne, 7. le Béarn, 8. le Comté de Foix, 9. le Roussillon, 10. le Languedoc, 11. la Provence.

On peut encore en compter huit sur le même pied que les précédens, c'est-à-dire, dont les Gouverneurs ne reçoivent leurs ordres que du Roi ; mais ces Gouvernemens sont fort petits, ne renfermant pour la plupart qu'une Ville. 1. Paris ; 2. le Boulonnois, en Picardie ; 3. le Havre de Grace, en Normandie ;

4. Saumur avec le Saumurois, entre l'Anjou & le Poitou; 5. Metz & le Pays-Meſſin; 6. Verdun & le Verdunois; 7. Toul & le Toulois. Ces trois ſont enclavés dans la Lorraine; & Metz ne fait aujourd'hui qu'un Gouvernement avec Verdun. Enfin, 8. Sedan, entre la Lorraine & la Champagne, au Nord.

CHAPITRE I.

Provinces & Gouvernemens du Nord.

ARTICLE I.

Du Gouvernement de la Flandre Françoiſe.

CE Gouvernement eſt compoſé de trois petites Provinces; ſçavoir, d'une partie de la Flandre, qu'on appelle *Flandre-Françoiſe*; du *Cambreſis*, & du *Hainaut-François*. Ce Gouvernement s'étend depuis Dunkerque juſqu'à Charlemont ſur la Meuſe, près du Luxembourg. C'eſt un Pays très-fertile en bled, en lin & en colſa, qui eſt une plante appellée ordinairement *Navette*, & dont on fait de l'huile. La boiſſon ordinaire n'eſt que de la bière, parceque la vigne n'y peut meurir.

Ses Rivières principales ſont, la Lys & l'Eſcaut, dont on trouvera le cours à l'Article des Pays-Bas, qu'ils arroſent principalement.

§. I. *De la Flandre Françoiſe.*

La Flandre Françoiſe faiſoit anciennement partie du Comté de Flandre; mais après la mort de Gui de Bourbon-Dampierre, c'eſt-à-dire en 1312, les Villes & Châtellenies de Lille & de Douai, furent cédées à Philippe le Bel, Roi de France. Ses ſucceſseurs en jouirent jusqu'en 1363, que le Roi Jean les donna à Philippe le Hardi, Duc de Bourgogne, son quatrième Fils, à charge de réversion à la Couronne, si le Prince n'avoit pas d'enfans mâles. Quoique ce cas fût arrivé, nos Rois ne purent se faire rendre ce Pays, qui leur appartenoit si légitimement ; mais en 1667, Louis XIV le reprit aux Espagnols, avec plusieurs autres Villes, & le tout lui fut abandonné par les Traités qui suivirent.

LILLE, *Capitale*, *Place forte*, sur la Deule, avec *Hôtel des Monnoies*. C'est une grande Ville très-peuplée & très-marchande, qui est du Diocèse de Tournai, (Ville qui n'est pas aujourd'hui à la France.) On admire la Citadelle de Lille, construite par le Maréchal de Vauban. L'Esplanade qui est entre cette Citadelle & la Ville, est plantée de quatre rangs d'arbres, qui y forment une agréable promenade. Sa grande Place & ses édifices publics sont fort beaux. L'Eglise Collégiale de S. Pierre a peu d'apparence au-dehors ; mais elle est propre en-dedans, & l'on y voit les Tombeaux de plusieurs Comtes de Flandre & Ducs de Bourgogne. Lille a un Hôpital-général magnifique, quoiqu'il n'y en ait encore que la moitié de bâtie ; un autre que l'on nomme *l'Hopital-Comtesse*, est beau, & les malades y sont servis en vaisselle d'argent. Le Magasin des États doit encore être remarqué, comme étant d'une grandeur surprenante. Cette Ville ayant été prise par les Alliés en 1708, fut rendue aux François par la Paix d'Utrecht en 1713. On y fait un grand Commerce de Camelots & autres étoffes.

DOUAI, *Place forte*, sur la Scarpe, au Midi de Lille : il y a un *Conseil Supérieur* & une *Université*. Cette Ville, du Diocèse d'Arras, est remplie de Collèges : les trois plus beaux sont celui du Roi, celui qui appartient aux Religieux Bénédictins de S. Vaast d'Arras, & celui qu'occupoient les Jésuites.

Le premier de ces Collèges est bâti à neuf, les deux autres sont anciens. Les Ecoliers y sont très-nombreux ; on les distingue, comme à Louvain, (en Brabant, partie des Pays-Bas Autrichiens,) par un manteau qu'ils portent hyver & été, & qui les fait reconnoître, soit qu'ils insultent, ou qu'ils soient insultés. L'Université de Douai a été fondée par Philippe II, Roi d'Espagne, & tirée de celle de Louvain, en 1562.

Les fortifications, les remparts, & sur-tout le Fort, qu'on appelle de *Scarpe*, parcequ'il est situé sur la Scarpe, près de Douai, sont de très-beaux morceaux. L'Hôtel-de-Ville & l'Arsenal sont remarquables. Le Parlement de Flandre, qui y étoit ci-devant, avoit été transferé de Tournay à Douai, en 1709. Il n'y a depuis 1771, qu'un Conseil Supérieur. Le lieu où il s'assemble, est un vaste bâtiment qu'on appelle *le Refuge de Marchiennes*. Ces *Refuges* sont de grandes maisons bâties dans les principales Villes de Flandre, pour y retirer pendant les guerres les Religieux & Religieuses de différens endroits, qui seroient trop exposés au milieu de la campagne, où sont la plupart des Monastères.

DUNKERQUE, au Nord-Ouest, *Port*. Ce mot *Dunkerque* signifie *Eglise des Dunes*, du mot *Kerque*, qui, en Flamand, signifie *Eglise*. Cette Ville, qui est belle, bien percée & bien bâtie, n'a qu'une seule Paroisse. Le Port & les restes de ses anciennes fortifications, qui ont été démolies en 1713, suivant la Paix d'Utrecht, méritent d'être vus.

L'entrée du Port étoit ci-devant gardée bien avant dans la Mer par deux *Risbans*, ou Forts, dont les démolitions subsistent. De-là, dans l'intérieur de la Ville, il y a un Quai très-long & très-solide, toujours rempli de bâtimens de moyenne grandeur. Il communiquoit, vers l'entrée de la Ville, par deux Ecluses qui sont détruites, avec deux magnifiques Bassins de différente profondeur ; l'un pour les vaisseaux de guerre, & l'autre pour les autres navires. Tout le grand Bassin est renfermé par deux corps de bâtiment, qui ont chacun près de cent toises de face : l'un s'appelle la *Corderie* ; on y fait des cables pour les vaisseaux : l'autre qui est vis-à-vis, se nomme *le Magasin des Matelôts*, & leur sert de logement. Les casernes pour les troupes, sont assez belles.

BERGUE-SAINT-VINOX, *Place forte*, sur la *Colme*, au Sud-Est de Dunkerque. Cette place tire son nom de Saint-Vinox, qui bâtit un Monastère sur la fin du VIIIe Siècle, assez près de cette Ville.

GRAVELINES, *Place forte*, & *Port*, entre Dunkerque & Calais. Ses fortifications sont du Chevalier Deville & du Maréchal de Vauban.

BOURBOURG. Cette Ville est située sur le Canal qui va de Dunkerque à la Rivière d'Aa. Il y a une Abbaye de filles, de l'Ordre de S. Benoît.

CASSEL, Ville située sur une petite Montagne, d'où l'on découvre 32 Villes, & une grande étendue de Mer. Cette Ville, d'ailleurs, est jolie, & étoit très-forte autrefois. Ce fut près de Cassel que Philippe I, Roi de France, fut défait par Robert le Frison, Comte de Flandre & son Vassal, en 1071 ; que Philippe de Valois, en 1328, remporta une célèbre victoire contre les Flamands ; & qu'en 1677, Philippe, Duc d'Orléans, défit les Hollandois.

BAILLEUL, *Présidial*.

ARMENTIÈRES, sur la Lys, *Bailliage* : elle est renommée par ses draps & ses bons fromages.

MARCHIENNES, sur la Scarpe, remarquable par son Abbaye de Bénédictins.

SAINT-AMAND, sur la Scarpe. Louis XIV, s'étant emparé de cette Ville en 1667, l'a réunie à la France avec son territoire, ce qui a été confirmé par la Paix d'Utrecht. On y voit une célèbre Abbaye de Bénédictins non réformés, qui a donné lieu à la Ville.

Le Monaſtère eſt magnifique, & l'Egliſe d'une grandeur ſurprenante.

Orchies, au Nord-Oueſt de Saint-Amand. Cette Ville a été priſe par Louis XIV, en 1667. La poſſeſſion lui en a été confirmée par le Traité d'Utrecht.

§. II. *Le Cambreſis.*

C'eſt un Comté compoſé de 22 villages. L'Archevêque de Cambrai, qui en eſt Comte, jouit encore des droits & du haut domaine qu'avoient ſes prédéceſſeurs; mais la ſouveraineté appartient au Roi de France, en vertu du Traité de Nimégue de 1678, confirmé par les Traités ſuivans.

Cambrai, *Place forte*, ſur l'Eſcaut, avec *Archevêché*. C'eſt une aſſez grande Ville, fameuſe par ſes toiles de lin; la Citadelle eſt grande & belle, quoiqu'antique. Cette Ville étoit autrefois Impériale, & l'Archevêque prend encore le titre de Prince du Saint-Empire. Son Egliſe cathédrale eſt belle, mais un peu obſcure; l'autel eſt un tombeau d'argent. Le clocher eſt une flêche de pierres d'une hauteur conſidérable.

Cateau-Cambresis, célèbre par le Traité de Paix conclu entre la France & l'Eſpagne, en 1559. L'Archevêque de Cambrai a un très-beau Château dans cette petite Ville, qui eſt fort peuplée, à cauſe de l'exemption d'impôts dans laquelle elle s'eſt toujours maintenue.

§. III. *Le Hainaut François.*

Ce Pays eſt une portion du Comté de Hainaut, qui a été cédée à Louis XIV, par la Maiſon d'Autriche, en vertu des Traités des Pyrénées & de Nimégue, en 1660 & 1678.

Valenciennes, *Place forte*, ſur l'Eſcaut. C'eſt une Ville nouvellement fortifiée, & qui a une bonne Citadelle. L'Eſcaut la diviſe en deux parties, qui ſont de différens Diocèses. Celle qui est à la droite de la rivière appartient au Diocèse de Cambrai, & il y a un Chapitre composé d'un Doyen & de 15 Chanoines, dont les Prébendes sont de peu de revenu. L'autre partie de la Ville est du Diocèse d'Arras. Valenciennes a plusieurs Tribunaux; & il y a deux Manufactures: l'une d'étoffes de laine, camelots & bouracans; l'autre de toiles fines, qu'on nomme *Batistes*, & dont on fait un grand commerce. L'Hôtel-de-Ville est antique & assez beau: il est situé dans une grande Place au centre de la Ville. Antoine Wateau, Peintre célèbre pour la légèreté & la grace de sa touche, étoit né à Valenciennes.

CONDÉ, au confluent de la Haisne & de l'Escaut, Principauté dont une branche de la Maison de Bourbon porte le nom, quoiqu'elle ne lui appartienne plus. Cette petite Ville est assez forte.

MAUBEUGE, *Place forte*, sur la Sambre. Elle a un Chapitre de Chanoinesses, qui sont obligées de faire preuve de noblesse pour y être admises.

LE QUESNOI, *Place forte*, au Sud-Est de Valenciennes.

AVESNES, *Place forte*, sur l'Haspre. Louis XI la prit d'assaut en 1477. Elle a donné jusqu'au XIIIe Siècle son nom à une Maison illustre. La Seigneurie a passé ensuite dans celles de Châtillon, de Bretagne, de Croy-Chimay, &c. Depuis 1706 elle est dans la Maison d'Orléans, à qui le Parlement de Paris l'adjugea le 31 Juillet. Cette Seigneurie, dont la Ville avoit été démembrée en 1556, en faveur du Roi d'Espagne, forme la première Pairie du Hainaut. La Ville d'Avesnes a un Bailliage royal, celui de la Pairie, & le Magistrat ou Corps-de-Ville.

LANDRECIES, *Place forte*, sur la Sambre. Louis XIV la prit en 1655. Elle a été cédée à la France par le Traité des Pyrénées, en 1660, ainsi qu'Avesnes.

PHYLIPPEVILLE, *Place forte*, à l'Orient de Maubeuge. Ce n'étoit autrefois qu'un Bourg nommé *Corbigni* : Marie, Reine de Hongrie, sœur de Charles-Quint, l'ayant fait fortifier en 1555, lui donna le nom de *Philippeville*, en l'honneur de Philippe II, Roi d'Espagne, son neveu. Les nouvelles fortifications que Louis XIV y a fait faire, sont de M. le Maréchal de Vauban.

CHARLEMONT, *Place forte*, à l'Orient de Philippeville, sur la Meuse. Cette Ville a pris son nom de Charles-Quint son fondateur, & de sa situation sur une montagne. Elle étoit autrefois du Comté de Namur ; mais depuis la Paix de Nimégue, qui l'a donnée à la France, elle dépend du Gouvernement de Flandre.

GIVET, *Place forte*, au pied de Charlemont : c'étoit deux Villages séparés par la Meuse. Louis XIV les a fait extrêmement fortifier par M. de Vauban : il y a de belles Casernes, pour loger la garnison.

ARTICLE II.

Du Gouvernement d'Artois.

LE Comté d'Artois, renfermé entre la Flandre & la Picardie, est une des dix-sept Provinces désignées par le nom général de Pays-Bas. Louis XIII en fit la conquête en 1640 sur Philippe IV, Roi d'Espagne ; & depuis ce temps, tout l'Artois fut soumis à la France, à l'exception des Villes d'Aire & de S. Omer, qui furent cédées à Louis XIV en 1678 par le Traité de Nimégue, confirmé par les Traités subséquens, & en particulier par celui d'Utrecht en 1713.

Pendant long-temps l'Artois a fait partie du Gouvernement de Picardie : mais depuis 1765 il forme un Gouvernement particulier. C'est un Pays d'États. Le terroir y est fertile en bleds & abondant en pâturages.

ARRAS, sur la Scarpe, *Capitale*, *Place forte*, siège d'un *Conseil Supérieur*, & *Evêché*. C'est une grande Ville, très-peuplée & bien bâtie, qui est partagée en deux, la Ville & la Cité. Elle a deux fort belles Places. Au milieu de la Ville est la célèbre Abbaye de S. Vaast, fondée par le Roi Thierri, sur la fin du VIIe. Siècle, & où il est enterré. Les Religieux de cette Abbaye sont d'anciens Bénédictins. La Cathédrale, dédiée à la Sainte Vierge, est très-belle. On y admire le Baptistère : c'est une colonnade en rond, qui porte un baldaquin orné de figures & de sculptures. Les colonnes sont de marbre ; la cuve, qui est aussi de très-beau marbre, est au-dessous. La Citadelle, qui est un pentagone allongé, & dont l'enceinte a été réparée par le Maréchal de Vauban, est d'une médiocre grandeur, & une des plus fortes du Royaume. Arras est la patrie de François Baudouin, célèbre Jurisconsulte.

SAINT-OMER, au Nord-Ouest, sur l'Aa, *Place forte*, avec *Evêché*. Cette ville est assez bien bâtie & grande : elle a un Hôpital fort beau, qui a été élevé par ses deux derniers Evêques. On y voit aussi une célèbre Abbaye qu'on nomme de S. Bertin, dont l'Eglise est très-belle, aussi-bien que le Monastère, qui est un grand bâtiment quarré tout nouvellement construit. Les Religieux de cette Abbaye sont des Bénédictins non réformés. Les Jésuites avoient dans cette Ville une belle Maison qu'on appelle le Pensionnat Anglois.

A une petite lieue de Saint-Omer est une Abbaye de Bernardins qu'on nomme de *Clairmarest*, & dont l'Abbé a séance aux États d'Artois. Près de cet endroit on voit les *Isles Flotantes*. Ce sont de petites pièces de terre qui flotent en effet sur l'eau, & qu'on fait aller facilement d'un lieu à un autre, quoiqu'il croisse des arbrisseaux & même des arbres dans quelques-unes.

AIRE, *Place forte*, sur la Lys, au Sud-Est de Saint-Omer: elle est jolie & bien fortifiée. Sa Collégiale est grande & très-belle. L'Hôtel-de-Ville est neuf & bien bâti. Louis XIV y a fait construire des Casernes qui en font un des plus beaux ornemens.

LILLERS, au Sud-Est d'Aire. Elle avoit autrefois des Seigneurs qui en étoient propriétaires; mais vassaux des Comtes de Flandre. Un de ces Seigneurs y fonda une Collégiale dans l'onzième Siècle.

SAINT-VENANT, sur la Lys, à l'Orient d'Aire.

HESDIN, *Ville forte*, à l'Occident d'Arras, sur la Canche.

SAINT-POL, à l'Orient de Hesdin, *Comté* célèbre, & *Bailliage* possédé aujourd'hui par la Maison de Rohan-Soubise.

BAPAUME, petite *Place forte*, au Midi d'Arras.

LENS, au Nord d'Arras, célèbre par la victoire que le Prince de Condé remporta en 1648 sur l'Archiduc Léopold qui commandoit l'Armée Espagnole.

BÉTHUNE, au Nord-Ouest de Lens. Cette Ville a un Château & des fortifications construites par le Maréchal de Vauban. Elle est sur la petite rivière de Brette.

Les Villes du *Quesnoi* & de *Landrecies*, qui sont du Hainaut François, dépendent de ce Gouvernement.

Article III.

Du Gouvernement de Picardie.

Ses bornes sont, à l'Orient, la Champagne; au Septentrion, les Pays-Bas; à l'Occident, la Manche & la Normandie; au Midi, l'Isle de France.

On la divise en haute & basse : la haute est à l'Orient, & la basse est à l'Occident.

Son étendue est de 49 lieues d'Orient en Occident, depuis Rocroi jusqu'à l'embouchure de la Rivière de Bresle, qui la sépare de la Normandie; & de 38 lieues du Midi au Septentrion, depuis le Beauvoisis jusqu'à Calais.

Cette Province, est très-abondante en bled & autres grains, & en pâturages; mais elle produit peu de vin. On y fabrique beaucoup de serges, camelots & autres étoffes. Ses Rivières principales sont la Somme & l'Oise.

La *Somme* prend sa source à quelques lieues de Saint-Quentin; passe par Saint-Quentin, Péronne, Amiens, Abbeville, & se décharge dans la Manche à Saint-Valeri.

L'*Oise* a sa source sur les frontières du Hainaut, dans un endroit appellé *le Fourneau de Sologne* : elle passe à Guise, Noyon, Compiègne, au-dessus de laquelle elle reçoit l'Aisne; de-là elle va à Beaumont, ensuite à Pontoise, & se décharge dans la Seine à Conflans-Sainte-Honorine, au-dessous de Pontoise.

§. I. *De la haute Picardie.*

Elle renferme, 1. la Picardie propre ou l'Amiénois; 2. le Santerre; 3. le Vermandois; 4. la Thiérache.

1. l'Amiénois.

AMIENS, sur la Somme, *Capitale, Evêché, Généralité, Présidial, Election, Hôtel des Monnoies, Bailliage.* Cette ville est grande, bien peuplée, belle & marchande. C'est la Capitale de l'Amiénois, & même de toute la Picardie. Elle a une Académie des Sciences, Belles-Lettres & Arts érigée en 1750. On y voit un beau cours d'arbres qui règne le long du rempart, & d'où l'on découvre en se promenant les fertiles campagnes de la Province. La Cathédrale, remarquable par la hauteur & la largeur de sa nef, est une des plus belles de France. Dans cette Ville, comme dans une bonne partie de la Flandre, & dans toute la Hollande, on brûle des tourbes, espèce de terre marécageuse, sulfureuse & toute noire, qu'on coupe avec la bêche, & qu'on partage en petits quarrés: on s'en sert après l'avoir fait bien sécher. Au-dehors d'Amiens est une promenade charmante entourée de canaux, & ornée, dans le milieu, d'une pièce d'eau & d'un grand bassin. Les Habitans l'appellent l'*Hautois*.

En 1597, les Espagnols s'emparèrent d'Amiens par un stratagême fort connu. Ils firent entrer des soldats déguisés en paysans, qui conduisoient une charrette chargée de noix. La garnison s'étant amusée à piller les noix, des soldats qu'ils avoient mis en embuscade, se saisirent de la porte, & se rendirent maîtres de la Ville; mais Henri IV la reprit la même année. Amiens est la patrie de Vincent Voiture, si connu par la beauté & la facilité de son esprit; de François Masclef, Auteur d'une Grammaire Hébraïque, selon la méthode qu'il avoit inventée de lire l'Hébreu sans les points voyelles; de Jean Riolan, fameux Médecin; de Jacques Rohault, célèbre Philosophe; & de Charles du Fresne, Seigneur du Cange, Auteur de différens Ouvrages remplis d'érudition, & en particulier de deux *Glossaires* pour l'intelligence des Auteurs Grecs & Latins du moyen âge.

CORBIE, sur la Somme, à l'Orient d'Amiens. Il y a dans cette petite Ville, une ancienne & fameuse Abbaye de Bénédictins de S. Maur, fondée par sainte Bathilde, Reine de France, vers l'an 657. Elle a Juridiction spirituelle sur neuf Paroisses, quatre dans la Ville, une dans le Fauxbourg, & quatre dans la campagne. Son Eglise est neuve & fort vaste, & le bâtiment du Monastère qu'on a fait reconstruire avant 1750, est fort beau. Cette Abbaye a donné à l'Eglise S. Anschaire, Apôtre du Nord, Paschase Ratbert & Ratramne, deux célèbres Théologiens.

DOURLENS, sur l'Autie, *Election*. Cette petite Ville a deux Citadelles, dont la plus nouvelle, qui commande l'autre, a été bâtie par Louis XIV.

PEQUIGNI, sur la Somme, Terre appartenante à la Maison de Chaulnes. Ce lieu est remarquable par l'entrevue de Louis XI & d'Edouard IV, Roi d'Angleterre, en 1475.

CONTI, au Midi d'Amiens, sur la Seille. Cette petite Ville est renommée par son titre de Principauté, qui est attaché à une branche de la Maison de Bourbon.

POIX, sur la Seille, Principauté qui appartient à la Maison de Noailles.

2. *Le Santerre.*

PERONNE, sur la Somme, *Capitale, Bailliage, Election, Place forte,* du Diocèse de Noyon. Charles le Simple y mourut enfermé dans le Château, & Charles, Duc de Bourgogne, y retint Louis XI jusqu'à ce qu'il eût signé un Traité de paix fort désavantageux à la France. On la nomme la *Pucelle,* parcequ'elle a la gloire de n'avoir jamais été prise. Elle a une Collégiale, composée de 52 Chanoines, dont les Prébendes sont à la nomination du Roi; trois Paroisses & plusieurs Communautés.

MONDIDIER, au Sud-Ouest de Péronne, Diocèse d'Amiens, *Bailliage*, *Election*. C'est la patrie de Claude Capperonnier, Professeur en Grec, au Collège Royal.

ROYE, au Nord-Est de Mondidier, *Bailliage*. Cette Ville, du Diocèse d'Amiens, a donné son nom à l'illustre Maison des Seigneurs de Roye. Elle a un Chapitre & plusieurs Couvens.

NESLE, du Diocèse de Noyon, au Nord-Est de Roye, *Marquisat* célèbre par les Seigneurs de ce nom. Il appartient aujourd'hui à la Maison de Mailly. Les Chanoines de la Collégiale nomment aux Canonicats.

CHAULNES, du Diocèse de Noyon, au Nord-Ouest de Nesle, *Duché-Pairie* érigé en 1621, & rétabli en 1711, en faveur de Charles-Honoré d'Albert, qui sort de la même tige que les Ducs de Luines.

3. *Le Vermandois.*

SAINT-QUENTIN, sur la Somme, *Capitale*, *Bailliage*, *Election*, *Place forte*. Cette Ville, du Diocèse de Noyon, est assez peuplée, & a une célèbre Collégiale; tous les Canonicats sont à la nomination du Roi, qui prend le titre de premier Chanoine. L'Eglise est très-belle, quoiqu'elle ne soit pas achevée. La grande Place de la Ville est parfaitement quarrée, & très-spacieuse. On y voit un Hôtel-de-Ville assez bien bâti. C'est la patrie de Dom Luc d'Acheri, de la Congrégation de S. Maur, Auteur du *Spicilège* & de plusieurs autres Ouvrages. Saint-Quentin est le chef-lieu d'une Manufacture considérable de Linons & de Batistes.

VERMAND, à l'Occident de Saint-Quentin, *Bailliage*, qui a donné son nom au Vermandois. Au coin le plus élevé de ce Village on voit un reste de Boulevard construit, à ce qu'on croit, par une Légion Romaine. Les Chanoines réguliers de Prémontré ont à Vermand une Abbaye de qui relève la Châtellenie de *Bohain*, qui a toujours été possédée par de grands Seigneurs.

HAM, *Bailliage*, au Sud-Ouest, sur la Somme. Cette Ville a une Citadelle dans laquelle on voit une tour ronde de 100 pieds de diametre & de hauteur, & dont les murs ont 36 pieds d'épaisseur. Il y a dans cette Ville des Chanoines-Réguliers.

SAINT-SIMON, près de Ham, à l'Occident. Cette Terre fut érigée en Duché-Pairie en 1655, en faveur de Claude de S. Simon, descendant de Matthieu de Rouvroi. Cette Pairie est éteinte depuis 1755.

4. *La Tiérache.*

GUISE, sur l'Oise, *Capitale, Bailliage, Election.* C'est un Duché fameux par une branche des Princes de Lorraine qui en a porté le nom. Il est aujourd'hui dans la Maison de Condé.

VERVINS, à l'Est de Guise, célèbre par le Traité de paix fait entre Henri IV & Philippe II, Roi d'Espagne, en 1598.

MONCORNET, au Sud-Est de Vervins. Il y a une Manufacture de serges.

LA FERE, au Sud-Ouest de Guise, au confluent de la Serre & de l'Oise. Il y a dans cette petite Ville une Ecole d'Artillerie.

Près de la Fere est le Château de *Saint-Gobin*, célèbre par sa Manufacture de glaces. Il n'y a point d'endroit dans l'Europe, sans en excepter Venise, où l'on fasse des glaces si estimées, tant pour leur hauteur que pour leur largeur.

§. II. *De la basse Picardie.*

Elle s'étend le long de la Manche, & contient au

Nord, 1. le Pays reconquis, & 2. le Boulonnois, au Midi; 3. le Ponthieu, & 4. le Vimeux.

1. *Le Pays reconquis.*

CALAIS, *Capitale, Préfidial, Place forte, Port.* Cette Ville, du Diocèfe de Boulogne, eft médiocrement grande, affez marchande & peuplée. Elle a une belle Citadelle, avec un Arfenal bien pourvu de tout ce qui eft néceffaire pour la défenfe ou l'attaque d'une place. On voit auffi de belles Cafernes pour loger la garnifon, qui eft ordinairement nombreufe. Les Anglois ont été maîtres de Calais pendant près de 200 ans. La France recouvra cette Ville en 1558. Elle eft vis-à-vis de Douvre, Port d'Angleterre. La Manche n'a que fept lieues de large en cet endroit, qu'on nomme le *Pas de Calais.*

GUINES, au Midi de Calais.

ARDRES, au Sud-Eft de Guines. Cette Ville eft petite, mais forte. Elle eft remarquable par l'entrevue qui fe fit en 1520 dans fon voifinage, entre François I & Henri VIII, Roi d'Angleterre.

2. *Le Boulonnois.*

C'eft un des fept petits Gouvernemens que nous n'avons pas mis dans la Divifion de la France.

BOULOGNE, *Capitale, Evêché, Bailliage, Port.* Cette Ville eft divifée en haute & baffe. La baffe eft fituée à l'embouchure de la petite rivière de Liane. On a conftruit depuis peu dans le port de cette Ville deux jettées de pierres & de briques : la plus longue a douze pieds de large vers l'endroit où elle s'avance le plus dans la Mer. C'eft la patrie de Michel le Quien, fçavant Dominicain.

ETAPLES, *Port,* au Midi de Boulogne, à l'embouchure de la petite rivière de Canche. Cette Ville a donné naiffance à Jacques le Fevre, Docteur de

Sorbonne, & un des premiers qui ait fait revivre l'étude des Langues au XVIe. Siècle.

AMBLETEUSE, *Port*, au Nord de Boulogne. C'est où le Roi Jacques II aborda, lorsqu'il fut obligé de quitter l'Angleterre en 1688.

3. *Le Ponthieu.*

ABBEVILLE, *Capitale, Présidial, Bailliage, Election, Sénéchaussée, Place forte*. Cette Ville, du Diocèse d'Amiens, est peuplée & marchande, à cause que la Somme y porte de grosses barques. Il y a une célèbre Collégiale sous le titre de S. Vulfran, dont le chef se nomme Doyen. On y trouve encore plusieurs Communautés, deux Hôpitaux, un Collège gouverné par des Prêtres séculiers, & trois Manufactures. Celle des Draps connus sous le nom de *Vanrobais*, qui fut attiré de Hollande en 1665, a des bâtimens & des jardins magnifiques. Dans l'une des deux autres on fabrique des étoffes qu'on appelle *Damas d'Abbeville*. On fait des *Moquettes* dans la dernière, qui est unique en France. Abbeville a donné naissance à quatre fameux Géographes; aux deux Sansons, Nicolas & Guillaume; à Pierre Duval, & à Philippe Briet, Jésuite. Le célèbre Médecin Philippe Hecquet, Auteur de plusieurs Ouvrages, & entr'autres du *Traité des Dispenses du Carême*, étoit aussi originaire de cette Ville.

MONTREUIL, *Bailliage*, au Nord d'Abbeville. Cette Ville qui est médiocre, est située sur une hauteur.

CRECI. Près de cette petite Ville, Edouard III, Roi d'Angleterre, défit en 1346, Philippe de Valois, qui y perdit plus de 30000 hommes, & beaucoup de Noblesse.

SAINT-RIQUIER, *Bailliage*. Cette petite Ville est du Diocèse d'Amiens. Il y a une belle Abbaye de Bénédictins de Saint Maur.

4. *Le Vimeux.*

SAINT-VALERI, *Port*, à l'embouchure de la Somme. Cette Ville, du Diocèse d'Amiens, est divisée en haute & basse. Il y a une Abbaye de Bénédictins dans la haute: la basse est le long du Port.

GAMACHES, sur la Bresle, avec titre de Marquisat. C'est la patrie de Vatable, le restaurateur de l'étude de la Langue Hébraïque, au XVIe. Siècle.

ARTICLE IV.

Du Gouvernement de Normandie.

LA Normandie est bornée à l'Occident & au Nord par la Manche; au Midi, par le Maine & le Perche; à l'Orient, par l'Isle de France & la Picardie.

Elle a 60 lieues environ d'Orient en Occident, depuis Aumale jusqu'à Valogne; & 49 du Sud au Nord-Est, depuis Alençon jusqu'à Eu.

Cette Province, qui faisoit autrefois partie de la Neustrie, tire son nom des peuples du Nord qui s'y sont établis en 912. En Allemand *Nordmann* signifie Homme du Nord. Ces peuples sortis de la Norwége & du Danemarck, après avoir fait des ravages incroyables en France aux IXe. & Xe. Siècles, se fixèrent dans la Normandie, que Charles le Simple céda à Rollon leur chef, à titre de Duché relevant de la Couronne, en l'engageant à se faire Chrétien, & en lui donnant sa fille Giselle en mariage. Les descendans de Rollon possédèrent ce Duché. Guillaume le Conquérant, l'un d'eux, devint Roi d'Angleterre en 1066. Depuis ce dernier, la Normandie fut plusieurs fois possédée par des Princes qui étoient en même temps Rois d'Angleterre & Ducs de Normandie. Mais, en 1204, Philippe Auguste se rendit maître de cette Province, en conséquence de la

Sentence des Pairs qui avoit condamné Jean Sans-Terre, Roi d'Angleterre, à perdre tout ce qu'il possédoit dans le Royaume de France, pour le punir d'avoir assassiné Artus son neveu, Duc de Bretagne.

Rollon, premier Duc de Normandie, étoit recommandable par son amour pour la Justice; encore aujourd'hui même ceux qui réclament contre quelqu'injustice, invoquent solemnellement son nom. C'est ce qu'on appelle *Clameur de Haro*.

Cette Province est une des plus considérables & des plus riches de tout le Royaume, tant par sa situation sur le bord de la Mer, que par sa fertilité. Elle ne produit presque point de vin; mais quantité de pommes & de poires, dont en fait du cidre & du poiré. Les pâturages y sont excellens, & les chevaux fort estimés.

Ses principales Rivières sont la *Seine*, dont nous avons déja parlé, la *Vire*, l'*Orne*, la *Touques*, la *Rille*, & l'*Eure*.

Elles coulent toutes du Sud au Nord. Les quatre premières se jettent dans la Manche. Pour l'Eure, après avoir reçu l'*Iton* près de Louviers, elle se jette dans la Seine vers le Pont-de-l'Arche.

On divise la Normandie en haute & basse.

§. I. *De la haute Normandie.*

Elle est à l'Orient, & comprend trois Diocèses: Rouen, Lizieux, Evreux.

I. *Le Diocèse de Rouen.*

Il comprend quatre Pays: sçavoir, le Vexin Normand au Sud-Est, le Roumois & le Pays de Caux, au Sud-Ouest & au Nord, vers la Manche, le Bray à l'Orient.

1. *Le Vexin Normand.*

ROUEN, *Capitale, Archevêché, Chambre des Comptes, Cour des Aides, Conseil Supérieur, Gé-*

néralité, Présidial, Bailliage, Election, Hôtel des Monnoies. C'est une grande Ville, très-marchande, qui a une Académie des Sciences, des Belles-Lettres & des Arts. L'Eglise Métropolitaine est fort belle & très-élevée : celle de l'Abbaye de S. Ouen mérite d'être vue. On compte dans Rouen 56 Paroisses & 36 Couvens. Le Chapitre de la Cathédrale a le droit fort singulier de délivrer un criminel & ses complices tous les ans, le jour de l'Ascension, après que ce criminel a levé la Fierte, c'est-à-dire, la Châsse de S. Romain. Il y a un pont de bateaux qui se hausse & se baisse suivant la marée ; il s'ouvre aussi pour laisser passer les grands bateaux. C'est la patrie du P. Alexandre, Dominicain, du P. Daniel, Jésuite, des deux Corneilles, de Fontenelle, &c.

Lions, à l'Orient de Rouen, *Election*. Le Poëte Benserade étoit de cette Ville.

Gisors, sur l'Epte, *Election*. Son territoire est extrêmement fertile. Ce Comté, avec *Vernon*, *Andeli* & *Lions*, avoit été érigé en 1748 en Duché-Pairie sous le nom de Gisors Belle-Isle, en faveur de Louis-Charles-Auguste Fouquet, auparavant Marquis de Belle-Isle. Ce Duché fut éteint par sa mort, arrivée en 1761, & le Comte d'Eu le possède, par échange de Dombes.

Andeli : il y a deux Villes de ce nom, à un quart de lieue l'une de l'autre ; le grand *Andeli* est dans un vallon sur la petite rivière de Gambon, & a une Collégiale. Le petit *Andeli* est sur la Seine, *Election*. Il y a dans cette Ville une Manufacture de draps aussi beaux que ceux d'Angleterre. C'est la patrie d'Adrien Turnèbe, Professeur en Langue Grecque au Collège Royal de Paris, & de Nicolas Poussin, célèbre Peintre.

2. *Le Roumois.*

Quillebeuf, sur la Seine, en est la Ville principale. Les grands vaisseaux, qui ne peuvent aller jusqu'à Rouen, y abordent.

ELBEUF, sur la Seine. Ce Bourg porte le titre de *Duché-Pairie*, érigé en 1582, & appartient à un Prince de la Maison de Lorraine. On y fabrique des draps qui portent le nom de ce Bourg.

LE BEC, à l'Ouest d'Elbeuf, fameuse Abbaye de Bénédictins, ainsi nommée de sa situation sur un bec ou langue de terre, au confluent du Bec & de la Rille. Elle fut fondée, vers l'an 1034, par le B. Herloin, Seigneur Danois, qui en fut le premier Abbé.

3. *Le Pays de Caux.*

DIEPPE, *Capitale*, *Port*. Les Anglois & les Hollandois l'ayant bombardée en 1694, elle fut presque entièrement rebâtie avec une régularité qui en fait une jolie Ville. On y travaille très-bien en ivoire. Les Pères de l'Oratoire y ont un Collège. C'est la patrie de Richard Simon, Prêtre de l'Oratoire, & savant Critique sur l'Ecriture-Sainte; de M. Bruzen de la Martinière, célèbre Géographe; de Jean Pecquet, Médecin, qui a découvert le réservoir du chyle, appellé de son nom *le Réservoir de Pecquet*; & du Marquis du Quesne, Général des armées navales.

YVETOT. On a donné trop libéralement à cette Seigneurie le titre de Royaume. Les Seigneurs d'Yvetot prennent le titre de Prince, & les Habitans ne payent ni Tailles, ni Aides, ni Gabelles. Après avoir appartenu 132 ans à la Maison du Bellai, cette Seigneurie passa dans celle de Crevant-Cingé, puis dans celle d'Albon Saint-Forgeux: elle appartient aujourd'hui au Marquis d'Albon Saint-Marcel.

CAUDEBEC, au Sud d'Yvetot, sur la Seine, *Présidial*, *Election*. Cette Ville est principalement connue par sa Manufacture de chapeaux, qui est tombée depuis quelque temps.

Eu, sur la Bresle, *Election*, au Nord-Ouest de Dieppe. Cette Ville a eu des Comtes célèbres autrefois. Marie-Louise d'Orléans, fille de Gaston de France, mort en 1693, a donné ce Comté à Louis-Auguste Duc du Maine, dont le second fils porte le titre de Comte d'Eu.

Arques, sur la rivière de même nom, au Sud de Dieppe, *Bailliage*, *Election*. Cette ville est célèbre par la victoire que Henri IV remporta sur le Duc de Mayenne, chef de la Ligue, en 1589.

Longueville, au Sud d'Arques, connue pour avoir été l'appanage du fameux Bâtard d'Orléans, Jean Comte de Dunois, qui contribua à sauver la France sous Charles VII. Ses descendans ont été les Ducs de Longueville, si fameux dans notre Histoire, & dont la famille a été éteinte en 1707, par la mort de Marie, Duchesse de Nemours, & souveraine de Neuchâtel en Suisse.

Le *Gouvernement du Havre*, est un des huit que nous n'avons pas mis dans la division générale de la France. Il s'étend huit lieues au Nord de la Ville du Havre, le long de la côte Occidentale du Pays de Caux, jusqu'à Fescamp, qui en dépend; & huit lieues à l'Orient, le long de la rive Septentrionale de la Seine, jusqu'à l'embouchure de la petite Rivière qui passe à Lillebonne. Les principales Villes renfermées dans le circuit de ce petit Gouvernement, sont:

Fescamp, *Port*, sur la Manche. Cette Ville est ancienne & remarquable par la célèbre Abbaye qui lui a donné naissance, & qui a été fondée en 602 par Waningue, pour des Religieuses. Richard I, Duc de Normandie, rebâtit cette Abbaye, & en 1006 elle fut donnée à des Moines de l'Ordre de S. Benoît, par Richard II. Les Bénédictins de la Congrégation de S. Maur y établirent la réforme en

1656, & ils y ont bâti ensuite un beau Monastère. Cette Abbaye a une des plus grandes Eglises du Royaume : elle possède six Baronnies, & a Jurisdiction quasi-épiscopale sur trente-six Eglises : ce droit lui est néanmoins contesté par l'Archevêque de Rouen.

MONTIVILLIERS, au Sud-Ouest de Fescamp, *Election*. Il y a dans cette Ville une belle Abbaye de Bénédictines : l'Abbesse jouit des droits épiscopaux sur la Ville & sur quelques Paroisses voisines.

LE HAVRE-DE-GRACE, *Port & Ville forte*, au Sud-Ouest de Montivilliers. Les Anglois se sont saisis plusieurs fois du Havre ; mais Louis XIV en a fait une Place presqu'imprenable. Cette Ville est belle, bien peuplée : c'est un des Départemens de la Marine. George Scuderi & Magdeleine sa sœur étoient nés dans cette Ville

HARFLEUR, *Bailliage*, à l'Orient du Havre.

4. *Le Bray.*

GOURNAI, sur l'*Epte*, petite Rivière qui sépare la Normandie de l'Isle de France.

FORGES, au Nord-Ouest de Gournai, renommée pour ses eaux minérales.

AUMALE, fameuse pour ses belles serges : elle est située sur la Bresle, & porte le titre de Duché.

NEUCHATEL, sur la Rivière d'Arques, *Election*.

II. *Le Diocèse de Lisieux.*

Ce Diocèse est au Sud-Ouest de Rouen : il renferme le Pays d'Auge & le Lieuvin.

LISIEUX, sur la Touques, *Evêché*, *Election*. Cette Ville est grande, belle & assez commerçante, sur-tout en toiles.

PONT-L'EVESQUE, aussi sur la Touques, au Nord-Ouest de Lisieux, *Election*.

HONFLEUR, à l'embouchure de la Seine, au Nord de Lisieux, *Port & Election*.

PONT-AUDEMER,

PONT-AUDEMER, *Election*, sur la Rille, Rivière qui se jette dans la Seine à son embouchure.

BERNAI, au Sud-Est de Lisieux, avec une fameuse Abbaye de Bénédictins de Saint Maur.

III. *Le Diocèse d'Evreux.*

Ce Diocèse est au Sud de Rouen, & renferme le pays d'Ouche.

EVREUX, sur l'Iton, *Evêché*, *Présidial*, *Bailliage*, *Election*. C'est un Comté qui appartient au Duc de Bouillon, aussi-bien que le magnifique Château de *Navarre* situé tout auprès. La Cathédrale d'Evreux est fort belle. Le commerce de cette Ville consiste en draps, en toiles & en grains.

VERNON, *Bailliage & Election*, sur la Seine.

PONT-DE-L'ARCHE, au Nord-Ouest de Vernon, sur la Seine. Cette Ville, qui a un Pont de 22 arches, est importante par sa situation : elle a un Gouverneur & un Lieutenant de Roi.

LOUVIERS, au Nord d'Evreux, sur l'Eure. Cette Ville a une Manufacture de draps.

HARCOURT, au Nord-Ouest d'Evreux. Ce Bourg est remarquable à cause de l'illustre Maison des Seigneurs de ce nom, dont il y a quatre branches principales; sçavoir, celles de Mongomery, Aurilly, Beaumesnil & Bonestable. Il ne faut pas confondre cette Terre avec le Duché d'Harcourt, dont on parlera ci-dessous, au Diocèse de Bayeux.

CONCHES, *Election*, au Nord de Verneuil. Il y a une Abbaye de Bénédictins.

VERNEUIL, *Bailliage*, & *Election*, près le Perche, sur la petite rivière d'Aure. Elle a deux Paroisses.

NONANCOURT, sur la même rivière; *Vicomté*.

IVRI, sur l'Eure, *Bourg*, avec une Abbaye de Bénédictins de S. Maur. Il est fameux par la bataille gagnée en 1590, par Henri IV, sur les Ligueurs.

Tome I. E

Près de la livrer, ce grand Prince dit à ses Soldats ce peu de paroles, qui valent bien les longues harangues des Généraux de Tite-Live & des autres anciens Historiens : *Si vous perdez vos Enseignes, ne perdez pas de vue mon panache blanc ; vous le trouverez toujours au chemin de l'honneur & de la victoire.*

§. II. *De la basse Normandie.*

Elle renferme quatre Diocèses ; sçavoir, au Midi, Seès & Avranches ; au Nord-Ouest, Coutance ; au Nord, Bayeux.

1. *Le Diocèse de Seès.*

Seès, sur l'Orne, près de l'endroit où elle prend sa source, *Evêché*, situé dans une campagne agréable & fertile : elle a une riche Abbaye de Bénédictins.

Alençon, sur la Sarte, *Généralité*, *Présidial*, *Election*. Cette Ville qui porte le titre de Duché, est célèbre par ses toiles & par ses diamans, qu'on nomme Cailloux d'Alençon.

Domfront, dans le Pays d'Houlme, à l'Occident de Seès. Cette petite Ville porte le titre de Comté, & est de la Normandie, quoique du Diocèse du Mans.

Argentan, *Bailliage & Election*, avec titre de Marquisat & de Vicomté ; c'est une jolie Ville assez commerçante. Les eaux de l'Orne sur laquelle elle est située, sont bonnes pour la préparation des cuirs. A deux lieues N. E. est le Village de *Rye*, où est né en 1610, le célèbre Historien François Eudes, plus connu sous le nom de Mezeray, qu'il avoit pris d'un petit fief voisin.

Falaise, *Election*, au Nord-Ouest d'Argentan. Cette Ville a un ancien Château, dans lequel est né Guillaume le Conquérant, Duc de Normandie & Roi d'Angleterre. Elle est remarquable par les Foires qui se tiennent tous les ans à *Guibrai*, qui est un de ses Fauxbourgs.

2. *Le Diocèse de Bayeux.*

Il renferme le Bessin & le Bocage.

BAYEUX, *Evêché*, *Conseil Supérieur*, *Présidial*, *Election*. Cet Evêché est très-riche; la Cathédrale est belle, & le Chapitre considérable.

CAEN, sur l'Orne, *Généralité*, *Présidial*, *Bailliage*, *Election*, *Hôtel des Monnoies*, *Université*. Cette Ville est grande, belle & marchande. Elle a une Académie de Belles-Lettres établie en 1705 par Lettres-patentes; une Eglise collégiale, deux célèbres Abbayes l'une de Bénédictins, & l'autre de Bénédictines, & beaucoup de Communautés. C'est la patrie du célèbre Malherbe, de Jean-François Sarrasin, & de Jean Renaud de Ségrais, de l'Académie Françoise, du sçavant Daniel Huet, Evêque d'Avranches, &c.

VIRE, au Sud-Ouest de Bayeux, dans le Pays de Bocage, sur la Vire, *Bailliage*, *Election*. Il y a dans cette Ville une Manufacture de gros draps, dont on fait un grand commerce.

TURY *ou* HARCOURT, sur l'Orne, chef lieu du Duché d'Harcourt, érigé en Duché en 1700, & en Pairie, en 1709, en faveur de Henri d'Harcourt-Beuvron, issu de la Branche de Bonestable, dont on a parlé ci-dessus, page 97.

3. *Le Diocèse de Coutances ou le Côtentin.*

COUTANCES, sur la Soule, *Capitale*, *Evêché*, *Présidial*, *Bailliage*, *Election*. La Cathédrale est bien bâtie; c'est un des plus beaux morceaux d'Architecture gothique qui soit en Europe. Son portail est orné de deux grandes tours, & le dôme, qui est au milieu de la croisée, est octogone & porté par quatre gros pilliers. Cet ouvrage est singulier & d'une hardiesse extraordinaire. Coutances n'a que deux Paroisses, mais il y a un Séminaire, qui est un bâtiment spacieux, un Collège, un Hôtel-Dieu, desservi par des Clercs Hospitaliers de S. Augustin, un Hôpital & une Abbaye de Bénédictins.

GRANVILLE, au Sud-Ouest de Coutances, petite Ville avec un Port.

SAINT-LO, sur la Vire, à l'Orient de Coutances, est renommé par ses belles serges.

CARENTAN, *Election*, au Nord-Ouest de Saint-Lo.

VALOGNE, au Nord-Ouest de Carentan, *Election*. C'est près de cette Ville, au Village de *Valdesire*, qu'est né Jean de Launoy, Docteur célèbre par ses écrits.

CHERBOURG, *Port*, au Nord-Ouest de Valogne, patrie de Jean Hamon, sçavant Médecin & Auteur de plusieurs ouvrages de piété.

A l'Occident de Coutances sont les petites Isles de *Grenesey*, de *Jersey* & d'*Aurigny*, autrefois de ce Diocèse, & qui appartiennent depuis long-temps aux Anglois: c'est tout ce qui leur reste de la Normandie.

4. *Le Diocèse d'Avranches.*

AVRANCHES, *Evêché*, *Bailliage*, *Election*, sur la Sée. L'illustre M. Huet, qui en étoit Evêque au dernier Siècle, l'a rendu célèbre.

LE MONT ST. MICHEL. C'est une petite Ville située dans la Mer sur un rocher, sur lequel est aussi une Abbaye de Bénédictins, qui est en même temps un Château de défense.

PONTORSON, au Sud-Ouest d'Avranches, près de la Mer, sur la frontière de Bretagne.

MORTAIN, *Election*, à l'Orient d'Avranches. C'est le chef-lieu d'un ancien Comté, qui appartient à M. le Duc d'Orléans. Il y a dans cette Ville un Chapitre de Chanoines.

ARTICLE V.
Du Gouvernement de l'Isle de France.

L'ISLE de France est bornée au Nord, par la Picardie; à l'Orient, par la Champagne; au Midi par l'Orléanois, & à l'Occident par la Normandie. Elle est ainsi appellée, parcequ'autrefois elle ne consistoit que dans les Pays renfermés dans une espèce d'Isle formée par les Rivières de Seine, de Marne, d'Oise, & d'Aisne. Mais aujourd'ui elle a beaucoup plus d'étendue. Elle a 38 lieues environ d'Orient en Occident, depuis Neuchâtel sur l'Aisne, jusqu'à Gisors; & autant du Septentrion au Midi, depuis Noyon jusqu'à Courtenai en Gâtinois.

Ce Gouvernement comprend dix Pays, un dans le milieu, qui est l'*Isle de France* proprement dite; deux au Sud-Est, la *Brie Françoise*, & le *Gâtinois François*; un au Sud-Ouest, le *Hurepoix*; un à l'Occident, le *Mantois*; deux au Nord-Ouest, le *Vexin François*, & le *Beauvoisis*; trois au Nord-Est, le *Valois*, le *Soissonnois*, & le *Laonnois*.

1. *L'Isle de France propre.*

PARIS, autrefois *Lutetia*, *Capitale* de l'Isle de France & de tout le Royaume, *Archevêché*, *Parlement*, *Université*, *Chambre des Comptes*, *Cour & Hôtel des Monnoies*, *Présidial*, *Election*. Cette Ville est une des plus grandes, des plus belles & des plus peuplées de l'Univers. Elle est bien supérieure maintenant à ce qu'elle étoit, lorsque Charles-Quint disoit qu'en la voyant il avoit vu un monde. La Seine la divise en trois parties; la Ville au Nord, la Cité dans le milieu, & le Quartier qu'on appelle de l'Université au Midi. Paris étoit déja célèbre du temps de

Jules-César, qui soumit les Gaules environ 50 ans avant l'Ere Chrétienne.

On compte dans cette Ville plus de vingt-trois mille maisons : quatre superbes Palais, qui sont celui des Tuileries, du Louvre, le Palais Royal, & le Palais d'Orléans ou du Luxembourg : neuf Jardins & promenades publiques : un grand nombre d'Hôtels magnifiques : plusieurs Quais très-beaux le long de la Seine : plusieurs Places dont quelques-unes sont très-vastes & ornées de Statues excellentes, qui représentent Henri IV, Louis XIII, Louis XIV & Louis XV. Les plus belles sont la Place de Louis le Grand, la Place Royale & la Place des Victoires. Les Fontaines publiques y sont en grand nombre. Il s'y trouve plusieurs Ponts magnifiques : on y admire sur-tout celui qu'on appelle *le Pont-Neuf*, dont la première pierre fut posée par Henri III, en 1578.

Grégoire XIII érigea, en 1622, l'Evêché de Paris en Archevêché, & Louis XIV éleva, en 1674, ses Archevêques au rang de Ducs & Pairs, avec le titre de *Saint-Cloud*, Village à deux lieues de Paris, à l'Occident. Quoique la Cathédrale de cette Ville soit d'un goût gothique, c'est cependant une des plus magnifiques du Royaume, tant pour sa vaste étendue que pour ses ornemens. Le chœur en est richement décoré. L'architecture du sanctuaire représente une Descente de Croix. On y voit aux deux côtés deux Statues de marbre, l'une de Louis XIII, & l'autre de Louis XIV, à genoux : le premier de ces Princes avoit pris le dessein & fait le vœu de cette décoration, que l'autre a exécutée. La longueur de cette Eglise est de 66 toises ou 396 pieds : sa largeur de 24 toises ou 144 pieds, & sa hauteur de 17 toises ou 102 pieds. Le portail est orné de deux tours parfaitement égales, qui ont 34 toises de hauteur, ou 204 pieds. Les autres Eglises de Paris sont

41 Paroisses (*a*) : 11 Chapitres ou Collégiales : 53 Couvens ou Communautés d'hommes : 70 de filles & plusieurs Chapelles.

L'Université, à qui le Roi donne le titre de sa Fille aînée, est très-ancienne, & fut long-temps la seule dans le Royaume. On y enseigne la Théologie, le Droit, la Médecine & les Arts libéraux; ce qu'on appelle les Quatre Facultés. La Théologie a deux Ecoles publiques, Sorbonne & Navarre. La Faculté des Arts a 10 Collèges de plein exercice, c'est-à-dire, où la jeunesse apprend les Belles-Lettres & la Philosophie. Les Boursiers de trente autres, ont été réunis en 1763 par des Lettres-patentes dans le College de Louis-le-Grand, qui a été donné à l'Université après l'expulsion des Jésuites.

On enseigne aussi les Langues savantes, le Droit canonique, la Médecine & les Mathématiques, dans le Collège Royal fondé par François I.

Il y a outre cela à Paris six Académies Royales; savoir, l'Académie Françoise, établie par Lettres-patentes, en 1635 ; l'Académie des Inscriptions & Belles-Lettres, en 1663 ; l'Académie des Sciences, en 1666 ; l'Académie de Peinture & de Sculpture en 1648 ; celle d'Architecture, établie en 1671, & celle de Chirurgie, confirmée par Lettres-patentes en 1748. Il y a encore des Académies d'exercices ; une Société d'Agriculture, instituée en 1761, & une d'Ecriture en 1763.

(*a*) On ne compte plus en cette Ville que 41 Paroisses, depuis qu'en 1747 on a réuni les Paroisses de Saint Christophe & de Sainte Geneviève des Ardens à celle de la Magdelène. Il y avoit aussi 13 Collégiales ; mais depuis quelques années on a réuni le Chapitre de Saint Germain l'Auxerrois à celui de la Cathédrale, & le Chapitre de Saint Nicolas du Louvre à celui de S. Thomas du Louvre. L'Eglise qu'on a bâtie depuis pour ce dernier Chapitre, a reçu le nom de Saint Louis du Louvre.

On y trouve sept Bibliothèques publiques : celle du Roi tient le premier rang, soit par le grand nombre de Manuscrits & de Livres rares, & autres qu'elle contient, & par le précieux assemblage de Médailles & Pièces antiques dont elle est enrichie; soit par rapport à la magnificence des Bâtimens où elle est placée. Les autres sont celles des Abbayes de Saint-Germain des Prés, de Sainte Geneviève, de Saint Victor, du Collège Mazarin, de l'Ordre des Avocats, & de la Ville.

On compte dans Paris 12 Séminaires, 26 Hôpitaux, dont le plus renommé est celui de l'Hôtel-Dieu, où dans les temps de maladies on reçoit jusqu'à 3000 malades, de quelque nation & religion qu'ils soient : 3 Abbayes d'hommes & 6 Abbayes de filles, parmi lesquelles se distingue celle des Bénédictines réformées du Val-de-Grace, plus encore par la beauté de l'Eglise du Monastère, que par son étendue.

Les plus importantes Manufactures de Paris sont celle des Glaces, celle des Gobelins pour les tapisseries, & celle de la Savonerie où l'on fabrique de très-beaux tapis.

Louis XIV a fait bâtir près de cette Ville un magnifique Observatoire, & un superbe Hôtel pour les soldats invalides : & Louis XV, une Ecole militaire pour l'éducation de la jeune Noblesse, qui y est entretenue, & instruite dans toutes les sciences convenables à son état.

Paris est un des huit Gouvernemens que nous n'avons pas mis dans la Division de la France. Cette Ville renferme huit cens mille ames.

SAINT-DENIS, *Bailliage*, à une lieue au Nord de Paris. Cette Ville est célèbre, sur-tout par son Abbaye de Bénédictins de la Congrégation de S. Maur, & c'est la sépulture ordinaire des Rois de France & de la famille royale : elle a un trésor très-riche. Le revenu de la Manse abbatiale a été uni à la Maison de S. Cyr, pour servir à l'entretien des filles de condition qu'on y élève gratuitement. Le Couvent est bâti à neuf, & ressemble plus à un magnifique Palais qu'à un monastère. Son Eglise est un bel édifice gothique achevé en 1181.

MONTMORENCI, au Nord-Ouest de Saint-Denis, *Bailliage*. C'est un Duché dont le nom est illustre ; il est passé par les femmes dans la maison de Condé, sous le titre de Duché d'Enguien. Les Prêtres de l'Oratoire ont la Cure. Les Religieux Trinitaires, dits Mathurins, y ont une Maison.

LUSARCHE *, au Nord de Saint-Denis. Il y a un Chapitre. C'est la patrie d'Etienne de Lusarche, Architecte, qui commença, vers 1220, la Cathédrale d'Amiens, une des belles Eglises du Royaume.

A une petite lieue de cette Ville est *Royaumont*, célèbre Abbaye de Bernardins, fondée par S. Louis en 1227.

DAMMARTIN, au Nord-Est de Saint-Denis, appartient à la Maison de Condé, qui nomme aux Canonicats de la Collégiale.

Près de Dammartin se trouve *Juilly*, Académie Royale, régie par les Prêtres de l'Oratoire, qui y enseignent les Belles-Lettres & la Philosophie. L'Abbaye a été éteinte, & les revenus ont été unis à la Maison de l'Oratoire de S. Honoré à Paris.

VINCENNES *, à l'Orient de Paris, remarquable par son Château royal, par son Parc & par une Sainte Chapelle desservie par des Chanoines.

2. *La Brie Françoise.*

CORBEIL, sur la Seine. Cette Ville, du Diocèse de Paris, a été possédée jusqu'à Louis *le Gros*, par des Comtes qui en étoient propriétaires. Elle a une Eglise collégiale ancienne, dont la première dignité porte le titre d'Abbé. Il y a aussi des Récollets.

VILLEROI, près de Corbeil, au Sud-Ouest, érigé

E 5

en Duché-Pairie en 1663, en faveur de Nicolas de Neufville, Maréchal de France.

BRIE-COMTE-ROBERT, *Bailliage*, au Nord-Eſt de Corbeil ; il tire ſon nom du ſéjour qu'y faiſoit Robert, Comte de Brie.

LAGNI, ſur la Marne. Cette Ville du Dioceſe de Paris, comme la précédente, a une Abbaye de Bénédictins, fondée dans le VIIe ſiècle par S. Furcy, Gentilhomme Ecoſſois. C'eſt la patrie de Pierre d'Orgemont, premier Préſident du Parlement de Paris, & élu Chancelier de France en 1373, par voie de ſcrutin, en préſence de Charles V, ſelon les actes anciens de la Chambre des Comptes de Paris.

CRECI, ſur le Morin, *Bailliage*, à l'Orient de Lagni, dans le Dioceſe de Meaux. Il y a un Chapitre & un Couvent de Minimes.

ROSOY, *Election*, du Dioceſe de Meaux.

3. Le Gâtinois François.

MELUN, *Vicomté*, *Préſidial*, *Bailliage*, *Election*, ſur la Seine, au Dioceſe de Sens. Cette Vicomté, avec la Terre de *Vaux* qui en eſt voiſine, fut érigée en Duché-Pairie ſous le nom de *Villars*, en 1709, en faveur de Louis-Hector de Villars. Melun eſt la patrie du célèbre Amyot, grand Aumônier de France, & Evêque d'Auxerre.

FONTAINEBLEAU, Ville du même Dioceſe, connue par ſon Château royal. Ce ſont les Trinitaires, dits Mathurins, qui deſſervent la Chapelle royale.

NEMOURS, ſur le Loing, *Bailliage*, *Election*, ancien Duché.

PONT-SUR-YONNE : *Bailliage*.

COURTENAI, au Sud-Eſt de Nemours, célèbre par les Princes qui en portoient le nom, & qui deſcendoient de Louis le Gros, triſaïeul de S. Louis. L'Abbé de Courtenai, mort en 1733, a été le dernier de cette Maiſon.

4. *Le Hurepoix.*

DOURDAN, *Capitale, Bailliage, Election*, sur la riviere d'Orges, petite Ville remarquable par sa Manufacture de bas.

MONTFORT-L'AMAURI, au Nord-Ouest de Dourdan, connue par les Comtes qui en ont porté le nom, & entr'autres par le Comte *Simon de Montfort*, qui conquit Toulouse & la plus grande partie du Languedoc sur les Albigeois, vers l'an 1200. Montfort est, depuis 1692, un Duché qui porte le nom de *Chevreuse*, & qui appartient à la maison de Luynes.

CHASTRES, qu'on nomme maintenant *Arpajon*, Marquisat.

MONTLHERI. Il y a dans cette Ville un Chapitre, & à quelque distance une tour célèbre. Il s'y est donné une sanglante bataille en 1465, entre Louis XI & Charles, Duc de Berri, son frère, dont les Ducs de Bourgogne & de Bretagne suivoient le parti.

5. *Le Mantois.*

MANTES, sur la Seine, *Présidial, Bailliage, Election*, avec un Chapitre fondé par Jeanne de France, dont on voit le tombeau près du grand autel. Charles V. y a établi, en 1373, des Célestins hors la Ville. L'enclos de leur Monastère est renommé pour ses bons vins. Philippe-Auguste est mort à Mantes en 1223, & Henri IV y a tenu pour la première fois de son règne, le Chapitre de l'Ordre du S. Esprit.

MEULAN, sur la Seine. Cette Ville est en partie du Diocèse de Rouen, & en partie de celui de Chartres. C'est un Comté qui a été réuni à la Couronne sous Philippe-Auguste, après la mort de Galleran II, son dernier Comte. Il y a plusieurs Paroisses, des Bénédictins & d'autres Communautés.

POISSY, sur la Seine, renommée par le Baptême

de S. Louis, & par le Colloque qui y fut tenu en 1561, entre les Prélats Catholiques & les Ministres Calvinistes. Il y a dans cette Ville, qui est du Diocèse de Chartres, une Collégiale, & une célèbre Abbaye royale de Religieuses Dominicaines, fondée par Philippe-le-Bel.

SAINT-GERMAIN EN LAYE, ainsi nommé d'un ancien Monastère bâti il y a environ 700 ans par le roi Robert, dans une forêt, nommée en latin *Leida*, & par corruption *Laya*. On y voit un très-beau Château royal. Cette Ville fort peuplée, est du Diocèse de Paris. Il y a des Récollets & des Ursulines.

SAINT-CLOUD, Bourg à deux petites lieues de Paris, sur la Seine, avec un beau Château, qui appartient à M. le Duc d'Orléans. La Seigneurie de ce lieu & des environs forme, depuis 1674, un Duché-Pairie qui est annexé à l'Archevêché de Paris.

VERSAILLES. Son Château royal est magnifique. Louis XIV n'a rien épargné pour le rendre digne de la majesté des Rois qui y font leur séjour. La Chapelle est un ouvrage admirable: les appartemens sont très-riches: les jardins vastes & remplis de décorations de sculpture qui sont autant de chef-d'œuvres, & d'eaux abondantes, qui en font un lieu de délices.

A une lieue de Versailles est la célèbre Maison de S. Cyr, de l'Ordre de S. Augustin, au Diocèse de Chartres, fondée par Louis XIV, pour l'éducation de 250 Demoiselles. On ne les y reçoit point avant l'âge de sept ans, ni après celui de douze; elles n'y peuvent demeurer que jusqu'à l'âge de vingt ans.

HOUDAN, au Sud-Ouest de Saint-Germain, petite Ville du Diocèse de Chartres.

DREUX, *Election*, Ville ancienne, où l'on prétend que les Druides ont demeuré: c'étoient les Prêtres des anciens Gaulois. Cette Ville est du Diocèse de Chartres: elle a un Chapitre de Chanoines.

Au Midi de *Dreux* est un petit Pays nommé le *Timerais*, qui dépend du Gouvernement de l'Isle de France. CHATEAU-NEUF en est la capitale.

6. *Le Vexin François.*

Il est séparé du Valois par l'Oise.

PONTOISE, *Bailliage*, *Election*, sur l'Oise. Cette Ville, du Diocèse de Rouen, est située sur une hauteur. Elle a un Chapitre, une Abbaye de Bénédictins de S. Maur, plusieurs Paroisses & plusieurs Communautés. Le Parlement de Paris y a été transféré en différentes occasions. C'est la patrie de Gabriel Cossart, Jésuite, célèbre professeur de Rhétorique, qui a continué la grande collection des Conciles du P. Labbe; & de Jean Deslyons, Docteur de Sorbonne, Doyen & Théologal de Senlis.

Près de cette Ville est *Maubuisson*, Abbaye célèbre de Bernardines, du Diocèse de Paris. Elle a été fondée en 1240, par la Reine Blanche, mère de S. Louis. On voit le tombeau de cette Reine au milieu du chœur des Religieuses.

MAGNI, *Bailliage*, *Election*, au Nord-Ouest de Pontoise.

CHAUMONT, *Bailliage*, *Election*, au Nord-Est de Magni.

7. *Le Beauvoisis*

BEAUVAIS, *Evêché*, *Présidial*, *Bailliage*, *Election*, sur le Thérin. Cette Ville est grande, peuplée & marchande. Le chœur de la Cathédrale est d'une élévation extraordinaire. Il y a dans un des Fauxbourgs de cette Ville deux belles Abbayes, l'une de Bénédictins, appellée S. Lucien, l'autre de Génovéfains, appellée S. Quentin. Son Evêque est le premier des trois anciens Comtes & Pairs Ecclésiastiques: au Sacre du Roi il porte le manteau royal. Plusieurs hommes illustres sont nés dans cette Ville, ou dans son territoire; entr'autres Vincent de Beauvais, Dominicain, les Grands-Maîtres de Malthe Jean & Philippe de Villiers l'Isle-Adam, Claude de la Sengle & Vignacourt : Godefroi Hermant, auteur des Vies de plusieurs Pères de l'Eglise.

BOUFLERS, ci-devant *Cagny*, sur le Thérin, au Nord-Ouest de Beauvais, érigé en Duché-Pairie en 1708, en faveur de Louis-François de Bouflers, Maréchal de France.

CLERMONT, *Bailliage*, *Election*, *Comté* fort ancien, qui a été l'apanage de Robert, fils de S. Louis. Robert a été la tige de la famille royale de Bourbon : & de ce Prince descendoit, au dixième dégré, Henri IV, premier Roi de cette branche.

WARTY, près de Clermont, sur la Bresche, érigé en Duché-Pairie sous le nom de *Fitz-James*, en 1710, en faveur de Jacques Fitz-James, Duc de Berwick, fils naturel de Jacques II, Roi d'Angleterre.

LA NEUVILLE, à l'Occident de Clermont, lieu de la naissance de S. Louis, selon quelques auteurs. Adrien Baillet, auteur des Vies des Saints, y est né aussi.

8. *Le Valois.*

CRESPI, *Bailliage*, *Présidial*, *Election*.

LA FERTÉ-MILON, au Sud-Est de Crespi. C'est la patrie de l'illustre Poëte tragique Jean Racine.

SENLIS, *Evêché*, *Présidial*, *Bailliage*, *Election*, au Sud-Ouest de Crespi. Elle est sur la petite rivière de Nonnette, & n'a rien de remarquable. Dans son voisinage est une Abbaye de Chanoines Réguliers, où est un Collège assez célèbre.

COMPIEGNE, *Bailliage*, *Election*, au Nord, sur l'Oise, près l'endroit où cette Rivière reçoit l'Aisne. Il y a dans cette Ville, du Diocèse de Soissons, un Château royal fort ancien, & une célèbre Abbaye de Bénédictins, qu'on nomme S. Corneille, fondée par Charles le Chauve, l'an 876. Louis II, dit *le Bègue* & Louis V, Rois de France, & Hugues le Grand, y sont inhumés. C'est la patrie du célèbre Pierre d'Ailly, Chancelier de l'Université de Paris, & Cardinal, auteur de plusieurs Ouvrages, & en particulier de celui qui a pour titre, de la *Réforme de l'Eglise*; de Marc-Antoine Hersan, célèbre Professeur de Rhétorique à Paris, & de Pierre Coustant, Bénédictin de S. Maur, qui a donné une nouvelle édition de S. Hilaire, & le premier volume des Lettres des Papes, avec une préface & des notes.

9. *Le Soissonnois.*

Soissons, sur l'Aisne, *Evêché, Généralité, Présidial, Bailliage, Election.* Son Evêque a le droit de sacrer les Rois en l'absence de l'Archevêque de Reims, dont il est le premier suffragant. S. Louis, Philippe le Hardi, son fils, & Louis XIV, ont été sacrés par un Evêque de Soissons. Cette Ville a été la Capitale des États de quelques Rois de la première Race qu'on nommoit Rois de Soissons. Elle a une Académie Françoise établie en 1674, par Lettres-patentes, & plusieurs Abbayes. La plus célèbre est celle de S. Médard, qui est de la Congrégation de S. Maur. On y voit encore le bâtiment où Louis le Débonnaire fut enfermé par ses enfans. Les Pères de l'Oratoire ont un Collège à Soissons. Il y a dans cette Ville un Intendant, dont la Généralité a la partie Septentrionale de l'Isle de France, & une petite partie de la Champagne.

Vailli ou Veilli, sur l'Aisne.

10. *Le Laonnois.*

Laon, *Evêché, Présidial, Bailliage, Election.* Cette Ville est située sur une hauteur; ses vins sont estimés, & son territoire est fertile en artichauds excellens. L'Evêque de Laon est le second Duc & Pair Ecclésiastique : au Sacre il porte la sainte Ampoule.

NOTRE-DAME DE LIESSE, à l'Orient de Laon, célèbre pélerinage desservi par un chanoine de l'Eglise de Laon.

PRÉMONTRÉ, Abbaye chef-d'Ordre de Chanoines-Réguliers, à l'Occident de Laon, fondée l'an 1120, sous Barthélemi, Evêque de Laon, qui donna ce lieu désert à S. Norbert, pour s'y retirer avec ses compagnons.

NOYON, *Evêché, Election*, près de l'Oise. Son Evêque est le troisième & dernier Comte & Pair Ecclésiastique : au Sacre il porte le baudrier. Jean Calvin, auteur de la Secte des Calvinistes, est né dans cette Ville; elle est aussi la patrie de D. Thomas Blampin, Bénédictin de S. Maur, qui a continué la belle édition des Œuvres de S. Augustin commencée par D. Delfau, son confrère.

CHAUNY, à l'Est de Noyon, petite Ville qui a une Châtellenie royale. C'est la patrie du célèbre Witasse, Professeur en Sorbonne ; de Jean Dupuy, ancien Recteur de l'Université de Paris ; & de Bonaventure Racine, connu par son Abrégé de l'Histoire Ecclésiastique, &c.

ARTICLE VI.

Du Gouvernement de Champagne & de Brie.

CETTE Province est bornée au Nord par la forêt des Ardennes, qui la sépare du Comté de Namur & du Luxembourg ; à l'Orient, par la Lorraine ; au Midi, par la Bourgogne ; & à l'Occident, par l'Isle de France & la Picardie.

La Champagne est ainsi appellée à cause de ses vastes campagnes : elle abonde en seigles & en excellens vins ; mais elle est peu fertile en bleds & en pâturages.

Ce Gouvernement s'étend plus de 56 lieues de l'Ouest au Sud-Est, depuis Lagni en Brie, jusqu'à Bourbonne-les Bains en Bassigni ; & de 54 du Midi au Septentrion, depuis Ravières dans le Sénonois près Tonnerre, jusqu'à Rocroi dans le Réthelois.

La Champagne avoit autrefois, pour sa plus grande partie, des Comtes qui étoient fort puissans, & du nombre des six grands Pairs Laïques de France. Elle fut réunie en 1284, par le mariage de Jeanne, Reine de Navarre & Comtesse de Champagne, avec Philippe le Bel.

Cette Province a six principales Rivières.

La *Seine*, dont nous avons parlé.

L'*Yonne*, qui prend sa source dans le Nivernois, passe à Auxerre, à Joigni, à Sens, & se jette dans la Seine à Montereau.

La *Marne*, dont la source est près de Langres, & qui passe à Joinville, à Vitri-le-François, à Châlons, à Epernai, à Château-Thierri, à Meaux, & se jette dans la Seine à Conflans près Charenton, une lieue au-dessus de Paris.

La *Vesle*, qui a sa source à l'Orient, entre Sainte-Ménehoult & Châlons, passe à Reims, & se décharge dans l'Aisne au-dessous de Soissons.

L'*Aisne*, dont la source est dans le Barrois. Cette Rivière, après avoir traversé toute la haute Champagne, passe à Soissons & se jette dans l'Oise au-dessus de Compiègne.

L'*Aube*, qui prend sa source au Sud-Est, aux confins de la Champagne & de la Bourgogne, au Village d'Auberive, passe à la Ferté, à Bar-sur-Aube, à Arcis, & se jette dans la Seine au-dessous d'Anglure.

La Champagne se divise en haute & basse : la haute est vers le Nord, & la basse vers le Midi. Nous parlerons à part de la Brie qui dépend de ce

Gouvernement, à l'exception d'une petite partie qui a été jointe au Gouvernement de l'Isle de France.

§. I. *De la haute Champagne.*

Elle a trois parties: le Rémois, le Pertois & le Réthelois.

1. *Le Rémois.*

REIMS, sur la Vesle, *Archevêché*, *Présidial*, *Election*, *Hôtel-des-Monnoies*, & *Université* fondée en 1547, par le Cardinal Charles de Lorraine. Cette Ville est très-ancienne, bien peuplée & marchande. Elle a plusieurs restes de monumens anciens des Romains, entr'autres un Arc de triomphe près la porte de Mars, & des vestiges d'un ancien Château & d'un Amphithéâtre. Elle a trois Abbayes, plusieurs Chapitres, beaucoup de Communautés d'hommes & de filles, & de belles Eglises, principalement la Cathédrale dont le portail est magnifique. Celle de l'Abbaye de saint Nicaise est fort belle: on y voit une espèce de phénomène qui excite l'attention des curieux: c'est un arcboutant qui s'ébranle d'une façon sensible au mouvement seul d'une cloche. M. Pluche en explique la raison physique d'une manière satisfaisante (*a*).

L'Archevêque de Reims est le premier Duc & Pair Ecclésiastique. Il a le privilège de sacrer les Rois. Pour cette cérémonie il se sert de l'huile de la sainte Ampoule, qui est conservée dans l'Abbaye des Bénédictins de S. Remi, dont l'Eglise est remarquable par le tombeau de ce Saint, où les douze Pairs de France sont représentés avec les habillemens qui conviennent à leur dignité. C'est la patrie de Dom Thierri Ruinart, Bénédictin, auteur des *Actes sincères des Martyrs*, & de plusieurs autres Ouvra-

---

(*a*) Spect. de la Nat. tom. VII. pag. 324 & suiv.

ges; des Rainfant & d'Oudinet, fameux Antiquaires; des Pères Lallemant & Anfelme Pâris, Chanoines-Réguliers. Le premier a été Chancelier de l'Univerfité de Paris, & a compofé plufieurs Ouvrages de piété. Le fecond eft auteur d'un Livre fur la créance des Grecs.

Les environs de Reims offrent mille curiofités aux amateurs de la minéralogie : la nature s'eft plu fur-tout à les répandre dans un endroit très-petit, appellé *Courtagnon*, à trois lieues de la Ville. Les Phyficiens en doivent la connoiffance principale à la Dame de ce lieu, qui a pris foin de raffembler ces foffiles dans un très-beau Cabinet.

SAINTE-MÉNEHOULT, à l'Orient, vers la Lorraine, *Bailliage*, *Election*, fur l'Aifne.

ÉPERNAI, *Election*, fur la Marne. Cette Ville fut donnée à la Maifon de Bouillon, avec d'autres Terres, en échange de la Souveraineté de Sédan, & unie au Duché de Château-Thierri.

2. *Le Pertois.*

VITRI-LE-FRANÇOIS, *Préfidial*, *Bailliage*, *Election*, fur la Marne, bâtie par François I, dans le Diocèfe de Châlons. Il y a un Chapitre, des Doctrinaires qui y ont le Collège, & des Récollets.

SAINT-DISIER, *Bailliage*, fur la Marne. Cette Ville a reçu fon nom d'un faint Evêque de Langres enterré en ce lieu.

3. *Le Réthelois.*

RÉTHEL *ou* MAZARIN, *Election*, fur l'Aifne, Duché-Pairie érigé en 1663, en faveur d'Armand-Charles de la Porte, qui avoit époufé une nièce du Cardinal Mazarin. Ce n'eft plus qu'un Duché héréditaire.

CHATEAU-PORCIEN, fur l'Aifne. C'eft une Principauté érigée par Charles IX, en 1561. Elle eft aujourd'hui possédée par le Duc de Nevers, qui porte aussi le nom de Mazarin, & qui descend d'un neveu du Cardinal.

Sédan, *Présidial, Election, Place forte*, sur la Meuse, dans le Diocèse de Reims. Elle appartenoit autrefois au Duc de Bouillon, & portoit le titre de Principauté souveraine. Le Duc la céda au Roi en 1642, pour les Duchés d'Albret & de Chateau-Thierri, & pour le Comté d'Evreux. Sédan est une Ville célèbre par sa manufacture de Draps, connus sous le nom de *Pagnon & de Rousseau*, & pour avoir donné naissance au Maréchal de Turenne. Cette Ville & son Territoire forment aujourd'hui un Gouvernement particulier.

Mézieres, sur la Meuse, *Ville forte*, presque toute entourée de cette Rivière.

Charleville, jolie Ville sur la Meuse. Elle a été bâtie par Charles de Gonzague, Duc de Nevers: on y voit une place magnifique, au milieu de laquelle est une belle fontaine. C'est la patrie de Louis du Four, connu sous le nom de l'Abbé de Longuerue, mort en 1733, célèbre par sa vaste & profonde érudition.

Rocroi, *Place forte*. Ville fameuse par la victoire que le grand Condé, alors Duc d'Enguien, remporta dans son voisinage, sur les Espagnols, en 1643.

§. II. *De la basse Champagne.*

Elle a quatre parties: la Champagne propre, le Vallage, le Bassigni, le Sénonois.

1. *La Champagne propre.*

Troyes, sur la Seine, *Capitale* de toute la Champagne, *Evêché, Présidial, Bailliage, Election, Hôtel-des-Monnoies*. Cette Ville est fort marchande. Sa Cathédrale, dédiée à Saint Pierre, est une des plus belles du Royaume. Les Comtes de Champagne y avoient trois Châteaux, dont le principal, où ils demeuroient, subsiste encore aujourd'hui, & est le siège de la Justice. Près de ce Château, ils avoient fait bâtir l'Eglise de S. Etienne, qui leur servoit de chapelle. C'est une Collégiale magnifique, dont les canonicats sont à la nomination du Roi. Au milieu du chœur on voit le tombeau du Comte Henri, son fondateur. Cette Eglise a un trésor très-riche, & un grand nombre de manuscrits. Dans la Collégiale de S. Urbain sont plusieurs tombeaux des Comtes de Champagne. Troyes est la patrie du Pape Urbain IV, qui étoit fils d'un cordonnier; de François Girardon, Sculpteur très-renommé; de Pierre Mignard, Peintre fameux; du Poëte Passerat; de MM. Pithou; de Charles le Cointe, Prêtre de l'Oratoire, auteur des Annales Ecclésiastiques de France, & des PP. Caussin & Mérat, Jésuites. Le principal commerce de cette Ville consiste en toiles.

Isles-Aumont, au Sud-Est de Troyes, chef-lieu du Duché d'Aumont. C'étoit un Marquisat connu sous le nom d'*Isles*, qui a été érigé en Duché-Pairie, en 1665, en faveur d'Antoine d'Aumont, fait Maréchal de France, en 1669.

Piney, près de Troyes, à l'Orient. C'est le Chef-lieu d'une Terre, qui fut érigée en Duché-Pairie, en 1581, sous le nom de Piney, en faveur de François de Luxembourg. Ce Duché a passé par mariage, en 1661, à François-Henri de Montmorenci, Comte de Luxe & de Bouteville, connu sous le nom de Maréchal de Luxembourg, dont les descendans portent le titre de Piney-Luxembourg.

Arcis, sur l'Aube, petite Ville enrichie par les soins & les libéralités de M. Grassin. Elle fait commerce de grains. C'est à Arcis que l'Aube commence à porter bateau.

Chalon, sur Marne, *Evêché*, *Généralité*,

Conseil Supérieur, Présidial, Bailliage, Election. Cette Ville est grande & assez belle : à une de ses portes se trouve une promenade ou cours fameux, appellé *le Jar*. Son commerce principal consiste en pinchinats & autres étoffes, dont il y a une Manufacture. Ses Evêques sont les seconds Comtes & Pairs Ecclésiastiques : au sacre du Roi ils portent l'anneau royal. Félix Vialart, l'un d'eux, s'est rendu illustre dans le dernier Siècle par son grand zèle & sa rare piété. Châlon a donné naissance au célèbre d'Espence, Docteur de Sorbonne ; au P. du Moulinet, Chanoine-Régulier de sainte Geneviève, aux fameux Ministres Aubertin & Blondel, & à Perrot d'Ablancourt, connu par ses Traductions.

2. *Le Vallage.*

JOINVILLE, sur la Marne, *Bailliage, Election.* Cette Ville porte le titre de Principauté. Henri II l'en décora en faveur des Ducs de Guise. Elle a un magnifique Château, où est né le fameux Cardinal de Lorraine, & où est enterré le Sire de Joinville, qui a écrit l'Histoire de S. Louis. Cette Principauté a passé de Mademoiselle de Montpensier, qui la possédoit, à la Maison d'Orléans.

VASSY, sur la Blaise, connu dans l'Histoire par le désordre qui y arriva en 1562, appellé par les Ecrivains Calvinistes, *le Massacre de Vassy.*

BAR-SUR-AUBE, petite Ville fort ancienne qui porte le titre de Comté.

A deux lieues au Sud-Est de Bar-sur-Aube, est l'Abbaye de *Clairvaux*, la première des quatre filles de l'Abbaye de Cîteaux, & illustre par les vertus de saint Bernard, qui en a été le premier Abbé & le Fondateur, en 1115.

CHATEAU-VILAIN, au Sud-Est de Bar-sur-Aube. Cette petite Ville, qui a une Collégiale & un beau Château, a été érigée en Duché-Pairie en 1705, en faveur de Louis-Alexandre de Bourbon, Comte de Touloufe, & a paffé à fon fils le Duc de Penthièvre, Amiral de France.

3. *Le Baſſigni.*

VAUCOULEURS, au Nord-Eſt, fur la Meufe, petite Ville remarquable par fa fituation dans une vallée charmante. C'eſt près de cette Ville qu'eſt née, à Donremy, la célèbre Jeanne d'Arc, connue fous le nom de Pucelle d'Orléans. C'eſt la patrie de M. de Lifle, pere du fçavant Géographe de ce nom, & du célèbre Aſtronome, qui a été en Ruſſie fonder une Obfervatoire.

LANGRES, *Evêché, Préſidial, Bailliage, Election*. Cette Ville, près de laquelle la Marne prend fa fource, eſt bâtie fur une hauteur. Sa Cathédrale de S. Mamés, eſt fort belle. Son Evêque eſt le dernier des trois anciens Ducs & Pairs Eccléfiaſtiques: au Sacre il porte le fceptre. Langres eſt eſtimée pour fa coûtellerie. C'eſt la patrie d'Anne-Bénigne Senrey, Théologal de Beaune. Le fameux Edmond Richer, Docteur de Sorbonne, auteur d'un livre fur la Puiſſance Eccléfiaſtique & Séculière, & Pierre Floriot, auteur de l'Ouvrage intitulé : *Morale fur le Pater*, étoient du Diocèfe de Langres.

BOURBONNE-LES-BAINS, célèbre par fes eaux minérales : elle eſt du Diocèfe de Befançon.

CHAUMONT, *Préſidial, Bailliage, Election*. A une lieue de cette Ville eſt le Monaſtère du *Val des Ecoliers*, qui a été chef-d'Ordre & un des plus célèbres de France. Il fut fondé l'an 1212, par Guillaume l'Anglois & Richard de Narcey, fous la règle de S. Auguſtin. On l'appelle le Val des Ecoliers, parceque pluſieurs Ecoliers quittèrent les Univerſités pour s'y retirer. Le dernier Abbé titulaire, nommé Laurent Michel, s'étant démis de fa dignité en faveur du Supérieur Général des Chanoines Réguliers de la Congrégation de France, & Abbé de Sainte Geneviève, cet Ordre a été réuni à cette Congrégation. Le Monastère est gouverné par un Supérieur qui prend le nom d'Abbé, & qu'on établit tous les trois ans, dans le Chapitre général de la Congrégation.

4. *Le Sénonois.*

Sens, *Archevêché, Présidial, Bailliage, Election*, illustre avant le temps de César. Cette Ville assez grande, est située au confluent de l'Yonne & & de la Vanne. Sa Cathédrale est vaste, & porte le nom de S. Etienne: on y voit le tombeau de M. le Dauphin, fils de Louis XV, & de Madame la Dauphine. Son Archevêque prend le titre de Primat des Gaules & de Germanie. Sens a deux Abbayes de Bénédictins, un Collège, un Séminaire de Lazaristes, & plusieurs Paroisses & Couvens.

Joigni, *Bailliage, Election*, sur l'Yonne.

Saint-Florentin, *Election*, sur l'Armançon.

Tonnerre, sur l'Armançon, qui se jette dans l'Yonne au-dessus de Joigni. Le terroir de cette Ville, du Diocèse de Langres, est célèbre par ses vins.

Chablis, à l'Occident de Tonnerre, est aussi renommée par ses vins.

§. III. *De la Brie Champenoise.*

On la divise en haute & basse Brie, & Brie pouilleuse, ou Pays de *Gallevesse*.

1. *La Haute Brie.*

Meaux, *Capitale, Evêché, Présidial, Election*, sur la Marne. C'est une Ville assez grande, peuplée & marchande. Le chœur de la Cathédrale est beau. Le Cardinal de Bissy a renouvellé l'architecture du sanctuaire, & a fait bâtir deux belles chapelles des deux côtés de la grande porte du chœur. Aux deux Fauxbourgs de Meaux, se trouvent l'Abbaye de *saint Faron*, Evêque de la Ville, dont les Bénédictins font en poffeffion, & celle de *Chage*, qui appartient à la Congrégation des Chanoines Réguliers de fainte Geneviève. Meaux a fept Paroiffes, & plufieurs Couvens & Hôpitaux. C'eft des environs de cette Ville que viennent les Fromages fi connus fous le nom de Fromages de Brie.

2. *La Baffe Brie.*

PROVINS, *Capitale, Préfidial, Bailliage, Election.* C'eft une affez grande Ville du Diocèfe de Sens; mais elle n'eft pas peuplée. On y voit un Château des anciens Comtes de Champagne; & l'on y fait d'excellentes conferves de rofes. Elle a une Abbaye de Chanoines Réguliers, deux Chapitres, & un Collège qui eft aux Prêtres de l'Oratoire.

SEZANE, au Nord-Eft de Provins, *Bailliage, Election*, Comté qui appartient à la Maifon d'Harcourt-Beuvron.

COULOMIERS, fur le Morin, *Bailliage, Election.* Cette Ville, du Diocèfe de Meaux, eft fituée dans un terrein gras & fertile. Le Duc de Luynes en eft Seigneur. Elle a paffé dans fa Maifon par le mariage d'un Duc de Luynes avec une fille de Henri-Louis de Soiffons, fils naturel de Louis de Bourbon, Comte de Soiffons, à qui la Ducheffe de Nemours avoit fait une donation de tous fes biens, dont la Ville de Coulomiers faifoit partie.

MONTEREAU, *Bailliage, Election.* Cette Ville, du Diocèfe de Sens, eft fur la Seine, à l'endroit où fe décharge l'Yonne. C'eft fur le pont de cette Ville que Jean fans peur, Duc de Bourgogne, étant venu pour fe réconcilier avec Charles VII, alors Dauphin de France, fut affaffiné par les Officiers de ce Prince, en 1419.

3. *La Brie Pouilleufe.*

CHATEAU-THIERRI, fur la Marne, *Préfidial*,

Bailliage, Election. C'est un Duché qui appartient à la Maison de Bouillon. Le célèbre Poëte la Fontaine est né dans cette Ville.

TRESMES, à l'Orient de Château-Thierri, Duché-Pairie érigé en 1648, en faveur de René Potier, fils de Louis, Baron de Gesvres, Secrétaire d'Etat, dont le second fils a été la tige des Ducs de Tresmes. Les Lettres n'en ont été enregistrées qu'en 1663.

REBAIS *ou* ORBAIS, au Sud-Est de Château-Thierri. Il y a une Abbaye de Bénédictins.

ARTICLE VII.

Des Gouvernemens de Lorraine, & des Trois Evêchés.

LA Lorraine appartenoit ci-devant aux Ducs de Lorraine, Maison illustre par son ancienneté, ses alliances & les grands hommes qui en sont sortis. Elle a été réunie à la France, & fait un Gouvernement. Les trois Evêchés qui y sont enclavés, forment aujourd'hui deux Gouvernemens particuliers.

La Maison de Lorraine qui a produit diverses branches, dont les principales sont celles de Vaudemont, de Mercœur, de Guise, de Joyeuse, de Chevreuse, de Mayenne, d'Aumale, d'Elbeuf, d'Harcourt, d'Armagnac, & de Lillebonne, tire son origine de Gérard d'Alsace. L'Empereur Henri le Noir, fils & successeur de l'Empereur Conrad, donna à Gérard, l'an 1048, le Duché de la haute Lorraine. On l'appelloit *Mosellane supérieure*, pour le distinguer de la basse Lorraine qui se nommoit *Mosellane inférieure*. Ces noms leur avoient été donnés de la Moselle qui les partageoit. La basse Lorraine renfermoit les Diocèses de Cologne, d'Utrecht, de Liége & de Cambrai.

Le nom de *Lorraine* vient de celui de Lothaire II, fils de l'Empereur Lothaire I, & petit-fils de l'Empereur Louis le Débonnaire. Lothaire I. eut trois fils, Louis, Lothaire II, & Charles. Il s'associa de très-bonne heure Louis à l'Empire & au Royaume d'Italie, & lorsqu'en 855, il se fit moine, il partagea les Etats qu'il avoit en-deçà des Alpes à ses deux autres fils. Lothaire II, eut les pays renfermés entre le Rhône, la Saône, la Meuse, l'Escaut & le Rhin, lesquels, à cause de lui, furent appellés *Royaume de Lotharingie* ou *Lothraine*, d'où par corruption est venu le nom de *Lorraine*. Charles le Chauve & Louis de Germanie se disputèrent ce Royaume après la mort de Lothaire, leur neveu. Il y eut ensuite des Ducs ou Gouverneurs jusqu'à l'an 977, que l'Empereur Othon II donna le Duché de la basse Lorraine à Charles de France, fils puîné de Louis d'Outremer. Il passa assez long-temps après à Godefroi de Louvain, tige des Ducs de Brabant, connus sous le nom de Ducs de *Lotreich* ou de Lorraine. Ce n'est point de ces Ducs que descend la Maison de Lorraine ; mais, comme nous l'avons dit, de Gérard d'Alsace, arrière-petit-neveu de Gontram le Riche, tige de la Maison d'Autriche. La Maison de Lorraine est l'aînée, selon plusieurs Auteurs, & les deux descendent des anciens Comtes d'Alsace. Ces deux illustres Maisons ont été réunies par le mariage de François-Etienne de Lorraine avec Marie-Thérèse d'Autriche, en 1736.

La postérité masculine de Gérard d'Alsace posséda la Lorraine jusqu'à Charles I, qui ne laissa qu'une fille, nommée Isabelle ; elle épousa en 1430 René I, Duc d'Anjou & Roi de Sicile, & la Lorraine passa ainsi dans la Maison d'Anjou. Elle rentra dans celle d'Alsace en 1473, par le mariage d'Iolande, fille du Roi René, avec René II, de la branche de Lorraine-Vaudemont. Les descendans de René II, ont possédé les Duchés de Lorraine & de Bar jusqu'en 1736, que François-Etienne, alors Duc de Lorraine, & depuis Empereur, les céda, en échange du Grand-Duché de Toscane, à Stanislas Lesczinski, Roi de Pologne, pour en jouir durant sa vie, & pour être réunis ensuite à la Couronne de France, comme ils l'ont été à la mort de ce Prince, en 1766.

La Lorraine produit abondamment tout ce qui est nécessaire à la vie. Il y a des puits salés dont l'eau sert à faire du sel ; les Ducs en tiroient un grand revenu.

La Lorraine peut avoir 40 lieues d'Orient en Occident, depuis Bitche jusqu'à Sainte-Menehoult, & près de 50 lieues du Sud-Ouest au Nord-Est, depuis la Marche jusqu'à Schambourg. Elle est bornée à l'Orient, par le Palatinat du Rhin & l'Alsace ; au Septentrion, par le Luxembourg ; à l'Occident, par la Champagne ; & au Midi, par la Franche-Comté.

Les Rivières principales sont la Meuse, la Moselle & la Sare.

1. La *Meuse* dont on décrira le cours en parlant des Pays-Bas Autrichiens, a sa source sur les confins de la Champagne & de la Lorraine, & passe à Verdun.

2. La *Moselle* prend sa source au Mont des *Faucilles*, dans les Montagnes de Vosge, aux confins de la Lorraine & de l'Alsace, passe à Toul, à Metz, à Thionville, à Trèves, & se jette dans le Rhin à Coblentz.

3. La *Sare* a sa source à l'Orient près de Salm, passe à Sarbrik, à Sar-Louis & à Vaudrevange, puis se jette dans la Moselle près de Trèves.

On divise la Lorraine en trois parties ; savoir, le Duché de Lorraine, le Pays des Trois Evêchés, & le Duché de Bar. Le Duc de Lorraine faisoit hommage de ce dernier au Roi de France ; & le Pays est resté uni à la Lorraine propre.

§. I. *Le Duché de Lorraine.*

Ce qu'on appelloit ci-devant le Duché de Lorraine, se partageoit en trois Bailliages, de Nanci, de Vosge & de Vaudrevange : aujourd'hui il se divise en 35 Bailliages royaux & 7 Prevôtés, selon l'arrangement qu'y a fait le Roi Stanislas. On en donnera le détail en décrivant les principales Villes de ce Duché, & de celui de Bar.

Nanci, près la Meurte, au milieu de la Lorraine, est la *Capitale* de son Bailliage & du Duché de Lorraine. Il y a une *Cour Souveraine* créée par le Duc Charles IV, en 1661, & à laquelle a été réuni, en 1771, le Parlement de Metz, qui avoit été institué pour le Pays des Trois Evêchés. Nanci est une grande & assez belle Ville, dans le Diocèse de Toul : elle est composée de deux parties, de la vieille Ville & de la nouvelle, qui ne sont séparées que par un fossé. La première est irrégulière, mais riche & peuplée. C'est-là qu'on voit le Palais des anciens Ducs de Lorraine ; & l'Eglise des Cordeliers, où sont les tombeaux de ces Ducs. L'autre partie de la Ville est plus belle & plus grande, surtout depuis les superbes ouvrages faits par ordre du Roi Stanislas ; mais elle est moins riche & moins peuplée. Nanci a une célèbre Collégiale, qui a le titre de Primatiale, & son Chef porte le nom de Primat.

Cette Ville, outre sa Cour Souveraine, à laquelle ressortissent tous les Bailliages Royaux, excepté ceux de Bar & de la Marche, qui dépendent du Parlement de Paris, a aussi un plus ancien Tribunal souverain nommé la *Chambre des Comptes, Cour des Aides, & Monnoies de Lorraine & de Bar.* L'autorité de cette Chambre est bornée à la Lorraine. Nanci est la patrie de Jacques Callot, si connu par son habileté dans le dessin & dans la gravure, de plusieurs autres Peintres, Graveurs & Fondeurs célèbres, & d'un grand nombre d'hommes illustres en différens genres.

Nomeny, *Bailliage*, sur la Seille, Marquisat qui relevoit de l'Empire.

Luneville, *Bailliage*, sur la Vézouze, qui se rend près de-là dans la Meurte. C'est dans cette Ville que les Ducs de Lorraine faisoient leur résidence. Elle a une Abbaye régulière de l'Ordre de S. Augustin, deux Monastères d'hommes & deux de filles. Il s'y trouve aussi un bel Hôpital, une Académie pour les jeunes Gentilshommes, & une autre des Sciences & Belles-Lettres, établies par le Roi Stanislas, avec une nombreuse Bibliothèque pour la dernière.

Rosière, *Bailliage*, à l'Ouest de Luneville. Cette petite Ville a des Salines.

Blamont, *Bailliage*, au Nord-Est de Luneville, petite Ville avec titre de Comté qui relevoit de l'Empire.

Badonviller *, *Prevôté* près de Blamont.

Vezelize, au Sud-Est de Luneville, *Bailliage*.

Saint-Diez, *Bailliage*, à l'Orient, sur les confins de l'Alsace.

Sainte-Marie aux Mines, *Prevôté* à l'Est de Saint-Diez. Son nom vient de ses Mines d'argent.

Saint-Hipolyte *, près de Scheleftat, en Alsace, *Prevôté*, dépendante de la Lorraine.

Epinal, *Bailliage*, au Sud-Ouest de Saint-Diez.

Dompaire, *Prevôté*, à l'Ouest d'Epinal.

Barney, *Bailliage*, au Sud-Ouest d'Epinal.

Bruyer, *Bailliage*, au Nord-Est d'Epinal.

Charmes & Chatel, *Bailliages*, sur la Moselle, au Nord-Ouest d'Epinal.

Mirecourt, *Bailliage*, au Sud-Ouest de Charmes, Ville renommée pour ses dentelles & ses violons. Elle est située sur la rivière de Maidon.

Remiremont, *Bailliage*, sur la Moselle. Cette

Ville, du Diocèse de Toul, est célèbre par son Chapitre de Chanoinesses, qui sont obligées à faire de grandes preuves de noblesse; mais elles ne font point de vœux, excepté les Officières, qui en font de simples. L'Abbesse est Princesse de l'Empire. Elle est seule obligée de faire les vœux solemnels de religion, à moins qu'elle n'en obtienne dispense du Pape. Cette Abbaye, nommée en Latin *Romarici Mons*, a été fondée vers l'an 612, par un Seigneur nommé Romaric, qui lui donna tous ses biens.

PLOMBIÈRES, fameuse par ses Eaux Minérales.

LA MARCHE, au Sud-Ouest de la Lorraine, *Bailliage*, du ressort du Parlement de Paris.

BOURMONT & NEUFCHATEAU, *Bailliages*, au Nord de la Marche.

VAUDREVANGE, au Nord de la Lorraine, sur la Sare. Cette Ville fut cédée à la France en 1718.

SAR-LOUIS, *Place forte*, *Présidial*, sur la Sare. Louis XIV la fit bâtir, après se l'être réservée par le Traité de Risvick, en 1697.

SCHAMBOURG *, *Bailliage*, au Nord-Ouest de Sar-Louis. Ce n'est qu'un Château ruiné.

BICHE *ou* BITCH, *Bailliage*, *Capitale* du Comté de ce nom, à l'Orient & sur les frontières de l'Alsace. Ses fortifications, qui avoient été détruites en exécution du Traité de Risvick, ont été rétablies depuis la réunion de la Lorraine à la France.

SARGUEMINE, *Bailliage*, au confluent de la Sare & de la Blise, au Nord-Ouest de Bitch.

SARALBE, *Prevôté*, au Sud de Sarguemine, près la Sare.

FENESTRANGE, *Bailliage*, au Sud de Saralbe.

LIXHEIM, *Bailliage*, près Fenestrange.

BOULQUENOM, *Prevôté*, près Fenestrange.

DIEUSE, *Bailliage*, au Sud-Ouest de Fenestrange.

VIC, sur la Seille, qui prend sa source près de Dieuse, & se jette dans la Moselle à Metz.

MOYENVIC, sur la même Rivière, petite Ville remarquable pour ses Salines.

MARSAL, Ville située dans des marais, & qui a des Salines, & un ouvrage ancien très-singulier, qu'on appelle le *Briquetage*.

CHATEAU-SALIN, près de Marsal, *Bailliage*. Son nom marque assez qu'il y a des Salines.

BOULAI, *Bailliage*, au Nord de Marsal.

BOUZONVILLE, *Bailliage*, au Nord de Boulai.

BRIEY OU BRI, *Bailliage*, à l'Orient de la précédente.

ESTAIN, *Bailliage*, au Sud-Ouest de Briey.

LONGUYON, *Bailliage*, au Nord d'Estain.

VILLER-LA-MONTAGNE, *Bailliage*, au Nord-Est de Longuyon.

HOMBOURG, est une Ville enclavée dans le Duché de Deux-Ponts, qui appartenoit au Duc de Lorraine, & qui est aussi à la France depuis la réunion de ce Duché. Elle étoit autrefois du Comté de *Sarbruck*, au Sud-Est de Sar-Louis ; ce Comté est enclavé dans la Lorraine, mais dépend de l'Allemagne.

§. II. *Les Trois Evêchés*.

Ces trois Pays ; sçavoir, le Messin, le Verdunois & le Toulois, qui appartiennent à la France depuis 1552, ont souvent leurs Gouverneurs particuliers, & sont du nombre de huit petits Gouvernemens que nous n'avons pas mis dans la Division de la France. Aujourd'hui le Messin & le Verdunois ne font qu'un Gouvernement.

1. *Le Messin*.

METZ, autrefois *Divodurum & Civitas Mediomatricum*, *Capitale*, Evêché très-riche, *Place forte*, *Bailliage*, Hôtel des Monnoies. Elle est située au confluent de la Moselle & de la Seille. Sa Cathédrale, qui se nomme S. Etienne, est fort belle. Cette

Ville est très-grande, & a plusieurs Abbayes de Bénédictins, un Collège & un grand nombre de Communautés. Il y a aussi des Casernes magnifiques. Les Juifs y ont une Synagogue. C'est la patrie de Sébastien le Clerc, Dessinateur du Cabinet du Roi, qui s'est rendu très-célèbre par ses gravures en petit, & d'Abraham Fabert, Maréchal de France. On a établi en 1760 dans cette Ville une Société Royale des Sciences & des Arts.

L'Evêque de Metz est suffragant de Trèves, aussi bien que Verdun & Toul. Trèves est un Archevêché d'Allemagne, à 19 lieues de Metz, au Nord-Est.

2. Le Verdunois.

VERDUN, *Evêché*, *Place forte*, *Bailliage*. Cette Ville est sur la Meuse, qui la partage en deux. On y compte neuf Paroisses & 18600 habitans environ. Ses fortifications sont du Chevalier de Ville & du Maréchal de Vauban. Elle a une célèbre Abbaye, dédiée à S. Vannes, qui est le Chef-lieu de la Congrégation de Bénédictins, nommée de S. Vannes. Le feu du ciel a consumé la nef de la Cathédrale de Verdun, au mois d'Avril 1755. Une cloche de vingt-huit milliers a été fondue, aussi-bien que deux autres de dix milliers. Verdun est renommée pour ses Anis.

3. Le Toulois.

TOUL, sur la Moselle, *Evêché*, *Bailliage*, *Sénéchaussée*. La Cathédrale est très-belle, aussi-bien que le Palais épiscopal, bâti par M. Begon son Evêque. Cet Evêché est celui de tout le Royaume qui a le plus grand nombre de Cures. Elles montent au moins à dix-sept cens. C'est la patrie de S. Loup, Evêque de Troyes, & du célèbre Vincent de Lérins.

Ces trois Villes étoient Impériales avant d'appartenir à la France. Henri II s'en empara du temps de

Charles-Quint, en 1552. Cet Empereur voulut les reprendre, mais il échoua devant Metz. On dit qu'il en conçut tant de dépit, qu'il prit alors la résolution de quitter la Couronne ; c'est ce qui donna lieu au vers suivant :

Siste viam Metis, hæc tibi Meta datur.

Du Gouvernement de Metz dépendent encore : THIONVILLE, &

MONTMEDI, *Places fortes*, que la France possède dans le Luxembourg, & qui lui ont été cédées par la paix des Pyrénées, en 1659.

YVOI, érigé en Duché sous le nom de *Carignan* en 1662, en faveur du Prince Eugène. Cette Ville est aussi du Luxembourg François.

§. III. *Le Duché de Bar.*

Ses principales Villes sont :

BAR-LE-DUC, sur l'Ornei, *Capitale* du Duché, *Chambres des Comptes* pour le Barrois, *Bailliage* du ressort du Parlement de Paris, *Sénéchaussée*. Cette Ville est partagée en haute & basse, & construite de manière, que la Ville haute commande le Château qui donne sur la Ville basse. Il y a dans la haute deux Collégiales ; l'une nommée de S. Maxe, & l'autre de S. Pierre. Elle a aussi plusieurs Communautés religieuses, ainsi que la Ville basse. Entre ses Fauxbourgs, il y en a un où l'on travaille à toutes sortes d'ouvrages d'acier. Son territoire produit des vins assez estimés.

LIGNI, *Prevôté*, du ressort du Parlement de Paris, sur l'Ornei, au Sud-Est de Bar-le-Duc, est la seconde Ville du Barrois. Elle porte le titre de Comté, & appartenoit à Charles-François de Montmorenci-Luxembourg, qui l'a vendue à Léopold I, Duc de Lorraine. Cette Ville a une Collégiale, composée d'un Doyen & d'onze Chanoines, plusieurs Maisons religieuses, & un Collège fondé en 1585, par Marguerite de Savoye, veuve d'Antoine de Luxembourg. C'est la patrie du B. Pierre de Luxembourg.

STAINVILLE, au Sud-Ouest de Ligni, érigée en Duché-Pairie en faveur du Comte de Choiseul-Stainville, par Lettres-patentes données en 1758, enregistrées la même année au Parlement.

GONDRECOURT, au Sud-Ouest de Ligni, sur l'Ornei.

COMMERCI, *Bailliage*, sur la Meuse, à l'Orient de Bar-le-Duc. Cette petite Ville, qui portoit le titre de Principauté, a un très-beau Château, bâti par le Cardinal de Retz. Louis XIV l'avoit cédée au Duc Léopold, en 1707; mais elle est revenue à la France, qui en avoit accordé l'usufruit à la Duchesse douairière de Lorraine, morte en 1745.

SAINT-MIHEL, *Bailliage*, sur la Meuse, au Nord de Commerci. Cette Ville a une célèbre Abbaye des Bénédictins réformés, qui ont une riche Bibliothèque; une Collégiale, plusieurs Couvens, un Hôpital, trois Fauxbourgs & six portes. C'est la patrie de Charles-Louis Hugo, Prémontré, Abbé d'Etival, Ecrivain célèbre, & de plusieurs autres hommes illustres.

PONT-A-MOUSSON, *Bailliage*, *Université*, sur la Moselle. Cette Ville est en partie du Diocèse de Metz, & en partie de celui de Toul. Le Jésuites y ont eu un beau Collège, où ils enseignoient la Philosophie, la Théologie & les Langues. Il y a une Abbaye de Prémontrés, une autre de filles, & plusieurs Paroisses & Couvens. C'est la patrie d'Antoine Pillement & de François Rouot, Jurisconsultes très-habiles, & Doyens de la Faculté de Droit de cette Ville.

CLERMONT, à l'Occident de Verdun, sur les frontières de la Champagne, *Capitale* du Bailliage d'Argone. Elle appartient à M. le Prince de Condé.

ARTICLE VIII.
Du Gouvernement d'Alsace.

L'ALSACE a été sous la domination des Rois de France, jusqu'à Louis IV. Elle fut possédée ensuite par des Landgraves, & depuis par la Maison d'Autriche. Elle est revenue à la France par le Traité de Munster, en 1648. Les Villes Impériales lui ont été accordées par la paix de Nimégue, en 1678, à la réserve de Strasbourg, qui s'est donnée à la France en 1681, & lui a été enfin cédée par la paix de Riswick en 1697.

Les principales Villes Impériales étoient Strasbourg, Colmar, Landaw, Haguenaw, Scheleftat.

L'Alsace peut avoir 40 lieues du Midi au Septentrion, & 15 environ d'Orient en Occident.

Elle est bornée à l'Orient, par la Souabe, dont elle est séparée par le Rhin; au Septentrion, par le Palatinat du Rhin; à l'Occident, par la Lorraine & le Montbéliard; au Midi, par la Suisse.

Ce Pays est très-fertile en bleds, en vins & en pâturages: il s'y trouve des mines d'argent, de plomb, de cuivre, & des eaux minérales: on y voit des montagnes couvertes d'arbres, & des sapins de 120 pieds de hauteur.

Le Rhin la borne du Midi au Septentrion, & elle n'a d'autre Rivière remarquable que l'*Ill*, qui se jette dans le Rhin, après avoir passé à Strasbourg.

On divise l'Alsace en haute au milieu, basse au Nord, & Suntgaw au Midi.

§. I. *De la haute Alsace.*

COLMAR, *Place forte*, avec *Conseil Souverain*. C'est une grande & belle Ville proche la Rivière d'Ill. Les Luthériens y ont liberté de conscience.

NEUF-BRISACK, forteresse dans un goût nouveau, bâtie sous Louis XIV, aussi-bien que la Ville, qui est une des plus régulières de l'Europe; elle est vis-à-vis le Vieux-Brisack, qui est en Souabe. Il n'y a que le Rhin qui les sépare.

ENSISHEIM, sur l'Ill, au Midi de Colmar. C'est une jolie Ville, mais petite.

§. II. *La basse Alsace.*

STRASBOURG, *Capitale* de toute l'Alsace, *Evêché*, *Place forte*, *Hôtel des Monnoies*, *Université*. Cette Ville, qui est grande, belle & bien peuplée, n'est qu'à un quart de lieue du Rhin, sur la rivière d'Ill. Louis XIV s'en rendit maître en 1681, & elle lui a été assurée par la paix de Riswick, en 1697. La Citadelle & les autres Forts rendent cette Ville presqu'imprenable. Strasbourg a six portes, six ponts sur l'Ill, dont deux sont de pierres, & quatre de bois seulement. Ses rues en général sont étroites; mais la grande rue, celle du marché & celle de la petite boucherie, sont très-belles, grandes, droites & bien percées. Outre l'Hôpital Bourgeois, où l'on conserve un amas de bled & de vin, depuis plus d'un siècle, il y en a un autre magnifique, nommé l'Hôpital François, que Louis XIV a fait bâtir pour les Soldats. La Religion Luthérienne, qui étoit autrefois dominante dans cette Ville, y est encore permise. Le Collège des Magistrats de Strasbourg est divisé en plusieurs Chambres, qui sont celles des Treize, des Quinze, des Vingt-un, du grand & du petit Sénat. La première connoît de toutes les affaires de conséquence: la Chambre des Quinze a la direction & l'économie des revenus de la Ville: celle des Vingt-un n'a presque d'autre fonction, que de fournir des sujets qui entrent dans les deux autres Chambres. Le grand Sénat est composé de trente personnes, dix Nobles & vingt Roturiers. Ce Tribunal connoît des affaires civiles & criminelles. Ces dernières y sont jugées en dernier reſſort. Le petit Sénat conſiſte en ſix Gentilshommes & douze Bourgeois : il connoît des moindres affaires, avec appel à la Chambre des Treize. Les Chanoines de la Cathédrale doivent prouver ſeize quartiers de Nobleſſe. La Cathédrale eſt magnifique ; on admire particulièrement ſon clocher, qui eſt une tour en pyramide de 574 pieds de hauteur. L'horloge de cette Egliſe eſt remarquable par la quantité de ſes machines, qui marquent le mouvement des conſtellations, le cours de la Lune & des autres Planètes. L'Evêché de Straſbourg eſt le plus riche de France. Il rapporte plus de 250000 livres de rente. L'Evêque eſt ſuffragant de Mayence, & Prince du Saint-Empire.

SCHELESTAT, *Place forte*, ſur l'Ill, entre Straſbourg & Colmar.

PHALSBOURG, petite Ville au pied des Montagnes de Voſge. Elle porte le titre de Principauté, & eſt défendue par un ancien Château, & par des fortifications que Louis XIV y a fait faire.

SAVERNE, ſur la rivière de Soer. L'Evêque de Straſbourg, qui en eſt le Seigneur, y a un magnifique Château, où eſt ſa réſidence.

HAGUENAW, *Place forte*, ſur la Moter, au Nord de Straſbourg. Cette Ville eſt renommée pour ſon ancienne Préfecture des dix Villes Impériales, & pour n'avoir jamais été infectée du Luthéraniſme ni du Calviniſme.

LAUTERBOURG, petite Ville ſur la rivière de Lauter, près du Rhin.

LE FORT-LOUIS du Rhin, bâti par Louis XIV dans une Iſle du Rhin.

VEISSEMBOURG. Cette Ville autrefois Libre & Impériale, ayant été cédée à la France avec les autres Ville Impériales de l'Alſace, par les Traités de paix dont nous avons parlé, Louis XIV en fit détruire les fortifications.

GOUVERNEMENT DE BRETAGNE. 135

LANDAW, à l'extrémité de l'Alsace, vers le Palatinat. Cette Ville est une des plus fortes de l'Europe. M. de Vauban est le premier auteur de ses fortifications.

§. III. *Le Suntgaw.*

BEFORD, *Capitale*, *Place forte*, Comté qui appartient à la Maison de Mazarin.

FERETTE, *Bailliage.* Cette petite Ville porte le titre de Comté. Le Cardinal Mazarin, à qui Louis XIV l'avoit accordée, la donna à sa nièce Hortence Mancini, mariée à Charles de la Porte, qui prit le nom de Duc de Mazarin.

HUNINGUE, *Place forte*, sur le Rhin, près de Basle.

CHAPITRE II.

Provinces & Gouvernemens du milieu.

ARTICLE I.

Du Gouvernement de Bretagne.

LA Bretagne a reçu son nom des Bretons chassés d'Angleterre, qui s'y jettèrent dans le Ve. Siècle. On l'a appelée *Petite Bretagne*, pour la distinguer de la Grande-Bretagne, qui est l'Angleterre & l'Ecosse. Avant cela elle étoit une des Provinces nommées *Armoriques*, à cause de leur situation sur la mer.

On prétend que ce Pays a eu anciennement des Souverains qui portoient le titre de Rois, & qu'ensuite ils ont pris celui de Comtes & de Ducs, lorsqu'il eurent été soumis par les Rois de France. La Bretagne fut érigée en Duché-Pairie, l'an 1297. Anne de Bretagne, unique héritière de François II, dernier Duc de Bretagne, épousa l'an 1491, Charles VIII, puis Louis XII. François I leur successeur, unit cette Province à la Couronne de France en 1532. C'est un pays d'États: ils s'assemblent tous les deux ans.

La Bretagne produit peu de bled & de vin; mais elle abonde en excellens pâturages, qui lui fournissent de bon beurre. Le terroir est fertile en lin & en chanvre, dont on fait des toiles & des cordages. C'est en cela que consiste son principal commerce: on en tire aussi de bons chevaux & des eaux-de-vie.

Sa principale Rivière est la *Vilaine*, qui prend sa source sur les confins du Maine, passe à Rennes, à Rhedon, & se décharge dans la mer près la Roche-Bernard.

La Bretagne est bornée à l'Orient, par l'Anjou & le Maine; au Midi, en partie par le Poitou: les autres côtés sont environnés de l'Océan, ensorte qu'elle forme une espèce de Presqu'Isle.

On la divise en haute & basse: la haute est à l'Orient, & la basse à l'Occident.

§ I. *De la haute Bretagne.*

Elle renferme cinq Evêchés: Rennes, à l'Orient; Nantes, au Midi; Saint-Malo, au Nord; Dol, au Sud-Est de Saint-Malo; Saint-Brieu, au Sud-Ouest de la même Ville.

I. RENNES, sur la Vilaine, *Capitale, Evêché, Parlement, Cour des Aides, Présidial, Hôtel des Monnoies.* C'est une belle Ville, presqu'entièrement rebâtie depuis l'incendie de 1720. Elle a un bel Hôtel-de-Ville, un Palais régulièrement bâti, où l'on rend la Justice, une belle Place, & un Collège. Depuis peu on y a transféré la Faculté de Droit qui étoit à Nantes. C'est à Rennes que les Etats de Bretagne se tiennent ordinairement, depuis quelques années. C'est la patrie du Père

Tournemine, Auteur de plusieurs Ouvrages; on estime singulièrement son édition de Ménochius. Jacques & Louis Cappel, célèbres Critiques sur l'Ecriture-Sainte, étoient aussi nés à Rennes.

VITRÉ, à l'Orient de Rennes, sur la Vilaine, Baronnie au Duc de la Trimouille; c'est la patrie du Père de Gennes, Prêtre de l'Oratoire.

FOUGÈRES, au Nord de Vitré, sur le Coesnon.

SAINT-AUBIN, au Sud-Ouest de Fougères.

LA GUERCHE, au Sud de Vitré.

II. NANTES, au Midi, *Evêché*, *Chambre des Comptes*, *Généralité*, *Hôtel des Monnoies*, *Université*. Cette Ville est belle, très-peuplée & fort marchande. Les plus grosses barques & les vaisseaux médiocres y remontent par la Loire, sur le bord de laquelle se trouve un Château assez fort. C'est à Nantes que Henri IV donna, en 1598, l'Edit en faveur des Calvinistes, pour leur permettre le libre exercice de leur religion. Louis XIV a révoqué cet Edit en 1685. Les Prêtres de l'Oratoire ont le Collège, où ils professent aussi la Théologie, & les Prêtres de S. Sulpice ont le Séminaire depuis quelques années. Il y a une Abbaye de Bénédictins, une Chartreuse, & nombre d'autres Communautés.

LA ROCHE-BERNARD, sur la Vilaine. Cette Ville est assez jolie & peuplée. C'étoit une Baronnie, qui a été érigée, avec celle de Pont-Château, en Duché-Pairie, sous le nom de Coislin, en 1663. Ce Duché est maintenant éteint.

ANCENIS, sur la Loire, Marquisat qui appartient à la Maison de Béthune-Charost.

CHATEAU-BRIANT, au Nord-Est de Nantes, sur les confins du Maine. Elle appartient à présent à la Maison de Bourbon-Condé.

LE CROISIC, Bourg fort marchand, sur la mer, à l'Ouest de Nantes, avec un petit Port.

MACHECOU, Capitale du Duché de Retz, au

Sud-Ouest de Nantes, sur les confins du Poitou. Ce Duché est éteint.

III. SAINT-MALO, au Nord, *Evêché*, Port. Cette Ville n'est pas grande, mais peuplée & très-marchande : elle a un bon Port, dont l'entrée est difficile, à cause des roches qui s'y trouvent. La Ville est bâtie sur un rocher ou petite Isle, nommée autrefois *l'Isle d'Aron*, qui n'est jointe à la terre-ferme que par une chaussée. Les Malouins sont considérés comme les meilleurs Armateurs de France. On ferme la Ville tous les soirs, & on lâche quelques chiens destinés à la garder. Saint-Malo est la patrie de Jacques Cartier, qui a fait la découverte du Canada ; du célèbre du Guay-Trouin, Lieutenant-Général des Armées navales ; de M. de Maupertuis, si connu par son voyage dans le Nord & ses observations curieuses ; & de M. de Serre, traducteur de Pope.

DINANT, Comté sur la Rance, au Sud de S. Malo.

PLOERMEL, au Sud-Ouest de Dinant.

MONTFORT, à l'Ouest de Rennes. Cette Ville porte le titre de Comté.

IV. DOL, *Evêché*, au Sud-Est de Saint-Malo. Cette Ville est petite, mal peuplée, & très-malsaine, à cause des marais qui l'environnent. Lorsque son Evêque officie, on porte la croix devant lui comme devant les Archevêques. C'est un vestige des droits de Métropolitain dont il a joui pendant long-temps sur les Evêques de Bretagne : ils sont tous maintenant suffragans de l'Archevêque de Tours, qui est rentré dans ses anciens droits.

V. SAINT-BRIEU, *Evêché*, au Sud-Ouest de Saint-Malo. C'est une Ville assez considérable, dont le Port est bon, mais sans défenses.

LAMBALLE, au Sud-Est de Saint-Brieu. Cette petite Ville, qui est le Chef-lieu du Duché de Penthièvre, est remarquable par l'abondance de son bétail, par ses Manufactures de toiles, & son grand trafic de parchemin. Le fils aîné du Duc de Penthièvre portoit le titre de Prince de Lamballe. Le fameux de la Noue, surnommé *Bras-de-fer*, fut tué au siège de cette Ville en 1591.

QUINTIN, au Sud-Ouest de Saint-Brieu. Cette Ville a titre de Duché, érigée en 1691, en faveur de Gui de Durfort, Maréchal de Lorges, qui a obtenu en 1706, des Lettres-Patentes pour faire changer le nom de Quintin en celui de Lorges.

MONCONTOUR & JUGON. Ces deux petites Villes dépendent l'une & l'autre du Duché de Penthièvre.

§ II. *De la basse Bretagne.*

Elle renferme quatre Evêchés; savoir, au Midi, Vannes & Quimper; au Nord, Saint-Paul-de-Léon & Tréguier.

I. VANNES, *Evêché*, *Port*. C'est une Ville ancienne, assez peuplée & marchande. La marée y monte à la faveur d'un petit bras de mer appellé le *Morbihan*. Elle a un ancien Château, qui paroît avoir été très-fort autrefois, un Séminaire, dirigé par les Prêtres de la Mission, & un Collège. Le grand Hôpital & les Dominicains sont dans le Fauxbourg S. Paterne, qui a plusieurs Eglises & Monastères, & un assez beau mail.

PORT-LOUIS, *Port*, *Place forte*. Il y a dans cette Ville un Commissaire général de la Marine.

L'ORIENT, vis-à-vis de Port-Louis, *Port*. Il s'est formé en cet endroit, vers l'année 1720, une Ville célèbre par les magasins, & la vente qui s'y faisoit tous les ans, des marchandises de la Compagnie des Indes.

AURAY, *Sénéchaussée*, entre Vannes & Port-Louis. Il y a auprès de cette Ville une très-belle Chartreuse.

HENNEBOND, sur le Blavet, *Sénéchauſſée*. C'eſt la patrie du Père Pezron, de l'Ordre de Cîteaux, célèbre par pluſieurs Ouvrages, en particulier par ſon *Traité de l'Antiquité des temps*, & par celui *des Celtes*.

PONTIVI, au Nord-Eſt de Hennebond; Chef-lieu du Duché de Rohan.

ROHAN, à l'Orient de Pontivi. C'eſt un Duché-Pairie, érigé d'abord, en 1603, en faveur de Henri de Rohan, & de nouveau, en 1645, en faveur du mari de ſa fille, Henri Chabot, Seigneur de Sainte Aulaye. Il ne faut pas le confondre avec le Duché de Rohan-Rohan, dont on parlera à l'Article de la Saintonge.

GUIMENÉ, à l'Occident de Rohan, érigée en Principauté, l'an 1570, en faveur de Louis VI de Rohan, duquel deſcendent les Ducs de Montbazon, les Princes de Soubiſe & les Princes de Montauban.

BELLE-ISLE, au Sud-Oueſt de Vannes. C'eſt une Iſle de ſix lieues de long, ſur deux de large, environnée de rochers, & défendue par une bonne Citadelle. On n'y peut entrer que par quelques endroits qu'on a fortifiés : elle eſt très-fertile, & a quatre Paroiſſes. Cette Iſle portoit ci-devant le titre de Marquiſat, & appartenoit au Maréchal de Belle-Iſle, qui, en 1748, l'échangea avec le Roi, pour le Comté de Giſors, & autres Terres de Normandie, érigées en un Duché-Pairie, qui s'eſt éteint par la mort du Maréchal.

II. QUIMPER *ou* QUIMPERCORENTIN, *Evêché*, *Préſidial*. Cette Ville eſt ſituée au confluent de l'Oder & de la petite rivière de Benaudet. Les plus groſſes barques y peuvent aborder, à la faveur de la marée. Elle eſt la Capitale du Pays de *Cornouaille*. C'eſt la patrie des Pères Hardouin & Bougeant, fameux Jéſuites.

QUIMPERLAI, au Nord-Oueſt de la Ville de

l'Orient. Cette Ville, qui est sur la petite rivière de l'Isotte, est médiocre : elle a une Abbaye de Bénédictins.

III. Saint-Paul-de-Léon, *Evêché*, au Nord de la basse Bretagne. Cette Ville, qui est aujourd'hui peu considérable, avoit autrefois un Prince particulier ; à présent c'est une Baronnie qui appartient au Duc de Rohan. Elle lui donne droit de présider aux Etats de Bretagne avec le Duc de la Trimouille, comme Baron de Vitré, & avec les autres Barons de Bretagne, quand ils sont nommés par le Roi.

Landernau, Chef-lieu de l'ancienne Baronnie de Léon.

Lesneven, *Sénéchaussée*, au Sud-Ouest de Saint-Paul-de-Léon, &

Saint-Renan. Ces deux petites Villes appartiennent en propre au Roi.

Brest, *Port*, *Place forte*. Son Port qui est un des plus beaux de France, est défendu par un Château très-fort, bâti sur un rocher, & est situé dans une Baye, dont l'entrée est fort étroite : les vaisseaux y sont toujours à flot. Brest est le premier Département de la Marine : on y fait les armemens les plus considérables. Elle est située sur une hauteur, qui va toujours en s'abaissant jusqu'à la mer : le Roi y a établi une Académie de Marine en 1752. On y a construit depuis la réduction du service des Galères de France, un grand bâtiment nommé *Bagne*, destiné aux logemens des Forçats dans l'Arsenal de la Marine. Cette Ville a un Hôpital desservi par les Frères de la Charité, que le Roi y entretient pour avoir soin des Matelôts dans leurs maladies.

IV. Treguier, *Evêché*, au Nord, sur la mer. Cette Ville est ancienne : son Evêque prend le titre de Comte.

Lanion, *Sénéchaussée*, au Sud-Ouest de Tréguier. Elle est du Duché de Penthièvre : il s'y fait un assez grand commerce de vins & de chanvre.

MORLAIX, au Sud-Ouest de Lanion, *Sénéchaussée*. Il s'y fait un grand commerce de toiles de lin & de chanvre. Cette Ville, qui n'est qu'à deux lieues de la mer, en reçoit un grand avantage, la marée y remontant, & y portant de grosses barques & des vaisseaux médiocres. Elle a un Chapitre & plusieurs Communautés.

GUINGAMP, au Sud-Est de Tréguier. Cette Ville est du Duché de Penthièvre, qui comprend aussi Lamballe, Moncontour & Jugon, dans le Diocèse de Saint-Brieu. C'étoit autrefois un Comté, qui a été érigé en Duché-Pairie par Charles IX, en 1569, en faveur de Sébastien de Luxembourg. Il appartient à présent à Louis de Bourbon, Duc de Penthièvre, fils unique du feu Comte de Toulouse. Son troisième fils s'appelloit le Comte de Guingamp.

Les Habitans de ces trois derniers Diocèses, & en général de la basse Bretagne, parlent un langage particulier, le même que parlent en Angleterre les Habitans de la Principauté de Galles : aussi les bas-Bretons & les Gallois s'entendent-ils mutuellement. Vraisemblablement, cette Langue, qu'on nomme *Bas-Breton*, & *Langue Cambrique*, ou *Galloise*, a été apportée en Bretagne, par les anciens Bretons, qui chassés par les Anglois, s'y refugièrent au Ve siècle, & lui donnèrent leur nom. Quelques Savans prétendent que cette Langue est un reste de l'ancien Celtique, ou des Gaulois.

ARTICLE II.

Du Gouvernement du Maine.

CE Gouvernement comprend le *Maine* & le *Perche* : il est borné au Septentrion, par la Normandie ; à l'Orient, par le pays Chartrain, le Dunois & le Vendômois ; au Midi, par l'Anjou ; & à l'Occident, par la Bretagne.

§. I. *Du Maine.*

Le *Maine*, & la Ville du Mans sa capitale, ont retenu le nom des peuples Celtiques, appellés en latin *Cenomani*. Ce pays, vers le milieu du Xe siècle, vint au pouvoir du Comte Hugues, qui le laissa à sa postérité. Philippe Auguste le conquit sur Jean *Sans-Terre*, fils de Henri II, Roi d'Angleterre. S. Louis donna le Comté du Maine, avec l'Anjou, à son frère Charles, qui fut depuis Roi de Sicile & Comte de Provence. Charles, le plus jeune des fils de Louis II, ayant fait son héritier universel Louis XI, Roi de France, le Maine, ainsi que l'Anjou, fut réuni à la Couronne en 1481. Il a été donné quelquefois en apanage aux enfans de France, comme à Henri III, & à son frère François, qui mourut avant lui. Louis-Auguste de Bourbon, fils légitimé de Louis XIV, étoit Duc du Maine de la même manière. M. le Comte de Provence, petit-fils de Louis XV, a eu en 1771 pour son apanage le Maine, le Perche & l'Anjou.

Le Maine est assez fertile en bled, en vin & en chanvre ; le gibier & la volaille y abondent ; les pâturages y sont très-bons. Cette Province a des carrières de marbre & des mines de fer.

Ses principales Rivières sont la Sarte & la Mayenne.

La *Sarte* prend sa source sur les confins du Perche, dans un lieu appellé *Somme-Sarte*, à deux lieües de Mortagne; passe à Alençon, à Frenay, au Mans, à la Suse & à Château-Neuf; & après avoir reçu le Loir, elle se jette dans la Mayenne au-dessus d'Angers.

La *Mayenne* prend sa source sur les confins du Maine & de la Normandie, à l'Occident d'Alençon, arrose les Villes de Mayenne, Laval, Château-Gontier, Angers, au-dessous de laquelle elle se jette dans la Loire.

On divise le Maine en haut & bas: le haut est vers l'Orient & le bas vers l'Occident.

Le haut Maine.

LE MANS, (*a*) *Capitale*, *Evêché*, *Présidial*, *Bailliage*, *Sénéchaussée*, *Election*. Cette Ville, qui est sur la Sarte, fait un grand commerce d'étamines fort connues, de belles bougies, & de chapons fort renommés. Les Prêtres de la Mission ont le Séminaire, & les Prêtres de l'Oratoire le Collège: il y a deux Abbayes de Bénédictins, une de Chanoines réguliers, & beaucoup d'autres Communautés. C'est la patrie du Père Marin Mersenne, Religieux Minime, sçavant Théologien & Mathématicien; du Père Bernard Lamy, Prêtre de l'Oratoire, auteur de plusieurs sçavans Ouvrages, & en particulier d'une Introduction à la lecture de l'Ecriture-Sainte; des Jurisconsultes Brodeau & Blondeau; de l'Herminier, Docteur de Sorbonne, auteur d'un Cours de Théologie; & de plusieurs autres hommes illustres.

(*a*) On avoit suivi dans toutes les éditions (avant la précédente,) les Dictionnaires qui placent le Mans dans le bas Maine, & Mayenne dans le haut; mais c'est une erreur, suivant l'usage constant du Pays.

SABLÉ,

SABLÉ, Marquifat fur la Sarte, vers les confins de l'Anjou. Cette Ville eft ancienne & affez peuplée. C'eft la patrie de Robert le Maçon, Chancelier de France.

CHATEAU-DU-LOIR, *Election*, au Sud-Eft du Mans, fur le Loir.

LA FERTÉ-BERNARD, fur l'Huifne, Baronnie-Pairie au Duc de Richelieu. C'eft la patrie du Poëte Garnier.

Le bas Maine.

MAYENNE, fur la Rivière de même nom, *Capitale*, *Election*. Cette Ville porte le titre de Duché-Pairie, qui fut érigé en 1573, par Charles IX, en faveur de Charles de Lorraine, qui prit le titre de Duc de Mayenne. Il n'eft que trop connu dans notre Hiftoire par fa qualité de Chef de la Ligue. Le Cardinal Mazarin ayant acheté ce Duché, le donna, en 1661, à Charles de la Porte, Duc de Mazarin, en confidération du mariage contracté par ce Duc avec Hortence Mancini, nièce du Cardinal. C'eft la patrie de Jean Louail, directeur des études de M. l'Abbé de Louvois, & de Michel Tronchay, éditeur des Ouvrages de M. de Tillemont, & auteur de fa Vie.

AMBRIÈRES, au Nord de Mayenne, *Bailliage*.

BEAUMONT-LE-VICOMTE, à l'Orient de Mayenne, fur la Sarte. Cette Ville eft ainfi nommée à caufe de fes anciens Seigneurs qui ont porté le titre de Vicomte. François I, l'érigea en Duché. Il a été réuni à la Couronne par Henri IV, qui en étoit propriétaire; mais Louis XIV l'a aliéné en faveur de René de Froulai, Comte de Teffé, qui a auffi la Baronnie d'Ambrières.

LAVAL, *Election*, fur la Mayenne, à l'Occident du Mans, Comté appartenant au Duc de la Trimouille : il s'y fait un grand commerce de toiles. Elle a donné naiffance à Daniel Tauvri, de l'Aca-

Tome I. G

démie des Sciences de Paris, célèbre Médecin, qui dès l'âge de 18 ans donna au Public une *Anatomie raisonnée*, & à Ambroise Paré, Chirurgien des Rois Henri II, Charles IX & Henri III.

§. II. *Du Perche.*

Ce pays a eu ses Comtes qui en étoient Souverains. Dès la fin du neuvième siècle au plus tard, il vint au pouvoir des Rois de France : il a été uni à la Couronne par le Traité fait entre S. Louis & Jacques de Château-Gontier, qui prétendoit que ce Comté lui appartenoit.

Le Perche est une Province fort peu étendue : le terroir y est gras & fertile. On y fait beaucoup de serges, de draps & de cuirs.

Mortagne, *Capitale, Bailliage, Election*, au Nord-Ouest : elle est du Diocèse de Séez.

A trois lieues de Mortagne on trouve l'Abbaye de *la Trappe*, de l'Ordre de Cîteaux, célèbre par l'admirable austérité de ses Religieux.

Bélesme, *Bailliage*, au Midi de Mortagne. Elle dispute à Mortagne le titre de Capitale.

Nogent-le-Rotrou, au Sud-Est de Bélesme, sur l'Huisne. C'est un gros Bourg, qui, avec quelques autres Terres, a été érigé en Duché-Pairie en 1652, sous le nom de Béthune-Orval, en faveur de François de Béthune, fils du premier Duc de Sully, dans la Maison duquel Nogent ou Orval, est aujourd'hui sous le titre de Comté, le titre de Duché étant éteint.

ARTICLE III.

Du Gouvernement d'Anjou.

CETTE Province est belle & fertile, sur-tout en bons vins, en bled, en seigle, en lin, & en fruits. Il y a beaucoup de pâturages, & on y nourrit quantité de bœufs, de vaches & de moutons. Les carrières d'ardoises y sont si communes, que presque toutes les maisons, même celles des paysans, en sont couvertes. On y trouve des mines de charbon de terre & de fer.

On a remarqué, dans l'Article précédent, au sujet du Maine, comment l'Anjou a été réuni à la Couronne : il suffira d'observer ici qu'il a été érigé en Duché-Pairie en 1297, par Philippe-le-Bel : Il a été donné plusieurs fois en apanage à un fils de France. Philippe V, dernier Roi d'Espagne, & Louis XV, actuellement Roi de France, ont porté successivement le titre de Duc d'Anjou. Cette Province fait aujourd'hui partie de l'apanage de son petit-fils M. le Comte de Provence, comme on l'a dit en parlant du Maine.

L'Anjou est borné au Nord, par le Maine; à l'Occident, par la Bretagne; au Midi, par le Poitou; & à l'Orient, par la Touraine.

Outre la Sarte, la Mayenne & la Loire, dont nous avons décrit le cours, on y trouve le *Loir*. Cette Rivière commence dans le Perche, aux étangs de l'Abbaye du Loir, passe à Illiers, à Bonneval, à Châteaudun, à Vendôme, au Château du Loir, à la Fléche, à Duretal, & s'unit à la Sarte, au-dessus d'Angers.

On divise l'Anjou en haut & bas.

§. I. *Du haut Anjou.*

ANGERS, *Capitale, Evêché, Présidial, Bailliage, Election, Hôtel des Monnoies, Université.* C'est une Ville grande, assez belle & peuplée: le Château est très-fort. Sa Cathédrale n'a point de bas-côtés: elle porte le nom de S. Maurice, & on y voit les armes des anciens Chevaliers de l'Ordre du Croissant, institué en 1448 par René, Duc d'Anjou & Roi de Naples. La Procession qui se fait tous les ans dans cette Ville le jour de la Fête-Dieu, & qu'on appelle *le Sacre d'Angers*, est fort célèbre, & y attire un grand concours de peuple. Les Sulpiciens ont le Séminaire, & les Oratoriens le Collège. Angers a une Académie de Belles-Lettres, établie en 1685. C'est la patrie de Gilles Ménage, qui a écrit sur différentes matières, & de Bodin, Ayrault & Eveillon, Jurisconsultes. François Bernier, Médecin célèbre par ses voyages, étoit aussi né à Angers.

LA FLÉCHE, *Présidial, Sénéchaussée, Election,* au Nord-Est d'Angers, sur le Loir. On y voit un magnifique Collège, que Henri IV avoit fondé pour les Jésuites. Ce Prince donna pour cet établissement son Château neuf de la Flèche, avec son jardin & son parc. Ce Collège renferme dans son enceinte, trois grandes cours bordées de trois grands corps de logis quarrés, avec deux grandes basse-cours, & tout cela de suite & de plein-pied. La première cour, en entrant, étoit pour les Pères; la seconde pour les Classes, & la troisième pour les Pensionnaires. Le long des bâtimens, du côté du jardin, est un beau canal d'eau vive qui vient de la rivière du Loir. L'Eglise, qui est belle & grande, possède les cœurs de Henri IV, & de Marie de Médicis, son épouse. Le corps de logis qui répond à l'Eglise contient d'un côté une grande Bibliothèque, & de l'autre une salle magnifique, avec une galerie remplie de peintures qui représentent les principales actions de la vie de Henri IV, & la suite de ses ancêtres depuis S. Louis. Depuis la sortie des Jésuites, on a mis dans ce Collège les plus jeunes de la Noblesse, que l'on fait passer ensuite dans l'Ecole Militaire de Paris. La Flèche est la patrie de Guillaume Fouquet de la Varenne, favori de Henri IV, qui lui fit bâtir à la Flèche, & meubler superbement un beau Château, qui fait un des ornemens de cette Ville.

CHATEAU-GONTIER, au Nord-Ouest d'Angers, *Présidial, Sénéchaussée, Election*, sur la Mayenne, avec un Prieuré de Bénédictins: on y tient tous les ans quatre Foires franches.

BEAUFORT, près l'Aution, à l'Orient d'Angers, ci-devant Duché, réuni au Domaine du Roi. Il se fait dans cette petite Ville un grand commerce en bled.

BAUGÉ, au Nord-Est de Beaufort, sur le Coesnon. Cette Ville a un Château, bâti par le Comte Foulques Nerra, au commencement du XIe. Siècle.

LE LUDE, sur le Loir. Le Duc de Roquelaure en étoit Seigneur.

LA VALLIÈRE *, à quatre lieues au Sud-Est du Lude, Duché-Pairie érigé en 1667, en faveur de Françoise-Louise le Blanc de la Vallière, & renouvellé en 1713, en faveur de son neveu.

§. II. *Du bas Anjou.*

Il est séparé dans sa plus grande partie du haut Anjou, par la Loire.

SAUMUR, sur la Loire, *Sénéchaussée, Election*. Cette Ville a un ancien & fort Château, & un Collège des Prêtres de l'Oratoire. L'Eglise de Notre-Dame des Ardilliers, desservie par les Prêtres de la même Congrégation, est un fameux pèlerinage. Saumur est la patrie de Madame Dacier connue par ses traductions.

Quoique le Gouvernement de Saumur soit renfermé dans celui d'Anjou, il fait néanmoins un Gouvernement particulier : c'est un des huit que nous n'avons pas cru devoir mettre dans la Division de la France. Il comprend une partie du bas Anjou & de la Touraine, le Mirebalais & les environs de Richelieu dans le Poitou. Ses principales Villes sont Saumur, Fontevraud, Montreuil-Bellai, Richelieu & Mirebeau.

FONTEVRAUD, au Sud de Saumur, Bourg qui tire son origine de la célèbre Abbaye de *Fontevraud*, chef-d'Ordre, fondée en 1100, par le Bienheureux Robert d'*Arbrissielles*. Les Monastères où il avoit rassemblé les hommes & les femmes convertis par ses prédications, furent gouvernés après sa mort par une veuve nommée *Petronille de Craon de Chemillé*, à qui il en avoit confié le soin. Pour cette raison, l'Abbesse gouverne encore aujourd'hui les Religieux de cet Ordre, avec autant d'autorité que les Religieuses. Fontevraud est le Couvent où l'on met ordinairement les Dames de France, c'est-à-dire, les filles du Roi, pour leur donner l'éducation pendant leur jeunesse.

MONTREUIL-BELLAI, *Election*, au Sud-Ouest de Saumur. C'est une Baronnie ancienne, vendue en 1664 au Maréchal de la Meilleraie.

DOUÉ, au Nord-Ouest de la précédente. C'étoit, selon M. de Valois & le P. Mabillon, un des principaux Palais des Rois d'Aquitaine, & ce sont les ruines de ce Palais que les gens du Pays prennent pour les restes d'un Amphithéâtre. Mais M. le Comte de Caylus qui s'y connoissoit bien, prétend (dans ses Antiquités) que c'étoit réellement un Amphithéâtre bâti par les Romains. La Ville de Doué, qui a une Eglise royale & collégiale, & un Hôpital bien renté, est ornée d'une des plus belles fontaines qu'il y ait dans le Royaume. C'est la patrie de Jacques Savary, auteur du *Parfait Négociant*.

LE PONT-DE-CÉ, au Midi d'Angers. C'est une petite Ville qui a un fort beau pont sur la Loire. Elle est célèbre par la défaite de l'armée de la Reine mère de Louis XIII, par le Maréchal de Créqui, en 1620.

BRISSAC, au Sud-Est du Pont-de-Cé, Duché-Pairie érigé en 1611, en faveur de Charles de Cossé, Maréchal de France. C'est la patrie du Père Charles Reyneau, de l'Oratoire, célèbre Mathématicien, & de l'Académie Royale des Sciences.

ARTICLE IV.

Du Gouvernement de Touraine.

LA Touraine est bornée au Nord par le Vendômois & une partie du Maine ; à l'Orient, par le Blaisois & une partie du Berri; au Midi, par le Berri en partie, & par le Poitou; à l'Occident, par une autre partie du Poitou & par l'Anjou.

Les Rois d'Angleterre ont possédé assez long-temps la Touraine sous le titre de Comté ; mais Henri III, fils de Jean Sans-Terre, renonça par le Traité de l'an 1256, qu'il fit avec S. Louis, aux droits qu'il pouvoit avoir sur cette Province & sur plusieurs autres. Notre Roi Jean l'érigea en Duché-Pairie l'an 1356, en faveur de Philippe son fils, depuis Duc de Bourgogne. Elle a été ensuite donnée plusieurs fois en apanage aux fils de France; mais après la mort de François, Duc d'Alençon, & frère de Henri III, elle a été réunie au Domaine, dont elle n'a plus été séparée.

Cette Province est très-agréable & très-fertile ; elle abonde en excellens fruits, ce qui la fait nommer *le Jardin de la France*.

Ses principales Rivières sont la Loire, dont nous avons parlé; le Cher, l'Indre, la Creuse & la Vienne.

Le *Cher*, prend sa source au Nord-Ouest de l'Auvergne, passe à Evaux, à Mont-Luçon, à Châteauneuf, à Saint-Aignan; & après avoir côtoyé Tours, il se décharge dans la Loire.

L'*Indre* prend sa source dans le Berri, passe à la Châtre, à Château-Roux, à Loches, & se jette dans la Loire, entre le Cher & la Vienne.

La *Creuse* prend sa source dans le Limosin, à trois lieues & demie au-dessus de Feilletin, passe à Aubusson, Ahun, Celle-Dunoise, Argenton, le Blanc, la Roche Posay, la Guerche, & se jette dans la Vienne, à quelques lieues au-dessous de la Haye en Touraine.

La *Vienne* prend sa source dans le Limosin, passe à Limoges, à l'isle-Jourdain, à Châtelleraud, & se décharge dans la Loire, au-dessous de Chinon.

On divise la Touraine en haute & basse. La haute est au Nord, & la basse au Sud.

La haute Touraine.

TOURS, *Capitale* de toute la Touraine, *Archevêché, Généralité, Présidial, Bailliage, Election, Hôtel-des-Monnoies.* Cette Ville est assez belle, grande & marchande. La Cathédrale, dédiée à S. Gatien, premier Evêque de Tours, est un beau vaisseau. La Collégiale de S. Martin est une des plus nombreuses & des plus riches du Royaume: le Roi en est Abbé & premier Chanoine. Le corps de S. Martin, qui y reposoit, à été brûlé par les Calvinistes dans les guerres civiles. Tours est célèbre par son commerce d'étoffes de soye. Le Parlement de Paris, & les autres Cours supérieures, y ont été transférées, en 1589, par Henri III, pendant les fureurs de la Ligue. Le Mail de cette Ville passe pour être le plus beau du Royaume. Il y a un Collège, & nombre de Communautés. C'est la patrie du P. Rapin, Jésuite, excellent Poëte Latin, & de Jean-Baptiste Gault, Evêque de Marseille, mort en odeur de sainteté.

Louis XI fit bâtir près de Tours une Maison Royale, qu'on appelle *le Plessis-lez-Tours*, où il mourut en 1483. Il y fonda une Eglise collégiale, & un Couvent de Minimes, le premier que ces Religieux aient eu en France. Louis XI avoit fait venir d'Italie leur saint Fondateur, François de Paule, dans l'espérance qu'il le guériroit.

Près de Tours, au-delà de la Loire, est la célèbre Abbaye de *Marmoutier* : C'est où se tiennent les Chapitres généraux des Bénédictins. L'Eglise & la Maison sont magnifiques.

LANGEYS, à l'Occident de Tours, sur la Loire, renommée pour ses bons melons.

LUINES, sur la Loire, Duché-Pairie érigé en 1619, en faveur de Charles d'Albert, Connétable de France. Cette petite Ville s'appelloit autrefois *Maillé*, & portoit le titre de Comté.

CHATEAU-RENAUD, au Nord-Est de Tours, Marquisat érigé en 1620.

La basse Touraine.

AMBOISE, sur la Loire, *Capitale, Bailliage, Election*, C'est en cette Ville que Louis XI institua l'Ordre de S. Michel, en 1469. Le Château, qui est ancien, est situé sur une hauteur, & très-fort par son assiette. On y voit un escalier fort singulier; il est sans dégré, de sorte qu'on pourroit monter en carrosse jusqu'à la terrasse qui le domine. Charles VIII est né dans cette Ville, & y est mort en 1498. C'est aussi la patrie du P. Commire, Jésuite, excellent Poëte Latin.

CHASTILLON, sur l'Indre, *Présidial*.

LOCHES, sur l'Indre, *Bailliage, Election*. Au

milieu du chœur de son Eglise collégiale est le tombeau de la fameuse Agnès Sorel, bienfaitrice de cette Eglise, qui profita de l'ascendant qu'elle avoit sur l'esprit de Charles VII, pour porter ce Prince à chasser les Anglois de son Royaume. Louis XI refusa aux Chanoines de Loches la permission d'ôter ce tombeau de leur chœur, & les excita à avoir plus de reconnoissance pour une personne qui leur avoit fait beaucoup de libéralités.

MONTBAZON, sur l'Indre, Duché-Pairie érigé en 1588, en faveur de Louis VII de Rohan, Prince de Guimené.

LA HAYE, *Bailliage* & Bourg, sur la Creuse, avec titre de Baronnie, qui dépend du Duché de Montbazon. On y tient, outre les marchés ordinaires, quatre Foires par an. Le Père de la Philosophie moderne, René Descartes, est né dans ce Bourg.

CHINON, sur la Vienne, *Bailliage*, *Election*. Cette Ville a un beau Château, où Charles VII, Roi de France, a demeuré. C'est la patrie du fameux Rabelais.

CHENONCEAUX, Maison royale, sur le Cher, bâtie par Catherine de Médicis, femme de Henri II, Roi de France.

PREUILLI, sur la Claise, au Sud-Ouest de la Haye. Le Seigneur Baron de Preuilli est en cette qualité Chanoine honoraire & Porte-Etendard de S. Martin de Tours. Près de cette Ville il y a des mines de fer, dont il tire un revenu considérable.

L'ISLE-BOUCHARD, au Sud-Ouest de Chinon, sur la Vienne. Cette Ville a été ainsi nommée, à cause de sa situation dans une île de la Vienne, & de son Château bâti au dixième siècle, par Bouchard, Seigneur de cette Ville. Elle a été unie au Duché de Richelieu, par Lettres-patentes de Louis XIII, en 1631. On y tient quatre Foires par an. C'est la patrie d'André Duchene, fameux Historiographe de France

ARTICLE V.

Du Gouvernement de l'Orléanois.

CE Gouvernement est borné au Nord par l'Isle de France ; à l'Orient, par une partie de l'Isle de France & de la Bourgogne ; au Midi, par le Nivernois & le Berri ; & à l'Occident, par la Touraine & le Maine. Il comprend l'Orléanois propre, la Beauffe, le Blaisois, & la plus grande partie du Gâtinois, qu'on appelle le Gâtinois Orléanois.

Ses Rivières les plus considérables, sont la *Loire*, le *Loir* & le *Loin*.

I. *L'Orléanois propre.*

Ce pays est fertile en bleds, en vins, & en fruits.

ORLÉANS, sur la Loire, *Capitale, Evêché, Généralité, Présidial, Bailliage, Election, Hôtel des Monnoies, Université*. C'est une grande & assez belle Ville, célèbre par les deux Sièges qu'elle a soutenus, l'un contre Attila, Roi des Huns, en 450, l'autre contre les Anglois en 1428. Elle fut délivrée de ces derniers par la fameuse *Jeanne d'Arc*, appellée *la Pucelle d'Orléans*.

Après avoir été réunie à la Couronne par Hugues Capet, Philippe de Valois érigea Orléans en Duché, qu'il donna à son fils Philippe. Ce Prince mourut sans enfans ; & le Duché fut accordé par Charles VI, à son frère Louis, en 1391. Ses successeurs en jouirent jusqu'à la mort de Charles VIII. Louis XII, Duc d'Orléans, étant alors monté sur le trône, son apanage fut réuni au Domaine. Louis XIII donna ce Duché en apanage à son frère Gaston, & Louis XIV à son frère Philippe, dont l'arrière-petit-fils porte encore aujoud'hui le nom de Duc d'Orléans.

G 6

L'Evêque d'Orléans a le privilège singulier de délivrer, le jour qu'il fait son entrée, les criminels, du Diocèse d'Orléans seulement, & coupables de certains crimes, selon l'Edit de Louis XV, de 1758, qui modifie l'ancienne Coutume qui étoit tournée en abus. La Cathédrale, qui est dédiée à la Sainte Croix, est bien bâtie ; mais elle n'est pas achevée. Il se fait à Orléans un grand commerce de bled, de vins, d'eau-de-vie, de sucre. Les environs de cette Ville, & sur-tout le Fauxbourg d'*Olivet*, sont charmans. Orléans a donné le jour à plusieurs grands hommes, entr'autres au fameux Père Pétau, Jésuite ; à Jacques Bongars, Auteur critique ; à de Muis, célèbre Commentateur des Pseaumes ; à Isambert, Auteur de Traités de Théologie ; à Nicolas Toinard, célèbre Antiquaire, & Auteur d'une Concorde des Evangélistes ; à Amelot de la Houssaye, Auteur de plusieurs traductions ; à l'Abbé Gédouin, de l'Académie Françoise, & de celle des Inscriptions & Belles-Lettres ; à l'Avocat Fuet, Jurisconsulte estimé, & à le Vassor, Historien de Louis XIII.

L'Université d'Orléans n'est composée que de la Faculté de Droit, qui a eu des Jurisconsultes très-habiles. M. Pothier, Conseiller au Présidial, qui y enseignoit le Droit François, l'a rendue encore fort célèbre, ainsi que M. Jousse, par le nombre & l'utilité de leur Ouvrages de Jurisprudence.

Le Canal connu sous le nom de *Canal d'Orléans*, commence environ à deux lieues de cette Villle, à l'endroit nommé *Port-Morand* ; & après avoir traversé la Forêt d'Orléans, & la plaine qui la suit, étant soutenu dans son cours, qui est de près de dix-huit lieues, par trente écluses, il s'unit à la Rivière de Loin à *Cépoi*, une lieue au-dessous de Montargis ; continue son cours avec cette Rivière, passe à Nemours, & se jette dans la Seine au-dessous de *Moret*.

MEUN, sur la Loire, au Sud-Ouest, petite Ville ancienne, qui a une Collégiale, dont le Doyen porte le titre de Baron. Les Evêques d'Orléans y ont une Maison de plaisance. C'est la patrie de Jean Clopinel, sur-nommé de Meun, continuateur du célèbre Roman de la Rose, commencé par Guillaume de Loris.

BEAUGENCI, sur la Loire, *Bailliage, Election*, Comté.

PITIVIERS, PIVIERS & PLUVIERS, *Election*, au Nord d'Orléans.

CLÉRI, entre Orléans & Beaugenci. Cette petite Ville est connue par son Eglise collégiale de Notre-Dame, où l'on voit les tombeaux de Louis XI & de la Reine son épouse.

GERGEAU, sur la Loire, ancienne Ville, avec une Collégiale. C'est la patrie des trois frères *Gaignières*, qui, quoique de basse naissance, s'élevèrent par leur mérite, dans le dernier siècle, aux premiers honneurs de la guerre ; ils mirent le comble à leur gloire, en ne rougissant jamais de la pauvreté de leurs parens.

SULLI, sur la Loire, à l'Orient de Cleri. C'est un Duché-Pairie, érigé en 1606 par Henri IV, en faveur de son Ministre Maximilien de Béthune, qui a rendu immortel le nom de Sulli.

LA FERTÉ-SENECTERRE, à l'Occident de Sulli.

II. *La Beauſſe.*

Cette Contrée est si fertile en bled, qu'on l'appelle le grenier de Paris : elle renferme le Pays Chartrain, le Dunois & le Vendômois.

Les Villes principales du Pays Chartrain, sont :

CHARTRES, sur l'Eure, *Capitale, Evêché, Présidial, Bailliage, Election*. Son Eglise Cathédrale est très-belle : on admire sur-tout ses clochers, pour leur beauté & leur extrême élévation. Il y a un Séminaire dirigé par les Prêtres de la Mission, &

plusieurs Paroisses. Celle de S. André mérite d'être vue, pour la construction hardie de son chœur, bâti sur une voûte sous laquelle passe l'Eure ; ouvrage des plus admirables de la France, au jugement du Maréchal de Vauban. Dans un caveau construit dans l'épaisseur du mur de cette voûte, on trouva en 1725 plusieurs corps parfaitement conservés. Cette Ville a aussi un Hôpital général, & un autre pour six vingts aveugles. Le fils aîné du Duc d'Orléans porte le titre de Duc de Chartres. C'est la patrie du Poëte Regnier ; des Félibien, famille illustre dans la République des Lettres ; de Jean-Baptiste Thiers, Auteur d'un Traité des Superstitions, & de plusieurs autres Ouvrages ; & du célèbre Théologien Pierre Nicole.

NOGENT-LE-ROI, sur l'Eure. Le Roi Philippe de Valois y mourut en 1350.

MAINTENON *, sur l'Eure, au Nord-Ouest de Chartres, Marquisat qui est entré dans la Maison de Noailles, par le mariage de Françoise d'Aubigné avec Adrien-Maurice, Duc de Noailles.

BONNEVAL, au Sud-Ouest de Chartres, petite Ville qui a pris son nom de la fertilité de la vallée où elle est située.

Le *Dunois* & le *Vendômois* sont deux petits Pays qu'on met ordinairement dans la Beausse.

CHATEAUDUN, *Capitale* du Comté de Dunois, qui appartient au Duc de Luines. Elle a un ancien Château, avec une Collégiale célèbre, où sont enterrés plusieurs Princes de la Maison de Longueville. C'est la patrie du P. Cheminais, Jésuite, célèbre Prédicateur.

Au Nord-Ouest du Dunois, on trouve le *Perche-Gouet*, petit Pays ainsi appellé de Guillaume Gouet, mari d'Elisabeth de Champagne, Duchesse de la Pouille. Ses lieux principaux sont les cinq Baronnies suivantes :

Auton.
Brou.
Bazoches *.
Montmirail.
Alluye *.

Vendôme, *Capitale* du Duché de ce nom, *Bailliage, Election*, fur le Loir, dans le Diocèfe de Blois, avec une Abbaye de Bénédictins, & un Collège de l'Oratoire. Cette Ville a une Collégiale où font les tombeaux des Seigneurs de Vendôme, depuis Bouchart I, jufqu'à Bouchart IV inclufivement, & ceux de plufieurs Princes de la Maifon de Bourbon. C'eft la patrie du Poëte Ronfard.

III. *Le Blaifois.*

Ce Pays, qui eft fort agréable, renferme:
Blois, fur la Loire, *Capitale, Evêché, Confeil Supérieur*, depuis 1771, *Préfidial, Chambre des Comptes*, (unie au Confeil Supérieur), *Bailliage, Election.* Cette Ville eft bâtie fur une hauteur, qui defcend jufqu'à la Loire. Son Château royal eft célèbre par la mort du Duc de Guife, qui y fut tué par ordre de Henri III, en 1588. C'eft une des Villes de France où le peuple parle françois avec plus de pureté. Blois a donné naiffance aux Pères Morin & Vignier, Prêtres de l'Oratoire, célèbres par leur profonde connoiffance des Langues & des Antiquités Eccléfiaftiques; à Jean Bernier, Médecin, Auteur d'une Hiftoire de Blois; à Louis Habert, Auteur d'un cours de Théologie, & à Ifaac Papin, Miniftre converti, & qui a fait enfuite de bons Ouvrages de controverfe.

Romorantin, *Bailliage, Election, Capitale* de la *Sologne.* Cette Ville, dans une infcription qui eft fur une de fes portes, fe qualifie de petite Rome, *Roma minor;* mais elle n'a rien qui mérite ce titre.

Chambort, à l'Orient de Blois, Château royal

bâti par François I, dans une vallée où coule la petite rivière de *Cosson*, & au milieu d'un parc de sept lieues de tour. Le Roi en avoit accordé la jouissance au Maréchal Comte de Saxe, qui s'est rendu célèbre par ses grandes actions, & qui est mort dans ce Château le 30 Novembre 1750.

MER, petite Ville au Nord-Est de Blois, & à une lieue de la Loire. Elle fait partie du Marquisat de *Ménars*, érigé en 1675. Ce Château n'en est pas éloigné. Le Marquisat avoit été acheté par Madame de Pompadour, & il est aujourd'hui à M. de Marigny son frère. Les Calvinistes avoient un Temple à Mer, avant la révocation de l'Edit de Nantes. C'est la patrie du Ministre Jurieu, homme d'esprit, mais décrié même dans son parti, par ses visions & ses emportemens.

IV. *Le Gâtinois Orléanois.*

Cette Contrée est peu fertile, si ce n'est en safran (*a*).

MONTARGIS, sur le Loin, *Présidial, Bailliage, Election.* Cette Ville, du Diocèse de Sens, est de l'apanage de M. le Duc d'Orléans. Elle est assez grande, & a un Château ancien, un Collège de Barnabites, & plusieurs Communautés. C'est la patrie de Madame Guyon, fameuse Quiétiste.

ETAMPES, aussi du Diocèse de Sens, *Bailliage, Election*, au Nord-Ouest de Montargis. C'est une Ville assez considérable. Il s'y est tenu un fameux Concile, où saint Bernard fit reconoître le Pape Innocent II, par les François & par les Anglois, & rejetter l'Antipape Anaclet. Il y a un Chapitre,

---

(*a*) Le Safran est une plante dont la fleur desséchée sert beaucoup à la teinture : autrefois on en coloroit quelques ragoûts. On en fait encore grand usage en Flandre, en Allemagne, & en Italie.

un Collège de Barnabites, des Cordeliers & d'autres Maisons religieuses. M. Guettard, de l'Académie des Sciences, qui est né dans cette Ville, a découvert aux environs un grand nombre de fossiles.

CHATILLON, sur le Loin, au Sud-Est de Montargis. Cette petite Ville, située dans une vallée agréable, a un Château où sont les tombeaux des Seigneurs de Châtillon, & entr'autres de Gaspard de Coligni, & de Louise de Montmorenci, sa femme. L'Archevêque de Sens confère toutes les prébendes de la Collégiale de cette Ville. Châtillon a été érigée en Duché héréditaire, sous le nom de Châtillon-Boutteville, en 1696, en faveur de Paul-Sigismond de Montmorenci, troisième fils de François-Henri, Duc de Piney-Luxembourg.

GIEN, sur la Loire, *Bailliage*, *Election*, Comté. Cette Ville est du Diocèse d'Auxerre.

BRIARE, renommée par le Canal qui porte son nom, & qui a été construit par les soins du Cardinal de Richelieu. Ce Canal commence à Briare, se jette dans le Loin, passe à Châtillon, & continue jusqu'à Montargis.

ARTICLE VI.

Du Gouvernement de Berri.

CETTE Province est au milieu du Royaume, précisément dans le centre. Elle est bornée au Nord par la Sologne & le Gâtinois Orléanois; à l'Orient, par le Nivernois; au Midi, par le Bourbonnois & la Marche; à l'Occident, par le Poitou & la Touraine.

Le Berri fut gouverné sous les Rois de France de la première race, comme il l'avoit été sous les Romains & les Goths, c'est-à-dire, par des Comtes, qui dans la suite firent un fief héréditaire d'une dignité qui n'étoit que personnelle, & prirent le titre de Comtes de Bourges. Il eut ensuite des Vicomtes, jusqu'à Eudes Arpin, qui le vendit au Roi Philippe I, en 1100. Le Roi Jean l'érigea en Duché, l'an 1360, en faveur de Jean de France, son troisième fils: depuis ce temps ç'a été presque toujours l'apanage d'un des fils de France.

Ce Pays est assez fertile en bleds, en vins, en pâturages, mais sur-tout en bois. Les laines en sont estimées: on y fait beaucoup d'étoffes, dont la Province tire un grand profit.

Ses Rivières les plus considérables, sont le *Cher* & l'*Indre*, dont nous avons décrit le cours, en parlant de la Touraine, où elles se jettent dans la Loire.

Le Cher divise le Berri en haut & bas. Le haut est à l'Orient, & le bas à l'Occident de cette Rivière.

I. *Le haut Berri.*

BOURGES, sur l'Yevre, *Capitale, Archevêché, Généralité, Bailliage, Election, Hôtel des Monnoies, Université*. C'est une ancienne & grande Ville, mais elle n'est guères peuplée. La Cathédrale, sous l'invocation de S. Etienne, est une des plus belles de France. Son Archevêque prend le titre de Primat d'Aquitaine, titre qui lui est disputé par l'Archevêque de Bourdeaux. C'est à Bourges que Charles VII fit la Pragmatique-Sanction, abolie par Louis XI. Ce dernier Roi naquit à Bourges en 1422, & fonda l'Université en 1465. Cette Ville a une sainte Chapelle très-belle, & six autres Collégiales, trois Abbayes, dont une de Chanoines réguliers, & une de Bénédictins de S. Maur. MM. de S. Sulpice y possèdent un magnifique Séminaire. Le Monastère des Annonciades a été bâti par la bienheureuse Jeanne, fille de Louis XI, & épouse de Louis XII. Bourges a donné la naiſſance aux Pères Deſchamps, Bourdaloue, Souciet, Joſeph Dorléans, & Philippe Labbe, célèbres Jéſuites; à Nicolas Catherinot, Hiſtorien & Critique; au Père Gibieuf, Prêtre de l'Oratoire & ſçavant Théologien; au Juriſconſulte Pinſon, & à la Chapelle qui fut de l'Académie Françoiſe.

SANCERRE, au Nord-Eſt de Bourges, près la Loire. Cette Ville eſt fameuſe par l'horrible famine qu'elle ſouffrit, lors du ſiège que les Calviniſtes lui firent ſoutenir, en 1573, contre Charles IX. Elle eſt ſur une hauteur fertile en bon vins.

HENRICHEMONT, à l'Occident de Sancerre. C'eſt la ſeule Ville de la Principauté de ce nom, qui appartient à la Maiſon de Sulli ou de Béthune. Cette Ville eſt nouvelle, & a été bâtie par Maximilien de Béthune, premier Duc de Sulli, ſous Henri IV. Elle eſt ſituée dans un terrein fort ſtérile, ce qui fait qu'elle n'eſt guères peuplée, quoique les Habitans jouiſſent de divers privilèges, & ſoient exempts de Tailles, Aides, Gabelles, &c.

VIERZON, au Nord-Oueſt de Bourges, ſur le Cher, *Bailliage*. Il y a une Maiſon de Bénédictins de S. Maur.

MEHUN, ſur l'Yevre. Cette Ville, très-ancienne, eſt bâtie au milieu d'une belle & grande plaine entourée de bois. Elle eſt connue par le ſéjour qu'y fit Charles VII. Ce Prince y avoit fait bâtir un Château, où il ſe laiſſa mourir de faim, prévenu de l'idée qu'on vouloit l'empoiſonner. Quoique ce Château ait été conſumé par le feu du ciel, on voit encore des veſtiges de ſon ancienne magnificence. Sa ſituation étoit admirable, & la pierre dont il étoit bâti eſt auſſi blanche que du marbre. Sa Chapelle, dont les croiſées ſont ſuperbes, a paſſé pour une des plus belles du Royaume. On en a tiré les ſtatues des douze Apôtres, pour les mettre dans le chœur de l'Eglife collégiale, dont elle font l'ornement. Le commerce de cette Ville confifte en laines, chanvres, &c. Il s'y tient deux Foires par an, & un marché tous les mercredis.

Dun-le-Roi, *Bailliage*, au Sud-Oueft du Berri, fur les confins du Bourbonnois. Son nom de Dun-le-Roi vient, à ce qu'on croit, de ce que Charles le Bel l'a réuni au Domaine. Les Princes de Condé en jouiffent depuis Louis XIII, à titre d'engagiftes. Cette Ville eft ancienne, & paffe pour la troifième du Berri.

II. *Le bas Berri.*

Issoudun, *Bailliage*, *Election*. C'eft une affez jolie Ville, du Diocèfe de Bourges. On y voit un Château, & une Abbaye de Bénédictins non réformés. Il s'y fait un grand commerce de beftiaux, de draps, & de chapeaux. C'eft la patrie d'Antoine Dorfanne, Grand-Chantre & Official de Paris, dont on a des *Mémoires*.

Charost, à l'Orient d'Iffoudun, Duché-Pairie érigé en 1672, en faveur de Louis de Béthune, Comte de Charoft. Les Lettres d'érection n'ont été enregiftrées qu'en 1690.

Saint-Aignan, au Nord-Oueft d'Iffoudun, fur le Cher, Duché-Pairie érigé en 1661, en faveur de François de Beauvilliers, Comte de Saint-Aignan.

Chateau-Roux, *Election*, au Sud-Oueft d'Iffoudun, Duché-Pairie érigé en 1616, en faveur de Henri de Bourbon, Prince de Condé.

Le Blanc, *Election*, fur la Creufe.

Argenton, fur la Creufe, célèbre par un de fes anciens Seigneurs, qui en portoit le nom : c'eft Philippe de Comines, l'un de nos meilleurs Hiftoriens, & Miniftre du Roi Louis XI.

La Chastre, *Election*, au Midi d'Iffoudun, fur l'Indre.

ARTICLE VII.

Du Gouvernement de Nivernois.

LE Nivernois est une petite Province bornée au Nord, par le Gâtinois & partie de la Bourgogne; à l'Orient, aussi par la Bourgogne; au Midi, par le Bourbonnois; & à l'Occident, par le Berri.

On y trouve beaucoup de mines de fer & même quelques-unes d'argent, quantité de bois, de charbon de terre & des carrières de la plus belle pierre à bâtir.

Ses Rivières les plus remarquables sont la *Loire*, l'*Yonne*, dont la source est dans sa partie Méridionale, près de Château-Chinon; & l'*Allier* qui se jette dans la Loire, un peu au-dessus de Nevers.

Ses principales Villes, du Nord au Sud, sont:

CLAMECI, *Election*, au confluent du Beuvron & de l'Yonne. Gui, Comte de Nevers, donna retraite, vers l'an 1180, dans le Fauxbourg de cette Ville, à un Evêque Latin de *Bethléem*, chassé de la Terre-Sainte par les Sarrazins. Voilà l'origine de l'Evêché de *Bethléem*, dont le titre est dans une Chapelle du Fauxbourg de Clameci, qui est du Diocèse d'Auxerre. Les Ducs de Nevers nomment, avec l'agrément du Roi, à cet Evêché. Charles VI, dans ses Lettres-patentes, données l'an 1412, a accordé aux Evêques de Bethléem les mêmes prérogatives dont jouissent les Evêques de France, au cas qu'ils soient naturels François, ou qu'ayant demeuré long-temps en France, ils aient prêté le serment de fidélité. L'Evêque de Bethléem a dans son petit territoire jurisdiction Episcopale, & reçoit ses bulles du Pape.

VEZELAI, du Diocèse d'Autun, *Election*, à l'Orient de Clameci, près de la Rivière de Cure, dans le *Morvan*. Il y a une Abbaye fécularifée. Le Pape Eugène III y tint un Concile, l'an 1141, pour le recouvrement de la Terre-Sainte. C'eſt la patrie de Théodore de Bèze, Miniſtre Calviniſte, & Profeſſeur en Langue grecque à Genève.

COSNE, à l'Occident de Clameci, fur la Loire. On fait des ancres pour les vaiſſeaux dans cette petite Ville, qui eſt du Diocèſe d'Auxerre.

LA CHARITÉ, *Election*, fur la Loire. Le Prieur Commendataire des Bénédictins eſt Seigneur ſpirituel & temporel de la Ville. Ce Prieuré qui eſt de l'Ordre de Cluni, eſt très-riche.

NEVERS, *Evêché*, *Capitale*, *Election*. Cette Ville eſt bâtie en forme d'amphithéâtre, & a un très-beau pont fur la Loire. Son Egliſe Cathédrale, dédiée à S. Cyr, eſt fort belle. On travaille fort bien en ouvrages de verre dans cette Ville. C'eſt un Duché-Pairie, érigé par Charles VII, l'an 1457, en faveur de Jean de Bourgogne, Comte de Nevers. Ce Duché fut vendu en 1659, au Cardinal Mazarin, par les héritiers de Charles de Gonzague, Duc de Mantoue. Ce Cardinal obtint de nouvelles Lettres de Duché-Pairie en 1660, pour Nevers, & le laiſſa à Philippe Mancini, ſon neveu; ces Lettres n'avoient pas été enregiſtrées. Son fils en a obtenu d'autres en 1720, qui l'ont été en 1721.

CHATEAU-CHINON, *Election*, à l'Orient de Nevers.

SAINT-PIERRE-LE-MOUTIER, *Préſidial*, *Bailliage*, au Midi de Nevers.

DECIZE, près de la Loire. Cette petite Ville eſt la patrie de Gui Coquille, Juriſconſulte habile.

ARTICLE VIII.

Du Gouvernement de Bourgogne.

CE Gouvernement est borné au Nord, par la Champagne; à l'Orient, par la Franche-Comté; au Midi, par le Beaujolois; & à l'Occident, par le Bourbonnois & le Nivernois.

La Bourgogne a reçu son nom des Bourguignons, peuples qui, après avoir successivement occupé différens cantons de la Germanie, entrèrent dans les Gaules, vers l'an 407 ou 408, & y firent des conquêtes très-rapides. Le Royaume qu'ils fondèrent comprenoit ce qu'on appelle aujourd'hui le *Duché de Bourgogne*, la Franche-Comté, la Provence, le Dauphiné, le Lyonnois, la Savoye & la Suisse. Ce *Royaume des Bourguignons*, subsista pendant plus d'un Siècle, & eut cinq Rois. Gondemard, le dernier, fut dépouillé de ses États en 534, par les Rois Childebert & Clotaire, fils de Clovis, qui unirent ces Provinces à la Monarchie Françoise & les partagèrent entr'eux.

Des débris de cet ancien Royaume, il s'en forma trois, dans les IXe. & X^e. Siècles. Le premier fut celui de Provence, que quelques Auteurs ont nommé *Royaume de la Bourgogne Cis-Jurane*. Il fut érigé en 855, en faveur de Charles, troisième fils de l'Empereur Lothaire I, & comprenoit la Provence proprement dite, c'est-à-dire, le pays renfermé entre la Durance, les Alpes, la Méditerranée & le Rhône, avec le Duché de Lyon. Le second, qui se forma vers l'an 888, au-delà du Mont-Jura, fut nommé *Royaume de la Bourgogne Trans-Jurane*. Il ne comprenoit guères que la Suisse, le pays de Vallais, le Génevois & le Chablais. Le troisième Royaume fut celui d'Arles, formé en 930, par la réunion des Royaumes de Provence & de Bourgogne Trans-Jurane, en faveur de Rodolfe II, qui auparavant étoit Roi de la Bourgogne Trans-Jurane seulement.

Quant au Duché de Bourgogne, qui forme le Gouvernement dont nous allons donner la description, il n'a jamais été compris dans le Royaume de Bourgogne Cis-Jurane, ni dans celui de Bourgogne Trans-Jurane. Il faisoit un État à part, qui a continué à relever de la Couronne de France. Robert, Roi de France, fils de Hugues-Capet, ayant hérité du Duché de Bourgogne, en disposa d'abord en faveur de son fils aîné Henri, qui étant devenu Roi de France, céda ce Duché en 1032, à Robert son frère puîné. C'est ce Robert, qui est la tige de la première race des Ducs de Bourgogne. Elle s'éteignit en 1361; & le Roi Jean donna le Duché de Bourgogne, à titre d'apanage, à Philippe son quatrième fils, qui fut le chef de la seconde race des Ducs de Bourgogne. Elle subsista près de 120 ans, jusqu'à Charles, surnommé *le Hardi* ou *le Téméraire*, qui possédoit encore la Franche-Comté & une grande partie des Pays-Bas. Charles ayant été tué devant Nanci, en 1477, ne laissa qu'une fille, nommée Marie, qui épousa Maximilien, Archiduc d'Autriche. Ce fut par ce mariage que la Franche-Comté & les Pays-Bas passèrent dans la Maison d'Autriche; mais la Bourgogne fut réunie à la Couronne, comme fief masculin, par le Roi Louis XI, qui s'en saisit à ce titre, en 1477.

Les Ducs de Bourgogne étoient les premiers des anciens Pairs de France : au sacre du Roi ils portoient la couronne, & ceignoient l'épée au Roi.

La Bourgogne est un Pays d'États : ils se tiennent tous les trois ans. Cette Province est considérable pour sa fertilité en excellens vins,

Ses

GOUVERNEMENT DE BOURGOGNE.

Ses Rivières principales sont la *Saône*, qui prend sa source à l'extrémité de la Lorraine, assez près de Plombières, passe à Gray, à Auxonne, à Châlons-sur-Saône, à Mâcon, à Trévoux, & vient se jetter dans le Rhône au-dessous de Lyon : l'*Yonne* & *la Seine*, dont nous avons parlé plus haut.

On divise la Bourgogne en huit petits Pays : on en trouve quatre au Nord, & quatre au Midi. Ceux du Nord, sont le Pays de la Montagne, l'Auxerrois, l'Auxois, le Dijonois au Nord-Est. Ceux du Midi, sont l'Autunois, le Châlonois, le Charolois, le Mâconois.

La Bresse & le Bugey dépendent aussi de ce Gouvernement, aussi-bien que l'ancienne Principauté de Dombes.

I. *Le Pays de la Montagne.*

CHATILLON-SUR-SEINE, *Bailliage, Présidial*. Il est divisé en deux Villes par la Seine : la première s'appelle *Chaumont*, la deuxième *le Bourg*. On y fait un grand commerce de fer, dont il y a beaucoup de mines aux environs.

Près de Châtillon est le Monastère du *Val des choux*, fondé l'an 1197, par un saint homme nommé *Viard*, sous la règle de S. Benoît. Ce Monastère est devenu chef d'un Ordre, dont le Général n'a que le titre de Prieur.

BAR-SUR-SEINE, *Bailliage*. Cette Ville porte le titre de Comté, qui est passé dans la Maison d'Orléans, avec tous les biens de Marie-Louise d'Orléans, Duchesse de Montpensier. Elle l'avoit hérité de Henri de Bourbon, Duc de Montpensier, à qui Henri IV l'avoit engagé. Nicolas Vignier, célèbre Historien, étoit de Bar-sur-Seine.

II. *L'Auxerrois.*

AUXERRE, *Evêché, Présidial* ressortissant au

Parlement de Paris, *Bailliage*, fur l'Yonne. C'eſt une ancienne Ville, bâtie fur une hauteur. Elle a titre de Comté. La Cathédrale, dédiée à S. Etienne, eſt une des belles Egliſes du Royaume. Elle a un Canonicat laïc, attaché depuis quelques ſiècles à la Maiſon de Châtellus. Le Seigneur de ce nom en prend poſſeſſion dans un habit ſingulier : il eſt botté, éperoné, revêtu d'un ſurplis, un baudrier par-deſſus & une épée : ſur le bras gauche il porte une aumuce, & ſur le poing un oiſeau de proie : de la main droite il tient un chapeau bordé, couvert d'un plumet. Dans cet équipage il eſt inſtallé dans les hauts ſièges, & aſſiſte à tout l'Office. L'Egliſe de l'Abbaye de Saint Germain, appartenant aux Bénédictins de S. Maur, eſt remplie de corps ſaints, dont grand nombre ſont d'Evêques de cette Ville.

Auxerre a produit pluſieurs ſavans, entr'autres l'Abbé Lebeuf, dont l'érudition peu commune a beaucoup éclairci les antiquités & l'hiſtoire eccléſiaſtique du Royaume. On a établi en 1749 dans cette Ville, une ſociété des Sciences & Belles-Lettres.

CREVANT, ſur l'Yonne, petite Ville célèbre par la bataille donnée près de ſes murs, ſur la fin du règne de Charles VI.

COULANGES-LES-VINEUSES, * près d'Auxerre. Cette petite Ville eſt renommée pour la bonté de ſes vins.

VERMANTON, ſur la Rivière de Cure.

A une lieue de Vermanton eſt le petit Village d'*Arcy*, connu par les grottes qu'on voit auprès. Elles offrent mille jeux de la nature, des voûtes aſſez élevées, une eſpèce de ſalle, & des congélations de toutes eſpèces : un bras de la rivière de Cure qui ſe perd ſous terre, coule par-deſſous ces grottes, & reparoît de l'autre côté de la montagne, où ſes eaux font tourner un moulin.

GOUVERNEMENT DE BOURGOGNE. 171

III. L'Auxois.

SEMUR, sur l'Armançon, *Capitale*, *Présidial*. Cette Ville a une bonne Manufacture de draps. Henri IV, satisfait de sa fidélité, y transféra le Parlement de Dijon, qui n'en est sorti qu'après que les troubles de la Ligue furent appaisés.

NOYERS, au Nord-Ouest de Semur. Cette Ville, qui a un Collège de Doctrinaires, est située sur la rivière de Sérin, dans un vallon entouré de montagnes couvertes de vignes. C'est la patrie de M. Treuvé, Théologien, à qui l'on doit des Ouvrages excellens.

AVALON, *Bailliage*. Sa situation est remarquable. Le Roi Robert la prit en 1007, après un Siège de trois mois : elle a un fort Château, un Chapitre, un Collège des Pères de la Doctrine, & d'autres Communautés. C'est la patrie de M. Bocquillot, Auteur d'un Traité historique de la Liturgie Sacrée, & de plusieurs autres Ouvrages.

SAULIEU, *Bailliage*, au Sud-Est d'Avalon. Cette Ville est sur une hauteur, dans un terrein fertile en grains, & abondant en bétail.

ARNAY-LE-DUC, au Sud-Est de Saulieu, *Bailliage*. Cette petite Ville n'est pas loin de la rivière d'Arroux : elle est remarquable par la victoire que l'Amiral de Coligni remporta sur le Maréchal de Cossé en 1570.

IV. Le Dijonois.

DIJON, sur l'Ouche, *Capitale*, *Evêché*, *Parlement*, *Chambre des Comptes*, *Cour des Aides*, *Généralité*, *Bailliage*, *Hôtel des Monnoies*, *Université*. Cette Ville est grande & bien peuplée; c'est où se tiennent les Etats de Bourgogne, dans le Palais royal, où étoit le Château des anciens Ducs de Bourgogne. Ce Palais est situé sur la Place royale, percée en plusieurs endroits qui aboutissent à autant de rues. Son Evêché a été érigé dans l'Abbaye de S. Etienne, par Clément XII, en 1731. On voit au milieu du chœur de la célèbre Abbaye de S. Bénigne, le tombeau d'un Roi de Pologne, qui s'étoit fait Frère convers dans cette Abbaye. Cette Ville a une Sainte Chapelle, plusieurs Couvens, une Académie des Belles-Lettres, établie par Lettres-Patentes en 1740; un Séminaire de l'Oratoire; un Collège avec une belle Bibliothèque, laquelle lui a été donnée par Charles Fevret, né dans cette Ville, à condition de la rendre publique. Dijon est la patrie du célèbre Bossuet, Evêque de Meaux; de Claude Saumaise, fameux Critique; de Longepierre, célèbre Traducteur; de M. de la Monnoie, de l'Académie Françoise; du sçavant Président Bouhier; du Poëte Crébillon, qui étoit de l'Académie Françoise.

Il y a près de cette Ville un très-riche Couvent de Chartreux, où reposent les cendres des derniers Ducs de Bourgogne, des Duchesses leurs femmes & de leurs enfans. Les tombeaux de Philippe le Hardi, & de Jean Sans-peur, avec celui de Marguerite de Bavière, sa femme, sont en particulier d'une grande beauté.

AUXONE, *Bailliage*, sur la Saône, Comté. Cette Ville a un Château & quelques fortifications.

SAINT-JEAN-DE-LOSNE, sur la Saône. Cette Ville soutint un siège vigoureux contre l'armée Impériale, en 1636. Louis XIII a récompensé cette constance, de privilèges considérables, en particulier par une exemption de tailles, & de tout subside.

BEAUNE, *Bailliage*, au Sud-Ouest de Dijon, au Diocèse d'Autun, avec un Chapitre, un Collège de l'Oratoire, un bel Hôpital pour les malades, & un autre pour les orphelins.

NUITS, *Bailliage*: il y a une Collégiale. Cette

Gouvernement de Bourgogne.

Ville appartient au Prince de Conti comme engagiste : il nomme le Gouverneur, qui reçoit des provisions du Roi.

Ces deux Villes sont renommées, pour leurs excellens vins.

V. *L'Autunois.*

AUTUN, sur l'Arroux, *Evêché*, *Présidial*, *Bailliage*. Son Evêque est Président-né des Etats de Bourgogne, premier suffragant de l'Archevêque de Lyon, & administrateur, tant au spirituel qu'au temporel de cette Métropole, pendant la vacance du Siège : le Pape S. Grégoire lui a accordé le droit de porter le *Pallium*. Autun a huit Paroisses, un Hôpital général, & un autre pour les malades, servi par des Religieuses de l'Ordre de S. Augustin : un Séminaire de Saint Sulpice, un Collège, une Abbaye de Bénédictins, & une de Chanoines Réguliers. Cette Ville est remplie de beaux restes de monumens anciens. Deux de ses portes paroissent être des ouvrages des Romains : c'est la porte d'Arroux, & celle de Saint André. Il n'y a ni ciment, ni fer entre les joints des pierres qui forment la première, qui est une espèce d'arc de triomphe d'une architecture toute dans notre goût moderne, & par conséquent du temps des Romains. On rapporte que Louis XIV, ayant entrepris le magnifique Frontispice du vieux Louvre à Paris, envoya visiter cette porte, pour essayer de bâtir de même sans ciment, en posant seulement les pierres l'une sur l'autre.

Les Campagnes voisines de la Ville ont aussi quelques restes de la belle antiquité. On y voit la pierre du *Couar*, dont on ne peut deviner l'usage. C'est un large monceau de pierrailles bien cimentées, semblable à un tas de pierres qui s'élève un peu en pointe : on diroit que ce seroit un diminutif des pyramides d'Egypte ; aussi les Autunois pensent que c'est un monument sépulcral. Tout près est *le Champ des Urnes*, ainsi nommé, parceque dans tous les temps on y a trouvé des Urnes sépulcrales. On y voit encore un vestige bien marqué d'un Amphithéâtre peu élevé: ce sont des terres couvertes d'herbe, & taillées en forme de dégrés qui tournent en rond: au bas des dégrés, une grande platte-forme verte, qui ressemble à l'*Arène*: & autour on apperçoit au-dessous des dégrés, de petites loges basses, comme des caveaux bâtis de pierre: c'étoit le lieu où l'on tenoit les bêtes renfermées, & d'où on les lâchoit pour les combats. On voit aussi près de cette Ville plusieurs restes de grands chemins Romains.

Bourbon-Lanci, *Bailliage*, au Sud-Ouest d'Autun. On y trouve des Bains chauds. Elle a une Collégiale, trois Paroisses, quelques Couvens & deux petits Hôpitaux.

VI. *Le Challonois.*

Challon, sur Saône, *Evêché*, *Présidial*, *Bailliage*. La Citadelle & l'Eglise cathédrale de S. Vincent sont ce qu'il y a de plus remarquable en cette Ville, qui est ancienne & assez marchande. Il y a une Maison de Clunistes: les Prêtres de l'Oratoire ont le Séminaire. Il y a aussi un Collège.

Seure, sur la Saône: on la nomme aussi *Bellegarde*, depuis son érection en Duché-Pairie par Louis XIII, en 1619. Sa Seigneurie appartient aujourd'hui à la Maison de Condé.

Verdun, près du confluent de la Saône & du Doux: c'est une petite Ville où il se trouve plusieurs antiquités. Le 29 Octobre, on y tient une foire qui dure quinze jours, & qui est très-fréquentée.

Citeaux *, au Nord de Verdun, célèbre Abbaye & chef d'Ordre, fondée en 1098, des libéralités d'Eudes, Duc de Bourgogne, par Robert, Abbé de Molesme, qui en fut élu le premier Abbé.

Saint Etienne son succeffeur, envoya une partie des Moines, qui s'étoient fort multipliés, à la *Ferté* sur Grosne en Charolois, l'an 1112, où fut fondée la première Fille de Cîteaux. Deux ans après, le même Saint fonda dans l'Auxerrois le Monastère de Saint Edmont ou Edme de Pontigni, qui est la seconde Fille de Cîteaux. Celui de *Clairvaux*, qui est la troisième, fut fondé, en 1115, par S. Bernard; & un an après Guillencus, Evêque de Langres, fonda dans le Bassigni le Monastère de *Morimond*, qui est la quatrième Fille de Cîteaux. Ces quatre Abbés, qu'on nomme les quatre Pères de l'Ordre de Cîteaux, ont de grands privilèges, & peuvent passer eux-mêmes pour des Généraux d'Ordre, à cause de leur autorité sur les Monastères de leur filiation. L'Abbé de Cîteaux est Conseiller-né au Parlement de Bourgogne, & Supérieur général de tout son Ordre. L'Abbaye de Cîteaux est vaste & très-riche: son Eglise est grande & bien décorée.

VII. *Le Charolois.*

Ce petit Pays est un Comté qui appartient à la Maison de Condé, dont un Prince portoit il y a peu d'années le titre de Comte de Charolois.

CHAROLLES, *Capitale*, *Bailliage*. Le Château des anciens Comtes de Charolois, est dans l'enceinte de la Ville. L'Eglise de S. Nizier est Collégiale & Paroissiale.

PARAI-LE-MONIAL, au Nord-Ouest de Charolles, sur la Rivière de Bourbince, est une petite Ville assez jolie, qui a deux Prieurés de l'Ordre de Saint Benoît, un Hôpital, & un Collège.

SÉMUR, près de Charolles, *Capitale* d'un petit Pays appellé le *Brionnois*. Sémur porte le titre de Baronnie: il ne faut pas le confondre avec Sémur en Auxois, dont on a parlé, *pag.* 171.

VIII. Le Mâconois.

Macon, *Evêché, Préfidial, Bailliage*, fur la Saône. Cette Ville eſt célèbre pour ſes bons vins : ſa ſituation ſur le penchant d'une colline la rend très-agréable. Il s'y eſt tenu pluſieurs Conciles. Son Evêque eſt Préſident-né des Etats du Mâconois. Les Chanoines de la Collégiale font preuve de nobleſſe. Les Pères de l'Oratoire ont le Séminaire. Mâcon a auſſi un Hôtel-Dieu, un Collège & pluſieurs Communautés religieuſes.

Tournus, ſur la Saône, au Nord de Mâcon. Cette petite Ville n'a de remarquable que ſon Abbaye, ſéculariſée par Urbain VIII. L'Abbé eſt Seigneur Haut-Juſticier de la Ville.

Cluni, au Nord-Oueſt de Mâcon, ſur la petite rivière de Groſne. Cette petite Ville doit ſa naiſſance à la fameuſe Abbaye de *Cluni*, chef d'Ordre. Elle a été fondée, ſous la règle de S. Benoît, l'an 910, par Bernon, Abbé de Gigniac, des libéralités de Guillaume I, Duc d'Aquitaine. L'Egliſe eſt une des plus vaſtes du Royaume, elle a 600 pieds de long, 120 de large, & une double croiſée. L'Abbé eſt Conſeiller-né du Parlement de Paris, & a Juriſdiction dans la petite Ville de Cluni, qui eſt du Dioceſe de Mâcon.

De la Breſſe & du Bugei.

La Breſſe & le Bugei étoient autrefois aux Ducs de Savoie : elles furent cédées en 1601, à Henri IV, en échange du Marquiſat de Saluces, que ces Ducs avoient uſurpé ſur la France.

1. La Breſſe.

Bourg, *Capitale, Préfidial, Bailliage.* Cette Ville, qui a un Collège, a été pendant quelque temps épiſcopale. C'eſt la patrie de Vaugelas, connu par sa belle traduction de Quint-Curce, & de Bachet, Seigneur de Meziriac, tous deux de l'Académie Françoise. Près de cette Ville est un Couvent d'Augustins déchaussés, fondé par Marguerite d'Autriche, veuve de Philibert II, Duc de Savoie. Leur Eglise, quoique médiocrement grande, passe pour un chef-d'œuvre d'Architecture. On y admire surtout les Mausolées de la Fondatrice, du Duc son mari, & de la mère du même Duc. Les formes du chœur sont d'une délicatesse parfaite; mais les statues des anciens Patriarches & des Prophètes qui en font la séparation, méritent sur-tout l'attention des curieux. Les vitraux, qui étoient d'un prix inestimable, ont été brisés par un orage, en 1720.

Mont-Luel, chef-lieu d'un petit Pays nommé la *Val-Bonne*, au Midi de la Bresse. Louis XIII a cédé cette Ville, avec la Baronnie de Gex, à Henri de Bourbon, Prince de Condé, en échange de Château-Chinon.

2. *Le Bugei.*

Belley, *Capitale, Evêché, Election, Bailliage.* Cette Ville confine à la Savoie, & n'est qu'à deux lieues du Rhône. L'Evêque est Seigneur de la Ville: il prend le titre de Prince du Saint-Empire, depuis que l'Empereur Fréderic Barberousse donna à l'Evêque Antelme, & à son Eglise, le droit de battre monnoie, & la Seigneurie absolue de la Ville, ne se réservant que la souveraineté.

Nantua. Cette Ville, qui est au Nord de Bellei, doit son origine à un ancien Monastère de Bénédictins non réformés, qui étoit autrefois une Abbaye, & est aujourd'hui un Prieuré dont les Religieux doivent être nobles. Le Prieur est Seigneur de la Ville, qui a un Collège de Joséphites, & un Couvent de Bénédictins. Elle est du Diocèse de Lyon, comme presque toute la Bresse.

Seissel, jolie Ville sur le Rhône, qui la traverse: c'est un grand passage. Par le Traité de Turin, en 1760, le Roi a consenti que le milieu du Rhône formeroit de ce côté la séparation de ses États d'avec ceux de la Maison de Savoie. En conséquence, la France est entré en possession du *Val de Chezeri*, situé en-deça du Rhône; & le Roi a cédé à la Maison de Savoie la partie Orientale de la Ville de Seissel, qui est au-delà du Rhône, ainsi que *Aire-la-Ville*, le *Pont d'Arlod*, *Chanaz* & *la Balme*.

Les Bailliages de *Gex* & de *Valromei* sont encore du Gouvernement de Bourgogne, comme dépendans de la Bresse & du Bugei. Le *Valromei* s'étend le long du Rhône, à l'Occident de la Savoie. Le Pays de *Gex* s'étend au Nord.

Gex, qui lui donne son nom, est un Bourg qui n'a rien de considérable.

La Cluse est un Fort, & un passage important sur le Rhône, pour entrer en France.

La Principauté de Dombes.

Cette Principauté, qui est enclavée dans la Bresse, à l'Occident, étoit une petite Souveraineté, érigée en 1560, par le Roi François II, en faveur de Louis II de Bourbon. De ce dernier descendoit Anne-Marie-Louise d'Orléans, appellée Mademoiselle de Montpensier, qui donna cette Principauté, en 1680, au Duc du Maine, dont le fils aîné en portoit le titre. La Principauté de Dombes contient 80 Paroisses qui sont du Diocèse de Lyon. Elle a été jointe au Gouvernement de Bourgogne, depuis qu'elle a été réunie à la Couronne, en 1762, M. Le Comte d'Eu l'ayant cédée au Roi en échange du Duché de Gisors, & autres Terres.

Trevoux, *Capitale & Sénéchaussée*, sur la Saône, au-dessus de Lyon, & de son Diocèse. Elle a une Eglise Collègiale, plusieurs Couvens, & un

Hôpital fondé par Mademoiselle de Montpensier. Il y avoit ci-devant un petit Parlement, qui a été réuni au Conseil Supérieur de Lyon, institué en 1771.

ARTICLE IX.
Du Gouvernement de Franche-Comté.

CETTE Province est bornée au Nord, par la Lorraine; à l'Orient, par la Principauté de Montbéliard & la Suisse; au Midi, par la Bresse; & à l'Occident, par la Bourgogne & la Champagne. Elle abonde en bleds, en vins, en fruits & en sel. On y nourrit de fort bons chevaux. On y trouve des carrières de beau marbre, de jaspe (a) & même d'albâtre (b); des mines de fer, de cuivre & de plomb.

La Franche-Comté a passé aux Ducs de Bourgogne, après avoir eu des souverains particuliers, en conséquence des démembremens qui se firent sous les successeurs de Charlemagne. Le dernier Duc de Bourgogne ne laissa en 1477 qu'une fille, qui épousa Maximilien, Archiduc d'Autriche, & lui apporta entr'autres cette Province en mariage. Ce Prince étant devenu Empereur, unit, en 1512, la Franche-Comté & les Pays-Bas à l'Allemagne, sous le nom de dixième Cercle; & Charles-Quint son petit-fils laissa ces Provinces à son fils Philippe II, Roi d'Espagne. Louis XIV ayant conquis la Franche-Comté, pour la seconde fois, en 1674, sur les Espa-

―――――――――――――――――――

(a) Jaspe, pierre peu différente de l'agathe, mais plus molle, & qui ne reçoit pas un si beau poli. Le plus estimé est le verd semé de petites taches rouges.
(b) Albâtre, espèce de pierre blanche, moins dure que le marbre, mais plus dure que la pierre à plâtre.

gnols, elle est demeurée à la France par la Paix de Nimègue, en 1678.

Ses Rivières les plus considérables, sont le Doux & la Saône.

Le *Doux* prend sa source au Mont *Jura*, fait le tour de ces montagnes qui séparent la Franche-Comté de la Suisse, puis passe à Besançon & à Dole, en traversant cette Province, & va se jetter dans la Saône au-dessus de Châlon.

La *Saône* arrose au Nord-Ouest, une partie de la Franche-Comté, elle passe à Gray, & de-là traverse la Bourgogne du Nord au Sud.

On partage la Franche-Comté en quatre grands Bailliages. Ce sont ceux d'Amont, au Nord; de Besançon & de Dole, au milieu; d'Aval, au Midi.

I. *Le Bailliage d'Amont.*

Il s'étend depuis l'extrémité Septentrionale jusqu'au milieu. On y trouve,

VEZOUL, *Présidial, Bailliage*. C'est une petite Ville fort peuplée, & dont le terroir est fertile en bons vins. Elle a un Chapitre, un Collège, un Couvent de Capucins, & deux de filles.

A l'Orient de Vezoul, au village de *Leugne*, est une Caverne singulière, qui est une glacière naturelle inépuisable, & où un jour de chaleur produit plus de glace qu'on n'en ôte en huit. Cette Caverne a 35 pas de profondeur, sur 60 de large, & une espèce de voûte de plus de 50 pieds de haut. Il pend de cette voûte de très-gros morceaux de glace, qui font un très-bel effet; mais la plus grande abondance de glace vient d'un petit ruisseau qui occupe une partie de la Caverne. Il est glacé en été & coule en hiver. Quand il y a quelques brouillards dans cette Caverne, c'est une marque certaine de pluie pour le lendemain, & les Paysans viennent consulter ce Baromètre naturel.

LUXEUIL, au Nord-Eſt de Vezoul. Cette petite Ville eſt célèbre par ſes eaux minérales. Elle a tiré ſon nom de la fameuſe Abbaye de *Luxeuil*, fondée, il y a plus d'onze cens ans, par Saint Colomban Irlandois. La règle que ce Saint y avoit établie, quoique ſuivie par pluſieurs Monaſtères, tant en France que dans les Pays étrangers, a été laiſſée pluſieurs ſiècles après ſa mort, pour faire place à celle de Saint Benoît.

LURE, au Sud-Eſt, Abbaye, auſſi de l'Ordre de Saint Benoît, dont l'Abbé étoit autrefois Prince de l'Empire. Elle a été fondée au commencement du VII°. Siècle, par S. Diel ou Diey, compatriote & diſciple de Saint Colomban : elle eſt maintenant réunie à l'Abbaye de Murbach en Alſace.

GRAY, *Bailliage*, ſur la Saône, du Dioceſe de Beſançon. Louis XIV l'ayant priſe en 1668, en fit raſer les fortifications. Cette Ville eſt une des plus marchandes de toute la Franche-Comté.

II. *Le Bailliage de Beſançon.*

BESANÇON, ſur le Doux, *Capitale, Archevêché, Parlement, Bailliage, Hôtel des Monnoies, Univerſité*. C'eſt une grande & belle Ville, fort ancienne, & qui étoit autrefois Impériale. Il y a 8 Paroiſſes, 7 Couvens d'hommes & 5 de filles. Son Archevêque ſe qualifie Prince du Saint-Empire. Les Chanoines de l'Egliſe Métropolitaine ſont en tout temps habillés de violet, & portent le rochet & la mître comme les Evêques, quand ils officient. Il y a dans cette Ville une Académie des Sciences, Arts & Belles-Lettres, établie en 1752, & une Société Littéraire-Militaire fondée peu de temps après. On y voit les reſtes d'un Arc de triomphe bâti par les Romains, une Abbaye de Bénédictins de S. Vannes, une Egliſe collégiale, & un Collège. Cette Ville a auſſi cinq belles Fontaines publiques, ornées de statues; une Citadelle élevée sur un rocher escarpé; un Hôtel-Dieu pour de pauvres enfans des deux sexes; un Hôpital d'enfans-trouvés; une Maison de refuge; un magnifique Hôpital, composé de trois grands corps de logis, & fermés d'une superbe grille. On y remarque encore le Palais du Cardinal de Granvelle, qui étoit né en cette Ville. Ce Cardinal avoit placé dans son jardin à Besançon, la fameuse statue colossale de Jupiter, faite par Myron, célèbre Sculpteur Grec : on la voit aujourd'hui dans les jardins de Versailles, près du théâtre d'eau. Besançon est aussi la patrie de Pierre Chifflet, Auteur de plusieurs Ouvrages théologiques; de Jean-Jacques Chifflet, Médecin de Philippe IV, Roi d'Espagne, Auteur d'une Histoire de Besançon, & de plusieurs autres Ecrits historiques; de l'Abbé Boisot, très-versé dans l'Histoire civile & naturelle; & de M. Dunod, qui a fait celle de Franche-Comté.

III. *Le Bailliage du milieu, ou de Dole.*

DOLE, *Chambre des Comptes*, *Bailliage*, sur le Doux. Cette Ville, autrefois capitale de la Province, n'est pas fort grande, mais elle est belle & peuplée. Elle a un Collège, cinq Couvens de Religieux, six de Religieuses, & un Hôtel-Dieu. Les Jésuites y avoient un magnifique Collège, nommé l'*Arc*. L'Auteur du Voyage Littéraire, 1. part. *pag.* 165, rapporte qu'on voit au-dessus de la porte de ce Collège une statue de S. Ignace de Loyola avec cette Inscription : *Successori sancti Thomæ* : au Successeur de S. Thomas; succession, qui, selon un Magistrat dont parle Piganiol, (*Description de la France, tom. VIII.*) n'a été acceptée que sous bénéfice d'inventaire. Dole avoit autrefois une Université, fondée, par Philippe le Bon, Duc de Bourgogne; mais Louis XIV l'a transférée à Besançon, ainsi que le Parlement. Les Bénédictins reformés de Cluni y ont une Maison, qu'ils appellent le Collège de saint Jérôme.

Au Nord-Est de Dole, & près du Doux, est une Grotte fort singulière par ses congélations, qui représentent des colonnes en apparence faites pour soutenir la voûte d'un salon, ou l'on croit voir des statues & des figures de toutes sortes. Il s'y fait une transformation continuelle, & ce que l'on y voit dans un temps, est toute autre chose huit jours après.

ORNANS, *Bailliage*, à l'Orient sur la Louve. On voit près de cette Ville un puits qui croît tellement dans les temps de grandes pluies, que, malgré sa profondeur, il regorge extraordinairement, & jette une grande quantité d'une espèce de poissons, qu'on appelle *Umbres*. Il y a, à une lieue de Vezoul, un puits à peu-près semblable.

IV. *Le Bailliage d'Aval.*

SALINS, *Bailliage*. Cette Ville, du Diocèse de Besançon, est ainsi nommée, à cause des Sources d'eaux salées, dont on fait du sel, qui est d'un grand revenu pour le Roi. La grande Saline est au milieu de la Ville. C'est une espèce de petite Place-forte, qui a 140 toises de long, sur 46 de large. Deux Forts, l'un nommé *le Fort Belin*, & l'autre *le Fort de Saint André*, commandent la Ville, qui est située entre deux montagnes, sur lesquelles ces Forts sont construits. Salins a un Collège de l'Oratoire, un Chapitre, & plusieurs Communautés. C'est la patrie du Baron de Lisola, qui a tant écrit sur la Politique; & de M. l'Abbé d'Olivet, de l'Académie Françoise.

ARBOIS, au Sud-Ouest, *Bailliage*, Ville célèbre pour son Vignoble.

POLIGNY, *Bailliage*. C'est une Ville assez jolie, dans un terroir fertile en bons vins. Il y a un Collège de l'Oratoire. C'est la patrie de Jacques Coittier, premier Médecin de Louis XI, qui le regardoit comme l'arbitre de ses jours, & n'osoit rien lui refuser. Jean le Jeune, célèbre Prédicateur de l'Oratoire, est aussi né dans cette Ville.

LION-LE-SAUNIER, *Bailliage*, au Sud-Ouest. Il y a dans cette Ville des Clunistes réformés, & d'autres Maisons religieuses.

SAINT-CLAUDE, au Sud-Est, *Evêché* érigé en 1742. C'étoit ci-devant une célèbre Abbaye de l'Ordre de S. Benoît. Les Religieux ont été sécularisés depuis peu, & sont devenus Chanoines: ils doivent faire preuve de Noblesse de quatre quartiers, tant du côté paternel, que du côté maternel. Cette Abbaye avoit été formée par Saint Romain & S. Lupicin, frères. On l'appella d'abord *Condat*, & ensuite le Monastère de *Jura*. Sa situation entre trois rochers stériles est affreuse; mais la sainteté des Solitaires qui l'ont habité y a attiré tant de monde, qu'il s'y est formé peu à peu une Ville, maintenant assez considérable. L'Abbé de Saint Claude avoit des privilèges singuliers, comme d'ennoblir, de légitimer, & de donner la grace à des criminels. Ce que l'on admire le plus dans cette ancienne Abbaye, est la châsse de S. Claude, où l'on voit son corps encore entier, en chair & en os, quoiqu'il soit mort il y a plus de mille ans. C'est une espèce de merveille, que les Calvinistes ayant brûlé tant de Reliques de Saints, celle-ci ait échappé à leur fureur, la Ville de Saint-Claude n'étant éloignée de Genève que de 7 lieues.

PONTARLIER, à l'Orient de Salins, *Bailliage*. Cette Ville est très-ancienne, & près du Mont-Jura, sur le Doux. C'est un passage commode pour aller en Suisse, défendu par un Château situé sur un rocher.

✿

ARTICLE X.

Du Gouvernement de Poitou.

LE Poitou est borné au Nord par la Bretagne & l'Anjou; à l'Orient, par la Touraine, le Berri & la Marche; au Midi, par l'Angoumois & l'Aunis; & à l'Occident, par l'Océan. C'est un pays très-fertile en bled : on y nourrit beaucoup de bestiaux : il s'y trouve quantité de vipères, dont on en transporte jusqu'à Venise, pour faire la thériaque ; on y fait aussi un grand commerce de drogues.

Guillaume, surnommé *Tête d'Etoupes*, s'étant rendu maître de Poitiers sous Louis d'Outremer, Roi de France, ce Prince lui donna le titre de Comte de Poitiers. Eléonore, unique héritière du dernier Duc d'Aquitaine, nommé Guillaume, comme ses prédécesseurs, apporta en mariage à Henri II, Roi d'Angleterre, le Poitou avec tous ses autres Etats, qui furent conquis pour la plupart sur Jean *Sans-Terre*, son fils, par Philippe-Auguste. Le Poitou fut cédé en toute souveraineté aux Anglois en 1360, par le Traité de Brétigni : mais Charles V ayant conquis le Poitou sur les Anglois, après la mort du Roi Jean, le donna à son frère Jean, Duc de Berri. Après la mort du Duc Jean, qui n'eut que des filles, Charles VI donna le Poitou à son fils Jean, qui mourut sans enfans en 1416. Le Poitou depuis ce temps n'a jamais été séparé du Domaine.

La Rivière la plus considérable de cette Province est la *Vienne*, qui la traverse. Nous en avons parlé à l'article de la Touraine, *pag.* 152.

On divise le Poitou en haut & bas : le haut est à l'Orient. Il est plus beau & plus fertile que le bas, qui est situé vers la mer.

I. *Du haut Poitou.*

Poitiers, sur le Clain, *Capitale, Evêché, Généralité, Conseil Supérieur, Présidial, Bailliage, Election, Sénéchaussée, Hôtel des Monnoies, Université*. Cette Ville est très-grande, mais peu peuplée, & mal bâtie. Il n'y a un Conseil Supérieur que depuis le mois de Février 1771. Auparavant les Conseillers du Présidial, qui lui a été uni, portoient la robe rouge, à cause que Charles VII y transféra le Parlement de Paris. Les Eglises de Poitiers sont les seuls beaux édifices. On y voit quelques restes d'antiquités Romaines, entr'autres les ruines de ce qu'on appelle le Palais Galien, & un grand Arc qui sert de porte, & qu'on croit avoir été un Arc de triomphe. Au milieu de la Place Royale est une statue pédestre de Louis XIV. En 1356, les François furent battus près de cette Ville par les Anglois : & le Roi Jean fut pris & mené en Angleterre. Poitiers a plusieurs Collégiales, grand nombre de Paroisses, une Abbaye de Bénédictins, & un Collège. C'est la patrie de M. Filleau de la Chaise, Historien de S. Louis; & de M. Dubois, traducteur de plusieurs Ouvrages de S. Augustin.

Près de cette Ville, dans les campagnes de *Vouillé*, Clovis remporta en 507, sur Alaric, Roi des Visigots, une célèbre victoire, qui étendit sa domination depuis la Loire jusqu'aux Pyrénées.

Mirebeau, au Nord-Ouest de Poitiers. C'est la *Capitale* d'un petit pays nommé *Mirebalais*, qui est situé dans le Poitou, mais du Gouvernement de Saumur, en Anjou.

Moncontour, petite Ville du *Mirebalais*, située sur la *Dive*, à neuf lieues de Saumur, & à quatre de Loudun. Elle est célèbre par la bataille que les Catholiques, commandés par le Duc d'An-

jou, y gagnèrent le 3 Octobre 1569, fur les Calviniftes, commandés par l'Amiral de Coligni.

CHATELLERAUD, fur la Vienne, *Sénéchauffée*,
Election, Duché appartenant au Prince de Talmont, de la Maifon de la Trimouille. Cette Ville
eft connue pour fa bonne coûtellerie, & pour les
diamans faux, qu'on y travaille mieux que par-tout
ailleurs.

RICHELIEU, *Election*, au Nord de Poitiers.
C'eft un Duché-Pairie érigé en 1631, en faveur du
Cardinal de Richelieu & de fes héritiers. C'eft ce
Miniftre de Louis XIII, qui a bâti cette jolie Ville,
où l'on voit un Château magnifique.

LOUDUN, *Bailliage*, *Election*, à l'Oueft. Cette
Ville, qui a plufieurs Couvens, eft fameufe par la
prétendue poffeffion de fes Religieufes Urfulines,
& par là mort du Curé de cette Ville, nommé
Grandier, qui fut accufé de les avoir enforcelées.
C'eft la patrie de Scevole & Louis de Sainte-
Marthe, célèbres par leurs travaux fur l'Hiftoire
de France.

THOUARS, *Election*, à l'Occident de Loudun.
C'eft un Duché érigé en 1563, & une Pairie, dont
les lettres ont été enregiftrées au Parlement en 1599.
M. de la Trimouille, à qui elle donne le titre de
Duc, y a un beau Château. Cette Ville a trois Pa-
roiffes, deux Chapitres & plufieurs Couvens. Le
Duché de Thouars eft fi étendu, qu'il a 1700 vaf-
faux.

MAULÉON, à l'Occident de Thouars, *Election*,
avec une Abbaye de Génovéfains. C'étoit une Baronnie qui a été érigée en Duché-Pairie en 1736, en
faveur d'Alexis-Magdelène-Rofalie Comte de Châtillon, Gouverneur de M. le Dauphin.

PARTHENAY, *Bailliage*, au Sud de Thouars.

NIORT, au Sud-Oueft de Parthenay, fur la Sévre,
Sénéchauffée, *Bailliage*. Cette Ville eft la plus

marchande du Poitou. Les Pères de l'Oratoire y ont un Collège.

SAINT-MAIXANT, sur la Sévre, *Bailliage*, *Election*. Il s'y fait un grand débit de bas & d'étoffes de laine : on y trouve une célèbre Abbaye de Bénédictins de S. Maur.

LUSIGNAN, au Sud-Ouest de Poitiers. Cette petite Ville est célèbre par les Seigneurs qui ont porté son nom, & dont quelques-uns ont été Rois de Jérusalem & de Chypre.

LA TRIMOUILLE OU LA TREMOILLE, sur les confins de la Marche & du Poitou, petite Ville célèbre par l'illustre Maison des Seigneurs de ce nom, qui ont en France le rang de Princes étrangers, à cause de leurs prétentions au Royaume de Naples.

MORTEMAR, au Sud de la Trimouille, Duché-Pairie érigé en 1650, en faveur de Gabriel de Rochechouart, Marquis de Mortemar.

ROCHECHOUART, sur les confins de la Marche & du Limosin, célèbre par les Seigneurs auxquels elle a donné son nom, & qui descendent des anciens Vicomtes de Limoges.

II. *Du bas Poitou.*

FONTENAI-LE-COMTE, *Bailliage*, *Sénéchaussée*, *Election*, sur la petite rivière de Vendrée. Cette Ville est connue par ses foires. C'est la patrie de Nicolas Rapin, célèbre Poëte François; du Président Brisson, qui a composé le Code des Ordonnances de Henri III, & d'André Tiraqueau, célèbre Jurisconsulte.

MAILLEZAIS, autrefois Evêché, est située dans une Isle formée par la Sévre & par l'Authie. Les marais dont elle est environnée en rendent l'air très-mal-sain.

LUÇON, *Evêché*. Elle est aussi environnée de marais, qui la rendent assez mal-saine.

LA ROCHE-SUR-YON, au Nord-Ouest de Luçon, Principauté qui appartient à la Maison de Conti.

LES SABLES D'OLONNE, *Bailliage*, *Election*, *Port*, au Sud-Ouest de la précédente. Il s'y fait un grand commerce de morue.

L'*Isle-d'Yeu*, dans l'Océan, est du Diocèse de Luçon.

Noirmoutier. Cette Isle a des marais salans, & de bons pâturages.

NOIRMOUTIER, *Capitale*. Elle a appartenu long-temps, ainsi que l'Isle de son nom, à une branche de la Maison de la Trimouille; mais en 1720 elle a été vendue par la Princesse des Ursins, qui étoit de cette famille, au Duc de Bourbon.

ARTICLE XI.

Du Gouvernement d'Aunis.

L'AUNIS est un petit Pays, à l'extrémité du bas Poitou, vers la mer: il est très-fertile & très-peuplé.

LA ROCHELLE, *Capitale*, *Evêché*, *Généralité*, *Hôtel des Monnoies*, *Présidial*, *Election*, *Port*, *Place forte*. Louis XIII l'ayant assiégée en 1628, le Cardinal de Richelieu fit faire une digue de 747 toises, pour empêcher que les Anglois ne portassent du secours par mer aux Calvinistes rébelles: il la prit au mois d'Octobre de la même année. Ses fortifications furent démolies. On y a fait un Port très-commode, dont l'entrée est défendue par deux tours. C'est là qu'abordent pour l'ordinaire les vaisseaux d'Amérique. Le Siège épiscopal de Maillezais y a été transféré en 1648. Cette Ville, médiocrement grande, est bien bâtie: elle a une Académie de Belles-Lettres, établie en 1734.

ROCHEFORT, *Port*, *Place forte*. Cette Ville, qui est près de l'embouchure de la Charente, a été bâtie par les ordres de Louis XIV, qui y a fait construire un magnifique Arsenal, un superbe Hôpital, & de très-belles Casernes, qui servent à loger les Compagnies franches de Marine, leurs Officiers & l'Inspecteur. Le Roi lui a accordé, par ses Lettres-Patentes de l'an 1669, des foires & de très-beaux privilèges; entr'autres l'affranchissement des droits pour toutes les denrées dont on y fait la consommation. Il y a une belle Corderie, une Fonderie de canons, & un magasin fourni de tout ce qui est nécessaire pour les vaisseaux du roi. Les rues de cette Ville sont belles. Il y a un Couvent de Capucins, bâti par les ordres de Louis XIV, & un Séminaire pour les Aumôniers des vaisseaux du Roi, dirigé par les Prêtres de la Mission. Mais l'air y est mal-sain, particulièrement dans les mois d'Août, de Septembre & d'Octobre. C'est un Département de la Marine. Les vaisseaux de roi partent de l'*Isle d'Aix*, petite Isle au Nord-Ouest de Rochefort.

MARANS, sur la Sévre, au Nord de Rochefort. C'est un des lieux de la France où il se fait un plus grand commerce de bled.

Le *Brouageais*, qui faisoit autrefois partie de la Saintonge, a été joint au Gouvernement d'Aunis.

BROUAGE, *Place forte*, sur la mer, en est la *Capitale*. Elle est environnée de marais salans, où l'on fait quantité de bon sel.

SOUBISE, sur la Charente, *Bourg*, & Principauté érigée par Louis XIV, en faveur d'une branche de la Maison de Rohan.

MARENNES, *Election*. Elle est dans un terroir fort abondant en vin. Les huîtres vertes qu'on pêche aux environs, sont très-estimées.

Vers les côtes de l'Aunis on trouve deux Isles: celle de *Ré* au Nord, & celle d'*Oléron* au Midi. Les Vaisseaux étrangers vont charger dans ces deux Isles beaucoup de sel & de vin.

L'Isle de *Ré* est très-fertile en vin ; mais il n'y croît ni bled ni foin, & presque point d'arbres : on y fait beaucoup d'eau-de-vie. Elle ne paye point de taille, étant réputée terre étrangère.

SAINT-MARTIN, petite Ville fortifiée selon la méthode de M. de Vauban, défendue par une bonne Citadelle, en est le lieu le plus considérable.

L'Isle d'*Oléron* est fertile en bled & en vin.

OLÉRON, Bourg bien fortifié, est le principal lieu de cette Isle.

ARTICLE XII.
Du Gouvernement de la Marche.

CETTE Province, à l'Orient du Poitou, tire son nom de sa situation sur les confins ou *Marches* (a) du Poitou, du Berri & du Limosin. Après avoir eu ses Comtes qui en étoient souverains, Gui de Lusignan la laissa par testament à Philippe-le-Bel, qui la légua à Charles, son troisième fils. Ce Prince étant parvenu à la Couronne en 1322, l'échangea contre le Comté de Clermont, qui appartenoit à Louis de Bourbon, petit-fils de S. Louis. Elle passa ensuite dans l'ancienne Maison d'Armagnac, & dans celle de Bourbon-Montpensier. François I, en 1531, l'a réunie à la Couronne, dont elle n'a plus été séparée ; ce qui n'empêche pas qu'elle ne serve aujourd'ui de titre aux fils aînés des Princes de Conti, par une disposition particulière du Roi.

La Marche est bornée au Nord, par le Berri ; à l'Orient, par l'Auvergne ; au Midi, par le Limosin; & à l'Occident, par l'Angoumois.

___

(a) *Marches* signifioit autrefois *Confins* ou *Limites* d'un Pays ; de-là vient qu'on appelloit *Marquis*, ceux qui étoient chargés de veiller à la garde des Limites.

Elle est peu fertile en bled : mais le seigle & l'avoine y viennent assez bien, & elle a de bons pâturages.

La Rivière la plus considérable de ce Pays est la *Creuse*, qui le traverse tout entier : nous en avons parlé à l'article de la Touraine, *page* 152.

On divise la Marche en haute & basse : la haute est à l'Orient, & la basse à l'Occident.

I. *De la haute Marche.*

GUERET, *Capitale, Présidial, Sénéchaussée, Election.* Comme la Marche dépend en grande partie du Diocèse de Limoges, & qu'elle étoit du ressort du Parlement de Paris, tandis que le Limosin dépend du Parlement de Bourdeaux, on a obligé l'Evêque de Limoges à établir un Official à Gueret. Cette Ville a un Collège de Barnabites. Elle est la patrie de Pardoux du Prat, auteur de plusieurs ouvrages de Jurisprudence; & d'Antoine Varillas, historien plus élégant que véridique.

AHUN, petite Ville assez peuplée, sur la Creuse, au Sud-Est de Gueret.

BOURGANEUF, *Election*, près la Rivière de Taurion, au Sud-Ouest de Gueret. Cette petite Ville, jolie & bien bâtie, est le siège du Grand-Prieuré d'Auvergne de l'Ordre de Malte.

AUBUSSON, sur la Creuse. Cette Ville avoit été donnée au Maréchal de la Feuillade par Louis XIV, c'est pour cela qu'il en portoit le nom. Sa Manufacture de tapisseries la rend peuplée & marchande.

II. *De la basse Marche.*

LE DORAT, sur la Sévre, en est la *Capitale* : il y a un Chapitre, qui a des droits particuliers.

BELLAC, au Sud du Dorat, sur la petite rivière de Vincon. Cette Ville tire son origine d'un Château très-fort, que Boson le Vieux, premier Comte de la Marche, y fit bâtir au Xe siècle.

GRANDMONT, au Sud-Ouest de Gueret, est le chef-lieu

chef-lieu d'un Ordre fondé par S. Etienne, en 1076, à Muret près de Limoges, & transféré par son successeur Pierre, Limosin, à Grandmont en 1124. C'étoit un Prieuré, qui a été érigé en Abbaye par le Pape Jean XXII, en 1316.

ARTICLE XIII.
Du Gouvernement du Bourbonnois.

CETTE Province est traversée par l'Allier, & bornée au Nord, par le Berri & le Nivernois; à l'Orient, par la Bourgogne; au Midi, par l'Auvergne; & à l'Occident, par le Berri.

Le Bourbonnois tire son nom d'une de ses Villes, nommée *Bourbon l'Archambaut*. Elle a donné le nom à la Famille régnante, qui descend du sixième fils de S. Louis, lequel épousa l'héritière des Sires de Bourbon, comme on les appelloit.

Ses principales Rivières sont l'Allier & le Cher.

L'*Allier* prend sa source dans les montagnes du Gévaudan, passe près de Brioude & d'Issoire, en Auvergne, puis à Moulins, & se rend dans la Loire au-dessous de Nevers, après avoir traversé le Bourbonnois. On a parlé du *Cher*, page 152.

On divise le Bourbonnois en haut & bas: le haut est à l'Orient, & le bas à l'Occident.

I. Du haut Bourbonnois.

MOULINS, du Diocèse d'Autun, sur l'Allier; *Capitale, Généralité, Présidial, Bailliage, Sénéchaussée, Election*. C'est une assez grande & belle Ville, fort connue pour sa bonne coûtellerie. On y voit de belles Eglises, un Chapitre, un Collège & plusieurs Communautés. La Princesse des Ursins a fait ériger dans l'Eglise des Dames de la Visitation, un superbe Mausolée au Duc de Montmorenci, son époux, qui avoit été décapité à Toulouse sous le ministère du Cardinal de Richelieu, en 1632.

GANAT, *Bailliage, Election*, au Midi de Moulins.

VICHI, sur l'Allier, célèbre par ses eaux minérales.

II. *Du bas Bourbonnois.*

BOURBON-L'ARCHAMBAUT, *Sénéchaussée*, fameuse par ses eaux minérales. C'est un Duché qui a donné le nom à la Famille royale & à la Branche des *Bourbons*, dont voici en peu de mots la généalogie. Robert, Comte de Clermont, le plus jeune fils de S. Louis, épousa Béatrix de Bourgogne, fille unique de Jean de Bourgogne, & d'Agnès, Dame de Bourbon. Robert eut un fils nommé Louis, qui laissa deux Princes, Pierre & Jacques. La Branche de Bourbon qui est sur le trône, descend de Jacques. De l'aîné descendirent les Bourbons jusqu'à Charles, Connétable de France, dont les biens furent confisqués en 1525, & le Duché de Bourbon réuni à la Couronne. Mais en 1659, par le Traité des Pyrénées, ce Duché a été accordé en pleine propriété à Louis de Bourbon, Prince de Condé, au lieu du Duché d'Albret qui lui avoit été donné avant qu'il quittât la France, & que l'on avoit cédé pendant son absence au Duc de Bouillon pour la Principauté de *Sedan*.

SOUVIGNI, au Sud-Est de Bourbon-l'Archambaut. Cette petite Ville étoit la demeure ordinaire des Sires de Bourbon. Elle a une maison de Clunistes réformés.

SAINT-AMAND, *Bailliage, Election* sur le Cher au Nord-Ouest de Bourbon.

MONT-LUÇON, *Election*, au Sud-Est de Saint-Amand. Cette Ville, la seconde du Bourbonnois, est située sur le penchant d'un côteau, qui s'étend jusqu'à la rivière de Cher : elle a une Eglise Collégiale fondée par les Ducs de Bourbon.

SECTION III.
Provinces & Gouvernemens du Midi.

ARTICLE I.
Du Gouvernement de Saintonge.

IL comprend deux petites Provinces : la Saintonge à l'Occident, & l'Angoumois à l'Orient.

§. I. *De la Saintonge.*

La Saintonge est un Pays très-fertile en bleds, en vin & en absynthe, que les Romains ont connue sous le nom de *Virga Santonica*. On y fait un grand commerce de sel & de safran. Sa situation est très-avantageuse pour le commerce, ayant l'Océan à l'Occident, & la Garonne ou Gironde au Sud-Ouest. Cette Province ressortit au Parlement de Bourdeaux.

Henri II, Roi d'Angleterre, étant maître de la Saintonge par son mariage avec Eléonore, héritière de Guillaume, Comte de Poitiers & dernier Duc d'Aquitaine, Jean Sans-terre son fils la donna à sa femme Isabelle d'Angoulême, qui épousa Hugues, Comte de la Marche. Après avoir été conquise par Philippe le Bel, sur les Anglois, à qui S. Louis l'avoit cédée, elle fut abandonnée encore en toute souveraineté à l'Angleterre : mais Charles V la reconquit & la réunit à la Couronne, de laquelle elle n'a pas été démembrée depuis ce temps-là.

La *Charente* divise la Saintonge en haute, vers le Midi, & en basse, vers le Septentrion. La haute Saintonge est bien plus grande que la basse.

1. *De la haute Saintonge.*

SAINTES, sur la Charente, *Capitale, Evêché, Présidial, Election.* C'est une Ville ancienne, & dont les rues sont étroites & mal disposées. Elle a une célèbre Abbaye de Bénédictines, que l'on appelle les *Dames de Saintes*, dont l'Abbesse a jurisdiction spirituelle : un Séminaire, uni aux Prêtres de la Mission ou Lazaristes ; un Collège ; un Monastère d'anciens Bénédictins, & d'autres Communautés. On y voit un beau Pont, construit du temps des Romains, sur lequel est un Arc de triomphe ; & les restes d'un Amphithéâtre. C'est la patrie du P. Amelotte, de l'Oratoire ; & du P. le Comte, Jésuite.

ROYAN, au Sud-Ouest de Saintes. Cette Ville a un bon Port à l'embouchure de la Garonne, qui est appellée Gironde, depuis le Bec d'Ambez. Royan appartient à la Maison de la Trimouille. Cette Ville soutint en 1622, un long siège contre Louis XIII, qui ne la prit qu'après avoir perdu beaucoup de monde. Il n'en reste aujourd'hui qu'un fauxbourg.

A l'embouchure de la Garonne, on voit un Phare bâti sur un rocher, vis-à-vis de Royan, dont il n'est séparé que par un trajet de quelques minutes. Ce Phare est nommé la *Tour de Cordouan*. C'est un bâtiment d'une bonne architecture, qui a cent soixante pieds d'élévation. On allume des feux au haut de cette tour, pour éclairer les vaisseaux, qui sans cela seroient en danger de se perdre la nuit sur les bancs de sable, dont l'embouchure de la Garonne est embarrassée.

Près de Royan, à une lieue environ de cette Ville, est le village de SAINT-PALAIS, où il se fait une pêche considérable de Sardines. Les pêcheurs les apportent à Royan, & c'est de-là qu'elles se distribuent dans la Province.

TALMONT, sur la Gironde, Principauté qui appartient à la Maison de la Trimouille.

PONS, au Sud-Est de Saintes, sur la Suigne, Seigneurie très-ancienne, dont les Seigneurs se qualifient *Sires de Pons*, & ne relèvent que du Roi. La manière dont ils rendoient anciennement au Roi leur hommage, étoit singulière. Le Sire de Pons armé de toutes pièces, ayant la visière de son casque baissée, se présentoit au Roi, & le supplioit de le maintenir dans la possession de ses privilèges. Le Roi devoit lui donner par gratification, l'épée qu'il avoit à son côté. Pons appartient aujourd'hui à un Prince de la Maison de Lorraine, d'une branche cadette de celle d'Armagnac. Il porte le titre de Prince de Pons.

BARBÉSIEUX, Marquisat, au Sud-Est de Pons.

CHALAIS, Principauté, au Sud-Est de Barbésieux. Elle appartient à la Maison de Taleyrand, qui descend des anciens Comtes de Périgord.

2. *De la basse Saintonge.*

SAINT-JEAN-D'ANGELI, *Election*, Ville autrefois très-forte, mais dont les fortifications ont été démolies par Louis XIII. Son nom lui vient d'une ancienne Abbaye de Bénédictins fondée en 768. Ses eaux-de-vie sont très-estimées.

FRONTENAI-L'ABATTU, au Nord-Ouest de Saint-Jean-d'Angeli, (*a*). C'étoit une Baronnie qui a été érigée en Duché-Pairie en 1714, sous le nom de Rohan-Rohan, en faveur d'Hercule Meriadec de Rohan, Prince de Soubise.

(*a*) Corneille, & quelques Auteurs après lui nomment ce lieu FRONTENAI ou FONTENAI. C'est une faute. Frontenai-l'Abattu ne s'est jamais appellé *Fontenai*. Son nom latin est *Frontenacum*.

TONNAI-CHARENTE, sur la Charente, Principauté qui appartient à la Maison de Rochechouart.

TAILLEBOURG, aussi sur la Charente. Cette Seigneurie est passée dans la Maison de la Trimouille, par le mariage de Louise de Coligny avec un Seigneur de cette Maison. S. Louis y défit en 1242, Hugues, Comte de la Marche, & les autres Seigneurs mécontens, soutenus par les Anglois.

§. II. *De l'Angoumois.*

L'Angoumois a été possédé par des Comtes qui reconnoissoient les Ducs d'Aquitaine & Comtes de Poitiers pour Seigneurs suzerains. Il vint ensuite sous la puissance de ces Ducs, & appartint depuis à divers Seigneurs. Charles V. le conquit sur les Anglois, à qui la souveraineté en avoit été cédée après la prise du Roi Jean, & le donna en apanage à son frère Jean, Duc de Berri, en 1375. Charles VI, à qui ce Duc de Berri le céda, le donna en accroissement d'apanage à son frère Louis. François I en ayant hérité, l'érigea en Duché, en faveur de Louise de Savoie, sa mère. Cette Princesse étant morte, il fut réuni à la Couronne; & après avoir été donné plusieurs fois en engagement, il a été réuni de nouveau au Domaine en 1650. Louis XIV l'avoit donné en apanage au Duc de Berri, mort en 1714.

Cette Province est fertile en bleds, en vins, en plantes médicinales & en pâturages. Elle n'a d'autre Rivière que la *Charente*, qui prend sa source près de Rochechouart, passe à Sivrai, à Verteuil, à Angoulême, à Cognac, à Saintes & à Rochefort.

ANGOULÊME, *Capitale, Evêché, Présidial, Election*. Cette Ville a un Château très-fort. Elle est située sur une montagne, au pied de laquelle coule la Charente. Elle a un beau Collège. Charles V avoit ennobli les Maires & Echevins d'Angoulême; mais les Maires sont les seuls qui jouissent maintenant de ce privilège. Cette Ville est la patrie du Poëte Saint-Gelais ; de l'Historien Thévet, qui ne jouit pas d'une bonne réputation ; & de Balzac, qui a beaucoup perfectionné l'éloquence Françoise.

COGNAC, *Élection*, à l'Occident d'Angoulême, sur la Charente, renommée par ses eaux-de-vie. Cette Ville a un Château où est né François I. Il est accompagné d'un grand parc & d'un vaste étang. C'est la patrie de l'Abbé de Villiers, qui a publié les *Réflexions sur les défauts d'autrui*, & des Poëmes, sur l'*Amitié* & l'*Art de prêcher*.

JARNAC, sur la Charente, fameuse par la victoire que le Duc d'Anjou, frère de Charles IX, y remporta sur les Calvinistes, en 1569. Le Prince de Condé y fut tué par Montesquiou, Capitaine des Gardes du Duc d'Anjou.

LA ROCHEFOUCAULT, au Nord-Est d'Angoulême, Duché-Pairie érigé par Louis XIII, en 1622. Mais comme le Duc de ce nom n'a pris séance au Parlement qu'en 1637, il n'est considéré Duc & Pair que depuis cette année-là.

CHABANOIS, au Nord-Est de la Rochefoucault, Bourg qui n'est remarquable que parcequ'il porte le titre de Principauté ou de Marquisat, aujourd'hui à la branche de Colbert appellée de Saint-Pouange.

ARTICLE II.

Du Gouvernement de Limosin.

CETTE Province a au Nord, la Marche ; à l'Orient, l'Auvergne ; au Midi, le Querci ; & à l'Occident, le Périgord.

Philippe-Auguste, qui avoit conquis sur Jean Sans-terre, plusieurs Provinces de France, dont les

Rois d'Angleterre étoient maîtres, prit la Ville de Limoges vers l'an 1204; mais en 1259, S. Louis fit une paix perpétuelle avec Henri III, Roi d'Angleterre, & céda à ce Prince les Villes de Saintes, de Périgueux, de Limoges, de Cahors & d'Agen, avec toutes leurs dépendances, à la charge que le Roi d'Angleterre lui en feroit hommage, comme de tout le reste de l'Aquitaine, ou de la Guienne. Enfin, par le Traité de Brétigni conclu en 1360, la France céda à l'Angleterre non-seulement la propriété, mais la souveraineté de Limoges, & de tous les Pays voisins entre la Loire & les Pyrénées. Mais les Anglois n'en jouirent pas long-temps, & ils perdirent en particulier le Limosin sous le règne de Charles V. Ainsi il est réuni à la Couronne depuis environ 400 ans.

Le Limosin est peu fertile en bled : il n'y vient guères que du seigle & de l'avoine : il y a un grand nombre de châtaigniers, dont les peuples tirent leur principale nourriture. Il s'y fait un grand commerce de bœufs, de chevaux, de porcs, de papiers & d'étoffes.

Ses principales Rivières sont la *Dordogne*, dont nous parlerons en décrivant l'Auvergne ; & la *Vienne*, qui prend sa source dans le Limosin, & dont on a décrit le cours, ci-devant, page 152.

La petite rivière de *Véseré* divise le Limosin en haut & bas : le haut est au Nord & à l'Occident de cette rivière, & le bas, au Midi & à l'Orient.

I.º *Du haut Limosin.*

LIMOGES, sur la Vienne, *Capitale, Evêché, Généralité, Présidial, Hôtel des Monnoies, Sénéchaussée, Election.* C'est une grande Ville, mal bâtie, mais fort marchande. On y travaille très-bien en émail. Les Sulpiciens y ont un beau Séminaire. Il y a aussi un Collège. C'est la patrie du

Père Honoré de Sainte-Marie, Carme déchaussé qui a écrit sur la Critique.

Marc-Antoine Muret, excellent Humaniste du XVI Siècle, étoit né à Muret, Bourg près de Limoges.

Saint-Leonard, sur la Vienne, au Nord-Est de Limoges. Cette Ville est remarquable par ses Manufactures de papier & de draps.

Pierre-Buffière, au Sud-Est de Limoges, petite Ville, qui porte le titre de première Baronnie de Limosin, qui lui est cependant disputé par celle de las Tours. Elle avoit des Seigneurs de son nom, dont la Maison est éteinte aujourd'hui.

Saint-Yriеix ou Yrier, appellée anciennement *Altanum*. Elle a reçu son nom moderne de S. Yrier, qui y a fondé un Monastère. Le Roi & le Chapitre de cette Ville en sont Seigneurs en partie.

II. *Du bas Limosin.*

Tulle, sur la Corrèze, *Evêché, Présidial, Sénéchaussée, Election*. Cette Ville est située au confluent des Rivières de Corrèze & de Solan, dans un Pays environné de montagnes & de précipices. Charles V, pour récompenser la fidélité de ses Habitans, leur accorda, en 1370, une exemption de tous impôts. Elle a donné naissance au célèbre Etienne Baluze.

Uzerche, au Nord-Ouest de Tulle, *Sénéchaussée*, sur la Vésere, qui se jette dans la Dordogne. C'est une Ville bien bâtie. Elle a trois Paroisses, & une Abbaye de l'Ordre de S. Benoît, dont l'Abbé est Seigneur de la Ville.

Brive, *Présidial, Sénéchaussée, Election*, sur la Corrèze, presqu'au confluent de cette Rivière & de la Vésere. Elle est surnommée *la Gaillarde*, à cause de la beauté de sa situation. Il y a un Chapitre & un Collège de Doctrinaires assez bien bâti.

NOAILLES*, Bourg près de Brive, érigé en Duché-Pairie en 1663, en faveur d'Anne, Comte de Noailles. Ce Duché est composé des Châtellenies d'Ayen, de l'Arche, de Manzat & de Terrasson.

TURENNE, *Vicomté*. Le Maréchal de Turenne l'a rendu célèbre. Le Duc de Bouillon à qui elle appartenoit, l'a vendue en 1738 au Roi, qui l'a réunie à la Couronne.

BRIVEZAC, au Sud-Est de Tulle, sur la Dordogne.

VENTADOUR, au milieu de la partie Orientale, Duché-Pairie érigé en 1589, en faveur de Gilbert de Levis, troisième du nom. Ce Duché est éteint.

USSEL, au Nord-Ouest de Ventadour. C'est le chef-lieu de cette Terre.

ARTICLE III.

Du Gouvernement d'Auvergne.

L'AUVERGNE est bornée au Nord, par le Bourbonnois; à l'Orient, par le Forez & le Vélai; au Midi, par le Gévaudan & le Rouergue; & à l'Occident, par le Querci, le Limosin & la Marche.

Cette Province avoit autrefois des Comtes, qui se partagèrent vers 1160, en deux Branches: l'une continua de prendre le nom de *Comtes d'Auvergne*, & l'autre fut connue sous le nom de *Dauphins d'Auvergne*. Le Comte Gui II, fut dépouillé de la plus grande partie de son Comté, par Philippe-Auguste, en 1210, pour crime de félonie. Cette partie conquise fut réunie à la Couronne, sous le nom de *Terre d'Auvergne* : elle fut ensuite érigée, l'an 1360 en Duché, qui ayant passé dans la Maison des Ducs de Bourbon, fut confisqué en 1525, sur le Connétable Charles de Bourbon. Le Dauphiné d'Auvergne, qui étoit aussi échu à la même Maison, eut le même sort; mais le Roi le rendit aux Héritières du Connétable, & il est entré ensuite dans la Maison d'Orléans, qui le possède aujourd'hui. Pour le Comté, ayant été laissé à Catherine de Médicis en 1524, il fut ensuite réuni à la Couronne; mais Louis XIV l'a cédé au Duc de Bouillon, comme partie d'échange pour la Principauté de Sedan.

Les principales Rivières de l'Auvergne, sont l'*Allier*, dont nous avons parlé à l'article du Bourbonnois; & la *Dordogne*, qui prend sa source au Mont d'Or, à l'Occident d'Issoire, sépare l'Auvergne du Limosin, & se jette dans la Garonne au Bec d'Ambez.

On divise l'Auvergne en haute & basse; la haute est vers le Midi, & la basse vers le Septentrion. Il y a dans cette Province beaucoup de Montagnes, qui ont d'excellens pâturages, & abondent en herbes médicinales. On voit près du Mont d'Or un Lac fort profond, dans lequel, si on jette une pierre, elle excite, dit-on, une vapeur épaisse, qui se résout ensuite en pluie. On trouve dans cette même Montagne des eaux minérales, dont les unes sont chaudes, les autres froides.

I. *De la haute Auvergne.*

C'est un Pays fort montagneux: il n'est pas fertile en bleds ni en vins; mais il a beaucoup de pâturages, & on y fait d'excellens fromages.

SAINT-FLOUR, *Capitale, Evêché, Bailliage, Election.*

MURAT, *Bailliage*, au Nord-Ouest de S. Flour.

AURILLAC, *Présidial, Bailliage, Election*, à l'Occident de Saint-Flour. C'est la Ville la plus marchande de toute la haute Auvergne. Elle a une Collégiale, qui étoit autrefois un Monastère fondé par S. Geraud, Comte d'Aurillac, & qui a été sécularisé par Pie V, en 1562. Le chef de cette Collégiale porte encore le titre d'Abbé. Ce Monastère a produit de grands hommes, entr'autres Gerbert, le plus grand génie de son temps, Précepteur de Robert, fils de Hugues Capet, puis Archevêque de Reims, & enfin Pape, sous le nom de Sylvestre II, en 999.

CAUDES-AIGUES, au Midi de Saint-Flour, ainsi nommée à cause de ses eaux chaudes.

II. *De la basse Auvergne.*

La basse Auvergne est beaucoup plus étendue que la haute. Elle se divise en trois parties principales, qui sont, la *basse Auvergne Orientale*, la *Limagne*, & la *basse Auvergne Occidentale.*

I. La *basse Auvergne Orientale*, est située entre la Rivière de *Dore* & le Pays de Forez, qui l'a borne au levant.

TIERS ou THIERN, en est la principale Ville. C'est une des plus considérables de l'Auvergne, tant par son commerce, que par le nombre de ses Habitans. Elle est chef-lieu d'une ancienne Vicomté. S. Etienne, fondateur de l'Ordre de Grandmont, étoit de la race de ses Vicomtes. Outre l'Abbaye de S. Simphorien, qui est de Bénédictins non réformés de l'Ordre de Cluni, il y a une Collégiale, un Séminaire, un Consulat de Marchands.

II. La *Limagne* s'étend des deux côtés de l'Allier, entre la Rivière de Dore, qui la borne au levant, & les montagnes qui sont au couchant de la Ville de Clermont. Elle est extrêmement fertile en grains, abondante en toutes les choses nécessaires à la vie, & fort peuplée ; elle ne manque que de bois. Ses Villes principales sont à la droite de l'Allier, du Nord au Sud :

BILLON, petite Ville dont l'Evêque de Clermont est Seigneur ; il y a une Collégiale & un Collège.

Vic-le-Comte, au Sud-Oueſt de Billon, ſur l'Allier, Capitale du Domaine des derniers Comtes d'Auvergne, qui y avoient un Palais & une Sainte Chapelle.

La Chaise-Dieu, au Sud-Eſt de Vic-le-Comte, petite Ville qui doit ſon origine & ſon nom à une célèbre & riche Abbaye de Bénédictins, de la Congrégation de S. Maur. Cette Abbaye a été chef d'Ordre, en ayant eu pluſieurs autres ſous ſa dépendance.

A la gauche de l'Allier, du Nord au Sud, ſont :

Riom, autrefois Ricomagus, *Généralité, Préſidial, Sénéchauſſée, Election, Hôtel des Monnoies.* Elle a été la capitale du Domaine des Ducs d'Auvergne, qui y avoient leur Palais, & une Sainte Chapelle. Il y a à Riom, trois Collégiales, un Collège gouverné par les PP. de l'Oratoire, & pluſieurs Communautés. Riom a donné la naiſſance à un grand nombre d'Hommes illuſtres, au célèbre Génébrard, l'un des reſtaurateurs de la Langue Hébraïque ; à Antoine du Bourg, Chancelier de France ; au P. Sirmond, ſavant Jéſuite ; à Jean Soanen, Prêtre de l'Oratoire, célèbre Prédicateur, & enſuite Evêque de Senez.

Maringue, à l'Orient de Riom. Il ſe fait un grand commerce de bled, dans cette petite Ville, dont M. le Duc de Bouillon eſt Seigneur.

Clermont, autrefois Augustonemetum, & depuis, Urbs Arvernorum, *Capitale, Evêché, Cour des Aides, Conſeil-Supérieur, Préſidial, Bailliage, Sénéchauſſée, Election.* Tout ſon territoire eſt un beau vignoble & a de bonnes prairies. Cette Ville, grande & peuplée, eſt le ſéjour de l'Intendant. Son Egliſe cathédrale reſſemble aſſez à celle de Paris ; mais les tours ſont à une des portes latérales. Il y a dans cette Ville pluſieurs Collégiales, un Séminaire de Sulpiciens, un Collège, une Société littéraire depuis 1747, & pluſieurs Couvens.

L'Abbaye de S. Alyre, de l'Ordre de Saint Benoît, a été mise en commende en 1764. Clermont a donné naissance au célèbre Blaise Pascal, & à Jean Domat, Auteur d'un excellent Livre intitulé : *Les Loix Civiles dans leur ordre naturel*.

MONTFERRAND, *Bailliage*, petite Ville, qui n'est qu'à un quart de lieue au Nord-Est de Clermont. On avoit projetté de joindre ces deux Villes. Quoique le projet n'ait pas eu d'exécution, elles ne forment néanmoins qu'un même corps de Communauté, sous le nom de CLERMONT-FERRAND. Il y a une Collégiale, une Maison des Religieux de S. Antoine en Viennois, une Commanderie de Malte, & un Couvent de Cordeliers établis du vivant de S. François.

ISSOIRE, au Sud-Est de Clermont, presque au confluent de la Couze & de l'Allier. Il y a une Abbaye de la Congrégation de S. Maur, sous l'invocation de S. Austremoine, Apôtre de l'Auvergne. L'Abbé est Seigneur de la Ville. Les Cardinaux Bohier & du Prat, l'un Archevêque de Bourges, l'autre Chancelier de France, étoient nés à Issoire.

VODABLE *, petite Ville dans les environs & au Sud-Ouest d'Issoire, est le chef-lieu du *Dauphiné d'Auvergne*, qui appartient à M. le Duc d'Orléans.

BRIOUDE, sur l'Allier, au Sud-Est d'Issoire. Il y a une célèbre Collégiale, dont les Chanoines font les mêmes preuves de noblesse que ceux de Saint Jean de Lyon, & se disent *Comtes de Brioude*. La Ville de Brioude est assez considérable. Il y a sept Paroisses & six Communautés religieuses, trois d'hommes & trois de filles. Le Chapitre avoit autrefois la jurisdiction spirituelle dans la ville.

Au Nord-Est de Riom, est situé le Duché de Montpensier, qui appartient aujourd'hui au Duc d'Orléans. Le *Dauphiné d'Auvergne*, & la *Baronnie de Combrailles* en dépendent.

AIGUE-PERSE, chef-lieu du Duché de Montpensier, à un quart de lieue des ruines du Château de ce nom. Il y a deux Collégiales, & une Abbaye d'Urbanistes. Aigue-Perse est la patrie du Chancelier de l'Hôpital.

III. La *basse Auvergne Occidentale* est bornée d'un côté par les montagnes qui font au Couchant de Clermont, & d'un autre côté par la Marche & le Limosin. Il n'y a de remarquable dans ce canton de l'Auvergne, que le *Pays de Combrailles*, qui est situé sur les confins de la Marche. C'est une ancienne Baronnie, qui a appartenu aux Comtes d'Auvergne, & ensuite aux Ducs de Montpensier, de la Maison de Bourbon, d'où elle a passé au Duc d'Orléans. On ne recueille que du seigle dans ce Pays; mais on y nourrit beaucoup de bestiaux. Il est partagé en *Combrailles* proprement dit, & *Pays de Franc-Aleu* : tous deux du Diocèse de Limoges.

EVAUX, *Election*, est la principale Ville du Combrailles. Il y a une Maison de Chanoines Réguliers.

SERMUR, au midi d'Evaux, est le principal lieu du *Pays de Franc-Aleu*, qu'on nomme ainsi, à cause des privilèges dont il jouit.

ARTICLE IV.

Du Gouvernement de Lyonnois.

LE Lyonnois a au Nord, la Bourgogne; à l'Orient, la Bresse & le Dauphiné; au Midi, le Vélai; & à l'Occident, l'Auvergne & le Bourbonnois.

Ce Gouvernement comprend le *Lyonnois* propre, le *Forez* & le *Beaujolois*.

Le Lyonnois, avec Lyon sa Ville capitale, après avoir été soumis aux Romains, passa aux Bourguignons, & ensuite aux Rois de France, qui le cédèrent, en 955, à Conrad I, Roi de Bourgogne : mais après la mort de Rodolphe III, dit le *Fainéant*, le Royaume de Bourgogne ayant été divisé, les Archevêques de Lyon & les Comtes de Forez se disputèrent long-temps la possession de ce Pays, & de la Ville de Lyon en particulier. Les derniers en jouirent jusqu'à Gui II, qui les céda à Guichard, Archevêque de Lyon, & au Chapitre. Ils en furent les maîtres, jusqu'à ce que Philippe le Bel acquit en 1312, de l'Archevêque Pierre de Savoie, le temporel de la Ville de Lyon, sur laquelle il avoit déja les droits de Souverain. C'est ainsi que le Lyonnois & Lyon sa capitale ont été réunis à la Couronne, après en avoir été séparés.

I. *Le Lyonnois propre.*

Le Lyonnois est fertile en bleds, & sur-tout en vins. Le Rhône le sépare du Dauphiné.

LYON, *Capitale, Archevêché, Conseil Supérieur, Présidial, Sénéchaussée, Election, Hôtel des Monnoies.* C'est une Ville très-ancienne, belle, grande, très-marchande & bien peuplée. Elle est la seconde du Royaume, & ne le cède qu'à Paris. On y compte cinq Eglises Collégiales, treize Paroisses, quatre Abbayes, cinquante Couvens, deux Hôpitaux, trois Séminaires, un beau Collège, six portes & quatre Fauxbourgs. Elle a deux Académies, l'une des Sciences, Belles-Lettres & Arts, formée de deux Sociétés qui ont été réunies par Lettres-Patentes en 1758; l'autre des beaux Arts, établie en 1713, qui est destinée à donner des concerts. Lyon est célèbre pour ses Manufactures d'étoffes de soie. Son Archevêque est Primat des Gaules, & en cette qualité les Métropolitains de Sens, Paris & Tours lui sont soumis. Les Chanoines de l'Eglise métropolitaine de Lyon, portent le titre de Comtes, & doivent être nobles de quatre races : ils officient la mitre en tête. Il n'y a ni musique ni orgues dans leur Eglise ; on ne s'y sert point de livre, tout y est chanté de mémoire.

L'Horloge qui se trouve dans un des bras de la croisée, attire l'attention des curieux. C'est une espèce d'obélisque figuré qui s'élève de terre sur un large piédestal, jusque vers la fenêtre du mur. Tout au haut est un coq, qui toutes les fois que l'heure est près de sonner, bat des aîles & fait deux cris. Au-dessous est une représentation mouvante de l'Annonciation. Il y a plusieurs cadrans à cette Horloge : celui des heures, celui des jours, des mois & de la semaine : celui des planètes, qui y ont un cours réglé. On remarque dans ce dernier une singularité : il est ovale, & l'aiguille s'allonge & se raccourcit, suivant qu'elle parcourt le grand ou le petit diamètre de l'ovale.

L'Hôtel-Dieu a été fondé vers le milieu du sixième siècle. La grande infirmerie a 550 pieds de long, & est disposée en forme de croix grecque. Au milieu de cette vaste croisée s'élève un dôme de 36 pieds de diamètre, sous lequel est un autel isolé à quatre faces, qui peut être vu des rangs de lits les plus éloignés. L'Eglise répond à la magnificence de cet édifice. L'Hôpital de la Charité est vaste, & composé de neuf cours, autour desquelles sont de grands corps de logis, destinés aux pauvres qui y sont séparés suivant leur âge & leur sexe.

L'Hôtel-de-Ville de Lyon est un des plus magnifiques de l'Europe : il le dispute à celui d'Amsterdam, que tout le monde admire. C'est un bâtiment tout neuf, isolé entre quatre rues, & qui forme un quarré très-long. On y arrive par une belle place, nommée *la Place de Terreaux*. La façade du bâtiment est un portail & un frontispice superbe, orné d'une galerie en saillie. Le mur qui est au-dessus de la galerie, est orné d'un très-beau médaillon repréfentant Louis XIV à cheval. Sous le veftibule, qui eft un Portique à la Romaine, on voit deux grandes tables de cuivre, ancien monument Romain, trouvé dans l'avant-dernier Siècle, & fur lequel eft gravée toute entière la Harangue que fit l'Empereur Claude en faveur des Lyonnois, dans le Sénat de Rome, avant d'être parvenu à l'Empire. De ce veftibule on a le coup d'œil de deux longues cours, qui fe fuivent & qui font féparées par de belles arcades, & d'un jardin que l'on trouve après les deux cours. De la première grande cour on apperçoit, en fe tournant, un fecond portail auffi magnifique que celui de la rue: on y lit tout au haut, gravés en lettres d'or fur un marbre noir, de très-beaux vers de Jules Scaliger à l'honneur de la Ville de Lyon. Le Prévôt des Marchands, les Echevins, le Procureur & le Greffier de la Ville acquièrent la nobleffe, & la tranfmettent à leur poftérité.

La Place de Bellecourt, ou plutôt de Louis le Grand, eft une des plus belles Places du Royaume; on y a élevé une ftatue équeftre de ce Monarque, faite par Desjardins.

Les dehors de la Ville de Lyon, le long du Rhône & de la Saône qui viennent s'y unir, font pleins de maifons de campagne charmantes. Il s'eft tenu dans cette Ville deux Conciles généraux : le premier en 1245, fous Innocent IV, & le fecond en 1274, fous Grégoire X. S. Pothin, prédéceffeur de S. Irénée, l'une des plus grandes lumières de l'Eglife de France, en a été le premier Evêque au milieu du IIe fiècle. Lyon eft la patrie de Florus, ancien Ecrivain Eccléfiaftique ; de Dupeyrat, Aumônier du Roi ; du P. Méneftrier Jéfuite, favant dans l'Hiftoire & le Blazon ; du P. Sébaftien Truchet, Carme, très-habile Méchanicien & de l'Académie des Sciences; de Charles Spon, favant Médecin ; de Jacques

Spon son fils, habile Antiquaire ; & de MM. Falconet, Médecins célèbres.

La Bresle, à l'Occident de Lyon, petite Ville située dans un fond au milieu des Montagnes.

Condrieux, sur le Rhône, au Midi de Lyon, renommé pour ses bons vins.

Saint-Chaumont, sur le Giez : c'est une petite Ville fort peuplée.

II. *Du Forez.*

Le Forez se trouve à l'Occident du Lyonnois : il est traversé par la Loire, & est fertile en bled.

Montbrison, *Capitale, Bailliage, Election.* On y voit une belle Eglise collégiale, dédiée à la Sainte Vierge. C'est la patrie du célèbre Jean-Joseph Duguet, dont les écrits sont si connus.

Saint-Etienne, *Election*, sur un ruisseau nommé *Furens*, dont les eaux sont très-propres à tremper le fer & l'acier. Ses environs fournissent beaucoup de charbon de terre. Les Manufactures de fer & d'acier, & de toutes sortes d'armes, qui y sont établies, en ont fait la Ville la plus considérable de tout le Pays.

Saint-Galmier, au Nord de S. Etienne. Il y a près de cette petite Ville une fontaine, dont l'eau a, dit-on, un goût approchant de celui du vin ; quand on la mêle avec du vin, elle l'affoiblit très-peu. Les Habitans s'en servent comme de levain, pour paîtrir, & de médecine pour se purger.

Feurs, sur la Loire. Cette Ville a donné son nom au Forez. C'est la patrie du célèbre Anatomiste Duverney.

Roane, *Election*, sur la Loire. Les Jésuites y avoient un beau Collège. C'est-là que la Loire commence à porter bateau. Roane est la Capitale d'un petit Pays nommé *Roanez*, qui étoit un Duché appartenant à la Maison d'Aubusson & de la Feuillade.

III. *Du Beaujolois.*

Ce Pays, situé au Nord du Lyonnois, est montagneux; mais les plaines en sont fertiles.

Le dernier Seigneur de Beaujeu donna, en 1400, toutes ses terres de Dombes & de Beaujolois à Louis Duc de Bourbon. Après la mort de Charles de Bourbon, Connétable de France, mari de Susanne de Bourbon, qui mourut sans enfans, Louise de Bourbon hérita de la Seigneurie de Beaujolois, & la laissa à son fils, appellé depuis Duc de Montpensier. Elle passa ensuite à Mademoiselle de Bourbon-Montpensier, qui l'a donnée par testament, avec ses autres biens, à Philippe I, Duc d'Orléans.

VILLE-FRANCHE, *Capitale, Bailliage, Election*. Cette petite Ville a une belle Eglise collégiale, & une Académie royale des Sciences, Belles-Lettres & Arts, établie en 1679, & confirmée par Lettres-Patentes en 1695. C'est la patrie de Claude Bourdelin, célèbre Chymiste.

BEAUJEU, Ville qui a donné son nom à ce petit Pays. On voit au-dessus du portail de la principale Eglise, un bas relief très-ancien, qui représente un de ces sacrifices que les Romains appelloient *Suovetaurilia*, parcequ'on y sacrifioit un porc, une brebis, & un taureau.

BELLEVILLE, au Sud-Est de Beaujeu.

CHARLIEU, à l'Occident de Beaujeu.

ARTICLE V.

Du Gouvernement de Dauphiné.

CETTE Province est un corps composé de plusieurs petits Etats réunis successivement, des débris du troisième Royaume de Bourgogne. Le premier

Prince particulier qui s'y établit en qualité de Comte, l'an 889, se nommoit *Gui* ou *Guigues*. Ses successeurs portèrent tous le même nom, & se qualifièrent premièrement Comtes d'Albon & de Grenoble, & ensuite Comtes de Viennois. Gui IV, l'un d'eux, qui vivoit au milieu du XIIe siècle ayant porté le nom de *Dauphin*, ses descendans en firent le nom de leur famille. Il devint un titre de dignité, & enfin il a donné le nom à cette Province. Humbert, dernier Dauphin de Viennois, le céda à Philippe de Valois, pour 120000 florins d'or. Charles V, petit-fils de ce Roi, fut le premier des fils de France, qui en 1350 porta le nom de Dauphin, avec les armes de France écartelées de celles du Dauphiné. C'étoient les conditions de la vente de cette Province. Depuis ce temps-là, le Fils aîné du Roi de France porte le titre & les Armes de Dauphin.

Le Dauphiné s'étend d'Orient en Occident 36 lieues, depuis Sézanne sur les confins du Piémont & du Dauphiné, jusqu'à Valence; & 40 lieues du Septentrion au Midi, depuis Saint-Sorlin dans la Bresse, jusqu'à Mévillons dans les Baronies.

Il a la Savoie & la Bresse au Septentrion; le Piémont à l'Orient; la Provence au Midi; le Lyonnois & le Vivarais à l'Occident.

Depuis 1628, les Etats du Dauphiné ne s'assemblent plus. On a même établi des Elections dans ce Pays.

On y trouve plusieurs curiosités naturelles. Les principales sont celles qu'on appelle vulgairement les sept *Merveilles* du Dauphiné; mais l'examen qu'on en a fait leur a enlevé ce nom. Nous en parlerons en décrivant les lieux de cette Province où elles se rencontrent.

Ses Rivières les plus remarquables sont la *Durance*, l'*Isère* & le *Drac*.

La *Durance* prend sa source à l'extrémité du Briançonnois, au Mont-Genèvre, passe près d'Embrun, delà à Sisteron; & après avoir reçu plusieurs petites rivières, elle se jette dans le Rhône, au-dessous d'Avignon.

L'*Isére* a sa source vers les confins du Piémont & de la Savoie, où elle arrose Monstiers & Montmélian, entre ensuite dans le Royaume par le Dauphiné, passe à Grenoble, à Romans, & se décharge dans le Rhône au-dessus de Valence.

Le *Drac* prend sa source au Nord-Ouest d'Embrun, traverse une grande partie du Dauphiné, & se jette dans l'Isère au-dessus de Grenoble.

On divise le Dauphiné en haut & bas: le haut à l'Orient; le bas à l'Occident.

Le haut Dauphiné est un Pays montagneux, ce qui fait que l'hyver y dure long-temps; il ne laisse pas d'être fertile. Les vallées produisent assez de grains, & les montagnes d'excellens pâturages & quantité de simples très-utiles. Les Montagnes qui sont vers Briançon, sont couvertes de *Mélèse*, arbre qui ne porte ni fleurs ni fruits, mais qui produit la Manne, le Benjoin & l'Agaric, espèce d'excrescence qui vient sur son écorce, & dont on se sert en médecine, & pour la teinture en écarlate.

Le bas Dauphiné, le long du Rhône, est plus fertile; il a sur-tout beaucoup d'olives, du bled & du vin.

§. I. *Du haut Dauphiné.*

Il comprend six petits Pays: deux au Nord, le *Graisivaudan* & le *Royanès* : deux au Midi, les *Baronies* & le *Gapençois* ; deux à l'Orient, l'*Embrunois* & le *Briançonnois*.

1. *Le Graisivaudan.*

GRENOBLE, sur l'Isère, *Capitale*, *Evêché*, *Par-*

lement, Chambre des Comptes, Cour des Aides, Généralité, Bailliage, Election, Hôtel des Monnoies. Son Evêque prend la qualité de Prince de Grenoble. Cette Ville est ancienne : on l'appelle en latin *Gratianopolis*, parcequ'elle a été, dit-on, rétablie par l'Empereur Gratien. Les Oratoriens ont le Séminaire. Il y a à Grenoble un Collège, une Collégiale nommée Saint André, & nombre de Maisons religieuses, avec un Hôpital général bien bâti, qui ne fait qu'un même corps avec les autres Hôpitaux & a les mêmes Administrateurs ; un Arsenal qui est une espèce de petite Citadelle, un beau Cours, un Mail, & des fortifications faites par le Chevalier de Ville. C'est la patrie de Chorier, d'Allard, & du Président Bourchenu de Valbonnais, Historiens ; ainsi que du Jurisconsulte Expilli.

On remarque près de Grenoble les restes d'une tour, appellée la *Tour sans venin*, parcequ'on n'y a, dit-on, jamais vu d'insectes venimeux, & que ceux qu'on y a portés quelquefois, s'en sont retirés aussi-tôt. Cette Tour qui est la première Merveille du Dauphiné, a été chantée en vers latins, ainsi que les suivantes, par le Président Denis Salvaing de Boissieu.

A trois lieues de Grenoble, on rencontre ce qu'on appelle *la Fontaine ardente*, qui est la seconde Merveille du Dauphiné. Suivant un habile observateur qui a été sur les lieux, cette *Fontaine ardente* n'est qu'un terrein de 8 pieds de long sur 4 de large, qui vomit des flammes rouges & bleues de la hauteur d'un demi-pied. Ces flammes brûlent le papier, la paille, le bois; il n'y a que la poudre à tirer qui n'y prend point feu.

Au Midi de Grenoble, à huit lieues, on trouve une Montagne, qu'on appelle, *la Montagne inaccessible* : c'est la troisième Merveille du Dauphiné. On la disoit différente des autres, large par en haut,

& finissant en pointe par le bas. Quelques Auteurs même rapportent comme une chose merveilleuse, qu'on l'a montée du temps de Charles VIII, & qu'on a trouvé sur son sommet une plaine d'un quart de lieue sur quatre cens pas de large, & un troupeau de chamois qui paissoit dans une agréable prairie. Mais ce n'est qu'un rocher escarpé planté sur une montagne ordinaire, & même il n'a point la figure d'une pyramide renversée. (*Mémoires de l'Académie des Sciences*, 1703, *pag.* 26).

SASSENAGE. * Ce Village situé près le confluent de l'Isère & du Drac, est célèbre par ses excellens fromages, & par les curiosités qui s'y remarquent. On y admire deux caves creusées dans un rocher, que les Habitans appellent *Tines* ou *Cuves*, qui sont vuides, dit-on, toute l'année, excepté le six Janvier qu'on y voit de l'eau. Ces cavernes sont la quatrième Merveille du Dauphiné. La cinquième se voit dans les montagnes de Sassenage; ce sont de petites pierres qui servent à faire sortir toutes les ordures qui peuvent être entrées dans les yeux. Elles sont blanches ou d'un gris obscur, & de la grosseur d'une lentille.

Au Septentrion de Grenoble, & à trois lieues, est *la grande Chartreuse*. C'est le chef-d'Ordre des Chartreux, & la résidence du Prieur ou Général de tout l'Ordre. Ce lieu fut donné, l'an 1084, à Saint Bruno par S. Hugues, Evêque de Grenoble. On y reçoit tous les étrangers qui s'y présentent; ils peuvent y demeurer pendant trois jours. Cette Solitude, quoiqu'affreuse par les montagnes qui l'environnent, & les précipices qu'on y voit de tous côtés, ne manque néanmoins de rien : il y a toujours des mulets qui vont & viennent pour y porter toutes sortes de provisions.

BARRAUX. *Fort*, au Nord-Est de la grande Chartreuse.

LAMURE,

GOUVERNEMENT DE DAUPHINÉ.

LAMURE, au Midi de Grenoble.

Sur les confins du Graifivaudan, près de l'Embrunois & du Gapençois, est le Pays de *Champfaur*, qui portoit autrefois le titre de Duché. C'est un Pays de montagnes.

SAINT-BONNET, sur le Drac, est la Ville principale du Champfaur. Louis XIII l'ayant démembrée à perpétuité de son Domaine du Dauphiné, la donna au Connétable de Lesdiguières, qui l'unit à son Duché.

LESDIGUIÈRES, au Nord-Ouest de Saint-Bonnet, Bourg avec titre de Duché-Pairie érigé en 1611, en faveur de François de Bonne qui en étoit Seigneur. La Maison d'Hostun ou de Tallard possède cette Terre depuis 1719.

2. *Le Royanès.*

PONT DE ROYAN, *Capitale*, Marquifat.

3. *Les Baronies.*

Ce Pays est ainsi appellé, des deux Baronnies de Mévillons & de Montauban.

LE BUIS, *Capitale* de la Baronnie de Mévillons, *Bailliage*. C'est une Ville assez bien bâtie, sur l'Aurez. Elle est du diocèse de Vaison.

MÉVILLONS, Ville du diocèse de Gap.

MONTAUBAN.

NIHONS, sur la Rivière d'Aigues : elle a un beau Pont d'une seule arche. Cette Ville est du diocèse de Vaison.

4. *Le Gapençois.*

GAP, *Capitale*, *Bailliage*, *Evêché*, *Election*. C'est une Ville ancienne, sur la petite rivière de Bene : elle a un bon Château.

SERRES, assez jolie Ville sur le Buch.

TALLARD, au Midi de Gap, sur la Durance,

Tome I.   K

Duché-Pairie érigé en 1715, en faveur de Marie-Joseph d'Hoftun; & éteint en 1755.

5. L'Embrunois.

EMBRUN, *Capitale, Archevêché, Bailliage*, fur la Durance. L'Archevêque partage la jurifdiction avec le Roi. La Cathédrale & le Palais archiépifcopal font remarquables. Il y a un Collège & plufieurs Communautés.

GUILLESTRE, à l'Orient d'Embrun.

MONT-DAUPHIN, *Place forte*, au Nord-Eft d'Embrun.

6. Le Briançonnois.

BRIANÇON, *Capitale, Bailliage*. Elle eft fituée fur une montagne, au pied de laquelle coulent deux gros ruiffeaux, l'un nommé la *Dure*, & l'autre l'*Anfe*, qui forment la *Durance*. C'eft la patrie d'Oronce Finé, Mathématicien célèbre, mort à Paris en 1555.

Auprès de cette Ville on recueille de la manne fur une efpèce de Pin; c'eft la fixième Merveille du Dauphiné. Cette manne tombe la nuit, & fe fond aux premiers rayons du foleil : elle n'eft jamais plus abondante, que lorfque les chaleurs font exceffives.

A quelque diftance de Briançon, on voit une roche percée nommée *Pertuis-Roftang*. Au-deffus de l'entrée on lit cette infcription : **D. Cæfari Augufto dedicata**, *falutate eam*.

§. II. *Du bas Dauphiné*.

Il comprend quatre petits Pays : le *Viennois*, le *Valentinois*, le *Tricaftin*, le long du Rhône; le *Diois*, à l'Orient du Valentinois.

1. Le Viennois.

VIENNE, sur le Rhône, *Capitale, Archevêché, Bailliage, Election*. Cette Ville est très-ancienne : son Eglise & celle de Lyon sont les premières Eglises chrétiennes des Gaules. Sa Cathédrale, quoique gothique, est fort belle. Son Archevêque prend le titre de Primat des Primats. Il s'est tenu à Vienne, en 1311, un Concile, qui est le quinzième général : l'Ordre des Templiers y fut aboli. Vienne est renommée pour ses lames d'épée. Les Prêtres de l'Oratoire ont le Séminaire. Il y a une Eglise collégiale, un Collège, & plusieurs Communautés. C'est la patrie de M. Leriget de la Faye, célèbre Méchanicien.

ROMANS, sur l'Isère, *Election*. Cette Ville est dans un beau Pays & dans une agréable situation. Elle doit son origine à un célèbre Monastère, fondé au commencement du IXe siècle. Les Moines ont été sécularisés dans la suite, & la Mense abbatiale réunie à l'Archevêché de Vienne.

SAINT-MARCELLIN, *Bailliage, Election*.

SAINT-ANTOINE*, Bourg à deux lieues de Saint Marcellin, connu par la célèbre Abbaye du même nom, chef-d'ordre des Chanoines Réguliers hospitaliers dits *de Saint-Antoine*. Boniface VIII sépara à perpétuité de la dépendance de *Montemajor*, le Monastère de Saint-Antoine, l'érigea en Abbaye chef-d'Ordre, & il en créa premier Abbé le Prieur Aimar de Montaigu, par sa Bulle donnée en 1297. Neuf ans après le Dauphin Humbert accorda à cet Abbé le droit de présider aux Etats du Dauphiné, après l'Evêque de Grenoble. Il a seul dans son Ordre le titre d'Abbé ; les Supérieurs des autres Maisons n'ont que celui de Ministre ou de Commandeur. L'Eglise de Saint-Antoine est la plus belle du Dauphiné.

LA TOUR DU PIN, à l'Orient de Vienne. C'est des Seigneurs de ce lieu que sont venus les Princes Dauphins de la troisième & dernière race.

CREMIEU, au Nord-Ouest de la Tour du Pin. C'est une petite Ville, près de laquelle se trouve la Grotte de *Notre-Dame de la Balme*, qui est la septième Merveille du Dauphiné. L'ouverture de cette Grotte est haute de plus de 50 toises, & large d'environ 60 ; mais elle se retrécit peu à peu.

LE PONT BEAUVOISIN, sur les confins de la Savoie, à qui en appartient la partie Orientale.

2. *Le Valentinois.*

C'est un Duché-Pairie donné par Louis XIII, au Prince de Monaco, en 1642. Il appartient aujourd'hui à la Maison de Matignon, qui a hérité des biens de cette Maison.

VALENCE, sur le Rhône, *Capitale, Evêché, Présidial, Bailliage, Election, Université.* Cette Ville est assez grande & bien bâtie : son château est assez fort : elle a une Abbaye de Chanoines Réguliers de S. Augustin, dits de S. Ruf, chef-d'ordre autrefois célèbre, qui a donné plusieurs Papes à l'Eglise. L'Université de Valence a été fondée en 1454, par Louis XI, n'étant encore que Dauphin.

MONTELIMART, *Sénéchaussée, Election*, près du Rhône, au Midi de Valence. C'est une jolie Ville, qui a une ancienne Citadelle, des Récollets, & d'autres Couvens. La Ville d'Orange & son territoire, qui sont enclavés dans la Provence, dépendent de l'Election de Montelimart.

3. *Le Tricastin.*

SAINT-PAUL-TROIS-CHATEAUX, *Evêché, Bailliage.*

PIERRE-LATTE, au Nord-Ouest de Saint-Paul. Ce Bourg appartient au Prince de Conti.

4. *Le Diois.*

DIE, *Evêché, Bailliage,* sur la Drome. Le Pape Innocent XII, à la prière de Louis XIV, sépara cet Evêché, en 1692, de celui de Valence, auquel il avoit été uni très-long-temps.

ARTICLE VI.

Du Gouvernement de Guyenne.

CE Gouvernement est le plus grand du Royaume. Il est borné au Nord, par la Saintonge, l'Angoumois, le Limosin & l'Auvergne; à l'Orient, par le Languedoc; au Midi, par la basse Navarre, le Béarn & les Pyrénées; à l'Occident, par l'Océan. Il comprend la *Guyenne* & la *Gascogne*.

La *Guyenne* a eu anciennement des Souverains, qui portèrent le nom de Rois d'Aquitaine, puis celui de Ducs. Eléonore, fille & héritière de Guillaume IX, Duc d'Aquitaine, fut mariée à Louis VII, Roi de France. Ayant été répudiée par ce Prince, Henri II, Roi d'Angleterre, l'épousa, & devint ainsi maître de cette belle Province, qui après avoir été long-temps disputée entre les Anglois & les François, a été enfin réunie au Royaume sous Charles VII, en 1451.

Le Duc de Guyenne étoit le troisième Duc & Pair séculier: au Sacre des Rois, celui qui le représente porte la première Bannière quarrée.

Les Rivières principales de cette Province sont, avec la Garonne & la Dordogne dont nous avons déja parlé, l'Adour & le Lot.

L'*Adour* prend sa source dans les Montagnes du Bigorre, passe à Bagnères, à Tarbes, à Aire, à Dax, & va se jetter dans l'Océan à Bayonne.

Le *Lot* prend sa source dans le Gévaudan, passe à Cahors, & va se jetter dans la Garonne, au-dessous de Clerac.

Cette Province est riche, & rapporte abondamment du bled, des fruits & d'excellens vins.

§. I. *De la Guyenne.*

La Guyenne est presque toute au Septentrion de la Garonne; elle comprend six Pays: la *Guyenne* propre ou le *Bourdelois*, le *Bazadois*, le *Périgord*, l'*Agénois*, le *Querci* & le *Rouergue*.

I. *La Guyenne propre.*

Ce Pays est plus fertile en vins qu'en bleds; ses vins sont durs; mais ils deviennent excellens, lorsqu'ils ont été transportés par mer. On estime surtout les vins de Grave. Les Anglois & les Hollandois en chargent plusieurs vaisseaux tous les ans.

BOURDEAUX, sur la Garonne, *Capitale, Archevêché, Parlement, Cour des Aides, Généralité, Présidial, Sénéchaussée, Election, Hôtel des Monnoies, Université*. C'est une belle Ville, grande, riche & marchande. Elle est commandée par trois Forts, qui sont le *Château de Ha*, le *Château Trompette*, construits en 1461, par les ordres de Charles VII; & le *Fort S. Louis*, bâti par Louis XIV, en 1676. L'Eglise métropolitaine, sous l'invocation de S. André, n'est pas une des moins belles de France. L'Archevêque de Bourdeaux se qualifie Primat d'Aquitaine. Il y a à Bourdeaux une Abbaye de Bénédictins, une belle Chartreuse, un Séminaire régi par les Prêtres de la Mission, ou *Lazaristes*, le Collège de Guyenne, un autre Collège & beaucoup d'autres Communautés. Il n'y en a aucune dont la Maison & l'Eglise soient aussi-bien bâties que celles des Dominicains. Bourdeaux a un très-beau Port, formé en demi-lune. Près la Porte du

Chapeau rouge, est une magnifique Place, ornée de superbes édifices, & d'une très-belle Statue érigée depuis quelques années en l'honneur de Louis XV. Bourdeaux a une Académie des Sciences, des Belles-Lettres & des Arts, établie en 1713. C'est la patrie de S. Paulin, Evêque de Nole ; & du fameux Ausone son maître, Poëte & Orateur distingué. Le célèbre Président de Montesquieu est né au château de *la Bréde*, près Bourdeaux.

LIBOURNE, à l'Orient de Bourdeaux, *Présidial*, au confluent de l'Isle & de la Dordogne.

Près de-là est *le Bec d'Ambez*, au confluent de la Dordogne & de la Garonne : c'est un passage quelquefois dangereux.

BOURG, petite Ville sur la Dordogne, avec un petit Port.

FRONSAC, sur la Dordogne, Duché-Pairie érigé en 1608, en faveur de François d'Orléans, Comte de Saint-Paul, & rétabli en 1634, en faveur du Cardinal de Richelieu.

BLAYE, au Nord de Bourdeaux. Cette Ville a une Citadelle qui commande la Rivière.

COUTRAS, au Nord de Libourne, fameuse par la victoire que Henri IV y remporta sur la Ligue en 1587. Elle est vers le confluent des rivières de Dordogne & de l'Isle.

Dans le Pays de *Médoc*, qui est du Bourdelois :

L'ESPARE, petite Ville qui a donné son nom à un Seigneur de la Maison de Foix.

II. *Le Bazadois.*

Il est assez fertile en bleds, en vins & en fruits.

BAZAS, *Capitale, Evêché, Présidial, Sénéchaussée.*

LANGON, sur la rive gauche de la Garonne. Cette Ville est fameuse pour ses bons vins.

LA RÉOLE, sur la rive droite du même Fleuve. C'est une petite Ville fort jolie.

CAUMONT *, sur la Garonne, petite Ville, d'où les Ducs de la Force tirent leur origine & leur nom.

CASTELGELOUX, *Sénéchaussée*, à l'Orient de Bazas.

III. *Le Périgord.*

C'est un Pays montagneux & couvert de bois ; il n'est fertile qu'en noix, en gibier, en trufes & en chataignes. Il a des mines de fer, qui y produisent un assez grand commerce. Il ressortit au Parlement de Bourdeaux.

On le divise en haut & bas Périgord : le haut à l'Occident, le bas à l'Orient.

1. *Le haut Périgord.*

PÉRIGUEUX, *Capitale*, *Evêché*, *Présidial*, *Bailliage*, *Sénéchaussée*, *Election*. Elle est sur l'*Isle*, rivière qui prend sa source dans le Limosin, & se jette dans la Dordogne à Libourne. On voit dans cette Ville les restes d'un Amphithéâtre des Romains. Elle est renommée pour ses pâtés de perdrix. C'est la patrie du savant Aimar Rançonnet, Président au Parlement de Paris, fameux par ses malheurs & ceux de sa famille. Il se fit mourir lui-même, outré de se voir enfermé à la Bastille par le crédit des Guises : sa femme fut tuée d'un coup de foudre, son fils fut exécuté à mort, & sa fille mourut sur un fumier.

MUCIDAN, au Sud-Ouest de Périgueux, près de la rivière de l'Isle.

BERGERAC, *Sénéchaussée*, au Sud-Est de Mucidan, sur la Dordogne : elle est défendue par un bon Château.

LA FORCE, à l'Ouest de Bergerac, Duché-Pairie

GOUVERNEMENT DE GUYENNE. 225

érigé en 1637, en faveur de Jacques Nompar de Caumont, Maréchal de France.

2. *Le bas Périgord.*

SARLAT, *Capitale, Evêché, Présidial, Bailliage, Sénéchaussée, Election*, entre la Vésere & la Dordogne. On y fait un grand commerce d'huile de noix. Cette Ville tire son origine d'une ancienne Abbaye de l'Ordre de S. Benoît, érigée en Evêché par Jean XXII en 1317. Les Moines Bénédictins qui composoient le Chapitre, ont été sécularisés par Pie IV.

BIRON, au Sud-Ouest de Sarlat, Duché-Pairie érigé en 1598, en faveur de Charles de Gontaut. Ce Seigneur ayant été décapité en 1602, le Duché fut éteint, & il n'a été rétabli qu'en 1723.

MONTIGNAC, au Nord-Ouest de Sarlat, sur la Vésere.

IV. *L'Agénois.*

C'est le Pays le plus fertile de la Guyenne : il fournit du bled & du vin à plusieurs Provinces.

AGEN, sur la Garonne, *Capitale, Evêché, Présidial, Sénéchaussée, Election.* Ville très-ancienne. Outre le Chapitre de la Cathédrale appellée Saint Etienne, elle en a encore un autre nommé de *S. Caprasi*, plusieurs Communautés & un Collège. Le Séminaire est aux Lazaristes. C'est la patrie de Joseph Sealiger, fameux par son érudition.

PORT-SAINTE-MARIE.

VILLENEUVE D'AGENOIS, sur le Lot.

CLERAC, sur le Lot. Cette Ville doit son commencement à un Monastère de Bénédictins, sécularisés sous le pontificat de Clément VIII, & le règne de Henri IV, qui fit unir sa Mense abbatiale au Chapitre de S. Jean de Latran à Rome. On y fait commerce de vin & d'eau-de-vie : il avoit autrefois du tabac fameux.

AIGUILLON, à l'endroit où le Lot se jette dans la Garonne, Duché-Pairie érigé pour la seconde fois en 1638, en faveur de Marie de Vignerod, nièce du Cardinal de Richelieu. Il a été rétabli en 1731, pour Armand-Louis du Plessis-Richelieu.

TONNEINS *, au Nord-Ouest d'Agen, petite Ville sur la Garonne. C'est le chef-lieu du Duché-Pairie de la Vauguyon, érigé par Lettres-Patentes en 1758, enregistrées au Parlement la même année, en faveur d'Antoine-Paul-Jacques de Quelen, Comte de la Vauguyon, Gouverneur des Enfans de France, qui est mort cette année 1772.

MARMANDE, sur la Garonne. Cette Ville fait un grand commerce de bleds & de vins.

SAINTE-FOI, sur la Dordogne.

DURAS, au Sud de Sainte-Foi, Duché héréditaire érigé en 1689, en faveur de Jacques-Henri de Durfort, & en Pairie en 1755.

V. *Le Querci.*

Il est très-fertile en bleds, en vins & en fruits, sur-tout en pruneaux, dont on fait un grand trafic. Les laines en sont estimées. Il est du ressort du Parlement de Toulouse.

On le divise en haut & bas : le haut est au Septentrion du Lot, & le bas au Midi.

1. *Le haut Querci.*

CAHORS, sur le Lot, *Capitale* de tout le Querci, & en particulier du haut, *Evêché*, *Présidial*, *Sénéchaussée*, *Election*. Il y avoit autrefois une *Université*, qui a été supprimée en 1751, & unie à celle de Toulouse. L'Eglise Cathédrale est dédiée à Saint Etienne. Il y a dans cette Ville plusieurs Communautés religieuses, & un Collège. Les Prêtres de la Mission y ont un beau Séminaire. On voit hors de Cahors un reste d'Amphithéatre des Romains. C'est la patrie du Pape Jean XXII, & de Clément Marot, célèbre Poëte François.

FIGEAC, *Sénéchaussée*, *Election*, au Nord-Est de Cahors, sur la rivière de Séle. Cette Ville doit son origine à une Abbaye de l'Ordre de Saint Benoît, fondée en 755, par le Roi Pepin, & sécularisée sous Paul III, au commencement du XVIe siècle.

GOURDON, *Sénéchaussée*, au Nord de Cahors.

2. Le bas Querci.

MONTAUBAN, sur le Tarn, à l'extrémité Méridionale, près du Languedoc, *Capitale* du bas Quercy, *Evêché*, *Cour des Aides*, *Présidial*, *Election*. Jean XXII y érigea en 1317 un Evêché, dont il créa premier Evêque l'Abbé du Monastère, nommé *Mons-Aureolus*, ou l'Abbaye de S. Théodat. La Ville de Montauban a tiré son origine de cette Abbaye. Son Eglise Cathédrale est rebâtie depuis peu. Cette Ville qui est belle, marchande, & renommée pour ses petites étoffes nommées *Cadisdaignan*, est sur une hauteur au bord du Tarn. Elle étoit fortifiée lorsque les Calvinistes en étoient les maîtres; mais on a rasé ses fortifications. Une partie du Diocèse est dans le Languedoc, & en conséquence l'Evêque a séance aux Etats. Montauban a une Académie de Belles-Letttres, érigée en 1752, un Séminaire des Prêtres de la Mission, un Collège, & plusieurs Communautés.

MOISSAC, sur le Tarn. Cette Ville a une riche Abbaye qui a été sécularisée, c'est-à-dire, que les Religieux qui étoient Bénédictins, sont devenus Chanoines séculiers. Il y a un Collège de Doctrinaires, & d'autres Communautés.

LAUSERTE, *Sénéchaussée*, au Nord de Moissac.

VI. Le Rouergue.

C'est un Pays de montagnes, mais les vallées sont fertiles, principalement en pâturages : on y nourrit beaucoup de bestiaux, sur-tout des mulets qu'on conduit en Espagne : c'est le principal commerce de ce Pays, qui dépend du Parlement de Toulouse.

On le divise en Comté de Rouergue, & en haute & basse Marche.

Ses principales Rivières sont le Lot, le Tarn & l'Aveirou. On a parlé ci-devant du Lot, *pag.* 222.

Le *Tarn* prend sa source à l'extrémité du Gévaudan, passe à Milhaud, à Albi, à Montauban, & se jette dans la Garonne au-dessous de Moissac dans le Querci.

L'*Aveirou* traverse tout le Rouergue, passe à Ville-Franche, & se jette ensuite dans le Tarn.

1. Le Rouergue.

RODEZ, sur l'Aveirou, *Capitale* du Comté & de tout le Rouergue, *Evêché* fort riche, *Présidial, Sénéchaussée, Election*. C'est une assez grande Ville. Il a un beau Collège, un Séminaire, & nombre de Couvens. C'est la patrie du P. Annat, Jésuite.

ENTRAIGUES, au Nord de Rodez.

2. La haute Marche.

MILHAUD, sur le Tarn, au Sud-Est de Rodez, *Capitale, Présidial, Bailliage, Sénéchaussée*. Cette Ville a plusieurs Maisons religieuses, entr'autres, des Carmes qui ont le Collège. On croit que c'est la patrie de Théodat de Gozon, Grand-Maître de l'Ordre de Malte.

VABRES, *Evêché*, sur la rivière de Dourdan. C'étoit autrefois une Abbaye de Bénédictins : Jean XXII l'érigea en Evêché en 1317. Les Moines qui formoient le Chapitre, furent sécularisés par Grégoire XIII, en 1577.

3. *La basse Marche.*

VILLE-FRANCHE, à l'Occident de Rodez, *Capitale*, *Présidial*, *Sénéchaussée*, *Election*, sur l'Aveirou. Il se fait en cette Ville un grand commerce de toiles. Il y a un Chapitre, un assez beau Collège de Doctrinaires, d'autres Communautés religieuses & plusieurs Chapelles de Pénitens.

NAJAC, sur l'Aveirou. Il y a près de cette Ville une mine de cuivre.

§. II. *De la Gascogne.*

La Gascogne comprend huit petits Pays: les *Landes*, à l'Occident, le *Condomois*, au Nord-Est; l'*Armagnac*, dans le milieu; la *Chalosse*, & le *Pays des Basques*, au Sud-Ouest; le *Bigorre*, au Midi; le *Cominge* & le *Couserans*, au Sud-Ouest.

I. *Les Landes.*

Elles sont vers la Mer, & ont le Pays des Basques au Midi: c'est une région peu fertile, & qui n'est guères peuplée.

DAX ou plutôt ACQS, sur l'Adour, *Capitale*, *Evêché*, *Présidial*, *Sénéchaussée*, *Election*. Cette Ville est assez grande : ses eaux chaudes étoient fort rénommées parmi les Romains. On tient tous les Samedis, dans un Fauxbourg de cette Ville, un marché considérable, sur-tout pour la cire & la résine (*a*).

TARTAS, *Sénéchaussée*, petite Ville assez bien bâtie & agréablement située.

(*a*) La résine est le suc ou la sève du Pin, auquel on fait une incision. Quand elle est dure, on la nomme *résine*: celle qui est fluide, s'appelle *Térébenthine*.

ALBRET, au Nord de Tartas, Duché qui appartient au Duc de Bouillon, & qui lui a été cédé, avec d'autres Terres, en 1651, pour la Principauté de Sedan. C'est par là qu'il est Duc & Pair de France.

II. *Le Condomois.*

Ce Pays produit abondamment tout ce qui est nécessaire à la vie.

CONDOM, sur la Baise, *Capitale*, riche *Evêché*, *Présidial*, *Sénéchaussée*, *Election*, avec un Collège de l'Oratoire. Son Evêché a été érigé par Jean XXII, en 1317. C'est la patrie de Scipion Dupleix, Historiographe de France; de Blaise de Montluc, Capitaine illustre & Historien, du P. Gaichies, de l'Oratoire, dont on a des Maximes sur la Chaire.

NERAC, *Présidial*, au Nord de Condom, sur la Baise qui la divise en deux parties, *le grand & le petit Nérac*. C'est le chef-lieu du Duché d'Albret.

GABARET, à l'Occident de Condom, *Capitale* du Pays de *Gabardan*.

III. *L'Armagnac.*

Il est très-fertile. On le divise en haut & bas; le haut est fort resserré, & ne renferme que le territoire des Villes d'Auch & de Lectoure. Le bas contient l'*Armagnac* particulier; l'*Estarac*, les pays de *Rivière* & de *Verdun*, le Comté de *Gaure*, &c.

Le Comté d'Armagnac a eu autrefois ses Comtes particuliers, qui se sont rendus célèbres, sur-tout dans le XIV*e* siècle. Réuni à la Couronne par Henri IV, il en a été démembré par Louis XIV, en faveur de Henri de Lorraine, Comte d'Harcourt, pour lui & ses enfans mâles.

AUCH, sur le Gers, *Capitale*, *Archevêché*, *Présidial*, *Election*. C'est un des plus riches Archevêchés du Royaume. La Cathédrale est très-belle; on en admire sur-tout les vitraux & les stales. Le Roi, comme Comte d'Armagnac, est le premier des cinq Chanoines honoraires; les autres sont les Barons de Montaut, de Pardaillan, de Montesquiou & d'Ysle. Cette Ville a un Séminaire & un Collège. Elle est partagée en haute & basse. On monte à la haute par un escalier de deux cens marches. C'est près d'Auch, au village de *Cassagnebère*, qu'est né le fameux Cardinal d'Ossat.

LECTOURE, *Evêché*, *Présidial*, *Sénéchaussée*, sur le Gers, au Nord-Est d'Auch. Cette Ville a un bon Château & plusieurs Couvens. Elle est le chef-lieu d'un petit pays nommé *Lomagne*.

LAVIT, au Nord-Est de Lectoure.

A l'Orient d'Auch, on trouve le petit pays de *Verdun*.

VERDUN, sur la Garonne, *Capitale*. C'est une Ville assez belle & assez peuplée.

L'ISLE-JOURDAIN, *Sénéchaussée*, au Sud-Ouest de Verdun. Cette Ville, la principale du Pays de *Rivière*, a reçu le nom qu'elle porte, parcequ'elle est située dans une isle formée par la petite rivière de *Save*, & qu'elle a appartenu à des Comtes nommés *Jourdain*.

GIMONT, petite Ville sur la rivière de Gimont, avec une Abbaye de l'Ordre de Cîteaux.

FLEURANCE, au Nord d'Auch, sur le Gers, chef-lieu du Comté de *Gaure*.

MIRANDE, *Election*, au Sud-Ouest d'Auch, *Capitale* de l'*Estarac*.

CASTELNAU-DE-MAGNOAC, sur le Gers, au Sud-Est de Mirande, petite Ville dans le Pays des Montagnes, ou des Quatre Vallées.

IV. *La Chalosse.*

Ce Pays se divise en trois parties: savoir, la *Chalosse propre*, le *Tursan* & le *Marsan*.

SAINT-SEVER, *Sénéchaussée*, sur l'Adour, est la Capitale de la Chalosse propre. C'est une des plus jolies Villes de la Gascogne. Elle doit son origine à une Abbaye de Bénédictins fondée en 982, par un Duc de Gascogne. C'est la patrie de Dom Martianay, qui a donné la dernière édition de S. Jérôme.

AIRE, *Evêché*, sur l'Adour, *Capitale* du *Tursan*.

GRENADE, sur la même Rivière.

MONT DE MARSAN, sur la Médouse, au Nord-Ouest de Grenade, *Capitale* du Vicomté de *Marsan*, qui appartenoit aux Princes de Béarn.

ROQUEFORT.

V. Le Pays des Basques.

Il n'est guères fertile en bleds ni en vins; mais il abonde en fruits : on y fait d'excellent cidre. Il comprend le *Labour* & le *Vicomté de Soule*.

1. Le Labour.

BAYONNE, sur l'Adour, *Capitale*, *Evêché*, *Place-forte*, *Port*, *Hôtel des Monnoies*. C'est une Ville riche & très-marchande, qui est défendue par une forte citadelle. Elle a nombre de Communautés religieuses; les Doctrinaires ont le Séminaire. Les Juifs y ont une Synagogue. Bayonne est renommée pour ses bons jambons. C'est la patrie de Jean de Verger de Hauranne, & de M. de Barcos son neveu, successivement Abbés de S. Cyran.

SAINT-JEAN DE LUZ, *Port*, au voisinage de l'Espagne, qui est séparée de la France par la rivière de Bidassoa. Ce fut dans une Isle de cette Rivière, que se tinrent les Conférences pour la Paix des Pyrénées, en 1659, & pour le mariage du Roi Louis XIV.

2. Le Vicomté de Soule.

Il est entre la basse Navarre & le Béarn.

MAULEON en est la *Capitale*. C'est la patrie de

Henri Sponde, Evêque de Pamiers, continuateur des Annales Eccléfiaftiques de Baronius.

VI. *Le Bigorre.*

Ce Pays eft peu fertile : mais il abonde en gibier, & fournit d'excellens chevaux, qu'on appelle *Chevaux d'Espagne*, parcequ'ils en viennent. Il s'y trouve du marbre très-fin, du jafpe & de l'ardoife.

TARBE, *Capitale*, *Evêché*, *Sénéchauffée*, fur l'Adour. Cette Ville eft affez peuplée, & a un château pour fa défenfe. Son Evêque eft Préfident des Etats de la Province. Les Doctrinaires y ont un Collège confidérable.

VIC DE BIGORRE, Bourg près de l'Adour, au Nord de Tarbe.

BAGNÈRES & BARÈGES, font deux Bourgs très-renommés par leurs eaux chaudes.

CAUTERÈS ou COTERETZ *, à l'Occident de Barèges, lieu fameux par fes eaux minérales.

ANTIN *, au Nord-Eft de Tarbe. C'eft un Marquifat, qui avoit été érigé en Duché-Pairie en 1711, en faveur de Louis-Antoine de Pardaillan, Marquis d'Antin. Ce Duché eft éteint depuis 1757.

VII. *Le Cominge.*

Il eft affez fertile : fon principal commerce confifte en grains, en beftiaux, & fur-tout en mulets. Il s'y trouve de beau marbre.

SAINT-BERTRAND, près de la Garonne, au Midi, *Capitale*, *Evêché*, fuffragant d'Auch. Cette petite Ville, bâtie en 1100, par S. Bertrand, Evêque de Cominge, eft fituée fur une Colline, au pied de laquelle étoit l'ancienne Ville de Cominge, détruite en 585, par Gontran, Roi de Bourgogne. Son Evêque a féance aux Etats de Languedoc, parceque ce Gouvernement renferme une partie de fon Diocèfe.

Saint-Gaudens, sur la Garonne, au Nord-Est de Saint-Bertrand. Cette Ville est la Capitale du *Nebouzan*, petite Contrée qui a ses Etats particuliers, & qui s'étend aussi dans l'Armagnac.

Lombez, *Evêché*, au Nord de Saint-Gaudens, sur la Sévre. C'étoit un Abbaye de Chanoines réguliers, qui a été érigée en Evêché par Jean XXII, en 1317. Il est suffragant de Toulouse.

L'Isle en Dodon, sur la même rivière.

Muret *, *Election*, à l'Orient de Lombez, sur la Garonne. Cette Ville est fameuse par la Bataille donnée en 1213, entre Simon, Comte de Montfort, chef des Croisés, & le Comte de Toulouse, qui y fut battu : ce Prince étoit fauteur des Albigeois.

VIII. *Le Couserans.*

Ce Pays est assez semblable à celui de Cominge.

Saint-Lizier, *Evêché*, suffragant d'Auch. L'Evêque de Couserans réside en cette Ville, depuis que Bernard, Comte de Cominge, a détruit la Ville de Couserans, vers l'an 1300.

Saint-Ginons, au Sud de Saint-Lizier.

Article VII.

Du Gouvernement de Béarn.

Ce Gouvernement comprend le *Béarn* & la *Basse Navarre*.

I. *Du Béarn.*

La Principauté de Béarn, qui étoit d'abord une Vicomté au IXe Siècle, appartenoit à Henri IV, avec la Navarre, quand il parvint à la Couronne. Louis XIII, son fils, l'a réunie en 1620 à la France, avec la partie de la Navarre qui avoit été possédée par les Princes de la Maison d'Albret. C'est un pays montagneux, & qui ne produit guères que du millet & de l'avoine; cependant, en quelques endroits, il est assez fertile en bleds & en excellens vins. Les vallées ont d'excellens pâturages, où l'on nourrit beaucoup de bestiaux.

Pau, *Capitale* avec *Parlement, Chambre des Comptes, & Cour des Aides, Sénéchauffée, Hôtel des Monnoies, Université.* Cette Ville n'est pas grande, mais bien bâtie, & située sur une hauteur, au pied de laquelle passe le *Gave Béarnois*, ou *de Pau*. Elle a un beau Collège. En 1716, un incendie consuma le Palais & les Archives de la Province. Pau a une Académie royale des Sciences & beaux Arts, érigée en 1720. Son Université a été instituée en 1722. Henri le Grand naquit dans son Château le 13 Décembre 1553. Cette Ville est aussi la patrie du P. Pardies Jésuite, célèbre Mathématicien.

Oleron, au Sud-Ouest de Pau, sur le *Gave d'Oléron, Evêché, Sénéchauffée.* Cette Ville est assez belle & peuplée.

Sainte-Marie *, petite Ville près d'Oléron, où est la Cathédrale, & la résidence de l'Evêque.

Navarrens, sur le *Gave d'Oléron*, Place fortifiée par Henri d'Albret, grand-père maternel de Henri IV, Roi de Navarre, qui y avoit établi l'arsenal & le magasin d'armes de toute la Province.

Lescar, *Evêché*, au Nord-Ouest de Pau. C'est une assez belle Ville. Son Evêque est Président-né des Etats de Béarn, & Conseiller au Parlement de Pau.

Orthez, sur le *Gave de Pau.* Cette Ville est une des principales du Béarn. La Reine Jeanne d'Albret, mère de Henri IV, y avoit fondé, pour les Calvinistes, une Université qui a subsisté jusqu'au règne de Louis XIV.

Le célèbre M. de Marca, qui est mort Archevêque de Paris en 1662, étoit du Béarn, ainsi que le Ministre la Placette.

II. *De la basse Navarre.*

Cette Contrée est une petite partie du Royaume de Navarre : en 1512, Ferdinand, Roi d'Aragon, s'empara de l'autre partie, qui est au-delà des Pyrénées, du côté de l'Espagne, en le ravissant à Jean d'Albret. Ce Prince avoit pris le parti de Louis XII, que le Pape Jules II traitoit en ennemi, & qu'il avoit excommunié, ainsi que tous ses adhérens. Henri IV possédoit la partie de Navarre qui est du côté de la France, quand il succéda à la Couronne : il en avoit hérité de Jeanne d'Albret sa mère. En conséquence de l'union que fit Louis XIII, son fils, de cette Province à la Couronne de France, & des droits de son père sur le reste de la Navarre qui est en Espagne, les Rois de France prennent le titre de *Rois de France & de Navarre*.

Ce Pays ressemble assez au Béarn, & produit beaucoup de pommes & de poires, dont on fait du cidre.

SAINT-JEAN-PIED-DE-PORT, au Midi, *Capitale, Place forte*. Elle est située sur la Nive, près des Pyrénées, au pied d'une montagne où est un défilé. Les habitans des Pyrénées appellent *Port*, ces sortes de passages.

SAINT-PALAIS, au Nord, sur la Bidouse. Elle dispute le titre de Capitale à Saint-Jean-pied-de-Port.

GRAMONT, au Nord de Saint-Palais, Duché-Pairie érigé par Lettres-Patentes en 1648, confirmées en 1663, & registrées au Parlement la même année, en faveur d'Antoine III du nom.

Article VIII.

Du Gouvernement de Foix.

Le Comté de *Foix* a eu ses Comtes particuliers, descendus de ceux de Carcassonne. Il passa dans la Maison d'Albret, & ensuite dans celle de Bourbon, par le mariage de Jeanne d'Albret avec Antoine Duc de Vendôme, qui devint par ce mariage Roi de Navarre. Henri IV, leur fils, étant parvenu à la Couronne, y réunit ce Comté. C'est encore un Pays d'Etats. On y comprend aussi le Pays d'*Andorre* au Midi, & le *Donesan* à l'Occident.

Foix, *Capitale.* Cette Ville, qui est près des montagnes sur l'Ariège, est le siège du Sénéchal de la Province. On y tient les Etats, & elle a un Bureau pour la recette des deniers royaux. Il y a une maison de Chanoines Réguliers de la Congrégation de France, ou de Sainte Geneviève.

Pamiers, sur l'Ariège, au Nord de Foix, *Evêché, Présidial, Sénéchaussée.* Cette Ville est assez considérable & a un bon Château. Le Pape Boniface VIII érigea, en 1296, l'Abbaye de S. Antonin de cette Ville en Evêché. Les Chanoines n'ont été sécularisés que depuis quelques années. L'Evêque de Pamiers préside aux Etats de Foix.

Mazères, au Nord de Pamiers.

Tarascon, au Sud-Est de Foix, sur l'Ariège.

Saverdun *, sur la même Rivière, petite Ville, qui est divisée en haute & basse. Elle est assez jolie & peuplée. C'est la patrie du Pape Benoît XII, fils d'un Meûnier, & qui s'est rendu célèbre par un rare discernement dans la collation des Bénéfices.

Andorre, au Sud-Ouest de Tarascon, Bourg qui donne son nom à la Vallée d'Andorre, qui est remarquable pour sa fertilité.

ARTICLE IX.

Du Gouvernement de Roussillon.

LE Roussillon est un Comté, qui étoit autrefois de la Catalogne, & qui appartenoit aux Rois d'Espagne, par la cession que Guinard en fit, ainsi que de la *Cerdagne*, au Roi d'Aragon. En 1462, Jean, Roi d'Aragon, l'engagea avec la Cerdagne à Louis XI, pour 300000 écus d'or, qui n'ayant pas été remboursés, ce Comté resta à la France, suivant les conditions faites entr'eux. Charles VIII le rendit en 1493, à Ferdinand, Roi d'Aragon, à condition qu'il ne secourroit point les Napolitains; mais il le garda sans accomplir la condition. Après la prise de Perpignan, en 1642, Louis XIII s'empara de ce Comté, qui fut incorporé à la France par la Paix des Pyrénées en 1659, l'Espagne en ayant cédé au Roi la souveraineté.

Ce Pays n'est fertile qu'en vins & en pâturages. Il a trois parties: La Viguerie de *Perpignan* à l'Orient; celle de *Conflent* au milieu, & la *Cerdagne françoise* à l'Occident.

1. *La Viguerie de Perpignan.*

PERPIGNAN, *Capitale*, *Evêché*, *Hôtel des Monnoies*, *Université*, *Place forte*, sur la Tet. Cette Ville a un Conseil souverain; elle est très-forte, & a une bonne Citadelle. La Cathédrale, dédiée à S. Jean, est un fort beau bâtiment, mais sans portail. Le Clergé de cette Eglise est partagé en deux corps; savoir, le Chapitre d'Elne & la Communauté de S. Jean. Le premier est composé de 4 Dignitaires & de 21 Chanoines; & le second, de 4 Curés & de 99 Chapelains-Bénéficiers, dont le revenu de plufieurs eft plus confidérable que celui des Chanoines. Les Curés fervent chacun une femaine. L'habit de chœur des uns & des autres eft très-beau; mais celui des Chanoines eft plus magnifique. Ils ont un droit de Boucherie particulier, où les Eccléfiaftiques, même les fimples Clercs, ont la viande à meilleur marché qu'à la Boucherie publique de la Ville. Les fimples tonfurés peuvent faire entrer dans la Ville certaine quantité de vin & d'autres denrées fans payer les droits. Ce privilège multiplie exceffivement ces petits Clercs; prefque tout Artifan fait tonfurer fon fils pour en jouir. Il y a dans cette Ville des Religieux de prefque tous les Ordres. Ses Confuls ont le privilège fingulier de créer tous les ans, le 16 Juin, des Bourgeois nobles, qui jouiffent de toutes les prérogatives des Gentilshommes.

ELNE, près la Mer Méditerranée, au Sud de Perpignan fur le Tech. Le Siège épifcopal de cette Ville a été transféré en 1604 à Perpignan, en vertu d'une Bulle de Clément VIII, fans que le titre d'Evêque d'Elne ait été encore aboli.

RIVESALTES, au Nord de Perpignan, renommée pour fes excellens vins mufcats.

SALCES, *Château* très-fort, fur les confins du Languedoc.

COLIOURE, *Place forte*, au Sud-Eft de Perpignan, fur la Méditerranée.

PORT-VENDRES eft un petit *Port* fur la Méditerranée, avec deux Forts.

BELLEGARDE, *Place forte*, dans les Pyrénées. Louis XIV l'a fait conftruire en 1679. Elle eft compofée de cinq baftions & a une belle Chapelle.

2. *La Viguerie de Conflent.*

VILLE-FRANCHE, Ville médiocre fur la Tet. Louis XIV a fait conftruire un Château près de cette Ville. Au centre d'une des deux montagnes qui environent la Ville, est une Caverne à laquelle on monte par un escalier de pierre de taille de près de cent marches. Elle est très-profonde, & a des détours dans lesquels on n'ose s'engager. De distance en distance sont des piliers, & des morceaux de glace pendans de la voûte.

PRADES, près de la Rivière de Tet, petite Ville fort jolie, & située agréablement dans une plaine.

3. *La Cerdagne Françoise.*

MONT-LOUIS, *Place forte*, bâtie par Louis XIV, sur les frontières, pour couvrir la France de ce côté-là. Ses fortifications sont du Maréchal de Vauban. La Ville est petite, mais jolie.

ARTICLE X.

Du Gouvernement de Languedoc.

CE Gouvernement peut avoir 90 lieues du Sud-Ouest au Nord-Est, depuis Valentine, qui est du Diocèse de Comminge, jusqu'à Annonay sur les frontières du Lyonnois: sa largeur est fort inégale.

Ce Pays, après avoir été possédé par les Romains, qui lui donnèrent le nom de Gaule Narbonnoise, fut envahi par les Goths. Clovis les défit, & s'empara de Toulouse, capitale de leur Royaume; mais la partie Orientale leur resta, avec Narbonne, & toute l'Espagne. Charles-Martel, ayant vaincu en 725, les Sarrasins, qui avoient détruit les Goths, Pepin son fils & son successeur se rendit maître de tout ce que nous appellons le Languedoc & qu'on nommoit alors Gothie & Septimanie. Charlemagne y établit des Gouverneurs, auxquels il donna le nom de Comtes, de Marquis & de Ducs. Les Comtes de Toulouse, devenus absolus & indépendans, se rendirent maîtres de presque tout le Languedoc. Raimond VII,

Raimond VII, dernier Comte de Toulouse, fiança sa fille unique Jeanne avec Alphonse, frère de saint Louis, à condition que s'ils mouroient sans enfans, le Comté de Toulouse seroit réuni à la Couronne. Le cas étant arrivé en 1271, Philippe le Hardi prit possession de cette Province; mais elle n'a été réunie à la Couronne qu'en 1361, par Lettres-patentes du Roi Jean. Le Languedoc est un Pays d'Etats; ils se tiennent tous les ans.

Cette Province est la plus agréable & la plus fertile Contrée de France, sur-tout le bas Languedoc. Il abonde en bleds, en bons vins, en bestiaux, en gibier, en olives, en figues & autres fruits estimés. On y pêche dans les Rivières des poissons exquis & de différentes sortes. La Méditerranée en fournit aussi beaucoup. Il s'y trouve des carrières de marbre & d'albâtre : en un mot, c'est un Pays délicieux, & fertile en tout ce qui est nécessaire à la vie.

Ses Rivières les plus remarquables, sont la *Garonne*, le *Rhône*, le *Tarn*, l'*Aude*.

On a décrit ailleurs le cours de toutes ces Rivières, excepté de la dernière dont il faut parler.

L'*Aude* prend sa source dans les montagnes du Roussillon, passe à Alet, à Limoux, à Carcassonne, & se jette dans la Méditerranée.

Il est bon de remarquer que la *Loire* prend sa source en Languedoc, dans le Vivarais, & que le *Rhône* le sépare vers l'Orient du Dauphiné & de la Provence.

Le Languedoc est borné au Septentrion, par le Lyonnois, l'Auvergne, le Rouergue & le Querci; à l'Orient, par le Rhône; au Midi, par le Roussillon & la Méditerranée; à l'Occident, par la Gascogne. On y a fait un Canal pour joindre l'Océan à la Méditerranée : il commence près le Port de *Cette*, & se perd dans la Garonne au-dessous de Toulouse. On le nomme le Canal Royal, ou de Languedoc.

Tome I. L

On divise le Languedoc en trois parties: le haut vers l'Occident, le bas vers l'Orient; les Cévennes au Nord-Est.

§. I. *Du haut Languedoc.*

Il contient neuf Diocèses: 2. à l'Occident, *Toulouse* & partie de *Montauban*: 1. au Nord, *Albi*: 2. dans le Milieu, *Lavaur* & *Castres*: 1. au Sud-Ouest, *Rieux*: 2. au Midi, *Mirepoix* & *Saint-Papoul*: & partie d'un renfermé dans la Gascogne au Sud-Ouest, sçavoir, *Comminge*.

1. *Le Diocèse de Toulouse.*

TOULOUSE, sur la Garonne, à l'endroit où cette Rivière commence à porter bateau, *Capitale, Archevêché, Parlement, Présidial, Généralité, Sénéchaussée, Hôtel des Monnoies, Université.* Cette Ville est une des plus grandes & des plus belles de France. Jean XXII érigea son Evêché en Métropole en 1318, après l'avoir soustrait à l'Archevêché de Narbonne, dont il dépendoit. L'Eglise métropolitaine de S. Etienne céderoit à peine en beautés & en magnificence à aucune autre, si elle étoit achevée. Le Chœur est très-beau, mais la Nef n'y répond pas. On y voit la Chaire où S. Bernard & S. Dominique ont prêché, & qui mérite par cette raison d'être préférée à une plus magnifique. Le Palais Archiépiscopal est un des plus beaux de France. Toulouse a une célèbre Collégiale nommée S. Sernin, qui étoit autrefois une fameuse Abbaye: le chef du Chapitre porte encore le titre d'Abbé, & jouit d'un revenu considérable. Il y a dans cette Ville une Académie qu'on nomme *les Jeux floraux*, institués en 1324, & érigés en Académie par Lettres-patentes en 1694. On y a fondé quatre prix pour les meilleures Pièces qu'on y reçoit de tous Pays. De plus elle a une Académie des

Sciences, Inscriptions & Belles-Lettres, établie par Lettres-patentes en 1746, & une autre de Peinture, Sculpture & Architecture, érigée en 1750.

On a bâti depuis peu un magnifique Hôtel-de-Ville. Cet édifice forme un quarré parfait dont le côté a 54 toises de long. La hauteur du bâtiment est de onze toises environ, & sa façade principale est sur la Place Royale dont elle fait un des côtés. Les Capitouls ou Echevins de cette Ville acquièrent la noblesse & la transmettent à leur postérité. Le Couvent des Dominicains est le plus ancien, & un des plus considérables de cet Ordre. Il fut fondé par S. Dominique, en 1216. Les piliers qui sont au milieu de leur Eglise la rendent irrégulière; mais cette irrégularité est effacée par beaucoup de décorations. Son principal ornement est le corps de S. Thomas d'Aquin, qui est renfermé dans une châsse de vermeil d'une grande richesse, & d'un ouvrage parfait: le chef de ce Saint est dans la Sacristie. L'Eglise des Cordeliers est très-grande, fort belle, large, élevée & cependant sans piliers. Ce qui excite particulièrement l'attention des curieux, c'est le Caveau de ces Religieux : on pense communément qu'il préserve les corps de la pourriture. Voici ce qui en est, au rapport de témoins dignes de foi, qui paroissent avoir examiné le fait avec toute l'attention possible.

Ce Caveau est assez long, large & bien voûté; on y voit rangés le long des quatre murailles soixante ou quatre-vingts squelettes, revêtus d'une chair desséchée comme du parchemin noir. Ces squelettes sont des corps qu'on a levés de la Nef de l'Eglise, & qui se sont trouvés sans pourriture. La merveille n'est donc pas qu'ils restent sans se corrompre dans ce Caveau; mais elle consiste en ce qu'ils ont été trouvés sans corruption. Pour expliquer ce phénomène, il faut remarquer qu'en rebâtissant la voûte de la Nef, on avoit fait éteindre de la chaux dans toute la largeur qu'elle occupe : la terre a pu être imprégnée de cette chaux, & par une exemption totale d'humidité conserver quelque temps les corps. Maintenant ils s'y pourrissent comme par-tout ailleurs.

Il y a à Toulouse plusieurs Collèges, entr'autres les Collèges de Foix, de S. Martial & de S. Bernard, mais il n'y a d'exercice public pour la Philosophie & les Arts que dans deux, qui sont celui qui appartenoit ci-devant aux Jésuites, & celui des Doctrinaires, dit de l'Esquille. Cette Ville a aussi plusieurs Séminaires, une belle Abbaye de Bénédictins, & grand nombre d'autres Communautés. Mais une des choses les plus remarquables qui s'y trouvent, c'est le fameux moulin de Basacle, qui a seize meules que la Garonne, retenue par une forte digue, fait tourner continuellement, sans causer le bruit incommode que font les autres moulins. Chaque meule peut moudre 40 ou 50 septiers de bled par jour. Ce moulin appartient à plusieurs particuliers, & rapporte environ 120 mille livres de rente.

Toulouse est la patrie de plusieurs hommes illustres, entr'autres, du célèbre Jurisconsulte Cujas ; de Jean-Etienne Duranti, premier Président au Parlement de Toulouse, & auteur de l'excellent Livre intitulé : *De Ritibus Ecclesiæ* ; de Gui du Faur, Seigneur de Pibrac, Président au Parlement de Paris, le premier qui ait introduit la vraie éloquence au Barreau, & fort connu par ses *Quatrains* ; & de Pierre du Faur, premier Président au Parlement de Toulouse, auteur de plusieurs Ouvrages estimés, & en particulier de Commentaires sur le Droit, &c.

Les anciens Comtes de Toulouse prenoient aussi quelquefois le titre de Ducs d'Aquitaine. On a vu ci-dessus comment tout le Pays qu'ils possédoient a été réuni à la Couronne. Le Comte de Toulouse étoit le premier des Comtes-Pairs féculiers : au Sacre il portoit les éperons. L'un des fils légitimés de Louis XIV avoit le titre de Comte de Toulouse : cet apanage n'a point passé à son fils, qui s'appelle le Duc de Penthièvre.

A un mille de Toulouse finit ce fameux Canal, appellé *le Canal Royal*, parceque Louis XIV l'a fait construire. C'est un ouvrage admirable, qui a coûté des sommes immenses, & où l'on a commencé à naviguer en 1682. Il a fallu pour le faire, couper des montagnes, élever des endroits trop bas, & les soutenir par de grandes levées de terre. On a pratiqué un bassin de 200 toises de long, sur 150 de large *à Norouse*, qui est l'endroit le plus élevé entre les deux Mers, & dont on a fait le point de partage. Pour remplir ce bassin, de manière qu'il ne tarisse jamais, on a construit le réservoir de S. Ferréol près de Revel. Il a 1200 toises de long, sur 500 de large, & 20 de profondeur. Sa figure est triangulaire, & est formée par deux montagnes & par une grande & forte digue qui lui sert de base. Cette digue est traversée par un aqueduc qui porte l'eau au bassin de Norouse, lequel est par-là en état d'en fournir toujours au Canal.

Verfeuil, à l'Orient de Toulouse.

2. *Le Diocèse de Montauban*, (*en partie.*)

Nous avons parlé de *Montauban*, sa *Capitale*, en décrivant le Querci, qui est du Gouvernement de Guyenne. Dans la partie de ce Diocèse qui est du Languedoc, on remarque :

Castel-Sarasin.

Montech *, près de la Garonne, petite Ville avec une Justice Royale.

3. *Le Diocèse d'Albi.*

Albi, sur le Tarn, *Capitale*, *Archevêché* fort

riche, érigé par Innocent XI, en 1680. La Cathédrale, dédiée à sainte Cécile, est fort belle. Il y a dans un fauxbourg de cette Ville un beau Monastère de filles de la Visitation, & au dehors un Couvent de Dominicains, & une belle promenade nommée la *Lice* ; c'est une terrasse au-dessus d'un grand mail fort profond, qui sert de fossés.

GAILLAC, sur le Tarn, au Sud-Ouest d'Albi, connue par ses vins, & une Abbaye de l'Ordre de S. Benoît qui a été sécularisée.

RABASTENS, au Sud-Ouest de Gaillac, sur le Tarn.

REALMONT, au Midi d'Albi.

4. *Le Diocèse de Castres.*

CASTRES, *Evêché*, *Sénéchaussée*. Cette Ville, située dans une agréable vallée, avoit une Abbaye de l'Ordre de S. Benoît, qui fut érigée en Evêché par Jean XXII, en 1317. Les Moines formèrent le Chapitre jusqu'en 1536, qu'ils furent sécularisés par Paul III. C'est la patrie d'André Dacier, de l'Académie Françoise, connu par ses Traductions ; & de Paul Rapin de Thoyras, auteur d'une Histoire d'Angleterre, & de plusieurs autres Ouvrages.

On trouve près de Castres, comme dans quelques autres endroits du Languedoc, des mines de Turquoises, peu inférieures à celles qui viennent d'Orient. L'action du feu qui affoiblit, ou même détruit entièrement les couleurs des autres pierres précieuses, colore ces Turquoises & les rend bleues. Ce qu'il y a de plus singulier, c'est que la matière minérale représente des os pétrifiés, non-seulement par sa figure extérieure, mais encore par sa tissure intime ; elle est composée de différentes couches ou écailles, dont les feuilles forment quantité de cellules remplies de la matière qui s'y est pétrifiée. L'action du feu sur cette matière la colore de plus

GOUVERNEMENT DE LANGUEDOC. 247

en plus, jufqu'à un certain point ; enfuite la couleur s'altère ; elle n'a plus aucun rapport avec celle de la Turquoife.

GRAULHET, au Nord-Eft de Caftres.

5. *Le Diocèfe de Lavaur.*

LAVAUR, *Evêché*, entre Touloufe & Caftres. On y tint, en 1212, un Concile contre les Albigeois. Jean XXII y érigea en 1318 un Evêché, auquel il donna une partie des biens de celui de Touloufe. Les Doctrinaires ont le Collège.

PUILAURENS, au Sud-Eft de Lavaur. Cette Ville eft fur une hauteur. Elle avoit autrefois une Académie célèbre de Calviniftes, qui a fubfifté jufqu'à la révocation de l'Edit de Nantes, en 1685.

REVEL, au Sud de Puilaurens, petite Ville près de la *Montagne Noire*.

6. *Le Diocèfe de Saint-Papoul.*

SAINT-PAPOUL, *Evêché*. Ce n'eft qu'un Bourg près le Canal Royal. Il doit fon origine à un ancien Monaftère de Bénédictins, dont le dernier Abbé fut créé Evêque de Saint-Papoul par Jean XXII, en 1317. Le Chapitre n'a été féculariſé que fous le règne de Louis XIV.

CASTELNAUDARI. C'eft la principale Ville du Diocèfe de Saint-Papoul : elle a un Chapitre, un Collège de Doctrinaires, & quelques Communautés. C'eft auffi la capitale du Duché de Lauraguais, érigé en 1731, en faveur de la Maifon de Villars-Brancas.

7. *Le Diocèfe de Mirepoix.*

MIREPOIX, *Evêché*, fur le Lers, érigé par Jean XXII, en 1318.

CHALABRE, fur la même Rivière.

8. *Le Diocèfe de Rieux.*

RIEUX, *Evêché*, érigé par Jean XXII. Cette petite Ville eft fituée fur la Rife, près de la Garonne.

Au Nord-Ouest de Rieux est le Monastère de *Feuillans*, chef d'une Congrégation de même nom, qui embrassa l'ancienne rigueur de l'Ordre de Cîteaux, par les soins & à l'exemple de Jean de la Barrière, Abbé commendataire de Feuillans. Cette Congrégation s'est rendue indépendante du Général de Cîteaux, appuyée de l'autorité de Sixte-Quint, & de Henri III, Roi de France.

9. Le Diocèse de Cominge, (en partie.)

VALENTINE, sur la Garonne, à l'Orient de *Saint-Bertrand*, dont nous avons parlé en décrivant le Cominge, ci-devant, pag. 233.

SAINT-BEAT, petite Ville, avec un pont sur la Garonne.

§. II. *Du bas Languedoc.*

Il a onze Evêchés: deux au Midi, *Alet* & *Carcassonne*: un au Nord du Canal, *Saint-Pons*: quatre près de la Méditerranée, *Narbonne*, *Béziers*, *Agde*, *Montpellier*: un au Nord-Ouest de Montpellier, *Lodève*: trois à l'Occident du Rhône, *Nismes*, *Alais*, *Usez*.

1. Le Diocèse d'Alet.

ALET, *Evêché*, sur l'Aude, érigé par Jean XXII, en 1319. Cette petite Ville a eu dans le dernier siècle un Evêque nommé Nicolas Pavillon, illustre par son zèle, sa rare piété & ses autres vertus épiscopales, dignes des premiers siècles de l'Eglise.

LIMOUX, *Présidial*, *Sénéchaussée*, sur l'Aude.

QUILLAN, au Sud-Ouest d'Alet, sur l'Aude.

SAINT-PAUL DE FENOUILLÈDES, petite Ville située entre des Montagnes, vers le Roussillon.

2. Le Diocèse de Carcassonne.

CARCASSONNE, sur l'Aude, *Evêché*, *Présidial*,

Sénéchaussée. Cette Ville est célèbre par sa Manufacture de draps fins qu'on envoie au Levant. Il y a un Collège, & plusieurs Couvens de Religieux Mendians. Les Capucins y ont une fort belle Eglise.

3. *Le Diocèse de Saint-Pons.*

SAINT-PONS, *Evêché*. C'est une assez jolie Ville, mais qui n'est guères peuplée. Elle avoit une Abbaye de l'Ordre de S. Benoît, qui fut érigée en Evêché par Jean XXII en 1318. Les Moines ne furent sécularisés qu'en 1611, par Paul V.

SAINT-CHIGNAN, au Sud-Est de Saint-Pons. Cette petite Ville a une Manufacture considérable de draps. Elle est la résidence ordinaire de l'Evêque de Saint-Pons.

4. *Le Diocèse de Narbonne.*

NARBONNE, sur un Canal tiré de la Rivière d'Aude, *Archevêché* très-riche. Cette Ville est fort ancienne, mais petite, & n'est guères peuplée. Les Romains en avoient fait une Colonie, qui donnoit le nom de *Gaule Narbonnoise* à la partie des Gaules qui leur fut soumise la première. L'Archevêque est Président-né des Etats du Languedoc. La Cathédrale n'est pas achevée ; le Chœur seul est fini ; & il ne cède en rien à ceux des plus belles Eglises du Royaume. On admire son élévation ; sa largeur & sa délicatesse. Le tombeau de Philippe le Hardi, Roi de France, est au milieu. Il y avoit dans une Chapelle un beau tableau de la résurrection du Lazare, peint par Sébastien del Piombo, donné à cette Eglise par Clément VII, qui avoit été Archevêque de Narbonne avant que d'être Pape. Philippe, Duc d'Orléans, Régent du Royaume, l'a acheté, & l'a fait transporter à Paris au Palais Royal, où il est à présent. Ce qu'il y a de plus curieux dans Narbonne, est le Canal qui donne communication de la Ville à la mer; c'est un ouvrage des Romains. On y trouve encore d'autres restes d'Antiquité. Il y a dans cette Ville des Bénédictins de S. Maur, des Dominicains, & un Collège de Doctrinaires. Narbonne est célèbre par son excellent miel.

PERIGNAN *, aujourd'hui FLEURY, près de la Méditerranée, érigé en Duché-Pairie en 1736, en faveur de Jean-Hercule de Rosset, Marquis de Rocosel, époux de la sœur du Cardinal Fleury.

5. Diocèse de Béziers.

BEZIERS, *Evêché*, *Présidial*, près le Canal Royal. C'est une ancienne & assez belle Ville, bâtie en bon air, dans un terroir fertile & délicieux; ce qui a donné lieu au proverbe: *Si Deus in terris, vellet habitare Biterris*. Elle a une Académie des Sciences, une Maison de Chanoines Réguliers de Sainte Geneviève, un Chapitre, beaucoup d'autres Maisons religieuses & un Collège. C'est la patrie du Père Gonet, fameux Dominicain; de Pierre-Paul de Riquet, Inventeur du Canal Royal; de M. Pellisson, Historien de l'Académie Françoise; & de Jean Barbeyrac, auteur de plusieurs Traductions estimées, sur le Droit Public.

VILLENEUVE *.

6. Le Diocèse d'Agde.

AGDE, *Evêché*. C'est une petite Ville, près de l'embouchure de l'*Eraud* dans le Golfe de Lyon, & à peu de distance du Canal de Languedoc. Les Pères de l'Oratoire y ont un Collège.

CETTE ou PORT S. LOUIS, sur la Méditerranée. C'est où commence le Canal de Languedoc.

PEZENAS, au Nord d'Agde, sur l'Eraud. Cette Ville, ancienne, marchande & peuplée, est dans une situation charmante, & appartient au Prince de Conti. Elle a un Chapitre, qui est aussi Paroisse.

Les Prêtres de l'Oratoire ont le Collège, & une assez belle Maison qui a été Séminaire du Diocèse. L'Eglise des Capucins est bien voûtée, avec des Chapelles des deux côtés. C'est la patrie du Père Poussines Jésuite; & du Père Polinier, Général des Chanoines Réguliers de Sainte Geneviève, auteur d'Explications de l'Evangile & des Pseaumes.

7. *Le Diocèse de Montpellier.*

MONTPELLIER, *Evêché, Chambre des Comptes, Cour des Aides, Généralité, Présidial, Sénéchaussée, Hôtel des Monnoies, Université.* C'est une grande & belle Ville, où se tiennent depuis long-temps les Etats de Languedoc. Elle a une Citadelle. L'Evêque est Chancelier-né de l'Université, dont la Faculté de Médecine est très-célèbre. On a érigé dans cette Ville par Lettres-Patentes, en 1706, une Académie qui porte le titre de *Société Royale des Sciences*: elle ne fait qu'un même corps avec celle de Paris. Les Oratoriens ont le Séminaire. Montpellier a un Collège, & plusieurs Couvens. Cette Ville a aussi un Jardin Royal bien entretenu, & une belle promenade dans une situation agréable, avec une vue charmante, & de plus, décorée d'un Statue de Louis XIV, faite par Coisevox. La Porte de la Ville par où l'on sort pour aller à la promenade, est un Arc de triomphe construit avec beaucoup de dépense, & orné de quatre bas-reliefs très-beaux. C'est la patrie de Duncan, célèbre Médecin; d'Antoine d'Espeisses, savant Jurisconsulte; du P. Pouget, de l'Oratoire, Docteur de Sorbonne, auteur de l'excellent Catéchisme de Montpellier; d'Antoine Teissier, Historien.

LUNEL, à l'Orient de Montpellier.

FRONTIGNAN, sur la Méditerranée. Ces deux Villes sont renommées pour leurs vins muscats.

BALARUC*, au Midi de Montpellier, connue pour ses eaux minérales.

MAGUELONE, autrefois épiscopale; son Siège a été transféré à Montpellier, par Paul III, en 1536. Ce Pape sécularisa le Chapitre, autrefois régulier, & de l'Ordre de S. Augustin.

8. *Le Diocèse de Lodève.*

LODÈVE, *Evêché*, sur la petite rivière de *Lengue*. C'est une assez belle Ville, & riche par sa Manufacture de draps.

CLERMONT, aussi sur la Lengue.

BEDARIEUX, à l'Occident de Clermont.

9. *Le Diocèse de Nismes.*

NISMES, *Evêché*, *Conseil Supérieur*, *Présidial*, *Election*. C'est une Ville très-ancienne, qui a une Académie des Belles-Lettres, ouverte en 1682. La Cathédrale est antique. L'Hôtel-de-Ville est un assez bel édifice. On fait à Nismes un grand commerce de bas & d'étoffes de soie; les fauxbourgs sont pleins d'ouvriers qui y travaillent. Entre les Antiquités qui rendent cette Ville célèbre, on remarque le Temple de Diane, bâti par les Romains, proche d'une agréable fontaine qui forme une rivière à sa source. Quoiqu'il ne soit pas entier, il en reste cependant assez pour le faire admirer: on en voit encore toute la symétrie, l'autel où l'on immoloit les victimes, & celui où on brûloit les parfums. Les pierres en sont d'une grandeur prodigieuse. L'Amphithéâtre qu'on nomme les *Arènes*, n'est pas moins digne d'admiration. Ce bel ouvrage est encore presque tout entier. Il est si vaste, qu'on y a bâti pour de pauvres gens nombre de petites maisons, qui offusquent le dedans de ce beau morceau. En dedans ce sont des dégrés de pierre, qui montent jusqu'au haut de la muraille qui renferme le tout.

Cette pesante masse est portée sur deux étages de galeries, & de voûtes cachées par dessous. En dehors ces galeries sont ouvertes par une suite de hautes arcades avec pilastres, qui font le tour du Bâtiment. Une autre Antiquité de cette Ville est *la maison quarrée*. C'est un quarré long. D'abord on voit un massif de pierres élevé de deux toises au dessus du pavé. Sur ce massif est une colonade magnifique, qui vers un des bouts a une espèce de portail & de portique couvert, avec un frontispice par devant. Cette colonade, qui est d'un goût exquis pour la noblesse de l'ouvrage & la justesse des proportions, porte un architrave dans toute sa longueur, orné d'une sculpture très-fine & très-délicate. Le toît est en pointe, & tout de pierres bien liées par un bon ciment. On dit que c'est dans ce morceau d'antiquité, que le célèbre Mansart avouoit avoir puisé ce qu'il savoit de plus fin dan son art. Tout le dedans de cet ancien édifice est occupé par une Eglise d'Augustins, sans qu'il en paroisse rien au-dehors. Les Doctrinaires ont le Séminaire de Nismes, & les Jésuites y avoient le Collège.

Cette Ville a donné naissance à Jean-Baptiste Cotelier, auteur de la Collection des Ouvrages des Pères Apostoliques ; & à Jean Nicot, Ambassadeur en Portugal en 1559, d'où il apporta le tabac. Elle est aussi célèbre par son illustre Evêque Esprit Fléchier, l'un des premiers Orateurs chrétiens.

Au Nord de Nismes on trouve le *Pont du Gard* sur le Gardon. Ce Pont qui joint deux montagnes, a trois étages l'un sur l'autre ; le troisième étoit un Aqueduc d'un ouvrage admirable : le tout a été construit par les Romains.

BEAUCAIRE, sur le Rhône, Ville fameuse par la Foire qui s'y tient à la Magdelène, & qui y attire beaucoup de Marchands étrangers. Elle a un Collège de Doctrinaires, & une Eglise Collégiale.

AIGUES-MORTES, au Sud-Ouest de Nismes. Cette petite Ville avoit autrefois un Port où Saint Louis s'embarqua; mais la mer s'est tellement retirée depuis, qu'elle en est maintenant assez loin.

SOMMIÈRES, sur la Vidourle, à l'Occident de Nismes.

CALVISSON, à l'Orient de Sommières.

10. *Le Diocèse d'Alais.*

ALAIS, sur le Gardon, *Evêché*, qui a été démembré de Nismes dans le dernier siècle. C'est une Ville assez grande & peuplée. Elle porte le titre de Comté, & appartient au Prince de Conti, à qui elle est échue dans la succession de la Princesse de Condé, héritière du Comté d'Alais, fils de Charles de Valois, Duc d'Angoulême. Le Prince de Conti est à cause de cette Ville, à la tête des Etats de Languedoc, comme premier Baron de cette Province.

ANDUSE. Cette petite Ville, où il se fait un commerce assez considérable, a le titre de Baronnie.

SAINT-HIPPOLYTE, près la source de la Vidourle, au Sud-Ouest d'Alais.

11. *Le Diocèse d'Usez.*

USEZ, *Evêché*, *Sénéchaussée*, Duché-Pairie érigé en 1572, en faveur de la Maison de Crussol. C'est aujourd'hui le premier & le plus ancien. On fait en cette Ville beaucoup de draps & de serges.

PONT-SAINT-ESPRIT, au Nord-est d'Usez, connu par son Pont de vingt-six arches sur le Rhône: ouvrage admirable pour sa hauteur & sa solidité, & qui fut commencé en 1265. Jean de Tianges, Prieur de S. Pierre, en posa la première pierre.

BAGNOLS, au Sud du Pont-Saint-Esprit, petite Ville qui appartient au Prince de Conti. Sa grande place est une des plus belles du Languedoc.

ARAMON, au Sud-Est d'Usez, sur le Rhône.

GOUVERNEMENT DE LANGUEDOC. 255

§. III. *Des Cévennes.*

Les *Cévennes* font proprement des Montagnes qui s'étendent depuis les environs de la source de la Loire jusqu'à Lodève ; mais on comprend aussi sous ce nom le *Gévaudan*, le *Vivarais*, & le *Vélai*, quoiqu'il n'y ait qu'une partie de ces Pays dans les Cévennes. Les vallées, sur-tout le long du Rhône, sont assez fertiles : ce Pays abonde en gibier, bétail, fruits & sur-tout en châtaignes.

1. *Le Gévaudan.*

MENDE, sur le Lot, *Capitale, Evêché, Bailliage.* L'Evêque est Seigneur de la Ville avec le Roi. Les Doctrinaires ont le Séminaire & le Collège.

FLORAC, près le Tarn, au Midi de Mende.

LANGOGNE, au Nord-Est de Mende, près l'Allier.

MARVEJOLS, sur la rivière de Colange qui se jette dans le Lot. Elle est marchande & assez peuplée.

2. *Le Vivarais.*

VIVIERS, *Capitale, Evêché, Bailliage*, sur le Rhône. Cette Ville est médiocre.

SAINT-ANDÉOL, sur le Rhône.

JOYEUSE, à l'Occident de Viviers. Cette petite Ville avoit ci-devant le titre de Duché-Pairie, érigé en 1581, par Henri III, en faveur d'Anne, Vicomte de Joyeuse. Il est éteint depuis 1675, par la mort de François-Joseph de Lorraine.

AUBENAS.

TOURNON, sur le Rhône, au Nord du Vivarais, avec un beau Collège, autrefois possédé par les Jésuites. Cette Ville a passé de la Maison de Montmorenci dans celle de Lévi-Ventadour, & enfin dans celle de Rohan-Soubise, à qui elle appartient à présent.

ANNONAI, au Nord-Ouest de Tournon, petite Ville à la Maison de Soubise.

3. *Le Vélai.*

Le Puy, sur la Loire, *Capitale, Evêché, Présidial, Sénéchaussée.* C'est une des plus grandes Villes du Languedoc. Son Evêque prend le titre de Comte de Vélai, & dépend immédiatement du Saint-Siège, depuis que Léon IX l'a exempté de la Jurifdiction de l'Archevêque de Bourges, autrefois son Métropolitain. Les Sulpiciens ont le Séminaire ; il y a aussi un Collège. C'est la patrie du célèbre Cardinal de Polignac, Auteur de l'*Anti-Lucretius.*

Issignaux, au Nord-Est du Puy.

Le Monestier, au Midi, près la Loire.

Article XI.

Du Gouvernement de Provence.

La Provence a été démembrée de la Couronne au IXe Siècle : elle a eu ensuite des Souverains qui l'ont possédée long-temps sous le titre de Comté, & dont plusieurs étoient en même temps Comtes de Catalogne. Elle passa en 1246 à Charles de France, frère de S. Louis, par son mariage avec l'héritière de Provence. Charles d'Anjou & du Maine, son dernier Comte, institua en 1481, Louis XI, héritier de toutes ses Terres. C'est ainsi que la Provence a été réunie à la Couronne.

Cette Province n'a plus d'Etats généraux depuis 1639 ; mais des Assemblées qui se tiennent à Lambesc, Principauté au Nord-Ouest d'Aix. Ceux qui les composent sont l'Archevêque d'Aix, qui en est Président, & deux Evêques représentant le Clergé, nommés par le Roi ; deux Gentilshommes pour la Noblesse ; les Consuls d'Aix, Procureurs-nés du Pays ; les Consuls & les Syndics des trente-six Communau-

GOUVERNEMENT DE PROVENCE.

tés; le Tréforier général; le Gouverneur, ou le Commandant de la Province, qui fait l'ouverture de ces Affemblées; enfin un Commiffaire pour le Roi.

La Provence eft très-fertile en vins, en excellens fruits, fur-tout en olives dont on fait la meilleure huile. On y cultive beaucoup de mûriers pour les vers à foie; mais elle n'a pas affez de bleds pour fon entretien, ni de pâturages.

Ses plus grandes Rivières font, outre le *Rhône*, qui arrofe fa partie Occidentale, la *Durance* dont nous avons déja parlé; le *Verdon* & le *Var*.

Le *Verdon* prend fa fource aux environs de Colmars au Nord-Eft, paffe à Caftellane, & fe jette dans la Durance.

Le *Var* prend fa fource prefqu'au même endroit, paffe à Glandève, & fe décharge dans la Méditerranée près de Nice.

La Provence fe divife en haute & baffe : la haute au Nord, la baffe au Midi.

§. I. *De la haute Provence.*

Elle comprend fix Diocèfes : *Sifteron*, au Nord-Oueft ; *Apt*, à l'Occident; *Digne*, *Senez*, *Riez*, dans le milieu; *Glandève*, à l'Orient.

I. SISTERON, *Evêché*, *Sénéchauffée*, fur la Durance : c'eft une Ville affez peuplée, & qui eft défendue par une bonne Citadelle.

FORCALQUIER, *Sénéchauffée*, célèbre par fes anciens Comtes. Cette Ville eft chef d'une Viguerie de fon nom; elle eft fituée dans un air fort fain, & les Campagnes qui l'environent font fertiles. Depuis la fin du onzième fiècle, qu'un Evêque de Sifteron s'y retira, fon Eglife Collégiale porte le titre de Concathédrale. Dans tous les Actes juridiques qui fe font en Provence, & même dans les Ordonnances qui fe font en Cour fpécialement pour cette Province, le Roi prend le titre de *Comte de Provence & de Forcalquier.*

MANOSQUE, sur la Durance, Ville assez peuplée. Les Comtes de Forcalquier y résidoient l'hyver. Les Chevaliers de Malte, à qui elle appartient, y ont une Commanderie dont le titulaire a la dignité de Bailli & de grand'Croix de l'Ordre de Saint-Jean de Jérusalem.

II. APT, *Evêché, Bailliage*, sur la petite rivière de Calaon. Cette ancienne Ville a deux Abbayes, celle de sainte Catherine & celle de sainte Croix; une Maison de Carmes, un Couvent de Franciscains, qui possèdent les corps de S. Elzéar de Sabran, & de sainte Delphine son épouse. C'est la patrie du père Carrière, Cordelier, dont nous avons des ouvrages Théologiques; de Vaumorière & de l'Abbé Merresin, qui ont écrit sur les Belles-Lettres.

VILLARS *, au Nord d'Apt, érigé en Duché-Pairie en 1651, sous le nom de *Villars-Brancas*, en faveur de George de Brancas, dont l'arrière-petit-fils a été seulement reçu en 1716, au Parlement de Paris.

III. DIGNE, *Evêché, Sénéchaussée*. C'est une assez jolie Ville & peuplée. Elle est la patrie de Mayronis, Cordelier, qui a soutenu la première thèse Sorbonique, où le Répondant est en chaire depuis six heures du matin jusqu'au soir. Cette Ville a aussi donné naissance au P. Louis Richeome, Jésuite, savant Controversiste. Le célèbre Gassendi est né à *Chantersier*, bourg dépendant du Bailliage de cette Ville.

SEYNE, au Nord de Digne. Cette Ville est du Diocèse d'Embrun.

IV. SENEZ, *Evêché.*

CASTELLANE, *Bailliage*, sur le Verdon. On trouve près de cette petite Ville une fontaine d'eau salée très-abondante.

BARRESME, au Nord de Senez.

COLMARS, peu éloignée des sources du Var. Près de cette Ville on trouve une fontaine qui éprouve le flux & le reflux: elle croît & décroît sensiblement plusieurs fois dans la journée.

Au Nord de Colmars est la *Vallée de Barcelonette*, qui en 1713 a été rendue à la France par le Duc de Savoie, depuis Roi de Sardaigne, & annexée au Gouvernement de Provence, dont elle dépendoit autrefois. Elle est pour le Spirituel de l'Archevêché d'Embrun en Dauphiné.

BARCELONETTE, *Capitale* de ce petit Pays, n'est pas considérable. Elle fut bâtie en 1230, par Raymond-Bérenger IV, Comte de Provence, dont les ancêtres étoient originaires de Barcelone, Ville de Catalogne en Espagne.

V. RIEZ, *Evêché*, Ville fort ancienne & assez peuplée. Il y a des Cordeliers, des Capucins & des Ursulines : son vin est le meilleur de la Province.

MONSTIERS, ancienne Ville, chef d'un *Bailliage* de son nom : elle a une Manufacture de faïence & de porcelaine assez estimée, & un Couvent de Religieux Servites, qui ont sept ou huit Maisons en Provence : c'est une Congrégation d'Italie.

VI. GLANDÈVE, *Evêché*, sur le Var.

ENTREVAUX, sur le Var, lieu de la résidence de l'Evêque de Glandève.

La Ville de *Guilleaumes* n'est plus à la France, mais *Aiglun* & *Bajon*, qui sont aujourd'hui de la Viguerie d'Entrevaux, lui ont été cédés par le Traité de Turin de 1760, ainsi que *Gatieres*, qui est du Diocèse de Vence, & dont nous parlerons dans la suite : la Maison de Savoie possédoit ces Territoires.

§. II. *De la basse Provence.*

Elle renferme sept Diocèses: *Arles*, à l'Orient du Rhône ; *Aix*, à l'Orient d'Arles ; *Marseille, Tou-*

lon, *Fréjus*, *Grasse*, *Vence*. Ces cinq derniers Diocèses sont le long de la Méditerranée.

I. ARLES, sur le Rhône, *Archevêché*, *Sénéchaussée*. C'est une Ville très-ancienne, qui conserve encore à présent de beaux monumens de son ancienneté & de son opulence au temps des Romains, comme des Inscriptions, des restes d'un Amphithéâtre, des Aqueducs, des colonnes & des statues. La Maison-de-Ville est un bel édifice quarré, de onze toises de hauteur, & situé entre deux Places. On y voyoit autrefois une belle statue de Diane, qui a été transportée à Versailles. Les Consuls d'Arles firent déterrer en 1675, un ancien Obélisque, & le firent élever dans une des Places publiques, après y avoir fait graver de magnifiques inscriptions à la louange de Louis le Grand. Ce monument, qui est un reste de la magnificence des Romains, est de granit oriental, pierre plus dure & plus précieuse que le marbre. Sa hauteur est de 52 pieds, & sa base a 7 pieds d'épaisseur. Arles a une Académie des Belles-Lettres, établie par Lettres-patentes en 1669. Son Archevêque se qualifie Primat; il est Seigneur temporel de la Ville, où les Prêtres de l'Oratoire avoient le Séminaire. Il y a à Arles un Collège, & un grand nombre d'autres Communautés. C'est la patrie de MM. de Quiqueran, du P. d'Angières, Poëte Latin; de M. Robin, Poëte François; de l'Avocat Brunet, & de M. Molinier, célèbre Prédicateur.

Près de cette Ville on trouve des endroits remarquables, sçavoir, la *Camargue* & la *Crau*.

La *Camargue* est une terre renfermée entre les bras du Rhône, & son embouchure dans le Golfe de Lion, (*a*) dont les pâturages sont excellens.

(*a*) Ce n'est pas la Ville de Lyon, qui lui a donné ce nom, étant à plus de 60 lieues de-là; mais c'est parcequ'on éprouve

La *Crau* est une autre terre, dont les pâturages sont très-bons pour les moutons, quoique toute couverte de cailloux.

Salon, à l'Orient d'Arles. Cette Ville est remarquable par la naissance de César Nostradamus, auteur d'un Histoire de Provence, & fils du fameux Astrologue Michel Nostradamus, dont on voit le tombeau chez les Cordeliers de la même Ville.

Tarascon, sur le Rhône, vis-à-vis Beaucaire, est une ancienne & assez jolie Ville : elle est Capitale d'une *Viguerie* de son nom, & est du Diocèse d'Avignon. C'est la patrie d'André du Laurens, premier Médecin de Henri IV, célèbre par ses écrits; & de l'Abbé Molière, Professeur royal de Philosophie.

II. Aix, *Capitale* de toute la Provence, *Archevêché, Parlement,* (a) *Généralité, Hôtel des Monnoies, Université.* Cette Ville n'est pas extrêmement grande ; mais la moitié est bien bâtie, & les rues sont tirées au cordeau. Sextius, Proconsul Romain, l'a fondée 123 ans avant J. C. Elle s'appelle en Latin *Aquæ Sextiæ*, à cause de son fondateur, & des eaux chaudes & minérales qui s'y trouvent. Aix a plusieurs belles Eglises. Les principales sont la Cathédrale, qui est vaste & fort gothique ; son Baptistère est d'un très-bon goût : l'Eglise des Pères de l'Oratoire, décorée de beaux tableaux de Mignard ; la Chapelle des Pénitens bleus & des Pénitens blancs, où l'on voit de belles peintures ; mais sur-tout l'Eglise des Dominicains, & celle qui a appartenu aux Jésuites. On compte à Aix quatre Paroisses, vingt-un

---

de violentes tempêtes dans cette plage, qu'on l'a appellée Golfe de Lion, en latin *Sinus Leonis*. Les Espagnols le nomment *Golpho Leone*.

(a) La Cour des Comptes & Aides a été supprimée en 1771, & ses affaires attribuées au Parlement.

Couvens ou Communautés d'hommes, douze de filles, cinq Chapelles de Pénitens, quatre ou cinq Hôpitaux. On y voit plusieurs Places publiques, & un très-beau Cours dans le milieu de la Ville, orné de fontaines, planté de quatre rangs d'arbres, & bordé des deux côtés de belles maisons presqu'uniformes, & toutes de pierres de taille. Aix est la patrie de Fabrot, sçavant Jurisconsulte; du célèbre Père Thomassin, de l'Oratoire; de Joseph Piton de Tournefort, fameux Botaniste; des Canonistes Pastor, Cabassut & Gilbert; de Balthasar Gibert, qui, après avoir été plusieurs fois Recteur, est devenu Syndic de l'Université de Paris; du P. Gaillard, Jésuite, célèbre Prédicateur; & de Charles Duperrier, Poëte Latin.

LAMBESC, petite Ville assez jolie, au Nord-Ouest d'Aix. Elle appartient à un Prince de la Maison de Lorraine. C'est dans cette Ville que se tiennent les Assemblées de la Province. Le Père Antoine Pagi, Cordelier conventuel, célèbre Critique de Baronius, étoit de *Rognes*, proche de Lambesc.

BRIGNOLES, *Sénéchaussée*. Cette Ville, du Diocèse d'Aix, est renommée par ses bonnes prunes. Elle a des Augustins, des Cordeliers, des Capucins, des Ursulines, & une Maison de Prêtres de la Mission. C'est la patrie du célèbre Peintre Parroçel, & du Père le Brun, sçavant Prêtre de l'Oratoire, connu sur-tout par son Ouvrage sur la Liturgie.

SAINT-MAXIMIN, entre Aix & Brignoles. Il y a dans cette petite Ville un célèbre Couvent de Dominicains. Leur Eglise est la plus belle de la Province. Ils sont Curés de la Ville. L'opinion que les reliques de Sainte Magdelène reposent dans leur Eglise, a procuré de grandes richesses à cette Maison.

III. MARSEILLE, *Evêché*, *Présidial*, *Sénéchaussée*, *Port*. C'est une grande Ville, bien bâtie, très-riche & très-marchande. Elle a une Académie de Belles-Lettres, établie par Lettres-patentes en 1726. On y remarque principalement le *Parc de l'Artillerie*, l'*Hôtel-de-Ville*, le *Port* & le *Cours*. Le *Parc de l'Artillerie* est un très-beau Bâtiment où l'on fabrique des toiles à voiles. Il y a aussi une Manufacture de draps; c'étoient les Galériens qui y travailloient, dans des grandes salles, sous l'inspection des Officiers & des Maîtres de ces Manufactures. L'*Hôtel-de-Ville* est placé sur le Quai, vers le milieu du Port, dans la plus belle situation : il n'est pas bien grand, mais il est parfait dans son genre. La *Bourse* est au rez-de-chaussée, & occupe presque toute la largeur du Bâtiment. Au dessus du frontispice est une galerie saillante avec un balustre de pierre. On voit au haut de ce frontispice l'Ecu des Armes de France en marbre blanc. Le buste de Louis XIV est au-dessus de la balustrade de pierre dont nous venons de parler. Le *Port* est un des plus sûrs & des plus fréquentés de la Méditerranée, sur-tout par les vaisseaux du Levant. Les grands vaisseaux n'y peuvent entrer : ils s'arrêtent à l'Isle d'*If*, qui en est à un quart de lieue, & où il y a un Château du même nom. Le *Cours* est une grande rue plantée de deux rangs d'arbres & bordée de maisons des deux côtés, toutes de même symétrie, ornées de portiques & de grandes colonnes avec leurs chapitaux. Il sépare la nouvelle Ville, qui est très-belle, d'avec l'ancienne, qui est sale & mal bâtie.

Marseille a été bâtie par des Grecs, 600 ans avant J. C. Sa célèbre Abbaye de S. Victor a été sécularisée vers 1750. Cette Ville n'a que quatre Paroisses, dont il y en a trois qui sont Chapitres; sçavoir, la Cathédrale, nommée Notre-Dame de la Majour; S. Martin & Notre-Dame des Acoules; plusieurs Séminaires; deux Collèges, dont un est régi par les Prêtres de l'Oratoire. On y voit aussi un grand nombre de Maisons religieuses, plusieurs

Hôpitaux & Chapelles de Pénitens. C'est la patrie de Gennade, ancien Ecrivain Ecclésiastique ; de Jules Mascaron, Prêtre de l'Oratoire, célèbre Prédicateur & Evêque d'Agen ; d'Antoine Ruffi, auteur d'une Histoire de Marseille ; des Pères Plumier & Feuillé, Minimes, très-versés dans l'Histoire naturelle ; du Père Croiset, Jésuite ; & de M. Olivier, auteur de l'Histoire de Philippe de Macédoine.

LE MARTIGUE, Ville maritime avec titre de Principauté, sur l'Etang de même nom, qu'on appelle aussi l'*Etang de Berre*, au Nord-Ouest de Marseille. La Ville de Martigue consiste en trois grands bourgs joints ensemble par deux Ponts. On nomme ces bourgs, *Ferrières*, *l'Isle* & *Jonquières*. L'Etang de Martigue, ou de Berre, a cinq lieues de long sur deux de large, & fournit de très-bon sel & beaucoup de poissons.

LA CIOTAT, au Sud-Est de Marseille, *Port*, célèbre par ses bons vins muscats.

LA SAINTE-BAUME, à l'Orient de Marseille. C'est une Grotte où l'on croit, sans beaucoup de fondement, qu'est morte sainte Magdelène, sœur de Lazare, que les Provençaux croient avoir été le premier Evêque de Marseille. On y voit une petite Maison de Dominicains.

IV. TOULON, *Evêché*, *Sénéchaussée*, très-beau *Port*, & l'un des Départemens de la Marine. C'est une assez jolie Ville, qui n'est guères peuplée, mais marchande, sur-tout en vins. Il y a un fort bel Arsenal, & de grands Magasins pour les vaisseaux de Roi. On y a transféré en partie les Galères qui étoient ci-devant à Marseille. Toulon est une place fortifiée par le Chevalier de Ville : elle a plusieurs Communautés, un Séminaire pour la Marine, & un Collège. C'est la patrie de Louis Ferrand, Avocat, sçavant dans les Langues orientales ; & des Dominicains

nicains Serry & Drouin, célèbres par des Ouvrages Théologiques.

Hyeres, *Sénéchaussée*. C'est une petite Ville fort peuplée & près de la Mer. On trouve dans son territoire beaucoup d'orangers, de citroniers & de grenadiers en pleine terre. Son *Port*, assez célèbre autrefois, est bouché à présent. Les Prêtres de l'Oratoire y ont un Collège, qui a produit les célèbres Prédicateurs Massillon, Evêque de Clermont, & Rainaud.

V. Fréjus, *Evêché*. C'est une Ville ancienne qui servoit de Port aux Romains; à présent elle est à une demi-lieue de la Mer. Son Aqueduc & son Amphithéâtre sont encore assez remarquables, pour montrer la magnificence des Romains. C'est la patrie de M. Antelmi, qui a écrit sur l'origine de cette Ville.

Lorgues, jolie Ville, à l'Occident de Fréjus.

Draguignan, *Sénéchaussée*. Cette Ville, qui est assez grande & chef d'une *Viguerie*, a six Couvens de Religieux & un Collège des Prêtres de la Doctrine Chrétienne.

Barjemont*, au Nord de Draguignan, est une petite Ville qui a donné naissance à Louis Moréri, premier auteur du célèbre Dictionnaire historique que l'on appelle toujours de son nom.

Saint-Tropez, *Port* sur la Méditerranée. C'est une Ville assez forte & marchande.

VI. Grasse, *Evêché*, *Sénéchaussée*. Elle est fameuse par l'illustre M. Godeau, son Evêque, qui vivoit dans le dernier siècle : ce Prélat étoit aussi recommandable par ses grands talens, que par sa régularité. Cette Ville est peuplée & marchande, & contient plusieurs Communautés. Elle est renommée pour ses pomades & ses eaux de senteur.

Antibes, *Place forte* & *Port*. Cette Ville, qui est vers le Comté de Nice, a été fortifiée par

Tome I.

M. de Vauban ; elle est marchande & assez grande. Elle avoit autrefois un Evêque, qui a transféré son siège à Grasse, dont elle dépend maintenant, après avoir été gouvernée quelque temps par un Vicaire Apostolique. C'est la patrie de M. Tournely, Docteur de Sorbonne, très-connu.

VII. VENCE, *Evêché*, petite Ville fort ancienne : elle étoit autrefois unie à Grasse, & ne faisoit qu'un même Evêché. Les Doctrinaires ont le Séminaire.

SAINT-PAUL, au Sud-Est de Vence, petite Ville chef d'une *Viguerie*, & qui a entrée aux Assemblées générales de la Province.

GATIERES, petite Ville, que la Maison de Savoie a cédée à la France par le Traité de Turin, en 1760.

Il y a plusieurs Isles sur les côtes de Provence. Les plus considérables sont :

1. Les Isles d'*Hyères*, vis-à-vis la Ville de ce nom. Il y en a trois, sçavoir, *Portquerolles*, *Portcros*, *l'Isle de Levant* : elles sont presque désertes.

2. Les Isles de *Lérins*, qui sont au nombre de deux ; la première, nommée *Saint-Honorat*, est célèbre dans l'Histoire Ecclésiastique, par le Monastère de S. Honorat dont elle porte le nom. La seconde s'appelle *Sainte-Marguerite*, & est près d'Antibes. Cette Isle est défendue par trois Forts, dont le plus considérable est le *Fort-Royal*, situé sur un rocher, & composé de cinq Bastions bien terrassés.

Du Comtat Venaiscin, & du Territoire d'Orange.

Nous joignons ici ces deux Pays, parcequ'ils sont enclavés dans la Provence. Le premier n'étoit point ci-devant à la France ; & elle n'en est en possession que depuis quelques années. Le second qui en relevoit, lui a été abandonné, en 1713.

I. *Le Comtat Venaiscin.*

Ce petit Etat, dont le Pape étoit en possession

depuis long-temps avec l'agrément du Roi, lui a été pris en 1768 ; à cause des différends de Rome avec le Duc de Parme, de la Maison de Bourbon-Espagne. Il est entre le Dauphiné & la Provence, le long du Rhône : son terroir est très-fertile. Le nom de Comtat Venaiscin, lui vient de la Ville de *Venasque*, son ancienne Capitale.

Autrefois il dépendoit de la Provence ; mais il fut cédé, en 1273, à Grégoire X, par le Roi Philippe le Hardi. Depuis ce temps, il a été possédé par les Papes, qui y tenoient un Vice-Légat à Avignon, dont ils avoient fait l'acquisition soixante & quinze ans après. Les Habitans sont regardés comme regnicoles, en conséquence des Lettres-patentes des Rois Charles IX, Henri IV, Louis XIII & Louis XIV.

CARPENTRAS, *Evêché*, petite Ville assez jolie, quoiqu'ancienne. Elle est regardée depuis long-temps comme la *Capitale* du Comtat.

VENASQUE *, à l'Occident de Carpentras, ancienne Ville ruinée, & d'où l'on a transporté l'Evêché à Carpentras.

VAISON, *Evêché*, au Nord, petite Ville.

CAVAILLON, *Evêché*, au Midi, sur la Durance. C'est la patrie du B. César de Bus, Instituteur des Doctrinaires.

Ces trois Evêchés sont suffragans d'Avignon.

AVIGNON, sur le Rhône. *Archevêché, Université*. Cette Ville est ancienne. Elle fut vendue en 1348, à Clement VI, par Jeanne, Reine de Naples & Comtesse de Provence, pour la somme de 80000 florins d'or. Les Papes y avoient déja fait leur résidence depuis Clément V, qui y transféra son Siège en 1308 : & ce ne fut qu'en 1376, que Grégoire XI, son cinquième successeur, retourna à Rome. Avignon a des murailles bien bâties & garnies de tours : elle étoit ci-devant le Siège d'un Vice-Légat qui gouvernoit au nom du Saint Père. On y voit des monumens du séjour qu'y ont fait autrefois les Papes, entr'autres le Palais Papal, bâti par Jean XXII. Les Chanoines de la Cathédrale sont habillés de rouge, comme les Cardinaux. Il y avoit dans cette Ville un Tribunal de la Rotte, une Inquisition, une Synagogue pour les Juifs, & un Bureau des Monnoies. Avignon fait un district à part, & n'est pas du Comtat Venaiscin. Il y a plusieurs Chapitres, plusieurs Séminaires, un Collège, & grand nombre de Communautés, la plupart riches. C'est près de cette Ville que des pêcheurs trouvèrent dans le Rhône, en 1656, ce fameux bouclier d'argent du poids de 42 marcs, où est représentée la mémorable action de L. Scipion, qui rendit une jeune Princesse Espagnole, sa captive & d'une rare beauté, à un Prince des Celtibériens à qui elle avoit été promise. Ce bouclier est à Paris, dans le Cabinet des Antiques du Roi, avec un de la même forme & du même poids, trouvé en 1714 en Dauphiné. Celui-ci est un ouvrage Carthaginois, & l'on a lieu de croire qu'il avoit été consacré par Annibal à quelque divinité du Pays, à son passage du Rhône. Avignon est la patrie de M. Genet, Evêque de Vaison, auteur de la Morale de Grenoble.

II. *Le Territoire d'Orange.*

Ce petit Pays étoit autrefois une Principauté qui ne valoit guères que cinquante mille livres de rente. Après avoir appartenu à la Maison des Baux, & ensuite à celle de Châlon, elle passa en 1531, aux Princes de la Maison de Nassau, ancienne famille d'Allemagne, dont une branche est fort célèbre dans l'Histoire des Pays-Bas. Guillaume III, Roi d'Angleterre, étoit possesseur de cette Principauté; & ce fut sur lui que Louis XIV s'en empara. Après la mort de ce Prince, Louis XIV, pour faire cesser les prétentions que le Prince de Conti avoit sur l'héritage d'Orange, lui donna deux Terres en échange; & à la Paix d'Utrech, en 1713, il se fit céder la Principauté d'Orange par le Roi de Prusse, Frédéric-Guillaume, qui se portoit pour héritier de Guillaume III, Roi d'Angleterre; & qui reçut en échange le Territoire de la Ville de Gueldres qui étoit plus à sa bienséance, s'engageant de donner un dédommagement au fils du Prince de Nassau-Dietz, que Guillaume III avoit nommé son héritier, & qui est la tige des nouveaux Stathouders de Hollande.

ORANGE, *Evêché*, suffragant d'Arles, *Université*. C'est la seule Ville de cette Principauté qui soit considérable. Elle est célèbre par deux Conciles qui s'y sont tenus au Ve. Siècle. On y voit les restes d'un Amphithéâtre fort beau, & d'un Arc de triomphe, qui tomba en 1707 & 1709. Le Temple que les Calvinistes avoient dans cette Ville, est maintenant l'Eglise des Doctrinaires, qui ont le Collège. La Ville d'Orange est de l'Election de Montélimart, dans le bas Dauphiné.

ANALYSE

Des choses qui sont les plus remarquables dans le Royaume de France.

Nous les réduirons à douze chefs, savoir;
1. Les Fleuves & Rivières principales.
2. Les principaux Ports de mer, & les Départemens de la Marine.
3. Les Eaux minérales.
4. Les Capitales des Gouvernemens & des Provinces.
5. Les Archevêchés, Evêchés & Chambres Ecclésiastiques.
6. Les Universités, & les Académies.

7. Les Conseils d'Etat, les Parlemens, les Conseils souverains, les nouveaux Conseils Supérieurs, depuis 1771.

8. Les Pays de Droit écrit.

9. Les Chambres des Comptes, & les Cours des Aides.

10. Les Généralités, & les Elections.

11. Les Pays d'Etats.

12. La Cour & les Hôtels des Monnoies.

§. I. *Des Fleuves & Rivières principales de France.*

Outre les quatre principaux Fleuves de ce Royaume, dont nous avons parlé, (*pag.* 67 & 68) savoir, la *Seine*, la *Loire*, le *Rhône* & la *Garonne*, on peut encore remarquer vingt-quatre Rivières, dont six au Nord, onze dans le milieu, & sept au Midi.

I. Des six qui sont au Nord, une se jette dans la Manche au-dessous d'Abbeville, après avoir traversé la Picardie : c'est la *Somme*.

Deux se déchargent dans la Seine ; savoir, l'*Oise* près de Pontoise, & la *Marne* près de Paris.

La quatrième est l'*Aisne*, qui se jette dans l'Oise près de Compiègne.

Les deux dernières sont la *Meuse* & la *Moselle*.

II. Entre les onze Rivières du milieu, la première, qui est en Bretagne, la *Villaine*, se décharge dans l'Océan, au-dessous de la Roche-Bernard.

Les trois autres, qui sont au Nord de la Loire, se rendent en Anjou ; savoir, la *Mayenne*, la *Sarte* & le *Loir*. La Mayenne, après avoir reçu près d'Angers la Sarte, grossie du Loir, se jette dans la Loire.

Il y en a quatre qui se rendent dans la Touraine ; le *Cher*, l'*Indre*, la *Creuse*, & la *Vienne*. Elles se déchargent dans la Loire, à l'exception de la Creuse qui se jette dans la Vienne.

La neuvième Rivière du milieu de la France, est l'*Yonne*. Elle se jette dans la Seine à Montereau.

Il y en a deux qui s'unissent en Bourgogne ; savoir la *Saône* & le *Doux*.

III. Au Midi il y a sept Rivières, dont trois se jettent dans la Garonne ; ce sont la *Dordogne* au Bec-d'Ambez, dans le Bourdelois ; le *Lot*, près d'Aiguillon, dans l'Agénois ; le *Tarn*, près de Moissac, dans le Querci.

L'*Adour* se jette dans l'Océan, à Bayonne.

L'*Allier* se décharge dans la Loire, près de Nevers.

Enfin deux se jettent dans le Rhône, à sa gauche, l'*Isère* au-dessus de Valence, & la *Durance* au-dessous d'Avignon.

On peut voir sur ces Fleuves & Rivières la Carte physique de la France que Philippe Buache, premier Géographe du Roi, & Gendre du fameux Guillaume Delisle, a publiée en 1770.

§. II. *Des principaux Ports de mer de France, sur l'Océan & la Méditerranée ; & des Départemens de la Marine.*

Il y a quatorze Ports de mer sur l'Océan, & trois sur la Méditerranée.

Les premiers sont : en Flandre, *Dunkerque* & *Gravelines* ; *Calais*, en Picardie ; *Dieppe* & le *Havre*, en Normandie ; *Saint-Malo*, *Brest*, *l'Orient* (a), & *Port-Louis*, en Bretagne. Au Pays d'Aunis, *la Rochelle*, où abordent la plûpart des vaisseaux qui viennent de l'Amérique, & *Rochefort*. Ceux de Guyenne sont, *Bordeaux*, *Bayonne*, *Saint-Jean-de-Lutz*.

Les trois qui sont sur la Méditerranée sont : *Cette*, en Languedoc ; *Marseille* & *Toulon*, en Provence.

Département de la Marine.

On en compte quatre, trois sur l'Océan & un sur

(a) Ce dernier Port étoit celui où abordoient ci-devant toutes les Marchandises qui venoient des Indes Orientales, au profit de la Compagnie des Indes, qui a cessé en 1769.

la Méditerranée. Le *Havre*, dans la Normandie ; *Brest*, à l'extrémité occidentale de la Bretagne ; *Rochefort*, dans le Pays d'Aunis. *Toulon*, en Provence, est sur la Méditerranée.

§. III. *Des Eaux minérales de France, les plus remarquables.*

Au Nord, il y en a trois : *Forges*, dans la haute Normandie ; *Plombières*, au Midi de la Lorraine ; *Bourbonne-les-Bains*, près Langres en Champagne.

Dans le milieu, deux : *Bourbon-l'Archambaud*, près Moulins, dans le Bourbonnois ; *Vichy*, sur l'Allier.

Au Midi, trois : *Bagnères* & *Barège*, dans le Bigorre, près les Monts Pyrénées, en Gascogne ; *Balaruc*, près de Montpellier, en Languedoc.

§. IV. *Des Capitales des Gouvernemens & des Provinces de France.*

Il y a huit grands Gouvernemens de Provinces au Nord, treize dans le milieu, & onze au Midi.

Gouvernemens du Nord.

La Flandre Françoise.

Lille, capitale de la Flandre Françoise. *Cambray*, capitale du Cambrésis. *Valenciennes*, capitale du Hainaut François.

L'Artois.

Arras, capitale du Comté d'Artois.

La Picardie.

On la partage en haute & basse : la basse est au Nord & à l'Occident ; la haute est à l'Orient.

Au Nord : *Calais*, dans la basse, qui est à l'Occident, capitale du Pays reconquis ; *Boulogne*, du Boulonnois ; *Abbeville*, du Ponthieu ; *Saint-Valery*, du Vimeux ; *Amiens*, capitale de toute la Province,

& en particulier de la haute, c'est-à-dire, de celle qui est plus à l'Orient ; *Péronne*, du Santerre ; *Saint-Quentin*, du Vermandois ; *Guise*, de la Thiérache.

La Normandie.

On la divise en haute & basse. La haute, à l'Orient, contient trois Diocèses : *Rouen*, *Lisieux*, *Evreux*. La basse, à l'Occident, comprend quatre Diocèses : *Séez*, vers le Perche ; *Avranches*, vers la Bretagne ; *Coutances*, vers la mer, à l'Occident ; *Bayeux*, au Septentrion. La capitale de toute la Normandie est *Rouen* ; & *le Havre* l'est de son Gouvernement particulier.

L'Isle de France.

Elle comprend dix petits Pays. L'Isle-de-France proprement dite ; *Paris*, capitale de l'Isle-de-France propre, de son Gouvernement particulier, & de tout le Royaume. La Brie Françoise, *Brie-Comte-Robert*. Le Gâtinois François, *Melun*. Le Hurepoix, *Dourdan*. Le Mantois, *Mantes*. Le Vexin François, *Pontoise*. Le Beauvoisis, *Beauvais*. Le Valois, *Crépi*. Le Soissonnois, *Soissons*. Le Laonnois, *Laon*.

La Champagne & la Brie.

On la divise en haute vers le Nord, & en basse vers le Midi. La capitale de la haute Champagne est *Reims*. La capitale de la basse & de toute la Champagne, *Troyes*. La capitale de la haute Brie, *Meaux*. Celle de la basse, *Provins*.

La Lorraine.

Elle comprend la Lorraine propre, le Barrois & les trois Evêchés. *Nanci*, Capitale de la Lorraine, *Bar-le-Duc*, du Barrois : *Metz*, *Toul* & *Verdun* sont les Capitales de ce qu'on appelle les trois Evêchés.

L'Alsace.

On la divise en trois parties : haute, basse, & Suntgau. *Strasbourg*, capitale de la basse & de toute l'Alsace; *Colmar* de la haute, & *Béfort* du Suntgau.

Gouvernemens du Milieu.

La Bretagne.

On la divise en haute & basse : la haute vers l'Orient, la basse vers l'Occident. La haute a cinq Evêchés : *Rennes*, à l'Orient; *Nantes*, au Midi : *Saint-Malo*, *Dol*, *Saint-Brieux*, au Nord. La basse a quatre Evêchés, *Vannes* & *Quimper*, au Midi; *Saint-Pol* & *Tréguier*, au Nord.

Le Maine & le Perche.

Le Maine est partagé en haut vers le Sud-Est, & en bas vers le Nord-Ouest. Le *Mans*, dans le haut Maine, est la Capitale de toute la Province du Maine: *Mayenne*, l'est du bas Maine. *Mortagne* est la capitale du Perche.

L'Anjou.

La Loire le divise en haut & bas Anjou : le haut au Nord, le bas au Midi. *Angers* est la capitale de cette Province, & en particulier du haut Anjou. *Saumur* est la capitale du bas, & du petit Gouvernement qui porte son nom.

La Touraine.

La Loire la divise en haute & basse : la haute est au Nord. *Tours* en est la Capitale, ainsi que de toute la Province. La basse est au Midi, & *Amboise* en est la Capitale.

L'Orléanois.

Orléans, Capitale de l'Orléanois propre & de tout le Gouvernement. *Chartres*, Capitale de la

Beauſſe. *Vendôme*, Capitale du Vendômois. *Châteaudun*, Capitale du Dunois. *Blois*, Capitale du Blaiſois. *Montargis*, Capitale du Gâtinois-Orléanois.

Le Berri.

Bourges, Capitale du Berri, & en particulier du haut Berri. Le Cher le ſépare du bas Berri, dont la principale Ville eſt *Iſſoudun*.

Le Nivernois.

Nevers, ſur la Loire, Capitale.

La Bourgogne.

Dijon, Capitale de toute la Province, & en particulier du Dijonnois. *Châtillon-ſur-Seine*, Capitale du Pays de la Montagne; *Auxerre*, de l'Auxerrois; *Sémur*, de l'Auxois; *Autun*, de l'Autunois; *Châlon*, du Châlonnois; *Charolles*, du Charolois; *Mâcon*, du Mâconnois; *Bourg*, Capitale de la Breſſe; *Bellay*, capitale du Bugey; *Trévoux*, capitale de la Principauté de Dombes.

La Franche-Comté.

Beſançon, capitale de la Province, qui ſe diviſe en quatre grands Bailliages. 1. D'Amont, qui renferme *Gray*, ſur la Saône. 2. De *Beſançon*, ſur le Doux. 3. De *Dole*, ſur la même rivière. 4. D'Aval, où eſt *Salins*, vers le milieu de la Province.

Le Poitou.

On le diviſe en haut Poitou vers l'Orient, & bas Poitou vers la mer. La capitale du Poitou, & en particulier du haut, *Poitiers*; dans le bas eſt *Fontenay-le-Comte*.

L'Aunis.

L'Aunis eſt un petit Pays, à l'extrémité du bas

Poitou, près de la mer : *la Rochelle* en est la capitale.

La Marche.

La haute est à l'Orient : *Gueret* en est la capitale. La basse est à l'Occident : *le Dorat*, capitale.

Le Bourbonnois.

On le divise en haut & bas : le haut à l'Orient, le bas à l'Occident. *Moulins*, près l'Allier, capitale du haut : *Montluçon*, capitale du bas.

Gouvernemens du Midi.

La Saintonge & l'Angoumois.

Saintes, capitale de la Saintonge : *Angoulême*, capitale de l'Augoumois.

Le Limosin.

Le haut Limosin est au Septentrion : *Limoges* en est la capitale, & de toute la Province. Le bas est au Midi : *Tulles* en est la capitale.

L'Auvergne.

La haute Auvergne est au midi, la basse au Nord. *Saint-Flour*, capitale de la haute. *Clermont*, capitale de la basse & de toute la Province.

Le Lyonnois.

Lyon, capitale de la Province & du Lyonnois propre. *Montbrison*, capitale du Forès. *Ville-Franche*, capitale du Beaujolois.

Le Dauphiné.

Le haut Dauphiné est vers les montagnes, qui le séparent de la Savoie, & vers la Provence. Il comprend le Graisivaudan, dont *Grenoble* est la capitale, ainsi que de toute la Province : le Royanez, *Pont-de-Royan* capitale : le Briançonnois, *Briançon* capitale : l'Embrumois, *Embrun* capitale : le Gapençois, *Gap* capitale : les Baronies, *le Buys* capitale. Le bas Dauphiné, qui est le long du Rhône, comprend le Viennois, *Vienne* capitale : le Diois, *Die* capitale : le Valentinois, *Valence* capitale : le Tricastin, *Saint-Paul-trois-Châteaux* capitale.

La Guyenne & la Gascogne.

Bordeaux, capitale du Gouvernement de Guyenne & du Bourdelois : *Bazas*, du Bazadois : *Périgueux*, du Périgord : *Agen*, capitale de l'Agénois : *Cahors*, capitale du Querci : *Rodez*, capitale du Comté de Rouergue : *Ville-Franche*, capitale de la basse Marche de Rouergue : *Milhaud*, capitale de la haute.

La Gascogne est divisée en plusieurs petits Pays. *Auch* est la capitale de la Province, & de l'Armagnac en particulier : *Condom*, capitale du Condomois : *Dax*, capitale des Landes : *Saint-Sever*, capitale de la Chalosse propre : *Bayonne*, capitale du Labour, & du Pays des Basques : *Tarbes*, capitale du Bigorre : *Saint-Bertrand*, capitale du Cominge : *Saint-Lizier*, capitale du Couserans.

Le Béarn & la basse Navarre.

Pau, capitale du Béarn : *Saint-Jean-pied-de-Port*, capitale de la basse Navarre.

Le Comté de Foix.

Foix, capitale du Comté de Foix.

Le Roussillon.

Perpignan, capitale du Roussillon.

Le Languedoc & les Cévennes.

Le Languedoc se divise en haut & bas. Le haut contient neuf Diocèses : deux à l'Occident, *Toulouse* & partie de *Montauban* ; un au Nord, *Alby* ; deux dans le milieu, *Lavaur* & *Castres* ; un au Sud-Ouest,

Rieux; deux au Midi, *Mirepoix* & *Saint-Papoul*; & un renfermé en partie dans la Gascogne, au Sud-Ouest, *Cominge*. Le bas Languedoc a onze Diocèses; deux au Midi, *Alet* & *Carcassonne*; un au Nord du Canal, *Saint-Pons*; quatre près de la Méditerranée, *Narbonne*, *Béziers*, *Agde*, *Montpellier*; un au Nord-Ouest de Montpellier, *Lodève*; trois à l'Occident du Rhône, *Nismes*, *Alais*, *Usez*.

Sous le nom de Cévennes, on renferme trois Pays; 1. Le Gévaudan, dont la capitale est *Mende*; 2. Le Vivarais, dont la capitale est *Viviers*; & le Vélai, dont la capitale est *le Puy*.

La Provence.

On la divise en haute & basse: la haute est au Septentrion, la basse au Midi & vers la Méditerranée. La haute contient six Diocèses: *Apt*, *Sisteron*, *Digne*, *Riès*, *Senès*, *Glandève*. La basse en a sept: *Arles*, *Aix*, capitale de toute la Provence; *Marseille*, *Toulon*, *Fréjus*, *Grasse*, *Vence*.

Le Comtat Venaiscin & Orange.

Carpentras est la capitale du Comtat. Ce Pays étoit ci-devant au Pape, aussi bien que la Ville d'*Avignon*, qui n'est pas du Comtat, & forme un district particulier.

Orange, capitale de l'ancienne Principauté de ce nom.

§. V. Des Archevêchés & Evêchés, & des Chambres Ecclésiastiques.

Il y a dans ce Royaume dix-huit Archevêchés & cent onze Evêchés, sans compter *Avignon* & ses Suffragans. On en trouvera le détail dans la *Géographie Ecclésiastique* qui termine cet Ouvrage.

ANALYSE DE LA FRANCE. 279

Des Chambres Eccléfiaftiques.

Ces *Chambres* font des Tribunaux où l'on juge des impofitions faites fur le Clergé des différens Diocèfes. Il y en a neuf: *Rouen, Paris, Tours, Bourges, Lyon, Bordeaux, Pau, Touloufe, Aix.*

§. VI. *Des Univerfités & des Académies.*

Une *Univerfité* eft une compagnie compofée de plufieurs Collèges dans une même Ville, dans lefquels les Profeffeurs enfeignent différentes Sciences. Une Univerfité renferme ordinairement quatre Facultés: fçavoir, celles de Théologie, de Droit, de Médecine & des Arts. Ces Facultés réunies, comprennent toutes les Sciences, que l'on enfeigne dans les Collèges.

Il y a vingt & une Univerfités en France, fix au Nord, fept dans le milieu, huit au Midi.

Celles du Nord font : *Douay*, en Flandre ; *Caën*, en Normandie ; *Paris*, dans l'Ifle de France ; *Reims*, en Champagne ; *Pont-à-Mouffon*, en Lorraine ; *Strasbourg*, en Alface.

Les fept du milieu font : *Nantes*, en Bretagne ; *Angers*, en Anjou ; *Poitiers*, en Poitou ; *Orléans*, dans l'Orléanois ; *Bourges*, en Berri ; *Dijon*, en Bourgogne ; *Befançon*, en Franche-Comté.

Les huit du Midi font : *Bordeaux*, en Guyenne ; *Pau*, en Béarn ; *Perpignan*, dans le Rouffillon ; *Touloufe* & *Montpellier*, en Languedoc ; *Aix*, en Provence ; *Orange*, dans le Territoire de ce nom ; *Valence*, en Dauphiné.

Il y a dans ce Royaume trente-neuf *Académies & Sociétés Littéraires*, quinze au Nord, huit dans le milieu, & feize au Midi.

Celles du Nord font : *Arras*, Société Littéraire ; *Amiens*, Académie des Sciences, Belles-Lettres & Arts ; *Rouen*, Académie des Sciences & Belles-Lettres ; *Caen*, Académie de Belles-Lettres ; *Nancy*,

Société Royale des Sciences & Belles-Lettres; *Metz*, Société Royale des Sciences, Belles-Lettres & Arts; *Paris*, en a sept: 1.° l'Académie Françoise, 2.° des Inscriptions & Belles-Lettres, 3.° des Sciences, 4.° de Peinture & Sculpture, 5.° d'Architecture, 6.° de Chirurgie, 7.° d'Ecriture ; *Soissons*, Académie Françoise; *Châlons-sur-Marne*, Société Littéraire.

Celles du milieu sont: *Brest*, Académie de Marine; *Auxerre*, Société des Sciences & Belles-Lettres; *Angers*, Académie des Sciences; *Dijon*, Académie des Sciences & Belles-Lettres; *Besançon*, Académie des Sciences, Belles-Lettres & Arts, & une Société Littéraire militaire; *la Rochelle*, Académie des Belles-Lettres.

Celles du Midi sont: *Orléans*, Société Littéraire; *Lyon*, qui en a deux, l'une des Sciences, Belles-Lettres & Arts, & l'autre des Beaux-Arts; *Villefranche*, en Beaujolois, Académie des Sciences, Belles-Lettres & Arts ; *Clermont-Ferrand*, Société Littéraire; *Bordeaux*, Académie des Belles-Lettres, des Sciences & des Arts; *Pau*, Académie des Sciences & Beaux-Arts ; *Montauban*, Académie des Belles-Lettres ; *Toulouse*, qui en a trois, les Jeux floraux, une Académie des Sciences, Inscriptions & Belles-Lettres, & une de Sculpture, Peinture & Architecture ; *Montpellier*, Société Royale; *Beziers*, Académie des Sciences & Belles-Lettres; *Nismes*, *Arles*, *Marseille*, Académies des Belles-Lettres.

Depuis quelques années on a encore établi dans les Généralités du Royaume, des Sociétés d'Agriculture, dont l'occupation principale est d'examiner la nature des différens sols, pour en augmenter la fertilité.

§. VII. *Des Conseils d'Etat, des Parlemens, des Conseils Souverains, & des Conseils Supérieurs.*

1. *Des Conseils d'Etat.*

Le Gouvernement des affaires de tout le Royaume, & l'administration générale de la Justice & des Finances, se régit par quatre Conseils d'Etat.

Le premier qui est proprement le seul *Conseil d'Etat*, quoique les autres en portent aussi le nom, est celui que le Roi tient avec ses Ministres. On y traite des affaires générales de l'Etat, de la guerre, de la paix, des alliances avec les Etrangers, &c.

Le second s'appelle *le Conseil Royal des Finances*. On y règle les affaires les plus importantes des Finances.

Le troisième, *le Conseil des Dépêches*, est pour les affaires des Provinces, des Placets, Lettres, Brevets pour les Gouverneurs des Provinces.

Le quatrième, *le Conseil privé ou des Parties*. Les affaires qui y sont rapportées, sont des cassations d'Arrêts des Parlemens, ou des évocations pour les récusations de Juges. C'est le seul Conseil où le Roi n'assiste pas en personne. Le Chancelier y préside.

2. *Des Parlemens & des Conseils Souverains.*

La Justice ordinaire est rendue par les *Parlemens*, qui sont des Cours Supérieures qui jugent en dernier ressort. On en comptoit ci-devant treize, en France. Il y en a plus que neuf, depuis l'année 1771; un au Nord: *Paris*. Au milieu trois: *Rennes, Dijon, Besançon*. Et cinq au Midi: *Bordeaux, Pau, Toulouse, Grenoble, Aix*.

Leur ressort ne s'étend guères au-delà des Provinces où ils sont situés; il n'en étoit pas de même de celui de Paris, dont le ressort comprenoit tout le reste du Royaume, avant l'établissement des Conseils Supérieurs fait en 1771. On lui a conservé cependant le droit de recevoir seul les Edits, & il les envoye aux Conseils Supérieurs établis dans son ancien ressort: il peut aussi seul faire des Remontrances, comme les autres Parlemens & Conseils Souverains.

Il y avoit ci-devant encore des Parlemens à *Rouen*, à *Douay*, à *Metz* & à *Dombes*; mais le Roi les a supprimés depuis un an, en établissant des Conseils Supérieurs dans les deux premières Villes; il a uni le Parlement de Metz à la Cour Souveraine de Nanci, & celui de Dombes au Conseil Supérieur de Lyon.

I. Le *Parlement de Paris* est le plus ancien : il fut rendu sédentaire par Philippe-le-Bel, en 1303.

II. Celui de *Toulouse* fut institué par le même Roi, la même année, & rendu sédentaire en 1443, par Charles VII. Son ressort est non-seulement en Languedoc, mais aussi dans le Quercy, le Rouergue, & la Gascogne Orientale. Depuis l'établissement du *Conseil Supérieur de Nismes*, en 1771 ; il n'a plus dans son ressort une partie du bas Languedoc & les Cévennes.

III. Celui de *Besançon* étoit d'abord une Cour instituée à Dole par Philippe-le-Bon, Duc de Bourgogne, en 1422, qui ne prit le nom de Parlement que quelques années après. Il fut supprimé par le Roi d'Espagne, en 1668 ; mais Louis XIV s'étant rendu maître de la Franche-Comté, le rétablit à Dole, en 1674, & le transféra, environ deux ans après, à Besançon.

IV. Celui de *Grenoble* a été institué sédentaire par Charles VII, en 1453.

V. Celui de *Bordeaux* a été fait sédentaire par Louis XI, en 1462.

VI. Celui de *Dijon* a été institué par le même Roi, en 1477, & rendu sédentaire par Charles VIII, en 1494.

VII. Celui d'*Aix* établi par Louis XII, en 1501.

VIII. Celui de *Rennes* ou de *Bretagne* établi par Henri II, Roi de France, en 1553. Il a été semestre jusqu'en 1724.

IX. Celui de *Pau*, ou de *Béarn* fut érigé en 1620, par Louis XIII, au lieu du Conseil ou Chancellerie de Navarre. Son ressort s'étend pour les matières domaniales & féodales, sur différens Pays qui dépendoient du Domaine de la Cour de Navarre, & qui sont dans l'étendue des Parlemens de Toulouse & de Bordeaux.

Le plus illustre de tous ces Parlemens, est celui de *Paris*. C'est la Cour des Pairs de France : ils y ont séance ; & doivent y être jugés.

Entre ces Pairs, il y en avoit anciennement XII principaux, six Ecclésiastiques & six Laïcs. Les premiers subsistent : ce sont l'Archevêque de Reims, les Evêques de Laon, & de Langres, qui sont tous trois Ducs; & les Evêques de Beauvais, de Châlons-sur-Marne, & de Noyon, qui sont Comtes. L'Archevêque de Paris qui fut créé Duc & Pair en 1674, n'a point rang parmi ces anciens Pairs Ecclésiastiques. Les six Pairs Laïcs étoient aussi trois Ducs, & trois Comtes; les Ducs de Bourgogne, de Normandie & de Guyenne, & les Comtes de Flandre, de Toulouse & de Champagne. La réunion de ces six Provinces à la Couronne a éteint ces Pairies laïques; elles ne paroissent plus que par des représentans au Sacre de nos Rois.

On y a substitué en différens temps des Duchés & Comtés Pairies, qui ne furent érigés d'abord que pour les Princes du sang. Cette faveur a depuis été accordée à des Gentilshommes, dont nos Rois ont voulu récompenser les services. Le nombre de cette dernière espèce de Duchés-Pairies est considérable. En voici la Liste actuelle, en 1772.

Il y en a au Nord onze. En *Picardie*, 1. Chaulnes, dans le Santerre. *Normandie* 2. Elbeuf, dans la haute; Tury ou Harcourt, dans la basse. *Isle-de-France* 2. Villeroi, dans la Brie Françoise; Warti ou Filtz-James, dans le Beauvoisis. *Champagne* 4. Isles-Aumont, & Piney-Luxembourg, dans la basse; Praslain dans le Diocèse de Langres; Tresmes ou

Gesvres, dans la Brie pouilleuse. *Lorraine* 1. Stainville, dans le Barrois, au Duc de Choiseul.

Dans le Milieu quinze. *Bretagne* 3. Rohan, Penthièvre, Quintin ou Lorges, dans la basse. *Anjou* 2. Brissac dans le bas, la Vallière dans le haut. *Touraine* 2. Montbason dans la basse, Luynes dans la haute. *Orléanois* propre 1. Sulli. *Berri* 2. S. Aignan, Charost dans le bas. *Nivernois* 1. Nevers. *Poitou* 3. Richelieu, Thouars qui appartient au Duc de la Trimouille, Mortemar, dans le haut Poitou.

Au Midi treize. *Saintonge & Angoumois* 2. Frontenai ou Rohan-Rohan, dans la basse. La Rochefoucault dans l'Angoumois. *Limosin* 1. Noailles, bas Limosin. *Dauphiné* 1. Valentinois, dans le bas. *Guyenne* 5. La Force, dans le haut Périgord; Biron dans le bas; Aiguillon, Tonneins au Duc de la Vauguyon, & Duras, dans l'Agénois. *Béarn & Navarre* 1. Gramont, dans la basse Navarre. *Languedoc* 2. Fleury ou Pérignan, Usez, dans le bas. *Provence* 1. Villars-Brancas, dans la haute.

Ordre de ces Duchés-Pairies suivant le temps de leur érection ou de leur enregistrement & réception au Parlement de Paris.

Usez. 1572.	Rohan-Chabot. 1652.
Elbœuf. 1582.	Luxembourg. 1662.
Montbason. 1582.	Gramont. 1663.
Tremouille – Thouars. 1599.	Villeroi. 1663.
	Mortemart. 1663.
Sully. 1606.	Saint-Aignan. 1663.
Luynes. 1619.	Tresmes. 1663.
Brissac. 1620.	Noailles. 1663.
Richelieu. 1631.	Aumont. 1665.
Saint-Simon. 1635.	Charost. 1672.
La Rochefoucault. 1637.	Harcourt. 1709.
La Force. 1637.	Filtz-James. 1710.
Albret-Bouillon. 1652.	Chaulnes. 1711.

Rohan-Rohan. 1714.
Villars-Brancas. 1716.
Valentinois. 1716.
Nevers. 1720.
Biron. 1723.
La Vallière. 1723.
Aiguillon. 1731.
Fleuri. 1736.

Duras. 1755.
Vauguyon - Tonneins. 1758.
Choiseul - Stainville. 1758.
Praslain. 1762. au Comte de Choiseul.

3. *Des Conseils Souverains*, &c.

Il y a deux Conseils Souverains, qui sont comme les Parlemens, quoiqu'ils n'en portent pas le nom. Ils jugent en dernier ressort, reçoivent du Roi les Edits, &c. Ces Conseils Souverains, sont : en Alsace : celui de *Colmar* ; & en Roussillon, celui de *Perpignan*. On y doit ajouter la Cour Souveraine de *Nanci*; & le Conseil de *Corse*, Isle d'Italie, cédée nouvellement à la France, par la République de Gênes.

4. *Des Conseils Supérieurs.*

Ces Conseils établis, en 1771, connoissent & jugent au souverain en dernier ressort, de toutes les matières civiles & criminelles, chacun dans leur arrondissement ; mais les Parlemens leur envoient les Edits, &c. pour être enregistrés, & ils n'ont point le droit de faire de Remontrances.

Ces Conseils Supérieurs sont actuellement, (en Avril 1772) au nombre de 10. Il y en a 2. au Nord de Paris, ceux de *Douay*, pour les Pays-Bas-François, & *d'Arras*, pour l'Artois : 1. à l'Orient, celui de *Châlons*, pour la plus grande partie de la basse Champagne : 2. à l'Occident, ceux de *Rouen*, pour la haute Normandie, & de *Bayeux*, pour la basse : 4. au Midi, ceux de *Blois*, de *Poitiers*, de *Clermont-Ferrand*, & de *Lyon*. Il y en a encore un établi dans l'ancien ressort du Parlement de Toulouse ; c'est celui de *Nismes*, pour le bas Languedoc.

5. *Des Justices Inférieures.*

Les Tribunaux de Justice, qui ressortissent aux Tribunaux Supérieurs, sont les *Bailliages* & les *Sénéchaussées*, dont plusieurs sont *Présidiaux*. Ces derniers Tribunaux rendent justice sans appel dans certains cas; mais dans les matières importantes, on peut appeller aux Tribunaux Supérieurs dans le ressort desquels ils se trouvent.

§. VIII. *Des Pays de Droit Ecrit.*

En parlant de la Justice, il est à propos d'observer ici, qu'elle se rend en France, non-seulement selon les Ordonnances de nos Rois, mais encore selon le Droit Romain, & selon des Coutumes particulières. Celles où l'on juge selon le Droit Romain, s'appellent *Pays de Droit Ecrit*. Ce sont principalement les Provinces Méridionales : la Guyenne & la Gascogne, le Roussillon, le Languedoc; la Provence, en grande partie; le Dauphiné, le Lyonnois, Forez & Beaujolois, partie d'Auvergne, l'Alsace, & une partie des trois Evêchés. Les autres Pays ont leurs Coutumes particulières, qui ont été long-temps sans être écrites.

§. IX. *Des Chambres des Comptes & des Cours des Aides.*

1. *Chambres des Comptes.*

Les *Chambres des Comptes* sont des Cours Supérieures fort anciennes; c'est où se rendent les Comptes des deniers du Roi : on y enregistre aussi & on y garde tout ce qui concerne le Domaine.

Il y en a onze dans le Royaume, mais plusieurs sont unies à des Parlemens ou autres Cours Souveraines (*a*). On en trouve trois au Nord : *Nanci*

(*a*) On ne doit pas compter *Lille*, qui n'est qu'un ancien Dépôt, & où il n'y a nul Officier, comme dans les autres.

en Lorraine, d'ailleurs Cour Souveraine, à laquelle a été unie en 1771. la Chambre des Comptes de Metz qui étoit jointe à son Parlement, supprimé; *Bar-le-Duc*, dans le Barrois ; & *Paris*, où toutes les Chambres envoient le double de leurs Comptes: quatre au Milieu, *Nantes*, en Bretagne, *Blois* pour l'apanage de M. le Duc d'Orléans, *Dijon*, en Bourgogne, *Dole*, unie au Parlement de Besançon: quatre au Midi, *Grenoble*, en Dauphiné, unie au Parlement; *Pau*, en Béarn, unie aussi à son Parlement ; *Montpellier*, en Languedoc ; *Aix*, unie au Parlement. Il y en avoit encore une à *Rouen*, mais elle a été supprimée, en 1771.

2. *Cours des Aides.*

Ces Cours sont des Jurisdictions Supérieures établies pour juger des différends sur les Deniers royaux, à la réserve du Domaine.

Il y en a quinze : au Nord, quatre; *Paris*, unie au Parlement, depuis 1771 ; *Metz*, unie avec son Parlement, à la Cour Souveraine de Nanci ; *Colmar* en Alsace, unie au Conseil Souverain : trois dans le Milieu, *Rennes*, unie au Parlement de la même Ville ; *Dijon*, unie aussi au Parlement ; *Dole*, unie à la Chambre des Comptes : huit au Midi ; *Clermont* en Auvergne, unie au Conseil Supérieur établi en cette Ville, l'an 1771 ; *Grenoble*, unie au Parlement avec la Chambre des Comptes; *Bordeaux*, *Montauban*, dans le Querci ; *Pau*, en Béarn ; *Montpellier*, unie à la Chambre des Comptes ; *Perpignan*, en Roussillon, unie au Conseil Souverain.

Il n'y a ainsi de Cours des Aides proprement dites, que celles de *Montauban* & de *Bordeaux*.

§. X. *Des Généralités & Elections.*

On appelle *Généralité*, l'étendue d'un Bureau des Trésoriers de France établi pour faciliter la recette de Tailles & autres Deniers royaux. Chaque Généralité a son Intendant particulier, excepté Toulouse & Montpellier qui ont le même.

Il y a vingt Généralités divisées en Elections, & douze sans Elections.

On appelle *Elections*, des Tribunaux qui jugent principalement des différends sur les Tailles & les Impôts en première instance, à l'exception des Gabelles & du Domaine du Roi.

Les vingt Généralités divisées en Elections, sont:

Au Nord.

I. Amiens, qui a six Elections: savoir, *Amiens*, *Abbeville*, *Dourlens*, *Péronne*, *Saint-Quentin*, *Montdidier*. L'Artois étoit ci-devant de cette Généralité, mais il est aujourd'hui de celle de Flandre.

II. Rouen, quatorze Elections: savoir, *Rouen*, & au Nord de cette Ville, *Neuf-Châtel*, *Arques*, *Eu*: au Sud-Est, *Lions*, *Gisors*, *Chaumont*, *Andely*: au Sud de Rouen, *Pont-de-l'Arche*, *Evreux*; au Sud-Ouest, *Pont-l'Evêque*, *Pont-Audemer*: au Nord-Ouest, *Caudebec* & *Montivilliers*.

III. Caen, neuf Elections: *Caen*, *Bayeux*, *Valogne*, *Carentan*, *Saint-Lo*, *Coutance*, *Vire*, *Avranche*, *Mortain*.

IV. Alençon, neuf Elections: *Alençon*, & au Nord-Ouest de cette Ville, *Domfront*, *Argentan*, *Falaise*; puis en tournant du Nord au Sud; *Lisieux*, *Bernai*, *Conches*, *Verneuil*, *Mortagne*.

V. Paris, vingt-deux Elections: *Paris*, *Dreux*, *Montfort-l'Amaury*, *Mante*, *Pontoise*, *Beauvais*, *Senlis*, *Compiegne*, *Meaux*, *Coulomiers*, *Rosoy*, *Melun*, *Provins*, *Montereau*, *Nemours*, *Etampes*, *Nogent-sur-Seine*, *Sens*, *Joigny*, *Saint-Florentin*, *Tonnerre*, *Vezelai* dans le Nivernois.

VI. Soissons sept Elections: *Soissons*, *Laon*, *Guise*, *Noyon*, *Clermont*, *Crépy*, *Château-Thierry*.

VII. Châlons

ANALYSE DE LA FRANCE.

VII. Châlons sur Marne, treize Elections: *Châlons*, *Epernai*, *Reims*, *Rhetel*: *Sedan*, *Sainte-Menehoult*, *Vitry*, *Joinville*, *Chaumont*, *Langres*, *Bar-sur-Aube*, *Troyes*, *Sesanne* en Brie.

Ces sept Généralités du Nord renferment quatre-vingts Elections.

Dans le Milieu.

I. Orléans, douze Elections: *Orléans*, *Montargis*, *Pitiviers*, *Dourdan*, *Chartres*, *Châteaudun*, *Vendôme*, *Blois*, *Beaugenci*, *Gien* sur la Loire, *Clameci* dans le Nivernois, & *Romorentin* dans la Sologne.

II. Tours, seize Elections: *Tours*, *Amboise*, *Loches*, *Chinon*, *Loudun*, *Richelieu*, *Montreuil-Bellay*, *Saumur*, *Angers*, *Beaugé*, *la Flèche*, *Château-du-Loir*, *le Mans*, *Mayenne*, *Laval*, *Château-Gontier*.

III. Bourges, sept Elections: *Bourges*, *Issoudun*, *Château-Roux*, *le Blanc*, *le Châtre*, *Saint-Amand* en Bourbonnois, *la Charité* sur Loire.

IV. Poitiers, neuf Elections: *Poitiers*, *Consolent* sur la Vienne, *Saint-Maixent*, *Niort*, *Fontenai*, *les Sables d'Olonne*, *Mauléon*, *Thouars*, *Chatelleraud*.

V. La Rochelle, cinq Elections: *la Rochelle*, *Saint-Jean-d'Angeli*, *Marenne*, *Saintes*, *Cognac*.

VI. Moulins, sept Elections: *Gannat*, *Moulins*, *Nevers*, *Château-Chinon*, *Mont-Luçon*, *Gueret*, *Combrailles*, sur les confins de l'Auvergne.

Ces six Généralités du milieu renferment cinquante-six Elections.

Au Midi.

I. Limoges, cinq Elections: *Limoges*, *Bourganeuf*, au Nord-Est de Limoges: à son Sud-Est, *Tulles*, & *Brives*, & dans l'Angoumois, *Angoulême*.

Tome I.   N

II. Riom, six Elections: *Riom, Clermont, Issoire, Brioude, Saint-Flour, Aurillac.*

III. Lyon, cinq Elections: *Lyon, Saint-Etienne, Montbrison, Roane* sur la Loire, & *Ville-Franche* en Beaujolois.

IV. Grenoble, six Elections: *Grenoble, Vienne, Romans, Valence, Montelimar, Gap.*

V. Bourdeaux, cinq Elections, *Bourdeaux, Périgueux, Sarlat, Agen, Condom.*

VI. Montauban, six Elections: *Montauban, Cahors, Figeac, Ville-Franche* de Rouergue, *Rodez, Milhaud.*

VII. Auch, six Elections: *Auch, Lomagne, Riviere-Verdun, Mirande,* le *Comminge* & le *Couserans.* Mais de la même Généralité, qui est jointe à l'Intendance de Pau, dépendent les Pays d'Etats, de Basse-Navarre, de Béarn, de Bigorre, de Soule, de Nebouzan ; & les Pays & Villes abonnées de Labour & de Bayonne, de Dax, de Marsan, de Tursan, de Gabardan, de Leitoure, & des Quatre-Vallées, qui ne sont point Elections.

Ces sept Généralités du Midi renferment trente-neuf Elections, qui, jointes aux cinquante-six du Milieu, & aux quatre-vingt du Nord, font en tout cent soixante-quinze Elections dans le Royaume.

Généralités sans Elections.

Les Généralités qui n'ont point d'Elections, sont au nombre de douze. On en compte cinq au Nord : la *Flandre* & l'*Artois* : la première est divisée en treize Subdélégations & l'Artois a huit Bailliages & une Gouvernance, qui est celle d'Arras; le *Hainaut* ; la *Lorraine* ; *Metz*, qui renferme le Pays Messin, & les Territoires de Toul & de Verdun ; l'*Alsace,* divisée en treize Bailliages.

Au Milieu trois : la *Bretagne*, divisée en neuf Diocèses : la *Bourgogne*, qui renferme vingt-trois

Bailliages: la *Franche-Comté*, partagée en quatorze Bailliages.

Au Midi quatre : le *Languedoc*, qui contient deux Généralités sous un même Intendant : savoir, celle de *Toulouse*, divisée en onze Diocèses, & celle de *Montpellier*, qui se partage en douze Diocèses ; le *Roussillon*, qui a trois Vigueries ; *Aix*, partagée en vingt Vigueries.

§. XI. *Des Pays d'Etats.*

On appelle *Pays d'Etats*, des Provinces qui ont droit de former des Assemblées, afin d'ordonner elles-mêmes des contributions qu'elles doivent faire pour soutenir les charges de l'Etat, de les régler & de les faire payer. Il y en a plusieurs en France sur ce pied : ce sont l'*Artois*, les Châtellenies de Lille & de Douai, qui prennent le titre d'*Etat de Flandre* ; la *Bretagne* ; la *Bourgogne* ; le *Languedoc* ; la *Provence* ; le *Béarn* ; la *Basse-Navarre* ; le *Bigorre* ; le *Comté* de *Foix* ; & les petits Pays de *Soule*, d'*Armagnac*, de *Nébouzan* & de *Marsan*.

§. XII. *Des Cours & Hôtels des Monnoies.*

Les *Cours des Monnoies* sont des Cours supérieures qui jugent en dernier ressort du fait des Monnoies, & de tout ce qui y a rapport. On appelle à ces Cours de toutes les Chambres & Hôtels des Monnoies qui sont dans leur ressort.

Il n'y a aujourd'hui, en un sens, qu'une Cour des Monnoies, qui réside à *Paris*, celle de Lyon créée en 1704, pour les Provinces méridionales, ayant été supprimée au mois d'Août 1771. Cependant quelques Parlemens, &c. jugent du fait des Monnoies, & sont à cet égard comme Cours des Monnoies : ce sont ceux des nouvelles Provinces, tels que le Parlement de *Pau*, en Bearn ; le Parlement de *Besançon* en Franche-Comté, depuis la suppression de la Chambre des Comptes de *Dole* ; la Cour Souveraine de *Nancy*, à laquelle on a réuni en 1771, le Parlement de *Metz*, qui étoit en même temps Cour des Monnoies pour le Pays des Trois-Evêchés.

On comptoit ci-devant trente Villes où l'on fabriquoit des espèces d'or & d'argent : treize viennent d'être supprimées, par Edit du mois de Mars 1772 : ainsi il n'y en a plus que dix-sept. On en trouve au Nord, cinq. Ce sont *Lille, Rouen, Paris, Metz & Strasbourg*.

Au Milieu, quatre ; sçavoir, *Nantes, Angers, Orléans, la Rochelle*.

Il y en a huit au Midi : *Limoges, Lyon, Bordeaux, Bayonne, Pau, Perpignan, Montpellier & Aix*.

Ces Villes se servent d'une lettre de l'Alphabet pour distinguer les Monnoies frappées dans chacune d'elles. Nous les mettrons ici selon l'ordre des lettres qui leur servent de marque : l'étoile designe celles qui ont été supprimées.

A. Paris,
B. Rouen,
*C. Caen,
D. Lyon,
*E. Tours,
F. Angers,
*G. Poitiers,
H. La Rochelle,
I. Limoges,
K. Bourdeaux,
L. Bayonne,
*M. Toulouse,
N. Montpellier,
*O. Riom,
*P. Dijon,

Q. Perpignan,
R. Orléans,
*S. Reims,
T. Nantes,
*V. Troyes,
*X. Amiens,
*Y. Bourges,
*Z. Grenoble,
&. Aix,
*9. Rennes,
AA. Metz,
BB. Strasbourg,
*CC. Besançon,
W. Lille,
Empreinte de Vache, Pau.

De l'ancienne Gaule.

Après avoir décrit la France telle qu'elle est aujourd'hui, il ne sera pas inutile de donner en abrégé la Division de l'ancienne Gaule.

Nous ne dirons rien ici de cette Gaule que les Romains appelloient *Cisalpine*, c'est-à-dire, de celle qui étoit à leur égard en-deçà des Alpes : c'est la partie septentrionale de l'Italie, qu'on a nommée depuis Lombardie. Ce grand Pays fut conquis par des Colonies de Gaulois qui commencèrent à sortir de la Gaule 591 ans avant Jesus-Christ. Les Romains lui donnèrent aussi le nom de *Togata*, parceque ses habitans prirent, comme eux, la toge ou robe longue.

La véritable Gaule que les Romains appellerent *Transalpine*, c'est-à-dire, au-delà des Alpes, par rapport à eux, comprenoit ce qui se nomme aujourd'hui la France, la Savoie, la Suisse & la plus grande partie des Pays-Bas, &c. terminée à l'Orient & au Nord par le Rhin. Elle se divisoit en Gaule *Chevelue*, ainsi nommée à cause que les Habitans portoient leur cheveux longs, & en Gaule *Narbonnoise*, dont Narbonne bâtie par les Romains étoit la Capitale. Celle-ci étoit bien moins étendue que la première.

1. La Gaule *Chevelue* se divisoit encore en Gaule *Celtique*, Gaule *Aquitanique*, & Gaule *Belgique*.

1. La Gaule *Celtique* étoit partagée en cinq Gaules *Lyonnoises*, dont Lyon étoit la principale de toutes les Villes.

La *première Lyonnoise* renfermoit ce qu'on appelle aujourd'hui l'Archevêché de Lyon avec ses Suffragans.

La *seconde Lyonnoise*, toute la Normandie.

La *troisième Lyonnoise*, le Territoire de l'Archevêché de Tours & de ses Suffragans, la plûpart en Bretagne.

La *quatrième Lyonnoise*, le Territoire de l'Archevêché de Sens & de ses Suffragans, dont Paris a été très-long-temps, & jusqu'en 1622.

La *cinquième Lyonnoise*, le Territoire de l'Archevêché de Besançon & de ses Suffragans, dont deux sont encore en Suisse.

2. Il y avoit trois Gaules *Aquitaniques*.

La *première* comprenoit le Territoire des Archevêchés de Bourges & d'Albi, avec leurs Suffragans.

La *seconde*, le Territoire de l'Archevêché de Bourdeaux & de ses Suffragans.

La *troisième*, le Territoire de l'Archevêché d'Auch & de ses Suffragans: elle se nommoit aussi la *Novempopulanie*, à causes de ses neuf Peuples ou Diocèses.

3. La Gaule *Belgique* se divisoit en deux Belgiques, & deux Germanies.

La *Belgique première* renfermoit le Territoire de l'Archevêché de *Trèves*, & de ses trois Suffragans, Metz, Toul & Verdun.

La *Belgique seconde*, comprenoit le Territoire de l'Archevêché de Reims & de ses Suffragans, & encore ce qui forme aujourd'hui la Province Ecclésiastique de Cambrai & une partie de celle de Malines.

La *Germanie première* contenoit le territoire de l'Archevêché de *Mayence*, & de ses Suffragans qui sont en deça du Rhin, sçavoir, Strasbourg, Spire & Vorms.

La *Germanie seconde* renfermoit le Territoire de l'Archevêché de *Cologne* & de ses Suffragans, Liège, & Utrecht qui a été dépuis érigé en Archevêché.

II. La Gaule *Narbonnoise*, nommée en latin *Braccata*, à cause d'une sorte d'habillement que portoient ses Habitans, renfermoit la Savoie, le

Dauphiné, la Provence, le Languedoc & les Cévennes. Cette Gaule se divisoit en 5, sçavoir, deux Narbonnoises, une Viennoise, les Alpes Maritimes, & les Alpes Graies ou Pennines.

SECTION II.
Des dix-sept Provinces des Pays-Bas.

ON comprend sous le nom de *Pays-Bas* toute cette étendue de Pays qui est entre la France, l'Allemagne & l'Océan. Ces Pays ont été ainsi appellés, parcequ'ils sont vers la Mer, & que plusieurs Rivières y ont leur embouchure.

Les Pays-Bas, après avoir appartenu à plusieurs Souverains, dont une partie fut pendant long-temps sous la dépendance de la France, passèrent la plupart à la Maison d'Autriche, par le mariage de Marie, fille & héritière de Charles le Hardi dernier Duc de Bourgogne, avec Maximilien Archiduc d'Autriche. Charles-Quint, leur petit-fils, acquit, comme nous le dirons en détail, les Provinces qui lui manquoient. Ce Prince en 1556, les laissa toutes, avec les Etats d'Espagne, à son fils Philippe II, chef de la branche aînée d'Autriche, établie en Espagne, & éteinte en 1700. Maximilien & Charles-Quint avoient prétendu lier étroitement à l'Empire d'Allemagne, les Pays-Bas & la Franche-Comté, & ils en avoient fait le dixième Cercle de l'Empire qu'on appelloit le *Cercle de Bourgogne*. Mais ces Provinces ne contribuant en rien aux charges de l'Empire, l'Allemagne ne prit point de part à ce qui leur arriva.

Philippe II, Roi d'Espagne, ayant voulu établir l'Inquisition dans les Pays-Bas, & le Duc d'Albe qui en étoit Gouverneur, ayant usé de trop de sévérité, les Peuples se révoltèrent, sous la conduite de Guillaume de Nassau, Prince d'Orange. Le Duc de Parme soumit ou retint sous l'obéissance de Philippe, dix de ces Provinces ; & c'est ce qu'on a appellé depuis ce temps les *Pays-Bas Espagnols*, ou les *Pays-Bas Catholiques*, pour les distinguer des *Provinces-Unies* ou *Etats de Hollande*, qui professent la religion Calviniste.

Dans le siècle dernier, la France s'empara d'une partie de Pays-Bas Espagnols ou Catholiques : c'est celle que l'on nomme *Pays-Bas François*. Pour l'autre partie, elle a été cédée en 1713 & 1714, à l'Empereur Charles VI, Archiduc d'Autriche, qui prétendoit à la succession d'Espagne comme descendu de Ferdinand, frère de Charles-Quint, dont la branche étoit éteinte par la mort de Charles II, Roi d'Espagne. En conséquence de cette cession, cette dernière partie des Pays-Bas porte aujourd'hui le nom de *Pays-Bas Autrichiens*.

ARTICLE I.

Des Pays-Bas Espagnols ou Autrichiens.

QUOIQUE le Comté de *Flandre* ne soit qu'une Province particulière des Pays-Bas Autrichiens, un certain usage a fait donner son nom aux huit autres, dont les Habitans sont appellés *Flamans*, par les François leurs voisins. Le terroir de ce Pays produit beaucoup de bled, & est excellent pour la nourriture du bétail : mais on n'y recueille point de vin. Les Villes y sont en grand nombre, presque toutes fortifiées, & extrêmement peuplées, malgré les guerres continuelles dont ce pays a été le théâtre depuis plusieurs siècles. Les Flamans sont sincères, adroits, habiles dans le commerce, & fort jaloux de leurs privilèges.

Les Rivières les plus considérables sont :

La *Meuse*, qui prend sa source près des Villages de Meuse & de Montigni, sur les confins de la Champagne & de la Lorraine, passe à Verdun, à Sedan, à Dinan, à Liège, à Maſtrick, traverse la Gueldre, forme avec le Rhin l'Isle de Bommel, & va se jetter dans la mer au-dessous de Dordrecht.

L'*Escaut*, qui commence près le Catelet en Picardie, passe à Cambrai, à Valenciennes, à Tournai, à Oudenarde, reçoit la Lys à Gand, passe à Anvers; puis au-dessous de Lillo, se divise en deux branches, dont l'une se nomme *Escaut oriental*, & passe près de Berg-op-Zoom, & l'autre *Escaut occidental*, qui côtoie la Flandre septentrionale, & se jette dans l'Océan : on l'appelle le *Hont* à son embouchure.

La *Lys*, qui a sa source dans l'Artois, près d'un Village appellé *Lysbourg*, passe à Aire, à Menin, à Courtrai, & se joint à l'Escaut à Gand. La source de cette Rivière sert de Baromètre aux Habitans du Village de Lysbourg. Lorsqu'il doit pleuvoir, l'eau qui sort du sein de la terre, charie, avec ses bouillons, un petit sable qui la trouble entièrement. Lorsqu'au contraire le sable retombe dans le fond de la source, & que l'eau se purifie, c'est un signe de beau temps.

La *Scarpe* prend sa source au Sud-Ouest d'Arras; & après y avoir passé, elle va à Douai, & se jette dans l'Escaut au-dessous de Saint-Amand.

La *Dylle*, dont on trouve la source près de Nivelle en Brabant, passe à Louvain & à Malines, & se jette dans l'Escaut entre Tenremonde & Anvers.

La *Sambre* a sa source au Nord-Ouest de la Capelle en Picardie, passe à Landrecies, à Maubeuge, à Charleroi, & se jette dans la Meuse à Namur.

On remarque dans les Pays-Bas Autrichiens, deux Canaux principaux, faits pour transporter plus facilement les marchandises : le premier commence au Port d'Ostende, passe à Bruges dont il tire son nom, & se rend à Gand, où se joignent la Lys & l'Escaut : l'autre est celui de Bruxelles à Anvers.

Les Pays-Bas Autrichiens ne contiennent que neuf des Provinces, qu'on appelloit autrefois *Pays-Bas Espagnols* : encore la Maison d'Autriche ne les possède-t-elle pas toutes en entier.

Ces neuf Provinces sont : quatre Duchés, sçavoir, au milieu, celui du Brabant, à l'Orient, ceux de Luxembourg, de Limbourg & de Gueldre, par rapport à sa partie méridionale ; trois Comtés, celui de Flandre, à l'Occident ; & ceux de Hainaut & de Namur, au Midi : deux Seigneuries, qui sont même comprises aujourd'hui sous le Duché de Brabant où elles sont enclavées vers le Nord ; sçavoir, la Seigneurie de Malines, & celle d'Anvers, qu'on appelloit autrefois le Marquisat du Saint Empire.

Le Comté d'Artois, au Midi de la Flandre, étoit la dixième Province de Pays-Bas Espagnols : il a été cédé à la France en 1659 & 1678. Nous en avons donné la description, *pag.* 81.

L'Evêché de Liège, qui sépare le Comté de Namur & le Brabant, d'avec le Luxembourg, le Limbourg & la Gueldre, appartient à l'Allemagne, & est du Cercle de Vestphalie.

Le Comté de Flandre a relevé pendant long-temps de la France ; mais en 1526, l'Empereur Charles-Quint obligea le Roi François I, qui étoit alors son prisonnier, à le décharger de l'hommage que les Comtes de Flandre & d'Artois lui avoient rendu jusqu'alors. Le Comté de Flandre étoit un des douze

Pairs de France, & le premier des Comtes-Pairs féculiers: au Sacre il portoit l'épée du Roi.

§. I. *Le Duché de Brabant.*

Le Brabant se divisoit autrefois en quatre Quartiers, sçavoir, celui de Bruxelles, celui de Louvain, celui d'Anvers, & celui de Bosleduc: mais depuis plus d'un siècle les Hollandois sont maîtres du dernier, & d'une partie de celui d'Anvers.

BRUXELLES, *Capitale*, sur la Senne. C'est une grande & belle Ville, bien peuplée, qui est le séjour ordinaire du Gouverneur des Pays-Bas Autrichiens. On y compte quatre Paroisses, vingt-sept Couvens, quarante Quartiers. Son Eglise principale est la Collégiale de Sainte Gudule, qui est aussi grande & aussi belle que beaucoup de Cathédrales. Son portail est orné de deux tours. L'Eglise des Jésuites est très-belle. Le Palais du Gouverneur qui étoit beau & ancien, a été consumé presque tout entier en 1730, par un incendie. Cette Ville a plusieurs Fontaines publiques, & un Arsenal rempli d'anciennes armures des Souverains de Brabant. On y voit aussi plusieurs beaux Hôtels, & des Places publiques magnifiques. L'Hôtel-de-Ville est ancien; mais remarquable par la beauté de son béfroi ou clocher, & par sa situation au milieu d'une Place régulière & quarrée, & environnée de beaux bâtimens. Au dehors de la Ville on trouve un magnifique Cours, le long du Canal. Louis XV s'est emparé de cette Ville en 1746, & l'a rendue à la paix de 1748. C'est la patrie d'Aubert le Mire, Doyen d'Anvers, Auteur d'une *Bibliothèque Ecclésiastique*, & de plusieurs autres ouvrages estimés.

NIVELLE, au Midi de Bruxelles, jolie Ville, située dans un pays agréable. Elle doit son origine à un double Monastère d'hommes & de filles, bâti en 640, par Pepin de Landen, Maire du Palais, pour sainte Gertrude sa fille. Ces deux Monastères, dont celui de filles étoit le principal, ont été sécularisés vers le milieu du XIe siècle. Les Religieuses devinrent alors Chanoinesses, & les Moines Chanoines. Il y a 42 Chanoinesses, qui hors du chœur sont habillées en séculières. Elles peuvent se marier. L'Abbesse seule, qui est Dame de la Ville, fait des vœux. Les Chanoines sont au nombre de 30 : ils viennent à certains jours chanter l'office avec les Chanoinesses. Les deux Chapitres s'assemblent conjointement, sous la présidence de l'Abbesse, & pourvoient ensemble aux Bénéfices vacans par mort, ou par les mariages des Chanoinesses.

GEMBLOURS. Il y a dans cette Ville une fameuse Abbaye de l'Ordre de S. Benoît.

GRINBERG, près & au Nord de Bruxelles. C'est une ancienne Baronie, dont une partie a été vendue à Louis-Joseph d'Albert, frère du Duc de Luynes, que l'Empereur en a créé Prince en 1730.

LOUVAIN, à l'Orient de Bruxelles, sur la Dylle. C'est une grande Ville, mais mal peuplée. Les Ecoliers, qui font une bonne partie des Habitans, y sont attirés par la célèbre Université de cette Ville. Cette Université a été fondée par Jean de Bourgogne, Duc de Brabant, & confirmée par une Bulle de Martin V, en 1435. On n'enseigne les Humanités que dans un seul Collège, qui est grand & beau : la Philosophie est enseignée dans quatre autres bien bâtis, quoiqu'anciens. Outre ces Collèges, on compte quarante-deux maisons de Boursiers. L'Hôtel-de-Ville de Louvain est un bel ouvrage. On y voit encore un Château fort spacieux, mais mal entretenu. Les François ont pris cette Ville en 1746. C'est la patrie de Van-Espen, célèbre Canoniste, & de Hennebel, Théologien très-estimé.

ARSCHOT, sur la Géette, petite Ville bien bâtie & fortifiée. Elle appartient à la Maison d'Aremberg, de la famille de Ligne. Elle fut érigée en Duché en 1533.

TILLEMONT, sur la Géette. C'est la patrie de Jean Bollandus, premier compilateur de cet immense recueil de toutes les Vies des Saints, qui porte son nom.

JUDOIGNE, sur la Géette. C'est près de cette Ville qu'est le village de *Ramilies*, où s'est donnée une fameuse bataille en 1706.

MALINES & ANVERS. On les nomme ici pour conserver l'ordre des anciennes Provinces des Pays-Bas: nous en parlerons à part ci-dessous §. VIII.

§. II. *Le Duché de Luxembourg.*

LUXEMBOURG, *Capitale*: c'est une des plus fortes Villes de l'Europe. La rivière d'Else la partage en Ville haute & Ville basse. Le Conseil provincial du Pays y fait sa résidence.

ARLON, au Nord-Ouest, Marquisat qui appartient au Roi de Prusse.

BASTOGNE, petite Ville assez forte & peuplée: on l'appelle communément *Paris en Ardennes*.

DURBUY, Ville & seigneurie dont dépendent 76 villages.

SAINT-WEYT, à l'Est de Durbuy, petite Ville capitale d'une Prévôté qui renferme 47 Villages, & qui est à la Maison de Nassau. Cette Maison a aussi dans le Luxembourg une autre Seigneurie nommée *Vianden*, sur la petite rivière de l'Our, dont 50 Villages dépendent.

Autrefois le Luxembourg avoit encore une lisière de Villes considérables, qui appartiennent depuis environ cent ans à la France. Les principales sont *Thionville* & *Montmédi*, dont nous avons déja parlé, à l'Article de la Lorraine, *page* 130.

Au Sud-Ouest, est le petit Duché de *Bouillon*,

qui est possédé, depuis 1676, par la Maison de la Tour d'*Auvergne*, sous la protection de la France.

BOUILLON, petite Ville sur le *Semoi*, avec un fort Château, où le Roi de France entretient garnison.

§. III. *Le Duché de Limbourg.*

Il est situé au Nord du Luxembourg, dont il est séparé par l'Evêché de Liège, qui le borne aussi à l'Occident. Il est partagé entre la Maison d'Autriche & les Hollandois. Ses principales Villes sont :

LIMBOURG, *Capitale*, située sur une montagne près de la *Vese* : elle appartient à la Maison d'Autriche.

La partie de ce Duché qui appartient aux Hollandois est au Nord. Elle renferme,

FAUQUEMONT ou FALKEMBOURG, sur la Gueule, Ville qui a le titre de Comté.

DALEM, Comté, au Midi de Fauquemont.

§. IV. *De la Gueldre Méridionale.*

La Gueldre se divise en haute ou Méridionale, & en basse ou Septentrionale. Comme cette dernière appartient aux Hollandois, nous n'en parlerons que dans l'Article suivant.

La haute Gueldre étoit restée aux Espagnols, après l'établissement des Provinces-Unies. La Maison d'Autriche la partage depuis 1713 avec le Roi de Prusse, & les Hollandois y ont acquis deux Places en 1715 :

RUREMONDE, *Evêché*, au confluent de la Roer & de la Meuse. C'est une Ville grande, belle, riche, marchande & bien fortifiée. Elle appartient à la Maison d'Autriche.

GUELDRE, sur la petite rivière de Niers, Ville extrêmement fortifiée, qui appartient au Roi de Prusse.

Venlo, sur la Meuse, entre les deux Villes précédentes : elle est très-forte, & les Hollandois en font les maîtres. C'est la patrie de Hubert Goltzius, excellent Antiquaire, & de Henri Dupuy, Historiographe du Roi d'Espagne.

Stephansvert, dans une Isle de la Meuse, Forteresse importante, aux Hollandois.

§. V. *Le Comté de Flandre*.

Le Comté de Flandre forme la partie occidentale des Pays-Bas Autrichiens, vers la Mer. On la divisoit ci-devant en trois : 1. La Flandre *Teutone*, entre la Mer, l'Escaut, & un Canal qui en est tiré droit au Nord. On prétend qu'elle tiroit ce nom des Colonies de Germains & de Saxons que Charlemagne y transporta. 2. La Flandre *Impériale*, au Nord-Est, & à l'Orient de l'Escaut : elle relevoit autrefois de l'Empire, à qui les Comtes d'Alost en faisoient hommage. 3. La Flandre *Vallone*, où l'on parle une espèce de François ; elle est au Midi de la précédente.

Lorsque les Espagnols possédoient ce Comté, les Hollandois firent la conquête de plusieurs Places au Nord, le long de la bouche occidentale de l'Escaut ou du Hont : elles leur furent cédées en 1648. Nous parlerons dans l'Article suivant de cette *Flandre Hollandoise*. D'un autre côté, les François prirent, il y a environ 100 ans, sur l'Espagne, une partie de la Flandre Méridionale ; & c'est ce qu'on nomme la *Flandre Françoise*, dont nous avons déja parlé.

Ce que la Maison d'Autriche possède de la Flandre, se divise en quatre parties, savoir : le Quartier de *Gand*, le Quartier de *Bruges*, le Quartier d'*Ypres*, & le *Tournaisis*.

1. *Le Quartier de Gand.*

GAND, *Capitale* de la Flandre Autrichienne, *Evêché.* C'est une grande Ville, belle, riche, très-peuplée, & très-marchande, située entre l'Escaut & la Lys qui s'y réunissent. Sa Cathédrale, sous l'invocation de S. Bavon, est fort belle. On y voit une chaire de marbre blanc d'un ouvrage parfait, & des deux côtés de l'autel deux magnifiques mausolées. Gand a cinq Abbayes, entre lesquelles on remarque celle de S. Pierre, qui appartient à des Religieux Bénédictins non réformés. On y admire une tenture de tapisseries représentant la vie de S. Pierre & de S. Paul, d'un ouvrage exquis & d'une délicatesse admirable. Elle est toujours tendue, & renfermée sous de grands volets de bois fort propres: on la montre volontiers aux étrangers. Il y a à Gand une Citadelle bâtie par l'Empereur Charles V; treize Places publiques, dont la principale est ornée d'une statue du même Empereur, qui étoit né dans cette Ville; cinquante-cinq Edifices publics, soit Eglises, Monastères, Hôpitaux, ou autres Maisons de piété; deux *Béguignages*, l'un de 800 filles, & l'autre de 600.

Ces *Béguignages* sont des espèces de grands Monastères où se rassemblent les filles dévotes qui ne se marient pas. Elles vivent en communauté sans aucun engagement. Celles qui peuvent travailler sont dans des maisons séparées, achetées à vie par une *Béguigne* riche, qui est obligée de les loger gratuitement. Celles qui ne peuvent gagner leur vie de leur travail, vivent en communauté sous une espèce de Supérieure, dans un grand logis qui a la forme d'un Couvent. On les y nourrit, & on les y occupe selon leurs forces & leurs talens. Ces filles doivent leur nom & leur institution à un saint Prêtre de Liège, nommé Lambert *le Bégue*, qui vers l'an 1174, rassembla un certain nombre de filles &

de femmes, à qui il persuada de vivre en continence. Il y a des Béguignages dans d'autres Villes de Flandre ; mais ceux de Gand sont les plus fameux. Louis XV s'est rendu maître de Gand en 1745, & l'a rendue en 1748. C'est la patrie de Daniel Heinsius, un des plus célèbres Humanistes du dix-septième siècle.

A l'Orient est un petit Pays, le plus fertile & le plus riche de la Flandre, que l'on appelle le Pays de *Waes*. On y recueille beaucoup de bled, & il y a de bons pâturages où l'on nourrit beaucoup de bons chevaux.

SAINT-NICOLAS * en est le principal Bourg.

TENREMONDE ou DENDERMONDE, au confluent de la Dendre & de l'Escaut, petite Ville belle & forte, avec Seigneurie. Elle est entourée de marais & de prairies, que les Habitans peuvent inonder par leurs écluses. Elle a été prise par les François en 1745.

ALOST, sur la Dendre, Ville aujourd'hui fort médiocre. Elle a été la capitale d'un Comté assez considérable, qui dépendoit de l'Empire.

NINOVE, jolie petite Ville.

Toutes ces Villes étoient de la Flandre Impériale ; mais les suivantes, avec celle de Gand, étoient de la Flandre Teutone.

OUDENARDE, sur l'Escaut, Ville forte & riche, Capitale d'une Châtellenie de même nom. On y a établi une Manufacture de tapisseries de haute lisse. Les François l'ont prise en 1745. C'est la patrie de Jean Drusius, un des plus savans & des plus modérés Protestans du seizième siècle.

COUTRAI, sur la Lys, Ville forte autrefois, mais démantelée en 1683 par Louis XIV.

MENIN, sur la Lys, dont les belles fortifications, qui étoient de M. le Maréchal de Vauban, ont été rafées après que les François l'eurent prife, en 1744.

2. *Le Quartier de Bruges.*

BRUGES, *Evêché*, à l'Occident de Gand, fur le canal de cette Ville à Oftende. Elle eft grande, & on y trouve encore des veftiges de l'ancien renom qu'elle a eu pour le commerce, & dont elle eft beaucoup déchue : ce font de vaftes magafins bâtis de pierres & de briques. Entre la Cathédrale & l'Hôtel-de-Ville, qui n'ont rien de remarquable, on voit un beau Bâtiment neuf conftruit de pierres de taille : on l'appelle *le Bailliage*. Cette Ville a été prife par les François en 1745.

OSTENDE, *Port* & Ville très-forte. Les Efpagnols ne purent la prendre en 1601, qu'après un fiège de trois ans, une perte de 70000 hommes, & une dépenfe de plus de dix millions. Louis XV l'a prife en moins de quinze jours, en 1745.

NIEUPORT, *Place forte*. Cette petite Ville a un Canal qui communique à la Mer. Elle eft devenue une conquête de Louis XV, en 1745.

DIXMUDE, Vicomté, fur l'Yperle. Ce lieu eft célèbre par fes beurres & fes fromages qui font excellens.

3. *Le Quartier d'Ypres.*

YPRES, *Evêché*, fur l'Yperlé, grande & belle Ville qui eft ancienne. Le Roi s'en eft rendu maître en 1744.

LA QUENOKE *, *Fort*, pris par les François en 1744, auffi bien que

FURNES, *Place forte*, au Nord-Oueft, fur le Canal de Dunkerque.

4. *Le Tournaifis.*

TOURNAI, *Evêché*, *Place forte*. Cette Ville eft

grande & ancienne ; mais elle n'est guère peuplée pour son étendue. Elle a le long de l'Escaut un très-beau Quai qui est bordé d'arbres. La Cathédrale est grande & magnifique. La nef est ancienne, mais le chœur est bâti de neuf : le sanctuaire est tout revêtu de marbre noir & blanc ; le chœur & les bas-côtés sont aussi pavés du même marbre. La Citadelle bâtie par Louis XIV, étoit un ouvrage très-vaste & parfait ; il s'y trouvoit des souterreins & des mines considérables. Louis XV l'a détruite de fond en comble, après l'avoir prise en 1745.

§. VI. *Comté de Hainaut, ou le Hainaut Autrichien.*

La partie Méridionale du Comté de Hainaut appartient à la France, comme nous l'avons vû, *p.* 79. La partie Septentrionale, beaucoup plus considérable, est ce qu'on appelle le *Hainaut Autrichien*. Il renferme quatre Châtellenies.

Mons, *Capitale, Place forte.* Cette Ville, la principale de la Châtellenie de son nom, est assez grande, & environnée d'un triple fossé. Après avoir passé les fauxbourgs, on voit les fortifications de la Ville qui sont régulières. Une belle & grande rue qui va toujours en montant, mene à un vieux Château qui est au milieu de la Ville, & dont la Tour est parfaitement belle. Les Eglises de Mons sont fort propres. L'Hôtel-de-Ville est antique & a sa beauté. Mons a une ancienne Abbaye, nommée de *Sainte Waltrude*, ou *Wautru*, & dont le titre d'Abbesse a été uni au Comté de Hainaut. Ce Monastère est aujourd'hui une maison de Chanoinesses, à la nomination du Souverain du Pays. Elles sont toutes filles de condition & ont chacune une prébende, dont elles jouissent quelquefois dès l'âge de sept ans. Hors le temps de l'Office, elles sont habillées comme des séculières ; on ne les distingue que par un petit ruban noir qui pend devant leur poitrine. Elles ne font des vœux que lorsqu'elles sont anciennes; alors elles jouissent d'un plus gros revenu, & servent comme de Supérieures aux plus jeunes. Leur habillement de chœur est très-élégant : Elles chantent l'office à peu-près comme les Chanoines de la plupart de nos Collégiales. Les Chanoines de la Collégiale de S. Germain y vont chanter l'office aux principales fêtes avec les Chanoinesses. La Ville de Mons a été prise par les François en 1746.

SAINT-GUILLAIN *, sur la Rivière de Haisne. Cette Ville est située dans un lieu marécageux, & a des écluses qui servent à la défense de Mons. Elle est remarquable par son Abbaye ancienne de Bénédictins, dont l'Abbé est Seigneur de la Ville. Saint-Guillain s'est rendue à la France en 1746.

LESSINES, sur la Dendre, Ville assez jolie, & qui fait un grand commerce de toiles.

ENGHIEN, à l'Orient de Lessines. C'est la première Baronie du Comté de Hainaut. Le Duc d'Aremberg est le seigneur de cette petite Ville, dont plusieurs Princes de la Maison de Bourbon ont porté le nom. Depuis que Henri IV eut vendu Enghien au Comte d'Aremberg, le nom d'Enghien a été donné successivement à plusieurs Villes de France, à Nogent-le-Rotrou & à Issoudun : il est enfin resté au Duché de Montmorenci, nommé à présent Duché d'*Enghien* ou d'*Enguien*, aussi-bien que la petite Ville ou Bourg qui est le chef-lieu de ce Duché.

HALL, sur la Senne. Elle a une Eglise de Notre-Dame fort riche, où le concours des fidèles est très-grand. Cette Eglise appartient aux Jésuites, qui y ont un Collège à Hall.

ATH, *Place forte*, sur la Dendre, au Nord-Ouest de Mons, jolie Ville, *Capitale* de la Châtellenie de son nom. Il s'y fait un grand commerce de toiles. Les François l'ont prise en 1745. Le fameux Michel

Baïus est né à *Melin*, Village du territoire de cette Ville, qui est aussi la patrie du P. Henri de S. Ignace, Religieux Carme, connu par divers Ouvrages.

BINCHE, petite Ville à l'Orient de Mons, chef-lieu de la Châtellenie de son nom.

BRAINE-LE-COMTE, au Nord-Est de Mons, petite Ville, *Capitale* de sa Châtellenie, qui a peu d'étendue.

§. VII. *Le Comté de Namur.*

NAMUR, *Capitale*, *Evêché*. Cette Ville, au confluent de la Sambre & de la Meuse, n'est pas bien grande ; mais elle est très-forte, sur-tout par son Château. Louis XV s'en est rendu maître, en 1746.

CHARLEROI, *Ville forte*, à l'Occident de Namur, sur la Sambre. Les François l'ont aussi prise, en 1746.

§. VIII. *Des deux anciennes Provinces d'Anvers & de Malines, qui dépendent aujourd'hui du Brabant.*

Suivant l'ancien partage, le *Marquisat* d'Anvers & la *Seigneurie* de Malines faisoient deux Provinces séparées ; mais aujourd'hui elles sont comprises sous le Duché de Brabant, dont elles forment ensemble le *troisième Quartier* ; sçavoir, celui d'Anvers. Les Comtes de Louvain, ou Ducs de Brabant, possédoient dans le XIe. Siècle le Marquisat d'Anvers, sous le nom de *Marquisat du S. Empire*. A l'égard de la Seigneurie de Malines, elle ne vint qu'en 1462 à la Maison de Bourgogne, dont a hérité celle d'Autriche. Le Quartier d'Anvers étoit autrefois très-étendu vers le Nord : mais les Hollandois ayant enlevé aux Espagnols *Berg-op-Zoom*, *Breda*, & *Bosleduc*, on leur abandonna entièrement ces Territoires, en 1648 ; & c'est ce qu'on appelle le *Brabant Hollandois*.

ANVERS, *Evêché*, sur l'Escaut. C'est une grande Ville, forte & bien bâtie. Depuis qu'Amsterdam lui a enlevé presque tout son commerce, & que les Hollandois se sont emparés de l'embouchure de l'Escaut, elle n'est plus peuplée comme autrefois. Elle a une Citadelle très-forte, une fort belle place, nommée la *Place de Mer*; l'Abbaye de S. Michel, dont le retable de l'Autel est orné d'un magnifique tableau de Rubens, & un fort joli Couvent de Chartreux. L'Eglise des Jésuites & la Cathédrale sont magnifiques : cette dernière sur-tout, qui a un clocher des plus beaux que l'on puisse voir pour son élévation & la perfection de l'architecture. C'est un ouvrage tout orné de découpures dans la pierre, qui va en diminuant d'étages en étages par des galeries quarrées, qui sont posées de distance à autre. On y admire aussi l'Hôtel-de-Ville & la Bourse. Cette Ville a été prise par Louis XV, en 1746; mais il l'a rendue en 1748. Anvers est la patrie d'Ortélius, célèbre Géographe; de Martin-Antoine Delrio, qui publia à l'âge de dix-neuf ans des remarques sur les Tragédies de Sénèque, ouvrage dans lequel il cite plus de onze cens Auteurs, en homme qui les a lus exactement; d'Emanuel de Schéelstrate, Garde de la Bibliothèque du Vatican, auteur des *Antiquitates Ecclesiæ illustratæ*; & de Jean-Baptiste Gramaye, célèbre Historien.

Ce fut dans la Ville d'Anvers que le Traité des *Barrières*, dont nous parlerons dans l'Article suivant, fut conclu entre les Hollandois & les Autrichiens.

LIERRE OU LIRE, au confluent des deux Neethes, qui se jettent à quelques lieues de-là dans la Dylle. C'est une petite Ville assez bien fortifiée, où il se fait un grand commerce de bétail. Il s'y trouve une Collégiale, fondée en 1260, & un Couvent de Chartreux. C'est la patrie du célèbre Huyghens, Docteur de Louvain.

MALINES, sur la Dylle ou Tylle, *Archevêché* & *Conseil Souverain*; les Flamans l'appellent *Mechelen*. C'est une jolie Ville, quoiqu'ancienne : sa Cathédrale est belle. Les Jésuites y ont un grand Collège & un Noviciat, dont l'Eglise est fort belle. On fait à Malines des dentelles très-estimées, & des tapisseries de cuir doré : il y a d'ailleurs un assez grand commerce. On y trouve une maison de Béguignes très-nombreuse, où l'on entretient, dit-on, 800 filles. Les Béguignes sont destinées à recevoir les filles des Bourgeois, comme les Maisons des Chanoinesses de Mons, de Nivelle & de Maubeuge, les filles de qualité. Malines a été prise par les François en 1746; mais elle a été rendue par le Traité de paix d'Aix-la-Chapelle, en 1748, à l'Archiduchesse d'Autriche, Reine de Hongrie, ainsi que toutes les autres Villes qu'elle avoit perdues.

ARTICLE II.

Des Provinces-Unies.

CES Provinces sont bornées à l'Orient par la Westphalie ; au Midi, par les Pays-Bas Autrichiens ; à l'Occident & au Nord, par l'Océan. Leur latitude septentrionale est depuis le cinquante-unième dégré, jusqu'au cinquante-troisième trente minutes ; & leur longitude est entre le vingt-unième & le vingt-cinquième dégré.

Les anciens habitans de ces Provinces s'appelloient *Bataves* & *Frisons*. Le nom de *Provinces-Unies*, qu'elles portent aujourd'hui, vient de l'union qu'elles firent à Utrecht, en 1579, pour se défendre mutuellement contre le Roi d'Espagne, dont elles avoient secoué le joug, comme nous l'avons rapporté dans l'Article précédent. Aussi depuis ce temps, aidées du secours de la France & de l'Angleterre, elles se défendirent si bien, que par la Paix de Munster, en 1648, le Roi d'Espagne fut obligé de les reconnoître pour un Etat libre & indépendant. On leur donne communément le nom de *Hollande*, sur-tout les François, parceque la Province la plus considérable est celle de Hollande.

On ne reconnoît que sept Provinces-Unies; aussi ont-elles choisi pour leurs armes un Lion qui tient sept flèches. On seroit cependant porté à croire d'abord qu'il y a huit Provinces, parceque Zutphen étoit autrefois séparé de la Gueldre, & parcequ'ayant compté cette dernière dans les dix Provinces des Pays-Bas Catholiques, à cause de sa partie haute & Méridionale, on retrouve encore ici une Gueldre, sçavoir, la basse ou la Septentrionale; mais Zutphen & la Gueldre Hollandoise ne font qu'une Province, qui porte simplement le nom de *Gueldre*. C'est la première, selon l'ordre dans lequel elles donnent leurs voix aux Assemblées générales de la Nation, qui se font par députés: ensuite sont les Provinces de *Hollande*, de *Zélande*, d'*Utrecht*, de *Frise*, d'*Overissel*, de *Groningue*.

Ces sept Provinces étoient autrefois gouvernées, la première par un Duc; les deux suivantes par un Comte, & les autres par des Seigneurs; ce qui fait qu'on leur donne encore quelquefois les titres de *Duché*, *Comté*, *Seigneurie*. Charles-Quint, qui étoit de la Maison d'Autriche, en qualité d'héritier de la Maison de Bourgogne, fut d'abord Comte de Hollande & de Zélande. Il acheta ensuite de Henri de Bavière, Evêque d'Utrecht, les Seigneuries d'Utrecht & d'Overissel, en 1527. L'année suivante il se mit en possession de la Frise, à laquelle il avoit droit par ses ancêtres. Il devint maître de Groningue en 1536, & il eut en 1543 le Duché de Gueldre, auquel le Comté de Zutphen étoit uni depuis long-temps.

temps. Toutes ces Provinces passèrent ensuite, par Philippe II, son fils, à l'Espagne, avec le reste des Pays-Bas. Aujourd'hui elles composent une République libre & indépendante, comme nous l'avons dit ci-dessus.

Cette République possède encore plusieurs Villes qui ne sont pas de ces Provinces, & qu'elle a conquises sur les Espagnols depuis l'Union d'Utrecht. C'est ce qu'on appelle le *Pays de la Généralité*, parceque ces Villes, qui appartenoient autrefois à la Flandre & au Brabant, dépendent immédiatement des *Etats Généraux*, & non d'aucune Province particulière.

Les Députés des Provinces-Unies, qui sont toujours assemblés à la Haye, composent ce qu'on nomme *Etats Généraux*; mais ces Etats ne sont pas les souverains de la République. Chaque Province fait comme un Etat particulier; & chaque Ville même, quoique soumise à sa Province en plusieurs choses, jouit d'une espèce de souveraineté dans tout le reste, & a son Sénat particulier, qui députe à l'Assemblée de la Province.

Le Gouvernement est Démocratique, mêlé d'un peu d'Aristocratie; les Députés des Villes ont chacun leur voix, & les Nobles de chaque Province n'en ont tous ensemble qu'une. Les Députés des Provinces forment trois Assemblées, qui se tiennent toujours à la Haye; sçavoir, les Etats Généraux, le Conseil d'Etat, & la Chambre des Comptes.

L'Assemblée des Etats Généraux a la principale direction des affaires, & donne audience aux Ministres étrangers. Elle porte le titre de *Hautes Puissances*.

Les affaires importantes, c'est-à-dire, celles qui concernent la paix, la guerre, les alliances, la valeur des monnoies & les privilèges de l'Union, demandent le consentement unanime de toutes les

Provinces, pour être terminées : il y en a d'autres qui se décident seulement à la pluralité. On compte les voix selon le nombre des Provinces, & non selon celui des Députés ; car il leur est libre d'en envoyer autant qu'ils veulent.

Chaque Province préside à son tour pendant une semaine. C'est au Président de la Province qui est en semaine, que les Ministres doivent s'adresser.

Le Conseil d'Etat exécute les décisions des Etats Généraux : il est composé de douze Députés, dont deux de la Province de Gueldre, trois de la Hollande, deux de la Zélande, un d'Utrecht, deux de la Frise, un d'Overissel, un de Groningue. Les affaires s'y règlent à la pluralité des voix.

La Chambre des Comptes connoît des Finances ; elle est également composée des Députés des Provinces.

Outre ces trois Assemblées, il y a encore plusieurs Tribunaux : celui de l'Amirauté qui juge de ce qui regarde la Marine. Les suivans sont particuliers aux Pays de la Généralité. Le Conseil de Brabant s'assemble à la Haye pour les affaires du Brabant Hollandois ; celui de Flandre, à Middelbourg en Zélande, pour les affaires de la Flandre Hollandoise.

Le *Stathouder* est comme le chef de la République des Provinces-Unies : il est Gouverneur-Général, Capitaine-Général, & Grand-Amiral. Le premier établissement de cette importante Charge, est aussi ancien que la République. Guillaume I, Comte de Nassau & Prince d'Orange, qui étoit Gouverneur de Hollande pour les Espagnols, ayant été élu Stathouder en 1579, ses deux fils & son petit-fils lui succedèrent ; mais en 1650, cette charge fut supprimée. On la rétablit en 1672 ; & alors il y eut deux Stathouders, l'un & l'autre de la Maison de Nassau, mais de branches différentes. Guillaume III de Nassau-Orange fut élu par les Provinces de Hollande, de Zélande, d'Utrecht, de Gueldre & d'Ovériflel : c'est celui qui est mort sur le Thrône d'Angleterre, en 1702, & après lequel ces Provinces n'ont point voulu avoir de Stathouder. L'autre qui avoit été élu par les Provinces de Frise & de Groningue, étoit un Prince de Nassau-Dietz, dont le petit-fils (Guillaume-Charles-Henri-Friso) fut encore élu Stathouder de Gueldre & d'Overissel, en 1728. Il l'est devenu de toutes les autres Provinces, en 1747, & le Stathouderat a été assuré à sa postérité, soit masculine, soit féminine. Son fils, Guillaume, est aujourd'hui Stathouder.

Les Provinces-Unies sont extrêmement peuplées. L'air y est assez tempéré, mais humide & fort épais. On recueille assez de bled en quelques Provinces, comme dans celles d'Utrecht & de Gueldre; la plupart des autres ont d'excellens pâturages. On y fait de très-bon beurre & de bons fromages. La principale richesse des Hollandois consiste dans les Manufactures & le Commerce immense qu'ils font, sur-tout aux Indes. La Compagnie des Indes Orientales est très-puissante. Celle des Indes Occidentales, ou de l'Amérique, l'est beaucoup moins. Les Hollandois sont laborieux, ménagers, bons hommes de mer, & fort politiques. La Religion dominante est la prétendue réformée : les autres y sont permises, excepté la Catholique qui y est seulement tolérée ; la Socinienne y est entièrement défendue.

Le *Rhin* est la plus grande Rivière de ce Pays. Il prend sa source au Mont S. Gothard en Suisse, sépare la Souabe de l'Alsace, arrose le Cercle Electoral du Rhin, & celui de Westphalie, puis au Fort de Skenck se divise en deux branches : la gauche s'appelle *Vahal*, la droite retient le nom de *Rhin*. Au-dessous du même Fort, il se divise encore en deux branches, à Arnheim. L'une prend le nom d'*Yssel*, & tirant droit au Nord, se jette dans le Golfe du *Zuyderzée* ; l'autre bras qui retient le nom de *Rhin*, continue son cours droit à l'Occident : enfin il se partage encore en deux branches dans la Province d'Utrecht. Le bras gauche prend le nom de *Leck*, & va se joindre à la Meuse; l'autre retient le nom de *Rhin*, & se perd dans les sables au-dessous de Leyde; car depuis l'an 860, que l'Océan s'étant débordé, ruina l'embouchure du Rhin, ce Fleuve ne porte plus son nom jusqu'à la mer. Il faut observer encore, que le *Vahal*, qui est la branche gauche du Rhin de la première division, passe à Nimégue, puis se joignant avec la Meuse à l'Orient de l'Isle de Bommel, & s'en séparant ensuite, s'y unit une seconde fois à l'Occident. Cette double union forme cette Isle. Le Vahal prend alors le nom de la Meuse, & passe à Dordrecht.

Les différentes branches du Rhin, la Meuse & les Canaux dont les Provinces-Unies sont entrecoupées de tous les côtés, facilitent le transport des marchandises, & aident beaucoup le commerce.

La première des Provinces-Unies, au Sud-Est, est la *Gueldre*, à laquelle le Pays de *Zutphen* est uni: il y en a une à l'Occident, la *Hollande*: une au Sud-Ouest, la *Zélande*; une dans le milieu, la Province d'*Utrecht*; une au Nord, la *Frise*; & deux au Nord-Ouest, l'*Overissel* & la Province de *Groningue*. Le Pays de la Généralité est au Midi, & comprend principalement la Flandre Hollandoise & le Brabant Hollandois. Nous en parlerons dans le §. VIII.

§. I. *La Gueldre Hollandoise, ou septentrionale.*

La Gueldre Hollandoise ou septentrionale, qu'on appelle aussi la basse Gueldre, est la plus considérable: elle se divise en trois Pays ou Quartiers.

1. Le *Betaw* ou *Betuve*, ou *Quartier de Nimégue*.

NIMEGUE, *Capitale*, *Ville forte*, sur le Vahal. C'est une grande Ville fort peuplée & fort marchande. Elle eſt célèbre par la paix qui y fut conclue en 1678 & en 1679, entre Louis XIV, Charles II, Roi d'Eſpagne, & les Hollandois. C'eſt la patrie de Pierre Caniſius, Jéſuite, ſavant Théologien, qui a aſſiſté au Concile de Trente; & de Henri Caniſius, ſon neveu, célèbre Profeſſeur en Droit Canon à Ingolſtat.

BOMMEL, ſur le Vahal. Cette petite Ville, que la nature & l'art ont rendue très-forte, eſt dans une Iſle qui porte ſon nom, & qui eſt formée par la Meuſe & le Vahal.

BUREN, petite Ville au Nord, & vers le Rhin. Elle a le titre de Comté. Le fils aîné du Prince d'Orange & de Naſſau, Stathouder des Provinces-Unies, élu en 1747, en a porté le nom: c'eſt le Prince Guillaume, aujourd'hui Stathouder.

2. Le *Wélaw* ou *Weluve*, ou *Quartier d'Arnheim*, au Nord-Eſt.

ARNHEIM, *Capitale*, à l'endroit où commence la jonction de l'Yſſel avec le Rhin: jonction que Druſus, frère de l'Empereur Tibère, fit faire 7 ou 8 ans avant J. C. La Ville d'Arnheim eſt grande, belle & fortifiée.

HARDERWICK, *Univerſité*, ſur le *Zuyderzée*, qui eſt un Golphe entre les terres des Provinces-Unies: les Hollandois l'appellent de ce nom qui ſignifie la *Mer du Midi*, par oppoſition à la grande Mer, à laquelle elle communique du côté du Nord.

LOO*, magnifique Château entre Harderwick & Deventer; il appartient au Prince de Naſſau-Orange, Stathouder.

3. Le *Pays* ou *Quartier de Zutphen*, à l'Orient: c'étoit autrefois un Comté, qui fut uni au Duché de Gueldre en 1107.

ZUTPHEN, *Capitale*, ſur l'Yſſel. Cette Ville eſt ancienne & forte. Elle a le privilège de battre monnoie.

DOESBOURG, *Fort*, sur l'Yssel.

GROLL, Ville assez belle, & autrefois très-forte. Les François la prirent en 1672, & en démolirent les fortifications.

§. II. *La Hollande.*

Cette Province, quoique très-peuplée, a un air mal-sain. L'eau n'y est ni pure ni saine. On n'y brûle que des tourbes. C'est ce qui faisoit dire agréablement à Grotius, que *les élémens n'y valoient pas grand'chose*. La Mer inonderoit ce Pays, si elle n'étoit retenue par des digues qu'on entretient avec soin. On le partage en Nord-Hollande & Sud-Hollande.

HORN, *Port*, sur le Zuyderzée. C'est une grande & belle Ville, où il se fait un grand débit de bons fromages & d'autres marchandises. Elle est le siège d'une Amirauté, & capitale de la *Nord-Hollande*, que l'on appelle aussi *West-Frise*.

AMSTERDAM, *Port*. Cette Ville qui est dans la Sud-Hollande, a reçu son nom de la Rivière d'*Amstel* qui l'arrose, & du mot *Dam*, qui signifie *digue*. Elle est fort belle, la plus grande Ville des Provinces-Unies, & très-peuplée. Elle est traversée de tous côtés par un grand nombre de canaux, qui sont garnis de quais, la plûpart plantés d'arbres. Ce qu'on voit de plus remarquable à Amsterdam, c'est le Port, l'Hôtel-de-Ville, & la Bourse.

Le *Port*, formé par les Rivières d'Amstel & d'Ye, est si grand, qu'il peut contenir plus de mille bâtimens: il est près du Zuyderzée. Une espèce de détroit rempli de sable, que l'on nomme *Pampus*, & qu'on rencontre en venant du Zuyderzée à Amsterdam, forme dans ce port une incommodité considérable. Les gros vaisseaux de charge ne peuvent passer qu'à la faveur de la haute marée. Quand on les a déchargés, on les soulève avec une machine nommée *Chameau*, pour les faire entrer dans le Port. Ce Port d'Amsterdam est bordé d'un Quai, qui a près d'une demi-lieue de long; à une des extrémités est un bel édifice bâti de pierres de taille, au milieu de l'eau : il est quarré & a trois étages. On l'appelle l'*Amirauté*; il renferme tout ce qui est nécessaire pour équiper les vaisseaux.

L'*Hôtel-de-Ville* est la seconde chose qui relève Amsterdam. C'est un grand Bâtiment bâti à la moderne, quarré, de pierres blanches & très-dures. Il est isolé, & a vingt-trois croisées de face : on n'y voit point d'ornemens d'architecture, mais une belle uniformité. Outre le rez-de-chaussée, il y a deux étages. Au milieu du Bâtiment, dans l'intérieur, règne une grande galerie ou salle revêtue de marbre, depuis le haut jusqu'en bas. Elle partage ce grand édifice en deux parties, qui sont entourées d'autres galeries ornées de la même manière, mais moins larges. Autour de ces galeries sont rangées différentes chambres, décorées de tableaux & de bas-reliefs magnifiques. Une plate-forme couverte de plomb occupe tout le dessus du bâtiment; aux quatre coins sont de belles statues. Du milieu de la plate-forme s'élève une lanterne, dans laquelle est placée l'horloge, dont le carillon exécute les plus belles cantates, par le moyen d'une machine singulière, qui fait mouvoir trente ou quarante petites clochettes avec une justesse & une précision admirables.

La *Bourse* est un autre Bâtiment quarré, peu éloigné de l'Hôtel-de-Ville, qui renferme une belle cour garnie de quatre Péristiles. C'est-là que se rassemblent les Négocians d'Amsterdam : on y trouve des correspondans de toutes les Nations. En un quart-d'heure il s'y fait pour des millions d'affaires; les assurances des vaisseaux n'en font pas une des moindres parties.

Il y a encore dans cette Ville plusieurs belles Eglises, sur-tout celles de S. Nicolas & de Sainte Catherine. On y compte dix-huit Hôpitaux entre lesquels il y en a sept pour les enfans orphelins. Les Catholiques, qui sont en grand nombre dans cette Ville, en possèdent deux; l'un pour les garçons, & l'autre pour les filles: ils y ont aussi vingt-deux Eglises ou Paroisses. Les Arméniens de Perse unis au Saint Siège, y ont une Eglise. Les Juifs Portugais & Allemans y ont aussi des Synagogues: celle des Portugais est très-belle ; aussi y sont-ils autant à leur aise, que les Allemans y sont pauvres & misérables.

ALCMAER, à l'Occident de Horn. Cette Ville passe pour la plus ancienne de la Hollande. On prétend que c'est dans ses environs que l'on fait le meilleur beurre & le plus excellent fromage du Pays. Elle a perdu beaucoup de son ancien lustre, depuis qu'Amsterdam s'est attiré presque tout le commerce de la Nord-Hollande.

ENCKUSEN, sur le Zuyderzée, *Port*, au Nord-Est de Horn. Cette Ville n'est pas peuplée à proportion de sa grandeur. Elle a un bel Hôtel-de-Ville & une Chambre de la Compagnie des Indes Orientales.

HARLEM, *Evêché*, sur le Lac de même nom. Cette Ville est grande, belle & fort marchande ; on y fabrique beaucoup de rubans, & d'étoffes de soie & de fil. Elle est partagée par divers canaux bordés d'allées d'arbres. La grande Eglise, qui appartient aux Réformés, est très-vaste. Les orgues en sont magnifiques & très-élevées, soutenues par quatre belles colonnes de marbre. On voit au-dessus les trois Vertus théologales, représentées par des figures de marbre blanc. C'est la patrie de Laurent Coster, qui s'appliqua des premiers à l'Imprimerie, dont les Hollandois lui attribuent même l'invention. Harlem a au Nord-Est la rivière d'Ye, qui est proptement un amas d'eaux qui communiquent d'une part à plusieurs Lacs, & de l'autre au Zuyderzée; & au Midi est un grand Lac, qui s'est formé dans les anciennes inondations : On l'appelle la *Mer de Harlem*, & l'on a plusieurs fois pensé à le dessécher.

LEYDE *ou* LEYDEN, sur le Rhin. Cette Ville est belle, grande & bien peuplée : on y fabrique les meilleurs draps de Hollande. Elle a une *Université*, célèbre & très-fréquentée, sur-tout par les Allemans, Catholiques ou Réformés : tout le monde y est reçu indifféremment. Il s'y trouve un beau Théâtre anatomique, établi dans une ancienne Eglise de Catholiques. Le Jardin des Plantes y est bien fourni. L'Hôtel-de-Ville est beau. Il y a au-dehors de Leyde, un Mail, & autour des murs un cours d'arbres très-agréable ; mais les Habitans s'y promènent fort peu. Il en est à peu-près de même dans toutes les grandes Villes. On y trouve les plus belles promenades ; mais les Hollandois aiment mieux rester chez eux, ou aller dans des espèces de cabarets boire du thé, du caffé & de la bierre. Leyde est la patrie d'Isaac Vossius, l'un des plus savans Critiques du XVIIe siècle.

LA HAYE. Comme ce lieu est sans murs, il peut passer pour un Bourg ou un Village ; mais c'est le plus beau qui soit au monde, & il surpasse plusieurs Villes célèbres de l'Europe, pour la magnificence de ses bâtimens, & pour ses autres ornemens. Un grand nombre de canaux renfermés dans des Quais plantés de tilleuls, ornent la plûpart de ses rues : celles qui n'ont pas de canal, sont aussi plantées de tilleuls dans le milieu. Le Palais où s'assemblent les Etats-Généraux, est un vaste Bâtiment ancien, qui par ses quatre côtés renferme une très-grande cour quarrée. Vis-à-vis est une grande pièce d'eau qu'on appelle le *Vivier*. Le commerce est florissant à la

Haye; on y compte 4000 maisons. A un quart de lieue se trouve un Château des Princes de Nassau-Orange, qu'on nomme la *Maison du Bois*. Louise Hollandine Palatine de Bavière, Abbesse de Maubuisson, étoit née à la Haye. Ce Bourg est aussi la patrie de Fréderic Ruysch, célèbre Anatomiste; de Chrétien Huyghens, l'un des plus savans Astronomes du dernier siècle; de Jacques Golius, Professeur en Arabe dans l'Université de Leyde, & de Jean Second, mort à 25 ans, dont on a un grand nombre de poësies latines.

Riswick, Village & Château près de la Haye, fameux par le Traité de paix qui y fut conclu en 1697, entre la France d'une part, & la Hollande, l'Espagne, l'Angleterre & l'Allemagne de l'autre.

Roterdam, *Port*, sur la Meuse, près de l'embouchure de ce Fleuve, que les Hollandois nomment en cet endroit *Merwe*. C'est une Ville qu'on peut regarder comme la plus considérable de la Hollande, après Amsterdam. Elle tire son nom d'un ruisseau nommé *Rote*, qui y coule. Elle est traversée par plusieurs canaux capables de porter les plus gros vaisseaux. Les promenades hors la Ville sont charmantes, & ornées de jolies maisons de campagne, & de beaux jardins, dont plusieurs sont décorés de statues & de vases dorés. La grande rue, qui traverse toute la Ville, se trouve bâtie sur une digue: le reste de la Ville est plus bas, & à couvert par ce moyen de l'inondation. La Bourse mérite d'être vue: c'est un grand Bâtiment neuf, quarré, au milieu duquel est une belle cour. Autour de cette cour sont des galeries couvertes, où se retirent dans le temps de pluie les Marchands qui y viennent pour leur commerce. Roterdam est la patrie d'Erasme, à qui on a érigé une statue de bronze sur un pont; & de Pierre & Adrien de Valembourg, Auteurs d'excellens ouvrages de controverses contre les Protestans, en deux volumes *in-folio* ; & facrés Evêques, l'un de Myfie, & l'autre d'Andrinople.

DELFT, entre Roterdam & la Haye : c'eft une Ville jolie, ainfi que la plûpart de celles de la Hollande. On y fait de très-belles porcelaines. L'Arfenal des Etats de Hollande & de Weft-Frife mérite d'y être remarqué : c'eft un gros Bâtiment quarré, entouré d'eau. Il y a dans cette Ville deux Eglifes, qui ont appartenu autrefois aux Catholiques. Dans l'une on admire le fuperbe Maufolée d'un Prince de Naffau-Orange : il eft au fond du chœur, & tient la place qu'occupe le maître-autel dans nos Eglifes. On peut obferver à cette occafion, que les Prétendus-Réformés de Hollande ont dans leurs Eglifes des ufages qui femblent peu refpectueux : ils y entrent & y demeurent le chapeau fur la tête. On n'y voit d'ailleurs aucune forte d'ornemens, excepté les Orgues & les Maufolées. Au-deffus de la porte de l'Hôtel-de-Ville de Delft, qui eft un beau Bâtiment, on lit cette Infcription, d'un goût fingulier :

Hæc domus odit, amat, punit, confervat, honorat,
Nequitiam, pacem, crimina, jura, probos.

Delft eft la patrie de Hugues Grotius, fameux par fes Ouvrages, fur-tout par fon Traité *du Droit de la Guerre & de la Paix*, qu'on regarde comme un chef-d'œuvre : il en a fait auffi un fur la *Vérité de la Religion Chrétienne*. Delft eft encore la patrie de Chrétien Adrichomius, qui a fait en latin une Géographie facrée, *in-folio*, avec des Cartes.

GOUDE *ou* TERGAU, au Nord-Eft de Delft, fur l'Iffel. C'eft une jolie Ville affez peuplée. Elle a une Eglife très-belle & fort vafte avec doubles bas-côtés. On admire fes vitraux & fes orgues, qui font d'une grande beauté. C'eft la patrie de Nicolas Hartfoeker, célèbre Phyficien.

LA BRILLE, *Port*, dans l'Ifle ou la Terre de

Vorn, à l'Occident. Ses habitans s'occupent principalement à la pêche du hareng. C'est dans cette Ville que les Confédérés des Pays-Bas jettèrent, en 1572, les premiers fondemens de leur République. C'est aussi d'où partent & où abordent les paquebots de Hollande & d'Angleterre. Elle a donné la naissance à Martin Happetz Tromp, célèbre Amiral des Hollandois.

DORDRECHT ou DORT, *Capitale* de la Hollande méridionale, sur la Meuse au Midi. Les anciens Comtes y résidoient. Elle étoit autrefois attachée au Brabant; mais en 1421, la Mer ayant rompu une digue, inonda tout le Pays, & submergea soixante-douze Villages, dont le terrein est à présent un grand Lac nommé *Bies-Bos*. Cette Ville est forte & enfermée de Digues: son *Port* est bon. Elle a droit de battre monnoie. Elle est fameuse par le Synode que les Prétendus Réformés y tinrent en 1618. C'est la patrie du célèbre Jean de With, Conseiller-Pensionnaire de Hollande.

GORCUM, *Ville forte*, sur la Meuse, à l'Orient de Dordrecht. C'est la Patrie de Henri Gorcum, Vice-Chancelier de Cologne dans le dernier siècle, auteur de plusieurs Ouvrages de Théologie, entr'autres, d'un Traité sur l'Eucharistie; de Guillaume Estius, savant Théologien, & le Commentateur le plus estimé des Epîtres de S. Paul; de Jean de Néercassel, Evêque de Castorie & Vicaire Apostolique en Hollande, Auteur de l'*Amor Pœnitens*, & de plusieurs autres Ouvrages estimés; enfin, de Thomas Erpénius, très-versé dans les Langues Orientales.

LEERDAM, * petite Ville sur la Ling, à deux lieues Nord-Est de la précédente. C'est la patrie du fameux Cornélius Jansénius, Evêque d'Ypres.

§. III. *La Zélande*.

Cette Province est composée de six Isles principales, dont la plus habitée est *Walkeren*. Les autres sont du Nord au Sud, *Schowen*, *Duveland*, *Nord-Béveland*, *Tolen* & *Zud-Béveland*. Ces Isles sont assez fertiles en grains, & abondent en pâturages. Elles seroient exposées à de fréquentes inondations, si elles n'étoient garanties par des digues qu'on y a construites.

MIDELBOURG, *Capitale*, dans l'Isle de Walkeren. Cette Ville est grande, belle & très-marchande. Les Etats de la Province s'y assemblent, aussi-bien que le Conseil Souverain de la Flandre Hollandoise. Elle a un Collège d'Amirauté, & une Chambre de la Compagnie des Indes Orientales. C'est la patrie de Melchior Leydecker, auteur de plusieurs ouvrages, dont le plus curieux est une *République des Hébreux*.

FLESSINGUE, *Port & Place forte*, vis-à-vis la pointe de Flandre & l'embouchure de l'Escaut. C'est une grande Ville, belle, riche & fort marchande. Elle a donné naissance au célèbre Amiral Ruyter.

ZIRICZÉE, dans l'Isle *Schowen*, au Nord-Est de Walkeren. C'est une petite Ville, avec un bon Port. On la croit la plus ancienne Ville de Zélande.

GOES, *Ville forte* & riche, dans l'Isle *Zud-Béveland*, qui est la plus grande de Zélande, & à l'Orient de Walkeren.

TOLEN, *Capitale* de l'Isle de même nom, *Place forte* qui a le troisième rang parmi les Villes de Zélande.

Les deux autres Isles n'ont que des Bourgs & des Villages.

§. IV. *La Province d'Utrecht*.

L'air y est plus pur & plus sain que dans les autres Provinces: on y recueille du bled en quelques endroits.

UTRECHT, *Archevêché & Université*, sur le

Rhin. C'est une grande & belle Ville, bien peuplée. Son Mail est le plus beau de l'Europe. Louis XIV étant arrivé à Utrecht, dans le cours de ses conquêtes, en 1672, fut si frapé de la beauté de ce Mail, qu'il défendit qu'on y touchât. On ne voit, le long du Canal qui mène de cette Ville à Amsterdam, que jolies Maisons de campagne, ornées de Jardins charmans. Utrecht est célèbre par l'Union des Provinces, qui s'y fit en 1579; & par le fameux Congrès qui s'y tint en 1712 & 1713, pour la Paix de l'Europe, & où furent principalement réglées les affaires qui regardoient la Succession d'Espagne. Cette Ville est la patrie du Pape Adrien VI, & de Jean Leufden, célèbre Philologue du XVII. Siècle.

AMERSFORD, sur la Rivière d'Eem, au Nord-Est d'Utrecht. C'est une Ville bien fortifiée. Sa situation dans des campagnes fertiles en grains & en excellens pâturages, est très-agréable.

MONTFORT*, petite Ville très-forte sur la petite rivière d'Issel, au Sud-Ouest d'Utrecht.

RHENEN, sur le Rhin, petite Ville qui a eu autrefois ses Seigneurs particuliers.

§. V. *La Frise.*

Cette Province est à l'entrée du Zuyderzée, vis-à-vis la Hollande Septentrionale ou West-Frise. Elle est fertile en bled; en quelques endroits on y nourrit beaucoup de bétail & de très-beaux chevaux. Anciennement la Frise étoit beaucoup plus étendue qu'elle ne l'est aujourd'hui. Du temps de Charlemagne sa Capitale étoit Utrecht; la Hollande Septentrionale en garde encore le nom de West-Frise, ou Frise Occidentale; & le Pays d'Allemagne voisin de Groningue, s'appelle Oost-Frise, ou Frise Orientale.

LEUWARDE, *Capitale*, au Nord. C'est une Ville grande, bien bâtie, fortifiée & bien peuplée. Le Conseil souverain de la Province y réside : elle est partagée par divers canaux; ce qui facilite son commerce, qui est considérable.

HARLINGEN, *Port*, sur le Zuyderzée. Cette Ville est grande, marchande, & bien fortifiée : ses rues sont belles & entourées de canaux : il y a un Collège d'Amirauté.

FRANECKER, *Université*. C'est une Ville belle & forte, peu éloignée de Harlingen.

STAVEREN, sur le Zuyderzée. Elle étoit autrefois la Capitale des Frisons ; mais elle a cessé de l'être depuis que la mer en a englouti une partie, & a comblé son Port.

Une inondation, arrivée vers l'an 1225, forma cette Mer de trente lieues de longueur qu'on nomme *Zuyderzée*, qui n'est séparée de l'Océan que par les Isles de *Tessel*, de *Vlieland*, de *Schellin* & d'*Ameland*.

§. VI. *La Province d'Overissel.*

Son nom lui vient de sa situation au-delà de la branche du Rhin nommée *Yssel*, par rapport à la Province d'Utrecht (*a*), dont elle dépendoit autrefois : elle est beaucoup moins peuplée que les autres Provinces, parcequ'elle a beaucoup de marais.

DEVENTER, sur l'Yssel, *Capitale*. C'est une grande Ville, bien bâtie & fortifiée, où l'on bat monnoie. Elle étoit autrefois Episcopale, & depuis quelques années l'Archevêque d'Utrecht s'est donné un Suffragant de ce nom. Il y avoit une Université ; mais ce n'est plus qu'un grand Collège célèbre pour les Humanités. Deventer est la patrie de Jacques Gronovius, auteur du Trésor des Antiquités Grecques.

ZWOL, *Place forte*. Cette Ville est grande, riche & marchande ; elle étoit autrefois Impériale.

_____

(*a*) *Over* signifie *au delà*.

Près de cette Ville étoit le Monastère de Sainte Agnès, où demeuroit Thomas à Kempis, que l'on croit auteur du Livre de l'Imitation de Jesus-Christ.

KEMPEN, *Port*, à l'embouchure de l'Yssel, Ville riche & bien fortifiée. C'est la patrie d'Albert Pighius, Théologien sçavant, mais hardi dans ses sentimens, & trop favorable aux prétentions de la Cour de Rome.

OLDENZÉE, à l'Orient de Deventer, assez jolie Ville, *Capitale* du Pays de *Twente*.

COVORDEN, au Nord-Est, Ville fortifiée, sur les confins de l'Allemagne : elle est la *Capitale* du Pays de *Drente*.

§. VII. *La Province de Groningue.*

Elle faisoit autrefois partie de la Frise : elle a appartenu ensuite aux Evêques d'Utrecht, & après cela au Duc de Gueldre, sur qui Charles-Quint s'en empara. Le Golphe de *Dollart* la sépare de l'Allemagne.

GRONINGUE, *Capitale* & *Université*. C'est une Ville grande, forte & bien peuplée. Il y a deux Eglises, dont la plus grande, dédiée à S. Martin, a un clocher fort élevé, avec un beau carillon.

Le Pays circonvoisin s'appelle *les Ommelandes*, c'est-à-dire, *ce qui environne* : ainsi cette Province est divisée en deux parties. La première est composée des Habitans de la Ville de Groningue; la seconde, de ceux du plat-Pays. Les Députés de l'un & de l'autre aux Etats de la Province, gouvernent avec un pouvoir souverain.

DAM est l'unique Ville du Pays des Ommelandes : elle est sur la Rivière de Damster, où est le Fort de *Delfzil*, qui est le boulevard du Pays du côté de l'Allemagne.

§. VIII. *Du Pays de la Généralité, ou de la Flandre Hollandoise, du Brabant Hollandois, &c.*

Nous avons déja dit qu'il falloit joindre ces Pays aux sept Provinces-Unies, qui les possèdent en commun. Leurs Habitans sont proprement Sujets de la République, & ne participent point aux privilèges des Provinces souveraines, n'étant admis dans aucune charge publique. Ces Pays sont au nombre de cinq : sçavoir, partie de Flandre, partie de Brabant, partie de la haute Gueldre, partie du Limbourg, & partie de l'Evêché de Liège. On y remarque les Villes suivantes, qui ont été conquises sur les Espagnols depuis l'Union des sept Provinces.

I. Dans la Flandre *Hollandoise*, au Nord de la Flandre Espagnole ou Autrichienne :

L'Ecluse, à deux lieues de la Mer, à laquelle elle communique par un large canal. C'est une Ville médiocre, mais marchande : elle a un petit canal qui va à Bruges. Vis-à-vis de l'Ecluse, vers le Nord, est le Pays ou l'Isle de *Cadsand* *, qui est très-abondante en pâturages, & où il se fait d'excellens fromages.

Le Sas *ou* le Sas de Gand, *Place forte*, toute environnée de marais : elle communique à Gand par un petit canal, & par un autre à la Mer. Les Hollandois y ont un Arsenal.

Axel, Ville très-forte, environnée de marais.

Hulst, petite Ville bien fortifiée : elle a un très-bel Hôtel-de-Ville. C'est la patrie de Cornélius Jansénius, Evêque de Gand.

Les François se sont emparés de toutes ces Villes au commencement de la campagne de 1747 : mais elles ont été rendues aux Hollandois par le Traité de Paix d'Aix-la-Chapelle, en 1748.

II. Dans le *Brabant Hollandois*, au Nord du Brabant Autrichien :

BREDA, Ville qui appartient aux Hollandois depuis 1637. Elle eſt fort belle & marchande. Ses maiſons ſont d'une propreté parfaite au-dehors, & encore plus au-dedans, comme dans preſque toutes les Villes de la Hollande : ſes rues ſont larges, bien percées, & quelques-unes arroſées de canaux couverts de barques & de marchandiſes. Ses Fortifications ſont conſidérables ; & tous ſes environs peuvent être inondés facilement, en cas qu'elle ſoit menacée d'un ſiége. Il ſe fit dans cette Ville, en 1667, un Traité de Paix entre les Anglois & les Hollandois. Le Château des Princes de Naſſau, à qui appartient la Baronnie de Breda, eſt très-beau : les jardins ſont magnifiques & ornés de parterres & de ſtatues.

BERG-OP-ZOOM, *Port & Ville forte.* Elle eſt *Capitale* du Marquiſat de ſon nom, qui appartient à l'Electeur Palatin, au nom de qui la juſtice s'exerce. Son nom ſignifie *Montagne ſur le bord*, & ne vient point, ſelon M. de la Martinière, de la petite Rivière de *Zoom*, qui n'eſt qu'un canal qu'on a creuſé exprès pour tranſporter les tourbes que l'on fait aux environs. Elle a un autre grand canal qui vient de la Mer, & qui eſt bordé d'onze forts. On peut par ce canal ſecourir la Ville, dont la ſituation dans des marais rend l'approche très-difficile. Louis XV s'en eſt rendu maître le 15 Septembre 1747, après deux mois & deux jours de ſiége.

BOIS-LE-DUC *ou* BOS-LE-DUC, ſur le Dommel, qui s'y joignant à l'Aa, prend le nom de Dyſe. C'eſt une Ville forte, grande & belle, *Capitale* de la Mairie de ſon nom. Elle fut fondée en 1183, par Godefroi, Duc de Brabant, dans une petite forêt, d'où lui eſt venu le nom de *Bois-le-Duc*. Les Hollandois s'en rendirent maîtres en 1629 ; & l'Evêque qui y étoit alors, fut contraint de ſe retirer avec tout ſon clergé. Son Egliſe de S. Jean eſt magnifique :

il y a encore beaucoup de Catholiques en cette Ville.

RAVESTEIN, fur la Meufe, petite Ville, avec un Château, *Capitale* de la Seigneurie de même nom, qui appartient à l'Electeur Palatin. Les Etats Généraux ont droit d'y entretenir garnifon, & d'y avoir des commis pour percevoir les droits qu'ils lèvent fur la Meufe.

EYNDOVEN, au confluent du Dommel & du Leyns, *Capitale* d'un Pays qui fait partie de la Mairie de Bois-le-Duc, & qu'on nomme la *Campine Brabançonne*, pour la diftinguer de la Liégeoife. Cette Ville est à la Maifon de Naffau-Orange.

GRAVE, *Place forte*, fur la Meufe. Cette Ville, qui eft dans le Pays ou Terre de *Cuyck*, eft forte, & appartient à la même Maifon : elle a plus d'habitans Catholiques que de Proteftans.

III. Dans la *haute Gueldre* ou *Gueldre Autrichienne* :

VENLO & STEPHANSVERT : nous en avons parlé ci-devant, *page* 303.

IV. Dans le *Limbourg* :

FAUQUEMONT *ou* FALKEMBOURG, & DALEM, voyez *page* 302.

V. Dans *l'Evêché de Liège* :

MASTREICK *ou* MAESTRICK, *Ville forte*, fur la Meufe. Cette Ville eft grande & belle. Son nom fignifie *Paffage de la Meufe*, que les Flamans appellent *Maes*. Les Ducs de Brabant en étoient Seigneurs avec l'Evêque de Liège ; mais en 1530, Charles-Quint en adjugea le haut Domaine au Brabant, ne laiffant à l'Evêque qu'une portion de la Juftice ordinaire & de la Seigneurie utile. Les Efpagnols cédèrent cette Ville aux Hollandois, en 1648, par le Traité de Munfter, & l'Evêque a continué d'en être Seigneur en partie : c'eft pour cela que la Régence de cette Ville eft compofée de

Magistrats Catholiques & de Hollandois. Mastreick est bien peuplée : on y compte environ 14000 habitans, sans la garnison qui est ordinairement considérable. L'Hôtel-de-Ville, qui est un des plus beaux des Pays-Bas, est orné d'une Bibliothéque, & est situé sur la place du grand Marché. La Religion Catholique & la Protestante y sont publiquement exercées. Les Catholiques ont deux Collégiales, qui sont aussi Eglises paroissiales. Il y en a encore quatre autres, & vingt-une Maisons Religieuses de l'un & de l'autre sexe. Les Calvinistes y ont aussi trois Eglises & deux Collèges ; & les uns & les autres des Hôpitaux & des Maisons pour les Orphelins. La Maison des Députés des Etats Généraux, & celle du Gouverneur, sont fort belles. Il y a aussi un Arsenal bien fourni. Louis XIV prit en 1673, Mastreick en treize jours ; & en 1748, elle s'est rendue à Louis XV, après un siège de près de trois semaines.

En 1715, les Hollandois obtinrent, pour leur sureté, d'avoir seuls garnison dans plusieurs Villes des Pays-Bas Autrichiens, qui, pour cela, sont appellées *les Barrières*. Ces Villes sont, d'Orient en Occident, *Namur*, *Tournay*, *Menin*, *Warneton*, *Ypres*, *Furnes* & le Fort de *la Quenoke* : ils ont aussi garnison à *Tenremonde* & à *Ruremonde*, mais conjointement avec les Autrichiens.

§. IX. *Les Principales Possessions des Hollandois en Asie, en Afrique & en Amérique.*

Les Hollandois ne pouvant faire commerce avec l'Espagne, pendant les grandes guerres qu'ils eurent avec cette Couronne, lors de l'établissement de leur République, tentèrent d'aller aux Indes nouvellement découvertes. Ils y ont fait des établissemens considérables, sur-tout aux dépens des Portugais, qui étoient alors sous la domination de l'Espagne. Leurs principales possessions sont :

En Asie, une partie de l'Isle de *Java*, où est *Batavia*, la Capitale de leurs Etats en ces riches contrées : plusieurs Forts dans l'Isle de *Sumatra* ; une partie considérable des *Moluques* ; *Malaca* dans la presqu'Isle de ce nom, près de Sumatra ; dans la presqu'Isle Occidentale de l'Inde, *Paliacate*, &c. sur la côte de Coromandel ; *Cochin*, &c. sur la côte de *Malabar*, & toutes les côtes de l'Isle de *Ceylan*.

En Afrique, *la Mina*, &c. sur la côte de la Guinée ; le *Cap de Bonne-Espérance*, à la pointe Méridionale de l'Afrique, dans la *Cafrerie*.

Dans l'Amérique méridionale, plusieurs Isles près de la Terre-Ferme, dont la principale est *Curaçao* ; & le Territoire du *Surinam* en Terre-Ferme, à l'Orient.

SECTION III.

De l'Espagne.

ON nommoit autrefois l'Espagne, à laquelle le Portugal étoit joint, *Ibérie* & *Hespérie*. Ce dernier nom, qui signifie *Pays d'Occident*, lui a été donné par les Grecs, à cause de sa situation à leur égard. Pour celui d'*Ibérie*, il paroît venir du Fleuve *Iberus*, aujourd'hui l'Ebre, ou plutôt du terme Chaldaïque *Alberin*, qui signifie *fin*, *extrémité*, parceque les anciens regardoient cette Région comme l'extrémité du monde. Les Phéniciens y vinrent faire des établissemens 1500 ans avant Jesus-Christ ; & Bochart prétend que le nom de *Spania*, d'où vient celui d'Espagne, se tire d'un mot Phénicien qui veut dire *Lapin*, à cause qu'il y en avoit un grand nombre.

L'Espagne est séparée de la France par les Pyrénées, au Nord-Est : elle est bornée par la Méditerranée, à l'Orient & au Midi ; par le Portugal, à l'Occident ; & au Nord-Ouest, par l'Océan. L'air de ce Royaume est généralement chaud & sec, particulièrement dans le cœur du Pays & au Midi. Son terroir, quoique sec, pierreux & sablonneux, seroit fertile, s'il étoit cultivé. Les vins, les fruits, le gibier & le bétail y sont excellens. Les chevaux en sont très-estimés, aussi bien que la laine de Ségovie, la soie de Grenade ; le Cordouan, qui est un cuir de chèvre passé au tan & que l'on tire de Cordoue ; le lin & le chanvre d'Andalousie ; le cuir & le fer de Biscaye. On y trouve des mines de fer, de sel, de vermillon, & même d'or & d'argent : on a abandonné les dernières, depuis la découverte de l'Amérique.

La latitude de ce Royaume est depuis le trente-sixième dégré jusqu'au quarante-quatrième : sa longitude depuis le neuvième dégré jusqu'au vingt-unième, dans sa plus grande largeur de l'Océan à la Méditerranée.

Il n'est guères peuplé sur-tout vers le Midi. On en attribue la cause au peu de fécondité des femmes, à l'expulsion des Maures ou Sarasins en 1609, aux voyages que les Espagnols font en Amérique, & au grand nombre d'Ecclésiastiques.

Cet Etat est monarchique. Il y a plusieurs Conseils : sçavoir, le Conseil des Dépêches, nommé aussi *Junte*, ou Conseil du Cabinet : il est composé du Roi & des Ministres d'Etat : le Conseil d'Etat où le Roi préside, & dont l'Archevêque de Tolède est Conseiller-né ; le Conseil Royal des Finances, nommé *Hazienda* ; le Conseil Suprême de Guerre ; le Conseil Royal & Suprême de Castille ; le Conseil Royal & Suprême d'Aragon ; le Conseil Suprême de l'Inquisition ; le Conseil Royal des Ordres de Chevalerie ; le Conseil Royal des Indes ; & celui de la Croisade, composé d'un Commissaire Général, d'un

Conseiller du Conseil de Castille, & d'un de celui d'Aragon pour ce qui regarde ces deux Royaumes. On traite dans ce dernier Conseil des subsides que le Roi lève sur le Clergé, & qui lui sont accordés sous prétexte de guerre contre les Infidèles.

Les Rois portent le titre de *Catholique*, qu'Alexandre VI donna à Ferdinand V, Roi d'Aragon. Les filles succedent à la Couronne au défaut des mâles. Ce Royaume a une dignité qui lui est particulière : on nomme ceux qui en sont revêtus *Grands d'Espagne*. Leur privilège est de se couvrir avant que de parler au Roi, pour ceux de la première classe ; ou quand ils ont commencé leur discours, pour ceux de la seconde ; ou enfin quand ils l'ont fini, pour ceux de la troisième ; mais aucun des Grands ne se couvre que par l'ordre du Roi. Il y a de ces Grands, dont la dignité est à vie seulement, & d'autres dont elle est héréditaire. Ferdinand le Catholique avoit changé le titre de *Riches-Hommes*, en celui de *Grands* ; mais étant mort en 1516, il laissa imparfait le dessein de cet établissement, qui fut perfectioné par Charles-Quint, & mis sur le pied où il est à présent. En Espagne on nomme les *Grands*, *Los Primos*.

Les Romains ayant conquis l'Espagne sur les Carthaginois, environ 200 ans avant Jesus-Christ, ils en furent maîtres près de 660 ans. Vers le commencement du Ve. Siècle, les Suèves, les Alains & les Goths s'en emparèrent : mais les derniers en devinrent les maîtres uniques, & y régnèrent environ 300 ans. Julien, Comte de Tanger, indigné d'un outrage qu'il avoit reçu du Roi Roderic, appella en 712 les Sarasins ou Arabes qui étoient alors maîtres de la côte d'Afrique. Ces Barbares s'emparèrent alors de presque toute l'Espagne, & ils y régnèrent plus de 700 ans : on les a nommés Maures en Espagne, parcequ'ils y étoient venus par la Mauritanie, Province voisine d'Afrique. Cependant les Chrétiens qui s'étoient réfugiés dans les montagnes des Asturies & de Léon, pour éviter le joug des Maures ou Sarrasins, s'y donnèrent un Roi nommé Pélage; ses successeurs s'y fortifièrent & s'agrandirent peu à peu. L'Espagne Chrétienne fut long-temps partagée en plusieurs Royaumes. Les principaux étoient ceux de Léon, de Castille, d'Aragon & de Navarre. Mais en 1479, les Etats d'Aragon & de Castille ont été réunis par le mariage de Ferdinand V, Roi d'Aragon, avec Isabelle, héritière de Castille. Le dernier Royaume des Maures ou Sarrasins qui étoit celui de Grenade, fut conquis en 1492. & quelques années après toute leur race fut renvoyée en Afrique.

Philippe, Archiduc d'Autriche, fils de l'Empereur Maximilien, ayant épousé Jeanne, fille de Ferdinand & d'Isabelle, devint maître de cette grande Monarchie. Elle fut au plus haut comble de sa gloire sous leur fils l'Empereur Charles-Quint. Ce Prince s'étant démis des ses Etats pour vivre dans la retraite, laissa ce qu'il possédoit en Allemagne à son frère Ferdinand, (dont Charles VI, dernier Empereur de la Maison d'Autriche, descendoit;) & il mit, en 1555, son fils Philippe II en possession du Royaume d'Espagne, à qui appartenoient alors celui de Naples & de Sicile, la Sardaigne & le Duché de Milan, en Italie; la Franche-Comté en France; & les dix-sept Provinces des Pays-Bas. Dans le temps que Philippe II perdoit une partie de ces Provinces, (appellées les *Provinces-Unies,*) il se rendit maître, en 1580, du Royaume de Portugal, qui se mit en liberté sous son petit-fils. En 1700, Charles II n'ayant point d'enfans, nomma par son testament pour héritier de ses Etats Philippe, Duc d'Anjou, petit-fils de Louis XIV, & de l'Infante Marie-Thérèse, sœur du Roi Charles II. Ce Prince prit le nom de Philippe V: mais Charles Archiduc d'Autriche, qui a été depuis Empereur sous le nom de Charles VI, prétendit à la succession d'Espagne, comme descendant de Ferdinand ; & aidé par les Anglois & les Hollandois, il s'empara de plusieurs Provinces d'Espagne, où il prit le nom de Charles III. Enfin, par les Traités de Paix d'Utrecht & de Bade, en 1713 & 1714, on lui céda les Etats d'Italie avec les Pays-Bas Espagnols, où il a régné avec le titre de Roi d'Espagne, ayant même droit de faire des Chevaliers de la Toison d'Or. Sa fille l'Archiduchesse Reine de Hongrie & de Bohême, aujourd'hui Impératrice douairière, jouit de la même prérogative. Charles III, ci-devant Roi des deux Siciles, & fils de Philippe V, est Roi d'Espagne depuis 1759.

L'Espagne ne souffre d'autre Religion que la Catholique. Les principaux Tribunaux de l'Inquisition, qui y tiennent la main, sont à Séville & à Cordoue dans l'Andalousie ; à Grenade, Capitale du Royaume de même nom ; à Murcie, Capitale du Royaume de Murcie ; à Barcelone, dans la Catalogne ; à Valladolid & à Logrono, dans la vieille Castille ; à Tolède & à Cuença, dans la Castille nouvelle ; enfin à Ellerena, dans l'Estrémadure. Les appels de ces Tribunaux d'Inquisition, se portent au Tribunal souverain de Madrid.

Les principales Rivières d'Espagne sont du Nord au Sud ; le Minho, le Duéro, le Tage, la Guadiana, le Guadalquivir ; & l'Ebre, à l'Est.

Les cinq premières se rendent dans l'Océan, & la dernière dans la Méditerranée.

Le *Minho*, tire son nom latin *Minius*, du vermillon qui se trouve en abondance dans son voisinage. Il a sa source au Nord de la Galice, près d'un Bourg nommé *Castro del Rey*, l'arrose du Nord au Sud-Ouest, & se jette dans l'Océan au-dessous de Tuy.

Le *Duéro* commence dans la vieille Castille, près de Soria, vers les frontières de l'Aragon, la

Tome I. P

traverse presqu'entière de l'Orient à l'Occident, ainsi que le Royaume de Léon & de Portugal, & se jette dans l'Océan près de Porto.

Le *Tage* parcourt toute la nouvelle Castille, & le Portugal. Il a sa source sur les confins de l'Aragon, dans une montagne près d'Albarazin, d'où sortent le Xucar & le Guadalaviar ; il passe à Tolède, à Alcantara, à Santaren, & se jette dans la Mer au-dessous de Lisbonne.

La *Guadiana*, appellée autrefois *Anas*, naît dans la Manche, Province de la nouvelle Castille, dans une vaste campagne nommée *Campo de Montiel*. Elle sort de certains Lacs appellés *Las Lagunas de Guadiana*, & prend d'abord le nom de *Rio Roidera*, se perd un peu après entre des rochers, & renaît par des ouvertures qu'on appelle *Los ojos de Guadiana*, c'est-à-dire, les yeux de la Guadiana, d'où elle coule à Calatrava, après avoir été grossie par la rivière formée à Villa-Arta des ruisseaux de Ruz, de Xiquela & de Bedija, traverse l'Estrémadure, une partie du Portugal, sépare le Royaume d'Algarve de l'Andalousie, & se jette dans l'Océan.

Le *Guadalquivir*, qui signifie en Arabe ou langage Sarrasin, le *grand Fleuve*, a sa source vers les confins du Royaume de Murcie au Nord-Ouest, au pied d'une montagne nommée *Sierra Segura*, traverse toute l'Andalousie, passe à Cordoue, à Séville, & se jette dans l'Océan à S. Lucar.

L'*Ebre* naît près des Asturies : il a deux sources, dont la principale est près d'un Bourg nommé *Fontibre* ; puis il côtoye la Biscaye & la Navarre, traverse l'Aragon, passe à Saragosse, à Tortose, & se jette dans la Méditerranée, du côté de l'Orient.

On divise l'Espagne en treize Provinces, qui la plupart portent le titre de Royaume, parcequ'elles ont été possédées autrefois par des Rois, soit Chrétiens, soit Maures. Il y en a trois sur l'Océan, au

Nord : sçavoir, la *Biscaye*, les *Asturies*, & la *Galice*; cinq dans le milieu ; au Nord la *Navarre*, & d'Orient en Occident, le Royaume d'*Aragon*, les deux *Castilles*, *Vieille* & *Nouvelle*, & le Royaume de *Léon*; deux au Midi, l'*Andalousie* & le Royaume de *Grenade*; trois à l'Orient, sur la Mer Méditerranée, le Royaume de *Murcie*, celui de *Valence*, & la Principauté de *Catalogne*.

Quelquefois on les range en deux classes : sçavoir, les *Etats de Castille* & les *Etats d'Aragon*. Les premiers comprennent la Galice, les Asturies, la Biscaye, la Navarre, les deux Castilles, Léon, Grenade & Murcie. Les Etats d'Aragon contiennent l'Aragon, la Catalogne, Valence, & les Isles qui sont vis-à-vis. Nous allons suivre l'ordre que nous avons d'abord indiqué.

ARTICLE I.
De la Biscaye.

CETTE Province s'appelloit autrefois *Cantabrie*. Les Romains eurent beaucoup de peine à la soumettre. Elle est bornée au Nord par la Mer ; à l'Orient, par la Rivière de *Bidassoa* qui la sépare de la France ; au Midi, par la Navarre & la Castille Vieille ; & à l'Occident, par les Asturies. Elle ne produit du bled qu'en quelques endroits ; mais par-tout elle abonde en pommes, oranges & citrons. Elle a quelques mines de fer. Le fer, la laine, le safran & la résine, sont les principaux objets de son commerce. Ses habitans sont bons soldats, civils, spirituels, plus ouverts que les autres Espagnols. Ils parlent entr'eux un langage particulier, que l'on croit être un reste de la Langue des anciens Espagnols. Ils sont libres de tout impôt, & ont d'autres immunités dont ils font très-jaloux. Ce pays contient la *Biscaye* propre, le *Guipuscoa* & l'*Alava*.

I. *La Biscaye propre.*

BILBAO, *Capitale*, *Evêché*, *Port*, à l'embouchure de la Rivière de *Nervio*, environ à deux milles de l'Océan. Elle est très-marchande, quoiqu'on soit obligé de décharger les gros vaisseaux à l'entrée de la rivière. Cette Ville, grande, belle & riche, est remarquable par sa situation dans une Contrée agréable & fertile, & par la bonté de son terroir.

Il n'y a point d'endroit en Espagne où l'on vive à meilleur marché.

LAREDO. Cette Ville qui a été bâtie par les Goths, est environnée de rochers. Le *Port* est près de la Ville, & il s'y fait un grand débit de poissons.

CASTRO DE URDIALES, *Port*, entre Bilbao & Larédo. Il y a un Arsenal & une Forteresse.

DURANGO, petite Ville assez peuplée, au Sud-Est de Bilbao. Ses habitans sont habiles ouvriers en fer.

ORDUGNA (*a*), belle Ville, située au milieu du Pays, dans un agréable vallon. Elle jouit du titre de *Cité*. En Espagne on fait différence d'une Ville & d'une Cité. Les *Cités* sont des Villes plus considérables, qui ont jurisdiction sur plusieurs autres renfermées dans leur département. Toutes les Villes Episcopales sont *Cités*. Beaucoup d'autres jouissent du même avantage.

II. *Le Guipuscoa.*

FONTARABIE, *Place forte*, bâtie en forme d'amphithéâtre, sur le penchant d'une côte qui regarde la Mer. Philippe IV l'a gratifiée du nom de

---

(*a*) Cette Ville est écrite sur les Cartes, *Orduna*, avec un trait sur l'*n*, parceque les Espagnols écrivent de cette manière leur *gn*.

Cité, pour la récompenser du courage avec lequel ses habitans se défendirent en 1638, contre les François qui l'assiégèrent inutilement. Elle est près de l'embouchure de la petite rivière de *Bidassoa*, où se trouve l'Isle des *Faisans*, qu'on appelle autrement l'*Isle de la Conférence*, qui n'appartient ni à la France ni à l'Espagne, & qui est inhabitée. Ce fut dans cette Isle que le Cardinal Mazarin & Dom Louis de Haro, Ministre d'Espagne, conclurent, en 1659, la Paix qu'on nomme des Pyrénées, après laquelle Louis XIV épousa l'Infante Marie-Thérèse d'Autriche-Espagne.

SAINT-SEBASTIEN, *Port*, *Place forte*. Cette Ville qui est médiocrement grande, peuplée & assez belle, est située à l'embouchure de la rivière de *Gurumea*. Ses rues sont longues, larges, fort droites & pavées de grandes pierres blanches. Ses dehors sont fort agréables. Les habitans jouissent d'un privilège fort singulier. Lorsqu'ils traitent avec le Roi d'Espagne en personne, le Prince est obligé de se découvrir devant eux. Il y a beaucoup de forges dans tous les environs de Saint-Sébastien. On y fait de bonnes lames d'épée. Il s'y fait aussi un grand commerce de laine de Castille, & de cacao, qu'on apporte de l'Amérique.

GUETARIA. Cette petite Ville a un bon *Port*, & un fort Château. C'est la patrie du fameux Navigateur Sébastien Cano, qui s'étoit embarqué avec Magellan pour faire le tour du Monde, mais qui eut le bonheur de revenir en Espagne : l'Empereur Charles V. lui donna un Globe terrestre, pour Armes, avec cette dévise : *Primus me circumdedisti*, c'est-à-dire, *tu m'as le premier parcouru tout entier*.

DEVA, petite Ville à l'embouchure de la rivière de *Deva*, dans la Mer de Biscaye, avec un assez bon *Port*. Elle est remarquable pour la pêche qui s'y fait des Baleines.

PLACENTIA, fur la même rivière : c'eſt une Ville aſſez peuplée. Elle a de bonnes mines de fer dans ſon territoire, où l'on fabrique toutes ſortes d'inſtrumens de guerre.

TOLOSA *ou* TOLOSETTA, jolie Ville, ſur les rivières de l'*Araxe* & de l'*Orio*, dans une vallée fertile, au Sud-Oueſt de Saint-Sébaſtien.

AZPEYTIA, à l'Oueſt de Toloſa. Cette Ville eſt ſituée dans une vallée fort agréable. Elle a dans ſon territoire *Loyola*, Château où eſt né S. Ignace, ſurnommé *de Loyola*, Fondateur des Jéſuites, en 1540. Cette Société autrefois ſi puiſſante, a été depuis peu d'années anéantie en France, dans tous les Etats d'Eſpagne, & de Portugal, au Royaume des deux Siciles, & à Parme.

III. *L'Alava.*

VITORIA, Ville célèbre par ſon commerce de fer, de vins & de laines : les rues ſont ornées d'arbres, & les maiſons fort propres.

SALVATIERRA, à l'Orient.

Pour paſſer de Guipuſcoa à l'Alava, il faut traverſer le *Mont Adrien*, le plus haut des Pyrénées. Le nom de Pyrénées donné à ces montagnes, vient du mot Phénicien, *Phareni*, qui ſignifie *Branchu*; elles étoient autrefois couvertes d'arbres du côté de l'Eſpagne. Dans un endroit du Mont Adrien ſe trouve un rocher qu'on a entièrement percé. Il forme une voûte de quarante à cinquante pas : on n'y reçoit de jour que par les deux extrémités, qui ſont fermées de grandes portes.

Article II.

De la Principauté des Asturies.

Cette Province tire son nom de ses anciens habitans, qui s'appelloient *Astures*. Elle peut être regardée comme le berceau de la Monarchie d'Espagne, telle qu'elle est à présent, puisque dans le temps qu'elle étoit le plus resserrée par les Maures, elle s'y est conservée dans les montagnes, & s'est accrue au point d'avoir pu chasser ces Barbares de toute l'Espagne; mais cela n'est arrivé que dans l'espace de 700 ans.

Ce Pays plein de forêts & de montagnes, n'est pas fort peuplé. Cependant le terroir produit du bled, des fruits, & d'excellens vins. On y trouve des mines d'or, d'azur (*a*) & de vermillon (*b*): mais ce qu'il fournit de plus estimable, ce sont des chevaux d'une force & d'une légéreté extraordinaire. Cette Province n'a pas le titre de Royaume, dont plusieurs autres sont décorées; mais elle jouit d'une prérogative particulière; c'est de donner son nom au fils aîné du Roi d'Espagne, qui porte le titre de *Prince des Asturies*.

On partage cette Province en Asturies d'Oviédo, à l'Occident; & Asturies de Santillane, à l'Orient.

I. *Asturies d'Oviédo*.

Oviédo, *Capitale, Evêché, Université*. Cette Ville est située dans une plaine, entre les deux petites rivières d'*Ove* & de *Déva*. Elle est ancienne

---

(*a*) L'Azur, pierre minérale, dont on fait un bleu vif & précieux.

(*b*) Couleur rouge, qui entre dans plusieurs usages de peinture.

& assez belle. Le Marché est comme le centre où aboutissent toutes les rues de la Ville. Sa Cathédrale, appellée *S. Sauveur*, qui est fort belle, a été fondée vers l'an 780, par un Prince nommé *Silo*, dont on voit le tombeau à l'entrée de l'Eglise.

AVILLES, *Port*, au Nord-Ouest d'Oviédo: il s'y fait un grand commerce.

VILLA-VICIOSA, au Nord-Est d'Oviédo: les habitans font quelque trafic.

CASTROPOL, sur la frontière de Galice.

II. *Asturies de Santillane.*

SANTILLANE, sur le bord de la Mer, au Nord-Est: elle a titre de Marquisat, & appartient aux Ducs de l'*Infantado*, de la Maison de Mendosa.

SAINT-VINCENT, *Port*, à l'Occident, avec un bon Château.

SAINT-ANDER, à l'Orient, & près de la Biscaye, dont elle dépendoit autrefois. Cette petite Ville est bâtie sur une éminence, & son *Port* est défendu par deux Châteaux. Son terroir produit d'excellent vin.

ARTICLE III.

De la Galice.

CETTE Province confine aux Asturies & au Royaume de Léon. Elle a tiré son nom des *Callaici* ou *Galæci*, Peuples anciens de ce Pays. L'Océan l'environne au Nord & à l'Occident. L'air y est mal-sain & humide, ce qui fait qu'elle n'est pas bien peuplée. Son terroir est montagneux, & peu fertile en bled & en huile: il produit d'excellens vins, & on y nourrit beaucoup de bétail, sur-tout des chevaux, & des mulets qui marchent avec beaucoup de vîtesse. On y trouve des mines d'or, de fer, de cuivre, de plomb & de vermillon; mais les habitans sont trop paresseux pour en profiter. Cette Province est celle d'Espagne qui a le plus de Ports de Mer.

COMPOSTELLE, *Capitale, Archevêché, Université*. Les places publiques & les Eglises en sont très-belles, sur-tout la Métropolitaine, où le peuple croit que repose le corps de l'Apôtre Saint Jacques le Majeur. On a bâti un magnifique Hôpital pour les Pélerins qui viennent à Compostelle de toutes les parties de la Chrétienté, pour honorer les Reliques de ce Saint. C'est dans cette Ville que l'Ordre des Chevaliers de S. Jacques a pris naissance. Cet Ordre est très-riche. Il possède 87 Commanderies, qui valent 200072 ducats de rente. Il faut, pour y être reçu, faire preuve de noblesse de deux races, & qu'on descend d'anciens Chrétiens.

LA COROGNE, *Port*, des plus beaux & des meilleurs, sur l'Océan, au Nord-Ouest de la Galice. La Ville est sur une Baye large d'une lieue, qui forme le Port, dont la figure est celle d'un Croissant, défendu par deux Châteaux bâtis aux deux bouts. Il y a près de cette Ville une mine de jaspe.

FERROL, *Port*, au Nord-Est: c'est après la Corogne le Port le plus renommé de la Galice.

MONDONEDO, *Evêché*, à l'Orient de Ferrol. Cette Ville est dans un air fort sain; ce qui est très-rare dans la Province.

RIBADEO, *Port*, au Nord-Est de Mondonédo.

LUGO, *Evêché*, sur le Minho. Cette Ville a quantité de sources d'eaux chaudes, tempérées & bouillantes.

MONFORT DE LEMOS, au Sud de Lugo, ancienne Ville, résidence des Comtes de Lémos.

ORENSE, *Evêché*, sur le Minho. Il y a dans cette Ville des eaux chaudes comme à Lugo.

RIBADAVIA, au confluent du Minho & de l'Avia, dans un terroir fertile en bons vins. C'est la patrie de Thomas de Lémos, Dominicain si connu dans les Congrégations *de Auxiliis*, mort en 1629.

Tuy, *Evêché*, sur la même Rivière, & sur les confins du Portugal. C'est une ancienne & forte Ville, qui est assez belle.

Bayona, à l'Occident de Tuy. Cette Ville est située dans un Pays fertile, sur une côte qui fournit d'excellens poissons.

Ponte-Vedra, au Nord de Tuy, près l'embouchure du *Loritz*, est célèbre pour la pêche des Sardines.

Vigo, *Port*, au Nord-Ouest de Tuy. Cette Ville a un vieux Château & un Port.

Redondela, au Nord-Est de Vigo, petite Ville avec un Château assez fort. On y pêche beaucoup de poissons, & sur-tout des Anchois.

A l'Occident de la Galice, sur l'Océan, on trouve le Cap *Finisterre*. Les anciens lui ont donné le nom de *Finis terræ*, parcequ'ils le regardoient comme l'extrémité du Monde.

Article IV.

De la Navarre.

Ce Royaume a commencé dans le IXe. Siècle. Jean d'Albret, son dernier Roi en Espagne, fut dépouillé en 1512, de la plus grande partie de ce Royaume en deça des Pyrénées, comme on l'a dit ci-devant, *page* 236, sous le prétexte de l'excommunication lancée par Jules II. Les Rois de France qui sont issus de Jean d'Albret par Henri IV, fils de sa fille, ont de légitimes prétentions sur ce Royaume qui est en Espagne, & ils ont retenu le titre de *Rois de Navarre*. Charles-Quint avoit ordonné par son testament à Philippe II, son fils, de le rendre, si cela étoit juste. Philippe en mourant fit la même chose. Mais les Rois d'Espagne le trouvant trop à leur bienséance, ont toujours allégué des raisons pour le garder.

C'est un Pays en général peu fertile : il produit cependant de bons vins & d'excellens fruits. On trouve dans les montagnes beaucoup de gibier & des bêtes fauves : les campagnes sont remplies de troupeaux. Il y a des mines d'or, d'argent & de plomb ; mais on ne se met pas en peine d'y travailler.

La Navarre Espagnole se divise en cinq *Mérindades* ou Bailliages, qui prennent le nom de leurs Villes principales. Ce sont, *Pampelune*, *Estella*, *Olite*, *Sanguesa* & *Tudela*. On a vû ci-devant, *page 256*, que la France possède la basse-Navarre.

PAMPELUNE, *Capitale*, *Evêché*, sur l'Arga. Elle est médiocrement grande & fort ancienne. Pompée en est, dit-on, le fondateur. Elle a deux Châteaux très-forts ; l'un au-dedans de la Ville, & l'autre au-dehors. Ce dernier est une Citadelle bâtie par Philippe II. Il y a un fameux moulin à bras que l'on peut faire tourner aussi par des chevaux. Cette machine inventée pour servir en cas de siège, est composée de plusieurs rouages & de 4 ou 5 meules, qui peuvent moudre chacune 24 charges de bled par jour. Pampelune est une des meilleures Places que les Espagnols aient sur les frontières de France.

ESTELLA. Cette Ville est située dans une plaine agréable sur le bord de l'*Ega*.

VIANA, près de l'Ebre, au Sud-Ouest d'Estella. Les fils aînés des Rois de Navarre portoient le titre de *Princes de Viana*.

TAFALLA, jolie Ville au Sud-Est d'Estella. Il y a un Palais des anciens Rois de Navarre.

OLITE, au Sud de la précédente ; les Rois de Navarre y ont résidé pendant plusieurs années.

SANGUESA, sur la rivière d'*Aragon*.

XAVIER *, près de Sanguéfa, bourg qui a donné le nom à S. François Xavier, Apôtre des Indes, mort à la vue de la Chine, en 1552.

TUDELA, sur la rive droite de l'Ebre, à l'endroit où il reçoit la petite rivière de *Queilles*. Elle a plusieurs beaux édifices. Son terroir est fertile en bons vins.

ARTICLE V.

Du Royaume d'Aragon.

IL est borné au Nord, par les Pyrénées; à l'Orient, par la Catalogne, dont la Noguéra le sépare; au Midi, par le Royaume de Valence; & à l'Occident par les deux Castilles & la Navarre. Il avoit autrefois dans sa dépendance la Catalogne, le Royaume de Valence, & les Isles de Majorque, de Minorque & d'Yviça. Les Rois d'Aragon possédoient encore le Royaume de Naples & de Sicile, & la Sardaigne.

L'Aragon est un Pays sec, plein de montagnes, mal cultivé & qui n'est guères peuplé. On y recueille peu de bled & de vin; mais il s'y trouve de bonnes mines de fer.

SARAGOCE, sur l'Ebre, anciennement CESAR-AUGUSTA, *Capitale, Archevêché, Université*. Cette Ville fort ancienne, & des plus grandes d'Espagne, est très-bien bâtie. Ses rues sont longues, larges, bien pavées & fort propres. On y compte 17 grandes Eglises & 14 beaux Monastères, sans parler des autres moins considérables. Elle a deux ponts sur l'Ebre, l'un de pierres, l'autre n'est que de bois, & cependant il n'a pas, dit-on, son pareil en Europe pour la beauté. La grande rue, qu'on nomme la Sainte, parcequ'elle a été arrosée autrefois du sang d'un grand nombre de Martyrs, est d'une longueur & d'une largeur extraordinaire. Elle est bordée des Palais des plus grands Seigneurs, entre lesquels on remarque celui du Viceroi. Elle passe pour la plus belle qui soit en Espagne, & sert de promenade publique. L'Eglise de Notre-Dame du Pilier est célèbre par le concours extraordinaire des Pélerins, qui y vont non-seulement de toute l'Espagne, mais encore de tous les Royaumes étrangers. On y voit entre deux Eglises d'un goût moderne, une Chapelle ancienne & qui n'est pas grande, mais d'une richesse surprenante. La Sainte Vierge y est placée sur un pilier de marbre, dans un lieu si obscur, qu'on ne pourroit la découvrir sans le secours de quantité de lampes toujours allumées; sa niche, sa robe & sa couronne sont couvertes de pierres précieuses. Tout autour sont des anges d'argent massif, tenant des flambeaux à la main. La balustrade est d'argent, & les murs sont couverts de monumens de la reconnoissance des fidèles. Les Rois d'Aragon faisoient leur résidence à Saragoce. C'est dans leur Palais, hors de la Ville, qu'est maintenant le Tribunal de l'Inquisition. L'Hôpital de cette Ville est un des plus riches de la Chrétienté. L'Archevêque jouit de 40000 écus de rente. L'Ebre n'est pas navigable à Saragoce, à cause des rochers dont cette Rivière est remplie. C'est la patrie de l'illustre S. Vincent, Diacre & Martyr; de Prudence, Poëte Chrétien; & d'Antoine Augustin, Archevêque de Tarragone, sçavant Canoniste & habile Critique.

TARAÇONA, *Evêché*, au Nord-Ouest de Saragoce, sur la petite rivière de Queilles. Elle est partagée en haute ville, bâtie sur le rocher, & basse ville, qui est dans la plaine. Taraçona a cinq Couvens d'hommes & trois de filles.

CALATAJUD, au Sud-Ouest de Saragoce, au confluent du Xalon & du Xicola, *Université*. C'est une Ville assez considérable, bâtie près de l'ancienne BILBILIS, patrie de Martial, fameux Poëte Romain.

ALBARASIN, *Evêché*, au Sud-Ouest de l'Aragon, sur la Guadalaviar. Cette Ville est forte, & une des plus anciennes de tout le Royaume. Ses laines sont les meilleures de tout le Pays.

TERUEL, *Evêché*, sur la même Rivière, Ville riche & marchande. L'air y est si doux, qu'on y jouit d'un printemps perpétuel.

MEQUINENÇA, au confluent de l'Ebre & de la Ségre. C'est une ancienne Ville défendue par un bon Château, & située dans un terroir fertile & agréable.

FRAGA, près de la rivière de Cinca, & au Nord de Méquinença. Cette Ville a un Château fortifié. Elle est remarquable par la victoire que les Maures y remportèrent en 1134, sur Alphonse VII, Roi d'Aragon, qui y fut tué.

MONÇON, sur la Cinca, au Nord de Fraga, petite Ville assez bien fortifiée.

BALBASTRO, *Evêché*, au Nord-Ouest de Monçon, anciennement BERGIDUNE, sur la petite rivière de *Vero*. L'air y est doux, & le terroir fertile en excellens vins & en huiles.

AINSA, au Nord de Balbastro, au confluent de l'Ava & de la Cinca, *Capitale* de la Contrée appellée *Sobrarbe*.

VENASQUE, au Nord-Est d'Ainsa, dans la Comté de *Ribagorce*, Pays long & étroit, & fort mal peuplé. Venasque a un Château, où l'on entretient ordinairement garnison. Son terroir nourrit beaucoup de chevaux & de bestiaux, & la rivière d'Essera, qui l'arrose, a d'excellentes truites.

JACA, au Nord-Ouest d'Ainsa, *Evêché*, *Place forte*, sur la rivière d'Aragon, qui selon quelques Auteurs, a donné son nom à ce Royaume.

Huesca, au Sud de Jaca; *Evêché*, *Université*, sur la petite rivière d'Yssuela. Le terroir de cette Ville est fertile en excellens vins, & en toutes les choses nécessaires à la vie.

ARTICLE VI.

De la Castille Vieille.

LA Castille Vieille a au Nord, la Biscaye & la Navarre; à l'Orient, l'Aragon; au Midi, la Castille nouvelle; à l'Occident, le Royaume de Léon. Elle a pris son nom des Châteaux qu'on y bâtit en grand nombre au Xe. Siècle, pour se défendre contre les Maures; & le surnom de Vieille lui a été donné, lorsqu'on eut conquis sur eux la partie d'Espagne qu'elle a au Midi, & qui fut nommée Castille Nouvelle. La Vieille est peu cultivée, peu fertile & mal peuplée. Son plus grand revenu se tire de ses laines, qui sont très-estimées. L'*Ebre* & le *Duéro* y prennent leur source.

Burgos, *Capitale*, *Archevêché*, sur la petite rivière d'Arlançon. Cette Ville est grande & assez peuplée, mais mal-propre : elle est bâtie en forme de croissant. Il y a un ancien Palais, où les Comtes & ensuite les Rois de Castille ont fait long-temps leur résidence. La Cathédrale & l'Archevêché sont magnifiques, aussi-bien que les édifices publics, les Places & les Fontaines. La principale Place est presque au milieu de la Ville, entourée de belles maisons soutenues par des pilastres, qui forment des portiques sous lesquels on se promène quand il fait mauvais temps. Il y a à Burgos un Hôpital pour les Pélerins, bâti par Alphonse XI : cet Hôpital jouit de 80000 livres de rente. Les Augustins de Burgos ont dans leur cloître une Chapelle, où est un Crucifix regardé comme miraculeux. Cette Chapelle est d'une richesse surprenante. Toute la voûte est couverte de lames d'argent. L'Autel a des chandeliers d'or massif, des croix d'or, & d'argent, ornées de pierreries, & des couronnes suspendues au-dessus garnies de perles & de très-beaux diamans. Aux deux côtés de cet Autel sont soixante chandeliers d'argent, plus hauts que les hommes de la plus haute taille, & d'une pesanteur énorme.

Près de Burgos est une fameuse Abbaye, appellée *Las Hueglas*, dans laquelle il y a toujours cent cinquante Religieuses, qui sont filles de Princes ou de grands Seigneurs. L'Abbesse a sous son autorité dix-sept autres Couvens, dispose de douze Commanderies, & est Dame de quatorze Villes, & de cinquante bourgs ou villages. Cette Abbaye, qu'on nomme la *Noble* par excellence, a été fondée par Alphonse IX, Roi de Castille, qui n'épargna rien pour l'orner magnifiquement; l'or, l'argent, les riches broderies y brillent de toutes parts.

MIRANDA-DE-EBRO, autrefois DEOBRIGA, au Nord de Burgos, petite Ville sur l'Ebre qui la traverse. Elle a un bon Château. Son terroir est fertile en excellens vins.

HARO, sur l'Ebre, au Sud-Est de Miranda. Cette petite Ville est le chef-lieu d'un Comté érigé par le Roi Jean II, en faveur de Don Pedro-Fernandez de Vélasco, tige des Connétables de Castille.

LOGRONO, sur l'Ebre, ancienne Ville située dans un terroir abondant en vins, & en fruits excellens. Elle est de la petite Province appellée *Rioxa*, comme Haro & San-Domingo.

SAN-DOMINGO-DE-LA-CALCADA, *Cité* sur la petite rivière de *Laglera*, autrefois Evêché.

CALAORRA, *Evêché*, près de l'Ebre. Le célèbre Quintilien est né dans cette Ville. Les Chrétiens remportèrent aux environs une grande victoire sur les Maures en 825.

SORIA, sur le Duéro, au Sud-Ouest de Calahorra, *Cité*. C'est une petite Ville bâtie à peu de distance, & des ruines de l'ancienne Numance, qui fut détruite par Scipion l'Africain, 130 ans avant J. C.

LERMA, au Sud de Burgos, sur l'*Arlança*, Duché érigé par Philippe III, en 1599, en faveur de François Gomez de Sandoval. Cette petite Ville a un très-beau Château, qui appartient aux Ducs de Lerma.

VALLADOLID, *Evêché*, *Université*, à l'Occident de la Castille Vieille, près le Royaume de Léon, sur la petite rivière de *Pisverga*. C'est une grande & belle Ville, bien peuplée. Les Rois de Castille y ont résidé jusqu'à Charles-Quint, & on y voit encore leur Palais. Cette Ville a plusieurs Places, dont les principales sont celle du *Marché*, qui a 700 pas de tour, & où se tiennent les foires ; & une autre environnée de belles maisons uniformes, & ornées de balcons dorés. On voit à Valladolid un grand nombre de Couvens, entre lesquels le plus beau est celui des Dominicains, fondé par le Duc de Lerma. Le Roi d'Espagne y a érigé en 1752, une Académie des Sciences & des Arts, qui doit jouir des mêmes honneurs & priviléges que celles de Séville & de Barcelone.

PENAFIEL, au Sud-Est de Valladolid, près le Duéro, chef-lieu d'un Marquisat, avec un Palais & un Château bien fortifié. Son terroir est fertile, on y fait d'excellens fromages.

ROA, petite Ville sur le Duéro, dans une vaste & fertile campagne, avec un beau Palais.

ARANDA DE DUERO. C'est une ancienne Ville sur le Duéro, qui est assez grande & assez belle.

OSMA, *Evêché*, *Université*, sur le Duéro. Cette Ville, très-ancienne, est presque ruinée. L'Evêque réside dans un bourg qui est tout proche. Elle a eu pour Evêque, dans le dernier Siècle, le célèbre Jean de Palafox, qui avoit été forcé de quitter l'Amérique où il étoit Evêque d'Angélopolis, & de revenir en Espagne. Il y a apparence que le Roi & l'Eglise d'Espagne obtiendront bien-tôt sa Canonisation, qu'ils demandent depuis long-temps.

CALAROGA *, Bourg près d'Osma, célèbre pour avoir donné naissance à S. Dominique.

SIGUENZA, au Sud-Est d'Osma, *Evêché*. Il y a une *Université* fondée au commencement du XVIe. Siècle.

ATIENÇA, au Nord-Ouest de Siguenza, petite Ville remarquable par les montagnes qui en sont proche, & auxquelles elle donne son nom.

MÉDINA-CŒLI, au Nord-Est de Siguenza, ancienne Ville près la source du Xalon, chef-lieu du Duché de Médina-Cœli, duquel dépendent quatre-vingts villages.

SÉGOVIE, *Evêché*, au Sud-Ouest de la Castille Vieille. Cette Ville renommée pour ses beaux draps & ses laines, est belle, riche & peuplée. Elle a un Château royal, nommé l'*Alcaçal*, qui est tout couvert de plomb, & on y monte par des dégrés taillés dans le roc. Il y a toujours une sentinelle dans les tours, & sur la plate-forme sont plusieurs canons pointés contre la Ville. Les chambres en sont meublées magnifiquement. La Chapelle royale est dorée & ornée de très-beaux tableaux. On remarque dans ce Palais une superbe salle, dorée entièrement, & qui est remplie de tous les portraits des Rois d'Espagne, depuis Pélage jusqu'à Jeanne, mère des Empereurs Charles V & Ferdinand; c'est ce qui la fait nommer la *Salle des Rois*. La maison de la Monnoie mérite aussi d'être vue. La rivière qui y passe fait tourner certains moulins par le moyen desquels, dit-on, la monnoie se trouve fondue, pesée, rognée, marquée comme elle le doit être; & cela dans un moment, & très-parfaitement. Cette invention est venue d'Inspruck, Capitale du Tirol. Ségovie & Séville sont les seules Villes où l'on batte monnoie. On voit à Ségovie un Aqueduc bâti par l'Empereur Trajan, qui a plus de trois mille pas de longueur d'une montagne à l'autre: il est composé de deux rangs de 177 arcades l'un sur l'autre. Ségovie a donné naissance à Dominique Soto, Dominicain, envoyé par Charles-Quint au Concile de Trente, où il se distingua par sa science.

Coça, Bourg, au Nord de Ségovie. C'est la patrie de l'Empereur Théodose le Grand.

Avila, *Evêché*, au Sud-Ouest de Ségovie sur la petite rivière d'*Adaja*. Il s'y fabrique de très-beaux draps. C'est la patrie de Sainte Thérèse. Le sçavant Alphonse Tostat, qui en étoit Evêque au XVe. Siècle, est enterré dans sa Cathédrale.

Pedraça de la Sierra, bourg entre Avila & Ségovie. Il y a un fort Château, dans lequel François Dauphin de France, & Henri son frère, enfans du Roi de France, François I, furent détenus comme ôtages pendant quatre ans. Ce bourg est aussi célèbre pour avoir donné naissance à l'Empereur Trajan.

Article VII.

De la Castille Nouvelle.

Cette Province étoit la plus considérable de l'ancien Royaume de Castille, qui renfermoit aussi la Vieille Castille, le Royaume de Murcie, l'Andalousie, le Royaume de Léon, la Galice, les Asturies & la Biscaye. Les Rois de Castille & de Léon se rendirent maîtres en 1227 de la Nouvelle Castille, ou Royaume de Tolède, qui étoit possédé par un Roi Maure, ou Sarrasin.

La *Nouvelle Castille* est bornée au Nord, par la Castille Vieille; à l'Orient, par les Royaumes d'Aragon & de Valence; au Midi par l'Andalousie & le Royaume de Murcie; & à l'Occident, par le Royaume de Léon & par le Portugal. C'est la plus grande Province d'Espagne. Elle produit assez de bled & de vin, quoique son terrein manque d'eau. On la divise en quatre petites Provinces : l'*Algarie*, au Nord; la *Sierra*, à l'Orient; la *Manche*, au Midi; & l'*Estrémadure*, à l'Occident.

1. *L'Algarie.*

MADRID, *Capitale* de toute l'Espagne, sur le Mançanarès, *Cité*. Ce n'étoit autrefois qu'une Bourgade qui appartenoit aux Archevêques de Tolède; aujourd'hui c'est une Ville grande & bien peuplée, mais mal bâtie, fort sale & mal pavée. Il y fait un chaud extraordinaire en été, & un très-grand froid en hiver, quoiqu'elle ne soit située qu'au quarantième dégré de latitude environ. Les Rois d'Espagne depuis Charles-Quint, y demeurent ordinairement, ou dans les environs. Le Palais du Roi qui étoit vaste & sans symétrie, a été presque réduit en cendres par un incendie; mais on l'a rebâti d'un meilleur goût. Le grand Aumônier ou grand Chapelain de la Chapelle Royale, a le titre de Patriarche des Indes : mais il n'a point de territoire. La grande Place de Madrid est ce qu'il y a de plus beau dans cette Ville. Cette Place est parfaitement quarrée, & environnée de maisons uniformes à cinq étages, avec balcons. Madrid a une Académie de la Langue Castillane, établie en 1713.

Philippe II, fils de Charles-Quint, a fait bâtir un pont magnifique sur le Mançanarès, qui n'est qu'un petit ruisseau; ce qui a fait dire qu'il ne manquoit rien à ce pont que de l'eau. Les rues & les places de Madrid sont ornées d'une infinité de belles fontaines de marbre & de jaspe, & embellies de statues. Les eaux de plusieurs de ces fontaines sont d'une légereté extraordinaire. Les Églises y sont magnifiques, surtout celle de S. Isidore, bâtie par Philippe IV. Elle a un dôme où l'or & l'azur brillent de toutes parts. Marie-Anne d'Autriche, femme de ce Roi, a fait bâtir un Hôpital pour les filles enceintes, & le Prince son époux un autre pour les enfans trouvés. Il fait très-cher vivre à Madrid; le vin n'y est pas bon; mais le pain & le mouton y sont excellens. Il y a un Ordre de Chanoinesses, nommées les *Dames de S. Jacques*, qui font preuve de noblesse & de descendance d'anciens Chrétiens, comme les Chevaliers de même nom. Elles portent de grands manteaux blancs & des scapulaires chargés d'une épée en forme de croix, & ont de grosses pensions. Depuis environ soixante ans, un très-grand nombre de François se sont fixés à Madrid, & y sont devenus riches par diverses manufactures qu'ils y ont établies. C'est la patrie du célèbre Cardinal de Lugo, l'un des plus sçavans Jésuites de son Siècle, Auteur d'un grand nombre d'Ouvrages, dont le plus estimé est son Traité de la Pénitence : il mourut en 1660.

Aux environs de Madrid, il y a plusieurs Maisons Royales. La principale est du côté de l'Orient, à deux lieues, & se nomme *Buen-Retiro*. Tout l'édifice est composé de quatre grands corps de logis, flanqués d'un pareil nombre de pavillons qui forment un quarré parfait. Il y a au milieu un parterre, avec une fontaine, dont la statue qui jette beaucoup d'eau, arrose les fleurs. Les appartemens en sont vastes & magnifiques. Les plafonds sont peints & dorés. Le parc, qui est fort agréable, a plus d'une lieue de tour. On trouve une autre Maison Royale sur le Mançanarès à quatre lieues de

Madrid, au Nord-Ouest : elle s'appelle *El-Pardo*.

TOLÈDE, sur le Tage, *Archevêché*, *Université*. Cette Ville est ancienne, belle, grande & assez peuplée. Sous les Goths elle étoit la Capitale de l'Espagne. Son Archevêque est Primat du Royaume, grand-Chancelier de Castille, & Conseiller d'Etat : il a un Palais magnifique, & jouit de plus d'un million de revenu. Un des plus beaux édifices de cette Ville, est la Cathédrale. Il s'y est tenu un grand nombre de Conciles. Le Cardinal Ximenès y a fondé la Chapelle appellée des *Mosarabes*, du nom de Moza, chef des Maures, qui, ayant soumis les habitans de Tolède, leur laissa la liberté de conscience, & six Eglises dans lesquelles ils conservèrent l'usage de célébrer l'Office divin dans la forme prescrite par S. Isidore, Archevêque de Séville. Pour conserver la mémoire de cet Office, Ximenès ayant eu le bonheur de trouver de vieux manuscrits en caractères Gothiques où ils étoient contenus, fonda cette Chapelle, y établit douze Chanoines avec un Doyen, & dépensa cinquante mille écus à faire imprimer des Missels & des Bréviaires pour cet usage. Il y a dans Tolède 38 Maisons religieuses, 27 Paroisses, plusieurs Hôpitaux, de belles Places & des Manufactures d'étoffes & de lames d'épée. Tolède est la patrie du célèbre Jésuite, Louis de la Cerda, Auteur d'un grand commentaire sur Virgile ; & d'Alphonse Salméron, un des Théologiens du Concile de Trente, & des premiers Disciples de S. Ignace.

TALAVERA DE LA REYNA, au Sud-Ouest de Tolède, sur le Tage, à l'endroit où il reçoit l'*Alberche*. On lui a donné ce nom, parcequ'elle étoit l'apanage des Reines de Castille. C'est la patrie du savant Mariana, Jésuite, Auteur d'une Histoire d'Espagne très-estimée.

FUENTE-DEL-ARCOBISPO, plus bas, sur le Tage, est ainsi appellé de son Pont, bâti par un Archevêque de Tolède; elle appartient à l'Archevêché.

OCANA, au Nord-Est de Tolède. Cette Ville est près du Tage, dans un terroir fertile.

ARANJUEZ, sur le Tage, au Nord-Ouest d'Ocana. C'est une Maison de plaisance des Rois d'Espagne, charmante pour sa situation & ses beautés naturelles & artificielles.

MAQUEDA, au Nord-Ouest de Tolède, petite Ville avec titre de Duché, & un beau Château. Elle est située dans un terroir couvert d'oliviers.

ESCALONA, au Nord-Ouest de Maquéda, sur l'*Alberche*. C'est un Duché érigé par Henri IV, Roi de Castille, au milieu du XVe. Siècle, en faveur du Marquis de Villéna. Son terroir est fertile en vins, en huiles & en fruits.

ALCALA-DE-HENAREZ, autrefois COMPLUTUM, à l'Orient de Madrid, *Cité*. Elle est sur la Rivière de *Hénarès*, & il y a une fameuse *Université* fondée par le Cardinal Ximenès, en 1508. Ce Cardinal lui a donné une très-belle Bibliothéque. Outre l'Université, où il mit 46 Professeurs à qui il assigna des revenus certains, il fonda un Collège qu'il consacra à S. Ildefonse, patron de Tolède. C'est-là que demeure le Recteur, qui jouit de beaux privilèges, entr'autres de connoître des causes criminelles des Gradués. Dans l'enceinte de ce Collège il en fonda un autre pour douze Religieux Cordeliers, & depuis, huit autres où l'on enseigne les Sciences & les Langues. C'est dans l'Église du grand Collège que ce Cardinal a été enterré, en 1517.

GUADALAXARA, sur la même Rivière, est renommée pour la fertilité de son terroir.

L'ESCURIAL, au Nord-Ouest de Madrid. Ce n'est qu'un village, où Philippe II a fait construire un très-magnifique Couvent de l'Ordre de S. Jerôme, en mémoire de la victoire que ses troupes remportèrent sur les François, près de Saint-Quentin, en 1557, le jour de la fête de S. Laurent. Ce Prince avoit fait vœu d'élever à la gloire de ce Saint Martyr le plus beau monument de l'Europe, s'il gagnoit cette bataille. L'édifice a 280 pas de long, sur 260 environ de large, & est construit en forme de gril. Outre les bâtimens habités par les moines qui sont au nombre de 200, & ceux des Officiers du Roi dont le Palais fait partie de l'édifice, il s'y trouve un Collège, & une Bibliothèque des plus nombreuses, & riche en anciens manuscrits. L'Eglise a été bâtie sur le modèle de S. Pierre de Rome. Sous le grand Autel, qui est d'une grande richesse & très-beau, il y a une Chapelle voûtée que l'on nomme le *Panthéon*, étant copié du Panthéon de Rome. Elle l'emporte en beauté & en magnificence sur l'Eglise même. C'est-là que reposent les corps des Rois & des Reines d'Espagne; & ceux des Princes & Princesses de la famille royale. Ce Couvent, ou plutôt ce superbe Palais, la merveille de l'Espagne, est si vaste, qu'on y compte plus d'onze mille fenêtres, dix-sept cloîtres, vingt-deux cours, plus de huit cent colonnes, un nombre prodigieux de sales, de salons, de cabinets, & quatorze mille portes : on a été vingt deux ans à le bâtir, & il a coûté vingt-cinq millions. Le Roi y fait de temps en temps quelque séjour.

SAINT-ILDEFONSE [*], Maison Royale magnifique, au Nord de l'Escurial & vers Ségovie. C'est le Versailles d'Espagne. On y a fait depuis 1720 des Jardins superbes. Philippe V s'y retira en 1724, après avoir abdiqué la Couronne en faveur de Don Louis, son fils aîné; mais ce jeune Prince étant mort au bout de sept mois dans la même année, Philippe V remonta sur le Trône. Depuis sa mort, arrivée en 1746, la Reine Douairiere y a demeuré.

2. *La Sierra.*

2. La Sierra.

On nomme ainsi cette Province, à cause de ses montagnes, du mot Arabe *Sfiri* ou *Sera*, qui signifie *Montagne*.

Cuença, *Evêché*, suffragant de Tolède, sur le Xucar. Son Evêque a 50000 ducats de rente. Cette Ville est la patrie de Louis Molina, fameux Jésuite.

Guete ou Huete, au Nord-Ouest de Cuença, jolie Ville où il y a un fort Château.

Saint-Clemente, au Sud de Cuença, près de la rivière de *Zancara*. Cette petite Ville est remarquable par sa fidélité pour Philippe V, qui lui a donné les titres de *très-noble, très-royale & très-fidèle*.

Almança, au Sud-Est de S. Clemente, vers le Royaume de Valence. Cette petite Ville est célèbre par la victoire que gagna en 1707 le Maréchal de Berwick, sur les troupes de l'Archiduc Charles; victoire qui affermit Philippe V sur le Trône d'Espagne.

3. La Manche.

Calatrava, sur la *Guadiana*. Cette Ville est le chef-lieu d'un Ordre de Chevalerie de ce nom, institué en 1158, par Sanche II, Roi de Castille. Le titre de Grand-Maître de cet Ordre a été affecté en 1522 à la Couronne de Castille par Adrien VI, qui donna une Bulle pour rendre cette charge héréditaire, d'élective qu'elle étoit auparavant.

Ciudad-Real, près la Guadiana. Elle passe pour la plus belle Ville de la Castille. Sa situation est dans un fond, au milieu d'une plaine fertile en vins excellens, & où l'on trouve de fort bon miel : elle nourrit aussi beaucoup de bestiaux.

Consuegra, au Sud-Est de Tolède : elle appartient aux Chevaliers de Malte. Son Château est la résidence ordinaire du Grand-Prieur de Castille.

Tome I.

4. L'Estrémadure.

L'Estrémadure dépendoit autrefois du Royaume de Léon. Elle est aujourd'hui unie à la Castille Nouvelle. Cependant elle a un Capitaine Général, qui a l'autorité sur les troupes, & l'inspection absolue sur la police, tant dans les Villes que dans les bourgades.

BADAJOZ, *Place forte*, *Evêché*, sur la Guadiana, vers les frontières du Portugal. Cette Ville n'est pas grande ; mais les maisons en sont bien bâties & les rues assez larges. L'Eglise Cathédrale qui porte le nom de S. Jean, est au bout d'une grande Place, où est le Palais du Gouverneur. Elle a plusieurs belles Eglises & un Collège. On y voit un fort beau Port, défendu par un fort Château, nommé San-Christoval. En 1729, les Rois d'Espagne & de Portugal eurent ensemble une entrevue dans l'Isle voisine de cette Ville, où ils signèrent les contrats de mariage de leurs enfans, & se livrèrent mutuellement les Princesses leurs filles, l'une pour être l'épouse du Prince des Asturies, & l'autre du Prince de Brésil, alors Infant de Portugal, & aujourd'hui Roi, sous le nom de Joseph I.

XERÈS DE LOS CAVALLEROS, *Cité*, au Sud de Badajoz, sur l'*Ardilla*. Cette Ville ainsi nommée parcequ'elle a appartenu aux Chevaliers de l'Ordre des Templiers, a été réunie à la Couronne par Alphonse XII, Roi de Castille. Charles V. lui a donné le titre de *Cité*, pour récompenser sa fidélité. Elle est située dans un terroir abondant en pâturages. C'est la patrie de Vasquès Nunne de Balboa, qui a entrepris le premier de faire voile dans la Mer du Sud en 1513.

FERIA, au Nord-Est de Xerès, Duché érigé par Philippe II, pour D. Gomez Suarez de Figuéroa.

MEDINA DE LAS TORRES, au Sud-est de Feria, Duché érigé par Philippe IV, en faveur de Gaspard de Guzman, Comtes d'Olivarès, son favori.

ELLÉRÉNA, au Sud-Eſt de Médina, petite Ville qui appartient aux Chevaliers de S. Jacques. Philippe IV l'a décorée, en 1641, du titre de *Cité*.

MÉRIDA, ſur la rive droite de la Guadiana, Ville forte, anciennement nommée EMERITA. Son terroir eſt fertile en vins, en grains & en pâturages : il produit auſſi une herbe propre à faire l'écarlate.

MÉDELIN, auſſi ſur la Guadiana, ancienne Ville qui a le titre de Comté. C'eſt la patrie de Fernand Cortez, qui conquit le Mexique en 1521.

ALCANTARA, ſur la rive gauche du Tage. Elle a été nommée Alcantara par les Maures, dont elle eſt l'ouvrage, à cauſe de ſon Pont. Cette Ville eſt ancienne, & célèbre, parcequ'elle eſt le chef-lieu des Chevaliers d'Alcantara, qui ſe nommoient autrefois *Chevaliers du Poirier*. On y voit ſur le Tage un très-beau Pont, qui eſt un ouvrage des Romains. Il a été conſtruit du temps de l'Empereur Trajan, aux dépens de pluſieurs Villes, dont on voyoit les noms dans quatre quadres de marbre qui étoient ſur le Pont. Il n'y en a plus qu'un qui ſubſiſte, & on y lit une inſcription qui prouve ce fait. Ce Pont a 200 pieds de hauteur, 670 de long, ſur 28 de large, quoiqu'il n'ait que ſix arches.

VALENCIA D'ALCANTARA, au Sud-Oueſt d'Alcantara, petite Ville fortifiée vers les frontières de Portugal.

ALBUQUERQUE, au Sud-Eſt de Valencia, petite Ville, mais forte, & connue par ſon commerce de draperies & de laines. Les Portugais, qui l'avoient priſe dans le temps de leur alliance avec l'Archiduc Charles, la rendirent à l'Eſpagne en 1715.

TRUXILLO, au Sud-Eſt d'Alcantara, ſur la rivière d'*Almonte*. Cette Ville eſt ancienne, & a une Citadelle bâtie ſur le roc, qui la domine. C'eſt la patrie du célèbre François Pizarro, qui fit la conquête du Pérou en 1533.

GUADALOUPE, au Nord-Est de Truxillo. C'est une petite Ville bien bâtie, située dans un terroir abondant en vins & en fruits excellens, & célèbre par une image miraculeuse de la sainte Vierge, qui y attire un grand concours de pélerins. Elle est dans un Couvent célèbre de Moines de S. Jérôme, bâti comme une Citadelle au milieu de la Ville. Il est magnifique & fort vaste. On y voit une Infirmerie pour les pauvres malades, un Hospice pour les étrangers, une Apothicairerie riche & bien fournie, deux Collèges, & plusieurs beaux Cloîtres, avec des fontaines, & des Jardins charmans.

CORIA, au Nord-Est d'Alcantara, *Evêché*, sur la rivière d'*Alagon*. Cette Ville est située dans une plaine fertile en tout. C'est un Marquisat qui appartient aux Ducs d'Albe.

PLAZENTIA, au Nord-Est de Coria, *Evêché*, belle Ville avec un bon Château, dans une plaine fertile, nommée *Vera de Plazentia*.

ARTICLE VIII.

Du Royaume de Léon.

CE Royaume est plus fertile en bleds qu'en vins. Il est borné au Nord par les Asturies; à l'Occident par la Galice & le Portugal; à l'Orient par les deux Castilles; & au Midi par l'Estrémadure, qui en dépendoit autrefois. Le Duéro le divise en deux parties presqu'égales.

LÉON, *Capitale*, *Evêché*, Ville ancienne & considérable, est située au Nord, entre les deux sources de l'*Ezla*. Sa Cathédrale passe pour la plus belle d'Espagne. L'Evêque ne relève d'aucune Métropole. Léon étoit la Capitale du premier Royaume Chrétien d'Espagne, qui commença dans les

Afturies prefqu'auſſitôt après l'invaſion des Maures. Les Rois ont ceſſé d'y réſider depuis que ce Royaume fut réuni à celui de Caſtille, en 1037.

ASTORGA, *Evêché*, ſur la rivière de *Tuerta*, au Sud-Oueſt de Léon. Cette Ville eſt ancienne & médiocre.

BENAVENTE, petite Ville ſur l'Ezla. Elle appartient à la Maiſon de Pimentel qui y a un beau château.

MEDINA DE RIO SECO, à l'orient de Bénavente, Duché érigé en 1520, par Charles V, en faveur de Fernand Henriquès, deſcendu d'une Maiſon de ce nom, iſſue d'Alphonſe XI, Roi de Caſtille, & qui a poſſédé long-temps la charge d'Amiral, qui étoit en quelque façon, héréditaire dans cette famille. C'eſt une Ville ancienne, ſituée dans une plaine où il y a de bons pâturages.

VILLALPANDO, au Sud-Oueſt de la précédente. Les Connétables de Caſtille y ont un beau Palais & un Arſenal bien fourni.

PALENCIA, *Evêché*, à l'Orient du Royaume de Léon, ſur le *Carion*. Son Univerſité a été transférée à Salamanque au XIIIe. Siècle.

ZAMORA, *Evêché*, ſur le Duéro. Le nom de *Zamora*, veut dire *Turquoiſe* : le terroir de cette Ville en a des mines. Ce ſont les Maures qui l'ont aïnſi appellée, au lieu de *Sentica*, qui étoit ſon ancien nom. Elle poſſède les Reliques de Saint Ildefonſe, Evêque de Tolède.

TORO, ſur le même Fleuve : elle eſt ſituée ſur un côteau qui fournit d'excellens vins.

TORDESILLAS, ſur le Duéro : ancienne Ville, avec un vieux Château, dans lequel mourut en 1555 la Reine Jeanne, mere de Charles-Quint.

MÉDINA DEL CAMPO, au Sud-Eſt de Toro. Cette Ville qui eſt ancienne, riche & commerçante, eſt ſituée dans un terroir fertile, ſur-tout en vins excellens. C'est la patrie de Ferdinand I, Roi d'Aragon, de l'Empereur Ferdinand, frère de Charles-Quint, & de Georges Gomez-Pereira, célèbre Médecin, que l'on prétend avoir enseigné le premier en 1554, que les bêtes sont de pures machines.

SALAMANQUE, *Evêché*, *Université*, sur la Rivière de *Tormes*. Cette Ville est grande & peuplée. Sa Cathédrale est une des plus belles d'Espagne; & les Couvens des Dominicains & des Franciscains sont très-bien bâtis & très-nombreux. Celui de S. Bernard est remarquable par son escalier : les marches ont cinq pas de long, & sont soutenues comme en l'air : elles forment une montée magnifique de cent dégrés, ornée de quantité de statues dorées, qu'on voit aux côtés des piliers. Son Université est la première d'Espagne : elle a un grand nombre de Collèges, entre lesquels il y en a quatre qu'on nomme *Grands*, & où les plus grands Seigneurs tâchent de faire entrer leurs enfans, & quatre-vingt Professeurs, dont les huit premiers qui enseignent la Théologie, ont chacun mille écus de pension, d'autres n'ont que cinq cens écus. Outre ceux-là il y en a un grand nombre qui n'ont point de gages de l'Université, & qui ne laissent pas d'enseigner tous les jours comme les rentés. On les appelle *Prétendientes*, & ils attendent la vacance de quelque chaire pour s'y présenter. Il y a beaucoup de Docteurs qui enseignent la médecine, & des Professeurs en toutes langues. L'étude de la jurisprudence y est la plus cultivée. On voit à Salamanque une belle Bibliothèque, où les Livres sont tous attachés avec des petites chaînes. C'est le lieu de la sépulture de Michel Verin, qui fit à l'âge de quatorze à quinze ans, des Distiques moraux, formés sur les pensées les plus exquises & les sentimens les mieux choisis des anciens Philosophes Grecs & Romains, & sur-tout des Livres de Salomon. Ce Poëte vraiment Chrétien, mourut avant l'âge de dix-huit ans.

ALVA DE TORMES, au Sud-Est de Salamanque, sur la rivière de *Tormes*, Duché érigé par Henri IV, Roi de Castille, en 1469. Il appartient aux Seigneurs de la Maison d'Alvarez, qui y ont un magnifique Palais.

LEDESMA, au Sud-Ouest de Salamanque, ancienne Ville sur la rivière de Tormes. C'est un Comté, duquel dépendent 120 Villages. Il y a des bains chauds.

CIUDAD-RODRIGO, *Evêché*, *Place forte*, au Sud-Ouest de Lédesma, vers le Portugal. On y fait un grand commerce de cuivre.

ARTICLE IX.
De l'Andalousie.

L'ANDALOUSIE tire son nom de celui de *Vandalitia*, que les Vandales qui s'en étoient emparés, lui ont donné; & ce sont les Sarasins qui l'ont appellée *Andalous*, nom qu'ils donnent dans leurs Histoires à toute l'Espagne : ceux-ci avoient trois Rois dans l'Andalousie. Dans l'antiquité, ce Pays se nommoit *Bétique*, à cause du Fleuve *Bœtis*, aujourd'hui Guadalquivir, qui l'arrose. C'est la plus commerçante & la plus fertile Province de toute l'Espagne. Il y vient assez de bled : les huiles & les vins en sont excellens : les chevaux qu'on en tire, sont les meilleurs d'Espagne. Ces avantages réunis, font qu'on la nomme ordinairement *l'écurie*, *la cave*, & *le grenier de l'Espagne*. Ses montagnes ont des mines de vif-argent, d'airain, d'antimoine (*a*),

─────────

(*a*) L'Antimoine est un minéral qui approche de la nature des métaux, & que quelques-uns croient en contenir tous les de plomb, & même d'argent & d'aimant. On fait de très-beau sel sur ses côtes, & on y pêche beaucoup de poissons. Il s'y trouve beaucoup de bœufs sauvages, dont les Espagnols se servent pour les combats de taureaux qu'ils aiment beaucoup.

SÉVILLE, *Capitale, Archevêché, Université*, sur le Guadalquivir. C'est la première Ville d'Espagne après Madrid : elle est grande, bien bâtie, assez peuplée, & la plus marchande du Royaume. Séville est partagée en vieille & nouvelle Ville. La nouvelle a des rues larges & droites : celles de l'ancienne sont étroites & tournantes, selon l'usage des Maures, pour avoir de l'ombre en différentes heures du jour. Un pont de bateaux sépare la Ville du fauxbourg de *Triana*. On y remarque sur-tout le Palais royal nommé *Alcaſſar*, mot Arabe, qui signifie la *Demeure du Roi*; car il y a eu autrefois un Roi Maure à Séville. Les Maures en ont bâti une partie; l'autre a été construite par Pierre le Cruel, Roi de Castille; mais l'ouvrage des Maures l'emporte beaucoup sur le moderne. Il a près d'un mille d'étendue. On y remarque l'appartement où Pierre le Cruel fit égorger ses deux frères. La *Bourse* où les Marchands s'assemblent, est aussi un très-bel édifice. Elle est bâtie en quarré, d'ordre Toscan, & composée de quatre corps de logis. Chaque façade a 200 pieds de long, avec trois portes & dix-neuf fenêtres à chaque étage, dont le premier consiste en grandes salles lambrissées, où les négocians traitent de leurs affaires, & le second sert pour les Conseils, & pour rendre la Justice. Au-devant de ce superbe

---

principes. On en fait un grand usage, sur-tout en médecine. On donne au nom de ce minéral une origine singulière. Un Supérieur de Religieux en ayant fait manger à des porcs, qui devinrent extrêmement gras après une forte évacuation, en donna aussi à ses Moines : mais il les fit vomir d'une telle sorte, qu'ils en moururent.

Bâtiment eſt une très-belle Place, grande & pavée fort proprement. Séville a un Bureau général où lon porte tout l'or & l'argent qui vient des Indes, & que l'on convertit auſſi-tôt en monnoie. Ses rues ne ſont pas pavées; ce qui la rend très-ſale en hiver. L'Egliſe cathédrale eſt magnifique; elle eſt fort grande & fort large. On admire en particulier la richeſſe & les ornemens du grand Autel. Le clocher eſt d'une hauteur prodigieuſe, & renferme vingt-quatre cloches. Cette Cathédrale eſt le modèle de toutes celles des Indes Orientales. Il y a dans cette Ville grand nombre d'Egliſes & de Couvens : les deux plus beaux ſont ceux des Cordeliers, & des Religieux de la Merci. On y compte auſſi cent vingt Hôpitaux, tous bien rentés. Les Eſpagnols ont une ſi grande idée de cette Ville, qu'ils diſent en proverbe ; *Qui n'a pas vu Séville, n'a pas vu de merveille.* Elle a une Académie des Sciences & des Arts, établie depuis quelques années. C'eſt la patrie de Fox Morzillo, nommé Précepteur de Don Carlos, fils de Philippe II, & Auteur dès l'âge de 19 ans d'une Paraphraſe & de Scholies ſur les Topiques de Cicéron.

PALOS, au Sud-Oueſt de Séville, à l'embouchnre du *Rio-Tinto*. Cette petite Ville a un Port médiocre, mais fameux, parceque Chriſtophe Colomb s'y embarqua en 1492, pour aller chercher le Nouveau Monde.

LUCENA, *Cité*, au Nord-Eſt de Palos : ſon territoire abonde en bled, en huile & en vin.

CARMONA, *Cité*, au Nord-Eſt de Séville. C'eſt une ancienne Ville, ſituée ſur une colline, dans un terroir fertile en bled.

ECIJA, à l'Orient de Séville, jolie Ville ſur le *Xénil,* autrefois épiſcopale. Elle porte le titre de *Cité*. Les environs fourniſſent de fort belles laines.

OSSUNA, au Sud-Oueſt de la précédente. Cette Ville eſt ancienne, aſſez grande & peuplée. Elle n'a qu'une Fontaine, qui fournit de l'eau à tout le canton. Son *Université* a été fondée par les Seigneurs de la Maison de Girons, qui possèdent cette Ville à titre de Duché. Ils y ont bâti une Eglise magnifique à l'honneur de la Vierge, & fondé plusieurs Monastères.

MORON, au Sud-Ouest d'Ossuna, Duché. Elle est située dans un terroir fertile & agréable : il y a dans son voisinage une mine de pierres précieuses.

MARCHENA, au Nord-Ouest d'Ossuna, Duché qui appartient au Duc d'Arcos. Son terroir, quoique très-sec, & sans eau, est très-fertile, principalement en olives.

CORDOUE, *Evêché*, sur le Guadalquivir. Cette Ville est grande & belle. Elle est très-ancienne, & renommée par le grand Osius son Evêque, qui présida au Concile général de Nicée en 325. Cordoue étoit une Capitale de Royaume sous les Maures. Sa Cathédrale est très-vaste, longue de 600 pieds, & large de 250 ; tellement disposée, qu'on compte 29 nefs dans sa longueur, & 19 dans sa largeur. On y entre par 24 portes. La voûte qui est dorée, est soutenue par 365 colonnes d'albâtre, de jaspe & de marbre noir, d'un pied & demi de diamètre. La Chapelle neuve est toute revêtue de marbre, embellie d'une dorure très-riche, & si grande qu'elle pourroit passer pour une Eglise. Il y a un endroit où l'on voit cinq portiques qui conduisent à un Jardin d'environ trois arpens, planté d'orangers d'une grandeur & d'une hauteur extraordinaire, qui forment de belles allées. On nomme encore aujourd'hui cette Eglise *Mesquita*, parcequ'elle a été long-temps une Mosquée, bâtie par les Maures. Le terroir de Cordoue est très-fertile en oranges, citrons & en vins excellens. Les chevaux de cette contrée sont les meilleurs de toute l'Espagne. Cordoue est la patrie des deux Sénèques ; du Poëte

Lucain; d'Averroès, sçavant Arabe & Commentateur d'Aristote; de Ferdinand Gonsalve d'Aguillar, surnommé le Grand Capitaine; du Cardinal Tolet, & du célèbre Ferdinand de Cordoue, homme d'un sçavoir prodigieux.

ANDUXAR, *Cité*, au Nord-Est de Cordoue, sur le Guadalquivir. C'est une grande Ville, défendue par un bon Château: il s'y fait beaucoup de commerce, sur-tout en soie.

BAEÇA, *Université*, sur la même Rivière, *Cité*. C'est une grande & belle Ville, que Ferdinand le Catholique enleva aux Maures sur la fin du XVe. Siècle. Elle a donné naissance à Alphonse Ciaconius, Patriarche titulaire d'Alexandrie, Auteur d'un grand nombre d'Ouvrages.

UBEDA, au Nord-Est de Baéça, *Cité*, Ville bien peuplée, & dont les habitans sont exempts de presque tout impôt: privilège qu'ils ont obtenu de Sanche IV, pour avoir bâti les murs de leur Ville à leurs dépens.

JAEN, *Evêché*, au Sud-Ouest de Baéça. C'étoit une Capitale de Royaume du temps des Maures. Elle est belle & grande: on y file beaucoup de soie.

ALCALA-LA-REAL, au Sud-Ouest de Jaen, petite Ville située sur une haute montagne, fertile en vins & en fruits exquis. Elle a une riche Abbaye.

LEBRIXA, au Sud-Ouest de Séville, ancienne Ville, située dans un terroir abondant en grains, en vins & en olives, dont on fait la meilleure huile d'Espagne. C'est la patrie d'Antoine Lebrixa, Professeur à Salamanque & ensuite à Alcala, Auteur de plusieurs sçavans Ouvrages, & en particulier de l'Histoire de Ferdinand & d'Isabelle.

SAINT-LUCAR DE BARRAMEDA, belle Ville avec un beau Port bien défendu, à l'embouchure du Guadalquivir. Les grands vaisseaux s'y arrêtent pour être déchargés de leurs marchandises, qu'on transporte à Séville dans des barques.

Xerés, au Sud-Est de S. Lucar, Ville considérable & célèbre pour ses vins. Elle est fameuse par la bataille que Roderic, dernier Roi des Goths, perdit en 713, contre les Maures, qui s'emparèrent ensuite de presque toute l'Espagne.

Arcos, au Sud-Est de Xerés, Duché, qui a un Château bâti sur un roc escarpé, au pied duquel coule la petite rivière de *Guadalette*.

Rota, sur la côte, au Sud-Ouest d'Arcos, bourg fameux par ses vins.

Zahara, à l'Orient d'Arcos, à la source de la Guadalette, petite Ville qui a un Château très-fort. Elle appartient aux Ducs d'Arcos en titre de Comté; leurs fils aînés en prennent le nom.

Port-Sainte-Marie, au Sud-Est de Rota. C'est une Ville commerçante, qui a un beau *Port* à l'embouchure de la rivière de Guadalette. Les salines qui y sont rapportent des sommes considérables. C'étoit autrefois un Duché, qui appartenoit au Duc de Médina-Sidonia; mais le Roi l'a acquis en 1729.

Cadix, *Evêché*, autrefois Gades ou Cadis & *Augusta Julia Gaditana*, au Sud-Ouest du Port-Sainte-Marie, sur l'Océan. C'est une grande & belle Ville, riche, & fameuse par son Port qui est très-fréquenté. On y fait les embarquemens pour l'Amérique. Cette Ville très-ancienne, & bâtie par les Phéniciens qui l'appellèrent *Gadir*, mot qui signifie en Hébreu, *Haye*, ou Rempart, est dans une Isle nommée aussi *Cadix*, où l'on fait beaucoup de sel. L'Isle est jointe au continent par le Pont de Suaço. Elle avoit autrefois un fameux Temple dédié à Hercule. Cadix est une Place si importante, qu'on rapporte que Charles-Quint en mourant recommanda à Philippe II, de bien conserver trois Places : *Cadix*,

Fleffingue dans la Province des Pays-Bas nommée la Zélande, & *la Goulette* en Afrique, près Tunis.

Médina-Sidonia, à l'Orient de Cadix. Cette Ville qui est assez jolie, appartient aux Ducs de ce nom.

Gibraltar, *Port & Cité*, près du Détroit de Gibraltar, au pied d'une montagne nommée autrefois *Calpé*. Tarik, l'un des Généraux Maures, l'appella *Gibel-Tarik*, c'est-à-dire, *montagne de Tarik*, d'où par corruption est venu le nom de *Gibraltar*. Cette Ville n'est pas grande, mais elle a un bon & grand Port défendu par une très-forte Citadelle. Les Anglois s'en sont rendus maîtres en 1704, & elle leur est demeurée par la paix d'Utrecht.

Vieux-Gibraltar *ou* Algezire, à l'Ouest de Gibraltar, sur un petit Golfe du Détroit de ce nom. Ce fut par cette Ville que les Maures entrerent en Espagne en 712. Ils y bâtirent une Forteresse, que plusieurs de ces Barbares firent sauter en 1344, étant en partie contraints de repasser en Afrique, par les victoires qu'Alfonse XI, Roi de Castille, remporta sur eux.

Tariffa, sur le Détroit de Gibraltar. Cette Ville qui n'est guères peuplée, quoiqu'assez grande, a reçu le nom qu'elle porte aujourd'hui, d'un des Généraux des Maures qui conquirent l'Espagne. En 1340, les Chrétiens remportèrent près de cette Ville une victoire complette sur les Infidèles.

Article X.

Du Royaume de Grenade.

Ce Royaume est le dernier dont les Maures, ou Arabes, furent chassés, par Ferdinand V, qui prit

Grenade sur eux, en 1492. Il y avoit près de 800 ans qu'ils dominoient en Espagne.

L'air y est assez doux, & le terroir très-fertile; mais il n'est pas aussi cultivé & aussi peuplé qu'avant l'expulsion des Maures. Il rapporte néanmoins beaucoup de grains, de vin, d'huile, de lin, de chanvre, de grenades, d'oranges, de citrons, de figues & de capres. Tout y est plein de mûriers, d'où vient le grand commerce de soie qu'on fait dans ce Pays.

GRENADE, *Capitale*, *Archevêché*, *Université*, sur le *Daro*. Cette Ville est une des plus grandes de l'Espagne; mais elle est bien moins peuplée & moins riche que du temps que les Rois Maures y faisoient leur résidence. On y voit encore le Palais de ces Rois. Charles-Quint y en a fait aussi bâtir un. Ils sont tous deux magnifiques; mais celui qui a été bâti par les Maures l'emporte en beauté, & est mieux entretenu. Le premier est un superbe corps de logis quarré, avec un Portail de jaspe: au dedans est une grande cour toute ronde, environnée de deux rangs de portiques l'un sur l'autre, soutenus par trente-deux colonnes de marbre & de jaspe. Le second est bâti de grosses pierres de taille quarrées, entouré de bons murs, fortifié de tours & de bastions comme une Citadelle, & si vaste qu'il peut contenir une garnison de 40000 hommes. La Cathédrale, qui a été bâtie depuis environ 150 ans, n'est pas grande, mais elle est belle. Grenade est remplie de Fontaines, ce qui en rend le séjour très-agréable en été. Elle est située au pied d'une montagne toujours couverte de neige. On y fabrique beaucoup d'étoffes de soie, dont cette Ville fait un grand commerce. Elle a donné naissance au fameux Suarez Jésuite; à l'Historien Louis Marmol; & à Louis de Grenade, Dominicain, Auteur de plusieurs Ouvrages de piété.

En fouillant dans un champ près de Grenade, on a découvert en 1755, le reste d'une Ville ancienne qu'on croit être *Elliberis*. On y a trouvé des richesses littéraires très-précieuses, comme des Manuscrits, grecs, latins, arabes, & d'une langue inconnue, & en particulier les Actes du Concile d'Elvire, écrits sur des lames de plomb.

Près de Grenade est le JENERALIFFE, ancienne Maison de plaisance des Rois Maures. L'on voit au milieu des appartemens des réservoirs d'eau vive, qui répandent une fraîcheur charmante.

SANTA-FÉ, proche le Xénil, à l'Occident de Grenade, *Cité*. Ferdinand le Catholique la fit bâtir, lorsqu'il assiégeoit la Ville de Grenade.

LOXA, sur le Xénil, *Cité*.

ANTEQUERA, au Sud-Ouest de Loxa. C'est une grande & belle Ville, partagée en haute & basse. La haute est située sur une montagne, & un Château. C'est le séjour de la Noblesse. On y trouve une mine de sel, & des carrières de plâtre. La Ville basse est dans une plaine très-fertile, & arrosée de plusieurs ruisseaux. Il y a près de cette Ville une Fontaine renommée pour la guérison de la gravelle. Il se fait beaucoup de sel dans cette contrée.

ALHAMA, au Sud-Ouest de Grenade, jolie Ville assez peuplée, & célèbre par ses bains, les plus beaux & les mieux entretenus de l'Espagne. Ils ont été construits par les anciens Rois de Grenade, qui alloient souvent se délasser dans cette Ville.

GUADIX, *Evêché*, au Nord-Est de Grenade. C'est une ancienne & grande Ville, située dans un terroir fertile.

GUESCAR *ou* HUESCAR, au Nord-Est de Guadix, sur les confins du Royaume de Murcie. Cette petite Ville est située dans une plaine, & a un Château. Elle a le titre de Duché.

ALMERIE, *Evêché*, *Port*, sur la Méditerranée. Son terroir est très-fertile.

ADRA, au Sud-Ouest d'Almérie, *Port*. C'est une petite Ville, avec un Château très-fort : elle avoit autrefois un Evêché, qui a été transféré à Almérie.

MOTRIL, plus à l'Occident, *Port*, où se fait une pêche abondante. Près de cette Ville se trouvent les montagnes nommées *los Alpuxarras*. Elles sont habitées par les restes des anciens Maures, mais convertis, qui ayant conservé leur naturel vigilant & laborieux, en ont fait le Pays le plus peuplé & le mieux cultivé de l'Espagne.

SALOBRENA, *Port*; petite Ville au Sud-Ouest de Motril. Il s'y fait un grand trafic de sucre & de poisson. Elle a un Château très-fort pour défendre la Ville & le Port.

ALMUNEÇAR, *Port*, à l'Occident de Motril. Cette petite Ville a une Citadelle où les Rois Maures tenoient autrefois leur trésor, & faisoient renfermer leurs enfans & leurs frères, pour les empêcher d'exciter des troubles dans le Royaume.

MALAGA ou MALGUE, *Evêché*, *Port*, à l'Occident d'Almuneçar. Elle est renommée pour ses bons vins, dont il se fait un grand débit, aussi-bien que de raisins, d'huiles & d'olives. Ses habitans sont polis, affables, guerriers, sobres & les plus laborieux de l'Espagne. Son Port est grand & spacieux, avec un Mole de sept cens pas de longueur, & large à proportion. On y attache les vaisseaux.

MONDA, au Nord-Ouest de Malaga, ancienne petite Ville, à la source de la rivière de *Guadalmedina*. Elle est célèbre par la victoire que César y remporta sur le fils du grand Pompée.

RONDA, à l'Occident de Malaga, sur les frontières d'Andalousie, *Cité*. Elle est bâtie sur une hauteur, au pied de laquelle coule le *Rio-Verde*.

On descend à cette rivière par 400 dégrés taillés dans le roc par les Maures.

SETTENIL, au Nord de Ronda, petite Ville bâtie sur un rocher, & dont la plupart des maisons sont taillées dans le roc.

Tout le long des Côtes du Royaume de Grenade sont des tours, d'où l'on découvre les vaisseaux des Corsaires de Barbarie, qui en approchent.

ARTICLE XI.

Du Royaume de Murcie.

CE Royaume est le moins étendu de ceux qui étoient ci-devant en Espagne : il n'a que vingt-six lieues communes d'Espagne, & trente-deux de France, de large, & trente & une d'Espagne ou trente-neuf de France, de long. Il est arrosé par la *Ségura* & le *Guadalentin*, qui le traversent ; l'une de l'Ouest à l'Est, & l'autre de l'Ouest au Sud-Est. Le terroir en est très-sec, & il y pleut rarement. On y recueille beaucoup d'oranges, de citrons, d'olives, d'amandes, & autres fruits excellens ; il produit peu de bled, mais de très-bon vin, en petite quantité cependant. On y trouve aussi beaucoup de cannes à sucre, de miel, de mûriers, & plusieurs roches d'alun (*a*) & d'amétistes (*b*). On y file tant de soie, que le Roi d'Espagne en tire par an un million d'écus de revenu.

(*a*) L'Alun, espèce de sel fossile & blanc, qui se trouve mêlé parmi la terre.

(*b*) L'Amétiste, pierre précieuse, qui est la plus belle après l'émeraude. Il y en a de plusieurs sortes. Celles des Indes Orientales, sont les plus rares & les plus estimées ; mais celles du Royaume de Murcie sont de la couleur d'une petite fleur qu'on appelle *Pensée*.

Murcie, *Evêché*, *Capitale*, sur la Ségura. Cette Ville est grande, belle & peuplée. Ce qu'il y a de plus remarquable, est le clocher de la Cathédrale, dont l'escalier est tellement disposé, qu'un carrosse peut monter jusqu'au haut. Le cœur & les entrailles d'Alphonse X, Roi de Castille, habile dans l'Histoire & l'Astronomie, reposent dans cette Eglise : il mourut en 1284.

Lorca, sur le *Guadalentin*, grande Ville où l'on voit bien des masures. Ses habitans sont nouveaux Chrétiens, c'est-à-dire, des Maures convertis.

Carthagène, *Port*, au Midi. Cette Ville bâtie plus de 200 ans avant J. C. par les Carthaginois, avoit été ruinée par les Goths & les Maures : mais Philippe II, à cause de la bonté de son Port, qui passe pour le meilleur de toute l'Espagne, l'a fait rétablir au XVe. Siècle, fermer de murailles & fortifier, en y faisant construire une bonne Citadelle. La richesse de cette Ville consiste dans ses mines d'amétistes, & dans la pêche des maquereaux. Son terroir, d'ailleurs sec & stérile, produit une espèce de jonc nommé *Esparte*, qui sert à faire des nattes & des cordages. Carthagène est le lieu où réside l'Evêque de Murcie.

Almaçaron, *Cité*, petite Ville & forteresse, près l'embouchure du Guadalentin. On y ramasse une grande quantité d'alun.

Article XII.

Du Royaume de Valence.

C'est une des plus agréables Provinces de l'Espagne. L'air y est si doux, qu'on y jouit d'un printemps presque continuel. Elle n'est pas fertile en bled; mais elle abonde en ris, en dates, en lin, en chanvre, en vins, en huile & en cannes à sucre. Il s'y trouve peu de bestiaux; mais on y pêche une grande quantité d'excellens poissons. On prend aussi des oiseaux de rivière dans une espèce de Lac formé par la Mer, entre Valence & l'embouchure du Xucar. On nomme ce Lac *Aubufère*. Cette Province d'ailleurs est une des plus peuplées de l'Espagne: les habitans en sont doux & traitables. Les Rois d'Aragon s'en étant rendus maîtres au XIIIe. Siècle, & ayant forcé la plus grande partie des Maures de s'en retirer, y envoyèrent un grand nombre de familles Espagnoles pour y habiter.

VALENCE, *Capitale*, *Archevêché*, *Université*, située près de l'embouchure du Guadalaviar dans la Méditerranée. Son Port nommé *le Grao*, est une lieue au-dessous. Valence est une grande Ville, bien bâtie, mais non pavée; ce défaut la rend fort sale en hiver, & pleine de poussière en été. Ses plus beaux édifices publics sont la Cathédrale, dont le grand Autel est tout couvert d'argent, & éclairé par 14 lampes de même métal; le Palais du Vice-Roi, la Bourse & l'Arsenal qui est à une des extrémités de la Ville. On y fabrique des draps & des étoffes de soie. C'est la patrie des Papes Alexandre VI & Calixte III; de S. Vincent Ferrier, & du sçavant Louis Vivès. Tous les environs de Valence sont très-agréables, & remplis de jardins.

LIRIA, au Nord-Ouest de Valence, Duché à une branche de la Maison de Berwick, ou de Fitzjames.

MORVÈDRE, au Nord de Valence, sur la Rivière de *Morvèdre*. Son nom latin, *Muri veteres*, marque son ancienneté. Elle a été bâtie des ruines de *Sagonte*, Ville si fameuse pour son attachement aux Romains. On y voit encore les restes d'un Amphithéâtre Romain.

SEGORBE, *Evêché*, au Nord-Ouest de Valence.

Cette Ville, qui est très-ancienne, a des carrières d'un fort beau marbre. Son terroir est fertile en bled, & en très-bon vin. Elle a le titre de Duché.

VILLA-HERMOSA, au Nord de Ségorbe, Duché érigé par Jean II, Roi d'Aragon & de Navarre, en faveur d'Alphonse son bâtard. Près de cette Ville, vers le Nord-Est, on trouve une fontaine dont l'eau a la vertu d'arrêter le sang.

PENISCOLA, à l'Orient de Villa-Hermosa, petite Ville sur une pointe de terre fort élevée. On y voit une forteresse, dans laquelle se retira l'Antipape Pierre de Lune: il portoit le nom de Benoît XIII, & il voulut conserver le titre de Pape jusqu'à sa mort, arrivée en 1423.

XATIVA, au Sud-Ouest de Valence, nommée en latin *Setabis*, des mots phéniciens *Sith-Iouths*, *toile de lin*, parcequ'elle étoit anciennement fameuse par ses toiles. Cette Ville très-belle autrefois, a été détruite par l'opiniâtreté de ses habitans à soutenir le parti de l'Archiduc Charles contre Philippe V. au commencement de ce Siècle. On l'a rétablie depuis, & on lui a donné le nom de S. Philippe.

MONTESA, à l'Occident de Xativa. Cette Ville qui est très-forte, est le siège d'un Ordre de Chevalerie de son nom, fondé en 1317, par Jacques II, Roi d'Aragon.

GANDIA, petite Ville maritime, à l'Orient de Xativa. Elle a le titre de Duché, qui appartient à l'illustre Maison de Borgia; & une petite *Université*, fondée par François, Duc de Borgia, & ensuite Général des Jésuites: il mourut en 1572.

DENIA, au Sud-Est de Gandia, Ville ancienne. On prétend qu'elle a été fondée plusieurs Siècles avant Jesus-Christ, par les Marseillois, qui la consacrèrent à Diane, d'où vient que les Romains appellèrent cette Ville *Dianæum*; & de ce nom, s'est formé par corruption, celui de Dénia. Elle a un

Château très-fort, & une Tour de laquelle l'on découvre les vaisseaux de fort loin.

ALTÉA, au Sud de Dénia, petite Ville près de la Mer. Il s'y fait un grand commerce de miel & de verre.

ALICANTE, *Port*, au Sud-Est d'Altéa. Ses vins sont fort connus: elle fait aussi un grand commerce de savon & d'anis. Son Port est très-fréquenté & très-sûr: il est défendu par de bons bastions. Les François, les Anglois, les Hollandois & les Italiens, ont des Consuls dans cette Ville. Le romarin vient dans son terroir à la hauteur d'un homme.

ELCHE, au Sud-Ouest d'Alicante. Cette Ville est située dans un terroir fertile en dates & en vins. Son siège Episcopal a été transféré à Orihuéla, en 1513.

ORIHUÉLA, *Evêché*, *Université*, sur la Ségura, à l'extrémité Méridionale. Elle est située dans un canton assez fertile en bled. Son Université a été fondée en 1451.

ARTICLE XIII.

De la Principauté de Catalogne.

CETTE Principauté peut avoir dans sa plus grande étendue du Midi au Nord, soixante lieues communes de France, & quarante-huit d'Espagne; & d'Orient en Occident environ cinquante de France, & quarante d'Espagne. Les Pyrénées la bornent au Septentrion; la Méditerranée, à l'Orient & au Midi; les Royaumes d'Aragon & de Valence, à l'Occident. Quoique ce Pays soit plein de montagnes, il est très-fertile en bleds, en vins & en fruits. L'air y est fort tempéré & fort sain. On y trouve des lièges, des châtaigniers, & des bois propres à bâtir. On en tire des amétiftes, du cryftal, de l'azur, de l'albâtre. Il s'y trouve des mines d'alun, de vitriol, & de fer. On y pêche du corail fur la côte Orientale. Ce Pays n'eft pas mal peuplé, & on y fait un affez bon commerce d'étoffes & d'eau-de-vie.

 Les Catalans font actifs, laborieux, courageux & bons foldats, mais peu fufceptibles de difcipline. Ils fe donnèrent à la France en 1640: mais par le Traité de paix de 1659, entre la France & l'Efpagne, il fut conclu que les Pyrénées feroient la divifion des deux Royaumes, & la Catalogne fut rendue aux Efpagnols. Elle a appartenu plus anciennement à la France: car Charlemagne en fit la conquête en 801, fur les Sarafins: & quoique fes Gouverneurs fe foient enfuite rendus Souverains & héréditaires, ils firent hommage à la France jufqu'en 1258. Alors Saint Louis céda tous les droits de féodalité & de jurifdiction qui lui appartenoient en Catalogne, au Roi d'Aragon, qui céda de fon côté les droits qu'il prétendoit fur une partie du Languedoc.

 BARCELONE, *Capitale, Evêché, Univerfité, Port, Place forte.* C'eft une grande Ville bien bâtie, peuplée, fort propre, & très-marchande. Outre les bâtimens facrés qui font très-magnifiques, comme la Cathédrale qui eft grande, belle & ornée de deux tours, le Palais de l'Inquifition; celui de l'Evêque & plufieurs Maifons religieufes, il y en a d'autres qui ne le font pas moins en leur genre; fçavoir, le Palais du Vice-Roi, l'Arfenal qui a de quoi armer plufieurs milliers d'hommes, la Bourfe, & le Palais où s'affemble la Nobleffe du Pays. Barcelone a un *Port* fpacieux & profond, avec un grand Môle, au bout duquel il y a un Fanal & un Fort où on entretient garnifon. On y fait un grand trafic de draps, & de couvertures fort eftimées. Cette Ville a une Académie des Sciences & des Arts. En 1714, elle foutint un fiège contre Philippe V, fon Roi légitime, à qui elle ne se soumit qu'à la dernière extrémité. L'Archiduc Charles y avoit résidé sous le nom de Charles III, depuis 1705, jusqu'en 1711, qu'ayant été élu Empereur, il quitta l'Espagne.

MATARO, au Nord-Est de Barcelone, petite Ville sur la Méditerranée, remarquable par ses Verreries.

VICH, autrefois AUSA, *Evêché*, au Nord de Barcelone. Cette Ville, située dans une plaine fertile, a été presque ruinée pour avoir pris le parti de l'Archiduc Charles contre le Roi Philippe V.

GIRONE, *Evêché*, *Place forte*, *Université*, au Nord-Est de Vich, sur le *Ter*. Son Eglise cathédrale dédiée à la Vierge, est belle & richement ornée. Le grand Autel est tout brillant d'or & de pierreries, & l'image de la Vierge est d'argent massif. Le fils aîné des anciens Rois d'Aragon portoit le titre de *Prince de Girone*.

PALAMOS, au Sud-Est de Girone, *Port*, petite Ville très-forte avec une Citadelle.

OSTALRIC, au Sud-Ouest de Girone.

EMPURIAS, au Nord-Est de Girone, *Port*. C'est une ancienne Ville, Capitale de l'*Ampurdan*, Pays peu fertile.

ROSES, au Nord d'Empurias, *Port*, *Place forte*.

CAMPREDON, au Nord-Ouest de Roses, petite ville située au pied des Pyrénées : il y a au milieu une forte Citadelle.

PUICERDA, sur les confins du Roussillon. Cette Ville, *Capitale* de la Cerdagne, est située entre les Rivières de *Carol* & de *Ségre*: elle a des eaux minérales.

URGEL, *Evêché*, près des Pyrénées, sur la Serge.

SOLSONE, *Evêché*, au sud d'Urgel. Cette Ville a beaucoup souffert de son attachement à l'Archiduc.

CARDONE, au Sud de Solsone, Duché. Cette Ville est célèbre par ses mines inépuisables de sel, de différentes couleurs ; mais elles difparoiffent quand on le lave.

Au Sud-Eſt de Cardone, eſt le fameux Monaſtère de *Montſerrat*, de l'Ordre de S. Benoît. C'eſt un des plus célèbres Pélerinages de l'Eſpagne. On y garde une image de la Vierge, trouvée, dit-on, en 880, dans une caverne par des Bergers. La vieille Egliſe ne ſuffiſant pas au concours des Pélerins, Philippe II en bâtit une nouvelle, qui a été achevée par Philippe III. Elle eſt très-belle, ornée de trois jeux d'orgues, & d'un Autel tout doré qui a coûté 30000 écus. L'Image eſt ſur l'autel, & elle eſt éclairée de plus de 90 lampes d'argent. Le Tréſor eſt très-riche, & a une couronne de la Vierge qu'on eſtime un million. La Montagne qui eſt d'une hauteur prodigieuſe, eſt remplie de cellules d'Hermites.

VILLA-FRANCA DE PANADEZ, petite Ville aſſez jolie, au Sud-Oueſt de Barcelone.

CERVERA, à l'Occident de la précédente. Philippe V y a établi, en 1717, une *Univerſité*.

MONTBLANC, au Sud-Eſt de Cervera, chef-lieu d'une Viguerie & d'un Comté. C'étoit un Duché affecté aux fils des Rois d'Aragon.

BALAGUER, autrefois BERGUSIA, ſur la Sègre. Cette Ville eſt ſituée au pied d'une montagne dans une campagne très-fertile, & a un Château pour ſa défenſe.

LERIDA, *Evêché*, *Univerſité*, ſur la Sègre. C'eſt une place très-forte, fameuſe par une victoire que Céſar y remporta ſur le parti de Pompée.

TARAGONE, *Archevêché*, ſur la Méditerranée, *Univerſité* fondée en 1532, par le Cardinal Gaſpart Cervantes. Cette Ville a été beaucoup plus conſidérable, & plus peuplée qu'elle ne l'eſt aujourd'hui : il s'y fait néanmoins encore un bon commerce. Ses plus beaux édifices ſont la Cathédrale, qui porte le nom de ſainte Thècle, & l'Egliſe de
Notre-Dame

Notre-Dame du *Miracle*, bâtie en partie des marbres tirés d'un ancien Théâtre. C'est la patrie de Paul Orose, Disciple de S. Augustin, Auteur d'une Histoire universelle, & de plusieurs autres Ouvrages.

TORTOSE, *Evêché*, *Place forte*, sur l'Ebre, à cinq ou six lieues de son embouchure, avec un fort beau *Port*. Elle fut prise par les François en 1649. Elle a un Pont de bateaux, dont la tête est défendue par deux demi-bastions. La Cathédrale, le Collège Royal des Dominicains, le Couvent des Carmes, & une porte toute d'un beau marbre tirant sur le noir, sont les Edifices les plus remarquables de cette Ville. Les habitans de Tortose ont acheté, par des grosses sommes prêtées au Roi, le droit de construire une espèce de digue à l'embouchure de l'Ebre. Elle forme un saut ou cascade, qui empêche le poisson de la Méditerranée de remonter dans ce fleuve. Ils se sont rendus par-là les maîtres du débit du poisson dans tout l'Aragon.

ARTICLE XIV.

Des Isles d'Espagne.

CES Isles sont dans la Mer Méditerranée. Elles s'appelloient autrefois *Baléares*, des mots Phéniciens *Bal'ire*, *habile à lancer*, qui désignent l'adresse de ses anciens habitans à lancer la fronde. Elles sont au nombre de trois principales, sçavoir, *Mayorque*, *Minorque*, & *Iviça*. Du temps des Maures, elles formoient un Royaume, qu'on appelloit le Royaume de Mayorque : il fut conquis par le Roi d'Aragon, en 1228 & 1229.

1. L'Isle *Mayorque* est fertile en bleds, en vins excellens & en olives. On trouve beaucoup de Corail le long de ses côtes. Cette Isle a donné naissance

à plusieurs grands hommes, entr'autres à deux Grands-Maîtres de Malte de la Maison de Cottoner; & à Raimond Lulle, Auteur de plusieurs Ouvrages de philosophie & de médecine. Ses habitans sont bons armateurs. Elle renferme :

MAYORQUE, *Capitale, Evêché, Port, Université*. Cette Ville est située dans une grande Baie, elle est forte, grande, belle & riche. La Cathédrale, le Palais royal & les Places publiques sont magnifiques. Le Capitaine général qui commande à toute l'Isle, y réside. On y entretient une bonne garnison contre les incursions des Corsaires de Barbarie.

ALCUDIA, sur la côte Orientale.

2. *Minorque*. Cette Isle est pleine de montagnes : on y trouve de bons pâturages : elle nourrit quantité de mulets. Elle produit aussi du bled, du vin, des oranges, & plusieurs sortes de fruits. On y trouve des perdrix, des lapins, & autre gibier. Elle a environ onze lieues de France en longueur, mais sa largeur est inégale. Les Anglois s'en sont emparés en 1708, & elle leur a été cédée par la paix d'Utrecht.

CITADELLA, *Capitale*, à l'Ouest. C'est une petite Ville dont les fortifications sont médiocres. Elle est la résidence du Gouverneur de l'Isle pour les Anglois, qui y ont une bonne garnison. Son Port est bon. Elle jouit du libre exercice de la Religion Catholique, & est gouvernée par ses anciennes Loix.

PORT-MAHON, au Sud-Est. C'est un des meilleurs *Ports* de la Méditerranée. On l'appelle en latin *Portus Magonis*, du nom de Magon, Général des Carthaginois, qui le fit construire plus de deux cens ans avant J. C. Il appartient aux Anglois. Les François l'ont pris dans la dernière guerre, après un siège très-meurtrier, & l'ont rendu aux Anglois lors de la paix conclue en 1763.

3. *Iviça*. Cette Isle est la plus proche d'Espagne. Elle est si fertile en bleds, en vins, en fruits & en

sel, qu'on en transporte pour l'Espagne & pour l'Italie. Elle a cet avantage, qu'on n'y voit ni serpens, ni aucune autre bête venimeuse. On y remarque

IVIÇA, Fort, qui a un bon Port.

Formentera, est une petite Isle voisine d'Iviça, au Midi. Les anciens appelloient ces deux Isles *Pityuses*, parcequ'il y a beaucoup de pins. Les serpens dont Formentera est pleine empêchent qu'on ne l'habite. D'anciens Auteurs disent que lorsqu'on veut y être en sureté, il faut apporter de la terre d'Iviça & en former une enceinte, à la faveur de laquelle on est garanti de l'approche des serpens.

Des Possessions du Roi d'Espagne hors de l'Europe.

PHILIPPE II disoit que le Soleil ne se couchoit jamais sur ses terres. En effet, l'Espagne possède :

En Afrique, sur la côte de Barbarie, depuis le Détroit de Gibraltar, d'Occident, en Orient, les Villes de *Ceuta*, du *Pignon de Velez*, de *Melilla*, de *Marzalquibir* & d'*Oran*. A l'Ouest de la Barbarie, les Isles *Canaries*.

En Asie, à l'extrémité Orientale, les Isles *Philippines*, & les Isles *Mariannes* ou des *Larrons*.

Dans l'Amérique Septentrionale, le *Mexique* ou la *Nouvelle Espagne*, partie de *Californie*, le *Nouveau Mexique*, la *Louisiane* Occidentale, les Isles de *Cuba*, de *Portorico*, partie de celle de *Saint-Domingue*, &c.

Dans l'Amérique Méridionale, la plus grande partie de la *Terre-Ferme*, le *Pérou*, le *Chili* & le *Paraguay*.

Le Roi d'Espagne prend le titre de Roi des Espagnes & des Indes. Il tire de sommes immenses de l'Amérique, dont il possède la plus grande & la meilleure partie. Depuis que ses Sujets en ont fait la découverte, en croyant aller aux Indes, en 1492; il en vient comme des flots d'or & d'argent qui inondent toute l'Espagne, & qui de-là se répandent dans les autres parties de l'Europe; les Espagnols, en effet, ne sont pas ceux qui en possèdent le plus. Les Loix de l'Espagne & nombre de Traités excluent, il est vrai, tous les Etrangers, sans distinction, du commerce de l'Amérique Espagnole, qui est sans contredit la plus riche; & ce sont les seuls Espagnols qui doivent avoir part aux marchandises que l'on porte d'Europe en Amérique, & aux choses précieuses qui en viennent. A l'arrivée des Gallions, (on appelle ainsi les vaisseaux qui reviennent d'Amérique richement chargés) il se tient une Foire très-considérable, où les marchandises d'Europe sont vendues, & celles d'Amérique achetées, après que le Roi a pris sur ces dernières le droit qui lui est dû. Les riches Négocians d'Angleterre, de Hollande & de France, pour prendre part au produit de ce commerce qui est très-considérable, & pour éluder l'exclusion qui leur est donnée, font société avec quelque Espagnol, & lui envoient les marchandises propres pour l'Amérique, où il n'y a point de Manufactures. L'Espagnol envoie ces marchandises sous son propre nom; & au retour des Gallions il tient compte à ses associés du profit immense qui en revient. Ainsi, les biens que portent & rapportent les Gallions sont plus à l'Etranger qu'à l'Espagnol.

SECTION IV.
Du Portugal.

LE Portugal fait partie de l'ancienne *Lusitanie*, que les Phéniciens nommoient ainsi, parcequ'elle étoit très-fertile en amandes. Ce Pays tire vraisemblablement son nom moderne de Portugal, de la Ville de *Porto*, à l'embouchure du Douro, appellée autrefois *Portucal*. Il est situé entre le trente-septième & le quarante-deuxième dégré de latitude septentrionale : & entre le neuvième & le douzième de longitude : il est long & étroit ; & a environ cent vingt lieues de longueur, & cinquante dans sa plus grande largeur.

L'air y est pur, sain, doux & tempéré, cependant plus chaud que froid. Le bled y est rare, mais les vins y sont assez bons, & les fruits excellens. Il n'y a guères que cent ans qu'on y a apporté des orangers de la Chine, mais ils y ont extrémement multiplié, & se sont même répandus du Portugal dans la plupart des Royaumes de l'Europe, sur-tout dans la France Méridionale. On tire du Portugal beaucoup de sel, qui se transporte chez les étrangers ; les bestiaux & sur-tout les chevaux, en sont très-estimés. Les Rivières y nourrissent de bons poissons. On trouve dans quelques rochers des espèces de rubis, des émeraudes & des hyacinthes. Il y a quelques mines d'or & d'argent qu'on néglige ; mais on profite de celles d'étain, de plomb, de fer & d'alun, qui y sont abondantes.

Le Portugal a suivi long-temps le sort de l'Espagne, dont il faisoit partie. Ainsi, après avoir été Province de l'Empire Romain pendant environ 600 ans, les Alains, les Suèves, les Goths ou Visigoths le possédèrent, jusqu'à ce que ces derniers furent soumis par les Arabes ou Maures en 712. Environ 400 ans après, les Chrétiens y établirent un Royaume, dont voici l'origine. En 1094, Alphonse VI, Roi de Castille & de Léon, ayant conquis une partie du Portugal sur les Maures, la donna avec sa fille à titre de Comté, à un Prince François qui étoit venu en Espagne faire la guerre aux Infidèles, & secourir les Chrétiens. C'étoit Henri de Bourgogne, arrière-petit-fils de Robert, Roi de France, fils de Hugues-Capet. Alphonse, fils de Henri, continua de faire la guerre aux Maures avec avantage, & il recula beaucoup les limites de son Royaume. Il prit, en 1139, le titre de Roi de Portugal. Sanche son fils, fit la conquête du Royaume des Algarves. Le Portugal eut des Rois de la même famille jusqu'en 1580, qu'il tomba sous la domination des Espagnols : car le Roi Don Sébastien étant péri dans un combat en Afrique, & son grand oncle & successeur le Cardinal Henri étant mort en 1580, Philippe II, Roi d'Espagne, s'empara du Portugal. Mais soixante ans après, en 1640, les Portugais, d'un consentement général, se retirèrent de la puissance des Espagnols, & reconnurent pour leur Roi le Duc de Bragance, qui descendoit de leurs anciens Rois. Il prit le nom de Jean IV, & il s'est maintenu sur le Trône par sa valeur & par le secours des François. Le Roi Don Joseph VI, actuellement régnant, est arrière-petit-fils de Jean IV, surnommé *le Fortuné*. Le Pape Benoît XIV a accordé au Roi Don Jean V, son père, le titre de *Majesté très-fidèle*, pour lui & ses successeurs.

La Couronne de Portugal est héréditaire ; les filles mêmes y peuvent succéder, au défaut des mâles.

La Religion Catholique est la seule qui soit permise dans ce Royaume.

L'Inquisition y étoit autrefois très-sévère ; mais en 1728, le Roi Don Jean V en a modéré la rigueur, par une Ordonnance, & lui a prescrit l'ordre de la justice la plus exacte.

Les principales Rivières de Portugal sont : le *Tage*, dans le milieu, le *Douro* ou *Duero*, au Nord, & la *Guadiana* au Sud-Ouest. Comme elles prennent leurs sources en Espagne, & parcourent une grande partie de ce Royaume, avant que d'entrer en Portugal, on peut voir ce que nous en avons dit dans le Chapitre précédent.

On divise le Portugal en six parties : ce sont, du Septentrion au Midi ; la Province *Entre-Douro & Minho*, celle de *Tra-los-Montes*, le *Béira*, l'*Estremadure*, l'*Alentejo*, & le Royaume d'*Algarve*.

I. *De la Province Entre-Douro & Minho.*

Elle est au Nord-Ouest, près de l'Océan. L'air y est si sain, qu'il n'est pas rare d'y voir des hommes très-âgés, & des femmes qui ont des enfans jusqu'à 50 ans. Ce Pays, qui n'a que dix-huit lieues de long sur douze de large, est très-peuplé : on y compte 1460 Paroisses, & 1130 Couvents. Il y a 6 Ports de Mer, 200 Ponts de pierre, & plus de 5000 Fontaines, qui ne tarissent jamais. Elle est partagée en quatre *Comarcas* ou Jurisdictions, sçavoir, celles de *Guimaraens*, de *Viana*, de *Ponte de Lima*, & de *Porto*. La vigne y croît si bien, qu'on n'a pas besoin de la cultiver. Ses prairies nourrissent les bestiaux les plus beaux & les meilleurs du Royaume.

BRAGUE, *Archevêché*, sur le *Cavado*. Cette Ville est grande, ancienne & belle : son Archevêque a long-temps disputé de la Primatie d'Espagne avec celui de Tolède, parceque Brague fut pendant trois cens ans Métropole de l'Espagne Chrétienne, Tolède étant alors entre les mains des Maures. Il est seigneur temporel & spirituel de la Ville, & a 4000 ducats de revenu. Un des plus illustres Archevêques de Brague, a été Don Barthélemi des Martyrs, l'une des plus grandes lumières du Concile de Trente, & l'intime ami de S. Charles Borromée.

GUIMARAENS, sur l'*Avès*, au Sud-Est de Brague. Cette Ville a une forte Citadelle. Quoique les Portugais n'aient pas beaucoup de goût pour les Manufactures, on y fabrique de bonnes toiles. Les habitans ont reçu du Roi Denys l'exemption de toutes sortes d'impôts. C'est la patrie du Pape Damase, & d'Alphonse, premier Roi de Portugal.

VILLA DE CONDÉ, *Port*, au Sud-Ouest de Brague, à l'embouchure de la rivière d'Avès.

PORTO, *Evêché*. Ville assez grande & riche: on en tire beaucoup de vins pour les Pays Septentrionaux de l'Europe. C'est la meilleure Ville de Portugal après Lisbonne sa Capitale: elle est le siège d'un Conseil Souverain, & il y a un arsenal où l'on construit des vaisseaux de guerre. Sa situation sur une montagne près de l'embouchure du Douro, la rend très-importante & fort marchande: on l'appelloit autrefois *Portucale*, & on la nomme quelquefois aujourd'hui *Port à Port*.

VIANA, au Nord-Ouest de Brague, *Port*, à l'embouchure de la rivière de *Lima*. C'est une Ville considérable, où il y a une Académie pour les jeunes Cavaliers Portugais.

PONTE DE LIMA, au Nord-Ouest de Viana. Cette Ville tire son nom d'un magnifique pont qu'elle a sur la rivière de Lima. Elle est ornée d'un beau Palais & son terroir est très-fertile.

VALENÇA, au Nord de Ponte de Lima, sur le Minho, *Place forte*, vis-à-vis la Ville de Tuy. Elle est le chef-lieu d'un Comté, qui appartient au Marquis de Villaréal.

VILLA NOVA DE CERVERA, Ville assez forte, sur le Minho.

CAMINHA, *Ville forte*, à l'embouchure du Minho : elle porte le titre de Duché.

II. *De la Province de Tra-los-Montes.*

Elle a pris son nom de sa situation au-delà des Montagnes. Son terroir est un peu sec, & par conséquent plus abondant en vins & en huiles, qu'en bled. Elle a 30 lieues de long sur 20 de large. On la partage en quatre *Comarcas*; qui sont celles, de *Mirande*, *Torre-de-Moncorvo*, *Villa-Réal* & *Pinhel*.

BRAGANCE, sur le *Sabor*, Capitale d'un Duché qui a plus de cinquante Bourgs dans sa dépendance.

MIRANDE, *Ville forte*, sur le Douro, au Sud-Est de Bragance, *Evêché*, *Capitale* de la Province.

CHAVES, à l'Ouest de Bragance, sur la rivière de *Tamaga*, ancienne Ville qui est la résidence ordinaire du Commandant, de l'Intendant, & du Trésorier général de la Province.

VILLA-RÉAL, au Sud de Chaves. Cette Ville est dans une agréable situation, au confluent des petites rivières de *Corgo* & de *Ribéra* : elle a titre de Marquisat.

VILLA-FLOR, à l'Orient de Villa-Réal, petite Ville, mais jolie : elle a pris le nom de Villa-Flor, d'une fleur de lys qu'elle porte dans ses armes.

TORRÉ-DE-MONCORVO, près du Sabor, au Sud.

PINHEL, sur une petite rivière, qui se jette dans le Douro, est la *Capitale* de la Comarca qui porte son nom, & qui comprend tout ce qui dépend de la Province au Midi du Douro, dans la langue de terre qu'on appelle *Riba de Coa*.

III. *Du Béira.*

Cette Province est au Midi des deux précédentes. Elle a beaucoup de vignes & de châtaigniers, &

est remplie de Montagnes. Elle a 34 lieues de long sur 30 de large, & est partagée en six *Comarcas* ; sçavoir, celles, de *Lamégo*, *Aveiro*, *Viseo*, *la Guarda*, *Coimbre* & *Castel-Branco*.

LAMÉGO, *Evêché*, près de la rive gauche du Douro. Son terroir est fertile en vins excellens, & elle a une bonne Citadelle.

AVEIRO, *Port*, sur l'Océan. Cette Ville porte le titre de Duché ; il s'y fait beaucoup de sel. Elle a un beau Gouvent de Religieuses, qui sont obligées de faire preuve de noblesse, & de descendance d'anciens Chrétiens.

VISEO OU VISEU, *Evêché*, dans le milieu : elle est fort agréable, à cause des beaux jardins qui l'environent. A peu de distance de cette Ville sont des mines d'étain.

LA GUARDA, *Place forte*, au Sud-Est de Viseo, près de la source de la rivière de *Mondego* : C'est un *Evêché* suffragant de Brague.

COIMBRE OU CONIMBRE, au Sud-Ouest de Viseo, *Evêché*, *Université*, sur la rivière de Mondégo, *Capitale* du Béira. C'est une grande & belle Ville, où les Jésuites avoient un magnifique Collège. Mais, par un Edit de Sa Majesté Portugaise du 3 Septembre 1759, ils ont été chassés de tous les Etats du Roi de Portugal ; & ceux qui n'étoient engagés que par des vœux simples, ont été obligés de s'en faire dispenser par le Patriarche, pour pouvoir rester dans le Royaume comme particuliers. Les Franciscains & les Religieuses Claristes ont à Coimbre deux beaux Couvens près l'un de l'autre. Le Collège de l'Université est le Palais des anciens Rois. On y admire le pont de cette Ville, qui est composé de deux rangs d'arcades l'un sur l'autre. Elle étoit la Capitale du Royaume de Portugal dans ses commencemens.

CASTEL-BRANCO, sur les confins du Béira & de l'Estrémadure Portugaise, petite Ville sur la rivière de *Leyra.*

SALVATIERRA, au Sud-Est du Béira, & sur les frontières de l'Estrémadure Espagnole, Ville assez forte.

IV. *De l'Estrémadure.*

Cette Province étoit anciennement plus étendue, & comprenoit le Pays du même nom qu'elle a au Sud-Est, qui est aujourd'hui à l'Espagne. C'est la meilleure Province du Portugal, quoiqu'elle ne soit pas la plus grande, n'ayant que 36 lieues de long sur 18 de large. Elle est extrêmement fertile en bleds, en vins & en fruits de toute espèce. Elle est divisée en six *Comarcas*, qui sont celles, de *Leiria, Lisbonne, Tomar, Santaren, Alenquer,* & *Sétuval.*

LEIRIA, *Evêché, Place forte.* Il y a près de cette Ville une grande forêt de pins.

ALJUBAROTA, au Sud-Ouest de Leiria. C'est un Bourg fameux par la grande victoire que le Roi Jean I rèmporta sur les Castillans en 1385 : victoire qui lui assura la Couronne, & dont on célèbre encore tous les ans la mémoire.

TOMAR, au Sud-est de Leiria, petite Ville au pied d'une montagne, avec un Château qui appartient aux Chevaliers de l'Ordre de Christ. Les Rois de Portugal sont Grands-Maîtres de cet Ordre. Le Sous-Grand-Maître est ordinairement Prieur de la Maison de Tomar : il a le quart des revenus des Commanderies de l'Ordre. Tomar est une des plus riches & des plus grandes qu'aient ces Chevaliers. On y voit douze cloîtres, dont le principal est très-bien bâti & enrichi d'une Bibliothèque. On voit aux environs des oliviers en si grande quantité, qu'il semble qu'il y en ait une forêt en cet endroit.

SANTAREN, sur le Tage, au Sud-Ouest de Tomar, ancienne & belle Ville, située dans un terrein si fertile, qu'on moissonne deux mois après avoir semé.

LISBONNE, autrefois OLYSIPPO & FELICITAS-JULIA, *Archevêché*, *Capitale* de tout le Portugal, *Port*. C'est une grande Ville, bâtie sur sept collines, au bord du Tage, près de son embouchure: elle est ancienne. Avant le tremblement de terre qui l'a renversée en 1755, elle étoit très-riche, fort peuplée, & très-marchande. Il s'y trouvoit plusieurs beaux édifices; comme la maison de la Douane & l'Arsenal, mais sur-tout le Palais du Roi, sur le bord du Tage, qui étoit vaste & magnifique. C'étoit un édifice quatré fait en dôme, avec quatre Tours ou Pavillons, deux Plate-formes ornées de balustres, & deux galeries en croix de cent pas de long, à deux étages, & des balcons aux fenêtres. A l'un des côtés de ce Palais étoit la plus belle Place de Lisbonne, nommée la *Place du Palais*. Elle étoit au bord du Tage, très-longue & très-large, bordée d'un mur qui régnoit tout le long du fleuve à hauteur d'appui, & proprement sablée. C'est-là qu'on célébroit *les Actes de Foi de l'Inquisition*, c'est-à-dire, qu'on y exécutoit ceux que ce Tribunal avoit condamnés; c'est-là aussi qu'on faisoit ce qu'on appelle la Fête des Taureaux, qui n'est autre chose qu'un combat d'hommes choisis, contre des taureaux sauvages, & qui s'exécute en ce Pays, comme en Espagne, avec une grande dépense. On comptoit dans Lisbonne 40 Paroisses, 20 Monastères d'hommes, & 18 de filles. La Citadelle commandoit la Ville: elle étoit bâtie sur la plus haute des sept collines, & faisoit comme une Ville à part. A la sollicitation du Roi de Portugal, le Pape Clément XI a érigé en 1716, la Chapelle du Palais du Roi en Eglise Patriarchale; & on y a joint un Chapitre considérable, dont les Chanoines sont pris parmi la plus ancienne noblesse du Royaume. Le Patriarche est ordinairement Cardinal, & quand il ne l'est pas, il a le privilège d'en porter l'habit, sans aucune différence. Il a tous les honneurs de la Cour, & ceux de Légat *à latere* par-tout ailleurs. Il fait, dans le Palais du Roi, les fonctions épiscopales, & jouit de la préféance sur tous les Grands, sur tous les Archevêques & Evêques du Royaume, sans excepter le Primat de Brague, même dans leurs Eglises. Ainsi la Ville & l'ancien Diocèse de Lisbonne sont séparés en deux Diocèses, & il y a deux Evêques dans une même Ville. L'ancien Archevêché est connu sous le nom de *Lisbonne Orientale*, & le nouveau Patriarchat sous celui de *Lisbonne Occidentale*. Le Roi Jean V a établi à Lisbonne deux Académies ; l'une en 1720, qui porte le titre d'*Académie royale d'Histoire* ; & l'autre en 1723, dont les membres ont pris le nom d'*Académiciens appliqués*. Il y a aussi un Etablissement des plus édifians : c'est une Confrérie nommée *de la Miséricorde*, qui se dévoue au soulagement de tous les misérables. Le Roi & les Princes ne font pas difficulté de s'y enrôler. Elle a un Président, dont l'emploi est fort estimé, quoique très-onéreux. On le change tous les ans ; & celui qui en est revêtu, dépense au moins cent mille livres du sien, s'il veut s'en acquitter avec honneur. Lisbonne fut prise en 1147, sur les Maures, par le Roi Alphonse, qui fût aidé en cela par une flotte de Croisés François, Anglois & Allemans, qui alloient à la Terre-Sainte. C'est la patrie de S. Antoine de Padoüe, & de Don Barthélemi des Martyrs. Lisbonne a souffert plusieurs tremblemens de terre : un entr'autres au XVIe. Siècle, & celui du premier Novembre 1755, qui a été suivi de plusieurs autres, & l'a presque entièrement ruinée, aussi-bien que Sétuval, dont il ne reste plus que des vestiges, & nombre d'autres Villes de Portugal. Ce furieux tremblement de terre s'est fait sentir depuis Bayonne jusqu'à Gibraltar, & a endommagé quantité de Villes en Espagne. Il a passé jusqu'en Afrique, & y a fait des ravages affreux le même jour & presque à la même heure, sur-tout dans les Royaumes de Fez & de Maroc. Ses effets se sont fait sentir non-seulement sur la terre, mais encore sur la mer, & dans les rivières & les canaux, depuis Malaga sur la Méditerranée, jusqu'au détroit de Gibraltar, & depuis ce détroit jusqu'au Danemarck, tout le long des côtes de l'Océan, & en divers autres endroits de l'Europe Occidentale.

Depuis ce temps, la Ville de Lisbonne a été rétablie & mieux bâtie qu'elle n'étoit auparavant.

BELEM *, Maison royale à deux lieues au-dessous de Lisbonne, avec un magnifique Couvent de Jéronymites où est la sépulture des Rois.

TORRES-VEDRAS, au Nord-Ouest de Lisbonne, petite Ville avec titre de Comté, située dans un terroir abondant.

ALENQUER, au Sud-Est de la précédente. C'est une Ville bien fortifiée, & environnée de beaux vignobles. Elle porte le titre de Marquisat, & est le douaire de la Reine.

SETUVAL, anciennement CŒTOBRIX, au Sud-Est de Lisbonne, à l'embouchure du *Zadan*. Il s'y fait un grand commerce de sel : sur-tout avec les Hollandois, qui appellent cette Ville *Saint-Ubes*. Son Port est défendu par un Fort nommé *San-Jago*.

ALCACER-DO-SAL, au Sud-Est du Sétuval, petite Ville, avec un fort Château. Son nom vient de ce qu'on y fait du sel, fort blanc.

V. *De l'Alentéjo.*

Cette Province est ainsi appellée de sa situation au-delà du Tage, par rapport à Lisbonne. On la nomme *le Grenier* du Royaume, à cause de la quantité de bled qu'elle fournit : elle est aussi fertile en vins & en fruits, & nourrit beaucoup de bestiaux. Son étendue est d'environ 36 lieues, sur presque autant de large ; & elle a cinq *Comarcas* ; sçavoir, *Portalegre*, *Elvas*, *Estremoz*, *Evora* & *Béja*.

PORTALEGRE, *Evêché*, au Nord de la Province. Cette Ville est jolie, forte, & située au pied d'une montagne.

ELVAS, *Evêché*, près de la Guadiana. C'est une grande & belle Ville, bien fortifiée, parcequ'elle est sur la frontière d'Espagne. On y voit une Citerne si vaste, qu'elle contient assez d'eau pour en fournir toute la Ville pendant six mois. L'eau y est conduite par un magnifique Aqueduc d'une lieue de long, élevé en quelques endroits de quatre ou cinq arcades fort hautes, les unes sur les autres.

CAMPO-MAJOR, au Nord d'Elvas, *Place forte*, dans un très-bon air.

ESTREMOZ, à l'Occident d'Elvas, petite Ville, mais fortifiée, célèbre par la victoire que le Comte de Schomberg remporta sur les Espagnols en 1663. Elle est partagée en Ville haute & basse : celle-ci est plus nouvelle que l'autre : elle a une grande & belle Place, au milieu de laquelle est un étang. Près de-là sont des carrières de très-beau marbre.

AVIS [*], petite Ville sur une hauteur, avec un Château, chef-lieu d'un Ordre de Chevalerie du même nom.

VILLA-VICOSA, au Sud-Est d'Estremoz. Cette Ville qui porte le titre de Marquisat, est située dans un terroir très-fertile. Elle a un beau Palais, où les Ducs de Bragance faisoient autrefois leur résidence.

OLIVENÇA, au Sud-Est de Villa-Vicosa, *Ville forte*, chef-lieu d'un Comté de son nom.

EVORA, *Capitale* de l'Alentéjo. Son *Archevêché*

a été érigé en 1540, par Paul III. Le Cardinal Henri avoit fondé son *Université* avant de devenir Roi de Portugal.

Béja, au Sud-Ouest d'Evora, Ville ancienne, avec un fort Château.

Serpa, au Sud-Est de Béja, près la rive gauche de la Guadiana. Cette Ville est médiocre, mais forte.

Ourique, au Sud-Ouest de Béja, petite Ville célèbre par la victoire qu'Alphonse I y remporta sur cinq Rois Maures en 1139. Ce fut après cette victoire que ses troupes lui donnèrent le titre de Roi. Cette victoire est aussi l'origine des armes de Portugal, dans lesquelles on remarque cinq écussons d'azur posés en croix.

VI. *Du Royaume d'Algarve.*

Ce Pays, dont le nom signifie en Arabe *le bout & l'extrémité*, fut possédé jusqu'en 1190, par un Roi Maure. Il a environ 27 lieues de long sur huit de large, & trente cinq de côtes sur l'Océan. Il renferme quatre *Cités*, qui sont *Tavira*, *Sylves*, *Lagos* & *Faro*, quelques autres Villes moins remarquables, & quantité de Bourgs & de Villages. On n'y voit par-tout que vignes & figuiers : on y trouve des bains chauds, & des sources d'eaux minérales. La Mer y abonde en excellens poissons.

Tavira, *Capitale*. Elle a un très-bon *Port*, défendu par une forteresse ; c'est le titre d'un Duché.

Sylves, à l'Ouest de Tavira, dans une belle campagne, qui est si agréable, qu'on la nomme le *Paradis terrestre* du Portugal. Cette Ville qui étoit autrefois la Capitale, est a deux lieues de la Mer. Son Evêché a été transféré à Faro.

Lagos, où est un *Port*, est bâtie sur un rocher : on pêche dans le voisinage beaucoup de thons.

Faro, *Evêché*, *Port*. Cette Ville s'est accrue

des ruines d'une ancienne Ville nommée *Ossonoba*, comme on le voit dans une ancienne inscription transportée à Faro. La pêche des thons & des sardines fait le principal commerce des habitans : il croît aussi de fort bons vins dans son terroir.

CASTRO-MARINO, petite Ville, presque à l'embouchure de la Guadiana.

Des Possessions du Portugal en Asie, en Afrique & en Amérique.

On est redevable aux Portugais de la découverte des Indes Orientales, & de la connoissance des côtes Occidentales & Orientales de l'Afrique, aussi-bien que de celles du Cap de Bonne-Espérance, qu'ils doublèrent à la fin du XVe. Siècle. Nous indiquerons ici en peu de mots, ce que le Portugal possède dans ces Pays & en Amérique ; car c'est ce qui rend fort riche ce Royaume, qui d'ailleurs est assez petit. Les Portugais possèdent,

Dans l'Asie, *Goa* & quelques autres Places sur la côte Occidentale de l'Inde en-deçà du Gange : *Macao*, près de la Chine. Ils ont été plus puissans en Asie : mais les Hollandois leur ont enlevé nombre de Places au commencement du dernier Siècle, parceque les Portugais étoient alors sous la domination des Espagnols, avec qui les Hollandois étoient en guerre.

Dans l'Afrique, où les Portugais ont plus de pays qu'aucune autre Nation de l'Europe ; la Ville de *Mazagan*, dans le Royaume de Maroc ; les Isles de *Madère* & du *Cap-Verd* ; quelques Forts près de la rivière de Gambie, dans la Guinée Occidentale ; les Isles de *Fernand-Po*, de *Saint-Thomas* & d'*Annobon* ; *Loanda*, dans le Congo, où ils ont nombre d'autres établissemens considérables ; sur la côte Orientale, la Ville de *Mosambique*, & plusieurs Forts, pour tenir dans le respect la plupart des petits Rois de cette contrée, qui sont tributaires du Portugal.

Dans l'Amérique Méridionale, *le Brésil*, d'où le Portugal tire de grandes richesses; la Côte Orientale de l'embouchure de la Rivière de la *Plata*, au Sud-Est; & les deux rives de celle des *Amazones*, au Nord-Est.

Entre l'Amérique Septentrionale & l'Europe, les Isles *Açores* ou *Tercères*.

SECTION V.

De la Suisse.

LA Suisse est bornée au Nord & à l'Orient, par la Souabe & le Tirol, Provinces d'Allemagne; au Midi, par l'Italie & la Savoie; à l'Occident, par la Franche-Comté, Province de France. Ce Pays s'étend depuis environ le vingt-quatrième dégré de longitude jusqu'au-delà du vingt-huitième; & entre le quarante-sixième & le quarante-huitième de latitude Septentrionale.

La *Suisse* étoit renfermée dans l'ancienne Gaule, & ses peuples se nommoient *Helvétiens*: les Grisons, leurs plus considérables Alliés, s'appelloient les *Rhétiens*, & appartenoient à l'Italie. Les Suisses ont été long-temps sous la dépendance des Rois de France, & sous celle des Rois de la Bourgogne Transjurane: ensuite ils ont appartenu à l'Allemagne, & principalement aux Princes de la Maison d'Autriche: mais les Gouverneurs de ceux-ci, par une conduite tyrannique, donnèrent lieu à la plupart des habitans de ce Pays de se mettre en liberté peu à peu.

Les Suisses proprement dits composent treize

Cantons, qui font autant de Républiques souveraines, mais confédérées & unies ensemble pour se soutenir l'une l'autre. Outre les treize Cantons, il y a de petits Pays que l'on appelle leurs *Sujets*, parcequ'ils ne participent pas à la Souveraineté ni au Gouvernement: ils sont la plupart enclavés dans la Suisse propre. Enfin, on joint aux Suisses plusieurs petits Etats voisins qui sont leurs *Alliés*, quoiqu'ils ne soient pas proprement des Confédérés.

Les Cantons d'*Uri*, de *Schwitz*, d'*Undervald*, commencèrent la confédération Helvétique en 1308, & la cimentèrent en 1315, par la défaite des Autrichiens. Comme le Canton de Schwitz étoit alors le plus considérable, le nom *Suisse* leur fut donné. *Lucerne* se joignit à eux en 1332. Dix-neuf ans après *Zurich* fit de même (en 1351); & en 1352, *Zug & Glaris* le suivirent; *Berne*, en 1353, s'unit à ces sept Cantons: ce sont ceux-là qu'on appelle les huit anciens Cantons. *Fribourg & Soleure* furent engagés au nombre des Cantons en 1481. *Bâle & Schafouse* y furent reçus en 1501, & *Appenzel*, le dernier de tous, en 1513. La Maison d'Autriche & l'Empire n'ont reconnu l'indépendance des Suisses, que par le Traité de Munster en 1648; & cet avantage leur fut procuré par le crédit de la France, en même-temps que l'indépendance des Hollandois à l'égard de la branche d'Autriche-Espagne. Les Suisses prennent le titre de *Louables Cantons*, & avec leurs Alliés, celui de *Louable Corps Helvétique*.

On parle dans ce Pays l'Allemand & le François. La partie Orientale se sert de la langue Allemande; celle qui est à l'Occident & au Midi, parle l'une & l'autre langue: on l'appelle la *Suisse Romande*. Les Cantons Catholiques s'assemblent à Lucerne; les Protestans à Arau sur l'Aar, au Nord-Est de Berne;

& l'Assemblée générale, qui autrefois se tenoit à Bade, à l'Occident de Zurich, se tient depuis 1712 à Frawenfeld, qui n'en est pas fort loin. Ces Assemblées, ou Diètes générales sont composées des Députés de chaque Canton, & de trois Députés de leurs principaux Alliés, qui sont la Ville & l'Abbé de S. Gal & la République de Bienne. Elles se tiennent tous les ans, au commencement de Juillet. On y traite de toutes les affaires qui regardent le Corps Helvétique, & elles s'y décident à la pluralité des voix. Les deux Députés de Zurich tiennent la première place, & le plus ancien de ces deux Députés préside. C'est lui qui fait les propositions, qui convoque les Diètes, par des lettres circulaires, & à qui les Ambassadeurs & les Ministres étrangers s'adressent. Voici l'ordre que les Cantons sont convenus de garder entr'eux: Zurich, Berne, Lucerne, Uri, Schwitz, Undervald, Zug, Glaris, Bâle, Fribourg, Soleure, Schafouse, Appenzel.

Les Suisses sont laborieux, robustes, constans, francs, courageux & bons politiques. Leur amour pour la guerre est aussi ancien que la Nation: c'est ce qui se voit par les premières connoissances que Jules César a données d'eux, 60 ans avant J. C. Ils prétendent qu'ils sont aujourd'hui en état, avec leurs Alliés, de mettre sur pied une armée de 300000 hommes. Ils ont toujours 39000 hommes prêts à marcher au premier mouvement, & beaucoup plus au service de diverses Puissances: sur-tout de la France, avec laquelle ils ont des Alliances dès le temps de Charles VII, en 1453.

Leur Pays est très-élevé, & rempli de montagnes. Le Rhin & le Rhône, deux des plus grands Fleuves de l'Europe, y prennent leur source, aussi-bien que l'Aar, le Russ, le Tesin & l'Inn.

Le *Rhin* prend sa source au Mont S. Gothard,

aussi-bien que le Tesin qui va en Italie. Nous avons parlé ci-devant, *page* 315, du cours du Rhin, l'un des plus grands Fleuves de l'Europe.

Le *Rhône* court dans la partie Méridionale de la Suisse & traverse le Lac de Genève, d'où il entre en France. Il a sa source au Mont Furca, près celui de S. Gothard.

L'*Aar*, & le *Russ* traversent la Suisse, l'un à l'Occident & l'autre à l'Orient : on trouve aussi leur source près des mêmes montagnes. Le Russ passe à travers du Lac de Lucerne.

Le *Tesin* va en Italie & se jette dans le Pô. A l'égard de l'*Inn*, il coule au Nord, & se joint au Danube, en Allemagne.

L'air de la Suisse est tempéré, plus froid que chaud, & fort sain. Ce Pays seroit plus fertile qu'il ne l'est, sans le grand nombre de montagnes qui le couvrent, sur-tout au Midi. On ne laisse pas d'y recueillir du bled, du chanvre, du lin & des fruits de plusieurs sortes. Les montagnes ont des pâturages & des simples en abondance, entr'autres ceux qu'on nomme *Vulnéraires de Suisse*, qui sont les plus estimés de tous. Les Collines en quelques endroits ont d'assez bons vignobles. Le principal commerce consiste en bestiaux & en fromages.

Les Lacs les plus considérables sont ceux de *Genève*, au Sud-Ouest; de *Neuchâtel*, à l'Ouest; de *Zurich*, & de *Lucerne*, vers le Milieu; de *Constance*, au Nord-Est. Plusieurs Auteurs rapportent ce dernier à l'Allemagne, parceque la Ville qui lui donne son nom est de cet Empire. Ces Lacs sont fort abondans en poissons, sur-tout en truites, dont plusieurs pesent jusqu'à soixante livres : ces poissons y montent de l'Océan, par les embouchures du Rhin & de la Meuse.

ARTICLE I.

Des treize Cantons Suisses.

ENTRE les treize Cantons, il y en a sept Catholiques; deux moitié Catholiques & moitié Protestans, & quatre purs Protestans. Des sept Cantons Catholiques; sçavoir, *Uri, Undervald, Schwitz, Zug, Fribourg, Soleure,* & *Lucerne,* les quatre premiers sont Démocratiques, les trois autres sont Aristocratiques: les deux Cantons moitié Catholiques & moitié Protestans, *Glaris* & *Appenzel,* sont Démocratiques: les quatre Protestans sont Aristocratiques; ce sont *Zurich, Bâle, Schafouse* & *Berne.*

§. I. *Des Cantons Catholiques.*

Des sept Cantons Catholiques, il y en a quatre à l'Orient, du Sud au Nord: ce sont Uri, Undervald, Schwitz & Zug; le cinquième, sçavoir, Fribourg, est au Sud-Ouest: le sixième, qui est Soleure, est au Nord-Ouest: le septième, Lucerne, se trouve dans le milieu.

1. *Le Canton d'Uri.*

C'est une longue vallée presqu'entourée par les Alpes, & située vers le Sud-Ouest. On croit qu'il a tiré son nom de ses armes, qui portent une tête d'Ure ou de Bœuf sauvage. Ce Canton dépend pour le spirituel de l'Evêque de Constance, qui résidoit dans les premiers temps à *Vindich,* sur l'Aar, auprès de Bade.

ALTORF, au Sud-Est du Lac de Lucerne, & près du Russ, est le principal Bourg de ce Canton, qui n'a point de Ville. Ce Bourg a de fort belles maisons, & les rues en sont bien pavées. L'Eglise paroiſſiale eſt au milieu, & tout auprès le Couvent des Capucins. De l'autre côté de la rivière de Ruſſ, eſt une Abbaye de Bénédictines. La Maiſon de Ville & l'Arſenal méritent d'être vus, auſſi-bien que la Fabrique pour tailler & polir le cryſtal. Les environs d'Altorf ſont fort agréables, par la quantité de jardins & de maiſons de campagne, dont ils ſont remplis. C'eſt le lieu de la naiſſance de Guillaume Tell, que l'on peut regarder comme le premier auteur de la liberté de la Suiſſe. On ſçait avec quelle adreſſe il abattit, quoiqu'en tremblant, la pomme que le barbare Gouverneur Autrichien avoit fait mettre ſur la tête de ſon fils, comment il tua enſuite ce Gouverneur, &c.

2. *Le Canton d'Undervald.*

Il eſt à l'Occident de celui d'Uri. Une ſuite de Montagnes couvertes de chênes le partagent en deux grandes vallées. C'eſt de-là que lui vient ſon nom, qui ſignifie *Pays au pied de la forêt.* Il eſt pour le ſpirituel dans la dépendance de l'Evêque de Conſtance, auſſi-bien que le Canton ſuivant.

STANTZ, gros Bourg, à l'Occident du Lac de Lucerne, eſt le ſeul lieu conſidérable du Canton d'Undervald.

Il n'y a que les deux Cantons dont nous venons de parler, qui ne portent pas le nom de leurs Capitales.

3. *Le Canton de Schwitz.*

Il a donné ſon nom à tout le Pays, comme nous l'avons remarqué. Sa principale richeſſe conſiſte en bétail.

SCHWITZ, à l'Orient du Lac de Lucerne, eſt un grand Bourg, ſitué dans une campagne agréable. On y remarque quelques beaux édifices; comme l'Egliſe paroiſſiale qui porte le nom de S. Martin, deux Couvens de Capucins, un de Religieuses, & la Maison de Ville.

Einsidlen *, au Nord-Est de Schwitz, Bourg célèbre par une Abbaye de Bénédictins, où est un fameux pélerinage à une Chapelle de la Sainte Vierge. L'Abbé qui est régulier, se qualifie Prince de l'Empire, & sa Communauté est ordinairement composée de cent Religieux. Ce Bourg a donné naissance au Médecin Théophraste Paracelse, célèbre dans le XVIe. Siècle.

4. *Le Canton de Zug.*

Ce Canton est le plus petit de tous, & n'a que quatre lieues de long & autant de large. Il dépend pour le spirituel du Diocèse de Constance.

Zug est une jolie Ville, située au bord d'un Lac dans une fertile campagne. Ses rues sont grandes & larges, & ses maisons assez bien bâties. L'Hôtel-de-Ville est ce qu'il y a de plus remarquable. Elle a une Collégiale, un Couvent de Capucins, & un de Religieuses. Près de la Montagne de *Morgarten*, au Sud-Est, les Suisses remportèrent, en 1315, sur les Autrichiens, une victoire complette, qui mit le sceau à leur liberté.

5. *Le Canton de Fribourg.*

Ce Canton est gouverné par un grand & un petit Conseil, présidés alternativement par deux chefs nommés *Avoyers*.

Fribourg, *Place forte*, sur la *Sane*. Cette Ville, qui est sur le penchant d'une colline raboteuse, est grande & belle. Sa Cathédrale porte le nom de S. Nicolas: elle est vaste & bien ornée. Les Jésuites y ont une belle Maison située sur une éminence. Il y a aussi un Couvent d'Augustins, & un autre de Cordeliers. L'Evêque de Lausane, Suffragant de Besançon, y fait sa résidence, depuis que par la prétendue-Réforme il a été forcé de quitter Lausane, Ville du Canton de Berne, c'est-à-dire, depuis l'an 1538.

A une lieue de Fribourg, tirant du côté de Berne, se trouve un Hermitage, placé sur un haut rocher, au pied duquel coule la Sane. Cet Hermitage a été taillé dans le roc par un seul homme avec son valet, dans l'espace de 25 ans. Il y a fait un joli Couvent, où l'on voit une Eglise de 63 pieds de long & 36 de large, avec son clocher qui a 70 pieds de hauteur, une Sacristie, un Réfectoire, une Cuisine dont la cheminée à 70 pieds de haut, une grande Salle longue de 93 pieds sur vingt-deux de large, deux chambres à côté qui ont ensemble 54 pieds de long, deux escaliers, & au-dessous une cave assez grande, & plus bas un caveau où s'est trouvé heureusement une source de très-bonne eau. Devant l'Hermitage est un petit jardin potager, qui fournit des herbages & des fleurs. L'Hermite dont il est ici question, est mort en 1708.

Grières, au Midi de Fribourg, est une petite Ville qui avoit autrefois des Comtes. Ses fromages sont fort connus.

6. *Le Canton de Soleure.*

Il s'étend le long de l'Aar, & produit abondamment tout ce qui est nécessaire à la vie. Il est du Diocèse de Lausane, ou de Fribourg, pour la plus grande partie : le reste est de Constance.

Soleure, anciennement Salodurum, *Capitale, Place forte,* sur l'Aar. Cette Ville, autrefois Impériale, est ancienne, grande & belle. On y voit de magnifiques édifices. Le plus remarquable est l'Eglise collégiale de S. Urse. Les Jésuites y ont un beau Collège, dont le frontispice a été bâti aux dépens de Louis XIV. L'Ambassadeur de France auprès des treize Cantons réside dans cette Ville,

Tome I. S

& il y a un vaste Hôtel, qui fait partie du Couvent des Cordeliers, situé dans le Fauxbourg, de l'autre côté de l'Aar. L'Hôtel-de-Ville est bien bâti, & orné de belles peintures, qui représentent diverses batailles des Suisses. L'Arsenal est assez bien rempli d'armes & de munitions de guerre. Les environs de Soleure sont agréables, sur-tout les avenues du côté de la Montagne, qui sont très-belles.

OLTEN *, petite Ville sur l'Aar, avec un Pont.

7. *Le Canton de Lucerne.*

C'est le plus considérable de la Suisse, après Zurich & Berne. Il est assez fertile, & le Lac qui porte son nom, fournit beaucoup de poissons. Il est du Diocèse de Constance.

LUCERNE, sur le Russ, à l'endroit où cette Rivière sort du Lac de Lucerne. Cette Ville est grande, peuplée & riche par le commerce des marchandises qu'on y apporte d'Italie. Les Jésuites y ont un beau Collège. On y trouve une Eglise collégiale célèbre, nommée *Saint Léger*, un Couvent de Cordeliers, & un autre d'Ursulines. On garde dans l'Hôtel-de-Ville avec soin, les os d'un prétendu Géant, qui ayant été examinés par un habile Anatomiste de Bâle, ont été jugés (dit-on) avoir été les ossemens d'un Corps de dix-neuf pieds de hauteur; mais un plus habile homme qui les examineroit aujourd'hui, jugeroit sûrement que ce ne sont pas les os d'un homme.

La *Tour de l'eau* n'est remarquable que par son antiquité: elle est située à l'endroit où le Russ sort du Lac. On dit qu'elle servoit anciennement de Phare, qu'on y allumoit du feu la nuit pour éclairer les bateaux, & qu'elle a donné à la Ville le nom de Lucerne; mais aujourd'hui elle sert à garder les archives. Lucerne est la résidence du Nonce & de l'Ambassadeur d'Espagne.

SURSÉE, petite Ville sur le Lac de ce nom. Elle se gouverne en forme de République, sous la protection des Lucernois, à qui néanmoins ses Magistrats sont obligés de prêter serment.

§. II. *Des Cantons moitié Catholiques & moitié Protestans.*

Ces Cantons sont à l'Orient de la Suisse propre, & peu considérables.

1. *Le Canton de Glaris.*

Il abonde en pâturages & en bestiaux : on y trouve des carrières de marbre & d'ardoises, où se voient des empreintes de poissons même des Indes, ainsi qu'en d'autres lieux de la Suisse. C'est ce qui a donné occasion à un sçavant de ces Pays (Scheuczer) de publier un Ouvrage curieux à ce sujet, qu'il a appellé *les Monumens du Déluge.*

GLARIS est un Bourg beau & grand, le principal du Canton. Les Catholiques & les Protestans font l'Office tour à tour dans la même Eglise, comme cela se fait même en quelques endroits d'Alsace.

2. *Le Canton d'Appenzel.*

APPENZEL, gros Bourg, riche & bien peuplé, sur la Rivière de *Sitter.* C'est le chef-lieu du Canton de ce nom. Il s'appelle en Latin *Abbatis Cella.* On l'a ainsi nommé, parceque l'Abbé de S. Gal, autrefois Seigneur d'une partie de ce Pays, & qui n'en est pas éloigné, avoit dans ce Bourg un Château où il faisoit souvent sa résidence.

Ce Canton est partagé en deux Républiques, chacune de Religions différentes ; mais elles se réunissent pour leurs intérêts communs. Dans la partie Orientale sont les Catholiques, qui dépendent de l'Evêque de Constance, comme ceux de Glaris.

§. III. Des Cantons Protestans.

Ces Cantons sont, Zurich, au Nord-Est; Bâle, au Nord-Ouest; Schafouse, au Nord; & Berne, vers le milieu. Ces Cantons sont les plus étendus & les plus puissans de la Suisse.

1. *Le Canton de Zurich.*

Il est le premier dans l'ordre des treize Cantons, & il a la préféance dans les Assemblées générales, quoiqu'il ne soit que le cinquième par son entrée dans la Confédération. Cette primauté lui a été donnée par les autres Cantons, d'un commun consentement, à cause de la puissance & de la célébrité de la Ville de Zurich, qui a été autrefois Ville Impériale. Du temps de Jules-César ses habitans se nommoient *Tigurini*, & ils formoient l'un des quatre *Pagi* ou Cantons *Helvétiens*. Son terroir est fertile en grains & en fruits. Il y a de bons pâturages & quelques vignobles.

ZURICH, *Capitale*, *Ville forte*, à l'extrémité Septentrionale du Lac du même nom, & sur le *Limat*, rivière qui sort de ce Lac. C'est une Ville ancienne, grande, & bien bâtie, peuplée & riche, en conséquence de ses Manufactures, & du Commerce de crépons & de soies, qu'on y apporte d'Italie. Elle est divisée par le Limat, en deux parties inégales, qui sont jointes ensemble par deux grands Ponts de bois. Le plus grand, qui est vers le milieu de la Ville, est si large qu'il sert de promenade publique, & qu'on y tient le marché des herbes & des fruits; l'autre, placé plus haut, est tout couvert; on peut s'y promener commodément, & à l'abri des injures de l'air. L'Hôtel-de-Ville est d'une belle symétrie, & bâti de pierres de taille très-bien travaillées. On n'a rien épargné de ce qui étoit capable de l'embellir. Cette Ville a aussi un grand nombre d'Hôpitaux bien rentés, une Bibliothèque publique, un très-bel Arsenal, & deux Temples. Le premier étoit une Collégiale, dont les revenus sont possédés par des Ministres, qui enseignent les Belles-Lettres, la Philosophie & la Théologie dans un Collège voisin, qui a eu de célèbres Professeurs. Le second Temple étoit une Abbaye de Bénédictines, qui lors de la prétendue-Réforme a été converti en un Collège. On voit dans la grande Place, où étoit autrefois le Palais Impérial, un jet d'eau qui monte à 115 pieds. Zuingle qui établit en 1530, la réformation dans une partie de la Suisse, étoit né en cette Ville, aussi-bien que Conrad Gesner, célèbre Naturaliste, surnommé le Pline d'Allemagne. Il y a encore à Zurich un Imprimeur de ce nom, qui est très-connu par la délicatesse de ses poésies.

WINTERTHUR, au Nord-Est de Zurich. C'est une petite Ville assez bien bâtie, qui se gouverne en forme de République, sous la protection de Zurich.

STEIN, plus au Nord, sur le Rhin, qui sort en cet endroit du Lac de Constance. Cette petite Ville se gouverne comme la précédente.

2. Le Canton de Bâle.

Il est au Nord-Ouest, hors des limites de l'ancienne Helvétie: la souveraineté du Pays appartient aux Bourgeois de la Capitale.

BASLE, sur le Rhin, *Capitale, Université*, fondée en 1460, par le Pape Pie II, connu auparavant sous le nom d'Æneas-Sylvius. Cette Ville, autrefois Impériale, est grande, belle, & la plus considérable de toute la Suisse. Le Rhin la divise en deux parties inégales, qui sont jointes par un beau Pont de 250 pas, construit de bois & de pierres. On compte dans la première partie deux cens vingt rues, six grandes places, quarante-six belles fontaines, cinq portes & six Fauxbourgs. La seconde a trois mille pas de circuit: elle a, outre la Paroisse de

S. Théodore, trois Eglises qui étoient à des Religieux avant la réformation, & elle est ornée de plusieurs fontaines. Son Eglise Cathédrale est magnifique: on y voit la sépulture d'Anne, femme de Rodolphe d'Habsbourg, premier Empereur de la Maison d'Autriche, & celle du sçavant Erasme. La Maison de Ville est aussi fort belle. Il y a à Bâle une Bibliothèque publique, qui est considérable. Cette Ville est illustre par le Concile général qui s'y est tenu en 1431. Après la translation de ce Concile à Ferrare, & ensuite à Florence, plusieurs Evêques qui restèrent à Bâle, déposèrent le Pape Eugène IV, & élurent Amédée VIII, Duc de Savoie. Il prit le nom de Félix V; mais il fut obligé dans la suite d'abdiquer sa dignité, & il est regardé comme Antipape. On fait dans cette Ville un grand commerce de Quincaillerie. L'Evêque, qui y résidoit quand elle étoit Catholique, demeure à Porentru, à neuf ou dix lieues de Bâle, vers l'Occident. L'Etat qu'il s'est conservé se rapporte à l'Allemagne, dont il est Prince. Bâle est la patrie des Bernoulli, célèbres Mathématiciens, & de plusieurs autres Hommes illustres.

Entre les Cantons de Bâle & de Schafouse, sont quatre Villes appellées *Forestières*, que l'on joint quelquefois à la Suisse, quoiqu'elles appartiennent proprement à l'Allemagne. Lorsque la France & les Allemans sont en guerre, les Suisses ont droit d'avoir garnison dans ces Villes, pour servir de rempart à leur Pays. Ces Villes, que l'on trouve le long du Rhin, sont Rhinfeld, Sekinghen, Lauffen & Walshut: nous en parlerons en traitant de l'Allemagne.

3. *Le Canton de Schafouse.*

Ce Canton, situé vers le Nord-Est au-delà du Rhin, est beau, & abondant en grains, en très-bons vins & en fruits.

SCHAFOUSE, sur le Rhin, *Capitale*. Cette Ville est médiocrement forte ; mais elle est grande & belle. Elle a deux Temples magnifiques : on y admire sur-tout celui qu'on appelle le grand Temple. Son Pont étoit le plus beau qui fût sur le Rhin ; il est tombé le 3 Mai 1754 ; mais on l'a rebâti. La Maison de Ville & l'Arsenal sont considérables. Schafouse a deux Bibliothèques publiques, & une Horloge très-curieuse dans la tour de *Frong-Wag*.

A une demi-lieue au-dessous de Schafouse, le Rhin se précipite à travers des rochers, & fait une cascade affreuse, dont on entend le bruit à plusieurs lieues : on est obligé d'y décharger les bateaux.

4. *Le Canton de Berne.*

C'est le plus grand des Cantons Suisses, & il a le second rang. Il est gouverné par un grand Conseil, dont les deux chefs se nomment *Avoyers*, & par un Sénat qu'on appelle le petit Conseil.

BERNE, sur l'Aar, *Capitale*. C'est une grande Ville, riche, très-peuplée, & la plus belle de la Suisse : on y voit un Temple magnifique, & un Arsenal bien fourni. A côté de ce Temple, est une superbe Terrasse, revêtue de trois côtés d'épaisses murailles de plus de cent pieds de hauteur. C'est une des plus belles Places de Berne : elle est plantée de plusieurs rangs d'arbres qui forment une agréable promenade. Près de ce même Temple, est le Collège où l'on enseigne la Jeunesse : c'étoit autrefois un Couvent de Cordeliers. Il est enrichi d'une belle Bibliothèque, qui a de beaux & anciens Manuscrits sur toutes sortes de matières, & d'un Cabinet de raretés, où l'on a ramassé grand nombre de curiosités de la nature & de l'art. Berne tire son nom du mot *Ber*, qui signifie un Ours en Langue du Pays, parceque son Fondateur y tua un de ces animaux, lorsqu'on commençoit à la bâtir ; & c'est sans doute pour cela qu'elle a un Ours pour armes, & qu'on a soin d'entretenir plusieurs de ces animaux dans les fossés de la Ville. C'est la patrie du Baron de Haller, également célèbre dans la Poésie & dans la Médecine.

ERLACH ou CERLIER, sur le Lac de Biel ou Bienne, au Nord-Ouest de Berne. Cette petite Ville, qui appartenoit aux Princes d'Orange de la Maison de Châlon, qui étoient aussi Princes de Neufchâtel en Suisse, a été conquise sur eux par les Bernois en 1476, avec les Seigneuries d'*Orbe* & d'*Echalans*, qu'ils partagent avec le Canton de Fribourg.

ARAU *, sur l'Aar, au Nord-Est de Berne, dont elle dépend avec certaines réserves. Ce fut à Arau que se fit, en 1712, le Traité de Paix qui mit fin à la guerre qui s'étoit élevée entre les Cantons Protestans & les Catholiques.

HABSBOURG, au Nord-Est du Canton de Berne, & près de l'Aar. Ce n'est qu'un Château, qui appartenoit aux anciens Comtes de Habsbourg, de qui est sortie l'illustre Maison d'Autriche.

LAUSANE, au Sud-Ouest, dans le Pays de *Vaud* & assez près du Lac de Genève. C'est une belle Ville, qui est assez grande, & dont la principale Eglise est magnifique. Le Bailli demeure dans le Château, où l'Evêque résidoit autrefois. Outre la Cathédrale, il y avoit à Lausane huit Eglises; sçavoir, celles des Dominicains & des Cordeliers, une Collégiale, & cinq Paroisses. Les Calvinistes ont détruit la plupart de ces Eglises, & ont conservé celle des Cordeliers qui est vaste & belle. L'Evêque de Lausane, comme on l'a déja dit, s'est retiré à Fribourg. On établit alors une *Université* à Lausane. Le terroir de cette Ville produit d'excellens vins. C'est la patrie de Jean-Pierre de Crouzas, célèbre Philosophe & Mathématicien, Auteur d'une Logique très-estimée.

De la Suisse.

§. IV. *Des Sujets des Suisses.*

On entend par Sujets des Suisses divers petits Pays possédés en commun par plusieurs Cantons, & qui la plupart sont renfermés dans la Suisse propre. On peut les diviser en trois parties, selon qu'ils sont ou du côté de l'Allemagne, ou du côté de la France, ou du côté de l'Italie.

I. *Sujets des Suisses du côté de l'Allemagne.*

Il y en a sept; sçavoir, l'ancien *Comté de Bade*, les *Offices libres* *, le *Turgow*, le *Rheintal* *, l'ancien *Comté de Sargans*, le *Gaster* ou Pays d'*Utznach*, & la Ville de *Rapperscheweil*.

1. Le *Comté de Bade*, à l'Occident de Zurich, appartenoit ci-devant aux huit anciens Cantons, qui le gouvernoient alternativement par un Bailli qui étoit deux ans en place; mais depuis le Traité d'Arau en 1712, il dépend de Zurich & de Berne, entre lesquels ce Pays est situé.

Bade, *Capitale*, sur le Limat. C'est une jolie Ville, riche, marchande & célèbre par ses eaux chaudes, d'où elle tire son nom. Elle a l'avantage de choisir ses Magistrats, & de se gouverner par ses loix, quoiqu'elle ne jouisse pas du droit de souveraineté.

2. Les *Offices libres* * sont voisins de Bade, au Midi: ils dépendoient ci-devant des sept anciens Cantons; mais en 1712, ils ont été partagés. La partie Septentrionale est à Zurich, Berne & Glaris, & la Méridionale est, comme auparavant, aux sept Cantons.

Bremgarten, sur le Russ, Ville assez jolie, où il y a de bonnes papeteries. Elle est dans la partie Septentrionale. La Méridionale n'a que des bourgs & des villages, avec la fameuse Abbaye de *Muri* ou *Muren*, fondée vers l'an 1020, par les anciens Comtes de Habsbourg, pères de la Maison d'Autriche.

3. Le *Turgow*, ou la *Turgovie*, au Nord-Est de Zurich, dépend des huit anciens Cantons.

FRAWENFELD *, *Capitale*, près de *Thur*, sur le chemin de Winterthur à Constance. C'est une assez grande Ville avec un fort Château : elle est ancienne, & l'on prétend que l'Impératrice Helène, mère de Constantin, y a souvent fait sa résidence.

4. Le *Rheintal* *, le long du Rhin, au Nord-Est d'Appenzel, dépend des huit anciens Cantons & d'Appenzel : ce n'est que depuis 1712 que les Bernois ont part à la souveraineté de ce Pays. Les droits seigneuriaux se partagent par moitié entre les Cantons & l'Abbé de S. Gal, qui a droit de basse-justice dans la plus grande partie.

REINECK, *Capitale*, près de l'entrée du Rhin dans le Lac de Constance. C'est une petite Ville fort ancienne, où réside le Bailli du Rheintal.

5. Le *Comté de Sargans*, au Nord-Est de Glaris, appartient aux sept anciens Cantons ; & il fut arrêté par le Traité d'Arau, que la Religion Protestante pourroit y être professée comme la Catholique.

SARGANS, *Capitale*, & résidence du Bailli.

6. Le *Gaster* est une petite Contrée entre Sargans & Zurich : elle appartient aux Cantons de Schwitz & de Glaris, qui y entretiennent deux Baillis.

UTZNACH en est la Ville principale : c'étoit autrefois un Comté.

7. RAPPERSCHEWEIL, près du Pays précédent. Cette Ville est jolie, & bâtie sur le Lac de Zurich. Elle dépendoit ci-devant des Cantons d'Uri, de Schwitz, d'Undervald & de Glaris ; mais en 1712, elle a été obligée de reconnoître ceux de Zurich & de Berne pour ses souverains. Ses Habitans professent la Religion Catholique.

SUJETS DES SUISSES. 419

II. *Sujets des Suisses du côté de la France.*

Ce sont quatre Bailliages qui appartiennent à Berne & à Fribourg : ils prennent le nom de leurs Capitales, sçavoir :

1. MORAT, à l'Occident de Berne, & près d'un petit Lac qui porte le nom de Morat. C'est une petite Ville, célèbre par la seconde bataille que les Suisses y gagnèrent en 1476, sur Charles le *Hardi*, Duc de Bourgogne.

2. GRANSON *, au Sud-Ouest de Neufchâtel, & sur son Lac : c'est une petite Ville près de laquelle le Duc de Bourgogne fut défait une première fois, & où il perdit de grandes richesses.

3. ORBE, au Midi & près du canal qu'on a fait pour joindre les Lacs de Neufchâtel & de Genève. Son Bailli réside dans le Château d'*Echalans* qui est au Sud-Est. Orbe est une Ville fort ancienne; elle tire son nom des *Urbigeni*, l'un des quatre *Pagi* ou Cantons *Helvétiens* du temps de Jules-César.

4. SCHWARZENBOURG *, à l'Orient de Fribourg : c'est un lieu peu considérable, de qui sept Paroisses dépendent.

III. *Sujets des Suisses du côté de l'Italie.*

Les Suisses possèdent quatre Gouvernemens & trois Bailliages au Sud-Est d'Uri, sur l'ancien Territoire d'Italie.

1. Les Gouvernemens sont ceux de *Lugano* ou *Lawis* en Allemand, de *Locarno*, ou *Luggaris*, * de *Mendris*, * & de *Valmagia* ou *Val-Madia* *. Ils furent donnés aux Suisses en 1512, par le Duc de Milan, Maximilien Sforce, qu'ils avoient rétabli dans ses Etats. Ces Gouvernemens dépendent des douze anciens Cantons, à l'exclusion d'Appenzel, qui n'étoit pas encore entré dans la Confédération. Leurs territoires sont très-fertiles en vins & en grains.

Lugano, grande Ville près d'un Lac qui porte son nom.

Locarno *, à l'Occident de la précédente. C'est une Ville considérable, qui est située dans une plaine, entre une haute Montagne & le Lac Majeur, dont la partie Septentrionale porte le nom de Locarno. Il y a un si grand nombre de Marchands en cette Ville, qu'ils s'y tient une foire toutes les semaines.

2. Les trois Bailliages sont ceux de *Bellinzone*, de *Val-Brenna* * & de *Rivièra* *. Ils dépendent des Cantons d'Uri, de Schwitz & d'Undervald, qui les achetèrent du Duc de Milan, il y a plus de 200 ans: ces Cantons les gouvernent alternativement.

Bellinzone est la Ville la plus considérable : elle est située au bord du Tésin, dans une plaine qui est au pied des Alpes, entre trois côteaux qui ont chacun un vieux Château fort, où les Baillis résident alternativement.

Article II.

Des Alliés des Suisses.

Les Alliés des Suisses sont associés à la Confédération Helvétique, & sous sa protection. On en compte dix. Ce sont à l'Orient, la *Ville & l'Abbaye de Saint-Gal*, qui forment deux Etats distingués, & les *Grisons* ; au Midi, les Républiques du *Valais* & de *Genève* ; à l'Occident, la Principauté de *Neufchâtel*, la Ville de *Bienne* ou *Biel*, & l'*Evêché de Bâle*; la Ville de *Mulhausen* en Alsace, & l'*Evêché de Constance*, au Nord-Est de la Suisse. Nous ne parlerons point ici des Evêchés de Bâle & de Constance, parcequ'ils appartiennent à l'Allemagne; le premier étant du Cercle du haut Rhin, & le second de celui de Souabe. On comptoit autrefois parmi les

Alliés des Suisses *Rotweil*, Ville de Souabe; mais elle a renoncé à cette alliance, en 1632.

1. *De la Ville de Saint-Gal.*

La Ville & l'Abbaye de S. Gal ne sont séparées l'une de l'autre que par une muraille : cependant elles n'ont rien de commun. La Ville ne dépend point de l'Abbé ; elle est libre, & alliée aux Cantons Suisses dès l'an 1402. Ses habitans professent la Religion Calviniste.

Saint-Gal, grande Ville, bien bâtie, fort marchande, à trois lieues environ du Lac de Constance : il y a une belle manufacture de toiles fines. C'est la patrie de Joachim Vadianus, célèbre Ecrivain du XVIe. Siècle. Il a laissé à ses concitoyens une belle Bibliothèque, qu'on a rendue publique, & qui est placée dans l'ancien Couvent de Sainte Catherine.

2. *De l'Abbé de Saint Gal.*

L'Abbaye de Saint Gal doit son origine à un Gentilhomme Ecossois qui portoit ce nom, & qui étant venu en France au VIIe. Siècle, se retira en ce lieu pour y vivre dans la solitude. L'Abbé de S. Gal a depuis long-temps un État assez considérable : il porte le titre de Prince de l'Empire ; mais il ne prend point séance dans les Diètes ou Assemblées générales des Princes d'Allemagne. Il fit alliance, en 1451, avec les Cantons de Zurich, Lucerne, Schwitz & Glaris. Son Etat se divise en deux parties : sçavoir, ses anciennes Terres au Nord, & le *Tokkenbourg* au Midi. Il acheta ce dernier Pays en 1468, d'un Comte qui en portoit le nom, à condition que les Tokkenbourgeois, qui avoient déja fait alliance avec plusieurs Cantons Suisses, conserveroient leurs privilèges, & le droit de choisir leurs Magistrats. Mais l'Abbé entreprit en différens temps de les assujétir tout-à-fait ; & ce fut en particulier ce qui occasionna la guerre de 1712, entre les Cantons de Berne & de Zurich, & une partie des Cantons Catholiques alliés de l'Abbé de S. Gal. Celui-ci fut enfin contraint de laisser les choses dans leur premier état. Les bâtimens de l'Abbaye de S. Gal sont très-considérables, & il y a une Bibliothèque fort riche en Manuscrits. Les Cantons de Berne & de Zurich s'emparèrent, en 1712, de ce qu'il y avoit de plus rare ; mais ils ont tout rendu en 1718. L'Abbé a un Palais superbe.

Wyl *, à l'Occident de Saint-Gal, sur le Thur. C'est une Ville assez jolie, quoiqu'elle ne soit presque bâtie que de bois : elle est regardée comme la *Capitale* des anciennes Terres de l'Abbé de S. Gal, qui y réside ordinairement, parcequ'il y est moins gêné que dans son Abbaye.

Lichtensteg, *Capitale* du Tokkenbourg, au Midi de la précédente, & sur le Thur : c'est où s'assemble le grand Conseil de ce Pays, qui est composé de soixante membres.

3. *Des Grisons.*

On croit communément que ce nom leur vient de ce que les Auteurs de leur Confédération portoient de longues barbes grises, avec des habits de gros drap gris ; mais les Sçavans ne se payent pas de pareilles raisons, & ils observent que ce Pays se nommoit anciennement *Rhætia*, qui étant ensuite prononcée avec une aspiration ou un *g*, ne signifie autre chose qu'un Pays haut, comme cela est sensible par les sources du Rhin, &c.

Les Grisons se liguèrent entr'eux en 1470, & s'allièrent aux Suisses en 1491. Leur Pays est au Sud-Est de la Suisse, & il a environ trente-cinq lieues de long : il est bien peuplé, quoique dans le cœur des Alpes. Les Grisons sont partagés en trois Cantons qu'on nomme *Ligues* : ce sont 1.° La Ligue

Haute ou Grife, 2.° La Ligue de la Cadée ou de la Maifon de Dieu, & 3.° La Ligue des dix Droitures ou Communautés. Leur Gouvernement eſt Démocratique ; & quoique ces Ligues comprennent chacune pluſieurs Communautés qui ſe gouvernent par leurs loix, elles ne compoſent qu'une République, dont la ſouveraineté appartient au Conſeil des trois Ligues. Il y en a un général de toute la Nation, qui s'aſſemble fort rarement : l'autre Conſeil eſt compoſé des Députés de chaque Communauté. Il s'aſſemble régulièrement tous les ans à la fin d'Août, & il ſe tient alternativement dans la Capitale de chacune des trois Ligues. Le Chef de la Ligue où il ſe tient, y préſide toujours. On n'y traite que des affaires générales, comme de la paix, de la guerre, des alliances : & quoiqu'une Ligue ait plus de Députés qu'une autre, (la première, c'eſt-à-dire, la Ligue Griſe en ayant vingt-ſept, celle de la Cadée vingt-deux, & celle des dix Droitures quatorze,) on y compte les voix ſans diſtinction. On prétend que les Griſons peuvent mettre ſur pied trente-cinq à quarante mille hommes. Quant à la Religion, ils ſont Calviniſtes pour la plus grande partie.

COIRE, *Evêché*, ſur le Rhin, eſt la principale Ville des Griſons, & dans la ſeconde Ligue : elle eſt partagée en deux Villes ; la plus grande eſt Calviniſte. L'Evêque, avec ſon Clergé & un certain nombre de Catholiques, habite dans la petite, où eſt l'Egliſe Cathédrale : il eſt Prince de l'Empire, & Allié des Suiſſes. La Ville de Coire fait un corps à part, qui a ſon gouvernement & ſes loix. Elle a un Grand Conſeil, compoſé de ſoixante-dix perſonnes, du nombre deſquelles on en tire quinze qui forment le Sénat.

ILANTZ, ſur le bas Rhin, ou la ſource baſſe de ce Fleuve. C'eſt une Ville d'une moyenne étendue, & la principale de la première Ligue. Son terroir est fertile en bled & en vin, aussi-bien que celui de la Ville suivante.

Meyenfeld, sur le Rhin, au Nord de Coire. C'est la principale Ville de la troisième Ligue. Elle est célèbre par la défaite de l'Empereur Maximilien I, en 1499. Depuis ce temps les Autrichiens n'ont plus tenté de réduire les Grisons.

Ces Peuples ont, comme les Suisses, des Sujets: ce sont l'ancien Comté de *Bormio*, au Sud-Est; celui de *Chiavenne*, au Sud-Ouest; & entre les deux, la *Valtelline*. Leurs habitans sont pour la plupart Catholiques. Ils dépendent en grande partie des Diocèses de Côme dans le Duché de Milan, de Bergame & de Bresse dans la Seigneurie de Venise, pour le spirituel. Ces trois Pays sont très-fertiles, surtout en excellent vin: aussi sont-ils extrêmement peuplés, & l'on y compte jusqu'à 200 Paroisses.

Sondrio, *Capitale* de la Valtelline, sur l'Adda.

Les deux autres Pays ont pour Capitales les deux petites Villes qui leur donnent le nom.

4. *Du Valais.*

C'est une vallée étroite, au milieu de laquelle coule le Rhône, dans sa naissance; longue de trente-quatre lieues, très-fertile en vins, & qui produit assez de grains pour la nourriture des Habitans: elle est au Midi du Canton de Berne, & l'on y trouve des eaux minérales. Le gouvernement des Habitans du Valais est Démocratique, & leur Religion est la Catholique.

Sion ou Sitten, sur la rive droite du Rhône, en est la *Capitale*, avec *Evêché*, Suffragant de Monstiers en Savoye. Sion est une ancienne & jolie ville, située dans une belle plaine, au pied de deux montagnes, sur lesquelles il y a deux forts Châteaux. Le Chapitre de la Cathédrale, qui porte le nom de Notre-Dame, est composé de vingt-quatre Chanoines, douze Capitulans & douze Domiciliers. Les Capucins y ont un Couvent, & elle a aussi un Collège. Suivant un Voyageur moderne, (*Mercure* de Janvier 1753,) on voit dans cette Ville une espèce d'hommes singuliers, qu'on nomme *Cretins*, sourds, muets, imbécilles & presqu'insensibles aux coups; ils ont des gouètres qui leur pendent presque jusqu'à la ceinture. On ne voit en eux aucune trace de raisonnement; mais ils sont pleins d'activité pour ce qui regarde les besoins corporels. L'Evêque de Sion est élu par son Chapitre, qui choisit, par voie de scrutin, quatre sujets de son Corps; & l'Assemblée générale du Pays se détermine pour un des quatre, & lui prête serment de fidélité. Il est Prince de l'Empire; il porte le titre de Comte & de Préfet du Valais, & d'Allié des Suisses. La Ville dont il est titulaire lui appartient, aussi-bien que vingt Villes ou Châteaux. Il préside à tous les Conseils de la République du Valais. Louis XIV. a fait avec cette République une alliance particulière, en 1715, en même-temps qu'avec les Cantons Suisses Catholiques.

SAINT-MAURICE, Bourg avec un assez bon Château, à l'Occident de Sion, à la gauche du Rhône, autrefois nommée *Agaunum*, Cité des Véragres, anciens habitans de ce Pays. Saint Sigismond, Roi de Bourgogne, y fonda, en 522, un Monastère célèbre, qui a eu jusqu'à 900 Moines chantant les louanges de Dieu tour-à-tour, & sans interruption: ce qu'on appelloit *Laus perennis*. Cette Abbaye, qui prit le nom de Saint-Maurice, après qu'on y eut découvert au IXe siècle les Reliques de ce saint Martyr & de ses Compagnons, passa, en 1128, des Bénédictins aux Chanoines Réguliers de Saint Augustin, qui ont un Abbé régulier à leur tête, soumis à l'Evêque de Sion, pour le spirituel & pour le temporel. La Ville de Saint-Maurice est au pied d'une montagne, qu'un pont extrêmement hardi, & composé d'une seule arche, joint à une autre montagne qui est de l'autre côté du Rhône. Ce pont est comme une porte, qui ferme le passage de la Vallée, dont l'Abbé de S. Maurice est le maître.

5. *De la République de Genève.*

Cet Etat, qui n'a qu'un petit Territoire, en grande partie autour de la Ville, & consistant en onze Paroisses, est au Sud-Ouest de la Suisse, & près de la France. Dès 1526, la Ville de Genève s'allia aux Cantons de Fribourg, de Berne & de Zurich, & en 1584, elle fit une alliance solemnelle avec tous les Cantons. Depuis Henri III. les Rois de France sont protecteurs de cette République, & ses Habitans sont réputés François.

Genève, *Capitale*, est une grande Ville, marchande & bien peuplée : elle étoit autrefois Ville Impériale. Elle est sur le bord du Lac auquel elle donne son nom, & qui s'appelloit autrefois le *Lac Leman* : le Rhône la traverse. Ses Chefs, au nombre de quatre, qu'on nomme *Syndics*, sont tirés d'un Conseil de vingt-cinq Magistrats, choisis du Grand-Conseil, composé de deux cens Conseillers. C'est dans le Grand-Conseil que réside la Souveraineté. Les Syndics sont changés tous les cinq ans, à la pluralité des voix des Bourgeois. Les Ducs de Savoie ont fait en différens temps des tentatives pour s'emparer de Genève, & peu s'en fallut qu'ils ne la prissent en 1602. On y célèbre encore tous les ans la mémoire de l'*Escalade*, qui se fit alors & qui ne réussit pas au desir du Duc de Savoie. On garde dans l'Arsenal les échelles & le pétard dont on se servit dans cette occasion. Cette Ville avoit autrefois un Evêque, qui prend encore le titre de *Prince de Genève*, & qui est Suffragant de Vienne en Dauphiné. Les Habitans de Genève étant devenus Calvinistes, en 1535, ont chassé leur Evêque, qui fait sa résidence à Anneci en Savoie, six ou sept lieues au Midi. Genève a produit un grand nombre d'hommes illustres, entre lesquels sont Bénédict Pictet, François, Samuel, Michel & Jean-Alphonse Turretin, célèbres Théologiens Protestans; Jacques l'Escaille, célèbre Poëte Hollandois, & Catherine l'Escaille sa fille, surnommée la *Sapho* Hollandoise; Daniel le Clerc, sçavant Médecin, &c.

6. *De la Principauté de Neufchâtel.*

Les anciens Comtés de Neufchâtel & de Vallangin forment une petite Principauté, qui est à l'Occident de la Suisse, & qui a douze lieues de long sur six de large. Elle est bien peuplée, & il y a de grands vignobles qui produisent d'excellens vins. On trouve dans le Lac de Neufchâtel ou d'Yverdun, qu'elle a à l'Orient, de grandes truites & d'autres bons poissons. Les Comtés de Neufchâtel & de Vallangin ont eu d'abord chacun leur Maître. Ils furent possédés au commencement du XVIe. Siècle par les Ducs de Longueville. La mort de la Duchesse de Nemours, dernière Princesse de cette Maison, fit naître un grand procès en 1707. Treize Compétiteurs se présentèrent, & prétendirent tous avoir droit d'hériter de cette Principauté. Le Prince de Conti, soutenu par la France, étoit un des principaux; mais les Etats du Pays se déclarèrent en faveur du Roi de Prusse, qui le possède encore aujourd'hui, & qui y a un Gouverneur. Les Habitans sont Protestans, à l'exception de la Châtellenie de Landeron. Ils firent, en 1529, une alliance étroite avec les Cantons de Berne, de Fribourg, de Soleure & de Lucerne.

NEUFCHATEL, *Capitale*, sur le Lac de même nom; belle Ville, fort peuplée, & assez marchande.

VALLANGIN, petit Bourg au Nord de Neufchâtel.

7. *De la Ville de Bienne ou Biel.*

Cette Ville qui est au Nord-Est de Neufchâtel, étoit autrefois soumise à l'Evêque de Bâle; mais elle ne prétend plus en dépendre aujourd'hui: les Habitans lui payent cependant quelques redevances, & il élit leur Maire, qui doit être choisi parmi les Bourgeois de la Ville. Ils ont fait plusieurs alliances avec divers Cantons Suisses pour se soutenir, & ils sont entrés en 1547, dans la Ligue de tous les Cantons: dès 1503, ils s'étoient fait recevoir Bourgeois de Berne. Ils ont la souveraineté du Val Saint Imier ou d'Arguel *, qui est dans leur voisinage. Ils sont tous Calvinistes.

BIENNE, autrefois PETINISCA, que les Allemans appellent *Biel*, est au bord du Lac de son nom, & sur la rivière de Suze, dans un lieu agréable & fertile, sur-tout en vins. Cette Ville est gouvernée par un grand & petit Conseils.

8. *De la Ville de Mulhausen en Alsace.*

Cette République, enclavée dans l'Alsace, & qui n'a qu'un très-petit Territoire au Nord-Ouest de Bâle, s'est fait associer à la Bourgeoisie de cette Ville en 1506; & neuf ans après elle fit alliance avec tous les Cantons Suisses. Elle professe la Religion Calviniste.

MULHAUSEN, sur l'Ill, dans le Suntgau. C'est une assez belle Ville. Elle a été Ville Impériale. Son nom lui vient du grand nombre de ses moulins. Son Territoire est fertile en grains est en vins.

SECTION VI.

De l'Italie.

L'Italie est une espèce de Presqu'Isle, qui a la figure d'une botte. C'est un des plus beaux Pays de l'Europe. Sa longitude est entre le vingt-troisième dégré vingt minutes, en y comprenant la Savoie, & le trente-sixième trente minutes. Sa latitude, en y renfermant les Isles, est entre le trente-septième dégré & le quarante-septième. Elle a environ 270 lieues depuis le Lac de Genève, jusqu'à l'extrémité de la Calabre, qui est au bout de la botte : quant à sa largeur, elle est fort inégale.

Les Alpes séparent l'Italie de la France, de la Suisse & de l'Allemagne. Le Mont Apennin la traverse dans toute sa longueur, du Nord-Ouest au Sud-Est. L'air y est fort sain, quoique très-chaud, surtout vers le Midi. La terre y est fertile en tout : on y nourrit grand nombre de vers à soie ; & la soie qui en provient fait un de ses meilleurs revenus.

On sçait que l'Italie a été le berceau de l'Empire Romain, qui de-là s'est étendu dans tous les Pays qui sont autour de la Mer Méditerranée. Après que l'Empire d'Occident eût été démembré par les Peuples du Nord, au Ve. Siècle, les Ostrogoths, ou Goths Orientaux, possédèrent une grande partie de l'Italie. Ensuite, les Lombards y fondèrent, sur la fin du VIe. Siècle, un puissant Royaume, qui dura environ 200 ans. Charlemagne l'ayant détruit en 774, s'empara de l'Italie supérieure, dont il donna une partie considérable au Pape. L'Italie inférieure, c'est-à-dire, le Royaume de Naples & la Sicile, resta en partie aux Empereurs de Constantinople, qui en furent dépouillés par les Sarrasins, auxquels les Normans l'enlevèrent dans le XIe. Siècle. Aujourd'hui l'Italie a pour principaux Souverains le Pape, le Roi des deux Siciles, la Maison d'Autriche, le Roi de Sardaigne, le Duc de Parme, & les Républiques de Venise & de Gènes.

Les Italiens excellent communément dans les Arts & dans les Sciences, sur-tout dans l'Architecture, la Sculpture & la Peinture. Il n'est point de Pays où il y ait un si grand nombre d'Académies.

La décadence de la Maison de Charlemagne, & les fréquentes divisions arrivées entre les Papes & les Empereurs, ont donné lieu au grand nombre de Principautés, Duchés, Comtés & Marquisats, dont l'Italie se trouve aujourd'hui remplie. Les uns relèvent de l'Empire, & les autres du Pape. L'Italie est le Pays où il y a le plus d'Archevêchés & d'Evêchés. L'Inquisition y a plusieurs Tribunaux. La Religion Catholique est la seule qui y soit permise.

Les Rivières les plus considérables de l'Italie sont:

Le *Pô*, qui prend sa source à l'Occident au Mont *Viso* dans le Piémont, sur les confins du Dauphiné, traverse le Piémont & le Montferrat, le Duché de Mantoue, le Ferrarois, en arrosant les Villes de Turin, de Casal, de Plaisance, de Crémone, puis se rend dans le Golfe de Venise par plusieurs embouchures.

L'*Adige*, qui prend sa source au Nord, dans le Tirol, Province d'Allemagne; traverse l'Evêché & la Ville de Trente, l'Etat de Venise, passe à Vérone, sépare la Polésine de Rovigo du Padouan, puis se jette dans le Golfe au-dessous de Venise.

L'*Adda*, qui sort du Pays des Grisons, traverse le Lac de Côme, passe à Lodi, & se décharge dans le Pô, entre Crémone & Plaisance.

Le *Tésin*, qui prend sa source près du Mont-Saint-Gothard, dans le Pays des Grisons, traverse le *Lac Majeur*, passe à Pavie, puis se décharge dans le Pô.

L'*Arno*, qui prend sa source dans l'Apennin, arrose le Florentin, passe par Florence & Pise, & se jette dans la Mer, au-dessous de cette dernière Ville.

Le *Tibre*, qui prend aussi sa source dans le Mont Apennin, près de Camaldoli, au Nord-Est de la Toscane, passe près de Pérouse, Orviette & dans Rome, puis se jette dans la Mer à Ostie.

Outre les Lacs dont nous venons de parler ; sçavoir, de *Côme*, autrefois *Lac Larien*, & le *Lac Majeur*, anciennement *Lac Verban*, il y a encore celui de *Garde*, autrefois *Lac Benac*, dans l'Etat de Venise, & celui de *Pérouse*, autrefois le *Lac de Trasimène*, dans l'Etat de l'Eglise.

Nous divisons l'Italie en trois parties : la *Septentrionale*, celle *du Milieu*, & la *Méridionale* : à quoi il faut ajouter les *Isles*.

La Septentrionale répond en grande partie à l'ancienne Lombardie, & s'appelloit auparavant *Gaule Cisalpine*. Elle se subdivise aujourd'hui en six Souverainetés : sçavoir, les *Etats de la Maison de Savoie*, qui comprennent la Savoie (*a*), le Piémont, le Montferrat & la partie Occidentale de l'ancien Duché de Milan ; la *République de Gênes* ; le Duché de *Parme* ; le Duché de *Modène* ; les Duchés de Milan & de Mantoue, qui appartiennent à la *Maison d'Autriche* ; enfin, la *République de Venise*.

La partie du milieu contient l'*Etat de l'Eglise* ou *du Pape*, le *Grand Duché de Toscane*, & quelques petits Etats qui y sont enclavés, tels que la *République de Lucque*, &c.

(*a*) Plusieurs habiles Géographes que nous suivons ici, font entrer le Duché de Savoie dans l'Italie, parceque le Roi de Sardaigne qui le possède, réside dans l'Italie proprement dite, & qu'il y a la plus grande partie de ses Etats contigus à la Savoie : cependant il est bon d'avertir que ce Pays est séparé de l'ancienne Italie, & qu'il faisoit autrefois partie de la véritable Gaule, que les Romains appelloient *Transalpine*.

La partie méridionale ne renferme que le *Royaume de Naples*, qui, lorsqu'il est uni à la Sicile, comme aujourd'hui, s'appelle le *Royaume des deux Siciles*.

Les principales Isles d'Italie sont : la *Sicile*, la *Sardaigne*, la *Corse*, & *Malte*, au Midi de la Sicile.

CHAPITRE PREMIER.

L'Italie Septentrionale.

ARTICLE I.

Des Etats de la Maison de Savoie, ou du Roi de Sardaigne.

LA Maison de Savoie est très-ancienne, ayant pour tige Humbert *aux blanches mains*, qui étoit Comte d'une partie de la Savoie vers l'an 1025. D'habiles Ecrivains disent qu'il étoit le quatrième descendant de Boson, Comte d'Ardenne, qui avoit épousé, sur la fin du IXe. Siècle, Ermengarde, fille de l'Empereur Louis II, & qui se fit élire en 879, Roi de Provence. Louis son fils, qui fut Roi d'Italie & Empereur, eut de sa femme Adelaïde, Charles-Constantin, Prince de Vienne, & père d'Amé, dont Humbert *aux blanches mains* fut le fils. D'autres pensent autrement, & dans le fond on ne sçait pas trop d'où venoit ce Prince Humbert.

Ses descendans qui agrandirent peu-à-peu leurs Etats, soit par des mariages, soit par des Traités, ne portèrent pendant long-temps que le titre de Comtes de Savoie. Mais l'Empereur Sigismond se trouvant en 1416, à Chambéry leur Capitale, & alors leur résidence, érigea le Comté de Savoie en Duché

LA SAVOIE.

Duché en faveur d'Amédée VIII, (*a*) à qui il confirma tous les privilèges accordés par ses prédécesseurs à la Maison de Savoie. Ses Princes sont Vicaires de l'Empire d'Allemagne en Italie; & comme ils sont vassaux de cet Empire pour quelques terres, ils ont droit de séance aux Diètes; mais ils ne contribuent aux charges qu'en cas de guerre avec les Turcs. Ils portent, depuis 1720, le titre de Rois de Sardaigne, ayant eu vers ce temps-là cette Isle à la place de la Sicile, qui leur avoit été accordée par le Traité d'Utrecht en 1713. Ils se qualifient aussi Rois de Chypre, quoiqu'ils n'aient jamais possédé ce Royaume. Le droit qu'ils y ont, est fondé sur la donation que fit en 1487, Charlotte de Lusignan, fille de Jean dernier Roi légitime de Chypre, à Charles Duc de Savoie, dont elle avoit épousé le neveu, Louis Comte de Genevois. Cependant Jacques, frère naturel de cette Princesse, s'étoit emparé du Royaume de Chypre, avec le secours du Soudan d'Egypte; & sa femme Catherine Cornaro, Vénitienne, abandonna cette Isle, en 1489, aux Vénitiens, sur qui les Turcs l'ont prise en 1571.

La Loi Salique a lieu dans les Etats de la Maison de Savoie. Ils sont aujourd'hui bornés à l'Occident par la France; au Nord, par la Suisse; à l'Orient, par le Lac Majeur, le Tésin, le Pô, & le Duché de Parme; au Midi, par la Seigneurie ou République de Gênes, & une petite partie de la Mer Méditerranée. Ils renferment la Savoie, le Piémont, le Montferrat, & la partie Occidentale du

---

(*a*) Les Princes Souverains estimoient le titre de Comte, autant & quelquefois plus que celui de Duc. Le Comte de Toulouse en France, avoit les Duchés de Septimanie & de Narbonne, & le Comte de Savoie avoit le Duché de Chablais & celui d'Aoste; mais Amédée VIII aima mieux être Duc de Savoie. *Guichenon, Histoire générale de Savoie*, t. I. p. 456.

Tome I. T

Duché de Milan, c'est-à-dire, plusieurs Territoires qui en ont été détachés, & cédés au Duc de Savoie, Roi de Sardaigne, par la Maison d'Autriche, en 1708, 1735 & 1743. Nous parlerons de la Sardaigne en traitant des Isles.

§. I. *De la Savoie.*

Le Duché de Savoie étoit avec le Dauphiné, le Pays des anciens Allobroges, & il faisoit partie de la Gaule, comme on l'a dit ci-devant. Sa longueur est d'environ trente lieues du Sud au Nord, & sa largeur de vingt-cinq. L'air y est très-froid, à cause des montagnes qui sont toujours couvertes de neige. Le terroir est peu fertile, excepté en quelques endroits, où l'on recueille assez de bled & de vin.

La Savoie est bornée au Nord par le Lac de Genève qui la sépare de la Suisse; à l'Occident, par le Rhône qui la sépare de la Bourgogne & du Dauphiné, Provinces de France; au Midi, aussi par le Dauphiné; & à l'Orient, par le Piémont & le Valais.

La Religion Catholique est la seule qu'on y professe, aussi-bien que dans tous les Etats du Roi de Sardaigne.

Les principales Rivières qui arrosent la Savoie, sont l'*Isère*, dont nous avons décrit le cours en parlant du Dauphiné, *page* 214; l'*Arche*, & l'*Arve*.

L'*Arche* arrose la partie Méridionale de la Savoie. Elle prend sa source à l'Orient, passe à Saint-Jean de Maurienne, & se jette dans l'Isère.

L'*Arve* arrose la partie Septentrionale de ce Pays, & se jette dans le Rhône, un peu au-dessous de Genève.

On divise la Savoie en six parties; trois vers le Nord : le *Genevois*, le *Chablais*, le *Faucigni* : trois vers le Midi, la *Savoie propre*, la *Tarentaise*, la *Maurienne*.

LA SAVOIE.

1. *Le Genevois.*

ANNECI, *Evêché*, sur le Lac d'Anneci. C'est une Ville assez bien bâtie, & la résidence de l'Evêque de Genève, depuis que les Genevois devenus Calvinistes, ont chassé, en 1535, Pierre de la Baume. Le corps de S. François de Sales, son plus illustre Evêque, mort à Lyon en 1621, est dans une des deux Eglises des Religieuses de la Visitation, dont l'Ordre a commencé en cette Ville, par ses conseils. Il y a aussi des Dominicains, des Capucins, des Bénédictins & des Religieuses de Sainte Claire. Les Cordeliers ont un fort beau Couvent près la Cathédrale, dans laquelle ils font l'Office après les Chanoines. Les Barnabites ont le Collège; & les Prêtres de la Mission, le Séminaire.

2. *Le Chablais.*

THONON, *Capitale*, sur le Lac de Genève. Il y a un Collège de Barnabites, & plusieurs Maisons religieuses. Les Pères de l'Oratoire desservent la Paroisse.

EVIAN. C'est une Ville médiocre, au bord du Lac de Genève.

RIPAILLE*, Bourg entre Thonon & Evian, fameux par la vie délicieuse qu'y menoit Amédée VIII, Duc de Savoie, qui s'y étoit retiré après avoir renoncé au Gouvernement de ses Etats, & où il demeuroit lorsqu'il fut élu Pape: voyez ci-devant, *page* 414.

LA BONNE VILLE*, sur l'Arve. C'est une petite Ville, défendue par un Château peu considérable. Celui de *Faucigni*, qui est auprès, vers le Nord, a donné le nom à la Province.

CLUSE, sur l'Arve, au Sud-Est de la précédente.

BONNE, au Nord-Ouest de la Bonne-Ville.

4. *La Savoie propre.*

CHAMBERRI, *Capitale, Parlement, Chambre des Comptes.* C'est une Ville assez bien bâtie, & médiocrement grande : elle a un bon Château. La Collégiale, qu'on nomme la Sainte Chapelle, a été fondée par le Duc Amédée IX, & sa femme Yolande de France, vers l'an 1467. Le chef du Chapitre a le titre de Doyen de Savoie. Chambéry est pour le spirituel sous la dépendance de l'Evêque de Grenoble, qui y a un Official : les Jésuites y possèdent un Collège magnifique. En 1742, les François & les Espagnols s'emparèrent de cette Ville, & d'une grande partie de la Savoie, qu'ils ont rendue en 1748. C'est la patrie de l'Abbé de Saint-Réal, Auteur de plusieurs Ouvrages historiques ; & du Père Deschalles, Jésuite, célèbre Mathématicien.

MONTMÉLIAN, au Sud-Est de Chambéry. C'est une Ville bâtie sur une montagne, avec un fort Château, que Louis XIV avoit ruiné en 1706, mais qui a été rétabli depuis. C'est aux environs de Montmélian que croît le meilleur vin de Savoie.

5. *La Tarentaise.*

Il sort de ce Pays, tous les ans, une infinité de Savoyards qui se répandent par bandes dans les Pays voisins.

MONSTIERS, autrefois FORUM CLAUDII, & depuis TARENTASIA, *Archevêché,* sur l'Isère. C'est une Ville médiocre, mais fort peuplée. Il y a de très-bon sel fossile dans ses environs.

6. *La Maurienne.*

Cette partie de la Savoie a été le premier patrimoine de ses Princes. Humbert *aux blanches mains* qui en est la tige, & qui vivoit au XIe. Siècle, portoit le nom de *Comte de Maurienne.*

SAINT-JEAN, *Evêché* suffragant de Vienne en Dauphiné. Cette Ville est sur l'Arve.

§. II. *Du Piémont.*

Quoique le Piémont soit montagneux en plusieurs endroits, il est fort peuplé & fertile en bled, en vins & en fruits. Son nom lui est venu de sa situation au pied des Monts ou des Alpes, qui le séparent de la France & de la Savoie. Son étendue est d'environ soixante & dix lieues du Nord au Sud, & de trente-six de l'Est à l'Ouest. Le fils aîné du Roi de Sardaigne portoit ci-devant le nom de Prince de Piémont ; maintenant il porte celui de Duc de Savoie.

Le Piémont comprend le *Piémont* propre, dans le milieu ; le Duché d'*Aoust*, au Nord ; la Seigneurie de *Verceil*, & le Comté d'*Ast*, à l'Orient ; le Marquisat de *Saluces* à l'Occident. ; le Comté de *Nice*, au Midi.

1. *La Principauté de Piémont.*

TURIN, autrefois AUGUSTA TAURINORUM, & COLONIA TAURINA, sur le Pô; *Capitale, Archevêché, Parlement, Université.* C'est une Ville qui n'est pas extrêmement grande, mais belle, fortifiée & fort peuplée. Les Rois de Sardaigne y résident ordinairement : ils y ont un Palais magnifique, & richement meublé. On compte à Turin dix Paroisses, dont plusieurs sont desservies par des Religieux, & un grand nombre de Couvens. Hors de la Ville il y a deux Maisons de Capucins. Dans l'une, qui est au-delà du Pô & bâtie sur une Colline, on voit une Eglise, la plus magnifique que ces Religieux aient en Europe. Il y a aussi à Turin une magnifique Chapelle du S. Suaire, toute revêtue de marbre noir. La cave qui est dessous, sert de sépulture aux Rois de Sardaigne. La Citadelle a un puits qui est d'une telle largeur, qu'on y a pratiqué un escalier, dont la pente est si douce que les chevaux peuvent descendre jusqu'en bas. Turin est la patrie du célèbre Charles-Thomas Maillard, Cardinal de Tournon, mort à Macao, dans la Chine, en 1710. La Ville de Turin, a une Académie des Sciences.

YVRÉE, anciennement EPOREDIA, *Evêché*, *Place forte*, au Nord, sur la Doria-Baltea. Son territoire s'appelle le *Canavez*. On y fait d'excellens fromages.

SUSE, au Nord-Ouest de Turin, sur la Doria-Riparia. C'est une Place forte; & un Marquisat, aussi-bien qu'Yvrée.

PIGNEROL, au Sud-Ouest de Turin. Louis XIV l'a rendue au Duc de Savoie, après avoir démoli son Château. Elle a été érigée en Evêché en 1749, par le Pape Benoît XIV.

EXILLES, autrefois OCELLUM.

FENESTRELLES, &

CHATEAU-DAUPHIN, *Places fortes*, les deux premières au Nord-Ouest de Pignerol, & la dernière au Sud-Ouest. Elles ont aussi été rendues par la France au Duc de Savoie, en 1713. Ces quatre Places sont dans le Pays nommé les *quatre Vallées*, habité par des Vaudois qui professent la Religion prétendue réformée, & que les Rois de Sardaigne souffrent, à cause des services qu'ils en ont reçus dans leurs guerres.

CARIGNAN, au Sud de Turin, sur le Pô, Principauté.

SAVILLAN, au Sud de Carignan, jolie & forte Ville.

CONI, au Sud de Savillan. C'est une belle Ville, bien fortifiée, bâtie sur une montagne; elle est fort peuplée & fort marchande. Coni a un Canal qui va jusqu'à Carmagnole.

LE PIÉMONT.

MONDOVI, au Sud-Est de Coni, *Evêché*, *Université*, *Place forte*, sur une montagne : ses environs sont fertiles en vins. Cette Ville a plusieurs Maisons Religieuses. Elle a donné naissance au célèbre & sçavant Cardinal Bona, qui mourut en 1674. Il s'en fallut peu qu'il ne fût élu Pape, & c'est à son sujet que l'on fit ce vers :

Esset Papa bonus si Bona Papa foret.

QUIERASQUE, au Nord de Mondovi, sur le Tanaro. C'est une grande Ville avec une Forteresse. On y fit en 1631, un Traité de Paix, par lequel le Duc de Savoie céda Pignerol au Roi Louis XIII, & obtint de l'Empereur la partie Occidentale du Montferrat.

2. *Le Duché d'Aoust.*

AOUST ou AOST, *Evêché*, sur la Doria-Baltéa. C'est une ancienne Ville, nommée autrefois AUGUSTA SALASSIORUM, AUGUSTA PRÆTORIA, au pied des Alpes, dans un Pays fertile en pâturages & en toutes sortes de fruits. Quoique son circuit soit assez grand, elle a néanmoins peu d'habitans, de maisons & de palais ; mais on voit dans son enceinte, des prés, des champs, des jardins bien entretenus, & bon nombre de monumens des Romains, comme Arcs de triomphes, Amphithéâtres, Ponts, Chemins publics, que l'on admire encore, quoique ruinés en partie par le temps. C'est la patrie de S. Anselme, élu en 1078 Abbé du Bec, en Normandie, & ensuite Archevêque de Cantorberi, en Angleterre.

3. *La Seigneurie de Verceil.*

VERCEIL, *Evêché*, *Place forte*. Cette Ville est grande & belle ; située sur la rivière de *Sesia*, qui se jette dans le Pô. Son Eglise de Sainte Marie-Majeure est un très-bel édifice. La voûte en est soutenue par quarante colonnes de marbre, & le pavé, qui est entièrement de marbre, travaillé à la mosaïque, représente l'histoire de Judith & d'Holopherne. On conserve dans la Sacristie un Manuscrit qui contient les Evangiles de S. Matthieu & de S. Marc, que l'on dit être écrits de la main du Martyr S. Eusebe, Evêque de cette Ville, mort vers l'an 370.

BIELLA, petite Ville au Nord-Ouest de Verceil.

Masseran, à l'Est de la précédente. C'est une *Principauté* indépendante, qui appartient à un Prince feudataire du Pape, & de la Maison de *Ferrari*.

4. *Le Comté d'Ast.*

AST, anciennement HASTA POMPEIA, *Evêché*, sur le *Tanaro*, qui prend sa source dans les Alpes, & se jette dans le Pô au-dessous d'Alexandrie. Ast est une Ville ancienne & forte.

VERUE, sur le Pô, Place très-forte, qui a été prise en 1705, par le Duc de Vendôme, après un long siège.

5. *Le Marquisat de Saluces.*

Ce Pays eut long-temps ses Seigneurs particuliers, qui devinrent Vassaux des Princes de Dauphiné, & ensuite des Rois de France. Le dernier des Marquis de Saluces, Jean-Louis, vendit ce petit Etat au Roi Charles IX. en 1560, & se retira en France, où est encore sa postérité féminine dans la famille de Lur. Le Duc de Savoie s'empara du Marquisat de Saluces en 1588, & il lui fut abandonné en 1601, en échange de la Bresse & de la partie du Bugey, qui est à l'Occident du Rhône.

SALUCES, *Evêché*, *Capitale*. Elle étoit autrefois très-forte; mais elle a été ruinée par les François en 1690.

CARMAGNOLE, près du Pô. Cette place qui est enclavée dans le Piémont propre, est très-forte, riche & très-marchande. C'est la patrie de François Carmagnole, qui de simple paysan devint par son rare mérite premièrement Général de l'Armée du Duc de Milan, & ensuite de celle des Vénitiens. Ceux-ci lui firent trancher la tête en 1422, ayant découvert qu'il entretenoit des intelligences avec le Duc de Milan, dont il vouloit regagner les bonnes graces.

6. *Le Comté de Nice.*

NICE, anciennement NICÆA MASSILIENSIUM, *Evêché*, *Place forte*. Elle dépendoit autrefois de la Provence. Cette Ville est située sur un rocher escarpé, & a un Château très-fort du côté de la France. Les Espagnols & les François l'ont prise en 1743, & l'ont ensuite rendue.

VILLEFRANCHE. Elle a un pont qui est défendu par deux châteaux, bâtis, l'un du côté de la mer, & l'autre du côté de la montagne.

TENDE, au Nord-Est, &

BEUIL *ou* BOGLIO, au Nord-Ouest. Ce sont deux anciens Comtés, que l'on a joints à celui de Nice.

PERINALDO, au Sud de Tende. C'est la patrie de Jean-Dominique Cassini, & de Jacques-Philippe Maraldi son beau-frère, de l'Académie des Sciences de Paris, & fameux Astronomes.

ONEILLE, *Principauté*, enclavée dans la Seigneurie de Gênes. Cette Ville qui a un bon *Port*, & ses environs qui sont fertiles en huiles, appartenoient ci-devant à la Maison de Doria, qui les vendit en 1579 au Duc de Savoie. Oneille est la patrie d'André Doria, l'un des plus fameux Capitaines de mer, qui mourut en 1560.

Monaco, à l'Orient de Villefranche, est une *Principauté* indépendante, enclavée dans le Comté de

Nice. Elle est, depuis 1641, sous la protection du Roi de France, qui y tient une garnison. Elle a passé, il y a vingt ans, de l'ancienne famille des Grimaldi dans celle des Matignons, qui sont, comme étoient les Grimaldi, Ducs de Valentinois en Dauphiné.

MONACO, autrefois HERCULIS MONÆCI PORTUS, *Capitale*. Elle a un beau *Port*, & est défendue par un Château très-fort.

§. III. *Du Marquisat de Montferrat.*

On prétend que son nom vient des mots latins *Mons ferax*, qui signifient une Montagne fertile. Ce Pays mérite en effet d'être ainsi nommé, à cause de la fertilité de ses campagnes & de ses vignobles. Il a eu des Souverains particuliers jusqu'en 1533. Les derniers étoient des Princes Grecs de la famille des Paléologues, Empereurs de Constantinople. Leur Maison étant éteinte, Charles-Quint donna le Montferrat aux Ducs de Mantoue, quoique les Ducs de Savoie y eussent des prétentions. Ils les firent valoir dans la suite. Enfin, en 1631, par le Traité de Quierasque, le Montferrat fut partagé en deux parties; le *Montferrat Savoyard*, où étoient les Villes d'Albe & de Trin, & le *Montferrat Mantouan*, où étoient Casal & Acqui. Depuis 1708, cette division n'a plus lieu, en conséquence de la cession que l'Empereur Joseph fit au Duc de Savoie, de la partie du Montferrat que possédoit le Duc de Mantoue, qui fut alors mis au ban de l'Empire & privé de ses Etats, & qui mourut peu après sans enfans.

CASAL, *Capitale*, *Evêché*, sur le Pô. Louis XIV, qui l'avoit achetée du Duc de Mantoue, en 1681, l'avoit extrêmement fortifiée; mais ses fortifications furent rasées en 1706. Le Roi de Sardaigne les a ensuite rétablies en partie, & y entretient une forte garnison.

ACQUI, *Evêché*, au Sud-Eſt de la précédente, anciennement AQUÆ STATIELORUM. Cette Ville eſt célèbre par ſes eaux chaudes : elle eſt médiocre, mais fort peuplée.

TRIN, autrefois RIGOMAGUS, *Place forte*, au Nord-Oueſt de Caſal. C'eſt une Ville bien bâtie, peuplée, & dans une ſituation agréable.

ALBE, autrefois ALBA POMPEIA, *Evêché*, ſur le Tanaro, à l'Occident d'Acqui : c'eſt aujourd'hui un lieu peu conſidérable.

Au Midi d'Albe & d'Acqui, eſt une Contrée appellée *les Langhes* *, qui comprend 58 petits Fiefs relevans de l'Empire, & que l'Empereur a donnés comme tels au Roi de Sardaigne en 1735. Pluſieurs Auteurs rapportent cette Contrée au Piémont.

§. IV. *Territoires détachés du Duché de Milan.*

Ces petits Territoires, ſur leſquels les Ducs de Savoie avoient des prétentions, & qui leur ont été cédés en différens temps par la Maiſon d'Autriche, comme nous l'avons dit, ſont bornés du côté de l'Orient, par le Lac Majeur & le Téſin ; & du côté de l'Occident par le Piémont & le Montferrat. Ils ſont au nombre de huit : ce ſont du Nord au Sud.

1. Les Vallées de la *Seſia*, au Nord de la Seigneurie de Verceil.

VARALLO, *Capitale*, Ville peu conſidérable ſur la *Seſia*, qui ſe jette dans le Pô au-deſſous de Verceil.

2. La plus grande partie du Territoire d'*Anghierra*, c'eſt-à-dire, la partie Occidentale, à l'Oueſt du Lac Majeur.

DOMO D'OSULA, ſur le Toſa, *Capitale*.

ARONA, ſur le Lac Majeur, au Sud-Oueſt. C'eſt le lieu où naquit en 1538 S. Charles Borromée, à qui on y a érigé une belle ſtatue. On voit près de cette

Ville, dans le Lac Majeur, de petites Isles, nommées *Isles Borromées*. Chacune est ornée d'un beau palais avec des jardins charmans.

3. Le *Novarois*.

NOVARE, *Capitale*, *Evêché*, *Place forte*, ancienne Ville. C'est la patrie de Pierre Lombard, Evêque de Paris au XIIIe siècle, connu sous le nom de Maître des Sentences, à cause d'une espèce de Théologie scholastique qu'il a composée, & qui a eu une grande vogue : ce sont des Extraits de l'Ecriture & des SS. Pères.

4. Le *Vigévanasc*.

VIGEVANO, au Sud-Ouest de Novare, *Evêché*. C'est une petite Ville avec un Château.

5. La *Laumelline*.

VALENCE, *Capitale*, *Evêché*. Ville médiocre, bâtie sur une hauteur. Son Château est bien fortifié.

6. L'*Alexandrin*.

ALEXANDRIE, *Capitale*, *Evêché*. Elle fut surnommée *de la Paille* par l'Empereur Frédéric Barberousse, à cause de ses murailles qui étoient faites de boue & de paille. Elle a une forteresse considérable. C'est la patrie du Pape Pie V, & de George Mérula, sçavant Géographe.

7. Le *Tortonèse*.

TORTONE, autrefois DERTONA, *ou* JULIA DERTONA, *Capitale, Evêché*. C'est une ancienne Ville assez forte, avec un beau Château, fortifié à la moderne.

8. La plus grande partie du *Pavèse*, au Midi du Pô.

VOGHERA, sur le Staffora, Ville médiocre, mais bien fortifiée, située dans un lieu fort agréable.

BOBBIO, *Evêché*. Cette petite Ville a titre de Comté : il y a une célèbre Abbaye fondée par Saint Colomban, qui avoit établi celle de Luxeul en Franche-Comté : il mourut à Bobbio, l'an 615.

Au Midi du Tortonèse & du Pavèse, font un grand nombre de Fiefs de l'Empire, appellés *Feudi Imperiali* *, qui ont aussi été cédés au Roi de Sardaigne.

Article II.
De la Seigneurie ou République de Gênes.

CE Pays s'étend le long de la Méditerranée : on le nomme la *Côte de Gênes*. Il faisoit partie de l'ancienne *Ligurie*. Quoiqu'il soit plein de montagnes, il ne laisse pas d'être très-fertile, & de produire d'excellens vins, de très-bons fruits, & sur-tout quantité d'olives.

Cet Etat étoit autrefois fort puissant. Après avoir éprouvé diverses révolutions, il se donna, à plusieurs reprises, à la France ; mais il en secoua entièrement le joug en 1527, par le secours de l'Empereur Charles-Quint, & il s'établit sur le pied où il est à présent. André Doria, Génois, qui contribua le plus à rendre la liberté à sa patrie, fit un nouveau réglement, qui fixe les anciennes Familles nobles à vingt-huit, auxquelles on en a ajouté dans la suite vingt-quatre autres, qui font la seconde Classe de la Noblesse.

Le Gouvernement est Aristocratique. La Souveraineté réside dans le Grand-Conseil des quatre cens Nobles. Le Sénat a l'administration ordinaire des affaires. Il est composé de douze Sénateurs, & d'un Doge (ou Duc) qui en est le Chef. La charge de Doge ne dure que deux ans. Il est élu alternativement dans l'ancienne & dans la nouvelle Noblesse. On ne peut choisir après lui aucune personne de sa Famille, & il ne peut revenir lui-même à cette dignité, que cinq ans après qu'il en a été revêtu.

La République de Gênes a peu de revenus, quoique les particuliers soient très-riches.

Gènes, *Capitale, Archevêché, Port, Place forte.* On la nomme *Gènes la superbe.* C'est une grande & belle Ville, qui s'élève en forme d'Amphithéâtre sur le bord de la mer. Elle est bien peuplée, la plus marchande de l'Italie après Venise, & célèbre sur-tout par ses Manufactures de velours & de damas. L'Eglise Cathédrale, dédiée à S. Laurent, est magnifique. Le Palais du Doge, celui de la Seigneurie & l'Arsenal, sont très-beaux ; aussi-bien que ceux d'André Doria, qui passe pour le plus superbe de tous, de Charles Doria, Duc de Tursi, des Palavicins & des Grimaldi. Les Jésuites y ont une superbe Eglise, & une Maison qui peut être mise au nombre des Palais de Gênes. Cette Ville a une Académie, qu'on nomme des *Endormis,* qui a produit d'habiles gens. La Maison où elle s'assemble mérite d'être vue, aussi-bien que le Portique des Marchands. Il y a à Gênes 80000 habitans, ou environ. Son Port est grand & spacieux, fermé par un mole, où il y a un phare pour éclairer les vaisseaux pendant la nuit. Cette Ville fut bombardée par les galères de France en 1684, & son Doge obligé de venir demander pardon au Roi Louis XIV. Les troupes de la Reine de Hongrie & de ses Alliés ont harcelé Gênes en 1746 & 1747 ; mais les François & les Espagnols les ont repoussés, sous la conduite de M. le Duc de Richelieu, qui a été mis avec ses descendans sur le Livre d'or des Nobles de Gênes.

Savone, *Evêché, Port, Place forte,* à l'Occident de Gênes. C'est une grande Ville, fort peuplée & fort marchande. Les Génois ont gâté son Port, de peur qu'elle ne nuisît à leur commerce. Savone est la patrie des Papes Sixte IV & Jules II.

Noli, *Evêché.* Elle a un bon Port, & un Château sur une montagne voisine.

SEIGNEURIE DE GÊNES.

Final, Marquisat, qui appartenoit autrefois au Roi d'Espagne. L'Empereur s'en étant rendu maître, l'a donné aux Génois pour 300000 écus.

FINAL, *Capitale*. C'est une petite Ville maritime assez forte.

ALBENGA, autrefois ALBIUM INGONUM, *Evêché*. Cette Ville n'est guères peuplée : l'air y est fort mal-sain.

VINTIMILLE, anciennement ALBIUM INTEMELUM, *ou* ALBINTEMELIUM, *Evêché*. C'est une Ville fort peuplée. Elle a le titre de Comté.

Toutes ces Villes sont de la *Rivière du Ponent*, ou Côte Occidentale ; les suivantes sont de la *Rivière du Levant*, ou Côte Orientale, dans laquelle on met aussi Gènes.

PORTO-FINO, à l'Orient de Gènes, autrefois PORTUS DELPHINI.

RAPALLO, sur le Golfe de son nom, au Nord-Est de Porto-Fino. C'est la patrie de Fortunio Liceti, qui, quoique né avant terme, en 1577, & élevé d'une manière qui tient du prodige, pour suppléer à la foiblesse de son tempérament, a vécu près de 80 ans, & a composé un grand nombre de sçavans ouvrages, entr'autres un, à l'âge de 19 ans, qui traite de l'origine de l'ame.

BRUGNETO, *Evêché*.

PORTO-VENERE, Ville grande & belle, avec une Forteresse.

SARAZANA, *Evêché*, Ville forte, avec un bon Port & un Château très-fort.

La République de Gènes possédoit ci-devant l'Isle de *Corse*, mais elle l'a cédée à la France en 1768. Nous en parlerons à l'article des Isles de l'Italie.

Article III.

Du Duché de Parme.

Ce Duché est borné au Midi, par la République de Gènes; au Nord, par le Pô, qui le sépare du Duché de Milan; à l'Orient, par le Modénois; à l'Occident, par les nouvelles possessions du Roi de Sardaigne, détachées du Duché de Milan. Il est fertile en bleds, en vins, en excellens pâturages, en bestiaux & en soie. Ses anciens habitans nommés *Boiens*, qui étoient venus de la Gaule, occupoient aussi le Modénois, & partie du Mantouan, du Bolonois & du Ferrarois.

L'Etat de Parme, après avoir éprouvé plusieurs révolutions, étant tombé sous le pouvoir des Papes, Paul III le donna à son fils Louis Farnèse, qui fut créé Duc en 1545. Les descendans de ce Prince ont possédé ce Duché jusqu'en 1731, que Don Carlos, Infant d'Espagne, & fils de la Princesse Elisabeth de Parme, en fut reconnu Souverain; mais en 1736, ce Prince étant devenu Roi de Naples & de Sicile, céda le Duché de Parme à la Maison d'Autriche. En 1748, par le Traité d'Aix-la-Chapelle, Don Philippe, son frère, est devenu Duc de Parme & de Plaisance; & on lui a encore cédé le petit Duché de *Guastalla*, qui est enclavé dans celui de Mantoue, & le Marquisat de *Busseto*, à condition que ces Etats reviendroient à la Maison d'Autriche, s'il n'avoit point d'héritier, ou si ce Prince parvenoit, lui ou ses enfans, au Trône d'Espagne ou à celui des deux Siciles. Son fils, Don Ferdinand, règne aujourd'hui à Parme, depuis 1765. Lorsque les Ducs de Parme relevoient du Pape, ils lui payoient tous les ans 10000 écus pour l'hommage.

DUCHÉ DE PARME.

On divise cet Etat, 1.° en Duché de *Parme*, à l'Orient, 2.° Duché de *Plaisance*, à l'Occident, qui ont toujours été unis depuis la formation de ce Duché, 3.° Marquisat de *Busseto*, au Nord, & 4.° Duché de *Guastalla*, au Nord-Est.

1. *Le Duché de Parme.*

PARME, autrefois COLONIA JULIA AUGUSTA PARMA, *Evêché*, *Université*, sur le Parma. C'est une grande & belle Ville, bien peuplée, où l'on voit plus d'ouvrages du Corrège, fameux Peintre, que dans aucune autre Ville d'Italie. Son Evêque est maintenant Suffragant de Bologne. On voit à Parme quantité de beaux Edifices, & le plus magnifique Théâtre qui soit au monde. L'Infant Don Philippe y a institué une Académie des Beaux-Arts, & fait d'autres Etablissemens utiles. Les anciens Ducs avoient fondé un grand Collége pour la jeune Noblesse, qui subsiste encore : c'est un des plus beaux de l'Europe, & il y a des places pour 260 Nobles, & toute Nation y est admise. En 1734, les François unis aux Espagnols & aux Piémontois, gagnèrent près de Parme une Bataille sur les Autrichiens.

COLORNO, au Nord de Parme, près du Pô, Maison de plaisance des Ducs de Parme : elle a de très-beaux jardins.

2. *Le Duché de Plaisance.*

Ce Duché avoit été cédé au Roi de Sardaigne en 1743, par l'Archiduchesse d'Autriche, Reine de Hongrie ; mais en 1748 il a été donné à l'Infant Don Philippe, sous la condition que faute d'hoirs mâles, ou dans le cas que Don Philippe ou son fils devinssent Rois de Naples ou d'Espagne, le Duché de Plaisance reviendroit au Roi de Sardaigne.

PLAISANCE, *Evêché, Université*, au confluent du Pô & de la Trebia. Cette Ville est bien bâtie, assez agréable, & plus grande, mais moins peuplée que Parme. Plaisance est défendue par une Citadelle qui renferme les logemens des Officiers, avec le Palais du Gouverneur, & une Eglise. L'Hôtel-de-Ville est l'édifice le plus remarquable de la grande Place. Sa façade est soutenue par de hautes colonnes, qui forment une grande galerie. La cour est fort large, & les chambres qui l'environnent sont ornées de belles peintures & statues de marbre. On voit dans la grande Place deux magnifiques figures de bronze de deux Ducs de Parme : sçavoir, d'Alexandre Farnèse, & de son fils Ranuce. C'est la patrie du Pape Grégoire X, & du fameux Cardinal Albéroni, qui a été Ministre d'Espagne.

Le *Val di Taro*, où l'on voit beaucoup de Vignes, est situé au Midi du Duché de Plaisance.

BORGO DI TARO, *Capitale*, au Midi.

BARDI, Château où le Duc de Parme tient une petite garnison. On y renferme les prisonniers d'Etat.

3. Le Marquisat de Busseto.

Cette Principauté, connue aussi sous le nom d'*Etat Palavicin*, appartenoit autrefois à la Maison Palavicini, de qui les anciens Ducs de Parme l'ont acquise.

BUSSETO, *Capitale* : il y avoit un Collège & un Noviciat des Jésuites, qui étoient riches & puissans dans les Etats de Parme ; mais ils en ont été tous chassés en 1768.

BORGO SAN-DONINO, *Evêché*. C'est une petite Ville fort peuplée, & située dans une plaine très-agréable.

4. *Le Duché de Guastalla.*

Il est enclavé dans le Duché de Mantoue, dont il est un démembrement.

Guastalla, petite Ville, près la rive droite du Pô. Les François joints aux Espagnols, y battirent, en 1734, l'Armée Autrichienne.

Luzzara, célèbre par la victoire que les François, commandés par le Duc de Vendôme, y remportèrent en 1702 sur les Impériaux commandés par le Prince Eugène.

Article IV.
Du Duché de Modène.

Le Modénois est borné à l'Occident, par le Duché de Parme; au Midi, par la République de Luques & la Toscane; à l'Orient, par l'Etat Ecclésiastique; & au Nord, par le Duché de Mantoue. C'est un Fief masculin de l'Empire. Le Duc à qui il appartient, est de l'ancienne Maison d'Est, & il paye 40000 écus à l'Empereur. Le pays est très-abondant, sur-tout en vins excellens & en bleds. Sa rivière la plus considérable est la *Secchia*, qui l'arrose du Sud au Nord, & se jette dans le Pô.

Cet Etat renferme les Duchés de *Modène* & de *Régio*, & les Principautés de *Carpi* & de *Corrégio*. Le Duc de Modène possède aussi au Nord-Est le Duché de *la Mirandole*, qu'il a acheté de l'Empereur en 1710, & la Principauté de *Novellara*, près de Guastalla : celle de *Massa*, au Sud-Ouest, peut encore être regardée comme une annexe de Modène.

Modène, autrefois Mutina, *Evêché*, *Place forte*, *Capitale* du Duché de Modène. Cette Ville, située sur un canal entre la Secchia & le Panaro, est grande & fort peuplée. Le Duc y réside ordinairement, dans un magnifique Palais. Elle a quantité de belles fontaines, & des portiques où l'on peut marcher à couvert; mais ils sont fort obscurs, les rues étant étroites. C'est la patrie du Cardinal Sadolet, estimé pour la belle latinité qui se remarque dans ses Ouvrages, & de Charles Sigonius, Auteur d'excellentes Notes sur Tite-Live, & de sçavans Traités sur le Droit Romain.

CARPI, *Place forte*, au Nord-Ouest de Modène. Cette Ville porte le titre de Principauté; elle est ancienne, marchande & peuplée.

RÉGIO, anciennement FORUM LEPIDI, ou REGIUM LEPIDI, *Evêché*. Cette Ville, qui est la Capitale de son Duché, est peuplée & abondante en tout, étant située dans une campagne très-fertile. Ses rues sont larges & belles. Au milieu de la Place on voit une statue fort estimée, de Brennus chef des Gaulois.

CORRÉGIO, entre Carpi & Régio: elle est belle & forte: elle a le titre de Principauté.

Le Duché de *la Mirandole* est un petit Etat sur les confins du Modénois, au Nord-Est.

LA MIRANDOLE, petite Ville forte. Elle est célèbre par la Maison des *Pics*, qui a possédé ce petit Etat pendant cinq ou six cens ans, & qui a produit, au commencement du XVIe. Siècle, un Prince d'un sçavoir prodigieux.

NOVELLARA, entre Carpi & Guastalla. C'est une Ville médiocre, avec titre de Principauté. L'Empereur l'a donnée au Duc de Modène en 1737.

MASSA, au Sud-Ouest, entre la République de Gènes, & celle de Luques en Toscane. C'est la *Capitale* d'une petite Principauté, dont l'héritière a épousé le Prince héréditaire de Modène. Le Duc son père a fait faire à travers le Mont Apennin, un grand chemin qui conduit de ses Etats à cette Principauté.

Article V.

Des Etats de la Maison d'Autriche en Italie.

Depuis le commencement de ce Siècle, la Maison d'Autriche possède en Italie, le Duché de Milan & celui de Mantoue : elle avoit encore ci-devant le Royaume de Naples & de Sicile, & la Sardaigne.

§. I. *Le Duché de Milan.*

Les Souverains de cet Etat ont porté d'abord le nom de Vicomtes, & ensuite celui de Ducs. Ce fut en 1395, & en faveur de Galéas Visconti, que l'Empereur Venceslas érigea le Milanez en Duché. La Maison des derniers Ducs avoit le nom de Sforce. Vers le milieu du XVIᵉ. Siècle, ce Duché fut long-temps disputé entre les Sforces, qui s'en étoient emparé après la mort de Jean-Marie, & de Philippe-Marie, fils de Jean Galéas, morts sans enfans, & Louis XII & François I, qui y avoient des prétentions légitimes du chef de Valentine, dont ils tiroient leur origine. En effet, il avoit été stipulé dans le contrat de mariage de Valentine, fille de Jean Galéas I, Duc de Milan, avec Louis, Duc d'Orléans, second fils de Charles V, dit *le Sage*, que si Galéas venoit à mourir sans enfans mâles, le Duché appartiendroit à Louis son gendre. Le dernier des Sforces qui avoit succédé aux Visconti, étant mort en 1535, Charles-Quint demeura maître de ce Duché, & en donna l'investiture à Philippe II, son fils, qui fut depuis Roi d'Espagne. Les Rois d'Espagne l'ont possédé jusqu'au décès de Charles II, en 1700; & Philippe de France, Duc d'Anjou, devenu Roi d'Espagne en 1701, tâcha de le conserver. Mais comme il perdit la bataille de Turin, l'Empereur Joseph I. s'en rendit maître en 1706. Ce Duché de

Milan fut cédé par le Traité de Bade, en 1714 à l'Empereur Charles VI. Il appartient maintenant à la Reine de Hongrie & de Bohême sa fille, Archiduchesse d'Autriche, & Douairière de l'Empereur François-Etienne de Loraine, Grand Duc de Toscane. Ce Duché étoit plus considérable lors de son érection qu'à présent. Parme, Plaisance & le Trentin en faisoient alors partie. Depuis les démembremens qui en ont été faits, soit en faveur des Suisses, soit principalement en faveur du Roi de Sardaigne, on partage le Duché de Milan en six parties; le *Milanez* propre, le *Comasc*, le Comté d'*Anghiera*, le *Pavesan*, le *Lodesan*, & le *Crémonois*, qui portent les noms de leurs Capitales.

MILAN, *Capitale, Archevêché, Université.* On la surnomme la *Grande*, avec raison; car elle a dix milles de circuit, c'est-à-dire, environ quatre lieues; vingt-deux Portes, soixante & onze Paroisses, onze Chapitres, huit Maisons de Chanoines réguliers, deux cens trente Eglises, trente Couvens de Religieux, & trente-six de Religieuses, dix Hôpitaux, trente-deux Collèges, & cent Confréries qui renferment un fort grand nombre d'Ouvriers. On y travaille très-bien en galons, en broderies d'or & d'argent, & en crystal. Sa Bibliothèque, nommée *Ambroisienne*, contient cinquante mille volumes: elle a été laissée par le Cardinal Frédéric Borromée. La situation de Milan entre l'Adda & le Tésin, d'où on a tiré deux Canaux, la rend très-marchande. Elle a une Citadelle très-forte, d'un mille de circuit, & qui fait comme une Ville à part.

L'Eglise Métropolitaine est toute revêtue de marbre en-dehors & en-dedans: elle est dédiée à la Sainte Vierge, & on l'appelle communément *le Dôme*. Elle a environ 500 pieds de long, sur 200 de large, & est soutenue d'un grand nombre de colonnes de marbre blanc d'une grosseur considérable, & ornée de beaucoup de statues de grand prix. Le portail de ce superbe Temple est d'une magnificence extraordinaire, & le pavé de l'Eglise n'est inférieur en rien à tout le reste. Il a couté près de soixante & douze mille écus : il est tout de marbre à compartimens, d'une solidité & d'une beauté parfaite. Enfin cette Eglise est plus petite que S. Pierre de Rome, mais plus magnifique, selon quelques-uns.

Il y a à Milan une autre Eglise de la Vierge, dans une belle Place environnée d'un beau portique, & à laquelle cette Eglise donne un nouvel ornement. Sa façade est magnifique. Elle est ornée de statues & de bas-reliefs très-estimés. Le dedans ne dément pas cet extérieur. Le pavé est de marbre de plusieurs couleurs rapportées avec art. La voûte est toute couverte d'or, ou en peintures, & soutenue par des colonnes très-hautes & très-belles, & au-dessus il y a un beau Dôme bien peint & bien doré. Le grand Autel est d'une richesse surprenante. On y voit quatre Colonnes d'argent, dont les bases & les corniches sont dorées, & au-devant de cet Autel est une lampe d'argent d'un poids incroyable, attachée à une chaîne de même métal. Il semble que l'Architecture, la Sculpture & la Peinture se soient disputé la gloire d'embellir cette Eglise, qui ne cède en beauté à aucune d'Italie.

Le grand Hôpital est un des plus beaux édifices de cette Ville. La grande Cour est un quarré de cent vingt pas, environné d'un portique à double étage, qui est soutenu par de belles colonnes d'une espèce de marbre. Le corps du bâtiment est de briques, & d'une commodité singulière.

Les plus illustres Archevêques de Milan, dont il y a trente-cinq dans le Catalogue des Saints, ont été Saint Ambroise, sur la fin du IVe. Siècle, & Saint Charles Borromée, qui a été comme l'ame du dernier Concile général tenu dans la Ville de Trente. C'est la patrie de plusieurs hommes célèbres, entr'autres des Papes Alexandre II, Urbain III, Célestin IV, Pie IV, Grégoire XIV, & du Jurisconsulte Alciat.

CÔME, au Nord de Milan, sur le Lac du même nom, belle Ville riche & marchande. C'est la patrie de Pline le jeune, de l'Historien Paul Jove, & du Pape Innocent XI.

ANGHIÉRA, sur le Lac Majeur, au Sud-Ouest de Côme. Cette Ville est bâtie sur une hauteur, & elle a un bon Château. C'est la patrie de Galéas, premier Duc de Milan. On a vu ci-devant, *pag.* 443 que la Maison de Savoie possède la partie Occidentale du *Comté d'Anghiéra*.

PAVIE, autrefois TICINUM, *Evêché*, *Université* fameuse pour le Droit, sur le Tésin, au Sud de Milan. Elle est grande & riche, mais elle n'est pas peuplée à proportion. Elle étoit la Capitale du Royaume des Lombards. Son Château ressemble plus à un Palais qu'à une forteresse. Il a été bâti par Jean Galéas, premier Duc de Milan, qui est aussi le fondateur du magnifique Couvent des Chartreux près de Pavie. Ce qu'il y a de plus remarquable dans cette Ville, après ce Couvent, ce sont les deux Collèges, dont l'un a été fondé par Pie V, & l'autre par le Cardinal Borromée. C'est devant cette Ville que François I fut fait prisonnier, en 1525. Pavie a donné naissance au Philosophe Boéce, au Pape Jean XVIII, à Jérôme Cardan, fameux Médecin & Mathématicien; & à Jean Menochius, célèbre Commentateur de l'Ecriture Sainte. Le *Pavésan*, appartenoit ci-devant tout entier au Duché de Milan, mais la Maison d'Autriche en a cédé une partie à la Maison de Savoie, *page* 444.

LODI, autrefois LAUS-POMPEIA, *Evêché*, sur l'Adda. Cette Ville est grande, & dans une plaine fort

DUCHÉ DE MANTOUE.

fort spacieuse. Elle est célèbre par ses fromages, nommés *Parmesans*, parcequ'une Princesse de Parme, dit-on, les a fait connoître en France. C'est la patrie de Maffée Végio, auteur d'un excellent Traité de l'éducation des enfans, & de plusieurs autres Ouvrages estimés.

CRÉMONE, *Evêché*, *Place forte*, sur le Pô, grande & belle Ville, qui est défendue par un bon Château. Ses rues sont larges & droites, & elle a de très-belles Places publiques, & plusieurs beaux Jardins. Sa Tour passe pour une des plus hautes du monde. Sa Cathédrale est magnifique, & le portail est élevé sur plusieurs colonnes de marbre ; mais le grand Autel sur-tout est d'une beauté achevée. Crémone a aussi plusieurs autres belles Eglises de Religieux. C'est la patrie de Platine, Bibliothécaire du Vatican, connu par ses Vies des Papes, & d'Antonio del Campo, fameux Peintre.

§ II. *Le Duché de Mantoue.*

Il est situé à l'Orient de celui de Milan, ayant le Modénois au Midi, & la République de Venise au Nord. Il est fertile en bleds, en pâturages, en fruits & en vins excellens.

La principale Rivière de ce Duché est le Pô, qui le traverse dans toute sa largeur ; les autres moins considérables, sont la *Secchia*, au Midi du Pô ; l'*Oglio* & le *Mincio*, au Nord.

Le Mantouan relevoit de l'Empereur, & depuis 1540, il avoit des Ducs de la Maison de Gonzague. Le dernier étant mort sans postérité en 1708, l'Empereur Joseph s'est attribué ce Duché, quoiqu'il y eût encore des Princes de la même Maison, & plusieurs branches collatérales. Le Mantouan est aujourd'hui possédé par l'Archiduchesse Reine de Hongrie, fille de l'Empereur Charles VI.

Tome I, V

MANTOUE, *Capitale, Evêché, Place forte.* Cette Ville est située au milieu d'un Lac que forme la rivière de Mincio. On n'y peut entrer que par deux Chaussées, qui ont chacune leur pont-levis, ce qui la rend extrêmement forte. Les Ducs y avoient un Palais vaste & magnifiquement meublé, qui fut pillé par l'armée de l'Empereur en 1630, & un Cabinet de curiosités des plus rares de l'Italie. Mantoue a aussi un grand nombre d'autres Palais, que les grands Seigneurs de la Ville ont abandonnés pour se retirer à Venise. On compte dans cette Ville environ 20000 hommes, 18 paroisses, 40 Couvens. Sa Cathédrale, bâtie par Jules Romain, qui l'a embellie de plusieurs belles peintures de sa main, est ornée de quantité de bons tableaux, & sa voûte est entiérement dorée. Le célèbre Poëte Virgile est né près de cette Ville, qui est la patrie d'Antoine Possevin, Jésuite, auteur d'une Bibliothèque & d'un Apparat sacré; du Médecin Antoine Possevin, du Poëte Baptiste le Mantouan, & de plusieurs autres hommes célèbres.

CASTIGLIONE, au Nord-Ouest de Mantoue. C'est une petite Principauté, qui appartient à une branche de la Maison de Gonzague.

SOLFARINO, dans le voisinage de la précédente: petite Principauté, qui appartient à une autre branche de la même Maison.

BOZZOLA, au Sud-Ouest de Mantoue, Bourg, qui formoit autrefois une Principauté possédée par une branche de la Maison de Gonzague.

SABIONETTA, au Midi de Bozzola; petite Ville, autrefois assez forte, & qui a encore une bonne Citadelle. Elle a été aussi Principauté. On y voit le tombeau du célèbre Cardinal de Gonzague.

Nous avons parlé *page* 451, du Duché de *Guastalla*, situé de l'autre côté du Pô, en décrivant les Etats du Duc de Parme, à qui il a été cédé.

ARTICLE VI.

De la Seigneurie ou République de Venise.

Les Etats de cette République sont bornés au Nord, par le Pays des Grisons, le Trentin & le Tirol; à l'Orient, en partie par le Golfe de Venise, & en partie par la Carniole; au Midi, par le Ferrarois, le Mantouan, & une partie du Milanez; & à l'Occident, par le Milanez seulement.

C'est la plus ancienne des Républiques de l'Europe; elle étoit autrefois beaucoup plus puissante qu'à présent, quoiqu'elle possède encore une grande étendue de Pays en Italie & ailleurs.

Son Gouvernement est Aristocratique; il dépend de la Noblesse, que l'on partage en quatre classes. La première est de douze Maisons, qui en 709 élurent le premier Duc de Venise. La seconde, de quatre Maisons qui subsistent depuis l'an 800 : ce sont les Justiniani, les Cornari, le Bragadini & les Bembi. La troisième comprend les Familles qui furent inscrites dans le Livre d'or en 1289. La quatrième, celles qui ont été aggrégées depuis, en payant 100000 ducats. Le Chef est un *Doge* ou *Duc*, dont la dignité est à vie; mais la République peut le déposer, quand il devient incapable de remplir ses fonctions. Il préside à tous les Conseils, & n'a que sa voix comme les autres. Tous les jugemens se rendent en son nom.

Il y a trois principaux Conseils pour l'administration de l'Etat.

Le Grand Conseil, composé de tous les Nobles qui ont trente ans. Ce Conseil fait toutes les Loix, & élit tous les Magistrats; sçavoir, les *Procurateurs de Saint Marc*, le *Chancelier*, les *Sages-Grands*, & les *Provéditeurs*. Les Procurateurs de Saint

Marc sont des Officiers commis à la distribution des grandes richesses laissées à l'Eglise de Saint Marc & aux Pauvres ; ils sont les exécuteurs de tous les legs pieux, les tuteurs des orphelins, & les protecteurs des veuves. Ils portent la *veste ducale*, c'est-à-dire, à grandes manches traînantes jusqu'à terre. Le Grand Chancelier tient les Sceaux de la République, & assiste aux délibérations du Sénat ; il est le chef des Citadins ou Bourgeois de Venise, comme le Doge l'est de la Noblesse : il porte la veste ducale de pourpre, & a le titre d'*Excellence*. Les Sages-Grands sont des Officiers, au nombre de six, qui préparent les matières qui doivent être traitées dans le Sénat, auquel ils portent chaque semaine, chacun à leur tour, le résultat de leurs consultations. Les Ambassadeurs que la République envoie à l'Empereur, au Pape & au Grand-Seigneur, doivent avoir la qualité de *Sages-Grands*. Les *Sages de Terre-Ferme* ont à peu près les mêmes fonctions & la même autorité : c'est parmi eux que la République prend les Ambassadeurs qu'elle envoie aux Rois & aux Princes Souverains. Ils portent tous la veste ducale violette, & sont traités d'*Excellence*. Les *Provéditeurs* sont les Gouverneurs qu'on envoie dans les Provinces, avec un commandement absolu dans les affaires qui concernent la paix & la guerre.

Le Conseil des *Priés*. C'est le Sénat composé de cent vingt Sénateurs ; il décide de tout ce qui regarde la paix, la guerre & les alliances. Ceux qui composent ce Sénat sont regardés comme les plus grands politiques du monde. Un des points de leur politique, qui n'est pas le moins important, c'est qu'il est défendu à tous les Nobles de traiter des affaires de l'Etat ailleurs que dans la sale où s'assemble le Sénat, ou dans le côté de la place de Saint Marc qu'on appelle de *Broglio*, & où eux seuls peuvent s'assembler ; & jamais dans les maisons particulières ; ce qui fait qu'on ne peut guères faire de brigues ni de négociations que l'Etat n'en soit instruit.

Le Conseil des *Vingt-six Seigneurs* : il donne audience aux Ambassadeurs, porte leurs demandes au Sénat, & en rapporte les réponses.

Outre ces Conseils, il y en a encore deux : le Conseil des Dix, & le Conseil Spirituel.

Le Conseil des *Dix* est composé de dix Nobles : on le renouvelle tous les ans ; il juge des crimes d'Etat. Tous les mois ce Conseil choisit parmi ses membres, tour à tour, trois Inquisiteurs d'Etat. Ce Triumvirat a une autorité si absolue, qu'il peut condamner à mort toutes sortes de personnes, même le Doge, sans en rendre compte au Sénat : il faut néanmoins que l'avis de tous les trois soit unanime ; en cas de partage, ils doivent porter l'affaire au Conseil des *Dix*, dont ils sont membres.

Pour prévenir les désordres que pourroit causer le luxe parmi les Nobles, dont les richesses sont fort inégales, la République a établi trois *Magistrats des Pompes*. Ce sont des Sénateurs du premier ordre, qui, par des ordonnances très-sévères, ont réglé la table, le train & les habits de la Noblesse Vénitienne. Tous les Nobles portent une Robe de drap noir, & sur l'épaule un morceau de drap qui s'appelle l'*Etole*, que ceux qui ont le titre de Chevalier de la première classe, bordent d'un petit galon d'or ordinairement, quoiqu'ils puissent la porter de brocard d'or. Pour les Chevaliers du Sénat ou de Saint Marc, outre qu'ils jouissent d'une pension de 2000 ducats, ils ont le privilège de porter à la boutonnière une médaille qui représente ce Saint. Cette Chevalerie s'accorde aux Militaires, pour quelque action éclatante. La Noblesse ne pouvant donc faire de grandes dépenses dans les choses dont on vient de parler, toute la magnificence de celle qui est riche se borne à bâtir des Palais, & à les orner d'une manière proportionnée à son opulence.

Le Conseil *Spirituel* règle les affaires de la Religion : le Patriarche de Venise en est le chef. C'est le seul Conseil où les Nobles Vénitiens Ecclésiastiques peuvent entrer. Cette précaution a été prise, afin que la Cour de Rome ne pût pénétrer dans les secrets de l'Etat.

La Seigneurie de Venise comprend en Italie quatorze Pays ou Provinces : sept au Midi, en allant d'Occident en Orient ; le Bergamasc, le Crémasc, le Bressan, le Véronois, la Polésine de Rovigo au Sud-Est, le Padouan, le Dogado ; cinq au Nord-Ouest du Golfe de Venise, en remontant du Midi au Nord, le Vicentin, le Trévisan, le Feltrin, le Bellunèse, le Cadorin ; une au Nord du même Golfe, le Frioul ; & la dernière au Nord-Est, l'Istrie.

1. Le *Bergamasc*.

BERGAME, *Evêché*, *Place forte*. Elle est riche, marchande, & a un Château construit sur une hauteur. C'est la patrie de Jean-Pierre Maffey, Jésuite célèbre par son goût pour la belle latinité, & de plusieurs autres hommes illustres.

2. Le *Crémasc*.

CREME, anciennement FORUM-DIUGUNTORUM, *Evêché*, *Place forte*, sur le *Serio*, qui se jette dans l'Adda. Cette Ville est peuplée, bien bâtie, & abonde en tout ce qui est nécessaire à la vie.

3. Le *Bressan*.

BRESCE, *Evêché*, *Place forte*. Cette Ville est grande & belle. Le Cardinal Quirini, son Evêque, a fait bâtir sa Cathédrale. Il y a un Arsenal très-bien fourni ; un beau Château, bâti sur un rocher qui commande toute la Ville ; une Tour nommée *Pallada*, dans laquelle sont les principales cloches de la Ville, & un beau Palais où se rend la Justice. Ses habitans s'appliquent particuliérement à la fabrique des armes.

SALO, *Evêché*, sur le Lac de Garda.

4. Le *Veronois*.

VERONE, *Evêché*, sur l'Adige. Cette Ville est grande, ancienne & marchande. On y voit de magnifiques Palais. Le plus beau est l'Hôtel-de-Ville. C'est un édifice quarré, très-vaste & très-commode, ayant quatre grandes salles & une grande cour au milieu. Au-dessus sont les statues de Cornélius-Népos, d'Emilius-Macer, de Pline l'ancien, de Vitruve & de Jérôme Fracastor, fameux Médecin, tous nés dans cette Ville. Il est orné de belles peintures, sur-tout d'une à fresque, qui représente le siège de Jérusalem par Titus. Il y a deux belles places publiques, dont l'une est pour les Nobles, & l'autre pour les Marchands & les Bourgeois; cette dernière a une très-belle statue, qui représente la Ville de Vérone ayant un diadême à ses pieds. Vérone contient un grand nombre d'ouvriers en soie, & il s'y fait un grand commerce d'olives qui sont très-estimées. On y voit un Amphithéâtre encore presqu'entier. C'est encore la patrie du Poëte Catulle, d'Onuphre, du célèbre Cardinal Noris, de François Bianchini, fameux Mathématicien, de Paul Véronèse, célèbre Peintre, & de plusieurs autres grands hommes.

PESCHIÉRA, *Place forte*, sur le Lac de Garda.

5. La *Polésine de Rovigo*, au Sud-Est. Le mot de *Polésine* signifie *presqu'Isle* : elle est ainsi appellée, à cause de sa situation entre l'Adigette & l'Adige.

ROVIGO, résidence de l'Evêque d'Adria.

ADRIA, *Evêché*. C'étoit autrefois une Ville si considérable, qu'elle a donné son nom au Golfe de Venise, qu'on appelloit *Mer Adriatique* ; ce n'est plus à présent qu'un Village, où on ne voit que quelques maisons de pêcheurs.

6. Le *Padouan*.

PADOUE, *Evêché*, *Université*, entre les rivières de *Brienta* & de *Bachiglione*. Cette Ville est grande, mais elle n'est guères peuplée. Elle étoit ornée d'un grand nombre de beaux Palais & de belles Eglises. Les plus remarquables étoient la *Cathédrale*, desservie par vingt-sept Chanoines, & un Clergé de plus de cent personnes, qui jouit de cent mille écus de rente ; & l'*Eglise de S. Antoine de Padoue*. Un tremblement de terre, arrivé le 17 Août 1756, a détruit une partie de cette Ville, & en particulier son magnifique Hôtel-de-Ville, qui a été ruiné de fond en comble. Padoue est la patrie du célèbre Historien des Romains, Tite-Live.

7. Le *Dogado*.

VENISE, *Capitale*, *Archevêché*, qui porte le titre de Patriarchat. Cette Ville est une des plus peuplées & des plus marchandes de l'Europe. On la surnomme *la Riche*. Elle est bâtie sur soixante & douze Isles, qui ont communication les unes aux autres, par un très-grand nombre de ponts. Elle a plusieurs Palais magnifiques, entr'autres celui de la Seigneurie, & celui du Doge. Le pont de *Rialto* est remarquable, pour sa grandeur & la hardiesse de son ouvrage. Il n'a qu'une seule arche, & est bâti sur un grand nombre de pilotis. On a été obligé de construire de la même sorte les maisons de cette superbe Ville, parceque le terrein y est peu ferme : c'est pour cela que les carrosses n'y sont pas d'usage. On s'y sert de petits bateaux très-propres, qu'on nomme *Gondoles*, qui peuvent aller dans tous les quartiers de la Ville.

On y admire l'Eglise & la Place de S. Marc, aussi-bien que sa Bibliothèque, une des premières de l'Europe pour ses Manuscrits grecs, laissés en grande partie par le Cardinal Bessarion, Grec de naissance. La façade de l'Eglise est décorée de quatre chevaux de bronze doré, que les Vénitiens ont emportés du sac de Conſtantinople, & que Conſtantion avoit fait venir de Rome, pour orner un Arc de triomphe qu'on lui avoit dreſſé. Elle a auſſi cinq portes d'airain. Cette Egliſe eſt toute revêtue de marbre en dedans. La voûte, qui eſt couverte d'une très-belle moſaïque, eſt ſoutenue par trente-ſix colonnes de marbre noir. Le pavé eſt compoſé de jaſpe, de porphire & de pluſieurs ſortes de marbres, qui forment différens compartimens. Le contre-table de l'Autel eſt d'or maſſif, enrichi de pierreries, & quatre pilliers de marbre blanc ſoutiennent un dais magnifique au-deſſus du grand Autel. Derrière eſt la Chapelle de S. Marc. La tour de ce ſuperbe Temple eſt quarrée, toute bâtie de pierres de taille, haute de 316 pieds; & ſon ſommet eſt tout doré, & terminé par une figure d'Ange, dorée, qui lui ſert de girouette. Le tréſor de cette Egliſe eſt d'une richeſſe ſurprenante.

Il y a outre cela, à Veniſe, un très-grand nombre d'Egliſes. On y compte ſoixante & douze paroiſſes, dont les Curés ſont nommés par le peuple, plus de trente Couvens de Religieux, plus de trente-cinq de Religieuſes, & pluſieurs Chapelles de Confréries de Pénitens. Ces dernières, auſſi-bien que les Egliſes des Religieux & des Religieuſes, ſont incomparablement plus magnifiques pour les bâtimens, & plus riches en excellens tableaux, que les Egliſes Paroiſſiales. Le grand commerce de cette Ville conſiſte en glaces de miroirs, qui ſont très-eſtimées, & en étoffes de ſoie. L'Arſenal eſt un des plus grands & des mieux fournis de l'Europe. Il a plus d'une demi-lieue de circuit, & eſt entouré de bonnes murailles, flanquées de douze Tours, où toute la nuit on fait la garde. La mer le baigne de tous côtés, de ſorte que l'on diroit que c'eſt une Ville qui eſt jointe à celle de Veniſe, dont elle ne paroît pas être ſéparée. Trois Nobles en ſont Gouverneurs, &

ils ont sous eux l'Amiral de la République, dont le principal emploi est de faire travailler les ouvriers, qui sont au nombre de près de deux mille. L'Inquisition est moins sévère à Venise que par-tout ailleurs. Les Juifs y ont une Synagogue assez grande.

L'Eglise Patriarchale se nomme *Saint Pierre de Castello* : le Corps du B. Laurent Justiniani y repose, dans un magnifique tombeau, orné de très-belles statues. L'Eglise de S. Marc a un *Primicier*, qui jouit des honneurs pontificaux. Il est indépendant du Patriarche, & nommé par le Doge, aussi-bien que les vingt-quatre Chanoines, dont le Primicier, qui est toujours un noble Vénitien, & qui jouit de près de 15000 liv. de rente, est le Doyen. Le Poëte Sannazar a fait pour Venise six beaux vers (*a*) latins, où il relève la gloire de cette Ville au-dessus de celle de Rome : on les a gravés sur un marbre noir. Venise est la patrie du fameux Cardinal Commendon.

CHIOGGIA, *Evêché*. L'Adige & le Pô se jettent dans la Mer au-dessous de cette Ville, qui est au milieu des eaux comme Venise, & dans une Isle où l'on fait beaucoup de sel.

8. Le *Vicentin*.

VICENCE, *Evêché*, *Place forte*. Cette Ville est grande & fort peuplée. Elle a beaucoup d'Eglises magnifiques, de belles Places & de beaux Palais. La plus belle Place de Vicence est celle qu'on nomme *de la Noblesse*. Elle est environnée de trois Maisons très-belles, qui sont le *Ragione*, Palais où les dix

---

(*a*) *Viderat Adriacis Venetam Neptunus in undis*
 Stare urbem, & toto dicere jura Mari :
I nunc Tarpeïas quantumvis, Juppiter, arces
 Objice, & illa tui mœnia Martis, ait.
Si Tiberim Pelago confers, urbem aspice utramque ;
 Illam homines dices, hanc posuisse Deos.

Magistrats qui gouvernent cette Ville rendent la justice; le *Mont de Piété*, & le Palais du *Capitanio*, auprès duquel est une belle tour très-élevée, avec une horloge qui mérite d'être vue. Vicence est située dans un Pays si agréable & si fertile, qu'on l'appelle le Jardin de Venise.

9. Le *Trévisan*.

TRÉVISE, *Evêché*. Cette Ville est grande, belle & forte, remplie de Noblesse. Elle avoit autrefois une Université, qui a été transférée à Padoue. Elle a donné naissance au Pape Benoît XI.

10. Le *Feltrin*.

FELTRE, *Evêché*, petite Ville fort jolie.

11. Le *Bellunése*. Il a de riches mines de fer.

BELLUNE, *Evêché*, sur la Piave. Cette Ville est belle, forte & assez peuplée, quoique petite.

12. Le *Cadorin*.

LA PIÉVE DE CADORE, belle Ville, fort peuplée, sur la Piave. Ses habitans sont exempts de toute imposition, & ont le privilège de se gouverner par eux-mêmes, à cause de leur fidélité envers la République. C'est la patrie du Titien, célèbre Peintre, mort en 1576, à 99 ans.

Les quatre dernières Provinces qu'on vient de nommer, composent ce que l'on appelle *la Marche Trévisane*.

13. Le *Frioul*.

UDINE, *Archevêché*. Cette Ville est grande & belle. Le Patriarche d'Aquilée y résidoit; & comme le territoire d'Aquilée, Ville autrefois considérable, mais aujourd'hui ruinée, appartient à la Maison d'Autriche, elle prétendoit, aussi-bien que les Vénitiens, nommer au Patriarchat. Pour appaiser ce procès, en 1751, il a été résolu de diviser ce Diocèse, selon les possessions temporelles. Le Pape a supprimé le Patriarchat d'Aquilée, & a érigé Udine en Archevêché pour les Vénitiens, & *Gorice*, Ville de la Carniole, dans le Cercle d'Autriche, en Archevêché.

PALMA-NOVA, *Evêché*, au Sud-Est.

CONCORDIA, *Evêché*, au Sud-Ouest.

GRADO. Cette Ville située dans une Isle près d'Aquilée, avoit autrefois un Patriarche, dont le titre a été donné à l'Archevêque de Venise.

14. L'*Istrie*, au Nord-Est du Golfe. Les Vénitiens partagent cette Presqu'Isle avec la Maison d'Autriche: ils en possèdent la partie Occidentale & la Méridionale.

CAPO-D'ISTRIA, *Evêché*, autrefois ÆGIDA & JUSTINOPOLIS, Ville forte située dans le petit Golfe de Trieste. Il y a plusieurs marais salans dans son Territoire. On y recueille beaucoup de vins & d'huile. L'air y est grossier & mal-sain, comme dans le reste de l'Istrie, sur-tout vers les côtes.

CITTA-NUOVA, *Evêché*. Cette Ville est bien bâtie, & a le meilleur Port du Pays.

POLA, *Evêché*, au Midi, Ville ancienne, où l'on voit beaucoup d'Antiquités. Les principales sont un Arc de triomphe, & un Temple dédié à Rome & à l'Empereur Auguste.

La République de Venise possède encore plusieurs Villes en Dalmatie, à l'Est du Golfe de Venise, avec les Isles de *Corfou*, de *Sainte-Maure* & de *Céphalonie*, à l'entrée de ce Golfe : nous en parlerons en décrivant la *Turquie d'Europe*. Les Vénitiens possédoient autrefois les Isles de *Candie*, de *Chypre*, &c. Mais les Turcs les leur ont prises, comme nous le dirons.

CHAPITRE II.

De la partie d'Italie qui est au milieu.

ARTICLE I.

Du Grand Duché de Toscane.

CE Duché a la Mer Méditerranée à l'Occident & au Midi, & l'Etat de l'Eglise au Nord & à l'Occident. Il a environ 60 lieues de long, sur 40 de large. Il occupe la plus grande partie de ce que les Anciens appelloient l'*Etrurie*, la *Tyrrenie*, ou la *Tuscie*, laquelle s'étendoit jusqu'au Tibre.

La Toscane comprend le *Florentin*, le *Pisan* & le *Siennois*. C'étoit autrefois trois Républiques.

La Maison de Médicis s'est rendue très-célèbre au milieu du XVe. Siècle, par le mérite de Jean de Médicis & de Côme son fils. Quoiqu'ils ne fussent originairement que de riches Négocians de Florence, le crédit qu'ils s'acquirent alors mit Alexandre de Médicis en état d'usurper en 1530 la souveraineté : il étoit soutenu de l'Empereur Charles-Quint, qui le fit Duc de Florence. Le Pape Pie V donna le titre de Grand Duc à Côme de Médicis, son fils & son successeur. Le dernier Grand Duc, qui étoit de cette Maison, étant mort sans enfans, le Grand-Duché, par l'accord fait en 1736, entre la France, l'Espagne & l'Empereur, a passé au Duc de Lorraine, époux de l'héritière d'Autriche, & depuis Empereur. Ce Prince étant mort en 1765, a désigné pour son successeur à ce Grand-Duché, l'Archiduc Pierre-Léopold, son second fils. Ainsi cet Etat, qui est assez considérable, est aujourd'hui possédé par une branche de la nouvelle Maison d'Autriche.

Le Pisan fut uni au Florentin en 1406, par la

conquête qu'en fit la République de Florence, avant l'établissement des Médicis. Le Siennois passa sous la puissance des Espagnols du temps de Charles-Quint; & Philippe II, son fils, Roi d'Espagne, le donna en 1557, au Grand Duc, à titre d'arrière-Fief d'Espagne, & en s'y conservant quelques Places sur la côte. Ces Pays sont très-fertiles en tout. On y trouve des carrières de beau marbre, des mines d'alun, de fer, d'acier, & même d'argent.

I. *Le Florentin.*

FLORENCE, sur l'Arno, *Archevêché*, *Université*. C'est une grande Ville bien bâtie, bien peuplée, & munie de trois Citadelles très-fortes: elle est surnommée *la Belle*. Le Grand Duc y fait sa résidence, dans un Palais qui passe pour le plus magnifique de l'Italie. La Bibliothèque est une des plus riches de l'Europe; elle renferme 3900 Manuscrits rares. On admire sur-tout la Galerie pour ses richesses & ses raretés, aussi-bien qu'un salon octogone, appellé *la Tribune*. Il a vingt pieds de diamètre, & est voûté en dôme, dont le dedans est revêtu de nacre de perle. Le pavé est de marbre de différentes couleurs, artistement rapportées. Les murs sont tapissés de velours cramoisi, & ornés de milles choses rares. On y admire un diamant qui pese 139 carats; une tête antique de Jules-César d'une seule turquoise, grosse comme un œuf, une armoire pleine de vases d'agathe, de lapis, de cryſtal de roche, de cornaline garnis d'or & de pierres fines; une grande table & un cabinet d'ouvrages de rapport bien travaillés, faits l'un & l'autre de diaspre Oriental, de calcédoine, de rubis, de topases, & d'autres pierres précieuses: les travaux d'Hercule d'argent massif, & un Globe céleste, dont les astres sont autant de pierres précieuses, qui jettent un éclat merveilleux.

Grand Duché de Toscane. 471

On compte dans Florence 152 Eglises, presque toutes très-belles, 89 Couvens, 22 Hôpitaux, 84 Confréries, 18 Halles ou Galeries de Marchands, 72 Chambres de Justice, 6 Colonnes, 2 Pyramides, 4 Ponts, 7 Fontaines, 17 Places ornées de 160 statues, avec un grand nombre de fort beaux Palais. La Cathédrale qui porte le nom de la Sainte Vierge, est un grand & superbe édifice, d'Architecture gothique. Il est long de plus de 490 pieds, & sa hauteur, jusqu'à l'extrémité de la croix du Globe qui est au-dessus du dôme, est de 380. L'Autel qui est de marbre, a été fait par un excellent Architecte, & les figures d'Adam & d'Eve qui sont derrière, répondent à la beauté de l'ouvrage. Vis-à-vis de la grande porte de l'Eglise, est une Chapelle ronde, de forme exagone, & d'environ quarante pas de diamètre : elle sert de Baptistère. Elle est toute bâtie de marbre, & dédiée à S. Jean-Baptiste.

Florence est la Ville d'Italie où l'on cultive davantage la Langue Italienne ; mais les Romains la prononcent avec plus de grace ; de-là le proverbe : *Lingua Toscana in bocca Romana*. Cette Ville est la patrie d'Améric Vespuce, qui a donné son nom au nouveau Continent ; de Maso Finiguerra, qui inventa en 1440 l'art de la gravure, perfectionné par Baccio-Baldini, aussi Florentin ; de Galilée, fameux Astronome ; de Lulli, excellent Musicien, qui vint s'établir à Paris ; de Guichardin, Historien célèbre ; de Saint Philippe de Neri, fondateur de la Congrégation des Prêtres de l'Oratoire en Italie ; de Vincenzio Viviani, fameux Géomètre, & de plusieurs autres grands hommes.

Pistoye, *Evêché*, au Nord-Ouest, Ville assez grande, située dans une plaine fertile au pied de l'Apennin.

Pratolino, au Nord-Est de Florence, Maison de plaisance du Grand-Duc, remarquable par la magnificence des Bâtimens, la richesse des meubles, & la beauté des jardins.

Fiezole, *Evêché*, entre Florence & Pratolino.

Arezzo, *Evêché*, près l'Arno, au Sud-Est, grande Ville, bâtie sur une montagne. Elle a donné naissance à Guy Aretin, Inventeur des Notes du Plein-Chant au XIe. Siècle, & au Poëte Pétrarque.

Borgo, *Evêché*, au Nord-Est sur le Tibre.

Monte-Pulciano, *Evêché*, sur les confins du Siennois. C'est la patrie du célèbre Cardinal Bellarmin, Auteur de sçavans Ouvrages, mais trop prévenu en faveur du pouvoir des Papes; & d'Ange Politien, l'un des plus doctes & des plus polis Ecrivains du XVe. Siècle.

Cortone, au Nord-Est de Monte-Pulciano, *Evêché*, qui ne relève que du Saint Siège. C'est une ancienne Ville, peu considérable aujourd'hui, située sur une haute montagne près du Lac de Pérouse. Il y a un Académie sçavante.

Valombreuse, Abbaye située à l'Orient de Florence, dans les montagnes de l'Apennin, Chef d'un Ordre fondé par S. Jean Gualbert en 1040, sous la règle de S. Benoît.

Camaldoli, sur les confins de la Romagne. C'est un célèbre Monastère, bâti dans une Vallée de l'Apennin par S. Romual, en 1009. Il a donné le nom à l'Ordre des Camaldules.

II. *Le Pisan.*

Pise, *Archevêché*, *Université*. Cette Ville, traversée par l'Arno, est grande, belle & forte, & elle a un bon Port. Les Chevaliers de S. Etienne, institués par Côme de Médicis en 1561, ont dans cette Ville une Maison, qui est le chef-lieu de leur Ordre. L'Eglise métropolitaine est magnifique. On admire principalement sa Tour, qui est très-élevée, & qui penche d'une manière sensible; & le Baptiftère, qui est une petite Eglise faite en dôme, dont la coupole est toute couverte de dorures & de peintures. Il y a autour des fonts qui sont dans le milieu, plusieurs espèces de vases, dans lesquels on baptisoit autrefois par immersion. Le marbre est prodigué dans ces Edifices, aussi-bien que dans le Palais du Grand-Duc, qui est le long de l'Arno: il est si commun à Pise, que les ponts même & une partie des murs sont bâtis de marbre. La Ville de Pise est célèbre par le Concile qui s'y tint en 1409. Benoît XIII & Grégoire XII y furent déposés comme schismatiques, & on y élut Alexandre V. C'est la patrie du Pape Eugène III, disciple de S. Bernard, qui lui envoya à Rome, pour diriger sa conduite, le Livre de la *Considération*.

LIVOURNE, au Sud de Pise, autrefois HERCULIS LABRONIS PORTUS. C'est une grande Ville, belle & très-forte; elle est célèbre pour son Port, qui y attire beaucoup d'étrangers, à cause de ses franchises. Le Grand-Duc y entretient garnison. Le principal commerce de la Ville consiste en soie, coton, alun de Rome, & en café du Levant. Le Grand-Duc y a un Palais où réside le Gouverneur, & qui mérite d'être vu, aussi-bien que l'Arsenal. La grande Eglise est un bel édifice, dont la beauté est d'ailleurs relevée par une grande Place, environnée de maisons uniformes. Les Grecs ont une Eglise à Livourne; & les Juifs qui sont en grand nombre & puissans, y ont une Synagogue.

VOLTERRA, *Evêché*, au Sud-Est de Livourne. C'est la patrie de Perse, ancien Poëte satyrique.

III. *Le Siennois.*

SIENNE, anciennement SENA COLONIA & SENA JULIA, *Archevêché*, *Université*. Cette Ville est célèbre par la beauté de ses eaux, & la politesse de son langage. Son Eglise Cathédrale est magnifique, quoique d'un goût gothique : elle est revêtue de marbre en dedans & en dehors. Au-dessus de la voûte s'élève un dôme porté par des colonnes, aussi de marbre blanc & noir, comme celui qui couvre tout ce bel édifice. Ce dôme est très-bien percé. Entre les fenêtres, il y a de fort belles statues de marbre, & aux douze pilliers de la nef sont les statues des douze Apôtres. Le pavé est de marbre blanc & noir ; mais rapporté avec tant d'art, que l'on peut dire qu'il est unique en son espèce. C'est un ouvrage à la mosaïque, qui représente des Histoires de l'Ancien Testament, si fort au naturel qu'il imite la peinture la plus parfaite. Les autres bâtimens publics les plus remarquables, sont 1°. l'Hôtel-de-Ville, qu'on nomme le Palais de la Seigneurie ; il est dans la grande Place appellée le Théatre, parcequ'elle en a la figure ; 2°. Le Palais Picolomini, bâti par Pie II, & qui contient le Collège des Nobles, établi en 1681.

PIENZA, *Evêché*, au Sud-Est, Ville médiocre, mais bien fortifiée.

CHIUZI, *Evêché*, au Sud-Est, près le *Chiano*. C'est la patrie de Gratien, Bénédictin du XIIe. Siècle, connu par une compilation, souvent très-peu exacte, des anciens Canons. Elle est appellée communément *le Décret*, quoiqu'elle soit intitulée, *Concordantia discordantium Canonum*.

MASSA, *Evêché*, au Sud-Ouest de Sienne.

GROSSETO, *Evêché*, au Sud-Est de Massa.

De quelques Etats enclavés dans la Toscane.

Ces Etats sont au nombre de quatre : au Midi, l'*Etat des Garnisons* ; au Sud-Ouest, la Principauté de *Piombino* ; au Nord-Ouest, la République de *Lucques* ; & la Principauté de *Massa*, dont nous avons déja parlé dans l'article du Modénois.

1. De l'Etat des Garnisons.

Vers les confins du Siennois, sur la Mer Méditerranée, on trouve un petit Pays nommé *Lo Stato delli Présidii*, ou *l'Etat des Garnisons* : c'est ce que les Espagnols se réservèrent, lorsqu'ils cédèrent le Siennois au Grand-Duc en 1557. Le Roi des deux Siciles, ou de Naples, le possède aujourd'hui.

ORBITELLO, *Port*, *Place forte*, Capitale.

TELAMONE, *Evêché*, au Nord d'Orbitello.

PORTO-HERCOLE, au Sud d'Orbitello. Elle a un bon Château. Son Port est défendu par deux Forts.

2. De la Principauté de Piombino.

Au Sud-Ouest du Florentin, sur la Méditerranée, est la Principauté de *Piombino*, qui appartient à un Prince Napolitain de la Maison de Buon-Compagno.

PIOMBINO, *Evêché*, qui en est la *Capitale*, est une Ville grande & belle, avec un Fort assez bon, & une Forteresse sous la protection du Roi de Naples, qui a droit d'y mettre garnison.

L'Isle d'*Elbe*, au Sud-Ouest de Piombino, appartient à cette Principauté.

PORTO-LONGONE, petite Ville, mais très-forte, qui a un bon Port & une Forteresse sur un rocher : le Roi de Naples y entretient garnison.

PORTO-FERRAIO, Ville forte, quoique petite. Le Grand-Duc de Toscane, qui en est maître, y a toujours une bonne garnison : elle a une baie défendue par deux Forts.

3. De la République de Luque.

Au Nord-Ouest du Florentin & au Nord de Pise, est la Seigneurie ou République de Luques. Cet Etat subsiste depuis l'an 1430, sous la protection de l'Empire, dont il est un Fief. Son Gouvernement est Aristocratique, & dépend d'un Conseil de six-vingts Nobles, & d'un Chef que l'on nomme *Gonfalonier*, qu'on change tous les deux mois, de même que les Conseillers qu'on lui donne pour l'administration des affaires : ils ne peuvent rien faire sans la participation du Conseil.

Luque ou Lucca, *Capitale, Archevêché, Place forte*. Cette Ville est médiocre & assez peuplée : elle fut autrefois célèbre par le premier Triumvirat conclu entre César, Pompée & Crassus. Son commerce consiste en soie, & sur-tout en olives, les meilleures d'Italie. On la nomme l'*Industrieuse*, à cause que ses Habitans sont fort adroits & laborieux. On n'y souffre point de mandians. Le Palais de la Seigneurie est très-beau. La Cathédrale, qui porte le nom de S. Martin, est un vaste bâtiment, remarquable par un Crucifix dont le Visage a été fait, dit-on, par un Ange. On l'appelle *il Santo Volto*. Ce Crucifix est de bois de cèdre : il est couvert d'une robe très-riche, & a sur la tête une couronne toute brillante de pierres précieuses. Luque est la patrie de Sanctes-Pagnin, sçavant Dominicain, Auteur d'une Traduction latine de la Bible faite sur l'Hébreu, & de Martino Poli célèbre Chymiste.

Via-Regio, Bourg dont le *Port* est le seul de cette République.

Article II.

De l'Etat de l'Eglise.

L'Etat de l'Eglise est borné par la République de Venise, au Nord ; & par le Golfe de Venise, au Nord-Est ; à l'Orient, par le Royaume de Naples ; au Midi, par la Méditerranée, & à l'Occident par

ETAT DE L'EGLISE. 477

les Duchés de Toscane & de Modène. Sa longueur est de trois cens milles ou de cent lieues, & sa largeur de cent milles ou trente-huit lieues environ.

Il s'appelle *Etat de l'Eglise*, parceque le Pape, qui est le Chef de l'Eglise, en est le souverain. L'origine de cet Etat vient des Donations que Pepin & Charlemagne firent aux Papes dans le VIIIe. Siècle, en s'en réservant la souveraineté. Ce n'est que depuis 1076, que les Papes en sont devenus Seigneurs indépendans, par un effet de la conduite du trop fameux Pape Grégoire VII.

Dans les premiers Siècles, le Clergé & le Peuple choisissoient celui qui devoit être Pape. Les Goths devenus maîtres de l'Italie, s'attribuèrent le droit de les choisir, ou au moins de les confirmer. Les Empereurs Grecs, qui les chassèrent d'Italie, se maintinrent dans la même possession. Les Empereurs d'Occident usèrent du même droit, ce qui causa bien des schismes. Enfin, après la mort d'Innocent II, les Cardinaux réunis avec les principaux du Clergé de Rome, élurent seuls Célestin II, en 1143. Depuis ce temps-là les Cardinaux se sont maintenus dans la possession d'élire seuls le Pape ; le Clergé & le Peuple ayant cessé de prendre part à cette élection. Après la mort d'Adrien VI, qui étoit Hollandois, & qui avoit été élu à la recommandation de Charles-Quint dont il avoit été Précepteur, les Cardinaux se sont fait une loi de n'élire pour Papes que des Cardinaux Italiens de naissance. Le nombre des Cardinaux est fixé à soixante & dix : il faut les deux tiers de voix pour être élu Pape : le tiers suffit pour donner l'exclusion à un sujet.

Le souverain Pontife a les titres de *Sainteté* & de *Pape*. Ces deux noms étoient autrefois communs à tous les Evêques. Le Pape gouverne par lui-même les Provinces voisines de Rome : celles qui sont éloignées, ont des Légats ou des Vice-Légats pour Gouverneurs. Chaque Province a outre cela un Général pour les troupes, & chaque Ville un Gouverneur que le Pape nomme, aussi-bien que les Officiers des Forteresses, Châteaux & Ports. Le peuple choisit les *Podestats* & autres Officiers municipaux.

Quand le Saint Siège est vacant, ce sont les Doyens des trois Ordres de Cardinaux, Evêques, Prêtres & Diacres, qui gouvernent.

Les revenus du Pape montent à vingt millions environ, en y comprenant sept mille ducats pour l'hommage de Naples & de Sicile, & les Annates des Evêchés & des Abbayes.

Les Provinces de l'Etat Ecclésiastique, au nombre de douze, sont du Midi au Nord-Ouest : la *Campagne de Rome*, le *Patrimoine de S. Pierre*, le Duché de *Castro* ou *Castres*, l'*Orviétan*, la *Terre de Sabine*, le *Pérouzin*, l'*Ombrie*, la *Marche d'Ancône*, le *Duché d'Urbin*, la *Romagne*, le *Bolonois*, le *Ferrarois*.

Le Pape possédoit encore *Bénévent* & son territoire dans le Royaume de Naples, & le *Comtat-Venaissin*, avec *Avignon*, en France ; mais depuis 1768. il ne les a plus.

1. *La Campagne de Rome.*

Cette Province se nommoit autrefois *Latium*, & comprenoit plusieurs peuples fort connus dans l'Histoire Romaine, les Rutules, les Volsques, les Herniques & les Æques.

ROME, sur le Tibre, *Capitale* de l'Etat Ecclésiastique ; *Université*. Cette Ville, fondée, selon l'opinion commune, par Romulus, 753 ans avant l'Ere Chrétienne, fut d'abord gouvernée par des Rois pendant 244 ans ; ensuite par des Consuls environ 500 ans ; & enfin par des Empereurs pendant cinq ou six Siècles. Auguste la rendit la plus superbe

Ville du monde. Quoiqu'elle ait été brûlée & saccagée plusieurs fois, elle est encore une des plus belles & des plus grandes Villes de l'Europe. Le Pape, qui est le successeur de S. Pierre, y fait sa résidence. On donne à la ville de Rome le titre de *Sainte*, parcequ'elle est le centre de la vraie Religion, & qu'un nombre infini de Martyrs y ont répandu leur sang pour la foi. Cette Ville a grand nombre de beaux Palais, de Places ornées de Fontaines & de superbes Obélisques, & de restes curieux d'Antiquités, dont les plus remarquables sont les Arcs de triomphe de l'Empereur Titus, & de Constantin le Grand. Le premier n'a qu'une arcade, dont le dedans est orné de bas-reliefs, qui représentent Tite d'un côté dans un char tiré par quatre chevaux, triomphant après la prise de Jérusalem, de l'autre le Chandelier à sept branches, la Table d'or, & les autres dépouilles du Temple. Le second a trois arcades; il a été érigé par le Sénat & le peuple Romain en l'honneur de Constantin, libérateur de sa patrie par la victoire qu'il remporta sur le tyran Maxence.

Entre les Eglises, qui sont presque toutes magnifiques, on admire celle de S. Pierre, qui est la plus belle de l'Univers: elle est toute revêtue de marbre en dedans & en dehors; sa couverture est de plomb & de cuivre doré. Les peintures excellentes, les colonnes de marbre, les statues, &c. relèvent beaucoup la beauté de cette superbe Basilique, qui est faite en forme de croix. Elle a près de cent toises de long: la croisée qui en fait la largeur, a soixante-six toises. Du milieu de cette croisée s'élève un magnifique Dôme de cinquante-cinq toises de haut. Tout le pavé de l'Eglise est de marbre, & la voûte est dorée. Mais rien n'égale la magnificence du grand Autel; il est placé sous le dôme, & couronné par un riche dais ou baldaquin de bronze d'une beauté parfaite. On prétend que cette Eglise a coûté quarante millions, & qu'elle est l'ouvrage de vingt-trois Papes.

Près de ce superbe Edifice est le Palais du Vatican, remarquable, non-seulement par la magnificence & par le grand nombre de chambres qu'il renferme, mais encore par sa Bibliothèque, l'une des plus riches du monde en toutes sortes de Livres, & sur-tout en Manuscrits rares. C'est la demeure ordinaire du Pape. Ce Palais a une galerie qui communique au *Château Saint-Ange*, qui est une Forteresse assurée, où les Papes peuvent se retirer dans les temps de danger.

Rome à quatre-vingt-douze Paroisses, un grand nombre d'Hôpitaux, & plus de trois cens Eglises, dont il y en a quantité de magnifiques. Quoique vaste dans son enceinte, cette Ville n'est pas habitée à proportion de son étendue. On donne le titre d'*Episcopale* à son Eglise de Saint Jean de Lattran, parceque les Papes y prennent possession de leur Siège: les Empereurs y étoient autrefois couronnés. Celles de Sainte Marie Majeure a le titre de *Patriarchale*; & celle de Saint Pierre celui de *Papale*.

Il y a dans Rome plusieurs Académies célèbres. Le Roi de France entretient à ses frais des Elèves dans celles de Peinture & de Sculpture. Le principal Tribunal de Rome est la *Rote*, qui est le Conseil souverain du Pape. Il juge par appel des affaires d'un certain genre de la plupart des Pays Catholiques: il est composé de douze Auditeurs, dont huit sont Italiens, un François, un Allemand & deux Espagnols.

OSTIE, *Evêché*. C'est le titre du Doyen des Cardinaux. Anastase le Bibliothécaire rapporte que le Pape Marc, qui vivoit au IVe. Siècle, a accordé aux Evêques d'Ostie le droit de sacrer ceux de Rome. Le nom de cette Ville, autrefois célèbre, mais presque

entièrement

ÉTAT DE L'ÉGLISE.

entièrement détruite aujourd'hui, marque sa situation à l'embouchure du Tibre : l'air y est mal-sain.

ALBANO, *Evêché*, au Sud-Est de Rome. Elle est située aux environs de l'ancienne *Albe*, qui avoit des Rois avant Rome, plus de 1000 ans avant J. C.

CASTEL-GANDOLPHE, au Nord d'Albano, près du Lac de son nom. C'est une petite Ville avec un Château qui a de très-beaux jardins, où les Papes vont prendre l'air.

FRESCATI, *Evêché*, anciennement TUSCULUM. C'est l'endroit où Cicéron & plusieurs autres Romains distingués avoient leurs Maisons de campagne. On voit à la place un Couvent nommé *Grotta-Ferrata*, & quantité de ruines des anciennes Maisons de plaisance, auxquelles ont succédé plusieurs autres modernes, qui sont charmantes, tant pour la vue que pour la beauté de leurs jardins & de leurs eaux.

PALESTRINE, anciennement PRÆNESTE, *Evêché*, & Principauté qui appartient aux Barberini. Ces deux Evêchés, ainsi qu'Ostie & Albano, sont des titres de Cardinaux-Evêques.

VELETRI, *Evêché* uni à Ostie, au Sud-Est d'Albano. C'est une Ville fort agréable. L'Empereur Auguste y est né.

SEGNI, *Evêché*, au Sud-Est de Veletri.

TERRACINE, *Evêché*, au Sud de Segni, *Port* ; cette Ville étoit nommée autrefois TRACHINE & ANXUR. L'air y est très-mal-sain, ayant à l'Ouest les *Marais Pontins*, où étoit anciennement une belle plaine, avec vingt-trois bourgs qui dépendoient des Volsques : mais les eaux de quelques petites rivières en ont fait un marais impraticable, qu'on a entrepris en vain de dessécher. On voit près de cette Ville de beaux restes de la voie Appienne, qui commençoit dès la porte Capène à Rome, conduisoit jusqu'à Capoue, & fut même continuée par

Trajan jusqu'à Brindes. Elle avoit quinze pieds de large, & étoit faite de pierres très-dures, & si bien cimentées, que plus de 800 ans après qu'Appius l'eut commencée, pas une ne s'étoit dérangée. Il y a près de Terracine un rocher qui a plus de vingt pas de long sur trois de largeur, qu'on a coupé pour faire ce chemin, avec une muraille fort haute qui le borde, taillée dans le même roc.

ANAGNI, *Evêché*, patrie de Boniface VIII, si connu par ses démêlés avec Philippe le Bel, & qui mourut misérablement en 1303. Ce fut lui qui canonisa S. Louis, & qui institua le Jubilé de 100 ans.

FIORENTINO.
ALATRI.   } *Evêchés*.
VEROLI.

SUBIAC ou SUBLAC, au Nord-Est de la Campagne de Rome, Abbaye de Bénédictins, où Saint Benoît jetta, au VIe. Siècle, les fondemens de son Ordre, dans une grotte que l'on visite avec vénération.

2. *Le Patrimoine de Saint Pierre.*

Cette Province à l'Occident du Tibre, est très-fertile en bleds, en vins, en huiles & en alun.

VITERBE, *Evêché*, grande & belle Ville. Plusieurs Papes sont enterrés dans sa Cathédrale.

MONTEFIASCONE, *Evêché*, au Nord, dans un terroir très-fertile. Cette Ville est renommée pour ses bons vins muscats.

CIVITA-VECCHIA, autrefois CENTUM-CELLÆ, *Evêché*, *Port*, *Place forte*, au Midi: c'est où sont les Galères du Pape.

BRACCHIANO, à l'Orient de Civita-Vecchia. Cette Ville, qui a titre de Duché, appartient à un Prince de la Maison d'Odeschalchi.

PORTO, autrefois PORTUS AUGUSTI, *Evêché*, à l'embouchure du Tibre. C'est le titre du Cardinal Sous-Doyen.

3. Le Duché de Castro.

CASTRO, *Capitale* de ce Duché, qui appartenoit autrefois aux Ducs de Parme : elle fut démolie en 1646, par le Général des troupes d'Innocent X, & l'Evêché transféré à Aquapendente.

RONCIGLIONE, au Sud de Viterbe. C'est une jolie Ville, enclavée dans le Patrimoine de S. Pierre. Elle a le titre de Comté.

4. L'Orviétan.

ORVIÈTE, anciennement HERBANUM, ou URBS-VETUS, *Evêché*. Cette Ville, qui est assez belle, est bâtie sur un rocher escarpé : elle a un puits très-profond, où des mulets descendent par un escalier pour puiser de l'eau, & remontent par un autre.

AQUAPENDENTE, *Evêché*, à l'Occident.

BAGNAREA, *Evêché*, au Midi d'Orviète. Cette petite Ville a donné naissance à S. Bonaventure, qui a été Général de l'Ordre de S. François, & Cardinal : il mourut en 1274.

5. La Terre de Sabine.

Elle a été autrefois habitée par les Sabins, si connus dans l'Histoire Romaine, & dont elle porte encore le nom.

MAGLIANO, au Nord. C'est dans cette Ville que réside l'Evêque de Sabine, dont le titre est un des six destinés aux Cardinaux-Evêques. Son territoire est très-fertile en huiles, en bleds & en vins.

TIVOLI, autrefois TIBUR, *Evêché*, au Midi, sur le Tévérone.

6. Le Pérouzin.

PEROUZE, *Evêché*, *Université*. Cette Ville, qui est sur le Tibre, est belle & ancienne. C'est la patrie de Jean-Paul Lancelot, de Baldus & de

Bartole, célèbres Jurisconsultes ; de Jean-Baptiste, Dante, excellent Mathématicien, & de Pierre-Vincent Dante, habile Architecte, Poëte & Mathématicien.

7. *L'Ombrie.*

C'étoit autrefois la demeure des Umbriens, les plus anciens Peuples de l'Italie.

SPOLÈTE, *Evêché*, *Capitale* de l'ancien Duché d'Ombrie ou de Spolète. Cette Ville est fort ancienne, & renferme plusieurs édifices remarquables, dont les principaux sont, le Pont qui unit cette Ville à *Monte-Luco*, long de 350 pas, & haut de 630 pieds, & au plus profond de la Vallée un Aqueduc, dont l'architecture prouve qu'il a été fait par les Goths. La Cathédrale est située au haut de la Ville, au-dessus du Château, que sa situation rend très-fort. La façade de cette Eglise est très-belle : & a cela de singulier, qu'on y voit des Jubés aux deux côtés du portail qui donnent dans la Place qui est vis-à-vis. Le grand Autel & le pavé sont aussi dignes d'être vus.

FOLIGNO, *Evêché*. C'est une ancienne & belle Ville, au Nord de Spolète.

ASSISE, *Evêché*, plus au Nord ; lieu de la naissance de Saint François & de Sainte Claire.

NOCERA, *Evêché*, au Nord-Est de Spolète.

TODI, sur une Colline près du Tibre, *Evêché*, à l'Ouest de Spolète, ancienne Ville, autrefois nommée TUDERTUM.

NARNI, *Evêché*, au Sud, sur la *Néra*. C'est la patrie de l'Empereur Nerva.

TERNI, *Evêché*, sur la même rivière, en la remontant. Elle se nommoit autrefois INTERAMNA. C'est la patrie de l'Historien Tacite.

8. La Marche d'Ancône.

Cette Province abonde en bleds, en vins, en chanvre & en cire : elle se nommoit anciennement *Picenum*, & faisoit partie du *Samnium* ou Pays des Samnites, si connus dans l'Histoire Romaine. Le reste du Samnium comprenoit l'Abruzze Ultérieure & Citérieure, la Capitanate, la Terre de Labour, Provinces du Royaume de Naples.

ANCONE, *Evêché*, *Port*, sur le Golfe de Venise. Cette Ville est grande, riche & ancienne : elle a une Citadelle qui passe pour la plus forte d'Italie après celle de Naples. On y voit un Arc de Triomphe bâti par le Sénat, en l'honneur de l'Empereur Trajan. Cet Arc est d'un marbre blanc très-fin, dont les pierres sont si bien liées, qu'il semble ne faire qu'un seul bloc.

IESI, *Evêché*, sur le Fiumesino, à l'Ouest.

OSIMO. } *Evêchés*.
MACERATA. }

RECANATI, au Sud-Est d'Osimo. Son *Evêché* a été transféré à Lorette, au XVIe. Siècle. C'est une Ville marchande, qui a une foire célèbre.

NOTRE-DAME DE LORETTE, *Evêché*, *Place forte*, sur le Golfe de Venise ; & fameux pélerinage, où il y a une très-riche Eglise de la Sainte Vierge.

FERMO, autrefois FIRMUM PICENUM, *Ville forte*, au Sud de Recanati.

MONTE-ALTO, *Evêché*, au Sud-Ouest de Fermo, sur la petite Rivière de Monocio. C'est la patrie du Pape Sixte V, qui y a érigé un Evêché, auquel il a uni une Abbaye de Bénédictins.

ASCOLI, *Evêché*, au Sud-Ouest. C'est une grande & ancienne Ville, où il y a deux Citadelles. Son Evêque a des revenus considérables.

SAN-SEVERINO. } *Evêchés*, à l'Ouest de Fermo.
CAMERINO. }

TOLENTINO, au Sud-Est de San-Severino. Son Evêché a été uni à Macerata en 1586.

9. *Le Duché d'Urbin.*

C'est un Pays mal-sain & peu fertile. Il est venu en la puissance des Papes, en 1631, par la mort de son dernier Duc.

URBIN, *Archevêché*, Ville considérable. Elle a un vieille Citadelle & un beau Palais, qui étoit la résidence des Ducs. C'est la patrie de Polydore Virgile, Auteur d'une Histoire d'Angleterre & d'un Traité sur les Inventeurs de diverses choses; du fameux Raphael, & d'un autre Peintre, nommé Frédéric Baroche, qui excelloit dans les sujets de dévotion.

FOSSOMBRONE, au Sud-Est, anciennement FORUM-SEMPRONII, *Evêché*, près de la rivière de Métro, autrefois *Métaure*, fameuse par la bataille donnée vers la fin de la seconde guerre Punique, entre Asdrubal qui vouloit joindre son frère Annibal, & les Consuls Claudius-Néro & Livius. Les Carthaginois y perdirent 50000 hommes, avec Asdrubal, 208 ans avant J. C.

SINIGAGLIA, au Sud-Est de Fossombrone, sur la Mer, *Port*, *Evêché*. Cette Ville fut fondée par les Gaulois Senonois, & appellée SENOGALLIA, quand ils allèrent saccager Rome sous la conduite de Brennus, environ 390 ans avant J. C. Elle est commerçante. Son terroir est fertile en fort bon vin; mais on y manque de bonne eau.

FANO, au Nord-Ouest de la précédente, sur la Mer, *Evêché*. C'est une jolie Ville, fort ancienne. On y voit un magnifique Arc de Triomphe, bâti en l'honneur d'Auguste. Elle s'appelloit autrefois FANUM-FORTUNÆ, à cause d'un Temple de la Fortune, qui y fut bâti par les Romains.

PEZARO, autrefois PISAURUM ou JULIA-FELIX, *Evêché*, *Place forte*, à l'embouchure de la rivière de *Foglia*, qui traverse tout le Duché d'Urbin, & se jette dans le Golfe de Venise. Cette Ville a un bon Port & un Château très-fort. C'est la patrie du Pape Clément XI, & de Jacques Marchisetti, qui à l'âge de treize ans possédoit toute la Philosophie d'Aristote, & composa à quinze ans un volume de près de 2000 Thèses théologiques, qu'il s'engagea à soutenir publiquement.

SAINT-MARIN, entre la Romagne & le Duché d'Urbin. Cette Ville qui a sept Villages, sous sa dépendance, se gouverne en forme de République sous la protection du Pape. Son Gouvernement est Aristocratique; ses chefs sont deux Capitaines que l'on change tous les six mois. En 1739, il survint une difficulté entre ceux qui gouvernoient ce petit Etat; & le Pape y ayant envoyé pour l'appaiser le Cardinal Albéroni, ce Légat fit si bien, qu'il soumit cette République à l'Etat Ecclésiastique; mais l'Empereur en a fait rétablir les habitans dans la liberté dont ils jouissent depuis plus de mille ans.

10. *La Romagne.*

RAVENNE, *Archevêché*. C'est une Ville fort ancienne. Elle a deux Académies, plusieurs Collèges, quatre Abbayes, & un grand nombre de Maisons religieuses. Son Port étoit autrefois le meilleur que les Romains eussent sur la Mer Adriatique, appellée aujourd'hui le Golfe de Venise; mais cette Mer y a jetté tant de sable, que Ravenne s'en trouve maintenant éloignée d'une bonne lieue. La Cathédrale est un bâtiment ancien, dont la nef est soutenue par quatre rangs de colonnes de marbre de l'Archipel. La voûte est ornée d'une belle mosaïque, & le pavé est de marbre & de porphire rapportés avec art. Son Territoire produit d'excellens vins.

Rimini, *Evêché*, sur la côte, au Sud-Est. Cette Ville est grande & marchande, remarquable par plusieurs monumens de la magnificence des Romains, entr'autres un Pont bâti de marbre, & un Arc de Triomphe en l'honneur d'Auguste. Elle est fameuse par le grand Concile que l'Empereur Constance y fit tenir en 359, où les Ariens dominèrent.

Cesena, au Nord-Ouest de Rimini, *Evêché*, grande Ville, mais qui n'est guères peuplée, avec une Citadelle qui la commande, un bel Hôtel-de-Ville, & une Fontaine ornée de statues. C'est la patrie de Jacques Mazzoni, reçu Docteur en Théologie à Bologne à l'âge de dix-huit ans, & admiré de tous ceux qui l'interrogèrent & l'entendirent.

Entre Rimini & Cesena est la petite rivière de *Pisatello*, qu'on appeloit autrefois *Rubicon*, & qui séparoit du temps de Jules-César, la Gaule Cisalpine de l'Italie. M. d'Anville la nomme *Fiumicino*.

Faensa, anciennement Faventia, *Evêché*, au Sud-Ouest de Ravenne. Cette Ville, riche & marchande, est sur la rivière d'*Amone* : elle débite du lin fort blanc, & beaucoup de vaisselle de terre, d'où nous est venu le nom de Fayence. Jules II prit cette Ville aux Vénitiens, en 1509. C'est la patrie de Toricelli, célèbre Mathématicien.

Forli, autrefois Forum-Livii, *Evêché*, au Sud-Est de Faensa. Son terroir est fertile en grains, en olives & en vins.

Bertinoro, *Evêché*. Bourg situé sur le sommet d'une montagne fertile, à l'Occident de Cesena.

Meldola, près Bertinoro. C'est une Principauté souveraine qui appartient aux Princes Pamphile.

11. *Le Bolonois.*

Le Pape Jules II se rendit maître de ce Pays en 1513. C'étoit auparavant une République.

Bologne, *Archevêché*, *Université*. On la surnomme *la Grasse*, à cause de la fertilité de son Territoire. C'est une des plus belles Villes, des plus grandes & des plus riches d'Italie. Les rues en sont droites, & les maisons accompagnées de beaux portiques fort exhaussés, qui mettent à l'abri du soleil & de la pluie. Au centre de la Ville est une Tour nommée *Asinelli*, qui passe pour la plus haute d'Italie, & qui a 376 pieds de hauteur. L'Eglise Cathédrale, qui est admirable, est ornée de riches tableaux & de belles statues. Le Palais du Gouverneur est magnifique, aussi-bien que l'Académie, qui est une des plus anciennes & célèbres, sur-tout pour le Droit. On fait à Bologne quantité d'étoffes de soie. Cette Ville a une Académie de Peinture, de Sculpture & d'Architecture, appellée *Clémentine*, du nom de Clément IX, son fondateur, & une Académie des Sciences, nommée des *Inquiets*. C'est la patrie du Pape Benoît XIV, si connu par ses savans ouvrages; de Domenico Guglielmini, célèbre Astronome & Physicien, d'Eustachio Manfredi, habile Historien, Géographe & Mathématicien, & de Ferdinand Marsigli, tous trois de l'Académie des Sciences de Paris. Ce dernier est fondateur de l'Institut des Sciences & des Arts de Bologne, subordonné à l'Université, & d'une belle Imprimerie donnée aux Dominicains, & nommée l'*Imprimerie de S. Thomas d'Aquin*.

Sur les confins du Modénois on trouve un Fort nommé le *Fort d'Urbin :* il est sur le Panaro.

12. *Le Ferrarois.*

Ce Pays est assez fertile. Il avoit autrefois ses Ducs, qui possédoient aussi le Modénois & la Polésine de Rovigo. Vers l'an 1500, les Vénitiens s'emparèrent de cette dernière Province, & les Papes se rendirent maîtres du Ferrarois en 1597. Ses Princes, qui étoient de la Maison d'Est, ont continué de régner à Modène.

Ferrare, *Archevêché*, *Université*. C'est une grande & belle Ville, mais qui n'est guères peuplée. Elle a plusieurs Eglises superbes, une magnifique Place, & une bonne Citadelle, bâtie par Clément VIII. Les rues de cette Ville sont belles, droites & larges. Au milieu de Ferrare, est une grande Place ornée d'un superbe Palais des anciens Ducs, quarré, muni aux quatre coins de tours très-fortes, entouré de fossés pleins d'eau. Tout autour règne une galerie avec de petites colonnes de marbre blanc, qui font un effet merveilleux. A quelque distance de ce Palais, est l'Hôtel-de-Ville, autrefois le Palais des Nobles, au-devant duquel est une belle & grande Place, décorée de deux magnifiques statues de bronze, l'une du Duc Hercule II, & l'autre de Borsus I, Duc d'Est, qui a fait bâtir le Monastère des Chartreux. Ces Princes ont voulu qu'elles servissent d'asyle aux criminels. La Cathédrale est remarquable par son antiquité, par la quantité de beaux marbres dont ses murs sont revêtus, & par les belles colonnes qui en ornent le frontispice. On y voit le tombeau d'Urbain III, qui est dans le chœur; le maître Autel & les fonts baptismaux sont dignes aussi d'être vus. Ferrare n'étoit ci-devant qu'un Evêché; mais le Pape Clément XII l'a érigé en Archevêché en 1735. C'est la patrie du Cardinal Guy Bentivoglio; du fameux Poëte Louis Arioste; de Jean-Baptiste Guarini, autre Poëte célèbre, & de Lélio-Grégorio Giraldi, auteur de plusieurs Ouvrages sur l'Antiquité.

Comachio, *Evêché*, près du Golfe de Venise. Cette petite Ville est bâtie dans un marais. L'Empereur Charles VI, qui s'en étoit emparé comme d'un Fief de l'Empire, & qui l'avoit fortifiée en 1708, l'a rendue au Pape en 1725. Cette affaire a donné lieu à plusieurs Ouvrages curieux.

CHAPITRE III.

De la Partie Méridionale de l'Italie, qui contient le Royaume de Naples.

CE Pays, connu anciennement sous le nom de *Grande Grèce*, à cause des nombreuses Colonies que les Grecs y établirent, occupe toute la patrie inférieure de l'Italie, & représente assez bien le bas d'une botte. Il forme une Presqu'Isle, qui a au Nord le Golfe de Venise, à l'Orient, la Mer de Grèce, & à l'Occident, la Mer de Naples. C'est un des plus beaux & des meilleurs Pays de l'Italie. Il donne avec une égale fertilité toutes sortes de productions. On y trouve des mines d'alun & de fer, & on y recueille de la manne très-estimée. Mais les Habitans passent pour être si méchans, qu'on l'appelle le Paradis d'Italie habité par les démons. Il est sujet à de fréquens tremblemens de terre; mais l'air y est très-sain.

Les Sarrasins ayant enlevé la plus grande partie de ce Pays aux Empereurs Grecs, en furent maîtres pendant le IXe & le Xe siècle. Quelques Seigneurs Normans s'en saisirent dans le XIe, & ayant aussi conquis l'Isle de Sicile, qui n'en est séparée que par le Détroit appelé *le Phare de Messine*, ils fondèrent, en 1130, le Royaume qu'on a nommé dans la suite *Royaume des deux Siciles*; car celui de Naples, qui a été plusieurs fois séparé de la Sicile, a souvent été appelé *Sicile en-deçà du Phare*. Ces Etats vinrent, en 1194, à la Maison Allemande de Souabe, en conséquence du mariage de la Princesse Constance avec l'Empereur Henri VI. En 1265, Charles d'Anjou, frère de S. Louis & Comte de Provence, devint Roi des deux Siciles; mais en 1282, il fut réduit au Royaume de Naples, qu'il laissa à sa postérité; parceque Pierre I, Roi d'Aragon, profitant des mécontentemens des habitans de la Sicile, s'empara de cette Isle. Alphonse V, Roi d'Aragon & de Sicile, s'étant rendu maître de Naples en 1442, malgré les droits qu'y avoit la seconde Maison d'Anjou, issue d'un frère de Jean, Roi de France, donna ce Royaume à Ferdinand son bâtard, dont la postérité a régné à Naples jusqu'en 1501. Cependant, en 1495, Charles VIII, Roi de France, qui avoit hérité des droits des Comtes de Provence de la seconde Maison d'Anjou, s'empara en quinze jours du Royaume de Naples, & s'y fit couronner Roi; mais il ne put garder long-temps ce Royaume. Louis XII, son successeur, fit un Traité avec Ferdinand le Catholique, Roi d'Aragon & de Sicile, par lequel ils partagèrent le Royaume de Naples. Mais après en avoir fait la conquête conjointement, en 1501, une dispute s'éleva entre ces Princes pour la Province de Capitanate : tous deux la revendiquèrent ; ils en vinrent aux mains, & Ferdinand se rendit maître, en 1503, de tout le Royaume. Il est resté aux Espagnols jusqu'en 1707, que l'Empereur Joseph s'en est emparé. Don Carlos, Infant d'Espagne, en fit la conquête en 1735 ; & la possession lui en fut confirmée avec la Sicile, par le Traité de paix fait à Vienne en 1736. Depuis que ce Prince est devenu Roi d'Espagne en 1759, il l'a cédé au troisième de ses fils, nommé Ferdinand. Le Royaume des deux Siciles doit foi & hommage au Pape : pour cela tous les ans, la veille de S. Pierre, on lui présente 7000 ducats, & le lendemain une haquenée ou cavale blanche.

Le Royaume de Naples se divise en quatre grandes Provinces, qui en contiennent chacune trois autres : savoir, au Sud-Ouest, *la Terre de Labour*, qui renferme les Principautés Citérieure & Ultérieure, & la Terre de Labour propre ; au Nord-Est l'*Abruzze*, qui se partage en Citérieure & Ultérieure, & Comtat de Molise : au Sud-Est, la *Pouille*, qui se divise en Capitanate, Terre de Bari & Terre d'Otrante : au Midi, la *Calabre* que l'on partage en Basilicate, Calabre Citérieure & Calabre Ultérieure.

§. I. *La Terre de Labour.*

Cette Province, qui est au Sud-Ouest, renferme la *Terre de Labour* propre, la *Principauté Citérieure*, & la *Principauté Ultérieure*.

1. *La Terre de Labour propre.*

On l'appelle *la Campagne heureuse*, à cause de sa fertilité. Elle étoit autrefois connue sous le nom de *Campanie*.

NAPLES, anciennement NEAPOLIS & PARTHENOPE, *Capitale*, *Archevêché*, *Université*, *Port*, *Place forte*. C'est une des plus grandes & des plus belles Villes de l'Europe, en y comprenant ses sept Fauxbourgs, qui sont grands & bien bâtis ; mais elle n'est pas peuplée à proportion de son étendue. On la surnomme la *Noble* & la *Gentille*. Les Eglises y sont riches & magnifiques, sur-tout la Métropole de l'Assomption de la Sainte Vierge, où l'on garde du sang & le chef du Martyr S. Janvier. Tous les ans, le jour de la fête de ce Saint, on approche son chef de la phiole où est renfermé le sang, qui se liquéfie, dit-on, à la vue de tout le peuple. Le nombre des Couvens & des Eglises est prodigieux à Naples. On y compte dix-neuf Couvens de Jacobins, & huit de Jacobines ; dix-huit de Franciscains, & douze de Franciscaines ; huit d'Augustins, & cinq d'Augustines ; huit de Carmes, & cinq de Carmélites ; deux de Chartreux, dont celui de Saint Martin est admirable, tant par la beauté de la vue, que par la magnificence des bâtimens ; deux de

Célestins; cinq de Chanoines Réguliers; un de Bénédictins, & cinq de Bénédictines; quatre de Minimes; trois de Servites; six de Théatins; trois de Barnabites; cinq de la Merci, & beaucoup d'autres; avec trente-six Paroisses, & soixante-dix Eglises desservies par des Chanoines ou des Prêtres séculiers. On dit qu'il n'y a point de Villes où il y ait tant d'Avocats & de Procureurs qu'à Naples. On y remarque plusieurs Hôpitaux, entre lesquels celui des Enfans trouvés, qu'on appelle de l'Annonciade, est le plus considérable. Cet Hôpital est si riche, qu'outre qu'il entretient quatre Hôpitaux, il fait quantité d'aumônes journalières, marie de pauvres filles, délivre des prisonniers, assiste de pauvres familles honteuses. Il est administré par cinq Gentilshommes & quatre des Citoyens des plus notables. Son Eglise est magnifique. Son Trésor est si riche, qu'on le met au-dessus de celui de Notre-Dame de Lorette. Naples est ornée de belles Places, d'Obélisques, & de quantité de Fontaines, presque toutes magnifiques, & dont les eaux, qui sont très-saines, viennent du Vésuve par un superbe Aqueduc. Le Palais des anciens Vicerois & l'Hôtel-de-Ville sont très-beaux. La Ville est défendue par trois Châteaux, nommés *Saint-Elme*, le *Château-Neuf*, & le *Château de l'œuf*. On fait un commerce considérable en cette Ville, sur-tout de savon fort estimé, d'huile, & d'étoffes de soie de toutes sortes, de bas, de bonnets, de camisoles, &c. Naples est sujette à de fréquens tremblemens de terre. C'est la patrie de Stace, Poëte Latin; du Pape Innocent XII, des Alexandres Jurisconsultes; du Cavalier Bernin; de Jean-Alphonse Borelli, excellent Philosophe & Mathématicien, & du fameux Poëte Sannazar.

Pozzuolo ou Pouzzol, *Evéché*, *Port*, à l'Occident de Naples. Cette Ville est dans une agréable situation. Près de Pouzzol, dans la Mer, est une espèce de pont, l'édifice le plus hardi d'Italie. Il consiste en quatorze piliers, larges chacun de 60 pieds, éloignés les uns des autres de 170. Il y en avoit autrefois 25, qui étoient joints par des arcades élevées de plus de 50 pieds; mais les vagues en ont brisé la plûpart. Vis-à-vis de Pouzzol, sont les ruines de *Bayes*, lieu de délices des anciens Romains, & tout proche, vers le Nord, le *Lac Averne*, sur lequel les oiseaux passent impunément aujourd'hui, & qui par sa jonction avec le Lac *Lucrin*, & par sa communication avec la Mer, pratiquée par Agrippa, favori d'Auguste, formoit autrefois le *Port Jule*, dont l'étendue & la situation offroient une retraite assurée à un grand nombre de vaisseaux qu'on pouvoit commodément y exercer à la manœuvre. Il n'en reste plus rien, depuis un tremblement de terre arrivé en 1538, qui a changé totalement la face des lieux. Près de-là sont aussi l'*Achéron*, les *Champs Elisées* & *Cumes*, dont il ne reste plus que des ruines.

Entre Pouzzol & Naples, ont voit la *Grotte du Chien*. C'est une caverne creusée au niveau d'un petit Lac nommé *Agnano*, dont l'eau, quoiqu'assez claire, & sans mauvais goût, bouillone presque par-tout, sans qu'on s'apperçoive d'aucune chaleur. Les vapeurs qui sortent de terre sont très-fortes; si l'on presse contre terre le museau d'un chien, il meurt en moins de deux minutes. Un flambeau s'y éteint, dès qu'on le présente à l'entrée de la caverne. Au Nord du Lac Agnano on voit une montagne, dont le sommet paroît tout blanc, & pousse continuellement des vapeurs épaisses & de la fumée. Au milieu de cette montagne, est une vallée qui a 2300 pas de long, sur mille de large. On l'appelle *Sulfatara*, c'est-à-dire, la Soufrière, & les habitans des environs y ramassent quantité de soufre. Quand on y marche, on entend la terre résonner sous les pieds comme un tambour : on sent même l'eau bouillir, & l'on en voit sortir la fumée par plusieurs trous qui sont dans la térre. Si on bouche un de ces trous avec une grosse pierre, peu de temps après la force de la vapeur la jette bien loin de-là. Il y a dans cette vallée un grand étang dont l'eau noire bout sans cesse. On remarque que quand la mer est agitée, cet étang est beaucoup plus couvert de soufre qu'à l'ordinaire. Autour de cette vallée, on apperçoit plus de deux mille trous, par où il sort, sans cesse, une fumée de soufre, d'alun, de sel ammoniac, & d'autres minéraux, que les Médecins regardent comme très-propres à guérir les maladies froides & humides. On trouve aussi autour de la Solfatara, du vitriol excellent, dont la couleur approche de celle du saphir, & on y perfectionne le meilleur alun, que l'on nomme alun de roche, qui se tire de pierres qui ne se trouvent pas en cet endroit. Le long du même Lac Agnano, on rencontre quantité de petites cellules voûtées, dans lesquelles, aussi-tôt qu'on y est entré, on sent une sueur par tout le corps. On assure que ces étuves naturelles, que l'on nomme *Etuves de Saint-Germain*, du nom d'un Evêque de Capoue, dont S. Grégoire parle dans ses Dialogues, sont merveilleuses pour guérir la goutte, les rhumatismes & les autres maladies de cette espèce, & même les ulcères intérieurs.

Près de ce même Lac est le Mont *Pausilippe*, percé d'un bout à l'autre, & dont l'ouverture est assez grande pour que deux voitures y passent de front. Les Servites ont sur cette montagne un Monastère, où l'on voit le tombeau du Poëte Sannazar. Elle est célèbre d'ailleurs pour ses vins & ses fruits délicieux.

GAÉTE, *Evêché, Place forte*, au Nord-Ouest de Pouzzol. Cette Ville a donné naissance au Cardinal

Jean Cajétan, qui fut depuis Pape sous le nom de Gélase II. Sa famille, originaire d'Espagne, s'étant établie à Gaéte, en avoit pris le nom de *Cajétan*.

Fundi, *Evêché*, au Nord-Ouest de la précédente. Elle a titre de Principauté.

Aquino, *Evêché*. Cette petite Ville est la patrie du Poëte Juvénal, & de S. Thomas, surnommé le Docteur Angélique : il mourut en 1274.

Monte-Cassino, fameuse Abbaye, fondée par S. Benoît en 529. Elle a été depuis comme la source & le centre de son Ordre.

Arpino, petite Ville au Nord-Ouest de Monte-Cassino. Elle a donné naissance à Cicéron.

Sora, au Nord-Ouest d'Arpino, *Evêché*. C'est la patrie du Cardinal Baronius, si connu par ses Annales de l'Histoire Ecclésiastique, qu'il a conduites jusqu'à l'an 1198, c'est-à-dire, à la fin du XIIe siècle.

Capoue, *Archevêché*, *Ville forte*, au Nord-Est de Naples, sur le *Volturne*, qui prend sa source dans la Principauté Ultérieure, à l'Orient. Cette Ville est située dans une agréable Contrée, à quelque distance des ruines de l'ancienne Capoue, Ville qui alloit presque de pair avec Rome & Carthage. Elle est célèbre par le changement prodigieux qu'elle produisit, selon Tite-Live, dans les troupes d'Annibal : ses délices les amollirent au point qu'elles furent presque toujours depuis vaincues par les Romains.

Nola, *Evêché*, au Sud-Est de la précédente. C'est une ancienne Ville. L'Empereur Auguste y mourut. Elle est encore célèbre par la retraite & l'épiscopat du grand S. Paulin.

Sorrento, *Archevêché*, près la Mer, au Sud-Est de Naples. C'est la patrie du Tasse, Auteur du Poëme de la Jérusalem délivrée.

A l'entrée du Golfe de Naples sont les Isles d'*Ischia* & de *Caprée*.

ISCHIA, *Evêché*, *Place forte*. Ce fut où se retira Ferdinand II, Roi de Naples, lorsque le Roi Charles VIII fit la conquête du Royaume de Naples en 1495. Le terroir de cette Ville est fertile en vins blancs excellens. Il y a des bains salutaires.

CAPRI, *Evêché*. Cette Ville, appellée autrefois *Caprée*, est fameuse par la retraite de l'Empereur Tibère, qui s'y livra à toute sorte de débauches. On la nomme l'*Evêché des Cailles*, parceque son principal revenu consiste dans la vente d'une quantité prodigieuse de ces oiseaux de passage, qui se rendent dans cette Isle.

Près de Naples, environ à quatre lieues vers l'Orient, est le Mont *Vésuve*, qui jette ordinairement une fumée fort épaisse, & quelquefois des flammes & des torrens de matières métalliques fondues & ardentes. La dernière éruption du Vésuve, qui commença au mois de Novembre 1754, duroit encore en 1760 (*a*).

Les cendres du Vésuve qui sont remplies de sel & de nitre, donnent au terroir voisin une très-grande fertilité. Les vignes sur-tout y sont excellentes. C'est de-là que viennent, entr'autres, les fameux vins appellés, *vins Grecs* (*b*), *Malatesta*, *Lacryma Christi*.

───────────

(*a*) On a différentes hist. des éruptions de ce Volcan. La plus complette est celle que le P. Della Torre, Secrétaire de la Bibliothèque & du Cabinet du Roi des deux Siciles, a composée en Italien. On en a donné une Traduction françoise, qui a paru en 1760, chez J. Th. Hérissant.

(*b*) Les vins Grecs doivent leur nom & leur origine à un Moine Grec, qui s'étant établi en cet endroit, y planta la vigne qui les produit. La Reine Jeanne qui les trouva excellens, donna au Religieux le privilège d'en fixer le prix. Le Chapitre de Naples a hérité de cette vigne, & du privilège; il en jouit encore aujourd'hui.

Il fort de cette montagne des fources d'eau qui font douces & falutaires, que l'on conduit à Naples par des aqueducs.

PORTICI, Village entre Naples & le Mont Véfuve, devenu très-célèbre depuis quelques années.

Le Roi des deux Siciles faifant bâtir à *Portici* une Maifon de plaifance, & ayant appris que M. le Prince d'Elbœuf, qui s'étoit retiré à Naples, avoit trouvé aux environs de ce Village, près de trente ans auparavant, un affez bon nombre de ftatues, fit fouiller la terre à quatre-vingts pieds de profondeur. Ce fut alors qu'on apperçut les premiers indices d'une Ville fouterraine fituée fous *Portici* & *Refina*, Villages contigus, à fix milles de Naples, entre le Mont Véfuve & le rivage de la Mer.

Une Infcription trouvée dans le Théâtre de cette Ville, & fur laquelle on lit le mot *Herculanea*, ne laiffe plus lieu de douter aujourd'hui que ce ne foit *Herculea* ou *Herculanum*, dont Pline le jeune, Denys d'Halicarnaffe, Séneque, &c. ont marqué la fituation entre Naples & Pompeia.

Cette ancienne Ville, fucceffivement habitée par les Ofques ou Aufones, & par les Romains, fut confidérablement endommagée (*a*) fous l'Empire de Néron, par le tremblement de terre qui détruifit Pompeia, le 7 Février de l'an 63 de Jefus-Chrift; & fa ruine fut achevée par l'éruption du Véfuve, qui arriva la première année de l'empire de Tite, fuivant Eufebe, Zonaras & Agricola, & la troifième, felon d'autres.

La matière fous laquelle la Ville d'*Herculea* eft enfevelie n'eft pas uniforme : dans quelques endroits, c'eft la *Lave* du Véfuve; dans d'autres, c'eft une efpèce de mortier ou ciment fort dur.

(*a*) Voyez Seneq. *Quæft. Nat. lib.* VI. *c.* 1.

A peine eut-on commencé à fouiller la terre sous Portici & Resina, que l'on découvrit quelques statues de la famille Balba, & quelques peintures à fresque.

Peu de temps après, les travailleurs arrivèrent à un Théâtre qui paroît d'Architecture Grecque, autant que l'on en peut juger d'après Vitruve. En effet, ses vingt & un gradins ne sont pas séparés de sept en sept par un paillier, comme chez les Romains; mais ils sont contigus & d'une même suite. Ce Théâtre a 290 pieds de circonférence à l'extérieur; 230 intérieurement jusqu'à la scène; 160 de largeur extérieure, & 150 en dedans. Le lieu de la scène étoit d'environ 72 pieds de largeur, sur trente de profondeur. Ce magnifique édifice étoit entièrement revêtu des plus beaux marbres de l'antiquité, & enrichi de colonnes & de statues. On a enlevé les ornemens de ce Théâtre, ensorte qu'il ne reste plus aujourd'hui que la massif de ce beau monument.

En poussant les travaux du côté de Portici, on parvint à une rue large d'environ 36 pieds, & bordée à droite & à gauche de banquettes ornées de portiques, sous lesquels les gens de pied pouvoient marcher à couvert. Cette rue conduisit les travailleurs à trois édifices publics, dont deux sont contigus, & se trouvent en face d'un plus grand, qui n'en est séparé que par la largeur de la rue, laquelle forme entre deux un vestibule qui leur est commun, parcequ'elle est couverte en cet endroit d'une voûte qui porte également sur les trois édifices.

Toutes les rues d'*Herculea* sont tirées au cordeau, avec des banquettes des deux côtés : elles sont pavées de grandes pierres, si semblales à celles qui pavent la Ville de Naples, qu'il y a lieu de croire qu'elles viennent de la même carrière, c'est-à-dire, de quelque Lave du Mont Vésuve.

On n'a pas trouvé jusqu'à préfent de maifons qui méritent un détail particulier : toutes celles que l'on a fouillées, dans l'efpace de 300 toifes de longueur, fur environ 150 de largeur, paroiffent d'une architecture affez uniforme. L'intérieur de la plupart de ces maifons eft peint à frefque. Dans quelques-unes c'étoient des tableaux dont les fujets font pris de la Fable ou de l'Hiftoire ; & Sa Majefté Sicilienne en a fait enlever autant qu'il a été poffible. Dans le plus grand nombre, les peintures font d'une feule couleur, ordinairement rouge, avec quelques ornemens légers, tels que des oifeaux perchés fur des cordages, ou s'y tenant fufpendus par le bec ou par les pattes. Elles repréfentent auffi des animaux, & quelquefois des fleurs.

Ces peintures forment à préfent, dans le Cabinet du Roi des deux Siciles, environ 400 tableaux de toute grandeur, la plûpart prefqu'auffi frais que s'ils étoient modernes. Mais fi l'on en excepte une douzaine, peut-être, où les figures font à peu près de grandeur naturelle, les autres n'ont que dix à douze pouces de haut, fur une largeur proportionnée. Ces petits tableaux font tous précieux ; mais ce n'eft rien en comparaifon des grands. Dans ces derniers, les figures font deffinées avec toute la correction poffible, & l'expreffion ne laiffe ordinairement rien à defirer ; mais il y en a peu où les carnations foient parfaites. Soit défaut dans la peinture, foit qu'elle ait été altérée par le temps, le coloris n'en eft pas beau.

Une feule couleur forme le plus fouvent le fond des tableaux. Quelques-uns ne font que de deux couleurs ; on en remarque trois & quatre dans d'autres ; & il y a une frefque qui repréfente de fimples ornemens, dans laquelle on voit des fleurs de différentes efpèces de toutes couleurs.

On a trouvé aussi dans *Herculea*, un assez grand nombre de statues de bronze, presque toutes applaties, rompues ou mutilées: Le métal en est tellement altéré, que ce n'est qu'avec beaucoup de peine qu'on est parvenu à en restaurer cinq entièrement.

Entre le grand nombre de Bustes de marbre qu'on a retirés de cette ancienne Ville, les plus beaux sont Jupiter-Hammon, Junon, Pallas, Cérès, Neptune, Mercure, Janus, une petite fille, & un jeune homme portant au cou la Bulle d'or, qui lui tombe sur l'estomac. Cette Bulle n'est point en forme de cœur, ainsi que la représentent quelques Modernes: c'est un ovale régulier, qui n'a guères qu'un pouce de largeur, seize lignes de hauteur, & quatre d'épaisseur.

Les Médailles qu'on a trouvées aussi dans *Herculea* sont en si grand nombre, qu'il n'est guères possible d'en faire le détail. On peut dire la même chose des vases & instrumens destinés aux Sacrifices. Il suffira de dire qu'il y en avoit de toutes espèces: autels pour les sacrifices, autels pour les libations, autels portatifs en forme de trépieds, bassins, patères, vases pour l'eau lustrale, haches, couteaux victimaires, urnes, ampoules, lacrymatoires, &c. Une partie de ces monumens, vases & instrumens sont de marbre, d'autres d'airain, quelques-uns de terre cuite & de verre.

A l'égard des ustensiles trouvés dans cette Ville, ils consistent principalement en ustensiles de ménage, comme cuillers, urnes, vases de toutes sortes de forme & de grandeur, lampes en forme de chandeliers & de candelabres, différentes pièces de batterie de cuisine, bouteille de verre, marteaux, dez à jouer, anneaux, boucles d'oreilles, amulettes, casques, &c. La plus grande partie de ces usténsiles sont d'airain, ce qui pourroit faire croire que le fer n'étoit pas fort en usage chez les anciens.

Il y a toute apparence qu'il périt peu de monde dans *Herculea*, attendu qu'il s'est trouvé peu de squelettes. On en découvrit un en 1743, qui étoit couché sur un escalier, tenant dans sa main une bourse qu'on pouvoit aisément distinguer par le moule qu'elle avoit laissé dans l'espèce de ciment dont elle étoit envelopée. Ce squelette avoit si peu de consistance, qu'il ne fut pas possible de le retirer.

On a trouvé, en 1750, dans les ruines de cette Ville un Temple orné de très-beau marbre. Il y avoit quatre statues d'un travail parfait. On a découvert aussi, en 1752, une statue de Minerve en marbre blanc de grandeur naturelle, deux bustes aussi de marbre, entre lesquels il y en a un qui représente un Philosophe, & une urne d'un marbre transparent. Le bas-relief & les autres ornemens de cette urne paroissent être l'ouvrage du ciseau de l'Ecole Grecque dans son plus bel âge. L'année suivante, on y a trouvé plusieurs Manuscrits qui sont d'écorce d'arbre, écrite seulement d'un côté. Cette écorce est devenue si fragile, qu'on n'a pu la développer que par parties, plus ou moins grandes. Mais au moyen des soins qu'on y a apportés, on a copié facilement à mesure que l'ouvrage avançoit; & le travail a été remis à un sçavant Antiquaire nommé M. *Mazocchi*, qui doit être l'Editeur de ces Manuscrits, & en donner la Traduction avec des notes. Il y a entre ces Manuscrits un Poëme Grec, contenant la Philosophie d'Epicure, & qu'on dit être dans le goût de Lucrece; un autre Poëme Grec sur la Musique des anciens, & un petit Traité de Morale en latin. Beaucoup de ces volumes, réduits à une espèce de masse de boue noire, sont perdus pour jamais. Pour les Manuscrits Egyptiens trouvés dans le même temps, ils étoient très-altérés : à peine a-t-on pu en déchiffrer quelques caractères.

2. *La Principauté Citérieure.*

SALERNE, *Archevêché*, *Université*, *Port*. Son Ecole de Médecine étoit autrefois très-célèbre. Cette Ville est située dans une plaine environnée de collines très-fertiles & très-agréables. Les Princes héréditaires de Naples portoient ci-devant le titre de Princes de Salerne.

CAVA, *Evêché*. On y fabrique de belles toiles.

AMALFI, *Archevêché*, sur le Golfe de Salerne. Cette Ville est le lieu de la naissance de Flavio Gioia, que quelques Auteurs disent être l'inventeur de la Boussole.

ACERNO, *Evêché*, dans le milieu.

CAMPAGNA, *Evêché*, au Sud-Est de la précédente. C'est un Marquisat qui appartient au Prince de Monaco. Son terroir produit d'excellens vins & de bonne huile.

POLICASTRO, *Evêché*, sur le Golfe auquel elle donne son nom.

3. *La Principauté Ultérieure.*

BÉNÉVENT, *Archevêché*. Cette Ville & son Territoire appartenoient au Pape, depuis l'an 1053, à titre de Duché : la Cour de Naples en est en possession depuis 1768. C'est l'Empereur Henri III, dit le Noir, qui les donna à Léon IX, pour affranchir la Ville de Bamberg d'une redevance qu'elle payoit tous les ans au Saint Siège. Quoique Bénévent ait beaucoup souffert de plusieurs tremblemens de terre, & sur-tout de celui de 1703, cette Ville est encore grande, belle & riche, mais n'est guères peuplée.

MONTE-FUSCOLO,

MONTE-FUSCOLO, petite Ville à deux ou trois lieues de Bénévent, au Sud-Est. C'est où réside le Gouverneur de la Province.

ARIANO, *Evêché*, à l'Est de Bénévent, près l'Apennin.

CONZA, *Archevêché*, au Sud-Est de Bénévent, près des sources de la Rivière d'Ofanto, & au pied de l'Apennin. Cette Ville est ancienne, mais petite. Elle fut très-endommagée par le tremblement de 1694, aussi-bien que la Ville suivante.

AVELLINO, *Evêché*, au Sud de Bénévent, avec le titre de Principauté.

Entre cette Ville & Bénévent sont les *Fourches Caudines*, où l'armée Romaine, assiégée par les Samnites avec ses deux Consuls, fut obligée de passer sous le joug, 321 ans avant J. C. On nomme aujourd'hui ces détroits de montagnes *Val-di-Gargano*.

§. II. *L'Abruzze*.

Cette Province est au Nord-Est, sur le Golfe de Venise, & son terroir est très-fertile. Elle renferme :

1. *Le Contat de Molise*.

MOLISE, Ville peu considérable, au milieu de la Province. Le Gouverneur y fait sa résidence.

TRIVENTO, *Evêché*, avec titre de Comté, au Nord-Est de Molise.

LARINA, *Evêché*, au Sud-Est de Trivento.

BOJANO, *Evêché*, avec titre de Duché, au Sud de Molise.

2. *L'Abruzze Citérieure*.

CHIÉTI ou THÉATE, *Archevêché*, sur l'Aterno, au Nord. C'est une Ville considérable, qui a donné son nom à la Congrégation des Théatins, fondée en 1524, par S. Gaétan. Jean-Pierre Ca-

Tome I. Y

raffe, Archevêque de Théate, & depuis Pape, sous le nom de Paul IV, en a été le premier Supérieur général.

LANCIANO, anciennement ANXANUM, *Archevêché*. Cette Ville est célèbre par les foires qui s'y tiennent deux fois l'année, en Mai & en Août.

ORTONA, *Evêché*, *Port* très-fréquenté par les Marchands de Dalmatie, qui traversent le Golfe.

PESCARA, autrefois ATERNUM, *Place forte*, sur l'Aterno, avec titre de Marquisat.

SULMONA, *Evêché*, au Sud-Ouest de Lanciano. C'est la patrie du Poëte Ovide.

3. *L'Abruzze Ultérieure.*

AQUILA, *Evêché*, *Place forte*, sur l'Aterno. Cette Ville a été considérablement endommagée par le tremblement de terre arrivé en 1703.

ATRI, au Nord-Est, *Evêché* : c'est un Duché qui appartient à la Maison d'Aquaviva.

TERAMO,

CAMPOLI. Ces deux *Evêchés* sont au Nord-Est d'Aquila.

Dans cette Province, au Midi, se trouve le Lac *Célano*, appellé autrefois *Fucin*, autour duquel habitoient les Marses.

PESCINA, au Sud-Est du Lac Célano, sur les confins de l'Abruzze Citérieure. C'est un Bourg remarquable, parceque le Cardinal Mazarin y est né.

§. III. *La Pouille.*

Cette Province, qui se nommoit autrefois *Apulie*, est au Sud-Est, le long du Golfe de Venise. Elle renferme :

1. *La Capitanate.*

MANFRÉDONIA, *Archevêché*, *Port*, sur la côte

ROYAUME DE NAPLES.

Orientale. Il y a de bonnes salines. Cette Ville, bâtie en 1250, par Mainfroi, bâtard de l'Empereur Frédéric II, porte le nom de son fondateur. L'Archevêché de *Siponto*, ancienne Ville ruinée qui en étoit proche, y a été transféré.

MONT SAINT-ANGE, autrefois MONS GARGANUS, au Nord de Manfrédonia.

TERMOLI, *Evêché*, à l'extrémité de la Capitanate, près la Mer. Cette Ville a le titre de Duché.

SAN-SEVIERO, *Evêché*, & Principauté, au Sud-Est de Termoli.

FERRENTINO, *Evêché*, au Sud de San-Seviero.

TRAGONARA, anciennement GERION & GERONIUM, *Evêché*, au Nord-Ouest de Ferrentino.

VOLTURARA, *Evêché*, au Sud de Tragonara.

LUCERA, *Evêché*, à l'Est de Volturara. Le Gouverneur de la Province y réside ordinairement.

TROÏA, *Evêché*, *Ville forte*, au Sud de Lucera. Son Evêque dépend immédiatement du Pape. Troïa fut bâtie au commencement du XIe. Siècle, sur les ruines de l'ancienne Ville d'ECLANE, célèbre dans l'Histoire de l'Eglise, par son Evêque *Julien*, & par les Ecrits de S. Augustin, contre ce défenseur opiniâtre de Pélage.

ASCOLI, au Sud-Est de Troïa. C'est une ancienne Ville illustrée, par la victoire que le Consul Fabricius remporta sur Pyrrhus, Roi d'Epire.

2. *La Terre de Bari.*

Elle est très-fertile en bleds, en fruits excellens, & en safran.

BARI, *Archevêché*, *Port*, sur la côte, Ville très-riche, très-belle, & bien fortifiée. Il s'y est tenu un Concile, sous Urbain II, pour la réunion des Grecs à l'Eglise Latine. Autrefois les Rois de Naples & de Sicile y étoient couronnés.

TRANI, *Archevêché*, *Port*, au Nord-Ouest de la précédente. Le Gouverneur de la Province demeure dans cette Ville, qui est grande & bien peuplée.

BARLETTA, au Nord-Ouest de Trani. C'est une Ville assez grande, & une Place forte. L'Archevêque de Nazareth y demeure.

Au Sud-Ouest de cette Ville, près l'Ofanto, étoit autrefois celle de CANNES, où Annibal remporta une victoire complette sur les Romains, 216 ans avant J. C.

BISEGLI,
MOLFETTA, } *Evêchés*, entre Bari & Trani.
GIOVENASSO,

BITONTO, *Evêché*, au Sud-Ouest de Bari. C'est aux environ de Bitonto que les Impériaux furent battus, en 1734, par les Espagnols commandés par le Général de Montemar, qui en récompense a été fait Duc de cette Ville.

GRAVINA, *Evêché*, au Sud-Ouest de Bitonto : C'est un Duché appartenant à la Maison des Ursins.

3. *La Terre d'Otrante.*

Elle est sujette à être ravagée par des sauterelles, qui sont chassées ou mangées par une espèce d'oiseaux qu'on ne voit que dans ce Pays.

BRINDES ou BRINDISI, *Archevêché*, sur le Golfe de Venise. Cette Ville est ancienne : elle a une Forteresse & un Port. Virgile y est mort, & le Poëte Tragique Pacuve y a pris naissance.

LECCE, anciennement ALETIUM, *Evêché*, est l'une des meilleures Villes du Royaume. Le Gouverneur y fait sa résidence.

OTRANTE, *Archevêché*, sur le Golfe de Venise, à l'extrémité Orientale de l'Italie. Elle a un bon Port, avec un fort Château bâti sur un rocher. Elle se nommoit autrefois HYDRUNTUM.

Uginto.
Alesano.
Castro, autrefois CASTRUM-MINERVÆ. Ces trois *Evêchés* font à l'extrémité de l'Italie.

Tarente, *Archevêché*, au Midi, fur le Golfe de fon nom : on y fait un grand commerce de laines. Nos Ducs de la Trimouille portent le titre de Princes de Tarente, à caufe des prétentions qu'ils ont fur le Royaume de Naples, du chef d'Anne de Laval, une de leurs ayeules, laquelle étoit petite-fille de Frédéric, Roi de Naples & de Sicile, qui fut dépouillé en 1501, par Louis XII & Ferdinand le Catholique. Louis XIV permit au Duc de la Trimouille d'envoyer au Congrès de Munfter, en 1648, une perfonne de fa part, pour foutenir fes droits fur ce Royaume. Ce Prince en a fait autant dans les Congrès fuivans. C'eft du nom de cette Ville, qu'on a nommé *Tarentule* une groffe araignée fort commune dans ce pays, & qu'on voit auffi dans plufieurs autres endroits de l'Italie & dans l'Ifle de Corfe. Elle eft peu différente de nos araignées domeftiques. Mais fa morfure, quoique fort légère, caufe, dit-on, la mort, fi l'on n'eft fecouru promptement par le fon des inftrumens. Tarente eft la patrie du fameux Architas, grand Philofophe & Mathématicien.

Matera, au Nord-Oueft de Tarente, *Archevêché* & Ville confidérable, où réfide l'Archevêque de Cirenza dans la Bafilicate. Ces deux Archevêchés font unis aujourd'hui.

§. IV. *La Calabre.*

Cette Province eft à l'extrémité Méridionale. Elle abonde en bétail ; on en tire beaucoup d'huile, de foie & la meilleure manne (*a*).

(*a*) La manne eft un fucre ou une efpèce de miel naturel, qui découle des feuilles du Frefne. La meilleure eft celle de Calabre.

La Calabre renferme :

1. *La Basilicate.*

Elle s'appelloit autrefois *Lucanie*, & est située près du Golfe de Tarente.

CIRENZA *ou* ACERENZA, ci-devant *Archevêché*, au Nord-Ouest, sur le *Brandano*. Cette Ville est presque ruinée, & son Diocèse a été uni à celui de Matera.

VENOZA, *Evêché*, au Nord de Cirenza, avec titre de Principauté. Cette Ville a donné naissance au Poëte Horace.

POTENZA, *Evêché*, au Sud-Ouest de Cirenza, Duché.

TURSI, *Evêché*, vers le Golfe de Tarente, Duché.

2. *La Calabre Citérieure.*

Elle faisoit anciennement partie du *Brutium*, qui comprenoit aussi la Calabre Ultérieure.

COZENZA, *Archevêché*, au Midi, près l'Apennin. Cette Ville est considérable, & a un Château. C'est la patrie de Bernardin Tilésio, habile Philosophe du XVIe. Siècle l'un des premiers qui secouèrent le joug de la Philosophie d'Aristote.

ROSSANO, autrefois RUSSIANUM, *Archevêché*, au Nord-Est, près le Golfe de Tarente. Son terroir est fertile en huile, en safran & en poivre.

ALTESMONTÉ, au Nord-Ouest, petite Ville qui a dans ses environs des mines d'or, d'argent & de fer.

LONGOBUCO, dans le milieu. C'est un Marquisat Son Territoire a des mines d'argent & de mercure.

CERENZA, *Evêché*, au Sud de Longobuco.

STRONGOLI, *Evêché*, près de la Mer, avec titre de Principauté.

3. *La Calabre Ultérieure.*

RÉGIO, *Archevêché*, à l'extrémité de l'Italie, près de la Sicile. C'est une ancienne Ville assez considérable. On y fait des camisoles, des bas, des gants, &c. avec le fil, la soie ou laine des Pinnes marines. Ces hardes sont d'une légéreté admirable, & impénétrables au froid le plus violent. Le poisson qui produit cette laine est une espèce de moule longue de six à huit pouces. Ses écailles sont couvertes d'un poil extrêmement fin, de différentes longueurs. On le met tremper quelques jours dans l'eau, on le nettoie, puis on le bat & on le carde. Il devient par-là aussi doux que la soie, & propre à être filé. La couleur de ce poil est brune & naturellement lustrée. Régio est la patrie des Papes Agathon, Léon II & Etienne III.

MILETO, *Evêché*, au Nord de Régio.

GIERAZI, *Evêché*, au Sud-Est de Mileto.

SQUILLACE, *Evêché*, au Nord-Est, sur le Golfe de même nom, Principauté qui appartient aux Princes de Monaco. C'est la patrie du sçavant Cardinal Sirlet, Bibliothécaire du Vatican, mort en 1585.

CATAZARO, *Evêché*, près le Golfe de Squillace. Le Gouverneur de la Province y réside.

SAN-SEVERINA, au Nord-Est de Catazaro, *Archevêché*, petite Ville située sur un rocher escarpé, près de la rivière de *Neto*.

COTRONE, autrefois CROTONA, au Sud-Est de San-Severina, *Evêché*. Cette Ville, très-ancienne, est remarquable par la force extraordinaire de ses anciens habitans, sur-tout du fameux Athlète Milon de Crotone.

Par la description que nous venons de faire du Royaume de Naples, il est aisé de voir qu'il n'y a point de Pays plus rempli d'Evêchés. Nous ne les avons cependant pas tous nommés. Ils sont la plupart de peu d'étendue, & d'un revenu très-médiocre. Le Pape en a la nomination, excepté de vingt-quatre, qui relèvent immédiatement du Roi des deux Siciles, auxquels il nomme, suivant le Traité fait en 1529, entre Clément VII & Charles-Quint. De ce nombre sont les huit Archevêchés suivans : *Lanciano*, *Trani*, *Cirenza*, *Salerne*, *Tarente*, *Brindes*, *Otrante* & *Régio*.

CHAPITRE IV.

Des Isles de l'Italie.

IL y a trois Isles considérables aux environs de l'Italie, la Sicile, la Sardaigne & l'Isle de Corse. Nous y joindrons celle de Malte, comme relevant de la Sicile, dont elle est peu éloignée.

§. I. *De la Sicile.*

La Sicile est une grande Isle vis-à-vis la partie méridionale de l'Italie : elle a la figure d'un triangle. Elle a été appellée *Sicile*, du nom Phénicien *Scicaloul*, qui veut dire *Parfait*, parceque les Phéniciens la regardoient comme la plus belle & la plus fertile des Isles de la Méditerranée. On lui a donné ensuite le nom de *Trinacrie*, à cause de ses trois Promontoires ou Caps; le Cap *Faro*, près de Messine, autrefois *Pelorum*, vis-à-vis de l'Italie : le Cap *Passaro*, autrefois *Pachynum*, au Midi; & le Cap *di Beco*, autrefois *Lilybée*, à l'Ouest.

Le Détroit qui sépare la Sicile de l'Italie est fort dangereux, par ses deux gouffres connus dans l'Antiquité, sous les noms de *Charybde* & *Scylla*. Le premier a été ainsi nommé des mots Phéniciens : *Chour abedum*, qui signifie *Trou de perdition* ; & le second, du mot *Schoul*, ou *Malheur mortel*. On appelle ce Détroit *le Phare de Messine*, parcequ'il y a au voisinage de Messine un Fanal pour éclairer les vaisseaux pendant la nuit. Le flux & le reflux s'y font sentir de six en six heures avec une rapidité extraordinaire.

L'air de la Sicile est fort bon, mais chaud. Le terroir en est si fertile, qu'on l'appelle *le Grenier de l'Italie*. On y recueille du bled, du vin, des fruits, de l'huile, du safran, plusieurs simples, de la soie, du coton, du miel & de la cire : on y trouve des agathes, des émeraudes, des mines d'or, d'argent & de fer : vers la côte Occidentale, on pêche de très-beau corail. Mais les flammes du Mont *Gibel*, autrefois Mont *Ethna*, y font de temps en temps de terribles ravages, & les tremblemens de terre y sont également funestes.

Les Siciliens sont gens d'esprit & industrieux, mais peu constans. Ces Peuples, après avoir été sous la puissance des Grecs, des Carthaginois, des Romains, des Empereurs Grecs & des Sarasins, tombèrent enfin dans le XIe siècle, sous celle des Normands, avec le Royaume de Naples, comme nous l'avons dit. Les François possédèrent la Sicile pendant une partie du XIIIe siècle, malgré les guerres qu'il leur fallut essuyer de la part des Rois d'Aragon qui y avoient des prétentions. Mais un Seigneur Napolitain, à l'occasion d'un mécontentement particulier, forma contr'eux une conspiration qui éclata en 1282, le jour de Pâque. On égorgea par toute la Sicile, à la même heure, tous les François qui s'y trouvèrent ; & l'on appella ce meurtre *Vêpres Siciliennes*, parcequ'on prit pour signal le premier coup de l'Office des Vêpres. Depuis ce temps, les Rois d'Espagne ont joui de la Sicile en qualité des Rois d'Aragon ; mais par la paix d'Utrecht en 1713, cette Isle fut donnée au Duc de Savoie, qui en prit le titre de Roi. Ce Prince céda ensuite cette Isle, en 1720, à l'Empereur, & eut en échange celle de Sardaigne. La Maison d'Autriche a possédé la Sicile avec le Royaume de Naples, jusqu'en 1736 que Don Carlos, aujourd'hui Roi d'Espagne, devint maître de l'une & de l'autre par le Traité de Vienne. La Sicile, avec Naples, est aujourd'hui possédée par l'un de ses fils, comme on l'a dit ci-devant.

Il n'y a point de Rivière considérable en Sicile.

Cette Isle a environ soixante lieues de long, sur quarante de large. En conséquence des chaînes de Montagnes qui la traversent, on la divise en trois Vallées : celle de *Démona*, au Nord-Est ; celle de *Noto*, au Midi ; celle de *Mazara*, à l'Occident.

On joint ordinairement à la Sicile les Isles de *Lipari*, qui en sont voisines, au Nord-Ouest, & qui depuis long-temps ont suivi son sort.

1. La Vallée de Démona.

Elle a pris son nom du Mont *Gibel*, que le peuple regarde comme la bouche de l'Enfer, & de l'habitation des Démons,

MESSINE, autrefois MESSENA, & ZANCLE, *Archevêché*, *Port*. C'est une ancienne Ville, grande, belle, riche & très-marchande. Les soies non travaillées & les étoffes de soie forment son principal commerce. Elle est sur le Détroit qui porte son nom, & auprès duquel est un *Phare*, ou une tour, avec un fanal. Son Port est un des meilleurs d'Italie, & les Turcs même y ont un Consul pour le commerce. Elle a un Château fortifié, & un Arsenal bien fourni. C'est la patrie du Médecin Polycrete, & d'Antoine de Messine, Peintre fameux, le premier qui ait enseigné en Italie, vers l'an 1530, l'art de peindre à l'huile ; secret qu'il avoit appris de Jean de Bruges, célèbre Peintre & Chymifte, & le premier inventeur de cette manière de peindre.

Taormina, anciennement Tauromininum, & Naxos, *Port*, autrefois *Evêché*, au Sud de Meffine. C'eft une ancienne & jolie Ville, bâtie fur un rocher.

Milazzo, *Port*, à l'Oueft de Meffine, fur la côte feptentrionale.

Patta ou Patti, *Evêché*, plus à l'Oueft.

Randazzo, au Sud de la précédente, affez grande Ville, munie de quelques fortifications.

Le Mont *Gibel*, qui s'appelloit autrefois le Mont *Ethna*, fe trouve au Sud-Eft de Randazzo. C'eft un Volcan ou Montagne qui jette des flammes, & quelquefois du feu en abondance, & des pierres calcinées. En 1693, cette Montagne s'eft beaucoup enfoncée en terre.

2. *La Vallée de Noto.*

Catania, *Evêché*, fur la côte orientale, Ville fort ancienne, & fituée dans un terroir très-fertile, mais fort expofée à des tremblemens de terre. Elle eft habitée par beaucoup de nobleffe. C'eft la patrie de Nicolas Tudefchi, plus connu fous le nom de Panorme, célèbre Canonifte du XVe fiècle.

Augusta, anciennement Xiphonia, *Port*, au Sud. Cette Ville a été prefqu'entièrement engloutie par le tremblement de terre de 1693.

Saragoça, autrefois Syracuse, *Evêché*, *Port*, au Midi. C'étoit anciennement la Capitale d'une fameufe République, & la première Ville de Sicile. Elle n'eft plus auffi confidérable qu'autrefois; on y compte cependant encore 14000 ames. C'eft la patrie d'Archimède, fi connu par les machines qu'il inventa pour défendre cette Ville, lorfque les Romains en firent le fiège, 214 ans avant Jefus-Chrift.

Noto, plus au Midi, à quelque distance de la mer, donne le nom à la Vallée. L'ancienne Ville ayant été ruinée en 1693, ses habitans en ont bâti une nouvelle aux environs.

3. *La Vallée de Mazara.*

Palerme, autrefois Panormus, *Archevêché*, *Port*, *Place forte*, & *Capitale* de toute la Sicile, C'est une grande & belle Ville, séjour d'une bonne partie de la Noblesse. Le Viceroi de Sicile y réside. Les Edifices publics, les Places, les Fontaines & les Eglises y sont magnifiques. Ses rues sont tirées au cordeau, & remarquables par leur longueur. La plus grande est celle de Caslaro, qui traverse toute la Ville & la divise en deux parties. Elle commence près du Palais du Viceroi, & finit à la Porte de la Mer. Le Palais du Viceroi est grand, & accompagné d'un beau Jardin. La Place qui est au-devant de ce Palais, est ornée d'une statue de Philippe IV, sur un piédestal, où ses trophées sont en bas-reliefs, au milieu de quatre figures qui représentent les quatre Vertus cardinales : le tout d'un très-beau marbre blanc. Le grand Hôtel du Saint-Esprit est à la droite de cette Place, & l'Eglise Métropolitaine est à la gauche. On voit dans une belle Place de la même rue de Caslaro, devant un grand Palais, la figure en bronze de l'Empereur Charles V, sur un piédestal de marbre, & plus avant le superbe Collège, autrefois occupé par les Jésuites. La magnifique Eglise de S. Matthieu est près du carrefour qui fait la moitié de cette rue, où elle est croisée par la rue neuve, la plus belle de Palerme après celle de Caslaro. La plupart des autres aboutissent à l'une de ces deux, qui vont d'un bout de la Ville à l'autre. Chaque coin de ce carrefour a un Palais, une Fontaine, & une Statue de Charles V, de Philippe II, de Philippe III, & de Philippe IV. Mais rien ne mérite plus d'être vu, que la superbe Fontaine qui est dans la grande Place, où est le Palais de la justice. Elle est admirable, pour sa grandeur, pour ses ornemens & pour son architecture. Palerme est sa seule Ville où l'on bat monnoie. On y fabrique des gants de soie ou fil de Pinnes marines. Ces gants sont d'une beauté & d'une finesse parfaite.

MONTRÉAL, *Archevêché*, au Sud-Est de Palerme. Il y a une Abbaye qui possède une partie des reliques de S. Louis, Roi de France, dont le corps y fut apporté d'Afrique en 1270, & de-là ses ossemens furent transférés en France.

TRAPANO, *Port*, *Place forte*, sur la côte occidentale. On y pêche beaucoup de Corail.

MAZARA, *Evêché*, *Place forte*, sur la même côte. Elle a donné le nom à la Vallée.

AGRIGENTO ou GERGENTI, sur la côte méridionale, *Evêché*. Cette Ville est à trois milles de la Mer sur une colline. Son Château & son *Port* sont à cinq milles de-là au couchant, & se nomment *Caricatore di Gergenti*. Elle est bâtie près des ruines de l'ancienne Agrigente, nommée encore aujourd'hui *Gergenti Vecchio*. Agrigente étoit du temps des Carthaginois, qui s'en emparèrent vers l'an de Rome 347, (407 avant Jesus-Christ,) une Ville, grande, belle & bien peuplée, célèbre par le Taureau d'airain de son Tyran Phalaris.

4. *Les Isles de Lipari.*

Elles sont au Nord de la Sicile. On les appelloit autrefois *Æoliæ* & *Vulcaniæ*. C'est-là où les Poëtes plaçoient le Royaume d'Eole, Dieu des Vents, & les Forges de Vulcain, à cause de plusieurs Volcans qui s'y trouvent. On compte sept principales Isles, qui sont d'ailleurs peu considérables.

La première & la plus grande, se nomme

Lipari ; elle a environ six lieues de tour. L'air y est sain : on y trouve abondamment des fruits, des grains, du bitume, du soufre & de l'alun : elle a aussi des eaux chaudes. Elle fait un grand commerce de figues, de raisins & de poissons. Il y avoit autrefois un Volcan, qui a cessé de jetter du feu.

LIPARI, *Capitale* de cette Isle, est une Ville très-ancienne & très-forte. Elle a un *Evêché* suffragant de Messine.

Les autres Isles sont : *Stromboli*, (en latin, *Domus Æolia*:) *Panari*, *les Salines*, *Vulcano*, *Felicur*, & *Alicur*.

§. II. *De l'Isle de Sardaigne.*

La Sardaigne, après avoir appartenu aux Carthaginois & aux Romains, fut occupée par les Sarasins. Les Génois & les Pisans se la disputèrent ensuite long-temps : enfin, le Pape Boniface VIII permit, en 1297, aux Rois d'Aragon d'en faire la conquête. Ils la firent en 1323 ; & depuis ce temps les Rois d'Espagne en ont été les maîtres jusqu'en 1706, que les Anglois s'en emparèrent pour l'Archiduc Charles, depuis Empereur, à qui elle fut cédée par le Traité d'Utrecht. En 1720, ce Prince donna au Duc de Savoie cette Isle, qui portoit depuis long-temps le titre de Royaume, en échange de celui de Sicile. Ce nouveau Roi qui réside en Piémont ne tire pas de la Sardaigne de grands revenus, parcequ'outre ceux dont la Noblesse jouit, les Ecclésiastiques en ont de très-considérables. L'air y est épais & mal-sain, ce qui fait que cette Isle n'est guères peuplée. Le terroir n'y est pas si fertile qu'en Sicile : cependant il rapporte beaucoup de grains, d'olives, d'oranges & de citrons. Il abonde en bétail & en gibier : on y trouve des mines d'or, d'argent & de plomb : on y pêche beaucoup de poissons, sur-tout des thons, & du corail sur les côtes. La Sardaigne a environ soixante lieues de long, sur trente de large.

On divise la Sardaigne en *Cap Cagliari*, au Midi; & *Cap Lugodori*, au Nord.

1. Le *Cap Cagliari*, est la contrée la plus fertile.

CAGLIARI, autrefois CARALIS, *Capitale, Archevêché, Université, Port*. C'est une Ville médiocrement grande, & assez marchande. Le Viceroi & la plus grande partie de la Noblesse y résident. Sa situation sur une colline, fait qu'elle est divisée en haute & basse Ville. La haute est renfermée de murailles, & a une Eglise toute incrustée de marbre, avec trois Chapelles souterreines, où sont les reliques de plusieurs Martyrs, que l'on y voit dans un grand nombre de petits tombeaux de marbre blanc, rangés les uns sur les autres. La basse Ville est au pied de la colline, sur le bord de la Mer. Elle est toujours fort sale, sur-tout en hiver, & mal-saine. On compte dans Cagliari quatre Paroisses & vingt-deux Monastères. Sur le bord de la Mer est un Château qui a son Gouverneur particulier.

VILLA DE GLÉSIA, à l'Occident de Cagliari, vers la côte. C'est une Ville fortifiée, dont l'Evêché est uni depuis long-temps à Cagliari.

ORISTAGNI, anciennement USELLIS COLONIA, *Archevêché, Port*, vers le milieu de la côte Occidentale. Cette Ville est assez grande, mais presque déserte, à cause de son mauvais air.

2. Le *Cap Lugodori* a pris son nom des mines d'or que l'on y travailloit autrefois.

SASSARI, *Archevêché, Port*, au Nord-Ouest. C'est une grande Ville, où l'on compte 30000 Habitans.

ALGERI, autrefois CORAX, *Evêché*, sur le bord de la Mer, au Sud de Sassari.

Bosa, *Evêché*, *Port*, plus au Midi; il y a de bonnes falines.

Castro-Aragonese, anciennement Tibula, *Evêché*, *Place forte*, au Nord-Est de Saffari.

Tempi, plus au Nord-Est.

Au Nord-Ouest de la Sardaigne on trouve l'Isle *Asinara*, & au Nord-Est celles de la *Magdelène*: très-petites Isles.

§. III. *De l'Isle de Corse.*

Cette Isle est au Nord de celle de Sardaigne, & en est séparée par le Détroit de Boniface. Elle appartenoit depuis plusieurs Siècles aux Génois, à qui les Pisans l'ont disputée long-temps. En 1730, les Habitans de la Corse, mécontens du Gouvernement des Génois, se révoltèrent, & ils proclamèrent Roi en 1736, Théodore, Baron de Neuhof. Les Génois ne pouvant les réduire, ont imploré le secours de plusieurs Puissances étrangères, entr'autres de la France, qui par la force de ses armes a pacifié cette Isle. Il y a eu depuis de nouveaux mouvemens; & enfin les Génois l'ont cédée à la France, en 1768. L'air de Corse est grossier & mal-sain, le terroir plein de montagnes, peu fertile & mal cultivé. Les vallées produisent cependant du bled, & les collines du vin, des fruits & des amandes. Cette Isle se divise en quatre parties, du Sud au Nord; ce sont 1°. la côte *de-là les Monts*, au Sud; 2°. la côte *de dehors*, à l'Ouest; 3°. la côte *de dedans*, à l'Est; 4°. la côte *de-çà les Monts*, au Nord.

Boniface, autrefois Palla, *Port*, Ville marchande & belle. Elle est de la côte de-là les Monts.

Adiazzo, anciennement Ursinun, *Evêché*, *Port*, sur le Golfe du même nom, à l'Occident. Cette Ville est dans la côte de dehors, (ou Occidentale,) ainsi que les deux suivantes.

SAGONA, *Evêché*, au Nord d'Adiazzo.

CALVI, *Port*, à l'Occident. L'Evêque de Sagona y réside.

CORTÉ, au milieu de l'Isle, résidence de l'Evêque d'*Aléria*, ancienne Ville ruinée, qui étoit sur la côte Orientale.

ACCIA, à l'Orient de Corté. Elle étoit autrefois épiscopale; aujourd'hui elle est déserte. Son Evêque a été uni à celui de Mariana. Elle est de la côte de dedans.

MARIANA, *Evêché*, au Nord-Est. Cette Ville & les trois suivantes sont de la côte deça les Monts.

NEBBIO, *Evêché*. Elle est aujourd'hui ruinée, ainsi que la précédente.

LA BASTIE, anciennement MANTINORUM OPPIDUM, *Capitale* de toute l'Isle, *Port*. L'Evêque de Mariana y fait sa résidence, de même que le Gouverneur. Cette Ville est grande & fort peuplée.

SAN-FIORENZO, *Port*, muni de bonnes fortifications. L'Evêque de Nebbio réside dans cette Ville.

§. IV. *De l'Isle de Malte.*

Cette Isle est peu éloignée de la Sicile, dont elle relève encore aujourd'hui. Elle fut donnée, en 1530, par l'Empereur Charles-Quint aux Chevaliers de l'Ordre de Saint-Jean de Jérusalem, après que les Turcs leur eurent enlevé l'Isle de Rhodes.

L'Ordre de Malte est composé de sept Nations ou *Langues*, savoir, Provence, Auvergne, France, Italie, Aragon, Castille, Allemagne. Il faut faire preuve de Noblesse de père & de mère, pour entrer dans l'Ordre & être reçu Chevalier. Ces Chevaliers font les trois vœux des Religieux. Le Chef de l'Ordre s'appelle *Grand-Maître*.

L'Isle de Malte est habitée non-seulement par les Chevaliers, mais par un peuple composé de

Grecs & de Latins. On y compte environ 50000 personnes. Le langage vulgaire est un mêlange d'Arabe corrompu, d'Italien & même d'ancien Africain ou Carthaginois. Le Pays ne rapporte presque pas de bled, on en fait venir de Sicile : mais il produit de très-beaux raisins, du millet & du coton. Le gibier y est excellent. Le bois y est rare. On y brûle communément de gros chardons, & la fiente des animaux. Il ne s'y trouve point de bêtes venimeuses Les habitans croient que c'est depuis le séjour que S. Paul y fit, pendant lequel il opéra grand nombre de miracles.

MALTE, *Capitale*. Elle est divisée en trois parties, qui sont la *Cité Valette*, qui porte le nom du Grand-Maître qui l'a fait bâtir, en 1566. Elle renferme le Palais du Grand-Maître, l'Arsenal, l'Infirmerie, l'Eglise du Prieuré de S. Jean, & les Hôtels ou Auberges des Chevaliers des différentes Langues. Le *Bourg*, qui est la plus ancienne de ces trois parties, se nomme ordinairement la *Cité Victorieuse*, parcequ'en 1565, il soutint un siège de quatre mois contre toutes les forces de Soliman II, Empereur des Turcs. On y trouve le Palais de l'Inquisition, un Arsenal, & le Bagne ou logement des esclaves. Les Grecs y ont aussi une Eglise, qui est la plus ancienne de celles qui sont dans le *Bourg*. L'*Isle de S. Michel*, ou l'Isle de *la Sangle*, ainsi appellée, parcequ'un Grand-Maître de ce nom l'a fait fortifier, est vers le Midi. Ses rues sont dans un alignement presqu'aussi régulier que celles de la Cité Valette. Cette Ville passe pour imprenable, non-seulement à cause de ses fortifications, qui sont des plus régulières, mais parcequ'il n'y a pas de terre à cinq cens pas à la ronde.

MEDINA OU LA CITTA VECCHIA, *Evêché*. Cette petite Ville est située au milieu de l'Isle de Malte. Son Evêque est Grand-Croix de l'Ordre, & a le pas immédiatement après le Grand-Maître ; il est suffragant de Palerme.

Tout près de l'Isle de Malte, au Nord-Ouest, est celle de *Gozo*, qui appartient à l'Ordre. Elle a quatre lieues de long, deux de large, sur dix de circuit ; elle est bordée d'écueils. L'air y est sain, & le terroir fertile : elle a un gros Bourg, & un Château bien fortifié. M. le Bailli de Chambrai a fait bâtir & fortifier à ses frais dans cette Isle, la Cité neuve, qui porte son nom.

SECTION VII.

De l'Allemagne.

L'ALLEMAGNE s'étend depuis le vingt-deuxième dégré trente minutes de longitude, environ, jusqu'au trente-septième, & depuis le quarante-cinquième jusqu'au cinquante-cinquième de latitude Septentrionale. Elle est bornée au Nord par l'Océan & la Mer Baltique ; à l'Orient, par la Pologne & la Hongrie ; au Midi, par l'Italie & la Suisse ; à l'Occident par la France & les Pays-Bas.

L'air y est sain & tempéré, plus froid néanmoins que chaud, sur-tout le long de la Mer. Le terrein y est très-propre aux bleds & aux pâturages. En quelques endroits, particulièrement le long du *Rhin* & du *Nekre*, on y recueille de fort bons vins. On y trouve beaucoup de fontaines & de bains d'eaux minérales, soit chaudes, soit tempérées.

L'Allemagne s'appelloit autrefois *Germanie*, des mots Teutons *Ger Man*, qui signifient Homme de courage & de force, Hommes de guerre. Le nom qu'elle a actuellement, vient des anciens *Allemans*, qui habitoient dans le IIIe. Siècle cette partie du Sud-Ouest de l'Allemagne, que l'on appelle aujourd'hui la *Souabe*. Peu à peu leur nom s'étendit à tous les Germains. Les Allemands appellent leur Pays *Teufchand*, c'est-à-dire, le Pays des *Teutons*, Peuples qui ont rendu leur nom célèbre cent ans avant la naissance de Jesus-Christ.

Les *Francs*, qui habitoient le long du Rhin & à l'Orient de ce Fleuve, s'étant emparés, dans le Ve. Siècle, des Pays-Bas & des Gaules, qu'ils nommèrent France de leur nom, se rendirent aussi maîtres, dans les deux siècles suivans, d'une bonne partie de l'Allemagne. Vers l'an 800, Charlemagne acheva de la subjuguer, ayant dompté le Saxons après une guerre de 30 ans. L'Allemagne, qui, sous ce Prince & sous son fils Louis le Débonnaire, étoit une portion de l'Empire François, en fut détachée par le partage que Louis fit de ses Etats entre ses trois fils Lothaire, Louis & Charles. Louis II du nom eut l'Allemagne à titre de Royaume; elle resta dans sa maison 70 ans : sçavoir, depuis l'an 840, jusqu'en l'an 911, que Louis III mourut sans enfans. Après sa mort, le Royaume ou l'Empire d'Allemagne fut rendu électif, & Conrad est le premier Empereur Allemand qui ait été élu. La Maison d'Autriche a possédé l'Empire pendant plusieurs Siècles, & jusqu'à Charles VI, mort en 1740. L'Electeur de Bavière, Charles-Albert, l'a eu ensuite ; après quoi François-Etienne de Lorraine, époux de Marie-Thérese d'Autriche, a été fait Empereur en 1745, & Joseph II. leur fils lui a succédé en 1765.

Les Allemands sont robustes, bien faits, assez inventifs, adroits, sincères ; ils aiment naturellement la guerre, la bonne chère & le vin. La Noblesse d'Allemagne est la plus pure ; elle ne se mésallie point : l'intérêt peut y avoir part. La plupart des Abbayes, & beaucoup d'autres Bénéfices, exigent chez eux les preuves de noblesse. En effet, les plus gros Bénéfices, comme les Archevêchés, Evêchés & Abbayes, sont électifs; les plus grands Seigneurs les briguent & en possèdent plusieurs à la fois.

L'Allemagne est un Etat composé d'un grand nombre de Souverainetés Ecclésiastiques & Séculières, ainsi que de plusieurs Villes qui se gouvernent en forme de Républiques. Cette singularité dans la constitution du Gouvernement de l'Allemagne, est un effet naturel de la décadence de la Maison de Charlemagne, premier Empereur d'Occident. Ce Prince réunissoit sous sa domination l'Allemagne, la France, la Hongrie, la moitié de l'Italie, & une partie de l'Espagne. Ses enfans déchurent bientôt de cet état de grandeur, & donnèrent lieu à plusieurs Seigneurs de se rendre très-puissans, & ensuite indépendans & souverains comme ils le sont actuellement en Allemagne.

Ce Pays a une autre sorte de Souverains, sçavoir, les *Landgraves*, dont le nom & l'origine méritent d'être ici expliqués. La dignité de *Landgrave* étoit dans sa première institution une commission que les Empereurs donnoient à des Seigneurs, pour être les Juges d'une Province, & la gouverner; pour assembler les Etats, & prendre les mesures nécessaires, afin d'y établir & d'y maintenir la paix. On les appelloit *Juges Provinciaux*, ou *Comtes de Province*, à cause de la Jurisdiction qu'ils y exerçoient dans toute son étendue. Les Landgraviats, qui n'étoient alors que des Commissions, devinrent dans la suite des Fiefs héréditaires : outre les droits & les privilèges attachés à cette dignité, il y avoit des Fiefs qui lui étoient unis. De ces Fiefs, les uns dépendoient immédiatement des Empereurs, & les autres des Evêques de la Province, ou de quelqu'autre puissant Seigneur : ainsi les Landgraves étoient obligés de recevoir de l'Empereur l'inveſtiture de leur charge, & des Fiefs qui relevoient de l'Empire ; ils faiſoient auſſi hommage des autres Fiefs qu'ils poſſédoient, aux Seigneurs ſuzerains.

Il faut dire à peu près la même choſe des *Margraves* & des *Burgraves*. Les *Margraves* ou *Marquis* étoient des Officiers établis pour commander ſur une Frontière ou Marche. Les *Burgraves* n'étoient établis que ſur une Foreteſſe ou une Ville dont ils avoient le gouvernement. Ces dignités ſont devenues héréditaires, & ont été changées en Souverainetés. Il y a en Allemagne de ces trois eſpèces de Souverainetés.

Le Chef de l'Allemagne eſt un Prince qui a le titre d'Empereur. Son élection ſe fait à Francfort ſur le Mein, & ſon couronnement, depuis Ferdinand I, dans la même Ville, ou à Ratiſbonne. Autrefois tous les Princes & Prélats d'Allemagne l'éliſoient ; mais depuis la Bulle d'or donnée par Charles IV, en 1356, les ſeuls Princes qu'on appelle *Electeurs* ont le droit d'élire l'Empereur. Leur nombre étoit fixé à ſept : maintenant il y en a neuf; trois Eccléſiaſtiques, & ſix Séculiers. Ces neuf Electeurs ſont l'Archevêque de Mayence, celui de Cologne & celui de Trêves, le Roi de Bohême, le Duc de Bavière, le Duc de Saxe, le Marquis de Brandebourg, le Comte Palatin & le Duc d'Hanovre. On fut obligé, par la Paix de Munſter, en 1648, de créer le huitième Electorat en faveur du fils du Comte Palatin du Rhin, qui avoit été dépouillé de ſes Etats, & dont l'Electorat avoit été donné à ſon parent le Duc de Bavière. Le neuvième Electeur, qui eſt celui d'Hanovre, a été créé en 1692, par l'Empereur Léopold, en faveur d'Erneſt-Auguſte, Duc d'Hanovre, de la Maiſon de Brunſwick, dont les deſcendans ſont Rois d'Angleterre.

Le premier des Electeurs Ecclésiastiques est Archi-Chancelier pour l'Allemagne, & Directeur des Archives de l'Empire.

Le second est Archi-Chancelier pour l'Italie.

Le troisième est Archi-Chancelier pour les Gaules. Ces titres sont des vestiges de la puissance dont ont joui autrefois les Empereurs.

Le Roi de Bohême est Grand-Echanson de l'Empire.

Le Duc de Bavière est Grand-Maître, il porte la pomme d'or dans la cérémonie du Couronnement de l'Empereur.

L'Electeur de Saxe est Grand-Maréchal : il porte l'épée.

Celui de Brandebourg a le titre de Grand-Chambellan : il porte le Sceptre.

Le Palatin est Grand-Trésorier : il porte la Couronne d'or. Ce nom de *Palatin*, qu'on donnoit autrefois à tous ceux qui avoient quelque Office ou Charge dans le Palais d'un Prince, est resté à l'Electeur Palatin. Il y avoit anciennement en France des Palatins de Champagne & de Béarn.

Lorsque l'Empire est vacant, & qu'il n'y a pas de Roi des Romains, l'Electeur de Saxe & le Comte Palatin sont Vicaires de l'Empire. Le Duc de Bavière a disputé ce droit au Palatin, depuis que le Palatin a été établi Electeur; mais ils se sont accordés à l'exercer alternativement.

L'Empereur a fort peu de revenus, & n'a même aucune Ville qui lui appartienne comme Empereur. C'est par cette raison que les Allemands choisissent toujours un Prince assez puissant pour pouvoir soutenir cette dignité. Il prend les titres de *Toujours-Auguste*, de *César*, de *Sacrée Majesté*. Les affaires les plus importantes, comme celles qui concernent la paix, la guerre, l'établissement des impositions générales, ne peuvent se traiter que dans les Assemblées générales, qu'on appelle *Diètes*; mais il faut que l'Empereur y donne son consentement, afin que leurs délibérations aient force de Loi. Il a seul droit de convoquer ces Assemblées; & il y envoie des Commissaires pour y présider à sa place. Un autre de ses droits consiste à donner l'investiture des Fiefs, & à disposer de ceux qui sont dévolus à l'Empire; ce qui arrive en deux cas; par confiscation, ou faute d'héritiers.

Les Diètes ou Assemblées générales sont composées de trois corps ou Collèges: le premier est celui des Electeurs, le second des Princes, le troisième des Villes Libres, qu'on appelle *Impériales*.

Les Electeurs & les autres Princes souverains ont une autorité absolue dans leurs Etats; il y a néanmoins des cas dans lesquels on peut appeller de leurs Jugemens. Pour vuider ces sortes d'appels, il y a deux Tribunaux; l'un est la Chambre *Impériale de Spire*, résidente à *Weslar* dans le Cercle du haut Rhin; l'autre est le *Conseil Aulique*, qui s'assemble dans la Ville où réside l'Empereur. Ces Tribunaux jugent des affaires de la Noblesse, que l'on appelle *Immédiate*, parcequ'elle ne dépend que de l'Empereur.

Il y a trois principales Religions en Allemagne.

La Catholique, qui est la plus étendue, est dominante dans les Etats d'Autriche, dans ceux des Electeurs Ecclésiastiques, dans le Cercle de Bavière, & dans les Etats des Princes Ecclésiastiques.

La Luthérienne domine dans les Cercles de la Haute & de la Basse Saxe, dans une bonne partie de ceux de Westphalie, de Franconie, de Souabe, & dans la plûpart des Villes Impériales.

La Calviniste est professée dans les Etats de l'Electeur de Brandebourg, du Landgrave de Hesse-Cassel, & de plusieurs autres Princes.

Il y a en Allemagne cinquante & une Villes *Impériales*,

périales, ainsi nommées, parcequ'elles ne dépendent que de l'Empereur. Selon le Traité de Munster, elles ont voix délibérative & décisive dans les Assemblées, comme les autres Collèges des Electeurs & des Princes, de sorte que chacune a sa voix en particulier dans le Collège des Villes, & toutes ensemble en ont deux dans les Diètes. Les principales sont Hambourg, Lubeck, Brême dans la Basse-Saxe; Ratisbonne dans le Cercle de Bavière; Nuremberg & Altorf dans la Franconie; Ausbourg, Ulm, Hailbron dans la Souabe; Cologne, Aix-la-Chapelle dans le Cercle de Westphalie; Francfort, Spire & Worms dans celui du Haut-Rhin.

On nomme *Villes Anséatiques*, des Villes unies ensemble pour soutenir leur commerce. Il y en avoit autrefois en France, en Espagne & en Italie. Voici celles qui subsistent en Allemagne. Elles sont au nombre de six : *Cologne* dans le Cercle de Westphalie : *Hambourg*, *Lubeck*, *Brême* & *Rostock*, toutes quatre dans la Basse-Saxe; & *Dantzick* dans la Prusse Polonoise, sur les confins de l'Allemagne, au Nord-Est.

Les principales Rivières de l'Allemagne sont : le *Danube*, le *Rhin*, le *Weser*, l'*Elbe*, l'*Oder*.

1. Le *Danube* prend sa source près de la Forêt Noire dans le Cercle de Souabe, passe à Ulm, à Donavert, à Neubourg, à Ingolstat en Bavière, à Ratisbonne, à Straubing, à Passaw, à Lintz, à Vienne, traverse la Hongrie, & après avoir arrosé le Nord de la Turquie d'Europe, il va se jetter dans la Mer Noire par plusieurs bouches. Il traverse ainsi l'Allemagne, la Hongrie, & la Turquie d'Europe d'Occident en Orient.

2. Le *Rhin*, dont nous avons décrit le cours au Chapitre des Provinces-Unies, *page* 315.

3. Le *Weser*. On trouve sa source dans le Cercle de Franconie, au Nord. Il porte d'abord le nom

Tome I. Z

de *Verra*, & passe à Meinengen ; vers Munden il reçoit la Fulde, passe près de Minden & à Brême, & se jette dans l'Océan au Nord-Ouest.

4. L'*Elbe*. Il prend sa source à l'extrémité Septentrionale de la Bohême, qu'il traverse, passe ensuite à Dresde dans la haute Saxe, à Wittemberg & à Magdebourg, se partage en plusieurs branches au-dessus de Hambourg, puis se jette dans l'Océan assez loin de cette Ville.

5. L'*Oder*. Il prend sa source dans la Silésie près de la Ville d'Oder, au Sud-Ouest, traverse cette Province presque toute entière, passe à Breslaw, Glogaw, Crossen, Francfort sur l'Oder ; puis il se partage en plusieurs branches au-dessus de Stettin ; & après avoir traversé la Poméranie, il se jette dans la Mer Baltique par plusieurs embouchures.

L'Allemagne est divisée en neuf Cercles, ou grandes Provinces qui comprennent chacune plusieurs Etats, dont les Princes, Prélats, Comtes & Députés s'assemblent pour leurs affaires communes. La première division de l'Empire en Cercles, se fit dans les Diètes de Nuremberg en 1437, & d'Ausbourg en 1439, sous l'Empereur Albert II. Ces Cercles furent ceux de *Bavière*, de *Franconie*, de *Souabe*, de *Saxe*, du *Rhin*, & de *Westphalie*. Maximilien I, en 1512, ajouta quatre autres Cercles à ces six déja établis ; sçavoir, deux pour la Maison d'Autriche, qui furent ceux d'*Autriche* & de *Bourgogne* (a), celui de *Haute-Saxe*, pour les Electeurs de Saxe & de Brandebourg, & celui du *Bas-Rhin*, pour les Electeurs Ecclésiastiques & le Palatin. Chaque Cercle a deux Directeurs & un Colonel. Les Directeurs des Cercles ont le pouvoir

___

(a) Le Cercle de Bourgogne comprenoit les Pays-Bas & la Franche-Comté : on peut dire qu'il ne subsiste plus, après ce que nous avons observé, *pag.* 179 & 295.

de convoquer l'Assemblée des Etats de leur Cercle, pour y régler les affaires publiques. Le Colonel commande aux gens de guerre; il a soin de l'artillerie & des munitions. Comme tous les membres doivent contribuer aux besoins communs, chaque Cercle est obligé de fournir un certain nombre d'hommes armés, cavalerie & infanterie, ou une somme d'argent par mois, suivant la taxe portée par les Registres des Etats de l'Empire.

Des neuf Cercles qui subsistent présentement, il y en a quatre dans la haute Allemagne, au Midi: sçavoir, d'Orient en Occident, ceux d'*Autriche*, de *Bavière*, de *Souabe*; & au Nord des deux derniers, celui de *Franconie*: dans la basse Allemagne, il y en a cinq: sçavoir, le long de l'Océan & de la Mer Baltique, ceux de *Haute-Saxe* & *Basse-Saxe*, de *Westphalie*, & au Sud de celui de Westphalie, autour du Rhin & du Mein, celui du *Bas-Rhin* ou *l'Electoral*, & celui du *Haut-Rhin*.

Le Royaume de Bohême se joint ordinairement à l'Allemagne, dont il est un ancien Fief. Nous en parlerons dans notre troisième Chapitre, aussi-bien que des Etats qui l'avoisinent à l'Orient & au Nord, & qui étoient autrefois sous sa dépendance.

Avant d'entrer dans le détail des Cercles d'Allemagne, il est à propos de faire encore quelques Remarques générales sur les *Enclaves*, c'est-à-dire, sur les Pays qui, quoique renfermés dans un Cercle, appartiennent néanmoins à d'autres.

1. Le *Comté de Plesse*, enclavé dans le Cercle de Basse-Saxe au Sud, & l'*Evêché de Basle* au Sud-Ouest du Cercle de Souabe, sont du Cercle du *Haut-Rhin*.

2. Les Enclaves du Cercle Electoral appartiennent aussi au Cercle du *Haut-Rhin*, à l'exception du *Comté d'Erpach*, qui est du Cercle

de Franconie, & situé à l'Orient du Rhin entre le Mein & le Nekre; de *Pruim* & de *Manderscheid*, à l'Occident de la Moselle, qui sont du Cercle de Westphalie.

3. Toutes les Enclaves du Cercle de Souabe, sont de celui d'Autriche.

4. *Erfort* & l'*Eichsfelt*, enclavés dans le Cercle de la Haute-Saxe, sont du Cercle du Bas-Rhin ou l'Electoral, & appartiennent à l'Electeur de Mayence.

5. Toutes les Enclaves du Cercle du Haut-Rhin & de Westphalie, appartiennent au Cercle du Bas-Rhin.

CHAPITRE PREMIER.

Des Cercles de la haute Allemagne ou Méridionale.

ARTICLE I.

Du Cercle d'Autriche.

CE Cercle qui est à l'Orient & au Midi de l'Allemagne, est borné au Nord par la Bohème & la Moravie; à l'Orient, par la Hongrie; au Midi, par la Seigneurie de Venise; & à l'Occident, par la Bavière & le Pays des Grisons. Il comprend les Pays héréditaires de la Maison d'Autriche.

Cette Maison a porté d'abord le nom de *Habsbourg*. Rodolphe, qui en a été le premier Empereur, s'empara de l'Autriche sur la fin du XIIIe. Siècle, prétendant que c'étoit un Fief masculin, qui, au défaut d'enfans mâles, devoit retourner à l'Empire; & il en donna l'investiture à son fils Albert. La Maison d'Autriche fut à son plus haut point de grandeur fous Charles-Quint, qui étoit tout à la fois Empereur, Roi d'Espagne, & Maître d'une partie de l'Italie, de la Franche-Comté, & des dix-sept Provinces des Pays-Bas. Il donna l'Espagne & les Pays que nous venons de nommer, à Philippe II son fils, & il céda l'Empire à Ferdinand I, son frère, dont les descendans l'ont possédé jusqu'à Charles VI, père de l'Archiduchesse Marie-Thérèse, douairière de l'Empereur François de Lorraine : leurs enfans forment une nouvelle Maison d'Autriche. Les Archiducs d'Autriche ont deux beaux privilèges, le premier de créer par tout l'Empire des Barons, des Comtes & des Gentilshommes : le second est que l'Empereur ne peut leur ôter leur Principauté, ni leurs Terres. L'ancienne Maison d'Autriche a donné seize Empereurs à l'Allemagne, & six Rois à l'Espagne.

Le Cercle d'Autriche renferme six Pays : quatre du Nord au Sud, qui sont l'Archiduché d'*Autriche*, les Duchés de *Stirie*, de *Carinthie*, & de *Carniole* : les deux autres sont, le Comté de *Tirol*, au Sud-Ouest de la Bavière, & la *Souabe Autrichienne*, ou l'*Autriche antérieure*, dans le Cercle de Souabe.

§ I. *De l'Archiduché d'Autriche.*

Ce Pays est assez fertile en bled, & produit d'excellens fruits, du vin, le meilleur safran, & abonde en pâturages & en gibier : il a aussi des salines qui rapportent plus de deux millions par an. Toute la partie située au Midi du Danube, qui est la plus considérable, étoit comprise dans les Provinces Romaines de Norique & de Pannonie. Ce Pays fit ensuite partie de la Bavière prise en général ; & comme il en comprenoit la partie Orientale, les Allemands la nommèrent *Osterrich*, d'où s'est formé le nom d'*Autriche*, à cause de sa situation à l'Orient du Royaume de Bavière. Le Marquis d'Autriche étoit chargé de défendre cette frontière contre les Huns ou Avares, qui habitoient la Hongrie au IXe. Siècle. L'Autriche se divise en haute & basse : la basse est à l'Orient, & la haute à l'Occident, entre le Danube & la Rivière d'Ens.

1. *La basse Autriche.*

VIENNE, anciennement JULIOBONA, ou VINDUM & VINDOBONA, sur le Danube, *Archevêché*, *Université*, *Capitale* de toute l'Autriche, & en particulier de la basse. Cette Ville n'est pas fort grande, mais elle est très-forte, & a de fort beaux Fauxbourgs. On y a établi deux Manufactures nouvelles, l'une de Porcelaine, & l'autre d'étoffes de soie dans le goût de celles de Lyon. Sa Cathédrale, dédiée à Saint Etienne, est remarquable, entr'autres choses, par la beauté de son maître-Autel & de son clocher. Il s'y trouve encore de fort belles Eglises, sur-tout celle de l'Abbaye de Saint Grégoire, & quatre Maisons de Jésuites, dont il y en a deux qui sont des Collèges ; sçavoir le grand & le petit. Précédemment les Jésuites avoient un troisième Collège, qu'on appelloit le *Thérésien*, fondé par la Reine de Hongrie pour la jeune Noblesse. Mais elle leur a ôté ce Collège en 1759, aussi-bien que plusieurs Ecoles de Théologie & de Philosophie, qui ont été données aux Dominicains. Elle a ordonné de plus à ces derniers d'ouvrir dans leur Couvent de Vienne des Ecoles de Théologie & de Philosophie ; & leur a donné le privilège que les Etudes qu'on y fera, seront comptées pour les grades, comme si elles étoient faites dans l'Université. S. M. Impériale a établi dans le même temps, un Réviseur des cahiers de Théologie, un autre pour ceux de Philosophie, & un Directeur des études de Grammaire & de Belles-Lettres. L'Archevêque a fait bâtir aussi un Séminaire, qu'il a donné aux Prêtres de la Mission. Le Palais Impérial, qui est fort simple, renferme de choses très-rares & très-curieuses : on y voyoit ci-devant une belle Bibliothèque, mais on l'a transportée dans les bâtimens de la nouvelle Académie. Outre ce Palais, il y en a deux autres dans les Fauxbourgs, & plusieurs Maisons de plaisance, autour de la Ville, où la Cour de Vienne va assez souvent. La sépulture des Princes de la Maison d'Autriche est aujourd'hui dans une Chapelle de l'Eglise des Capucins, située sur le Marché neuf. L'Eglise des Augustins Déchaussés est appellée *Aulique*, parcequ'elle est près du Palais Impérial, & que la Cour y célèbre ses plus importantes cérémonies. Les autres Eglises de Religieux sont celles des Cordeliers, des Récolets, des Dominicains, des grands Augustins, & une Abbaye de Bénédictins, qui est dans une grande Place ornée de belles Maisons, & dont l'Eglise est remarquable par ses Tableaux & ses Chapelles très-décorées. Vienne est entourée de douze bastions. Elle a soutenu deux sièges contre les Turcs, qui ont été contraints de se retirer honteusement chaque fois, sçavoir, en 1529 & en 1683, quoique dans l'une & l'autre de ces occasions leur armée fût composée de près de 200000 hommes.

NEUSTAT, autrefois CELEUSIUM, *Evêché*, près de la Hongrie. Cette Ville est bien fortifiée : elle a un Château où l'on renferme les prisonniers d'Etat. On fait à Neustat de la porcelaine.

SAINT-PELTEN, petite Ville au Sud-Ouest de Vienne, sur la rivière de Drasain.

KREMS, au Nord du Danube. C'est une assez belle Ville, quoique petite. Le Danube a dans le voisinage un tournant & une cataracte fort dangereuse.

2. La haute Autriche.

LINTZ, *Place forte*, sur le Danube, *Capitale* de la haute Autriche. Cette Ville est belle, commerçante, & a deux bons Châteaux pour sa défense.

ENS, sur la rivière du même nom : elle a de bonnes fortifications & un Arsenal.

§ II. *Le Duché de Stirie.*

C'est un Pays plein de montagnes. On y trouve beaucoup de mines de fer. Cependant il est fertile en quelques endroits, & nourrit beaucoup de bétail; on dit même que son nom vient du mot *Stier*, qui en Allemand signifie un Bœuf. Ses principales rivières sont la *Muer* & la *Drave*.

La *Muer* traverse toute la Stirie, & arrose Judembourg, Gracz, Rockelsburg, & se jette dans la rivière suivante.

La *Drave* a sa source sur les confins de l'Evêché de Brixen & de l'Archevêché de Salzbourg, traverse la Carinthie & la basse Stirie, & reçoit la Muer, & se joint ensuite au Danube.

On divise la Stirie en trois parties; la haute au Nord, la basse au Midi, & le Comté de Cilley, qui est encore plus au Midi.

1. *La haute Stirie.*

JUDEMBOURG, sur la Muer, *Capitale* de cette partie de la Stirie. Cette Ville a un bon Château, la Place & ses édifices publics sont magnifiques. Les Franciscains y ont un Couvent; & les Jésuites un beau Collège, un Séminaire & une Maison de Noviciat.

SECKAW, au Nord de Judembourg, *Evêché* suffragant de l'Archevêque de Saltzbourg. Son Evêque n'a point séance aux Diètes de l'Empire, parcequ'il prête serment de fidélité à l'Archevêque de Saltzbourg, qui est du Cercle de Bavière.

Cercle d'Autriche. 537

Bruck *ou* Pruckander, fur la Muer, eft une petite Ville avec un Château : elle a un pont fur cette rivière, & elle en tire fon nom.

2. *La baſſe Stirie.*

Gracz, fur la Muer, *Capitale, Evêché, Univerſité*. Cette Ville eft fortifiée, & défendue par un bon Château bâti fur un rocher. Il y a de beaux Palais, un grand Magaſin & un Arſenal.

Rockelsburg, dans une Iſle formée par la Muer. C'eſt une Foreteſſe importante fur les frontières de Hongrie. Ses environs produiſent de bons vins.

Pettaw, fur la Drave, Ville jolie & ancienne. Elle a un Couvent de Dominicains & un de Franciſcains.

3. *Le Comté de Cilley.*

Il eſt au Midi de la baſſe Stirie. L'Empereur Frédéric III l'incorpora au Duché de Stirie, après la mort de ſon dernier Comte, arrivée vers le milieu du XVᵉ ſiècle.

Cilley, *Capitale*, fur la Rivière de Saan. C'eſt une jolie Ville fort peuplée, où l'on voit pluſieurs antiquités : elle eſt munie d'un Château bâti fur une montagne.

Rain, fur la Save, au Sud-Eſt de Cilley. Cette petite Ville a un bon Château.

§. III. *Le Duché de Carinthie.*

Ce Pays reſſemble aſſez à la Stirie. Il a eu des Ducs de diverſes Maiſons, juſqu'en 1321 environ, qu'il fut joint à l'Autriche. L'Archevêque de Saltzbourg & l'Evêque de Bamberg y poſſèdent pluſieurs territoires. Ce Duché eſt partagé en haute Carinthie, à l'Occident ; & en baſſe, à l'Orient.

1. La basse Carinthie.

CLAGENFURT, *Capitale*, *Place forte*. C'est une bonne Ville, sur la rivière de Glan.

SAINT-VEIT, au Nord-Est, située entre quatre montagnes.

GURCK, *Evêché*, plus au Nord, sur la rivière de *Gurck*. L'Evêque est Prince de l'Empire; mais il n'a ni séance ni voix à la Diète. Il est nommé alternativement par l'Archevêque de Saltzbourg & l'Archiduc d'Autriche : de trois nominations, l'Archiduc en a deux, & l'Archevêque n'en a qu'une.

LAVAMYND, *Evêché*, à l'Orient de Clagenfurt, & au confluent du Lavant & de la Drave. Son Evêque est à la nomination de l'Archevêque de Saltzbourg, & il réside dans l'Abbaye de *S. André*, qui est plus au Nord sur la même rivière du Lavant.

WOLFSBERG, au Nord de Lavamynd, près de la même rivière. C'est la résidence d'un Suffragant de Bamberg, qui est Gouverneur des seize Bailliages que l'Evêque de Bamberg possède en Carinthie.

2. La haute Carinthie.

ORTNBURG, sur la Drave, à l'Occident de Clagenfurt. C'est une Ville qui a titre de Comté.

PONTEBA, au Sud-Ouest, sur la rivière de la Fella, qui sépare les Etats de Venise de ceux d'Autriche : elle appartient à l'Evêque de Bamberg. On y voit un pont qui fait un des meilleurs passages des Alpes, & qui divise cette Ville en deux parties ou Villes, dont l'une du côté de l'Allemagne, est de la haute Carinthie, & l'autre est du Frioul & appartient aux Vénitiens. La différence qu'on remarque entre les Habitans, qui ne sont séparés que par le pont, est extrêmement sensible. Leurs coutumes, leurs mœurs, & même leur manière de bâtir sont contraires. Cette dernière diversité paroît même dans la construction d'un pont; une partie est de pierres, & l'autre est de grands arbres, comme sont ordinairement les ponts que bâtissent les Allemans.

§. IV. *Le Duché de Carniole.*

Quoique plein de montagnes & de rochers, ce Pays ne laisse pas de produire du bled & du vin: il y a plusieurs mines de fer, d'acier & de mercure ou vif-argent. On le divise en haute Carniole au Nord, basse au Midi, & moyenne Carniole ou Windismarck * au Sud-Est.

La *Save* prend sa source dans la haute Carniole, près la frontière de la Carinthie, la traverse toute entière, borne l'Esclavonie au Midi, & se jette dans le Danube au-dessous de Belgrade.

LAUBACH, *Capitale, Evêché*, dans la haute Carniole. Sa Cathédrale, qui est fort belle, n'a que six Chanoines. Elle a un Collège de Jésuites, plusieurs Couvens, & une Commanderie de l'Ordre Teutonique.

GORICE, *Archevêché*, depuis 1751, *Place forte*, & Comté, sur les confins du Frioul, dont il dépendoit autrefois. La partie du Frioul Autrichien qui étoit du Patriarchat d'Aquilée, est aujourd'hui soumise à l'Archevêque de Gorice.

DUINO, sur le Golfe de Venise, au Sud de Gorice.

CZIRNITZ, petite Ville, dans la basse Carniole, sur le Lac de Czirnitz, qui fournit tous les ans du poisson, du bled & beaucoup de gibier. Vers le printemps, une partie des eaux de plusieurs petits ruisseaux qui descendent des montagnes, se décharge dans des fosses de pierre qui se trouvent dans ce Lac. Lorsque ces fosses sont remplies, non-seulement les eaux se répandent dans le lit du Lac, mais celles qui sont dans les fosses, en sortent avec une violence prodigieuse: peut-être par un effet semblable à celui que l'on voit tous les jours sans surprise dans les jets d'eaux artificiels. Les eaux qui se perdent avant que d'arriver au Lac, se rendant aux fosses de pierre par différens conduits souterreins, pressent fortement celles qui sont déja dans les fosses, & les font ainsi sortir avec impétuosité. Quoi qu'il en soit de cette conjecture, lorsqu'une partie des eaux de ce Lac s'est retirée dans les fosses, & que le reste s'est perdu sous terre, on fait la pêche du poisson qui y est demeuré. On y sème ensuite du bled, qui y vient en peu de temps. Pendant l'automne & une partie de l'hiver, on y prend une grande quantité de gibier, qui s'y jette de toutes les forêts voisines. Ce Lac singulier a environ six lieues de long & trois de large.

Metling, dans le Windismarck, est un Ville assez considérable, sur la rivière de *Kulp*.

On peut joindre à la Carniole deux Pays voisins qui appartiennent encore à l'Autriche; savoir, une partie du *Frioul*, aux environs des ruines de la Ville d'*Aquilée*; & une partie de l'Istrie, que la Maison d'Autriche partage avec les Vénitiens. Le Frioul Autrichien n'a pas de Villes remarquables.

L'*Istrie Autrichienne* est au Nord & à l'Orient de l'Istrie Vénitienne : elle est très-importante pour la Maison d'Autriche, parceque c'est la seule de ses Provinces où elle puisse avoir des Ports sur la Méditerranée.

Trieste, *Evêché*, *Port*, au fond du Golfe de Venise, au Nord-Est. C'est une petite Ville, aujourd'hui fort marchande. La Cathédrale, dédiée à S. Just, est fort belle, aussi-bien que l'Eglise des Jésuites, qui y ont un beau Collège. Elle a six Couvens d'hommes & un de filles. Pour rendre cette Ville plus florissante, l'Impératrice Reine de Hongrie y a fait construire une Citadelle, rendu le Port franc, établi des Chantiers pour la construction des vaisseaux, & institué une Compagnie de Commerce.

PEDENA, *Evêché*, à l'Orient de l'Iſtrie Autrichienne. C'eſt une jolie petite Ville.

§. V. *Le Comté de Tirol.*

C'eſt un Pays rempli de montagnes preſque toujours couvertes de neige : il eſt néanmoins aſſez peuplé, & fertile en quelques endroits. On y trouve des mines d'argent, de fer & de vif-argent, qui ſont d'un aſſez bon revenu. Ce Comté, après avoir eu ſes Seigneurs particuliers, eſt venu à la Maiſon d'Autriche en 1289, par le mariage d'Albert I, Duc d'Autriche, & depuis Empereur, avec Eliſabeth, héritière de Mainard, Comte de Tirol, & Duc de Carinthie.

INSPRUCK, *Capitale*, ſur l'*Inn*, qui traverſe tout le Tirol. Elle a un fort Château, quelques belles Egliſes, comme celles des Récolets, & ſur-tout celle des Jéſuites, & un magnifique Hôtel, où le Gouverneur du Pays fait ſa réſidence. La Souabe Autrichienne dépend de la Régence de cette Ville.

ROTNBURG, au Nord-Eſt d'Inſpruck. Elle a reçu ſon nom des mines de cuivre qui ſont dans ſon voiſinage.

KUFSTAIN, tout au Nord-Eſt du Tirol. Cette Ville eſt la meilleure forsereſſe du Pays : ſon Château, qui eſt bâti ſur un rocher, paſſe pour imprenable.

Au Midi du Tirol eſt un vieux Château nommé *Tirol*, près la ſource de l'Adige : il a donné ſon nom à ce Comté.

Meran, autre Château qui avoit autrefois des Ducs de ce nom, leſquels étoient très-puiſſans en Allemagne.

Des Evêchés de Trente & de Brixen.

L'Evêché de *Trente* eſt au Midi du Tirol, ſur les confins de cette Province & de l'Italie, à laquelle plusieurs Géographes rapportent cet Etat, parce-qu'il en dépendoit autrefois. L'Evêque, qui est Prince de l'Empire, en est Seigneur sous la protection de la Maison d'Autriche : il est élu par les Chanoines, qui sont au nombre de dix-huit Capitulans, douze Allemans & six Italiens. Il a un Envoyé à l'Assemblée des Etats du Tirol, & il fournit son contingent, lorsqu'on a résolu de lever de nouveaux subsides.

TRENTE, *Capitale, Evêché*, sur l'Adige. Cette Ville étoit autrefois Libre & Impériale. Elle est célèbre par le dernier Concile général qui s'y est tenu. Il a commencé en 1545, & a fini en 1563. Sa Cathédrale, qui porte le nom de S. Vigile, est très-belle : les colonnes qui soutiennent la voûte sont d'une grosseur prodigieuse. L'Eglise de Sainte Marie-Majeure, où le Concile s'est assemblé, est toute de marbre blanc & rouge en dehors ; ses orgues sont aussi des plus belles qu'on puisse voir. Le Palais de l'Evêque, qui est hors de la Ville, est magnifique, fortifié comme une Citadelle. Trente à quatre Paroisses & plusieurs Couvens d'hommes & de filles.

L'Evêché de *Brixen* est entre le Tirol & la Carinthie. L'Evêque est membre de l'Empire, & sous la protection de la Maison d'Autriche : il fournit aussi son contingent dans les impôts du Tirol.

BRIXEN, *Capitale, Evêché*. C'est une belle Ville, au confluent de la *Rientz* & de l'*Eisoch*, dans un terroir fertile en excellens vins.

§. VI. *La Souabe Autrichienne*.

Elle consiste en diverses Enclaves du Cercle de Souabe, situées au Nord de la Suisse. Les principales Villes sont :

FRIBOURG, autrefois TARODUNUM, sur le *Threseim, Place forte, Université, Capitale* du Brisgaw,

CERCLE D'AUTRICHE.

entre le Rhin, & la Forêt Noire, au Sud-Ouest du Cercle de Souabe. Louis XV s'en est emparé en 1745, & en a ruiné les fortifications avant que de la rendre.

BRISACH, sur le Rhin, *Ville forte*, qui a été prise par les François en 1703, & rendue à la Maison d'Autriche par le Traité de Rastadt en 1714.

Au Midi du Brisgaw sont les quatre Villes nommées *Forestières*, parcequ'elles sont voisines de la Forêt Noire. Les Suisses, comme nous l'avons déja observé, ont droit d'y avoir garnison, lorsqu'il y a guerre en ce Pays.

RHINFELD, la meilleure des Villes Forestières, a un beau pont sur le Rhin.

LAUFFEMBURG, petite Ville, mais forte.

SECKINGEN, Ville située dans une Isle que forme le Rhin. Sa grande Place est très-belle.

WALDSHUT, Ville fort médiocre, située au confluent de la Schult & du Rhin.

CONSTANCE, au Sud du Cercle de Souabe, *Evêché*, près du Lac de Constance. On attribue la fondation de cette Ville à Constance, père de Constantin. Elle étoit autrefois Ville Libre & Impériale; mais Charles-Quint l'ayant soumise en 1548, depuis ce temps elle appartient à la Maison d'Autriche. Nous parlerons des Etats de son Evêque, en décrivant la Souabe. Constance est une belle Ville, riche & marchande. Elle est célèbre par le Concile général qui s'y est tenu en 1414. Les François se sont rendus Maîtres de cette Ville en 1744 ; mais l'année suivante elle est rentrée sous la domination de l'Autriche.

NELLEMBOURG, au Nord-Ouest du Lac de Constance. C'est le principal lieu du Landgraviat de Nellembourg, qui a eu autrefois ses Princes.

OBERSDORF & ORB, au Nord-Ouest de Nellembourg, dans le Comté de Hohenberg, qui est entre celui de *Furstemberg* & le Duché de *Virtemberg*. Ce Comté, qui est assez considérable, appartient à la Maison d'Autriche, à l'exception de la Ville de *Rotweil*, qui est Libre & Impériale.

BREGENTZ, près du Lac de Constance, au Sud-Est. Cette ancienne Ville, qui a titre de Comté, donne son nom à la rivière qui l'arrose : elle a un Château bâti sur une éminence, & auprès duquel il y a plusieurs forges. Ce Comté & ceux qui en sont voisins, comme *Montfort*, *Feldkirk*, &c. qui appartiennent aussi à la Maison d'Autriche, sont renfermés par plusieurs Géographes dans le Tirol, qu'ils ont à l'Orient, & auquel ils sont annexés ; mais ils sont de Souabe. D'autres mettent Montfort dans la Suisse, parcequ'il en dépendoit autrefois. C'est ainsi qu'il est marqué dans la Carte d'Allemagne de Delisle.

GUNTZBOURG *, près du confluent du *Guntz* dans le Danube, à l'Orient de la Souabe. Cette Ville est la Capitale du Marquisat de Burgaw.

La Maison d'Autriche possède encore, avec les Pays qui viennent d'être décrits, le Royaume de *Bohême*, le Marquisat de *Moravie*, la partie de la *Silésie* qui l'avoisine, le Royaume de *Hongrie*, & la *Transylvanie*, les Duchés de *Milan* & de *Mantoue* en Italie, & une partie des *Pays-Bas*.

ARTICLE II.

Du Cercle de Bavière.

CE Cercle est borné au Nord par la Franconie & la Bohème ; à l'Orient & au Midi, par le Cercle d'Autriche ; & à l'Occident, par la Souabe. Il faisoit autrefois partie de la Norique & de la Vindélicie. L'air y est sain ; & le terroir très-fertile en bled :

il s'y trouve de bons pâturages; mais on y recueille peu de vin. Il y a des mines de fer, de cuivre, de vitriol & d'argent, aussi bien que des salines. Ce Pays n'est pas riche, parcequ'on y fait peu de commerce.

Le Cercle de Bavière renferme six Etats principaux, deux Séculiers & quatre Ecclésiastiques : ce sont, 1. les *Etats du Duc de Bavière*, savoir, le Duché de Bavière au Midi du Danube, & le Palatinat de Bavière au Nord; 2. le *Duché de Neubourg*, à l'Ouest du Cercle de Bavière; 2. l'*Archevêché de Saltzbourg*, au Sud-Est du même Cercle; 4. l'*Evêché de Freisingen*, au milieu du Duché de Bavière; 5. l'*Evêché de Ratisbonne*, & 6. l'*Evêché de Passaw*, l'un & l'autre le long du Danube.

Le Duc de Bavière & l'Archevêque de Saltzbourg sont les Directeurs de ce Cercle.

La plus grande rivière qui l'arrose est l'*Inn*, qui prend sa source dans le Pays des Grisons, traverse le Comté de Tirol, la haute Bavière, & se jette dans le Danube à Passaw.

§. I. *Les Etats du Duc de Bavière.*

La Maison de Bavière est la branche cadette de la Maison Palatine du Rhin : elle ne possède la dignité d'Electeur que depuis 1621, que l'Empereur l'ôta au Palatin pour la lui donner. Charles VII, qui fut élu Empereur en 1742, après la mort de Charles VI, dernier Prince de l'ancienne Maison d'Autriche, étoit le quatrième Electeur de sa branche.

Munich, sur l'Iser, *Capitale* des Etats de Bavière, & en particulier du Duché. C'est une belle & assez forte Ville, où le Duc de Bavière réside ordinairement. Son Palais est très-vaste & magnifique : il contient, dit-on, onze cours, vingt grandes salles, dix-neuf galeries, deux mille six cens soixante grandes croisées, six chapelles, seize grandes cuisines & douze grandes caves, quarante vastes appartemens qui sont unis sans être assujétis, avec trois cens grandes chambres richement peintes, lambrissées & meublées. Il n'y a dans ce superbe Palais, ni coin, ni niche, ni porte, ni cheminée qui n'ait son buste ou ses reliefs; mais rien n'égale le Salon des Antiques. On y compte trois cens cinquante-quatre bustes de jaspe, de porphire, de bronze & de marbre de toutes les couleurs, qui représentent ou des Capitaines Grecs, ou des Empereurs Romains, ou des Hommes très-illustres par leur naissance ou leurs grandes actions. Des deux principales galeries, l'une est ornée des portraits des personnes célèbres, sur-tout par leur doctrine; le plafond de l'autre représente les principales Villes de Bavière, ses Rivières, ses Châteaux, & ce qu'il y a de plus remarquable. Sans compter les appartemens de l'Electeur & de sa Cour, on distingue dans ce vaste Palais quatre appartemens principaux: l'Appartement Royal, celui de Lorraine, l'Impérial & celui de l'Electrice. L'Impérial a une salle de cent dix-huit pieds de long, sur cinquante-deux de large. Ces appartemens communiquent par autant de galeries fort ornées. Ce qu'il y a de singulier dans cette Ville, c'est qu'on a pratiqué des galeries, qui traversant les maisons & mêmes les rues par le moyen des arcades, communiquent du Palais aux principales Eglises & Couvens, de sorte que la Cour y peut aller secrétement. Ce Palais a souffert deux incendies considérables, l'un en 1729 & l'autre en 1750. Les Electeurs y ont un Arsenal, & leur sépulture est dans la superbe Eglise des Théatins. Les Jésuites ont un beau Collège dans cette Ville.

INGOLSTAT, *Université*, au Nord-Ouest, sur le Danube. C'est la plus forte Place de la Bavière. Elle a un très-bel Arsenal, & un Collège de Jésuites. Les

Autrichiens ont pris cette Ville en 1742, & l'ont rendue avec les autres en 1745, qu'ils firent la paix avec l'Electeur, fils de l'Empereur Charles VII, qui venoit de mourir.

STRAUBING, dans la basse Bavière, ainsi que les deux suivantes, *Place forte*, sur le Danube.

LANDSHUT, sur l'Iser, est une Ville assez bien fortifiée : il y a un beau Château.

BURCKHAUSEN, au Sud-Est de la précédente, sur le *Saltzach*. Cette rivière a sa source au Midi, sur les confins de l'Evêché de Brixen, passe à Saltzbourg, & se jette dans l'Inn au-dessous de Burckhausen ; qui est une Ville bien bâtie, avec un ancien Château. Les Jésuites y ont un beau Collège.

CHIEMSÉE, *Evêché*, enclavée dans la haute Bavière, est dans une Isle du Lac de même nom, au Sud-Ouest de Burckhausen. Son Evêque n'est pas Prince de l'Empire, étant à la nomination de l'Archevêque de Saltzbourg, dont il est suffragant.

AMBERG, au Nord, *Capitale* du Palatinat de Bavière, ou haut Palatinat. C'est une jolie Ville, sur la *Wils*, avec des fossés profonds, des remparts & un bon Château. C'est la patrie de Frédéric Spanheim, un des plus sçavans Théologiens Protestans.

LEUCHTENBERG, *Capitale* de l'ancien Landgraviat de ce nom, au milieu du Palatinat de Bavière.

Le Duc de Bavière possède quelques Pays en Souabe, entr'autres, le Comté de *Meindelheim*, dans la partie Orientale, au Midi de Burgaw.

DONAVERT, sur le Danube, lui appartient aussi. Cette Ville est de la haute Bavière. Elle étoit autrefois Impériale ; mais ayant été mise au ban de l'Empire en 1606, Maximilien I, Duc de Bavière, se l'assujétit.

§. II. *Le Duché de Neubourg*, &c.

Ce Duché, avec la Principauté de *Sultzbach* qui

est à l'Occident du Palatinat de Bavière, s'appelle aujourd'hui le haut Palatinat. Il appartient à l'Electeur Palatin du Rhin, de la branche de Sultzbach, issue de celle de Neubourg, qui a hérité, en 1742, de l'Electorat & Palatinat du Rhin.

NEUBOURG, sur le Danube, *Capitale* du Duché, qui est partagé en trois parties principales séparées l'une de l'autre. C'est une jolie Ville, assez bien peuplée, avec de bonnes fortifications & un beau Château. Elle est du Diocèse d'Augsbourg.

HOCHSTET †, sur la gauche du Danube, deux lieues au-dessous de Dillingen, célèbre par les deux batailles que les François y ont perdues en 1703 & 1704.

SULTZBACH, au Nord-Ouest d'Amberg: elle est située sur une montagne, & a un beau Château.

§. III. *L'Archevêché de Saltzbourg.*

L'Archevêque de Saltzbourg est Prince souverain, & prend le titre de Légat du S. Siège. Il nomme aux Evêchés de Chiemsée en Bavière, de Seckaw en Stirie, & de Lavamynd en Carinthie, dont les pourvus n'ont pas besoin de confirmation, ni de bulles du Pape. De trois nominations pour l'Evêché de Curck en Carinthie, il en a encore une.

SALTZBOURG, *Archevêché, Capitale, Université,* sur le Saltzach. C'est une Ville ancienne, belle & forte. La Cathédrale & le Château de l'Archevêque sont des édifices superbes. L'Eglise Métropolitaine est vaste, & un des beaux bâtimens qui soient en Allemagne. Elle est bâtie sur le modèle de Saint Pierre de Rome, & en a les proportions. Outre quatre jeux d'orgue qui sont à chaque coin de la voûte du milieu, il y en a un très-grand & nouveau, qui occupe tout le fond de la grande nef de l'Eglise. L'Université a été fondée par un Archevêque de Saltzbourg, & est régentée par des Bénédictins, excepté qu'il y a des Profeſſeurs ſéculiers pour le Droit Civil. Les Jéſuites à qui elle avoit été offerte, à condition que l'Archevêque, en ſa qualité de Légat du S. Siège, pourroit informer des affaires de l'Univerſité, n'ont point voulu l'accepter à cette condition qui leur a paru onéreuſe.

La Prévôté de *Berchtelſgaden*, au Midi de la Ville de Saltzbourg : c'eſt une Principauté qui dépend d'un Prieur des Chanoines Réguliers de Saint Auguſtin.

§. IV. *L'Evêché de Freiſingen.*

FREISINGEN, *Evêché*, eſt une jolie Ville, ſituée dans une agréable contrée, & ſur une montagne près l'Iſer. Son Evêque eſt Prince ſouverain. La Cathédrale & le Palais épiſcopal ſont de ſuperbes édifices.

Le Comté de *Werdenfels* appartient à l'Evêque de Freiſingen : il eſt ſitué à l'extrémité de la Bavière, vers le Tirol. Ce Prince poſſède encore pluſieurs petits Territoires dans le Cercle d'Autriche.

§. V. *L'Evêché de Ratiſbonne.*

C'eſt un petit Etat ſitué le long des deux bords du Danube. L'Evêque, qui eſt Prince de l'Empire, en eſt ſouverain ; mais la Ville de Ratiſbonne ne lui appartient pas.

WERTH, ſur la rive Septentrionale du Danube, eſt le principal lieu de l'Evêché de Ratiſbonne, & la réſidence ordinaire de l'Evêque.

RATISBONNE, *Evêché*. ſur la rive Méridionale du Danube. C'eſt la ſeule Ville Impériale de ce Cercle : on l'appelle en Allemand *Regenburg*, à cauſe de ſa ſituation vis-à-vis l'embouchure du *Regen* dans le Danube. Elle eſt grande, belle & célèbre par les Diètes, ou Aſſemblées générales de l'Empire, qui s'y tiennent depuis l'an 1662, ſi ce n'est que depuis 1741, jusqu'en 1745, elles se sont tenues à Francfort sur le Mein. La Maison de Ville & la grande Salle de Ratisbonne, où se tiennent ces Assemblées, sont magnifiques. Cette Ville a aussi de belles Eglises & de fort beaux édifices. Son pont de pierres est le meilleur de tous ceux qui sont sur le Danube. Il y a dans Ratisbonne trois Abbayes, celle de S. Emmeran, & celles du haut & du bas Munster. L'Abbé de la première & les Abbesses des deux autres ont rang entre les Princes de l'Empire. Le Magistrat de Ratisbonne est Protestant; & les seuls Protestans ont droit de Bourgeoisie dans cette Ville. Les Catholiques y ont cependant l'Eglise Cathédrale & quelques autres, comme celles des Dominicains, des Carmes Déchaussés, des Capucins, des Récolets, & du Collège des Jésuites, autrefois Abbaye de Bénédictins. Il y a aussi une très-belle Chartreuse.

§ VI. *L'Evêché de Passaw.*

C'est un très-riche Evêché, dont l'Evêque est Prince de l'Empire. Il étoit ci-devant suffragant de Saltzbourg; mais en 1728, il obtint du Pape Benoît XIII, de ne relever que du S. Siège; & Clément XII, en 1732, ratifia la Bulle de son prédécesseur.

PASSAW, *Evêché*, en est la Capitale. Cette Ville est forte & ancienne; elle est située au confluent du Danube, de l'Inn & de l'Iltz, qui en font comme trois Villes : sçavoir, *Passaw, Instat* & *Ilstat*. Ses Maisons sont bien bâties, & sa Cathédrale passe pour la plus belle Eglise d'Allemagne. Il y a une Abbaye de Bénédictins, une Maison de Chanoines réguliers, & un Collège de Jésuites.

Près de cette Ville on pêche des Perles dans la rivière d'*Iltz* : cette pêche appartient à l'Electeur de Bavière & à l'Archiduc d'Autriche, qui ont chacun un officier pour veiller à leurs intérêts.

Article III.

Du Cercle de Souabe.

La *Souabe*, habitée autrefois par les Suèves, est un des plus fertiles Pays de l'Allemagne : elle a aussi des fontaines salées & des bains fameux.

Cette Province est bornée au Nord, par le Cercle Electoral du Rhin, & la Franconie ; à l'Orient, par la Bavière ; au Midi, par la Suisse ; & à l'Occident, par le Rhin, qui la sépare de l'Alsace, ou de la France.

Ce Cercle a trente & une *Villes Impériales*, & grand nombre d'Etats Ecclésiastiques & séculiers. Les principaux sont au nombre de six : 1. le *Duché de Wirtemberg*, au Nord ; 2. la *Principauté & Comté de Furstemberg*, à l'Ouest & au Sud du Duché de Wirtemberg ; 3. le *Marquisat de Bade* ; 4. l'*Evêché d'Ausbourg*, à l'Orient ; 5. l'*Abbaye de Kempten*, au Sud-Est ; 6. l'*Evêché de Constance*, au Midi. Nous avons parlé de la *Souabe Autrichienne*, à l'Article I, *page* 542.

Les principales Rivières de la Souabe, sont :

Le *Danube*, qui prend sa source au Sud-Ouest, & traverse la Souabe en grande partie.

Le *Leck*, dont la source est dans les montagnes du Tirol, au Nord-Ouest. Il sépare la Bavière de la Souabe, passe à Ausbourg, & se jette dans le Danube, près de Donavert.

Le *Neckre*, qui prend sa source assez près de celle du Danube, traverse la Souabe du Midi au Septentrion, passe à Tubingen, à Stutgard, à Hailbron, à Heidelberg, & se jette dans le Rhin à Manhein.

Le *Rhin*, qui cotoye la Souabe, au Midi & à l'Occident.

§ I. *Le Duché de Wirtemberg.*

Il appartient au Duc de ce nom, qui est un des principaux Souverains du Cercle de Souabe, dont il est Directeur avec l'Evêque de Constance.

STUTGARD, *Capitale*, près du Neckre. C'est une belle Ville, bien peuplée, entre des collines où l'on voit de beaux vignobles. Le Duc de Wirtemberg y a un Palais magnifique, où il réside. Ce Prince est maintenant Catholique; mais ses sujets sont la plupart Luthériens.

TUBINGEN, *Université*, sur le Neckre. C'est une Ville jolie & forte : elle a un beau Château.

Dans le Duché de Wirtemberg sont enclavées plusieurs petites Principautés, entr'autres le Comté d'*Hohenzollern*, au Sud-Est de Tubingen. Ses Comtes sont d'une des plus anciennes Maisons, & ils sortent de la même tige que les Electeurs de Brandebourg, Rois de Prusse, & les Marquis de Culembach, & d'Anspach.

A l'Orient de ce Duché est la *Prévôté d'Elvang*, autrefois Abbaye de Bénédictins, sécularisée au XVe. Siècle, & convertie en Prévôté séculière, composée d'un Prévôt & de douze Chanoines séculiers qui font preuve de noblesse. L'Archevêque de Trèves est Prévôt d'Elvang depuis que cette Prévôté a été unie à son Eglise. Le Prévot a voix & rang parmi les Princes Ecclésiastiques aux Diètes de l'Empire. Il est souverain de la Ville de même nom, qui est médiocre, & sous la protection du Duc de Wirtemberg. Son Palais est situé sur une montagne vis-à-vis de la Ville. Il jouit d'un Domaine de dix lieues d'étendue de l'Est à l'Ouest, & de quatre dans sa plus grande largeur du Sud au Nord. Cette Prévôté a ses grands Officiers héréditaires.

Les Ducs de Wirtemberg possèdent hors de leur Duché le Comté de *Montbelliard* entre l'Alsace & la Franche-Comté. Cette Principauté leur est échue en 1723 par le décès de Léopold Everard, dernier Comte de Montbelliard. Ils ont recueilli de la même succession, le Comté de *Horbourg* & la Seigneurie de *Reichenvald* en Alsace; la Baronnie de *Granges*; les Seigneuries de *Clerval* & *Passavant*, en Franche-Comté, & celle de *Franquemont*, en Suisse.

MONTBELLIARD, *Capitale*, à une lieue du Doux, & au confluent de l'Alan & de la Rigole: il y a un Château fort spacieux. Elle étoit autrefois fortifiée; mais la France en a détruit les fortifications en 1677. Cette Ville a un Collège où on enseigne les Langues & les Belles-Lettres.

§. II. *La Principauté & Comté de Furstemberg.*

Elle appartient à un Prince qui en est Souverain, & qui est d'une Maison des plus anciennes & des plus illustres de l'Allemagne. Il a un Château qui porte son nom, & qui est près du Danube, dont la source se trouve dans la partie méridionale de cet Etat.

§. III. *Le Marquisat de Bade.*

Il s'étend le long du Rhin, à l'Occident du Cercle de Souabe. Il est divisé en haut & bas Marquisat, qui obéissoient ci-devant à deux Princes de la Maison de Bade, l'une des plus anciennes d'Allemagne. Le premier, qui est au Midi, s'appelle Marquisat de *Bade-Baden*: son Prince étoit Catholique. Le second, qui est plus au Nord, se nomme le Marquisat de *Bade-Dourlach*, & appartient à un Prince Luthérien, qui vient de réunir le premier par la mort du dernier Marquis de *Bade-Baden*, Auguste-George, arrivée l'année dernière 1771.

DURLACH *ou* DOURLACH. C'est une jolie Ville, *Capitale* du Marquisat de Bade-Dourlach.

Bade, *Capitale* du Marquisat de Bade-Baden, qui étoit à la branche aînée. Cette Ville est célèbre par ses Bains d'eaux minérales, d'où elle a pris son nom.

Rastadt, petite Ville voisine de Bade, avec un beau Château. Elle est célèbre par le Traité de paix fait en 1714, entre la France & l'Empereur, pour terminer l'Affaire de la Succession d'Espagne.

Le *Fort de Kell**, dans une Isle du Rhin, vis-à-vis Strasbourg, appartient au Marquis de Bade-Baden.

La Maison de Bade possède encore plusieurs belles Terres dans le Burgaw, dans la Bohème, dans le Palatinat du Rhin, dans le Luxembourg, & en Alsace.

§. IV. *L'Evêché d'Augsbourg.*

La Principauté de l'Evêque d'Augsbourg s'étend le long du Leck, qui la sépare du Cercle de Bavière. Elle occupe un espace d'environ vingt lieues du Midi au Nord: sa largeur du Levant au Couchant est peu considérable: la plus grande est d'environ six lieues. L'Evêque d'Augsbourg possède encore plusieurs Domaines dispersés & enclavés dans divers Etats de la Souabe & de la Bavière. Il n'a aucun pouvoir, pour le temporel, dans la Ville d'Augsbourg, qui est *Impériale*, & dont, par cette raison, nous parlerons plus bas.

Dillingen, *Université*, est le lieu de la résidence de l'Evêque d'Augsbourg. C'est une Ville située en Bavière, à deux lieues de la rive méridionale du Danube, & à demi-lieue de la rive Orientale du Leck. L'Evêque est maître de cette Ville & de son Territoire.

Fuessen, sur le Leck, au Midi, sur les frontières de la Bavière & du Comté de Werdenfels: c'est une Ville commerçante, & un passage très-fréquenté pour le Tirol & la Bavière.

CERCLE DE SOUABE.

§ V. *L'Abbaye de Kempten.*

Les Domaines de cette Abbaye sont à l'Occident de l'Evêché d'Augsbourg, & consistent en 35 Paroisses, & beaucoup de Fiefs ou Châteaux. L'Abbé est Prince de l'Empire, a sa voix aux Diètes, & ne relève que du Pape. La Ville de KEMPTEN ne lui appartient point, parcequ'elle est Impériale. Il demeure, à quelque distance, dans l'Abbaye de Sainte Hildegarde, qui est de l'Ordre de S. Benoît, & dont tous les Moines sont Nobles.

§. VI. *L'Evêché de Constance.*

Il est au Midi, des deux côtés du Lac qui porte son nom. L'Evêque de Constance, qui possède plus de cent Bourgs & Villages, est Prince de l'Empire & Allié des Suisses, dans le Pays desquels il a de belles Terres. Nous avons déja observé qu'il n'étoit point maître de la Ville de *Constance*; il y a cependant un de ses Fauxbourgs qui appartient à ce Prélat, & où il fait de temps en temps sa résidence.

MERSEBOURG, au Nord-Est du Lac de Constance, & près de ce Lac: c'est une petite Ville où l'Evêque de Constance demeure ordinairement.

§. VII. *Principales Villes Impériales de Souabe.*

Nous avons dit qu'il y avoit dans ce Pays 31 Villes Impériales, qui se gouvernent en forme de Républiques: les plus considérables sont:

1. *Entre le Danube & la Bavière.*

KEMPTEN, sur l'*Iller*, qui coulant du Sud au Nord, va se jetter dans le Danube vis-à-vis d'Ulm. Cette Ville a beaucoup souffert d'un grand incendie qu'elle éprouva en 1741. Ses Habitans sont Luthériens.

Isny, au Sud-Ouest de Kempten. Le Comte Mangold de Weringen y fonda en 1106, une Abbaye qui fut nommée *Isna*, du ruisseau qui passe dans cette Ville. Le feu y prit en 1630, & y consuma près de quatre cens maisons, la Paroisse, la Maison de Ville & l'Abbaye. Elle s'est rétablie depuis : & quoique petite, elle se maintient dans la qualité de Ville Impériale : qu'elle a acquise sous Charles IV.

Memingen, près l'Iller, au Nord-Ouest de Kempten. C'est une assez grande Ville qui a quelques fortifications, & qui est défendue d'un côté par des marais. Elle fait commerce de toiles, de futaines & de papier.

Augsbourg, sur le Leck, à l'embouchure du *Wertach*. C'est une ancienne Ville, belle & grande; riche & bien fortifiée : elle est sur-tout renommée par ses ouvrages d'orfévrerie, d'horlogerie & d'ivoire. Son commerce étoit autrefois bien plus considérable qu'il n'est aujourd'hui. L'Evêque d'Augsbourg y a un beau Palais. Ce qu'on y voit de plus remarquable est son Hôtel-de-Ville, qui n'a pas son semblable dans tout l'Empire. Les portes de cette Ville s'ouvrent & se ferment d'elles-mêmes, au moyen de quelques machines, lorsque quelqu'un veut y entrer la nuit. Les Charges sont également partagées entre les Catholiques & les Luthériens. Ce fut en cette Ville que les Protestans ou Luthériens présentèrent en 1530, leur Profession de foi, appellée la *Confession d'Augsbourg*. En 1555 on y fit la Paix de Religion, où l'on laissa la liberté aux Luthériens; & il fut statué que désormais on n'inquiéteroit personne dans l'Empire à cause de sa Religion. C'est la patrie du Jurisconsulte Conrad Peutinger, si connu par l'ancienne Carte de l'Empire Romain, qui porte son nom ; & des Fuggers, qui passoient pour les plus riches Négocians d'Allemagne. Ils ont été ennoblis par Maximilien I, & faits Comtes par

CERCLE DE SOUABE.

Charles-Quint. Ce Prince, qui leur devoit un million, étant venu un jour les vifiter, ils brûlèrent fes obligations dans un fagot de bois de fental. Ils ont bâti 106 maifons dans un Fauxbourg, pour fervir de demeure aux Bourgeois ruinés. Ils font Catholiques, & poffèdent des Terres de dix lieues d'étendue entre l'Iller & le Wertach, fous le nom de *Comté de Fugger*.

2. *Entre le Neckre & la Franconie.*

ULM, fur le Danube. C'eft une grande Ville, riche, peuplée & commerçante, fur-tout en toiles, en futaines, en laines & en fers. Elle eft la première des Villes Impériales de Souabe, & la dépofitaire des Archives du Cercle. Ses habitans font Proteftans, & les Catholiques qui y demeurent font exclus des charges publiques. L'Hôtel-de-Ville & l'Eglife de Notre-Dame font de très-beaux édifices. L'Eglife des Auguftins eft la feule qui foit reftée aux Catholiques. Le Territoire d'Ulm a douze lieues de long, fur huit de large. C'eft la patrie de Jean Freinshemius, très-connu par les Supplémens qu'il a faits aux Hiftoires de Tite-Live, de Tacite, & de Quint-Curce.

NORDLINGEN, au Nord d'Ulm : elle eft enclavée dans le Comté d'*Oettingen*, & eft fortifiée dans le goût ancien. Ce fut près de cette Ville que les Suédois qui étoient venus en Allemagne pour foutenir les Proteftans, furent défaits par les Impériaux en 1634.

HALL, au Nord-Oueft de Nordlingen, & fur les frontières de Franconie : on l'appelle *Hall en Souabe*, pour la diftinguer d'une Ville de même nom qui eft dans le Duché de Saxe. Ses Habitans font Luthériens.

HAILBRON, à l'Occident de Hall, fur les frontières du Cercle Electoral du Rhin, & près du

Neckre. Elle a quelques fortifications, qui ont été augmentées en 1734. On y professe la Religion Luthérienne. Il y a des bains dans cette Ville, de laquelle dépendent plusieurs Villages. Le terroir des environs est fertile en vins. C'est la patrie de Jean Faber, sçavant Théologien de l'Ordre de Saint Dominique.

Esling, au Midi d'Hailbron, sur le Neckre, à deux lieues de Stutgard. C'est une assez grande Ville, dont les Habitans sont Luthériens : il y a cependant plusieurs Couvens.

Rotweil, au Midi de Tubingen, & près de la source du Neckre : elle est enclavée dans une des Terres de la Maison d'Autriche. Ses Habitans sont Catholiques. Autrefois ils étoient alliés des Suisses. Il y a à Rotweil une Cour de Justice, dont la Jurisdiction s'étend sur la Souabe, la Franconie, le Haut-Rhin, & une partie des Pays Autrichiens; mais on en peut appeller à la Chambre Impériale, & au Conseil-Aulique.

3. *Entre le Neckre & l'Alsace.*

Weyl, au Nord-Ouest de Stutgard; Ville assez considérable, dont les Habitans sont Catholiques.

Zell,

Gengenbach,

Offenburg : ce sont trois Villes au Sud-Ouest de la Souabe, & au voisinage du Rhin. Elles sont Catholiques. Il y a dans Gengenbach un Abbé qui est Prince de l'Empire.

ARTICLE IV.

Du Cercle de Franconie.

CE Cercle situé au milieu de l'Allemagne, est borné au Midi, par la Souabe; à l'Orient par la Bavière & la Bohême; au Nord, par le Cercle de haute Saxe; & à l'Occident, par celui du Haut-Rhin.

C'étoit, selon plusieurs Historiens, une des Provinces des anciens *Francs*, qui s'étendoient dans la Westphalie & la Basse-Saxe. Ce Pays fut ensuite appellé *France Orientale*, pour le distinguer de la Gaule, dont une partie des Francs avoit fait la conquête. Les Rois de France y établirent des Gouverneurs, qui prirent le titre de Ducs de Franconie, & qui se rendirent ensuite indépendans. Conrad l'un d'eux devint en 911 le premier Empereur d'Allemagne, après l'extinction de la branche de Charlemagne, qui possédoit le Royaume de Germanie.

La Franconie est bien peuplée. Elle est par-tout très-fertile en bleds, en fruits & en pâturages, où l'on nourrit beaucoup de bestiaux. Sa partie Méridionale produit de bons vins.

Les principales Rivières de Franconie sont:

Le *Mein*, qui y prend sa source au Nord-Est, la traverse d'Orient en Occident, passe à Bamberg, à Wirtzbourg, à Wertheim, à Francfort, & se jette dans le Rhin à Mayence.

La *Sala*, qui parcourt la partie Septentrionale, & se décharge dans le Mein.

Le *Rednitz*, qui prend sa source au Sud-Est dans l'Evêché d'Aichstet, traverse la Franconie du Midi au Septentrion, & se jette dans le Mein au-dessous de Bamberg.

Les principaux Etats de ce Cercle sont au nombre de cinq; sçavoir, les Evêchés 1. de *Bamberg*, & 2. de

Wirtzbourg, au milieu ; & quelques autres Etats voisins : 3. l'Evêché d'*Aichstet*, au Sud-Est : 4. le Marquisat de *Culembach*, ou de *Bareith*, au Nord-Est : 5. le Marquisat d'*Anspach*, au Midi.

Ce Cercle a pour Directeurs l'Evêque de Bamberg, & l'un des deux Marquis de Culembach & d'Anspach, tour-à-tour. L'Evêque a seul le droit de faire les propositions, de recueillir les suffrages, & de dresser les conclusions.

Il y a en Franconie cinq Villes *Impériales* & *Libres*.

§. I. *L'Evêché de Bamberg.*

Cet Evêché un des plus riches de l'Allemagne, fut fondé en 1007, par l'Empereur Henri II, qui pour le spirituel le soumit immédiatement au Saint Siège ; & céda la suzeraineté de la Ville au Pape, en s'obligeant de lui payer tous les ans un cens d'un cheval blanc, & de cent marcs d'argent ; ce que dans la suite le Pape Léon IX échangea contre la Seigneurie de la Ville de Bénévent. L'Evêque de Bamberg, par un droit dont l'origine est incertaine, a pour Officiers héréditaires quatre des grands Officiers de l'Empire. Les Electeurs de Bohème, de Saxe, de Bavière & de Brandebourg, portent depuis long-temps la qualité de Grand-Echanson, de Grand-Maréchal, de Grand-Sénéchal & de Grand-Chambellan de l'Eglise de Bamberg ; mais ils en font remplir les fonctions par des Officiers subalternes, dont les charges sont à leur nomination. De plus, ces quatre Electeurs se font investir par les Evêques de Bamberg, non-seulement de ces grands Offices, mais encore de plusieurs Terres qui y sont attachées, comme arrière-fiefs de l'Evêché. L'Evêque de Bamberg possède des Terres considérables en Carinthie.

BAMBERG, *Capitale*, Ville grande & belle, au confluent du Mein & du Rednitz. L'Eglise cathédrale est magnifique, aussi-bien que le Palais Episcopal, qui a de fort beaux jardins.

CRONACK, au Nord-Est de Bamberg, au confluent des rivières de Radach, de Haslach & de Cronack, *Ville forte*, qui a une bonne Citadelle.

§. II. *L'Evêché de Wirtzbourg.*

Cet Evêché est d'un très-grand revenu. Son Evêque porte le titre de Duc de Franconie.

WIRTZBOURG, *Capitale* sur le Mein, Ville assez grande & bien peuplée, dont le Château, qui est fort, est la demeure de l'Evêque : un très-beau Pont joint le Fauxbourg à la Ville. Pour être reçu Chanoine dans cette Cathédrale, il faut se soumettre à une cérémonie singulière. Le sujet présenté doit passer devant tous les Chanoines, rangés en haie, tenant chacun une baguette à la main, dont ils le frappent légèrement sur le dos. C'est pour éloigner de ce Chapitre les Princes de l'Empire, qui ne voudroient pas se soumettre à une pareille cérémonie.

CARLSTAT, sur le Mein, au Nord-Ouest de Wirtzbourg. Cette Ville étoit célèbre dès le temps des Empereurs de la race de Charlemagne : il y a un Château nommé *Carlburg*, qu'on croit avoir eté bâti par Charles *le Chauve*.

KISSING, au Nord-Est de Carlstat, sur la Sala, petite Ville où il y a des eaux minérales. Ses environs ont beaucoup de gibier.

De quelques Etats voisins de Wirtzbourg.

Au Nord de l'Evêché de Wirtzbourg, est l'ancien Comté de *Henneberg*, auquel l'on joint la Principauté de *Coburg*. Ce Pays est partagé entre plusieurs des branches de la Maison de Saxe : le Landgrave de Hesse-Cassel, (qui est dans le Cercle du Haut-Rhin,) en possède aussi une partie de ce Pays de Franconie.

HENNEBERG, n'est plus qu'un vieux Château ruiné, d'où le Comté a tiré son nom.

MEINUNGEN, petite Ville sur la *Werra*, où résident les Ducs de Saxe-Meinungen, qui forment la troisième branche des Princes de Saxe, descendans d'Ernest, dont nous parlerons dans l'Article suivant.

ROMHILT, au Sud-Est d'Henneberg. C'est une petite Ville avec deux Châteaux, qui a été possédée jusqu'en 1710 par une branche des Princes de Saxe qui en prenoit son nom. Après son extinction, il y eut de grandes disputes pour le partage ; enfin, en 1720, les Princes de Saxe surnommés de Gotha, de Meinungen, de Salfeld & d'Hildbourghausen, partagèrent les trois Bailliages dont la Maison de Romhilt étoit maîtresse.

HILDBOURGHAUSEN, au Nord-Est, sur la Werra. C'est une petite Ville, avec un beau Château, où réside le Duc de Saxe-Hildbourghausen.

COBURG, au Sud-Est de Henneberg, sur le *Jetz*, assez grande Ville, bien bâtie. Elle a un Château, où le Duc de Saxe-Salfed fait souvent sa résidence.

SMALKALDEN, au Nord d'Henneberg, assez près de la Werra. C'est la Ville la plus considérable du Comté d'Henneberg ; elle appartient avec son territoire au Landgrave de Hesse-Cassel. La Ligue des Princes Protestans contre Charles-Quint, s'y conclut en 1530. On trouve aux environs des mines de fer & d'acier, & on y compte environ 500 forges. Smalkalden est la patrie de Christophe Cellarius, Auteur d'un grand Ouvrage sur toute la Géographie ancienne.

Au Midi de Wirtzbourg sont les principaux Domaines du Grand-Maître des Chevaliers de l'*Ordre Teutonique*. Cet Ordre assez répandu dans l'Allemagne, n'est pas aussi puissant qu'il étoit autrefois. Il commença en 1190 à Jérusalem. Ses Chevaliers ayant été chassés de la Terre-Sainte, firent depuis

1230 des établissemens considérables en Allemagne, & sur-tout en *Prusse*, où, pour convertir les Payens, ils leur firent la guerre, & s'emparèrent de leur Pays. En 1525, Albert, Marquis de Brandebourg, leur soixante-quatrième Grand-Maître, s'attribua toutes les Terres que l'Ordre Teutonique possédoit en Prusse, & les fit ériger en un Duché séculier, qui a été 162 ans un Fief relevant de la Pologne, & qui est devenu Royaume en 1700. Nous en parlerons ci-après, en traitant de la *Pologne*. Cependant les Chevaliers Teutoniques d'Allemagne élurent un nouveau Grand-Maître pour les Terres qui leur restoient, & qui y sont répandues de côté & d'autre. Ce Grand-Maître, qui est toujours électif, fut admis aux Etats de Franconie en 1538; & son rang parmi les Princes Ecclésiastiques, est entre les Archevêques & les Evêques, quoiqu'il lui soit contesté par l'Evêque de Bamberg, qui dépend immédiatement du Pape. Quelques-uns des Chevaliers Teutoniques sont Luthériens, mais ils gardent tous le célibat. Le Grand-Maître doit être Catholique. C'est aujourd'hui le Prince Charles de Lorraine, & il a pour Coadjuteur l'Archiduc Maximilien-Joseph, frère de l'Empereur.

MERGENTEIM ou MARIENTAL, sur le *Tauber*, petite Ville, avec un beau Château, est la *Capitale* de cette Principauté.

Le Comté d'*Erpach*, à l'Ouest, mais dans le Cercle du Haut-Rhin, entre le Mein & le Rhin, appartient au Cercle de Franconie. Ses Comtes ont séances dans les Diètes générales de l'Empire.

ERPACH, *Capitale*, petite Ville assez peuplée.

§. III. *L'Evêché d'Aichstet.*

Ce petit Etat est très-fertile.

AICHSTET, *Capitale*, sur l'*Althmuhl*. C'étoit un Monastère de Bénédictins, fondé vers l'an 640 par saint Willibald, dans un lieu rempli de chênes. Il s'y forma dans la suite une Ville appellée *Aichstet*, du mot *Aicht*, qui veut dire un chêne. L'Evêque réside au Château de Wilibasbourg, nommé vulgairement *Walpersburg*. En 1611, Jean Conrad, Evêque de cette Ville, fit présent à sa Cathédrale d'un ostensoir ou soleil d'or magnifique, du poids de 40 marcs, enrichi de 350 diamans, de 1400 perles, de 250 rubis, &c.

§. IV. *Le Marquisat de Culembach ou de Bareith.*

Ce Margraviat ou Marquisat appartient à un Prince descendant de la branche cadette des Electeurs de Brandebourg, qui avant que d'avoir l'Electorat qui est en Haute-Saxe, étoient Burgraves ou Princes de Culembach ou d'Anspach, aussi-bien que du Territoire de la Ville de Nuremberg qui est entre deux. Le Marquis de Culembach ou de Bareith est Luthérien, comme la plupart de ses sujets.

BAREITH OU BEIRUT, au milieu du Pays, *Capitale*. C'est une Ville assez considérable & belle, où le Marquis fait sa résidence, & il en tire aujourd'hui son nom. Il y a établi en 1742 une *Université*.

CULEMBACH, au Nord-Ouest de Beirut, sur une des branches du Mein. C'est une jolie Ville, où le Marquis demeuroit ci-devant, & près de laquelle est une très-bonne Forteresse nommée *Plassenbourg*: on y conserve les Archives du Pays.

§. V. *Le Marquisat d'Anspach.*

Il appartient aussi à un Prince de la Maison de Brandebourg. On y suit la doctrine de Luther.

ANSPACH, au Midi, *Capitale*, sur la rivière de même nom. C'est la résidence du Margrave ou Marquis d'Anspach, qui y a un très-beau Palais. On fait de belle Porcelaine en cette Ville.

SCHWABACH *, à l'Orient d'Anspach, Ville bien peuplée & très-marchande, depuis qu'un grand nombre de François Calvinistes sortis de France à cause de leur Religion s'y sont établis, & y ont formé des Manufactures. C'est la patrie de Jean-Philippe Baratier, cet enfant célèbre, qui savoit à six ans le grec, le latin, l'hébreu, l'allemand & le françois : à onze ans il fut Auteur, & mourut à dix-neuf (en 1740) avec la réputation d'un Sçavant accompli.

§. VI. *Des principales Villes Impériales de Franconie.*

NUREMBERG, entre les Marquisats de Culembach & d'Anspach, sur le *Pregnitz*. C'est une grande Ville, célèbre par sa beauté, son commerce & la richesse de ses Habitans, qui sont très-laborieux & fort industrieux. Elle a un Arsenal bien fourni, un bel Hôtel-de-Ville, un fort Château, une belle Bibliothèque, un Théâtre Astronomique, un Observatoire, & une Académie de Peinture qui est fameuse. Les Eglises y sont magnifiques, entr'autres celle du Saint-Esprit ou de l'Hôpital. On y garde les ornemens impériaux de Charlemagne, qui servent au couronnement de l'Empereur : ce sont la Couronne, le Globe, le Sceptre, la Dalmatique, le Surplis d'or, le Manteau, &c. La plupart des Habitans sont Luthériens, & il n'y a qu'une seule Eglise Catholique. On fait à Nuremberg un grand commerce d'étoffes, de montres, d'ouvrages de cuivre & de quincailleries, d'estampes & de cartes de Géographie. Il s'y étoit établi, en 1751, une Société Cosmographique, pour la perfection de l'Astronomie & de la Géographie; mais elle ne subsiste plus. Cette Ville a donné naissance à Jean Cochléus, célèbre Théologien Catholique, & à Joachim Camerarius, fameux Médecin.

ALTORF, *Université*. Quoique cette Ville ne soit pas Impériale, nous la joignons néanmoins à Nuremberg, parceque c'est le lieu principal de son Territoire, qui a environ douze lieues de diamètre, & quarante de circuit.

SCHWEINFURT, sur le Mein, petite Ville bien fortifiée & *Impériale*. Elle est enclavée dans l'Evêché de Wirtzbourg. Ses environs sont riches en bétail, & fournissent beaucoup de bled & de vin.

WEINSHEIM, au Sud-Est de Wirtzbourg, dans le Marquisat d'Anspach. Elle est assez forte, & son terroir est fort abondant en vins : ses Habitans sont Luthériens.

FRANCFORT, sur le Mein, est mis par quelques Auteurs dans le Cercle de Franconie ; mais selon l'ordre politique, il doit être rapporté au Cercle du Haut-Rhin où il est enclavé. *Voyez l'Article* V *du Chapitre suivant.*

CHAPITRE II.

Des Cercles de la basse Allemagne, ou Septentrionale.

ARTICLE I.

Du Cercle de Haute-Saxe.

CE Cercle se divise en trois parties : 1. la Saxe : 2. l'Electorat de Brandebourg : 3. le Duché de Poméranie.

L'air de ce Pays est très-bon, quoique froid. Le terroir est fertile en bleds & en pâturages ; mais il y vient peu de vin. On y trouve des mines d'argent & de plomb. Il s'y fait un grand commerce de *Gaude*, plante qui sert beaucoup à la teinture, & qui y croît en abondance.

La Maison de Saxe est une des plus illustres & des

plus anciennes de l'Allemagne & même de l'Europe, quand elle ne descendroit pas, comme elle le prétend, de Witikind, Duc de Saxe, vaincu par Charlemagne. Les Princes de cette Maison, qui étoient ci-devant en grand nombre, viennent de Frédéric le *Débonnaire* ou le *Pacifique*, qui mourut Electeur en 1464. Ses deux fils, Ernest & Albert, sont la tige des deux branches, l'une nommée *Ernestine*, qui est l'aînée, & l'autre *Albertine*, qui est la cadette. C'est cette dernière, qui possède l'Electorat depuis l'an 1547, que la branche aînée en fut privée par l'Empereur Charles-Quint. Cette branche aînée, ou *Ernestine*, a produit celles des Ducs de Weimar, d'Eysenach (éteinte,) de Gotha, d'Hildbourghausen & de Salfeld, qui ont pris leur nom des Villes de leur résidence, soit en Thuringe, soit dans le Comté d'Henneberg en Franconie. La branche *Albertine* a produit celle des nouveaux Electeurs, & celles des Ducs de Weissenfels, de Mersburg, de Naumburg ou de Zeitz, qui sont maintenant éteintes, à l'exception de la dernière, dont il reste un Prince, qui est l'Evêque de Létomeritz en Bohème: l'Electeur a réuni tous leurs Etats.

Le Cercle de Haute-Saxe n'a qu'un Directeur, qui est le Duc de Saxe. Il n'y a que deux Villes Impériales, qui sont enclavées dans le Landgraviat de Thuringe, *Mulhausen* & *Northausen*, vers l'Occident.

§ I. *La Saxe.*

Elle se divise en quatre parties: 1. Duché & Electorat de Saxe, au Nord-Est: 2. Marquisat de Misnie, au Midi: 3. Landgraviat de Thuringe, & 4. Principauté d'Anhalt, à l'Occident.

1. *Le Duché & Electorat de Saxe.*

La Maison des Marquis de Misnie, de qui viennent les Ducs de Saxe d'aujourd'hui, n'eut ce Duché qu'en 1422, & l'Electorat qu'en 1428. La Maison d'Ascanie, d'où sortent les Princes d'Anhalt, en étoit anciennement en possession.

WITTEMBERG, *Capitale*, *Université*, sur l'Elbe. C'est dans cette Ville que la Secte des Luthériens a pris naissance, en 1517.

TORGAW, *Place forte*, sur l'Elbe Cette Ville est Capitale d'une Seigneurie de même nom, & a un beau Château. Elle est sur les frontières de la Misnie, dans laquelle la comprennent la plûpart des Géographes Allemands. C'est la patrie du Médecin Horstius, surnommé l'*Esculape de l'Allemagne*.

HALL, à l'Occident, avec son Territoire, appartient à l'Electeur de Brandebourg, en qualité de Duc de Magdebourg. C'est une belle Ville avec une *Université* fameuse. Il y a de riches salines & des fabriques d'étoffes de soie, dont les François Calvinistes prennent soin.

2. *La Misnie.*

DRESDE, sur l'Elbe, *Capitale* du Marquisat de Misnie, & la résidence de l'Electeur de Saxe. C'est une grande Ville, fort peuplée, & une des plus belles de l'Allemagne : les Ducs de Saxe y ont un magnifique Château. Dresde est partagée en deux Villes, l'ancienne & la nouvelle, jointes par un très-beau pont, de 400 pas de longueur, sur l'Elbe. Depuis que l'Electeur de Saxe est Catholique, il y a dans cette Ville, qui étoit auparavant toute Luthérienne, un nombre considérable de Catholiques. La Manufacture de cette belle & fameuse Porcelaine de Saxe, est assez connue.

LEIPSICK, *Université*, sur le *Pleiss*. C'est une Ville considérable, où les Sciences, les Arts & le Commerce fleurissent également. Leipsick est l'endroit où l'on parle allemand le plus purement. C'est la patrie de Leibnitz. Une société de Sçavans dans tous les genres y fait un Journal célèbre dans l'Europe, sous le nom d'*Acta Eruditorum*. Il fut commencé vers la fin du dernier siècle, par Louis Othon Mencke, Recteur de l'Université. Son fils & son petit-fils ont dirigé successivement l'exécution de cet Ouvrage avec un égal succès.

MEISSEN, sur l'Elbe, entre Dresde & Leipsick. C'est cette Ville qui a donné le nom à la Misnie, dont elle a été la Capitale. Elle avoit autrefois un Evêque suffragant de Prague; mais son Evêché a été sécularisé par les Electeurs de Saxe.

ZEITZ, sur l'Eister, au Sud-Ouest de Leipsick. Cette Ville étoit la résidence des Ducs de Saxe-Zeitz. Elle est échue, avec leurs autres possessions, à l'Electeur, qui étoit, comme eux, de la branche Albertine. Cette réunion est arrivée en 1718, après la mort du dernier Duc Maurice-Guillaume.

MERSBURG, sur la *Sala*. Cette Ville étoit autrefois un Evêché, qui a été sécularisé. Il y a un beau Château, où résidoient les Ducs de Saxe-Mersburg, dont la Maison a fini en 1738.

NAUMBURG, sur la *Sala*, Ville considérable, dont l'Evêché a été sécularisé. Elle appartenoit au Duc de Saxe Zeitz.

WEISSENFELS *, jolie Ville sur la *Sala*, entre Naumburg & Mersburg: elle a un beau Château, bâti sur une hauteur, où résidoit le Duc de Saxe-Weissenfels, dont la branche s'est éteinte en 1746.

Le Marquisat de Misnie renferme encore trois Pays: sçavoir, l'*Ertzeburg*, au Sud; le *Voigtland* & l'*Osterland*, au Sud-Ouest.

L'*Ertzeburg*, ou le Pays de la montagne, appartient tout entier à l'Electeur: on y remarque deux Villes.

FRIDBERG, ancienne Ville, près de laquelle sont des mines d'argent.

ZUICKAW, au Sud-Ouest de Fridberg, sur la *Mul-*

da de *Scheneberg*. C'est une jolie Ville, dans le voisinage de laquelle sont aussi des mines d'argent très-célèbres. On trouva, dit-on, dans les mines de Schenneberg en 1477, sous l'Empereur Frédéric III, un bloc d'argent d'une grosseur extraordinaire. Le Duc Albert voulut le voir, & descendit dans la mine. Il fit mettre le couvert sur le bloc précieux, & dit à ceux qu'il faisoit manger avec lui: *L'Empereur Frédéric est un puissant Seigneur; mais vous conviendrez que ma table vaut mieux que la sienne.* On fit ensuite de cette table 400 quintaux de monnoie d'argent.

Le *Voigtland* n'appartient pas tout entier à l'Electeur de Saxe. Les Comtes de *Reussen*, qui sont partagés en sept branches, en possèdent la partie Septentrionale.

PLAWEN, au Midi, sur l'Eister, Ville très-considérable: elle appartenoit au Duc de Saxe-Zeitz.

REICHENBACH, Ville commerçante, à l'Occident de Zuickaw, aussi à l'Electeur de Saxe.

GERA, au Nord de Plawen. C'est une Ville bien bâtie, sur l'Eister: elle appartient aux Comtes de Reussen, qui y ont établi une Régence commune pour tout leur Domaine, qu'ils ont trouvé le moyen de conserver. Ils dépendent immédiatement de l'Empire, dont ils sont Princes.

L'*Osterland*, qui est au Nord du Voigtland, est partagé entre les Ducs de Saxe-Gotha, & ceux de Weimar: les premiers en possèdent les trois quarts.

ALTENBOURG, grande Ville, à l'Orient sur le Pleiss, avec titre de Principauté. Le Duc de Saxe-Gotha y a établi une Régence, pour gouverner tout ce qui dépend de lui dans l'Osterland.

Ce que le Duc de Saxe-Weimar possède n'a point de lieu considérable: ses Terres sont à l'Occident, près de la rivière de Sala.

3. *La Thuringe.*

Ce Pays étoit autrefois un Royaume, auquel les François mirent fin en 524, après la défaite & la mort d'Hermanfroi, son dernier Roi. Il eut ensuite des Landgraves, jusqu'en 1240, qu'il fut uni à la Misnie : enfin la Maison de Saxe s'étant partagée en deux branches, l'*Ernestine* y eut presque tout son partage; & cette grande branche s'est subdivisée ensuite, comme nous l'avons dit, en plusieurs Maisons particulières, qui prennent toutes le nom de Ducs de Saxe, en y ajoutant celui de sa principale résidence. Il y a encore en Thuringe plusieurs autres petits Princes, & l'Electeur de Mayence y possède deux Territoires. Il y a aussi deux Villes Libres & Impériales.

Erfort, vers le milieu, sur le *Gera*. C'est une Ville grande, riche & bien peuplée, qui appartient à l'Electeur de Mayence, aussi-bien que son Territoire, où l'on compte 73 villages. Jean-Michel Wansleb, Dominicain, Auteur d'une *Histoire de l'Eglise d'Alexandrie*, & d'autres Ouvrages, étoit né à Erfort.

Le Pays d'*Eichfelt*, à l'Occident, appartient encore à l'Electeur de Mayence.

Duderstat, jolie petite Ville, est la plus remarquable de ce Pays.

Weimar, à l'Orient d'Erfort, sur l'*Ilm*, belle Ville, qui a un grand magnifique Château, où réside le Duc de Saxe-Weimar. Ce Prince a une riche Bibliothèque, & un Médaillier très-curieux.

Iena, *Université*, près de la Sala. Cette Ville appartenoit au Duc de Saxe-Eysenach. Sa branche s'étant éteinte en 1741, le Duc de Saxe-Weimar a hérité de ses terres.

Salfeld, au Sud-Ouest d'Iena, sur la *Sala*. Cette petite Ville donne son nom à une branche des

Ducs de Saxe, qui possède encore quelques Terres dans le Comté d'Henneberg en Franconie, comme nous l'avons dit.

GOTHA, à l'Occident d'Erfort, sur la *Nessa*, Ville assez grande & fortifiée, où demeure le Duc de Saxe-Gotha, qui est de la plus ancienne branche descendue d'Ernest. On voit dans son Palais une très-belle Bibliothèque, & un Cabinet de raretés.

EYSENACH, plus à l'Occident sur la Nessa, petite Ville qui a été la résidence d'un Duc de son nom; elle appartient maintenant au Duc de Saxe-Gotha.

MULHAUSEN, au Nord-Est d'Eysenach; Ville *Libre & Impériale*. Elle est grande & bien peuplée: il y a de belles Eglises. Son Territoire renferme 18 villages.

NORTHAUSEN, vers le Nord de la Thuringe: autre Ville *Libre & Impériale*.

Le *Comté de Mansfeld*, qui est à l'Orient de cette Ville, est en séquestre depuis 1570, à cause des dépenses prodigieuses que ses Comtes ont faites & qu'ils ne pouvoient acquitter. Les Electeurs de Saxe & de Brandebourg jouissent de ce séquestre par moitié.

MANSFELD, *Capitale*, près de la *Wipper*, sur une montagne.

EISLEBEN, à l'Orient du Comté de Mansfeld, près d'un Lac. C'est le lieu de la naissance de Martin Luther, qui y vint mourir en 1546.

Le *Comté de Schwartzbourg*, qui est assez considérable, & qui a des Princes particuliers, est divisé en deux parties, dont l'une est contigue à Mansfeld & à l'Eichfelt; & l'autre est au Midi, sur les frontières de Franconie.

Il y a deux Princes de ce nom.

4. *La Principauté d'Anhalt*.

Cet Etat, situé au Nord de la Thuringe, est posfédé par une ancienne Maison qui descend de celle d'Ascanie. Si elle avoit encore aujourd'hui ce qu'elle possédoit au XIIe. Siècle, elle seroit une des plus puissantes de l'Empire : en effet, elle posséda le Marquisat de Brandebourg depuis 1152, jusqu'en 1322 ; le Duché de Saxe depuis 1180, jusqu'en 1422, & celui de Saxe-Lawembourg (dans la basse Saxe) depuis 1422, jusqu'en 1689. De tout cela il ne lui reste que la Principauté d'Anhalt, son ancien patrimoine.

Son terroir est fertile en bleds & en fruits, surtout en pommes excellentes. Il y a des mines d'argent, de fer & de charbon de terre. Le gibier & les bois y sont fort communs.

Cette Principauté est divisée en quatre parties, selon les quatre branches de cette Maison, qui prennent leur nom des Villes où elles font leur résidence. On y professe le Luthéranisme, & il y a beaucoup de Juifs.

Dessaw, au confluent de l'Elbe & de la Mulde. Cette Ville a un grand Château, avec un beau Parc : elle est la résidence du Prince d'Anhalt de la branche aînée.

Bernburg, à l'Ouest de Dessaw. C'est une belle Ville, avec un Pont sur la Sala.

Coethen, * entre Bernburg & Dessaw, un peu vers le Midi.

Zerbst, au Nord de Dessaw, belle Ville, avec un beau Château : il y a un fameux Collège.

L'Abbaye de *Quedelinbourg* & son territoire sont en partie enclavés dans la Principauté d'Anhalt. L'Abbesse, qui est Luthérienne, comme les Religieuses, est Princesse de l'Empire.

§ II. *La Marche de Brandebourg.*

C'est un Marquisat & Electorat, qui se divise en cinq Marches : sçavoir, 1. le *Mittel-Marck*, ou

Moyenne Marche, qui est la plus grande de toutes, au Midi ; 2. le *New-Marck*, ou *Nouvelle Marche*, à l'Orient ; 3. l'*Alt-Marck*, ou *Vieille Marche*, à l'Occident ; 4. la *Marche de Pregnitz*, au Nord-Ouest ; 5. l'*Uker-Marck*, ou *Marche d'Uker*, au Nord-est. Cet Etat, après avoir plusieurs fois changé de maître, fut donné en 1417, à Frédéric Burgrave de Nurémberg, qui descendoit de la Maison d'Hohen-Zollern : sa famille le possède encore aujourd'hui. L'Electeur de Brandebourg, qui est maître d'une partie de la Prusse, & de beaucoup d'autres Terres considérables répandues de divers côtés en Allemagne, &c. est plus connu depuis 40 à 50 ans sous le nom de Roi de Prusse (*a*).

BERLIN, *Capitale* de tout le Brandebourg, & en particulier de la nouvelle Marche, sur la *Sprée*. Cette Ville est grande, belle & fort marchande ; sa partie Méridionale au-delà de la rivière, s'appelle *Coln*. Le Palais royal, où réside le Roi de Prusse, est magnifique ; on y voit une belle Bibliothèque & un riche cabinet. Ses rues sont grandes,

---

(*a*) Pour donner une idée complette de la puissance de ce Prince, nous mettrons ici sous un même point de vue tous ses Etats. Outre la *Marche de Brandebourg*, & la *Poméranie* dont il est maître en grande partie, il possède presque toute la *Silésie*, au Sud-Est de Brandebourg, & le Comté voisin de *Glatz*, qui étoit ci-devant du Royaume de Bohème ; à l'Orient une partie de la *basse Lusace* : le Territoire de *Hall*, & la moitié du Comté de *Mansfeld* par séquestre : dans la Haute-Saxe, le Duché de *Magdebourg*, & la Principauté de *Halberstat*, dans le Cercle de basse Saxe ; la Principauté de *Minden*, le Comté de *Ravensberg*, le Comté de la *Marck*, & le Duché de *Clèves*, dans le Cercle de Westphalie ; une partie de la haute *Gueldre*, dans les Pays-Bas : enfin la Principauté de *Neufchâtel*, en Suisse. L'Electeur de Brandebourg, Roi de Prusse, est ainsi le plus grand terrien d'Allemagne, après la Maison d'Autriche. Il a voix & rang dans plusieurs Cercles, à cause de ses Principautés, ce qui lui donne beaucoup de crédit dans l'Empire.

belles & bien pavées. La plûpart sont plantées de rangs d'arbres qui forment de belles allées. Les différens Quartiers de cette Ville sont séparés par de beaux canaux, sur lesquels on a construit des ponts-levis, qui ne cèdent pas en beauté à ceux de plusieurs Villes de Hollande qui leur ont servi de modèle. On voit sur le beau Pont de pierres de taille, construit sur une des branches de la Sprée, une statue équestre de l'Electeur Frédéric-Guillaume. L'homme & le cheval sont d'une seule pièce, formée d'un seul jet. Elle pese 3000 quintaux, & a couté 40000 écus. Berlin a une Académie Royale des Sciences & Belles-Lettres, un Observatoire & un Arsenal superbe. La Religion dominante est la Calviniste; mais on laisse à ceux qui professent d'autres Religions, une grande liberté de conscience. C'est de cette Ville que nous viennent ces carosses légers qu'on nomme *Berlines*.

FRANCFORT, sur l'*Oder*, au Sud-Est de Berlin, *Université*. Cette Ville, qui est riche & grande, étoit autrefois Impériale. Il y a près de Francfort un Canal qui joint la Sprée à l'Oder.

BRANDEBOURG, sur la rivière d'*Havel*, à l'Ouest de Berlin, autrefois Capitale du *Mittel-Marck*. C'est une Ville très-commerçante. On la divise en vieille Ville & Ville-neuve : cette dernière a des rues droites & fort belles. Il y avoit autrefois un *Evêché*; mais les changemens de Religion l'ont fait supprimer.

POTZDAM *, sur l'*Havel*, entre Brandebourg & Berlin. C'est une Ville nouvelle qui s'agrandit de jour en jour, & où il se fait un commerce assez considérable, à cause de ses manufactures. Le Roi de Prusse y a un beau Château, où il va souvent.

RUPIN ou RAPPIN, Ville assez considérable, au Nord-Ouest de Berlin. Elle avoit autrefois des Comtes.

LEBUSS, au Nord de Francfort, sur l'Oder : il y avoit autrefois un Evêque.

Kustrin, *Place forte*, à la jonction de la Warta & de l'Oder, dans le *New Marck* ou nouvelle Marche. C'est la patrie de Gaspart Barthius, qui, dès l'âge de douze ans, mit tout le Pseautier de David en vers latins de toute espece, & fit imprimer d'autres Poësies en la même langue.

Lansperg, sur la Warta. C'est la patrie de Jean Lanspergius, Chartreux, surnommé le *Juste*, auteur d'un grand nombre de livres de piété.

Stendel, dans l'*Alt-Marck* ou vieille Marche. C'est une Ville grande & bien bâtie, où est une Justice supérieure pour cette partie du Brandebourg, qui est le plus ancien Domaine des Margraves ou Marquis de ce nom.

Havelberg, au Nord-Est de Stendel, & sur l'Havel, près de son embouchure dans l'Elbe. C'est une des Villes des plus considérables de la Marche de *Pregnitz* : il y avoit autrefois un Evêché qui a été sécularisé.

Prenslow, au Nord du Lac d'Uker. C'est aujourd'hui une grande & belle Ville, qui est la Capitale de l'*Uker Marck*, ou Marche d'Uker.

Depuis environ cinquante ans, on a bâti dans le Brandebourg plus de cinquante Villes & quatre cens Villages.

§. III. *Le Duché de Poméranie.*

La Poméranie a été ainsi nommée, parcequ'elle est voisine de la Mer : c'étoit le Pays des Vandales, & il s'y en trouve encore qui conservent leurs anciens usages. Les Slaves ou Esclavons y fonderent ensuite un Royaume, qui comprenoit aussi le Meckelbourg, à l'Occident. Ce Royaume ayant pris fin au XII°. Siècle, la Poméranie eut des Princes, & ensuite des Ducs jusqu'en 1637, que Boleslas, le dernier de ces Ducs, mourut sans postérité. L'Electeur de Brandebourg devoit hériter de la Poméranie;

...ranie ; mais les Suédois s'étoient rendus maîtres, quelques années auparavant, de sa partie Occidentale, & ils la conservèrent par le Traité de Munster, fait en 1648. L'Electeur de Brandebourg n'eut que la partie Orientale, qui est séparée de l'autre par l'Oder ; & on lui donna pour dédommagement de ce qu'il cédoit, l'Archevêché de Magdebourg & les Evêchés de Halberstat & de Minden, qui furent sécularisés. En 1713, la Ville de Stettin, avec son territoire fut prise par les Russiens & les Saxons, qui étoient en guerre avec les Suédois ; & le Roi de Prusse en devint maître l'année suivante. Cette partie de la Poméranie Suédoise qui en fait la moitié, lui fut cédée entièrement en 1721 ; de sorte qu'il a aujourd'hui les trois quarts de la Poméranie. La Rivière de *Péene*, sur laquelle est la Ville de *Gutskow*, sépare maintenant la Poméranie Suédoise, de la Prussienne ou Brandebourgeoise.

1. *Poméranie Prussienne.*

STETTIN, *Capitale, Ville forte, Port*, sur l'Oder, près de son embouchure. Cette Ville est assez belle, & le commerce y est florissant. Le Roi de Prusse y a établi, en 1720, la Régence de la Poméranie & une Chambre de guerre & de domaine. C'est la patrie de George Kirstenius, sçavant Médecin & Naturaliste.

ANCLAM, petite Ville sur la Péene, au Nord-Ouest de Stettin.

STARGART, sur l'*Ihne*, à l'Orient de Stettin, dans la Poméranie proprement dite, dont elle est la Ville principale : il y a beaucoup de manufactures de draps & d'étoffes. C'étoit autrefois la résidence de la Justice de la Poméranie Brandebourgeoise, & comme la *Capitale*, avant que le Roi de Prusse fût maître de Stettin.

CAMIN, à l'Orient de l'Oder, & près de la Mer.

C'étoit autrefois un *Evêché*, qui a été sécularisé & établi en Principauté. Camin donne une voix particulière au Roi de Prusse dans le Collège des Princes de l'Empire, outre celle de Poméranie.

COLBERG, au Nord-Est de Camin, dans ce qu'on appelloit ci-devant le *Duché de Cassubie*. C'est une grande Ville assez commerçante, sur-tout en toiles.

RUGENWALD, plus au Nord-Est, Ville assez considérable, dans le Pays appellé *Wandalie*.

Les Principautés de *Louwembourg* & de *Butow*, qui sont au Nord-Est & sur les frontières de Pologne, en étoient autrefois des Fiefs ; mais en 1657, elles ont été déclarées libres.

Les Isles d'*Usedom* & de *Wollin*, à l'embouchure de l'Oder, appartiennent aujourd'hui au Roi de Prusse, comme annexes du Duché de Stettin.

2. *Poméranie Suédoise.*

STRALSUND, autrefois Anséatique, *Port*. Elle étoit encore riche & très-forte, lorsque les Danois & les Russiens la prirent en 1715, malgré la résistance de Charles XII, Roi de Suède : elle fut rendue à la Suède en 1720, dans un fort mauvais état, dont elle a eu bien de la peine à se remettre.

GRIPSWALDE, *Port*, *Université*, au Sud-Est ; Ville forte, qui a été assez maltraitée dans la guerre dont nous venons de parler. Stralsund & Grispswalde sont dans le Cercle de Banth. Joachim Kichnius, habile Professeur en Grec & en Hébreu, est né dans cette dernière.

GUTSKOW, sur la Péene : c'étoit autrefois un Comté. Elle donne son nom au second Cercle de la Poméranie Suédoise.

Les Suédois sont aussi maîtres de l'Isle de *Rugen*, qui est près de Stralsund. C'étoit autrefois une Principauté. Cette Isle est fortifiée de tous côtés. Cependant les Danois la prirent en 1715, malgré tous les efforts du Roi de Suède, qui y fit des prodiges de valeur.

BERGEN en eſt la *Capitale*. C'eſt une Ville médiocre.

ARTICLE II.
Du Cercle de Baſſe Saxe.

CE Cercle comprend huit principales parties; 1. le Duché de Brunſwick : 2. l'Evêché de Hildesheim : 3. la Principauté de Halberſtat : 4. le Duché de Magdebourg : 5. les Etats de la Maiſon de Brunſwick-Hanovre, ou de l'Electeur d'Hanovre : 6. le Duché de Meckelbourg : 7. le Duché de Holſtein : 8. l'Evêché de Lubeck.

Quoique l'air ſoit froid en ce Pays, la terre y produit du bled en abondance. L'*Elbe* & le *Weſer*, qui le traverſent, l'enrichiſſent par le commerce qu'ils lui procurent.

Il n'y a en Baſſe Saxe que quatre Villes Impériales; ſçavoir, *Goſlar*, dans le Duché de Brunſwick; *Brême*, dans celui de même nom; *Hambourg* & *Lubeck*, dans le Duché de Holſtein. Nous en parlerons en décrivant les Etats où elles ſont enclavées.

Le Roi de Pruſſe, comme Duc de Magdebourg, & l'Electeur d'Hanovre, tant par rapport au Duché de Brême, qu'à cauſe de ſes propres privilèges, ſont Directeurs de ce Cercle.

La Maiſon de Brunſwick eſt une des plus illuſtres & des plus anciennes de l'Europe. Elle a la même tige que celle des Ducs de Modène en Italie, ſçavoir, Azo d'Eſt. Aujourd'hui elle eſt partagée en deux branches, qui ſont la Ducale, ou des Ducs de Brunſwick, & l'Electorale, ou d'Hanovre & de Lunebourg. La première poſſède le Duché de Brunſwick : & la ſeconde, divers Etats.

§. I. *Le Duché de Brunſwick.*

BRUNSWICK, *Capitale*, ſur l'*Ocker*. Cette Ville, autrefois Libre, Impériale & Anſéatique, appartient au Duc de Brunſwick-Wolfenbutel, qui y fit bâtir une Citadelle pour tenir les Habitans en reſpect. On y voit pluſieurs belles Places. L'Hôtel-de-Ville eſt magnifique, auſſi-bien que les Egliſes, qui appartiennent aux Proteſtans. On tient à Brunſwick une Foire fameuſe, & l'on y boit une bière excellente. Son Château, bâti par l'Empereur Othon I, eſt magnifique.

WOLFENBUTEL, au Midi de Brunſwick, & ſur la même Rivière, avec titre de Principauté. C'eſt une grande & belle Ville, bien fortifiée & pourvue d'un Arſenal. Le Duc de Brunſwick y a un magnifique Château, & une Bibliothèque des plus riches d'Allemagne.

GOSLAR, grande Ville, au Midi de Wolfenbutel: elle eſt Libre & *Impériale*. Elle eſt riche par ſes mines de fer & de plomb, & l'on y braſſe d'excellente bière.

BEVERN, près le Weſer.

HOLTZMUNDEN, près le Weſer, dans la partie du Duché de Brunſwick qui eſt enclavée dans celui d'Hanovre. C'étoit la réſidence de la branche cadette des Ducs de Brunſwick, qui a ſuccédé au Duché en 1735.

Le Duc de Brunſwick poſſède l'Abbaye de *Walkenried* *, dans le Comté de *Honſtein* en Thuringe, au Sud-Oueſt de la Principauté d'Anhalt ; & en cette qualité il a voix dans le Collège des Prélats.

§. II. *L'Evêché de Hildesheim.*

Cet Evêché est tout environné des terres des deux Maisons de Brunswick. Il est fort riche, & situé dans un Pays très-fertile & bien peuplé, partagé en seize Bailliages. L'Evêque est Prince de l'Empire. La Religion dominante est la Catholique; cependant depuis la Paix de Munster, les Luthériens ont dans cette Ville six Eglises & une Ecole.

HILDESHEIM, *Evêché*, *Capitale*, sur l'*Innerste*, grande Ville fort peuplée & bien fortifiée. Elle appartient à l'Evêque; cependant elle jouit de divers privilèges sous la protection de la Maison de Brunswick-Hanovre. On voit encore dans la Cathédrale le piedestal de la statue du Dieu *Irmensul* que les anciens Saxons adoroient, & dont Charlemagne détruisit en 772 le Temple & l'Idole. La figure de cette statue n'est connue que par des conjectures fort incertaines. Ce fut sous Louis le Débonnaire que le piedestal, enfoui d'abord par ordre de Charlemagne, fut transporté dans le Chœur de l'Eglise d'Hildesheim. (*Histoire de l'Académie des Inscriptions*, Tom. III, pag. 175.)

§. III. *La Principauté de Halberstat.*

C'étoit un des plus riches Evêchés de l'Allemagne. Il fut sécularisé, & donné en 1648 à l'Electeur de Brandebourg.

HALBERSTAT, sur la rivière de *Holtkein*, dans une contrée agréable & fertile. Cette Ville est grande & fort peuplée. Les Luthériens & les Catholiques y ont des Eglises, où ils font le service divin chacun selon leur rit. Les Luthériens y sont en plus grand nombre : il y a aussi des Juifs qui font un grand commerce.

GRUNINGEN, à l'Orient de Halberstat. C'est une Ville assez considérable, avec un beau Château.

Il y a une belle Eglise, où se voient des orgues magnifiques.

WERNIGEROD *ou* VERNINGROD, au Sud-Ouest de Halberstat, Ville assez considérable. C'est un Fief avec titre de Comté, dont le Roi de Prusse dispose; & les Magistrats dépendent de ce Prince, le Comte ayant dans cette Ville un Bailliage, une Chancellerie & un Consistoire.

§. IV. *Le Duché de Magdebourg.*

Cet Etat a été possédé par un Archevêque, qui se disoit Primat de Germanie. On convint par la Paix de Munster, en 1648, de séculariser cet Archevêché, & de le donner à l'Electeur de Brandebourg: il en est en possession depuis 1666.

MAGDEBOURG, sur l'Elbe, *Capitale*, Ville bien fortifiée, & considérable par son commerce. Elle a beaucoup souffert en divers temps; mais sur-tout en 1631, qu'elle fut presque ruinée par les Impériaux, qui la prirent sous le Général Tilli: elle s'est remise depuis. Son ancienne Cathédrale, dédiée à S. Maurice, est magnifique: elle a été bâtie en 1210, sur les ruines de celle que l'Empereur Othon I avoit fait construire en 968, en fondant l'Archevêché. Le grand Autel est d'une seule pierre de jaspe, qu'on estime une somme considérable, ainsi que celle des fonts de baptême. Les orgues, qui sont très-bien travaillées, sont accompagnées de figures de bois, qui se remuent & touchent comme des organistes vivans. Le Roi de Prusse a dans cette Ville un superbe Palais & un bel Arsenal. Othon de Guericke, Consul ou Bourguemestre de Magdebourg, inventa en 1654 la machine pneumatique, qui a enrichi la Physique d'un nombre infini de découvertes.

BORG, au Nord-Est de Magdebourg. C'est une Ville bien bâtie, qui a appartenu jusqu'en 1687 à la Maison de Saxe, qui possède encore quatre petits Bailliages dans le Duché de Magdebourg.

§. V. *Des Etats de la Maison de Brunswick-Hanovre, ou d'Hanovre-Lunebourg.*

Ils renferment les quatre Duchés d'Hanovre, de Lunebourg, de Brême & de Lawembourg. Leur Duc a été fait neuvième Electeur en 1692, & son fils a été appellé en 1714 au Trône d'Angleterre, où règnent ses descendans, & d'où ils gouvernent leurs Terres d'Allemagne, qu'ils visitent de temps en temps. L'Electorat est attaché aux Duchés d'Hanovre & de Lunebourg.

HANOVER *ou* HANOVRE, *Capitale* du Duché de ce nom, sur la *Leine*. Cette Ville est belle, grande & forte: elle a des Arsenaux bien fournis, & le Château de l'Electeur est richement meublé. La justice est administrée dans Hanovre comme si le Prince y étoit présent. On y tient dans l'année quatre foires qui y attirent des Marchands de toute l'Allemagne, & même des Pays étrangers. Cette Ville a une Maison d'Orphélins & un Hôpital. Sa bière est fort estimée.

HERRENHAUSEN*, tout près d'Hanovre, est un magnifique Château de plaisance, où une Cour toute entière peut être logée commodement. Il y a un grand jardin orné de bassins, &c. Le Roi d'Angleterre y réside, lorsqu'il vient en Allemagne.

CALENBERG, au Midi d'Hanovre. C'est un vieux Château, qui étoit la résidence des Princes de ce nom.

HAMELEN, à l'Occident de Calenberg, sur le Weser, ancienne Ville qui a une forteresse importante.

EIMBEKE, au Sud-Est d'Hamelen: c'est la Capitale de l'ancienne Principauté de Grubenhage, qui, avec Calemberg, donne deux voix à l'Electeur d'Hanovre dans le Collège des Princes de l'Empire, outre celles qu'il a par Zell ou Lunebourg, par Brême, & par trois autres Principautés qu'il possède en Westphalie, & dont nous parlerons dans un moment.

GOTTINGEN, au Sud d'Eimbecke. On y a établi en 1737 une *Université*, & en 1751 une Académie des Sciences. Il y a toutes sortes de manufactures.

Le Duché de *Lunebourg* est au Nord-Est de celui d'Hanovre. Il fut érigé en 1235. La Maison de ses Ducs se divisa ensuite en plusieurs branches, & il s'en forma quatre Principautés séparées qui tiroient leur nom de leur Ville Capitale : sçavoir, *Zell*, *Wolfenbutel* ou *Brunswick*, *Calenberg* & *Grubenhage* : il ne nous reste à parler que de la première.

ZELL, sur l'*Aller*, Ville forte, avec un beau Château, où les Ducs résidoient autrefois. La Régence du Pays y est encore aujourd'hui.

ULTZEN, au Nord-Est de Zell, sur l'Elmenow. C'est une belle Ville.

LUNEBOURG, *Place forte*, ancienne *Capitale* du Duché de même nom, au Nord-Ouest d'Ultzen, sur la même rivière, qui se jette dans l'Elbe à l'Orient d'Harborg. C'est une grande Ville, bien fortifiée, célèbre par ses puits d'eau salée, qui sont d'un grand revenu.

Le Duché de *Brême*. Il étoit autrefois Archevêché; mais il a été sécularisé en 1648, & donné au Roi de Danemarck, qui l'a cédé à l'Electeur d'Hanovre en 1715.

STADE, au Nord, près de l'Embouchure de l'Elbe. C'est une Ville forte & commerçante. La Régence du Duché y est établie.

BRÊME, *Place forte*, Ville *Impériale* & Anséatique, sur le Weser. Cette Ville est grande, très-peuplée & très-commerçante : elle est renommée pour son excellente bière.

Le Duché de *Lawembourg* appartient à l'Electeur d'Hanovre depuis 1705.

LAWEMBOURG, *Capitale*, sur l'Elbe. C'est une Ville considérable, qui a un Château bâti sur une hauteur.

RATZBOURG, au Nord de Lawembourg. Cette Ville bâtie sur un Lac, est ancienne, & avoit autrefois un Evêque suffragant de Brême. Elle étoit ci-devant du Duché de Meckelbourg.

L'Electeur d'Hanovre possède encore à l'Ouest d'Hanovre & de Lunebourg, mais en Westphalie, le Duché de *Ferden*, & les Comtés d'*Hoye* & de *Diepholt*, dont on parlera ci-après.

§. VI. *Le Duché de Meckelbourg ou de Mecklenbourg.*

Il commença sous le titre de Principauté, vers l'an 1164, après la destruction du Royaume de Vandalie ou des Obotrites, fondé par les Slaves, & qui comprenoit aussi une partie de la Poméranie. En 1349 cet Etat fut érigé en Duché, & il a pris son nom d'une grande Ville aujourd'hui réduite en Village. La Maison de ses Ducs est divisée en deux branches, qui prennent leur surnom des Villes de *Swerin* & *Strelitz*, où ils font leur résidence; mais la première branche, qui est l'aînée, a plus des trois quarts du Duché; & le Roi de Suède y possède une Ville & son Territoire.

SWERIN, Ville bâtie au bord d'un Lac.

GUSTROW, dans le milieu. C'est une assez grande Ville, où plusieurs Ducs ont résidé : elle appartient aujourd'hui à celui de Swerin.

ROSTOCK, *Anséatique*, *Université*, *Port*, sur la Warne. C'est une grande & ancienne Ville, qui a plusieurs belles Eglises.

STRELITZ*, au Sud-Est du Duché de Meckelbourg, entre *Stargart* & *Mirow*. C'est la résidence du Duc de Strelitz.

Wismar, *Port*, & ancienne *Anséatique*, sur la Mer Baltique, au Nord de Swerin. C'est la plus grande & la plus belle Ville du Meckelbourg: elle a été cédée à la Suède en 1648. Elle étoit autrefois très-forte; ses fortifications furent détruites dans la guerre du Nord en 1715; & par la Paix de 1721, il fut stipulé qu'on ne les rétabliroit pas.

§. VII. *Le Duché de Holstein.*

Cet Etat, qui n'étoit d'abord qu'un Comté, fut érigé en Duché en 1474, en faveur de Christiern I, Roi de Danemarck. Il a été ensuite partagé entre ses petits-fils, Christiern III, chef de la branche royale de Danemarck, & Adolphe, chef de la branche des Ducs de Holstein-Gottorp, ou Sleswick, dont un Prince a été appellé en 1742 en Russie, & y a regné sous le nom de Pierre III. Cette dernière branche de Holstein a produit les Ducs de Holstein-Eutin, dont le Prince aîné a été reconnu, en Avril 1751, Roi de Suède. La branche royale de Danemarck a produit elle-même divers rameaux, dont un a la Principauté de *Ploen* dans le Holstein, & en prend son nom.

Gluckstadt, *Port*, au Sud-Ouest, à l'embouchure de l'Elbe dans l'Océan. C'est une belle Ville, bien fortifiée, qui a un beau Château. Son nom signifie *heureuse Ville*. Elle a été bâtie en 1620, par Christiern IV, Roi de Danemarck.

Kiell, *Université*, au Nord-Est, près de la Mer Baltique. C'est une Ville forte & riche, où résidoit ci-devant le Duc de Holstein-Gottorp.

Ploen, au Sud-Est de Kiell. C'est une Ville assez grande, avec un Château: elle est la Capitale de la Principauté de même nom.

Hambourg, au Midi du Duché de Holstein.

C'est une Ville *Libre* & *Impériale*, *Anséatique*, la plus grande, la plus marchande, la plus riche & la plus peuplée de l'Allemagne. Les grands vaisseaux y remontent de l'Océan par l'Elbe. L'Hôtel-de-Ville, la Bourse, l'Arsenal & plusieurs Eglises sont de beaux édifices. Les Juifs y sont fort riches, & y ont une Synagogue. Le Territoire qui dépend de Hambourg, contient principalement trois grandes Isles dans l'Elbe. Cette Ville est la patrie de Pierre Lambecius, l'un des plus sçavans hommes du XVIIe. Siècle; de Luc Hostenius, Garde de la Bibliothèque du Vatican, très-habile dans les Antiquités Ecclésiastiques & profanes; & d'Albert Krants, Auteur d'une Histoire Ecclésiastique de Saxe, intitulée *Métropolis*, & de plusieurs autres Ouvrages.

LUBECK, à l'Orient du Duché de Holstein, & au confluent de la *Trave* & du *Wackenitz*. C'est une Ville *Libre* & *Impériale*, qui est bien fortifiée, riche, marchande & fort peuplée. Elle est la première des Villes *Anséatiques*, & elle possède un Domaine assez considérable. Lubeck est le lieu de la naissance de Jean Kirchman; de Laurent Surius, Chartreux, célèbre par sa science & par sa piété; de Chrétien-Henri Heinecken, enfant prodigieux par les qualités de son esprit, qui commença à parler à dix mois, qui sçavoit la Géographie, & l'Histoire ancienne & moderne à deux ans & demi, s'énonçoit en latin & en françois avec facilité, & dont le jugement étoit excellent. Il mourut à quatre ans & quelques mois, le 27 Juin 1725.

§. VIII. *L'Evêché de Lubeck.*

Cet Evêché est à l'Orient du Duché de Holstein, & appartient à un Prince de la Maison Holstein-Gottorp. L'Evêque qui est de la Confession d'Augsbourg, de même que la plus grande partie des Chanoines, quatre seulement étant Catholiques, est le seul Luthérien qui jouisse en Allemagne de la jurisdiction Ecclésiastique. Il l'exerce par un Conseil consistorial; & il est obligé de nommer un Grand Vicaire Catholique pour ceux de cette Religion, qui en ont l'exercice libre.

EUTIN *, à huit lieues de Lubeck, au Nord-Ouest. C'est la résidence de l'Evêque de Lubeck, & une belle Ville, quoiqu'elle soit petite. Elle appartient en propre à ce Prince, qui n'a point de lieu considérable dans son Evêché.

ARTICLE III.
Le Cercle de Westphalie.

CE Cercle a au Nord, l'Océan; à l'Orient, la basse Saxe; au Midi, le Cercle du Haut-Rhin; à l'Occident, les Pays-Bas. Il renferme treize Etats principaux; sçavoir, 1. l'*Evêché de Liége*, arrosé par la Meuse, & enclavé dans les Pays-Bas: 2. le *Duché de Juliers*, à l'Occident du Rhin : 3. le *Duché de Berg*, à son Orient : 4. le *Duché de Westphalie*, ou le *Saureland*, au Nord-Est de celui de Berg : 5. le *Duché de Clèves*, à l'Orient & à l'Occident du Rhin : nous joindrons à ce Duché le *Comté de la Marck*, parcequ'il est voisin à l'Orient; & qu'il appartient au même Souverain : 6. l'*Evêché de Munster*, au Nord des Etats précédens : 7. l'*Evêché de Paderborn*, à l'Orient du Cercle de Westphalie : 8. l'*Evêché d'Osnabruck*, à l'Orient de l'Evêché de Munster : 9. la *Principauté de Minden*, & le *Comté de Ravensberg*, au Sud-Est de l'Evêché d'Osnabruck : 10. le *Comté d'Hoye*, & 11. le *Duché de Ferden*, au Nord-Est du même Evêché : 12. le *Comté d'Oldenbourg*, & 13. la *Principauté d'Oost-Frise*, au Nord de l'Evêché de Munster.

Plusieurs Géographes renferment le *Comté de Nassau* dans le Cercle de Westphalie, au Sud-Est. Il ne lui appartient qu'en partie; & la Ville de Nassau, qui lui donne son nom, est du Cercle du Haut-Rhin, où nous parlerons de ce Comté.

La partie Méridionale de la Westphalie est très-fertile, sur-tout en grains; la partie Septentrionale abonde en pâturages.

L'Electeur de Brandebourg, comme Duc de Cléves, & l'Electeur Palatin, comme Duc de Juliers, en sont alternativement Directeurs, avec l'Evêque de Munster.

Il y a en Westphalie deux Villes Libres & Impériales: *Aix-la-Chapelle*, dans le Duché de Juliers; & *Dormund*, dans le Comté de la Marck.

§. I. *L'Evêché de Liège.*

L'Evêque est Souverain de cet Etat, & Prince de l'Empire: en cette qualité il a séance & voix aux Diètes.

Liège, sur la Meuse, ancienne Ville, grande, bien peuplée & fort marchande. Elle a un grand nombre d'Abbayes, de Couvens & d'Eglises Collégiales. Le Palais de l'Evêque & les édifices publics sont magnifiques: son Chapitre n'admet que des Nobles ou des Docteurs. Les Chanoines élisent l'Evêque. Cette Ville fut prise en 1468, par Charles, Duc de Bourgogne, qui exerça toutes sortes de cruautés sur les habitans. C'est la patrie de Jean Warin, nommé par Louis XIII, Graveur général des poinçons pour les monnoies. On a de lui des Médailles qui passent pour des chefs-d'œuvres.

Huy, sur la Meuse, au Sud-Ouest de Liège. Cette Ville est médiocre: elle a un Chapitre de Chanoines, fondé par Charlemagne.

Tongres, au Nord-Ouest de Liège. C'est une petite Ville, honorée dans les premiers Siècles du

Siège Episcopal, qui dans la suite a été transféré à Maſtricht, & enfin à Liège par Saint Hubert.

HORN, au Nord de Liège, près de la Meuſe, chef-lieu d'un Comté qui a donné ſon nom à l'illuſtre Maiſon de Horn. Ce Comté appartient aujourd'hui à l'Archiducheſſe d'Autriche.

DINANT, au Sud-Oueſt de Liège, près la Meuſe. Elle étoit autrefois bien fortifiée. Il y a aux environs des carrières de marbre & des mines de fer.

SPA, au Sud-Eſt de Liège, bourg renommé pour ſes eaux minérales, qui y attirent du monde de toutes parts. Ces eaux étoient connues & eſtimées des anciens. Pline, *hiſt. nat.* l. 31, leur attribue la vertu de purger & de guérir la fièvre tierce & la pierre.

§. II. *Le Duché de Juliers.*

Il appartient depuis 1666, à l'Electeur Palatin, comme héritier en partie des Ducs de Clèves, qui poſſédoient ce Duché. On y ſouffre les trois Religions qui dominent en Allemagne: ſçavoir, la Catholique, la Luthérienne & la Calviniſte.

JULIERS, *Capitale*, ſur la *Roer*. C'eſt une grande & forte Ville, avec une bonne Citadelle.

AIX-LA-CHAPELLE, au Sud-Oueſt de Juliers. C'eſt une Ville *Libre & Impériale*, partagée en vieille & nouvelle Ville, toutes deux aſſez bien fortifiées. Les Empereurs y étoient couronnés autrefois. Lorſqu'ils le ſont dans quelqu'autre Ville, ce qui arrive toujours à préſent, on y envoie d'Aix-la-Chapelle le Livre des Evangiles, les Reliques de Saint Etienne, & l'Epée de Charlemagne, dont le corps repoſe dans l'Egliſe Collégiale de Notre-Dame. Cette Collégiale a été fondée ou rétablie par Pepin d'Heriſtel, biſaïeul de Charlemagne, rebâtie par cet Empereur, qui n'épargna rien pour l'embellir; & ayant été détruite par les Normands au IXe Siècle, l'Empereur Othon III, & Noger, Evêque de Liège, la firent reconstruire à la fin du X°. Siècle. Elle est très-belle, & a vingt-quatre Chanoines capitulans, & huit domiciliaires. L'Empereur est l'un des Chanoines. Il y a à Aix-la-Chapelle plusieurs Communautés religieuses, & un Collège de Jésuites. Cette Ville est gouvernée par une Régence, ou Magistrat Catholique, & l'on n'y permet que la Religion Catholique. Elle a des eaux minérales très-renommées. La paix y a été conclue en 1748, entre la France & l'Espagne, & la Reine de Hongrie & ses Alliés.

§. III. *Le Duché de Berg.*

Il appartient aussi à l'Electeur Palatin, au même titre que le précédent.

DUSSELDORP, *Capitale*. C'est une Ville considérable & forte, située dans une vaste campagne, sur la petite rivière de *Duffel*, qui se jette dans le Rhin près de ses murs. Le Château de l'Electeur est très-beau, & il est orné de tableaux magnifiques.

§. IV. *Le Duché de Westphalie, ou le Saureland.*

C'est ce Duché qui donne le nom au Cercle de Westphalie, dont il n'est qu'une petite portion. Il appartient à l'Electeur de Cologne.

ARENSBERG, *Capitale*, sur la *Roer*. Cette rivière, qui se jette dans le Rhin près de Duisbourg, est différente de celle de même nom qui passe à Juliers, & qui se rend dans la Meuse. La Ville d'Arensberg a titre de Comté, & n'est guère peuplée : elle a un fort Château.

§. V. *Le Duché de Clèves & le Comté de la Marck.*

I. Le Pays de *Clèves* fut érigé en Duché en 1417, au Concile de Constance, par l'Empereur Sigismond, en faveur d'Adolphe IV, Comte de la Marck. Le dernier Duc de Clèves étant mort en 1609, il y eut de grandes disputes pour sa succession, qui étoit considérable : enfin il fut convenu en 1666, que l'Electeur de Brandebourg auroit *Clèves*, la *Marck* & *Ravensberg* ; & que l'Electeur Palatin auroit *Berg, Juliers*, & la *Seigneurie de Ravestein*, qui est dans le Brabant Hollandois.

CLÈVES, *Capitale* du Duché de ce nom, au Nord-Ouest. C'est une Ville assez grande & assez belle, située sur le penchant d'une colline, d'où elle a tiré son nom : elle est à cinq quarts de lieue du Rhin. La Justice s'y rend au nom du Roi de Prusse. On y tolère les trois Religions établies dans l'Empire.

EMMERICK, *Ville forte*, sur le Rhin, à l'Orient de Clèves : les Catholiques y ont l'exercice public de leur Religion, quoique la dominante soit la Protestante.

WESEL, au Sud-Est, près du Rhin, & à l'endroit où la *Lippe* se jette dans ce Fleuve. La source de la Lippe est dans le voisinage de Paderborn. Wesel est une grande & belle Ville, avec une forteresse considérable.

II. Le *Comté de la Marck*, qui est voisin du Duché de Clèves, au Sud-Est, appartient aussi, comme nous l'avons dit, à l'Electeur de Brandebourg, aujourd'hui Roi de Prusse.

HAM, *Capitale*, sur la Lippe, au Nord. C'est une Ville grande & riche.

DORTMUND, au Sud-Ouest de Ham, sur l'*Imsle*. C'est une Ville *Libre* & *Impériale*, qui est grande, riche, & bien fortifiée : ses Habitans sont presque tous Luthériens.

§. VI. *L'Evêché de Munster*.

Cette Principauté, qui est considérable, se divise en *haut Evêché*, au Midi, & *bas Evêché*, au Nord. Son Evêque jouit d'un million de revenu.

MUNSTER, *Capitale*, *Place forte*, au Midi. C'est une grande Ville, située sur l'*Aa*, qui se jette dans l'Ems, deux lieues plus bas. Elle étoit autrefois Impériale; mais en 1661, son Evêque s'en est emparé, & y a bâti une bonne Citadelle. Munster est célèbre par le Traité de Paix qui y fut conclu en 1648, & qu'on appelle aussi le *Traité d'Osnabruck & de Westphalie*.

MEPPEN, *Place forte*, dans le bas Evêché de Munster. Cette Ville, qui n'est pas grande, est au confluent de l'Ems & de l'Hese, qui vient d'Osnabruck.

§. VII. *L'Evêché de Paderborn.*

Cet Evêché est situé à l'Orient du Cercle de Westphalie.

PADERBORN, *Capitale*, *Université*, sur le *Padera*. Cette Ville est belle, grande & assez bien fortifiée. Son Evêque est Souverain, & Prince de l'Empire. Le Chapitre est composé de vingt-quatre Chanoines, qui sont tous Capitulans. Le Pape & le Chapitre confèrent les Canonicats dans les mois qui leur sont réservés par le Concordat Germanique. Paderborn est la patrie de Thierri de Niem, Auteur d'une Histoire du *Schisme* qui finit à l'an 1410.

A l'Orient de Paderborn, est le petit Etat de l'*Abbaye de Corvey*, qui est de l'Ordre de S. Benoît. On l'appelloit autrefois la *Nouvelle Corbie*, parceque ce fut une Colonie des Moines de l'Abbaye de Corbie en Picardie : elle fut fondée en 822, par l'Empereur Louis le Débonnaire. C'est une des plus riches Abbayes d'Allemagne. Elle possède une Bibliothèque enrichie d'anciens Manuscrits, entr'autres du seul qui soit resté de Tacite. Son Abbé a rang parmi les Princes Ecclésiastiques de l'Empire.

Au Nord de Paderborn, est un autre petit Etat, qui a ses Comtes particuliers, dont la famille est partagée en deux branches; sçavoir, *Detmold* & *Buckenbourg*. Cet Etat est le *Comté de la Lippe*. Il se divise en partie Septentrionale, qui se nomme quelquefois *Comté de Lemgow*; & partie Méridionale, qui est proprement le *Comté de la Lippe*, & qu'on appelle aussi *Comté d'Obervald*. Ce dernier est situé autour de la Lippe.

LEMGOW, au Nord de Paderborn, *Université*. Cette petite Ville appartient à la branche aînée des Comtes de la Lippe. C'est la patrie d'Engelbert Kæmpfer, Médecin, Auteur d'un Voyage au Japon, publié d'abord en allemand, & traduit en françois, sous le titre d'*Histoire naturelle, civile & Ecclésiastique de l'Empire du Japon*.

§. VIII. *L'Evêché d'Osnabruck*.

Il est à l'Orient de l'Evêché de Munster. On convint en 1648, qu'il seroit gouverné alternativement par un Evêque Catholique, & par un Luthérien, qui doit être de la Maison de Brunswick-Hanovre. Quand c'est un Protestant qui est en tour d'être élu, il ne jouit que du temporel, & l'Archevêque de Cologne, qui est le Métropolitain, a la jurisdiction spirituelle.

OSNABRUCK, *Capitale*, sur l'*Hase*. C'est une Ville grande & riche, avec un Château fortifié, où réside le Prince Evêque, quand il n'a pas de Terre plus considérable. Les Chanoines ont droit de choisir l'Evêque Catholique. Ce fut dans cette Ville que s'assemblèrent, en 1648, les Plénipotentiaires Protestans pour la Paix de Westphalie, pendant que les Catholiques étoient à Munster; c'est pour cela qu'on l'appelle quelquefois *la Paix d'Osnabruck*.

§. IX. *La Principauté de Minden, & le Comté de Ravensberg*.

I. La Principauté de *Minden* étoit un Evêché, qui fut sécularisé en 1648, & donné à l'Electeur de Brandebourg.

MINDEN, fur le Wefer, *Capitale*. Cette Ville eft médiocre, mais affez bien fortifiée : elle a un long pont de pierres, qui eft défendu par un bon fort. On fait dans cette Ville un grand commerce de bled.

II. Le Comté de *Ravensberg*, qui eft voifin de Minden, au Sud-Oueft, appartient auffi au Roi de Pruffe, Electeur de Brandebourg, à qui il eft échu comme partie de la fucceffion de Juliers.

RAVENSBERG, petite Ville, avec un vieux Château.

HERWORDE. C'eft une Ville confidérable, autrefois Impériale. Elle a une Abbaye Calvinifte, dont l'Abbeffe eft Princeffe de l'Empire, & la feule de cette branche de la Religion Proteftante ; les autres font Luthériennes.

§. X. *Les Comtés d'Hoye & de Diepholt.*

I. Le *Comté d'Hoye* appartient à l'Electeur d'Hanovre, qui en a la voix aux Diètes ; le Landgrave de Heffe-Caffel y poffède quelques Territoires.

HOYE, fur le Wefer, *Capitale*. C'eft une Ville médiocre, avec un bon Château.

NYENBURG, *Place forte*, au Sud-Eft d'Hoye, & au confluent de l'*Ovre* & du Wefer.

Le Landgrave de Heffe-Caffel poffède :

UCHT, au Sud-Oueft de Nyenburg.

FREDEBERG *, au Nord-Oueft.

II. A l'Oueft du Comté d'Hoye, eft celui de *Diepholt*, qui appartient à l'Electeur d'Hanovre.

DIEPHOLT, *Capitale*, près du Lac de *Dumer*.

§. XI. *Le Duché de Ferden.*

C'étoit autrefois un Evêché, qui a été fécularifé en 1648, & cédé à la Suède. En 1709, la Suède l'engagea pour une fomme confidérable à l'Electeur d'Hanovre, & elle le lui céda entièrement en 1719.

FERDEN, *Capitale*, sur l'*Aller*. C'est une Ville considérable, partagée en vieille & nouvelle Ville: elle étoit autrefois Impériale.

§. XII. *Le Comté d'Oldembourg.*

Il appartient au Roi de Danemarck. C'est un Pays fertile, où l'on nourrit beaucoup de chevaux, qui sont très-forts.

OLDEMBOURG, sur le Hont, *Capitale*, *Place forte*. Cette Ville a un Château magnifique & très-fort. Les Comtes d'Oldembourg sont la tige de la Maison de Danemarck, & des Ducs d'Holstein.

Le même Prince possède aussi le Comté de *Delmenhorst*, au Sud-Est d'Oldembourg.

DELMENHORST, *Capitale*, sur le *Delmen*. Cette Ville dépend de la Régence d'Oldembourg.

§. XIII. *La Principauté d'Oost-Frise.*

Cette Principauté appartient depuis quelques années au Roi de Prusse. Elle faisoit partie de l'ancien Royaume des Frisons, qui, du temps de Pepin, s'étendoit jusque dans les Provinces-Unies & la Hollande, où est encore la West-Frise & la Frise propre. L'Oost-Frise fut ensuite gouvernée par divers Seigneurs, & enfin par les Comtes d'Embden, qui devinrent Princes en 1648.

EMBDEN, *Capitale*, *Port*, *Place forte*, qui avoit été engagée aux Hollandois; mais ils l'ont rendue au Roi de Prusse, qui les a payés de cequ'on leur devoit.

AURICK. Cette Ville a un beau Château, où résidoit le Prince d'Oost-Frise: elle est située dans une plaine entourée de forêts.

ARTICLE IV.

Le Cercle Electoral, ou du Bas-Rhin.

LE Cercle du Bas-Rhin coupe celui du Haut-Rhin : on le nomme aussi *Cercle Electoral*, parcequ'il comprend quatre Electorats; sçavoir, 1. *Mayence* : 2. *Trèves* : 3. *Cologne* : 4. le *Palatinat du Rhin*.

Il renferme encore une Ville Impériale, qui est *Cologne*, & quelques petits Etats peu considérables. Il est très-fertile en bleds & en vins.

Le Directeur de ce Cercle est l'Archevêque de Mayence seul.

§. I. *L'Electorat de Mayence.*

Il est composé des Terres propres de l'Archevêché de Mayence, & de divers Pays dispersés dans les autres Cercles.

MAYENCE, *Archevêché, Université*, sur le Rhin. C'est une ancienne & grande Ville, mais qui n'est pas peuplée à proportion de son étendue : les Allemands l'appellent *Maintz*. Son Archevêque est le premier des Electeurs, & Grand-Chancelier de l'Empire. Il a le droit de présider dans les Diètes générales. Il est élu par les vingt-quatre plus anciens Chanoines de l'Eglise Métropolitaine. Il couronne l'Empereur, quand cette cérémonie se fait chez lui, ou alternativement avec l'Electeur de Cologne, quand elle se fait ailleurs. Il porte pour armes, *de gueules à une roue d'argent*, depuis que Willigise I, qui étoit fils d'un Charron, ayant été élu Archevêque en 975, voulut prendre pour armoiries une roue, afin de se rappeller son origine. On prétend que c'est dans cette Ville que Constantin Anclysen, Allemand, & Moine de saint François, grand Chymiste, inventa la poudre à canon. Jean

Guttemberg, homme de guerre & Allemand de nation, y inventa aussi l'art de l'Imprimerie, si l'on en croit les Habitans de Mayence; mais M. Schoepflin a fait voir qu'il l'avoit d'abord exercé à Strasbourg. Harlem leur dispute cet honneur, & l'attribue à Laurent Coster, son concitoyen, qui paroît n'avoir pas fait usage des caractères mobiles, & n'avoir imprimé que sur des planches taillées. Mayence est renommée pour ses jambons.

BINGEN, à l'Occident de Mayence, sur le Rhin, au confluent de la Nave. Cette Ville est très-ancienne & assez jolie.

Dans une Isle du Rhin, tout près de Bingen, est une fameuse Tour bâtie sur une roche, & nommée *la Tour des Rats*. Serrarius, Historien de Mayence, croit qu'elle a reçu ce nom, parcequ'on y avoit mis des Commis, que les Allemands appellent *Rats* communément, pour avoir soin que rien ne passât sans payer la douane. D'autres Auteurs ont prétendu qu'un Archevêque de Mayence, très-inhumain, y fut mangé par des rats.

ASCHAFFENBOURG, sur le Mein, vers la Franconie. L'Electeur de Mayence y a un magnifique Château, où il demeure assez souvent.

§. II. *L'Electorat de Trèves.*

Il est situé autour de la Moselle, entre le Duché de Luxembourg à l'Occident, & le bas Palatinat à l'Orient.

TRÈVES, sur la Moselle, *Capitale, Archevêché*: les Allemands l'appellent *Trier*. C'est une grande Ville, médiocrement peuplée : elle passe pour la plus ancienne de l'Allemagne. Elle étoit très-considérable du temps des Romains, qui la firent Capitale de la première Gaule Belgique. Son Archevêque est élu par les Chanoines de la Cathédrale : l'Eglise Métropolitaine de Trèves est magnifique.

CERCLE DU BAS-RHIN.

COBLENTZ, au confluent de la Moselle & du Rhin. Cette Ville est ancienne & forte. L'Archevêque de Trèves y réside ordinairement.

HERMANSTEIN, sur le Rhin, vis-à-vis Coblentz, *Place forte*, avec un Château magnifique à l'Electeur de Trèves, & un Pont de bateaux qui communique à Coblentz.

§. III. *L'Electorat de Cologne.*

L'Archevêque-Electeur de Cologne possède une assez grande étendue de Pays au-dessus & au-dessous de Cologne. Les principales Villes sont le long du Rhin, du Sud au Nord.

ANDERNACH, sur le Rhin. Charles le Chauve fut défait près de cette Ville en 876, par Louis de Germanie, son neveu. C'est la patrie de Jean Guintier, vulgairement Gonthier, Médecin ordinaire de François I, & Auteur de nombre d'Ouvrages.

BONN *ou* BONE, *Place forte*, sur le Rhin. C'est dans cette Ville que réside l'Electeur de Cologne : il y a un très-beau Palais & des Jardins superbes.

COLOGNE, sur le Rhin, Ville *Libre* ou *Impériale, Anséatique, Archevêché, Université*. C'est une grande Ville, ancienne & très-commerçante. Les Allemands l'appellent *Coln*. Elle est indépendante de l'Archevêque, qui ne peut y séjourner plus de trois jours sans la permission du Magistrat ; il y fait néanmoins exercer la Justice criminelle par ses Officiers. Cologne a dix-sept Paroisses, trente-sept Monastères & un très-grand nombre d'Eglises. Les Romains l'appellèrent *Colonia Agrippina*, ou en l'honneur d'Agrippa, qui commandoit leurs troupes dans la Germanie, lors de sa fondation ; ou en l'honneur d'Agrippine, petite-fille d'Agrippa, & mère de l'Empereur Néron, qui y étant née, la fit aggrandir, & y envoya une Colonie de Vétérans l'an 48 de Jésus-Christ. C'est la patrie de S. Bruno,

Fondateur des Chartreux ; d'Anne-Marie Schurman, qui excelloit dans tous les Arts & dans toutes les Sciences, mais qui à la fin de sa vie donna dans le fanatisme de Labadie ; de Henri-Corneille Agrippa, appellé le *Trismégiste* de son temps, à cause de sa profonde connoissance dans la Théologie, le Droit & la Médecine ; & de Conrad Vorstius, Docteur Protestant, & successeur du fameux Arminius à Leyde.

Nuys, au Nord de Cologne, & au confluent de l'Erts & du Rhin. C'est une Ville ancienne, célèbre par la résistance qu'elle fit à Charles, Duc de Bourgogne, qui la tint assiégée pendant un an.

§. IV. *Le Palatinat du Rhin.*

On l'appelle *Palatinat du Rhin*, parcequ'il est situé des deux côtés de ce Fleuve, ou *Bas Palatinat*, pour le distinguer du Palatinat de Bavière, auquel il étoit autrefois uni. La plûpart des Géographes étendent le nom du Palatinat du Rhin jusque dans le *Duché de Simmeren* & le *Comté de Sponheim*, qu'il a à l'Occident ; mais ces Pays, quoiqu'ils appartiennent en grande partie au Comte Palatin du Rhin, sont du Cercle du Haut-Rhin, où nous en parlerons.

Le Palatinat après avoir été possédé depuis l'an 625, par différentes Maisons, vint en 1215 à Louis, Duc de Bavière. Son petit-fils Louis II, appellé *le Sévère*, mort en 1294, eut deux enfans ; Rodolphe & Louis. Le premier qui étoit l'aîné, posséda le Haut & le Bas Palatinat du Rhin, & fut la tige de tous les Comtes & Electeurs Palatins : le second fut le Chef de la Maison des Ducs de Bavière, qui ne devinrent Electeurs que plus de 400 ans après. Robert III, Comte & Electeur Palatin, qui fut Empereur en 1400, laissa à son second fils le Comté de Simmeren ; & ce jeune Prince eut deux enfans, qui

qui formèrent la branche des Ducs de *Simmeren* & celle des Ducs de *Deux-Ponts*, qui prit dans la suite le nom de *Neubourg*. La branche de *Simmeren* succéda à l'Electorale en 1559, par Frédéric III. Son arrière-petit-fils, Frédéric V, ayant été proscrit en 1625, le Haut Palatinat fut donné avec la qualité d'Electeur, à la Maison de Bavière : mais en 1648, Charles-Louis, fils de Frédéric V, fut rétabli dans le Bas-Palatinat; & l'on créa en sa faveur un nouvel Electorat. Charles II son fils étant mort en 1685, sans postérité, la branche de *Neubourg* lui succéda. Elle s'est éteinte le 31 Décembre 1741, & la branche de *Sultzbach*, qui étoit la cadette de celle de Neubourg, a hérité du Palatinat du Rhin, & de tout ce que l'Electeur Palatin possédoit ailleurs.

MANHEIM, *Place forte*, à l'endroit où le Nekre se jette dans le Rhin. C'est une belle Ville, où demeure l'Electeur. Il y a établi en 1754 une Académie, qui porte le titre d'*Electorale Palatine*.

HEIDELBERG, sur le Nekre, *Capitale* du Palatinat, *Université*. Maximilien de Bavière la prit en 1622, & fit présent au Pape de sa riche Bibliothèque, dont celle du Vatican fut considérablement augmentée. Cette Ville a été beaucoup endommagée par les guerres, ayant été pillée & ruinée plusieurs fois : elle n'est pas encore remise du dernier malheur qu'elle éprouva en 1693. On voit dans le Château la fameuse Tonne d'Heidelberg : les François l'avoient vuidée & rompue en 1688 : mais l'Electeur l'a fait rétablir en 1729. Elle contient deux cens quatre foudres (*a*), trois tonneaux & quatre barriques de vin; elle est de cuivre, & les cercles sont de fer, dont il y a cent dix quintaux pesans. Sur le devant de cette Tonne sont les armes de l'Electeur,

---

(*a*) Foudre, grand vaisseau contenant plusieurs muids, dont on se sert en Allemagne.

Tome I. C c

& au-dessus un grand Bacchus accompagné de plusieurs Satyres, avec quelques Inscriptions en vers Allemands.

BACCARACH, sur le Rhin, entre les Archevêchés de Mayence & de Trèves. Le Territoire de cette petite Ville, qui est du Palatinat, est très-fertile, surtout en bons vins.

L'Electeur Palatin possède encore le Duché de *Simmeren*, qui lui donne le titre de l'un des Directeurs du Cercle du Haut-Rhin, & les Villes de *Weldentz* & de *Lautereck*, qui en sont voisines, & dont nous parlerons à l'Article suivant. Comme Duc de *Juliers*, il est l'un des Directeurs du Cercle de Westphalie, où il a encore le Duché de *Berg*. Il est aussi maître de la Seigneurie de *Ravestein*, sur la Meuse, dans le Brabant Hollandois, & du Duché de *Neubourg*, avec la Principauté de *Sultzbach*, dans le Cercle de Bavière.

ARTICLE V.

Le Cercle du Haut-Rhin.

LE terroir de ce Cercle est assez fertile : il produit du bled, du vin & des fruits : on y nourrit quantité de bétail.

Il renferme huit principaux Etats ; sçavoir, 1. l'Evêché de *Worms*, & 2. celui de *Spire*, tous deux sur le Rhin, & enclavés dans le Palatinat ; 3. l'Evêché de *Bâle*, au Midi de l'Alsace, & au Nord-Ouest de la Suisse : 4. le *Duché de Deux-Ponts*, & 5. le *Duché de Simmeren*, à l'Occident du Palatinat, & au Nord-Est de la Lorraine : 6. le *Landgraviat de Hesse*, au Nord du Cercle du Haut-Rhin, & les autres Terres de la même famille de Hesse en Vétéravie, dont la principale est le *Landgraviat de*

CERCLE DU HAUT-RHIN.

Darmſtat, au Midi de la Wétéravie : 7. le *Comté de Naſſau*, à ſon Occident, 8. la Principauté de l'*Abbaye* & *Evéché de Fulde*, à ſon Orient.

L'Alſace étoit autrefois de ce Cercle, auquel l'on rapportoit auſſi pluſieurs Fiefs poſſédés par le Duc de Lorraine & par celui de Savoie, comme Prince de l'Empire.

Les Directeurs du Cercle du Haut-Rhin ſont l'Evêque de Worms, & l'Electeur Palatin, comme Duc de Simmeren : l'Evêque de Worms prétend néanmoins en être le ſeul Directeur.

§. I. *L'Evêché de Worms.*

L'Evêque en eſt Souverain, & Prince de l'Empire, la Ville de Worms néanmoins ne dépend pas de lui.

WORMS, *Evêché*, ſur le Rhin, *Impériale*. Cette Ville fort ancienne, étoit autrefois grande, riche & très-forte ; mais elle a été preſque ruinée par les François en 1689. Elle eſt maintenant aſſez pauvre, & n'eſt guères peuplée ; l'Evêque y a fait nouvellement bâtir un Palais. Il s'eſt tenu à Worms pluſieurs Diètes ou Aſſemblées générales de l'Empire, entr'autres celle de 1521, au ſujet des troubles de Religion, & Luther eut la hardieſſe d'y venir : les Habitans ſont encore Luthériens. En 1743 il s'y fit un traité d'Alliance, ſur-tout entre la Maiſon d'Autriche & le Roi de Sardaigne, à qui l'on céda pluſieurs Territoires du Milanès, en Italie.

Les Villes principales qui dépendent de l'Evêque, ſont :

DURNSTEIN *, petite Ville près de Worms : c'eſt où réſide aujourd'hui l'Evêque.

LADENBOURG *, jolie Ville ſur le Neckre, près de Heidelberg : elle étoit ci-devant la demeure de l'Evêque de Worms.

§. II. L'Evêché de Spire.

L'Evêque de Spire n'est pas non plus maître de la Ville qui porte ce nom.

SPIRE, *Evêché*, & Ville *Libre* ou *Impériale*, sur le Rhin. Elle étoit autrefois considérable & très-peuplée; mais elle a subi le même sort que Worms; de sorte qu'elle n'a pu se remettre encore depuis 1689. On y tint en 1529, pour les affaires de Religion, une Diète, où les protestations des Luthériens leur firent donner le nom de *Protestans*.

PHILISBOURG, sur le Rhin, Ville très-forte. Elle est à l'Evêque de Spire; mais l'Empereur en temps de guerre, a droit d'y mettre garnison. Elle a été prise plusieurs fois, sur-tout par les François. En 1734, ils s'en sont emparés de nouveau après avoir perdu le Maréchal Duc de Berwick, fils naturel de Jacques II, Roi d'Angleterre, qui fut tué au siège de cette Ville. La France rendit Philisbourg en 1736, par le Traité de Vienne.

BRUSCHAL *, près de Philisbourg, au Sud-Est. C'est une petite Ville avec un Château, où l'Evêque de Spire fait sa résidence.

§. III. L'Evêché de Bâle.

La Ville de Bâle est, comme nous l'avons dit, la Capitale d'un Canton des Suisses, & n'appartient pas à son Evêque, qui est néanmoins Prince de l'Empire, Allié des Suisses & Souverain du Territoire à l'Occident, appellé l'*Evêché de Bâle*. Ce Territoire est un petit Pays, qui a environ quinze lieues de long & cinq de large. Il est tout couvert de hautes montagnes qui fournissent de bons pâturages: ses collines & ses vallées sont fertiles en grains.

PORENTRU ou BRONDRUT en Allemand, *Capitale* de l'Evêché de Bâle, sur la rivière de Hallen. C'est une belle petite Ville, où réside l'Evêque, dans

CERCLE DU HAUT-RHIN. 605

un beau Château, qui est bâti sur une éminence. Elle étoit ci-devant du Diocèse de Besançon, & on y voit un beau Collège de Jésuites.

FRANQUEMONT, petite Ville sur le Doux, chef-lieu de la contrée appellée *les Franches-Montagnes*.

§. IV. *Le Duché de Deux-Ponts.*

Il est au Nord de l'Alsace, & du Cercle du Haut-Rhin, quoiqu'enclavé dans celui du Bas-Rhin ou Electoral. Ce Duché, qui est à un Prince cadet de la Maison Palatine, fut en 1569 le partage du second fils de Wolfang, Duc de Deux-Ponts & de Neubourg, arrière-petit-fils de Louis, fils d'Etienne, Duc de Simmeren, dont la branche aînée hérita du Palatinat & de l'Electorat en 1559, comme nous l'avons dit. Le Duché de Deux-Ponts a été possédé par quatre Rois de Suède, qui étoient de cette famille, jusqu'à Charles XII. Enfin, en 1733, ce Duché est venu à la branche des Ducs de Birkenfeld, qui sont issus du dernier fils de Wolfang.

DEUX-PONTS ou ZWEIBRUCK en Allemand; *Capitale* de son Duché. C'est une jolie Ville sur la petite rivière d'*Erbach*, dans les Montagnes de Vosge.

BIRKENFELD, *Principauté*, au Nord-est de Deux-Ponts, avec un Château où le Prince Duc de Deux-Ponts fait sa résidence. Il y a d'autres Princes de *Birkenfeld* d'une branche cadette, qui n'ont que des appanages.

Le Prince régnant possède encore quelques Territoires & Villes dans le voisinage : nous en allons parler.

§. V. *Le Duché de Simmeren.*

Ce petit Etat fut possédé par Etienne, second fils de Robert III, Electeur Palatin, & ensuite Empereur en 1400. Ce jeune Prince épousa l'héritière du Comté de Weldentz, qui par-là fut uni au Duché de Simmeren; mais Robert, l'un de ses petits-fils, eut ce Comté en partage, & le laissa à sa postérité, qui s'est éteinte en 1694. Etienne avoit eu deux enfans, Frédéric qui forma la branche de Simmeren, laquelle ayant hérité du Palatinat, y réunit le Duché de Simmeren; & Louis, dit *le Noir*, qui fut la tige des Ducs de Neubourg & des Princes de Sultzbach leurs cadets, des Ducs de Deux-Ponts, & de ceux de Birkenfeld.

SIMMEREN, *Capitale* de son Duché, à l'Occident de Mayence. C'est une petite Ville bien fortifiée, avec un bon Château.

Le Comté de *Veldentz* qui est au Midi du Duché de Simmeren, est partagé entre l'Electeur Palatin & le Duc de Birkenfeld.

WELDENTZ, *Capitale*, au Nord-Ouest de Birkenfeld.

LAUTERECK, à l'Orient de cette même Ville. Elles sont toutes deux à l'Electeur Palatin. Le Duc de Birkenfeld a eu pour sa part une partie du Comté de *Lutzelstein* * qui dépendoit de la même succession, & qui est entre l'Alsace & la Lorraine.

On peut joindre au Duché de Simmeren le Comté de *Sponheim* ou *Spanheim*, qui en est voisin, & appartient en grande partie aux mêmes Princes, & au Marquis de Bade. Il a eu ses Comtes particuliers jusqu'en 1737.

SPONHEIM ou SPANHEIM, *Capitale*, petite Ville avec un Château, qui appartient au Duc de Birkenfeld. Il y a une Abbaye de Bénédictins, dont étoit Abbé Jean Trithême, fameux Historien Allemand, mort en 1518.

TRAERBACH, sur la Moselle, à l'Occident de Sponheim, petite Ville fortifiée, qui appartient en commun au Duc de Birkenfeld & au Marquis de Bade.

CREUTZNACH, sur la Nave, à l'Orient de Sponheim. C'est une petite Ville fortifiée, qui appartient à l'Electeur Palatin, lequel possède le haut Comté de Spanheim.

§. VI. *Le Landgraviat de Hesse & la Wétéravie.*

L'illustre Maison qui possède la Hesse & une grande partie de la Wétéravie, descend des anciens Ducs de Brabant. Henri, surnommé l'*Enfant*, second fils de Henri, Duc de Brabant, succéda en 1249, à une partie des Etats de sa mère qui étoit héritière du Landgraviat de Thuringe & de Hesse : il ne garda que ce dernier Pays qu'il laissa à sa postérité, & il fut obligé d'abandonner la Thuringe au Marquis de Misnie. Le Landgrave Philippe, surnommé le *Magnanime*, qui embrassa le Luthéranisme, & qui fut fait prisonnier en 1547, par Charles-Quint, laissa deux fils, Guillaume IV & George. Le premier continua la branche aînée des Landgraves de Hesse, qui prennent leur nom de *Cassel*, leur Capitale, & qui a produit ensuite la branche de *Rhinfels*. Le second fit la branche de Hesse-*Darmstat*, & l'un de ses petits-fils celle de Hesse-*Hombourg*. Les Landgraves de Hesse-Cassel & de Hesse-Darmstat, sont les seuls de ses Landgraves qui aient voix de suffrage au Collège des Princes de l'Empire.

La Hesse, qui est au Nord de la Wétéravie, est principalement possédée par la branche aînée de *Hesse-Cassel* qui y fait sa résidence. Les trois autres branches ont leurs principaux Domaines dans la Wétéravie. La branche de *Rhinfels* seule est Catholique, les autres sont Calvinistes.

1. *La Hesse.*

Elle étoit anciennement habitée par les *Cattes*, qui ont pris ensuite le nom de Hesses : ils envoyerent; vers le temps de la naissance de J. C. des Colonies au-delà du Rhin, qui s'établirent dans une contrée des *Bataves* (la Hollande) où se trouvent encore deux Bourgs qui ont conservé leur nom. L'un est *Cattwick* sur le Rhin, & l'autre *Cattwick* sur l'Océan près de Leyde, & à son Nord-Ouest.

CASSEL, *Capitale*, *Ville forte*, & résidence du Landgrave de ce nom. La rivière de *Fulde* la divise en deux parties, qui sont la Ville neuve & la vieille Ville : la première a de belles maisons & des rues fort larges. Le Landgrave y a un Château superbe, avec de beaux Jardins, une Bibliothèque, & un Cabinet de raretés. Cassel a un très-bel aqueduc.

ESWEGHE, au Sud-Est de Cassel, près de la Verra. C'est une belle Ville avec un beau Château, qui appartient à la branche de Rhinfels, aussi-bien que quelques Places voisines.

ROTENBOURG, au Sud-Ouest d'Esweghe, sur la Fulde. Cette Ville qui a un magnifique Château, appartient aussi à la même branche, dont on conserve en ce lieu toutes les archives. Les Landgraves de Hesse-Rhinfels ont porté pendant quelque temps le nom de Rotenbourg, où ils ont fait autrefois leur résidence.

CREUTZEBERG, près de la petite Ville de *Vacha*, au Midi d'Esweghe. Cette Place a été donnée en appanage à un Prince cadet de Hesse-Cassel, dont la famille porte le nom de *Philipstal*.

HIRSCHFELD, sur la Fulde. C'est une Ville grande & bien bâtie, près de laquelle il y a des eaux minérales fort renommées. Elle étoit ci-devant la Capitale d'une Abbaye, qui avoit un petit Territoire ; mais on l'a sécularisée en 1648, & on l'a donnée au Landgrave de Hesse-Cassel.

TREYSA, vers le milieu de la Hesse & sur la Schwalm. C'est une petite Ville, située dans une agréable contrée. La Noblesse des environs y tient ses assemblées.

Marpurg, *Université*, sur le *Lohn*. Cette Ville qui a eu autrefois ses Princes particuliers, est située au pied d'une montagne, où est un Château très-fort. Le Landgrave de Hesse-Cassel en est maître aujourd'hui.

Giessen, *Université*, au Midi de Marpurg, sur la même rivière ; elle appartient au Landgrave de Hesse-Darmstat, qui a encore quelques Territoires au Nord de Marpurg. C'est une Ville médiocre, mais qui a de bonnes fortifications & un Arsenal bien pourvu.

Les Enclaves de la Hesse, où sont du Nord au Sud les Villes de *Naumbourg*, *Fritzlar*, *Neustat*, *Ameneburg*, qui n'ont rien de remarquable, appartiennent à l'Electeur de Mayence.

Wetzlar ou Wesflar, au Sud-Ouest de Giessen, est une Ville *Libre & Impériale*, dont les Habitans sont Luthériens. On y transféra en 1693, la Chambre Impériale qui étoit auparavant à Spire.

2. *La Wétéravie.*

Ce Pays a pris son nom de la petite rivière de *Wéter*. Il est partagé entre l'Archevêque de Mayence, les Landgraves de Hesse, les Comtes de Nassau, & quelques autres petits Princes. Nous avons déja parlé de la Ville principale de cette partie de l'Archevêché de Mayence : nous parlerons du Comté de Nassau dans le Paragraphe suivant ; il ne sera question ici que des Domaines des Landgraves, & des *Villes-Impériales*.

Hanaw, sur le Mein. C'étoit ci-devant la Capitale d'un Comté particulier, dont le Landgrave de Hesse-Cassel est devenu maître en 1736, faute d'héritiers mâles, & en vertu d'un Traité de succession conclu en 1543. La Ville d'Hanaw, qui est belle & bien peuplée, a un beau Château, où les anciens Comtes faisoient leur résidence.

GELENHAUSEN, au Nord-Est d'Hanaw, sur le *Kintzig*. C'est une Ville *Libre* & *Impériale*, où est un Château qui appartient à la Noblesse immédiate de l'Empire.

FRANCFORT, sur le Mein, à l'Occident d'Hanaw. C'est une Ville *Libre* & *Impériale*, & une des plus remarquables de l'Allemagne, par sa grandeur, sa beauté, ses richesses, la multitude de ses Habitans, & son commerce. On y tient chaque année deux Foires célèbres. C'est à Francfort que se fait ordinairement l'élection & le couronnement des Empereurs. On conserve dans l'Hôtel-de-Ville, qui est un beau & vaste édifice, la fameuse Bulle d'Or, que Charles IV donna en 1356, & qui a été ainsi nommée, parcequ'elle est scellée en or. La plûpart des Habitans de Francfort sont Luthériens : les Catholiques y ont néanmoins quelques Eglises. Il y a aussi des Calvinistes qui, à la sollicitation de l'Empereur & du Roi de Prusse, ont obtenu vers 1752, un Temple dans cette Ville. Les Juifs qui y sont en grand nombre, & fort riches à cause du commerce, demeurent dans un quartier séparé ; mais ils n'ont point de Synagogue. Charles le Chauve, Roi de France, & depuis Empereur, est né dans cette Ville.

FRIDBERG, au Nord-Est de Francfort. C'est aussi une Ville *Libre* & *Impériale*, où est un Château qui appartient à la Noblesse immédiate de l'Empire.

HOMBOURG, entre Francfort & Fridberg. C'est une Ville médiocre, sur le penchant d'une colline ; elle donne son nom à la branche cadette de Darmstat, Landgrave de Hesse-Hombourg, qui possède le petit Territoire qui l'environne

DARMSTAT, au Midi de Francfort. C'est la résidence du Landgrave de ce nom, qui est maître de tout le Pays d'alentour. Cette Ville est belle, & le Château du Prince est superbe.

CATZENELLENBOGEN, au Nord-Ouest de Francfort & de Mayence. C'est une petite Ville qui étoit autrefois la Capitale d'un Comté assez étendu, dont les Landgraves de Hesse devinrent maîtres en 1452, après la mort de son dernier Comte. Les branches de Darmstat & de Rhinfels eurent leur partage principal dans ce Comté. La première possède le haut Comté, dont la Ville principale est *Darmstat*. Catzenellenbogen est dans le bas Comté, qui appartient aux Landgraves de Hesse-Rhinfels.

RHINFELS *, *Place forte*, sur la rive droite du Rhin, au Nord-Ouest de Bacharach. C'est la résidence ordinaire du Landgrave de ce nom, qui est Catholique. Le Landgrave de Hesse, comme chef de la famille & par droit de protection, y met garnison en temps de guerre.

SAINT-GOAR ou GEWER *, dans le voisinage de Rhinfels, & aussi sur le Rhin. C'est une petite Ville bien fortifiée.

§. VII. *Le Comté de Nassau.*

Cet Etat est situé en partie dans la Wétéravie Occidentale, & en partie dans la Westphalie. Il a donné son nom à une Maison illustre parmi les Princes d'Allemagne, depuis plus de sept cens ans. Elle a produit, en 1291, un Empereur, sur la fin du dernier Siècle un Roi d'Angleterre, & tous les Stathouders de la République des Provinces-Unies, depuis son établissement.

Les Terres du Comté de Nassau sont divisées selon les branches de cette Maison. Il y en avoit environ une douzaine dans le Siècle dernier. Elles sont aujourd'hui réduites au nombre de trois, qui prennent leur surnom des Villes de *Dietz*, d'*Usingen*, & de *Weilbourg*, leurs Capitales.

Nassau, sur le *Lhon*, petite Ville avec un Château : elle fait partie de la Wétéravie & du Cercle du Haut-Rhin. La plûpart des Géographes l'enfermoient ci-devant dans la Westphalie, parcequ'elle étoit possédée par un Prince de la Maison de Nassau, qui avoit sa principale résidence en Westphalie. Elle appartient maintenant au Comte de Nassau-Dietz, plus connu sous le nom de Prince d'Orange, & qui a été déclaré Stathouder des Provinces-Unies en 1747. Il n'a que le titre d'Orange, cette petite Principauté appartenant depuis 1713 à la France, dans laquelle elle est enclavée, comme on l'a vu ci-devant.

Dietz, à l'Orient de Nassau ; & sur la même rivière. Cette Ville est munie d'un double Château. Son Prince a hérité, en 1743, des Etats de la branche de *Siégen*, qui avoit hérité elle-même de ceux de *Dillembourg* & d'*Hadamar* : Etats qui appartiennent à la Westphalie, quoique du Comté de Nassau : ils sont au Nord de la Ville de Nassau.

Usingen *, à l'Orient, vers *Fridberg*. C'est la résidence du Prince de Nassau-Usingen, qui possède encore *Visbade*. Il a hérité du Comté voisin d'*Idstein*, que possédoit la branche de *Nassau-Sarbruck* éteinte en 1728, & du Comté de *Sarbruck* ou *Sarbrick*, qui est enclavé dans la Lorraine, au Sud-Est de la Ville de Sarlouis.

Weilbourg, sur le Lohn, au Nord d'Idstein. C'est une petite Ville, avec un beau Château sur une montagne. Elle appartient avec son Territoire, au Comte de Nassau-Weilbourg, qui possède encore quelques Seigneuries dans le voisinage, entre Wetzlar & Gießen.

§. VIII. *L'Abbaye & Evêché de Fulde.*

Cet Etat est situé au Nord-Est de la Wétéravie, & à l'Orient de la Hesse, vers la Franconie. L'Abbé a obtenu, en 1752, que son Abbaye fût érigée en Evêché. Il est Prince de l'Empire, Archichancelier né de l'Impératrice, & étoit Primat des Abbés d'Allemagne : il dépend immédiatement du Pape, & est élu par ses Religieux Capitulans, au nombre de douze, qui sont tous nobles. Les autres Religieux qui ne sont pas nobles, composent la Communauté, & possèdent les Offices claustraux, comme ceux de Prieur, Sous-Prieur. Quelques-uns gouvernent des Cures dépendantes de l'Abbaye.

FULDE, sur la rivière du même nom, doit son origine à l'Abbaye de Fulde, Ordre de Saint Benoît, fondée en 744 par Saint Sturme, disciple de Saint Boniface, Archevêque de Mayence & Apôtre de l'Allemagne. Elle a de plus une Collégiale, un Couvent de Récolets, un Collège de Jésuites, & quatre Hôpitaux. On y voit une belle Bibliothèque, où il y a un grand nombre de Manuscrits. L'Abbé fait souvent sa résidence dans un très-beau Château nommé *Neuhoff*, assez près de son Abbaye. C'est la patrie d'Athanase Kircher, Jésuite, l'un des plus habiles Philosophes, & des plus grands Mathématiciens du XVIIe. Siècle.

CHAPITRE III.

De la Bohème & de ses anciennes dépendances.

LA Bohème fut habitée six cens ans avant J. C. par les *Boïens*, qui étoient sortis des Gaules, & qui avoient été conduits en Germanie par un neveu d'Ambigat, Roi de Bourges. Ces peuples furent dans la suite chassés de la Bohème par les Marcomans, & ils vinrent s'établir en Bavière, selon plusieurs Auteurs. Dans le VIe. Siècle, des Slaves ou Esclavons sortis de Pologne, s'établirent dans la

Bohème, & eurent une suite de Ducs. Ce ne fut qu'en 1199, que ces Princes commencèrent à porter le nom de Rois, & ils étoient vassaux de l'Empire d'Allemagne.

L'Empereur Ferdinand I, s'étant fait élire Roi de Bohème en 1527, après avoir épousé Anne, sœur unique de Louis II, Roi de Bohème, rendit ce Royaume électif, d'héréditaire qu'il étoit auparavant, & le fit passer dans la Maison d'Autriche. Par le Traité de Westphalie, en 1648, la Couronne est devenue héréditaire dans cette Maison; il reste cependant encore une apparence d'élection.

Le Roi de Bohème a été créé Electeur par l'Empereur Othon en 1208. Il est le premier des Electeurs séculiers; mais son suffrage n'a lieu que quand il s'agit d'élire un Empereur ou un Roi des Romains. Il n'assiste point aux Diètes, & n'est chargé d'aucune contribution pour les besoins de l'Empire.

L'air de ce Royaume, quoiqu'assez froid, est malsain, sur-tout dans la Bohème propre, où il cause quelquefois la peste. Le terroir est assez fertile en grains, en pâturages & en safran; il produit peu de vins. On trouve dans les montagnes des mines d'or & d'argent; & en quelques endroits, de grenats, de diamans, de cuivre & de plomb. Les Bohémiens sont spirituels, hardis, robustes, & sujets à s'enivrer.

La Religion Catholique est la dominante, quoiqu'il y ait beaucoup de Protestans.

Le Royaume de Bohème comprenoit autrefois la *Bohème* propre, le *Duché de Silésie*, & les *Marquisats de Moravie* & *de Lusace*. A présent il ne renferme que la *Bohème* propre & la *Moravie*.

L'Empereur Ferdinand II engagea la Lusace en 1620, a l'Electeur de Saxe, & la lui céda en 1635. La Basse-Lusace passa ensuite au Duc de Saxe-Mersbourg, un des descendans de cet Electeur; mais elle est revenue à l'Electeur de Saxe après l'extinction de

ROYAUME DE BOHÈME.

cette branche en 1738. Le Roi de Prusse possède quelques Villes dans la Basse-Lusace, & la Maison d'Autriche lui a cédé en 1742, la plus grande partie de la Silésie, avec le Comté de Glatz en Bohème.

Les principales Rivières de ces Pays sont le *Muldaw*, qui prend sa source dans la Bohême propre au Sud-Ouest, la traverse du Midi au Septentrion & se jette dans l'Elbe au-dessous de Prague: l'*Elbe* & l'*Oder*, dont nous avons décrit le cours, *pag.* 530; la *Morave*, dont nous parlerons à l'Article de la Moravie.

§. I. *La Bohème propre.*

La Rivière de Muldaw la divise en deux parties; l'une à l'Orient de cette rivière, & l'autre à l'Occident. La Bohème propre a environ du Nord au Sud 36 lieues communes d'Allemagne, qui font 60 lieues communes de France, & 45 lieues d'Orient en Occident, qui valent 75 lieues communes de France.

PRAGUE, *Capitale*, *Archevêché*, *Université*, sur le Muldaw. C'est une très-grande Ville, fort peuplée. Elle est partagée en trois : la vieille Ville & la neuve, qui sont sur la rive droite du Muldaw, & la petite Prague sur la gauche, qui n'est habitée que par des Juifs, en grand nombre & fort misérables. Elle communique par un beau Pont de pierres qui a dix-huit arches : des deux côtés on voit de belles statues, entr'autres celles de Saint Jean Népomucène, que le Roi Venceslas fit jetter dans la rivière, parcequ'il n'avoit pas voulu lui révéler la confession de la Reine. Dans la vieille Ville est l'Université, & dans la neuve l'Hôtel-de-Ville, qui est magnifique. Il est dans la grande Place, qui est ornée d'une Tour où est un Horloge dans le goût de celle de Lyon, d'une grande colonne avec une statue de la Vierge de bronze doré, & d'un vaste bassin de fontaine, à douze faces, avec une figure au milieu sur un piedestal. Entre les grands Bâtimens dont cette Place est décorée, on remarque l'Eglise de Notre-Dame. Elle a deux clochers fort élevés, & son grand Autel est d'une menuiserie toute dorée, enrichie de plusieurs figures. L'Eglise de S. Jacques, desservie par les Cordeliers, est tout proche : c'est une vaste Basilique avec une haute tour. On y admire le grand Autel, & la Chapelle de la Vierge, ornée de deux belles colonnes, & d'un cadre fait de cryftal de roche, ainsi que les colonnes. Il y a dans cette Ville un grand nombre de Couvens. Les Jésuites seuls y en ont trois. Il se trouve dans Prague quantité d'autres beaux édifices, tel que l'Eglise Métropolitaine : il y a plus de cent autres Eglises. Les François y ont soutenu un beau siège en 1742.

KONIGENGRETZ, *Evêché*, sur l'Elbe, à l'Orient de Prague. C'est une grande & ancienne Ville, bien fortifiée.

KUTTENBERG au Sud-Est de Prague. Il y a des mines d'argent près de cette Ville. On prétend qu'elle a pris son nom de ce qu'un Moine ayant trouvé en cet endroit un morceau d'argent, y laissa son froc (qui s'appelle en Allemand *Kutten*,) pour pouvoir y revenir & reconnoître le lieu. Cela arriva, disent les Historiens, en 1237. Kuttenberg signifie la *Montagne du Froc*.

CZASLAW, près de la Ville précédente : on y voit la plus haute Tour de toute la Bohème. Le fameux Ziska, Chef des hérétiques Hussites, & des Bohémiens révoltés, y fut enterré en 1424. Ce fut près de Czaslaw que le Roi de Prusse remporta une grande victoire sur les Autrichiens, le 17 Mai 1742.

LETOMBRITZ ou LEUTMARITZ, *Evêché*, sur l'Elbe, au Nord-Ouest de Prague. C'est une belle Ville, bien bâtie & fort peuplée. Ses environs produisent le meilleur vin de Bohème.

ELNBOGEN, à l'Occident fur l'*Eger*. Cette Ville a une Citadelle fituée fur un rocher efcarpé.

EGRA, *Place forte*, fur l'Eger, vers les frontières de la Bavière & de la Franconie. Cette Ville qui eft belle, a été prife par les François en 1742; mais ils furent obligés de la rendre fur la fin de 1743, après un long blocus. Elle eft la patrie de Gafpard Brufchius, Poëte illuftre.

PILSEN, au Sud-Oueft de Prague. Cette Ville eft forte, & a effuyé plufieurs fièges dans les guerres de Bohème. C'eft la patrie de Jean Dubraw, Evêque d'Olmutz, Auteur d'une *Hiftoire de Bohème* eftimée.

PISECK, au Midi, belle Ville qui a dans fon Territoire des mines d'or & de diamans.

GLATZ, au Nord-Eft de la Bohème, fur les confins de la Siléfie. C'eft une belle & forte Ville, qui a été cédée au Roi de Pruffe, avec le Comté auquel elle donne fon nom (*a*).

§. II. *Marquifat de Moravie.*

Ce Pays tire fon nom moderne de la *Morave*, la principale rivière qui l'arrofe du Nord-Oueft au Sud-Eft, & qui fe jette dans le Danube. Il étoit anciennement habité par les *Quades*. Vers le VIe. Siècle, il s'y forma un Royaume d'Efclavons très-étendu, qui avoit la Bohème fous fa dépendance; mais la Bohème étant devenue enfuite plus puiffante, la Moravie fut réduite en Marquifat, & on l'incorpora au Royaume de Bohème en 1040 ou

---

(*a*) Afin qu'on puiffe diftinguer l'étendue de ce Comté, nous marquerons ici les Villes qui y font renfermées, felon la Carte d'Allemagne de M. Delifle. Ce font *Glatz, Neurode, Reinertz, Habelfwerd, Mittelwalde, Viefenberg*. Ce Comté de Glatz dépendoit anciennement de la Siléfie, & il y a été réuni.

1048. Elle est particuliérement fertile en lin & en bestiaux : les vins qui y croissent sont très-tartareux : ceux qui en boivent habituellement, sont en peu d'années attaqués de la goutte.

OLMULZ, *Capitale*, *Evêché*, sur la Morave. C'est une grande & forte Ville, commerçante & bien peuplée : les Jésuites y ont un Collège. L'Evêque qui en est Seigneur, demeure dans un très-beau Palais, situé dans l'une des deux grandes Places. La façade en est magnifique, & la cour bordée de galeries & de quatre grands corps de logis. La Cathédrale est fort belle, & a été bâtie par Uladislas, Marquis de Moravie. L'Hôtel-de-Ville est isolé, & dans une Place à laquelle les deux plus grandes rues d'Olmutz aboutissent. Toutes les autres rues sont larges, droites, bordées de belles maisons, dont les dehors sont peints, sur-tout celles de la Place où est le Palais de l'Evêque, dont une partie est soutenue par de grands portiques qui en font un lieu de promenade. Il y a dans cette Ville un Couvent de Capucins, & au-dehors un Monastère de Chartreux, près d'une Abbaye qu'on a fortifiée à cause de sa situation avantageuse.

HRADISCH, sur la Morave, près de la haute Hongrie. Elle a beaucoup souffert des guerres d'Allemagne & de Bohème ; c'est néanmoins aujourd'hui une Ville assez considérable. On trouve dans ses environs de l'encens & de la myrrhe.

BRINN, belle & forte Ville au confluent de la *Zuitta* & de la *Swarta*. Les Etats du Pays se tiennent alternativement à Olmutz & à Brinn.

IGLAW, sur l'*Igla*, à l'Occident de Brinn, & vers les frontières de la Bohème. Cette Ville est environnée de montagnes & de bois. On y brasse d'excellente bière, & on y fait de bons draps. Les Jésuites y ont un Collège.

ZNAIM, sur la *Teya*, au Sud-Ouest de Brinn,

C'est une jolie Ville, avec un bon Château. On y voit encore beaucoup d'antiquités payennes.

§. III. *Le Duché de Silésie.*

Il est à l'Orient de la Bohème, & c'est un des plus grands Duchés de l'Europe. On croit qu'il a pris son nom des *Elisiens*, ses anciens Habitans, qui auront été appellés dans la suite Siléssiens. Il fit pendant long-temps partie de la Pologne, & fut divisé en plusieurs Duchés & Principautés : enfin, au milieu du XIVe. Siècle, il fut incorporé au Royaume de Bohème. En 1742 & 1745, la Maison d'Autriche le céda au Roi de Prusse, qui y avoit des prétentions; elle ne se réserva qu'une partie de la Haute-Silésie, que l'on appelle maintenant *Silésie Autrichienne*.

La Silésie abonde en bleds, en pâturages, en légumes, en poissons, en bois. Il y a des mines de différentes sortes, auxquelles on ne travaille presque plus, si ce n'est à celles de charbon de terre.

On la divise en *Basse-Silésie*, au Nord ; en *Moyenne*, & en *Haute-Silésie*, qui est au Midi. Les habitans de ces deux dernières parties sont presque tous Catholiques. La liberté de conscience leur a été accordée lors de la cession de ce Duché au Roi de Prusse. Ce Prince nomme aux Bénéfices Ecclésiastiques.

1. *Basse - Silésie.*

Le plus grand nombre de ses Habitans sont Calvinistes ou Luthériens.

CROSSEN, sur l'Oder, au confluent du *Boher*, & près de la Lusace. Elle est la Capitale d'un Duché qui appartient depuis 1538, à l'Electeur de Brandebourg, aujourd'hui Roi de Prusse, & qui dépend de la Régence de Brandebourg. Cette Ville fut brûlée presque entiérement en 1708. Le Roi de Prusse fit alors distribuer des sommes considérables aux Habitans de Crossen, pour les aider à la rebâtir. Toutes les maisons sont aujourd'hui bâties en pierres.

Glogaw, sur l'Oder, au Sud-Est de Crossen, vers la Pologne. Ce n'est pas une grande Ville, mais elle est bien fortifiée. Le Roi de Prusse y a établi un grand Conseil de Régence. Son terroir est très-fertile en bled.

Lignitz, au midi de Glogaw. C'est une des plus anciennes Villes de Silésie, & qui peut passer aujourd'hui pour belle. Les Jésuites y ont une magnifique Maison. L'Empereur Joseph établit dans cette Ville, en 1708, une Académie pour les jeunes Gentilshommes, tant Catholiques que Protestans.

2. Moyenne-Silésie.

Breslaw, *Capitale* de toute la Silésie, & *Université*, sur l'Oder. C'est un *Evêché* très-riche. Autrefois il étoit suffragant de Gnesne en Pologne, mais aujourd'hui il dépend immédiatement du Pape. Breslaw est une belle Ville, considérable, grande & bien peuplée : on y fait un grand commerce, sur-tout de toiles très-fines. On y tient chaque année deux Foires, où viennent beaucoup de Marchands d'Allemagne & de Pologne. Les édifices publics en sont superbes, entr'autres l'Hôtel-de-Ville, qui est un des plus beaux d'Allemagne. Il y a un Horloge qui fait un concert surprenant de trompettes. Breslaw a un Sénat, composé de quinze Sénateurs ; onze sont Nobles ou de famille honorable, les quatres autres sont tirés des Corps des Brasseurs, des Merciers, des Faiseurs de draps, & des Bouchers. Le Roi de Prusse a conservé les privilèges de cette Ville, qui a ainsi sa propre Régence, & il lui a accordé le troisième rang parmi les principales Villes, tant de la Prusse que du Brandebourg, en y établiffant un Grand Confeil de Régence pour la Moyenne Siléfie. Il a auffi fait l'Evêque de Breflaw, Vicaire Général de tous les Catholiques répandus dans fes Etats. C'eft dans cette Ville, que fut figné, le 11 Juin 1742, le Traité de Paix entre l'héritière de la Maifon d'Autriche & le Roi de Pruffe. Ce Prince ayant repris les armes en 1744, ce même Traité fervit de bafe à celui qui fut fait à Drefde le 25 Décembre 1745. C'eft la patrie de Pierre Kirftenius, fçavant Médecin du XVIIe. Siècle, qui fçavoit vingt-fix langues.

SCHWEIDNITZ, au Sud-Oueft de Breflaw. C'eft après Breflaw la plus grande Ville de Siléfie; mais les fortifications n'en font pas confidérables. Ses rues font larges, fes Eglifes fort belles, fes maifons bien bâties, & elle a des Places fpacieufes. Tous fes Magiftrats font Catholiques; mais il y a beaucoup de Proteftans, à qui on a accordé une Eglife hors la Ville, & une Ecole publique. La principale Eglife eft très-belle. Les Dominicains, les Cordeliers, auffi-bien que les Capucins qui occupent l'emplacement de l'ancien Palais Ducal, y ont des Couvens, & les Jéfuites un Collège magnifique avec un Séminaire.

BRIEG, fur l'Oder, au Sud-Eft de Breflaw. C'étoit ci-devant une des meilleures Villes de Siléfie. Elle a été prefque détruite par le fiège qu'elle fouffrit de la part des Pruffiens en 1741. On a commencé de la rétablir. Aux environs de cette Ville font des mines d'argent.

3. *Haute-Siléfie.*

Il faut la partager aujourd'hui en deux : fçavoir, la *Haute-Siléfie Pruffienne*, qui appartient au Roi de Pruffe; & la *Haute-Siléfie Autrichienne*, qui eft reftée à la Maifon d'Autriche, par le Traité de Drefde, &c.

1. Haute-Silésie Prussienne.

OPPELEN, sur l'Oder, *Ville forte*, & située dans une plaine agréable : elle a un beau Château & un bel Hôpital. Le Roi de Prusse y a établi un Grand-Conseil de Régence.

NEISSE, au Sud-Ouest d'Oppelen, sur la *Neiss*, au confluent de la *Bila*. C'est une très-belle Ville, dont les Prussiens ont augmenté considérablement les fortifications, & où ils ont bâti une Citadelle que l'on nomme *Prusse*.

RATIBOR, sur l'Oder, au Sud-Ouest des deux Places précédentes. C'est une assez jolie Ville, défendue par un Château très-fort : un grand marais que l'Oder forme près de ses murailles, en rend d'ailleurs l'accès difficile. Son terroir est fertile en bleds & en fruits.

2. Haute-Silésie Autrichienne.

JEGERSDORF, sur l'*Oppa*, qui de ce côté sépare maintenant les Etats d'Autriche de ceux du Roi de Prusse. C'est une belle Ville avec un Château. Aux environs sont des Montagnes où la chasse est abondante ; & c'est de-là qu'elle a tiré son nom, qui signifie *Village du Chasseur*.

ZUCKMENTEL, au Nord-Ouest de Jegersdorf, petite Ville, connue par les riches mines d'or, d'argent, de cuivre & de fer, qu'on exploitoit ci-devant aux environs.

TROPPAW, à l'Orient de Jegersdorf. C'est une Ville considérable, au Midi, & à quelque distance de l'Oppa.

TESCHEN, au Sud-Est de Troppaw. Cette Ville est entourée de marais, & ses Habitans font un grand commerce de cuirs, d'étoffes de laine, & de vins de Hongrie. Elle est Capitale d'un Duché que l'Empereur Charles VI donna, en 1722, au Duc de Lorraine, devenu depuis son gendre, & Empereur. C'est dans ce Duché que la Vistule prend sa source. Elle entre ensuite en Pologne.

Bilitz, à l'Est de Teschen, petite Ville, avec un fort Château.

§. IV. *Le Marquisat de Lusace.*

Ce Pays fut occupé au VIe. Siècle par une partie des Esclavons. Les Allemands les ayant vaincus, l'Empereur Othon I y établit, vers l'an 940, un Marquis pour garder cette Marche ou frontière de l'Empire. Ensuite l'Empereur Henri IV, vers l'an 1080, donna la Haute-Lusace, c'est-à-dire, la partie Méridionale, au Roi de Bohème Wratislas II. Depuis ce temps la Basse seule, qui est au Nord, conserva le nom de Lusace & la qualité de Marquisat; mais vers l'an 1130, elle fut cédée au Marquis de Misnie, à qui Waldemar l'*Illustre*, Electeur de Brandebourg, de la Maison d'Anhalt, l'enleva en 1317. Ce Prince étant mort deux ans après, l'Empereur Louis de Bavière donna le Marquisat de Lusace à Jean de Luxembourg, Roi de Bohème, à la charge d'en conserver tous les Privilèges. C'est ainsi que toute la Lusace fut annexée au Royaume de Bohème, auquel elle demeura incorporée jusqu'en 1635. Cependant l'Electeur de Brandebourg fit l'acquisition, en 1461, de quelques Villes de la Basse-Lusace, qu'il possède encore. En 1635, l'Empereur Ferdinand II, Roi de Bohème, céda tout le reste de la Lusace à Jean-George I, Electeur de Saxe, qui l'avoit aidé contre Frédéric, Electeur Palatin de Bavière, qui s'étoit fait déclarer Roi de Bohème; mais cette cession fut faite à plusieurs conditions, entr'autres que les Catholiques y auroient la liberté de conscience. C'est depuis ce temps que l'Electeur de Saxe possède la Lusace, comme un Fief du Royaume de Bohème. Mais il est nécessaire d'observer que Jean-George donna par son testament, en 1652, la Basse-Lusace à Christiern, l'un de ses fils, qui a formé la branche des Ducs de Saxe-Mersbourg, laquelle ayant été éteinte en 1738, comme nous l'avons dit, la Basse-Lusace a été réunie à la Haute, à l'exception de quelques Villes de la Basse, dont l'Electeur de Brandebourg, Roi de Prusse, est encore le maître.

Ce Pays est assez fertile, & produit les choses nécessaires à la vie, excepté le vin; le peu de vignes qu'on y voit n'en produit point de bon. Le commerce principal consiste en toiles, lin, fil & laines.

1. *Haute - Lusace, ou Méridionale.*

BAUTZEN ou BUDISSEN, sur la Sprée, *Capitale* de cette partie de la Lusace. C'est une assez belle Ville, depuis qu'on l'a rebâtie, après divers incendies qui l'avoient presque réduite en cendres. Elle a une bonne Citadelle, où réside le Grand-Bailli de la Haute-Lusace pour l'Electeur de Saxe. Les Etats du Pays s'y assemblent. La principale Eglise, nommée de S. Pierre & de S. Paul, est partagée entre les Catholiques & les Protestans. Auprès de cette Eglise est la Collégiale Catholique, composée d'un Doyen & de douze Chanoines, & qui jouit d'un domaine considérable. Les Protestans y ont un Collège, ou Ecole publique.

GORLITZ, sur la *Neiss*. C'est de toute la Lusace la plus grande, la plus peuplée & la plus avantageusement située. Sa principale Eglise, qui porte le nom de S. Pierre & de S. Paul, est magnifique. Hors de la Ville on voit un S. Sépulchre, bâti il y a plus de 200 ans, sur le modèle de celui de la Terre-Sainte. Gorlitz a un fort beau Collège.

LAUBAN, sur la *Queis*, qui sépare la Lusace de la Silésie, au Sud-Est de Gorlitz, Ville riche, peuplée & assez bien fortifiée. Ses Habitans font un grand

DE LA BASSE-LUSACE. 625

grand commerce de draps, de toiles & de fil. Les Catholiques possèdent le Chœur de la principale Eglise ; & des Religieuses, dont la Prieure a séance aux Etats du Pays, y font l'Office. La nef appartient aux Protestans.

ZITTAW *, sur la Neiss, au Sud-Ouest de Gorlitz, sur les frontières de la Bohème. C'est une Ville forte & riche, où il y a beaucoup de Manufactures de toiles. On y fait de bonne bière.

2. Basse-Lusace, ou Septentrionale.

LUBEN, sur la Sprée, *Capitale* de cette partie de la Lusace, depuis que l'Electeur de Saxe y a établi la Régence du Pays, & un Capitaine général ou Gouverneur. Cette Ville est toute entourée d'eau, & a un bon Château.

GUBEN, sur la Neiss. C'est la plus grande Ville & la mieux peuplée de la Basse-Lusace.

SORAW, au Sud-Est, sur les frontières de Silésie. C'est une assez belle Ville, nouvellement bâtie, après avoir été réduite en cendres par un incendie en 1700.

Le Roi de Prusse possède quelques Villes dans la Basse-Lusace : les principales sont au milieu & vers le Midi.

COTBUSS ou COTWITZ, sur la Sprée. C'est une grande Ville bien peuplée, où il y a une Colonie de François réfugiés.

PEITZE, au Sud-Est de Cotbuss, sur la même rivière. Cette Ville est petite, mais elle a une bonne forteresse : il y a aux environs des mines de fer.

Tome I.   D d

SECTION VIII.

Du Royaume de Hongrie.

CET Etat est borné à l'Occident par la Stirie, l'Autriche & la Moravie; au Nord, par le Royaume de Pologne; à l'Orient & au Midi, par la Turquie d'Europe. Sa longitude est depuis environ le trente-cinquième dégré, jusqu'au quarante-quatrième, trente minutes; & sa latitude Septentrionale depuis environ le quarante-cinquième dégré, jusqu'au-delà du quarante-neuvième.

Le Royaume de Hongrie répond à une partie de l'ancienne *Pannonie* & de la *Dacie*. Il fut occupé au Ve. Siècle par les Huns, & après eux par les Lombards, qui passèrent de-là en Italie. Les Esclavons se répandirent ensuite en Hongrie, & allèrent s'établir aux environs de la Save. Dans le même temps, les Avares, qui étoient une espèce de Huns ou de Peuples Tartares, se rendirent maîtres de la Hongrie. Charlemagne & Louis le Débonnaire son fils, les soumirent en grande partie, de manière que l'Empire François s'étendoit en 840, jusqu'à la Servie & à la Bulgarie, à l'Occident du Danube. En 891, les Hongrois, & autres peuples Tartares, vinrent s'établir dans ce Pays, auquel ils donnèrent leur nom. Geisa, l'un de leurs Ducs ou Chefs, embrassa le Christianisme en 969; & S. Etienne son fils, fut en l'an 1000, le premier Roi de Hongrie, & comme l'Apôtre de son Peuple. La race de Geisa fut éteinte en 1301; & depuis ce temps le Royaume de Hongrie fut électif, ayant successivement passé à des Princes de diverses familles & Nations. Enfin, Ferdinand I, Empereur & Archiduc d'Autriche, qui avoit épousé Anne sœur de Louis II, Roi de

Hongrie & de Bohème, prétendit succéder à ce Prince. Jean Zapolski, Waivode ou Gouverneur de Transylvanie, ayant été élu par la plus grande partie des Hongrois, & se sentant inférieur à Ferdinand, implora l'assistance des Turcs. Ils rétablirent Zapolski dans une partie de ses Etats dont il avoit été dépouillé, & allèrent mettre, en 1529, le siège devant Vienne, qu'ils furent obligés de lever honteusement. Dans ces circonstances, on accorda à Jean Zapolski la jouissance de ce Royaume sa vie durant; mais à condition que Ferdinand lui succéderoit. Cet accord se fit sans le consentement des Hongrois, qui prétendoient choisir leur Roi; aussi après la mort de Jean, sa veuve n'eut pas de peine à faire tomber le Royaume à un fils qu'il lui laissa en mourant. Mais comme les Hongrois n'étoient pas en état de résister à la Maison d'Autriche, ils appellèrent en 1540, pour la seconde fois, les Turcs, qui s'emparèrent des principales Villes: le reste demeura à Ferdinand. Enfin, en 1683, les Turcs ayant tâché de chasser de la Hongrie l'Empereur Léopold I, en furent chassés eux-mêmes; & de vingt-trois Comtés qu'ils avoient possédés, il ne leur en resta plus qu'un (celui de *Temeswar*,) qu'ils ont perdu en 1716. On déclara ce Royaume héréditaire à la Maison d'Autriche en 1687, dans les Etats assemblés à Presbourg; & toute la Nation renouvella d'elle-même cette déclaration en 1723, pour témoigner à l'Empereur Charles VI sa reconnoissance de ce qu'il avoit reculé les bornes du Royaume. A la mort de ce Prince, en 1740, l'Archiduchesse Reine, Marie-Thérèse, ne se soutint contre ses ennemis, que par la fidélité & le courage des Hongrois, à qui depuis ce temps elle n'a pas cessé de témoigner son affection.

L'air de Hongrie est mal-sain. Le terroir est très-fertile en grains, en vins & en fruits: les pâturages y sont excellens. Il s'y trouve beaucoup de chevaux & de gibier, des mines d'or, d'argent, de cuivre & de fer.

Les Hongrois ont plus d'inclination pour la guerre que pour les Arts & le Négoce : ils parlent plusieurs Langues, sur-tout la Langue Latine qui leur est très-familière. Leur Langue naturelle ressemble à celle des Jugoriens, habitans de la Tartarie Russienne, ce qui fait juger à plusieurs Sçavans, que les Hongrois sont venus de ce Pays ; mais ils étoient originaires de la grande Tartarie. L'Esclavon, ainsi que l'Allemand, sont aussi d'un usage commun en Hongrie.

Ce Pays est arrosé de plusieurs Rivières. Les principales sont le *Danube*, la *Save*, & la *Drave*, dont nous avons déja parlé. Elles sont très-poissonneuses, mais leurs eaux sont très-mal saines, excepté celle du Danube.

On divise maintenant ce Royaume en quatre ou cinq parties : la *Haute-Hongrie*, qui se partage en trente-quatre Comtés, & est située au Nord & à l'Orient du Danube : la *Basse-Hongrie*, qui en renferme quatorze, & est à l'Occident du même Fleuve : l'*Esclavonie*, qui en contient six, & est au Midi de la Basse-Hongrie : la *Transylvanie*, qui se subdivise en dix-huit petites Provinces, dont les unes portent le nom de Comtés, les autres de Palatinats, & dont la situation est à l'Orient de la Hongrie. On pourroit ajouter la *Croatie*, qui est une espèce d'annexe du Royaume de Hongrie ; mais comme elle est possédée en partie par les Turcs, nous n'en parlerons qu'en décrivant la *Turquie d'Europe*.

§. I. *La Haute-Hongrie.*

PRESBOURG, sur le Danube, est *Capitale* de la Haute-Hongrie, & en particulier du Comté de

ROYAUME DE HONGRIE.

Presbourg. Cette Ville, située près de l'Autriche, dans un terroir fertile, a un Château très-fort. On y monte par 115 dégrés, qui ont chacun un demi-pied de hauteur. Au milieu de ce Château on voit un puits percé dans le roc, fort profond, & dont l'eau vient du Danube. La Place publique est belle, & peut passer pour grande par rapport à la Ville, qui n'est pas étendue. Les Fauxbourgs sont considérables. Elle est ornée de deux Fontaines, & n'a que trois Portes & trois Eglises. On y couronne depuis long-temps les Rois de Hongrie : l'Archiduchesse y fut couronnée en 1741 ; & depuis ce temps cette Ville est la résidence du Viceroi ou Gouverneur du Royaume, ensorte qu'on doit aujourd'hui la regarder comme la Capitale de toute la Hongrie. Il y a un assez grand nombre de Protestans, auxquels on a accordé la liberté de conscience, comme dans le reste du Royaume.

NEUHAUSEL, à l'Orient de Presbourg, *Place forte*, dans le Comté de Neytra.

CASCHAU *ou* CASSOVIE, au Nord-Est de Presbourg, dans le Comté d'Abaviwar. C'est une Ville considérable, qui avoit autrefois de grands privilèges, dont elle a été privée en 1688, à cause de son attachement aux Mécontens. A huit ou dix lieues de cette Ville, au Nord, est une mine de sel fort estimé, qui a 180 brasses de profondeur. Elle est entourée de terre sans aucun rocher, & on en tire des morceaux de sel d'une grosseur extraordinaire. Quoique les pierres de sel soient un peu grises, elles sont fort blanches quand elles ont été mises en poudre.

TOKAI, au Midi de Cassovie, au confluent du *Bodrog* & de la *Teisse*. Cette Ville est fameuse par les excellens vins de son Territoire.

AGRIA *ou* ERLAU, au Sud-Ouest de Tokai, *Evêché, Place forte*, dans le Comté de Barzod,

D d 3

sur la rivière d'*Agria*. L'armée de Soliman II l'assiégea inutilement en 1552. La garnison, qui ne consistoit qu'en 2000 Hongrois, & 60 Gentilshommes de la meilleure noblesse du pays, s'y défendit avec une intrépidité extraordinaire. Les femmes même firent des prodiges de valeur. Les Turcs furent obligés de lever le siège après deux mois de tranchée ouverte. Mahomet III, plus heureux que Soliman, la prit en 1596 ; mais il perdit 60000 hommes au siège de cette Place, & à la bataille dont il fut suivi. Les Impériaux l'ont reprise en 1687, après un blocus qui dura trois ans, & qui fit périr de faim & de maladie plus de dix mille personnes.

Pest, Capitale du Comté de même nom, sur le Danube, vis-à-vis la Ville de Bude, avec laquelle elle communique par un pont de bateaux. L'Empereur Charles VI y a fait bâtir une Maison pour les Invalides.

Colocza, *Archevêché*, dans le Comté de Bath, sur le Danube, au Midi.

Segedin, *Place forte* & grande Ville, sur la Teisse, au Sud-Est de Colocza.

Grand-Varadin, *Evêché*, *Place forte*, à l'Orient, vers la Transylvanie & dans le Comté de Bihar. Le commerce y est assez considérable, & il y a dans son voisinage des eaux fort salutaires, qui y attirent beaucoup de monde.

Temesvar, au Sud de la précédente, *Place forte*, sur le petit *Temes*. Elle fut prise en 1552 par les Turcs, qui l'ont gardée avec son Bannat ou Comté jusqu'en 1716, qu'elle leur fut enlevée par le Prince Eugène, Général de l'Empereur. Le Grand Seigneur la lui céda entièrement par le Traité de Paix conclu à Passarovitz en 1718, & c'est ainsi que les Turcs ont été entièrement chassés de Hongrie. Lorsqu'ils possédoient le Comté de

Témesvar, il s'appelloit *Bachalik*, parcequ'ils y avoient un Pacha, *ou Gouverneur Turc*.

§. II. *La Basse-Hongrie.*

BUDE *ou* OFFEN, sur le Danube, ancienne Capitale de toute la Hongrie, dans le Comté de Pelitz. Cette Ville autrefois le séjour des Rois, est grande, forte & défendue par une bonne Citadelle. Les Eglises & les Edifices publics y sont magnifiques. Elle fut prise en 1686 sur les Turcs, qui y mirent le feu en plusieurs endroits : ils en étoient maîtres depuis 1541. Bude est célèbre pour ses vins & ses bains chauds.

GRAN *ou* STRIGONIE, au Nord-Ouest, sur le Danube, *Archevêché*, Capitale d'un Comté de même nom : son Archevêque est Primat de Hongrie.

KOMORRE, *Place forte*, Capitale de son Comté, au point de réunion des deux branches du Danube, qui forment la grande Isle de *Schut*, au-dessous de Presbourg.

JAVARIN *ou* RAAB, *Evêché*, au confluent des Rivières de *Raab* & de *Rabnitz*, qui se jettent dans le Danube à quelques lieues de ses murs. Elle est Capitale d'un Comté de même nom.

SARWAR, au Sud-Ouest de Raab, au confluent de la rivière de Raab & du Gudnez, Capitale du Comté de son nom. On prétend y avoir trouvé, en 1508, le tombeau du Poète Ovide, avec son épitaphe. C'est la patrie de S. Martin, Evêque de Tours, dont le nom est devenu si cher à la France, à cause des services qu'il y a rendus, que pendant long-temps on y a compté les années de celle de sa mort, en 400. de J. C.

CANISCHA, *Place forte*, au Midi, dans le Comté de Zalavar. Elle n'est pas éloignée de la jonction de la Muer & de la Drave.

ALBE-ROYALE, *Place forte*, sur la *Sarvite*, qui

après avoir traversé le Lac *Balaton*, passe dans cette Ville, puis se décharge dans le Danube. Son nom d'*Albe-Royale* vient de ce qu'on y couronnoit autrefois les Rois de Hongrie, qui y avoient leur sépulture. Elle est Capitale du Comté qui porte son nom.

CINQ-EGLISES *ou* FUNFKIRCH en Allemand, *Evêché*, au Sud d'Albe-Royale, dans le Comté de Zigeth.

§. III. *L'Esclavonie.*

Elle est située entre la Drave & la Save. C'est le seul Pays qui conserve le nom des Slaves ou Esclavons, Peuples autrefois célèbres, & qui au VIe. Siècle firent plusieurs établissemens en Allemagne & au Midi de la Hongrie: ils étoient sortis de Russie & de Pologne.

ZAGRABIA, *ou* AGRAM, vers la Croatie, sur la Save, Capitale du Comté de son nom.

CREUTZ *ou* SAINTE-CROIX, Capitale du Comté de son nom, au Nord-Est de Zagrabia.

WARASDIN, Capitale du Comté de ce nom, sur la Drave, au Nord d'Agram.

POSSEGA, dans le milieu, Capitale du Comté de même nom. C'est une assez grande Ville & bien fortifiée.

WALPO, à l'Orient de Possega, Capitale du Comté de Walpo, est une Ville forte, prise sur les Turcs en 1687.

ESSECK, au Nord-Est de Walpo, Ville très-forte. Elle a un beau pont sur la Drave.

SZEREM *ou* SIRMICH, *Evêché*, au Midi, près la Save. Cette Ville est fameuse par le Concile qui s'y tint en 357, & où l'Arianisme prévalut: elle est Capitale d'un Comté de même nom. C'est la patrie des Empereurs Probus, Marc-Aurèle & Valère Maximien.

PETER-VARADIN, *Place forte*, près du Danube, défendue par un bon Château.

CARLOWITZ, Bourg sur le Danube, connu par la Trève de 25 ans, faite en 1699 entre l'Empereur & le Turc.

§. IV. *De la Transylvanie.*

Ce Pays est borné à l'Occident par la Hongrie, au Nord, par la Pologne ; à l'Orient, par la Moldavie ; & au Midi, par la Valaquie. Il est appellé *Transylvanie*, d'un mot latin qui signifie *au-delà des Forêts*, parcequ'il est environné de montagnes couvertes de bois. Il faisoit partie de l'ancienne Dacie, au-delà du Danube.

Depuis 1690, que mourut Michel Abaffi, dernier des Princes de Transylvanie, ce Pays a été possédé par la Maison d'Autriche, à qui les Turcs l'ont cédé par le Traité de Carlowitz, en 1699.

L'air y est bon & tempéré ; mais les eaux en sont mauvaises. Le terroir est fertile en bled & en vin. Dans quelques-unes de ses montagnes, qui sont en grand nombre, on trouve des mines d'or, d'argent, de fer & de sel.

La Transylvanie est habitée par des *Cicules*, que l'on croit être les restes des Huns ; par des *Saxons*, qui s'y sont établis sous Geisa II, Roi de Hongrie, & ont conservé leurs loix & leurs coutumes, & par des *Hongrois* & des *Valaques* : ils sont pour la plûpart Protestans. Les Cicules sont dans le voisinage de la Pologne & de la Moldavie ; les Saxons sont au Midi des premiers ; les Hongrois qui sont les Nobles du Pays, sont à l'Occident des Saxons. Les Valaques habitent les montagnes qui séparent la Transylvanie de la Valaquie & de la Moldavie, & ils n'ont que des Villages.

Les principales Villes de la Transylvanie sont :
1. WASSERTHELY *ou* NEUWMARCK *, dans le

quartier des Cicules. C'est une Ville assez grande, où se tiennent les Assemblées de cette Nation.

2. HERMANSTAT, au Midi, dans le quartier des Saxons, *Capitale*, *Place forte*, sur la rivière de *Ceben*, près de celle de l'*Alt*. C'est une grande & belle Ville, bien peuplée, qui est la résidence du Gouverneur, & la Capitale de la Transylvanie.

CRONSTAT *ou* BRASSAW, à l'Orient d'Hermanstat, grande & forte Ville, peuplée & marchande.

3. VEISSENBOURG *ou* ALBE-JULE, dans le quartier des Hongrois, *Evêché*, sur la petite rivière d'*Ompay*, près de celle de *Maros*. C'est une Ville ancienne où résidoient les Princes du Pays. Son Evêché fut érigé en 1696, par Innocent XII. Les anciens Monumens qu'on y découvre, montrent qu'elle étoit considérable du temps des Romains. Le Prince Ragotski y a fondé une *Université*.

CLAUSENBOURG, anciennement ZEUGMA *ou* COLOSWAR, Ville assez considérable, fort peuplée & fort marchande, au Nord de Veissenbourg.

SECTION IX.

De la Pologne & du Royaume de Prusse.

Nous joignons ici ces deux Etats, parceque le second est enclavé dans le premier, & étoit autrefois dans une sorte de dépendance de la Pologne. Mais nous traiterons de chacun à part, pour en donner une connoissance plus distincte, & plus conforme à l'état présent des choses.

CHAPITRE PREMIER.

De la Pologne.

LA longitude de la Pologne est entre le trente-troisième dégré environ, & le cinquantième : sa latitude, entre le quarante-septième & le cinquante-sixième dégré. Elle est bornée à l'Occident, par l'Allemagne, c'est-à-dire, la Poméranie, le Brandebourg & la Silésie ; au Midi, par la Hongrie, la Transylvanie & la Moldavie : à l'Orient, par la Russie ; & au Nord, par une partie de la Russie, le Royaume de Prusse & la Mer Baltique.

Elle tire son nom de la nature de son terrein, qui est uni & égal. Dans la Langue du Pays, l'Esclavonne, *Pole* signifie un *Pays plat & uni.*

La Pologne peu être envisagée sous deux faces différentes, comme Royaume & comme République. Elle a un Roi ; mais il ne peut lever aucun subside, ni faire aucune loi sans l'autorité & le consentement du Sénat & des Diètes générales. Ce Royaume, dont les Habitans descendent des Sarmates ou Sauromates, a été gouverné d'abord par des Ducs ou Généraux d'armée ; ensuite par des Rois, puis encore par des Ducs, qui furent enfin remplacés par des Rois dont le titre n'a plus varié. On peut partager tous ces Princes en quatre classes. La première, depuis Leck I, fait Duc vers l'an 550, jusqu'à Popiel dans le IXe. Siècle. La seconde contient la race de Piasts, jusqu'à Casimir *le Grand*, à qui succéda Louis de Hongrie, sur la fin du XIVe. Siècle. La troisième comprend la race des Jagellons, qui finit à Sigismond-Auguste, en 1572. La quatrième est composée de plusieurs Rois de diverses Maisons, depuis Henri de Valois, (notre

Roi Henri III), jusqu'à Stanislas-Auguste (Poniatowski), qui a commencé à régner en 1764; mais qui n'étant pas reconnu de toute la Nation, a donné lieu depuis ce temps aux plus grands troubles. La Religion Chrétienne s'est établie en ce Pays par la conversion de Mislas, qui en étoit Duc; & qui gagné par les complaisances de Durgrave son épouse, fille de Boleslas, Duc de Bohème, fut baptisé en 965. Son fils Boleslas obtint de l'Empereur le titre de Roi; ce qui n'a pas empêché que la Couronne ne soit devenue élective après la mort de Casimir le Grand. Ce fut aussi alors que furent faits ces Traités appellés *Pacta conventa*, que les Rois nouvellement élus sont obligés de signer. C'est de ce temps proprement qu'il faut dater l'origine de la République. On verra à l'Article de la Lithuanie (II.) comment ce Duché fut réuni à la Pologne : nous remarquerons seulement ici que Jagellon, Grand Duc de Lithuanie, ayant été élu Roi de Pologne en 1386, à condition qu'il se feroit Chrétien, & qu'il réuniroit la Lithuanie à son nouveau Royaume, satisfit à la première condition, mais il ne fit pas entièrement l'union qu'on avoit exigée de lui; ce ne fut qu'en 1501 qu'elle fut pleinement exécutée. Depuis ce temps, la Pologne & le Duché de Lithuanie ne font plus qu'un seul Etat.

Le Gouvernement de Pologne est Monarchique & Aristocratique; c'est de plus le seul Royaume de l'Europe qui soit électif. Le Senat est composé, 1.° des Prélats : sçavoir des Archevêques, Evêques & Abbés; 2.° des Palatins, c'est-à-dire, de ceux qui gouvernent les Provinces de cet Etat, qu'on nomme Palatinats, & qui sont au nombre de 37 (*a*);

(*a*) Plusieurs de ces Palatins ne sont néanmoins que titulaires; les Provinces dont ils portent les noms n'appartenant plus aujourd'hui à la Pologne.

ROYAUME DE POLOGNE.

3.° des Castellans ; 4.° des grands Officiers Sénateurs, tant du Royaume que du Duché, qui sont, chacun pour son Etat, le Grand-Maréchal, le Grand-Chancelier, le Vice-Chancelier & le Grand-Trésorier. Le Sénat règle avec le Roi les affaires ordinaires, & veille à ce qu'il n'entreprenne rien contre la liberté. Outre le droit de présider au Sénat & aux Diètes, le Roi a encore celui de disposer des charges civiles & militaires, & des bénéfices. Son revenu est fixe & assez médiocre. Les Diètes générales se tiennent tous les deux ans, de manière que de trois Diètes il s'en tient deux en Pologne & la troisième en Lithuanie. Elles sont composées du Sénat & de la Noblesse. Le Roi ni le Sénat ne peuvent décider seuls, quand il s'agit d'affaires extraordinaires, comme de faire la paix, la guerre, des alliances, ou d'établir des impositions. Dans ces cas importans, on assemble des Diètes extraordinaires. Elles sont composées du Roi, du Sénat & des Nonces terrestres, c'est-à-dire, des Gentilshommes députés par les Diètes particulières de chaque Palatinat. Les Députés de Dantzick, de Cracovie & de Wilna y ont aussi entrée. Mais ce qui est bien remarquable, c'est que dans les Diètes, soit particulières, soit générales, un seul Gentilhomme (comme autrefois un Tribun du Peuple à Rome) peut arrêter la résolution de l'Assemblée en s'y opposant : de-là vient qu'elles se séparent souvent sans rien résoudre, à moins qu'on ne sabre l'opposant lorsqu'il est seul, comme cela est arrivé plusieurs fois. L'Election du Roi se fait dans une Diète générale : l'Archevêque de Gnesne la convoque & y préside. Ce Royaume a trois Ordres militaires ; le premier qui est l'Aigle-Blanc, établi en 1325, par Ladislas V, & rétabli par le Roi Auguste I, en 1705 : le second nommé l'Ordre de S. Henri, institué en 1736, par Auguste II, son fils, & dont il s'est réservé la Grande-Maîtrise ; & le troisième de S. Stanislas, établi en 1765 par le Roi régnant.

Outre les Palatins & les Castellans dont on a parlé ci-dessus, il y a encore en Pologne des *Starostes*, qui ne diffèrent pas de ce qu'on appelle ailleurs Gouverneurs particuliers. Les Starosties étoient des Domaines que les Rois de Pologne ont cédés aux Gentilshommes, pour leur aider à soutenir les frais de la guerre. Les Rois se réservèrent seulement le droit d'y nommer, & les chargèrent d'un impôt appellé *Quarta*, parcequ'il est de la quatrième partie de leurs revenus. Il sert à entretenir certain nombre de Cavaliers nommés *Quartuaires*, établis pour veiller à la sûreté des frontières de la Podolie contre les Tartares. Il y a des Starosties avec Jurisdiction, & d'autres sans Jurisdiction. Dans les premières appellées *Castrenses*, les Starostes ne peuvent juger de toutes sortes de causes indifféremment. Les autres Biens Royaux qui sont les *Tenutes*, & les *Advocaties*, s'appellent *Panis benè meritorum*. Ils ne peuvent être gardés par le Roi, qui doit les donner à ceux qui ont bien servi l'Etat.

A proprement parler, il n'y a dans ce Royaume que deux Etats, les Nobles & les Paysans : les Bourgeois sont tenus dans une médiocrité, dont il ne leur est pas possible de s'affranchir ; ils ne peuvent posséder que des Maisons dans les Villes, & des fonds de terre à une lieue aux environs. Pour les Artisans, ils sont presque tous Etrangers. La Noblesse possède toutes les Charges, & tous les biens du Royaume & du Duché. Les Paysans sont esclaves de leurs Seigneurs, qui ont sur eux pouvoir de vie & de mort ; mais aussi ils ne contribuent jamais en rien pour les besoins de l'Etat. Les Polonois en général sont braves, sincères, prompts dans les expéditions, & jaloux de leur liberté jusqu'à l'excès. Le luxe militaire est très-grand chez eux & fort ancien, aussi-bien que leurs loix, leurs coutumes & leurs privilèges, qui sont à peu près les mêmes aujourd'hui que lorsqu'il s'érigèrent en République. On remarque en général un grand rapport entre la République Polonoise & celle des Romains.

L'air de la Pologne est plus froid que chaud ; mais fort pur. Le terroir y est très-fertile, & si abondant en bled, qu'il en fournit à plusieurs Etats, sur-tout à la Suède & à la Hollande. Les pâturages y sont excellens, & abondent en troupeaux de bœufs &, en bons chevaux. Il s'y trouve aussi de la cire, des cuirs, du chanvre, du lin, du sel & du salpêtre. Ce Pays a de grandes forêts, sur-tout en Lithuanie, où il y a quantité de bêtes fauves, & d'abeilles sauvages qui font dans le creux des arbres un miel délicieux.

La Religion dominante est la Catholique. Le Roi est obligé d'en faire profession. Il y a aussi des Luthériens & des Calvinistes, & beaucoup de Juifs. La Pologne a deux Archevêques, celui de Gnesne, & celui de Léopol, & douze Evêques. Les Ecclésiastiques y sont en petit nombre, mais riches, puissans & fort considérés.

Les principales Rivières sont :

La *Vistule*, à l'Occident. Elle a sa source dans la Silésie, aux montagnes qui la séparent de la Hongrie, traverse du Midi au Septentrion la Pologne & la Prusse, & se jette dans la Mer Baltique à Dantzick. Les principales Villes qu'elle arrose dans son cours, sont Cracovie, Sandomir, Warsovie, Culm, &c.

Le *Bug*. On trouve sa source dans la Russie Rouge : il traverse les Palatinats de Russie propre, de Podlaquie & de Mazovie du Midi au Nord-Ouest, & se décharge dans la Vistule.

La *Varte* a sa source dans le Palatinat de Cracovie, passe à Siradie, à Posna, & se jette dans l'Oder, Rivière d'Allemagne.

Le *Niémen* prend sa source dans le Palatinat de Minski en Lithuanie, qu'il traverse d'Orient en Occident, ainsi que la partie la plus Septentrionale du Royaume de Prusse, & se décharge dans la Mer Baltique par plusieurs embouchures.

Le *Dnieper*, ou *Niéper*, autrefois le *Boristhène*. Il prend sa source en Russie, dans le Gouvernement de Smolensko, passe à Smolensko, à Kiow (*a*), & se jette dans la Mer Noire à travers la petite Tartarie.

Le *Niester*, au Midi, prend sa source dans les montagnes de la Russie Noire ou Rouge, sépare la Podolie de la Moldavie, & se jette dans la Mer Noire.

Le *Bog* prend sa source dans la Podolie tout au Nord, & se jette aussi dans la Mer Noire, entre le Niéper & le Niester.

Il faut traiter à part, de la Pologne & de la Lithuanie.

(*a*) Beaucoup au-dessous de Kiow, au Sud-Est, dans l'Ukraine, on voit les treize *Porouis* du Dniéper. Ce mot, en langage Esclavon, signifie, *Pierre de Roche*. Ces Porouis sont en effet comme une chaîne de pierres tendue tout au travers de la Rivière, quelques-uns sous l'eau, d'autres à fleur d'eau, & d'autres hors de l'eau de plus de huit à dix pieds. Ils sont gros comme des maisons, & fort proches les uns des autres: ainsi ils forment comme une digue qui arrête le cours du Dniéper, qui tombe de la hauteur de cinq ou six pieds en quelques endroits, & en d'autres de six à sept, selon qu'il est plus ou moins enflé, par la fonte des neiges. Les Cosaques nommés *Porouis*, sont si habiles à manier l'aviron, qu'ils passent dans leurs canots ces Porouis; nul même n'est aggrégé parmi eux, qu'il n'ait donné cette preuve de son habileté.

ARTICLE I.

Du Royaume de Pologne proprement dit.

ON le divise en trois parties principales : sçavoir, la *Grande Pologne*, au Nord ; la *Petite Pologne*, au milieu ; la *Russie Noire* ou *Rouge*, au Sud-Est. Ces trois parties contiennent ensemble vingt-trois Palatinats. Dans chaque Palatinat il y a un Palatin ou Gouverneur, & un Castellan qui est son Lieutenant.

§. I. *De la Grande Pologne.*

Elle comprend quatre Provinces ; la *Grande Pologne* propre, à l'Occident ; la *Cujavie*, au Milieu ; la *Mazovie*, à l'Orient ; & la *Prusse Polonoise*, au Nord.

I. *La Grande Pologne propre.*

Elle a cinq Palatinats, qui sont ceux de *Posnanie*, de *Kalisk*, de *Siradie*, de *Lincicza* & de *Rava*.

1. Le Palatinat de *Posnanie*.

POSNA, *Capitale, Évêché*, sur la Varte. C'est une grande Ville bien bâtie, défendue par un Château. Charles XII, Roi de Suède, la prit en 1703.

LISSA*, sur les frontières de Silésie, petite Ville qui a donné naissance au Roi de Pologne Stanislas Lesczinski, élu en 1704 & en 1733, & mort Duc de Lorraine, en 1766.

2. Le Palatinat de *Kalisk*.

KALISK, *Capitale, Ville forte*, à cause de sa situation dans des marais. Les Jésuites y ont un beau Collège.

GNESNE, *Archevêché*. Le nom de cette Ville, la plus ancienne de la Pologne, vient, dit-on, du mot *Gniazdo*, qui en langue du Pays veut dire un

Nid. Elle a été ainsi appellée, parceque Leck I, Duc des Polonois en 550, voulant se bâtir une maison telle qu'on pouvoit la construire chez des Peuples qui n'avoient vécu jusqu'alors que dans des Chariots qu'ils traînoient d'un lieu en un autre, trouva en cet endroit un nid d'aigles. De-là vient que la Pologne a toujours porté un Aigle dans ses Armes. Gnesne étoit autrefois Capitale de la Pologne; mais elle n'est aujourd'hui considérable que par son Archevêque, qui est Primat du Royaume, & Légat-né du saint Siège. Il est Régent de l'Etat pendant l'interrègne, & le premier Sénateur : il couronne les Rois & les Reines. Benoît XIV lui a accordé, en 1749, le droit de porter la robe rouge comme les Cardinaux.

3. Le Palatinat de *Siradie*.

SIRADIE, *Capitale*, sur la Varte. C'est une jolie Ville, qui a un Château assez fort.

4. Le Palatinat de *Lenciçza*, ou *Lencici*.

LENCICZA, *Capitale*, Ville médiocre, dont les environs sont marécageux.

5. Le Palatinat de *Rava*.

RAVA, *Capitale*, sur la rivière de même nom. C'est une belle Ville, quoique les maisons ne soient bâties que de bois : elle a un bon Château où l'on enfermoit ci-devant les prisonniers d'Etat.

LOWIECZ *, au Nord de Rava. C'est le lieu où réside ordinairement l'Archevêque de Gnesne : il y a dans cette Ville qui lui appartient, un très-beau Château.

II. *La Cujavie*.

Cette Province a deux Palatinats, celui de *Brzecie* & celui d'*Inowladislaw*.

1. Le Palatinat de *Brzecie*.

BRZECIE, *Capitale*, Ville forte & jolie, dans une belle plaine entre des montagnes.

2. Le Palatinat d'*Inowladiflaw*.

INOWLADISLAW, *Capitale*, *Evêché*, sur la Vistule. C'est une grande & belle Ville, avec un bon Château : on la nomme aussi *Inowlocz* & *Uladiflaw*. Sa Cathédrale est un bâtiment magnifique.

III. La Mazovie.

Ses trois Palatinats sont ceux de *Mazovie* propre, de *Ploczko*, & de *Podlaquie*.

1. Le Palatinat de *Mazovie* propre, qui étoit anciennement un Duché, a eu ses Princes particuliers jusqu'en 1526.

VARSOVIE, aujourd'hui *Capitale* du Royaume, sur la Vistule. C'est une Ville située à l'extrémité d'une vaste campagne fort agréable, & qui règne en terrasse le long de la Vistule. Elle est entourée en croissant de grands Fauxbourgs, plus considérables que la Ville, car tous les Grands Seigneurs y ont leurs Palais, & les Moines leurs Couvens. Les rues en sont larges, bien alignées, aujourd'hui pavées, ainsi plus commodes que ci-devant en hiver. La Ville est petite, toute bâtie de briques, avec une Place au milieu, d'où partent cinq ou six rues étroites, habitées par des Marchands, des Artisans, des Gens de Police & de Justice. Elle a un Couvent d'Augustins, un Collège de Jésuites, & une Collégiale qui tient au Château par une longue galerie couverte. Ce Château est de briques, assez bien construit, quoique d'architecture fort commune. On peut l'appeler le Palais de la République; car elle y loge les Rois de Pologne : le Sénat y a une salle, aussi-bien que les Nonces, pour s'y assembler dans le temps des Diètes générales. On y tient aussi les Conseils & les Conférences avec les Ambassadeurs, & on y rend la Justice aux particuliers. La Diète pour l'élection des Rois se tient à une demi-lieue de cette Ville en pleine campagne.

2. Le Palatinat de *Ploczko*, au Nord-Ouest de Varsovie.

PLOCZKO, *Capitale, Evêché, Place forte*, sur la Vistule. Cette Ville, bâtie sur une éminence, a de magnifiques Eglises & riches. La principale qui est dans le Fauxbourg, appartient aux Religieuses de la Magdelène. Dans le Château il y a des Bénédictins, dont l'Abbaye & l'Eglise sont bien bâties; un Collège sous la direction du Chapitre qui nomme les Professeurs: les Jésuites y ont aussi un Collège.

DOBRZIN, sur la Vistule, au-dessous de Ploczko: elle donne son nom à un Territoire particulier.

3. Le Palatinat de *Podlaquie*.

BIELSK, *Capitale*, grande Ville, dans un terroir fertile: ses maisons ne sont bâties que de bois.

IV. *La Prusse Polonoise ou Royale.*

Elle est à l'Occident du Royaume de Prusse: & pour ne la pas confondre avec cet Etat qu'on appelloit ci-devant *Prusse-Ducale*, il convient de ne plus donner à celle-ci que le nom de *Prusse-Polonoise*. Toute la Prusse a pris son nom d'un ancien Peuple Scythe ou Sarmate, nommé *Borusses* ou *Prussiens*. Leur barbarie, & les ravages qu'ils faisoient sur leurs voisins, engagèrent vers 1230, Conrad, Duc de Mazovie, d'appeler à son secours les Chevaliers Teutoniques ou Allemands, qui avoient été forcés de se retirer de la Terre-Sainte, où ils avoient pris leur origine en 1191, dans la Ville d'Acre. Le Christianisme avoit déja commencé à s'établir dans la Prusse, par le zèle de quelques Missionnaires d'Allemagne & de Pologne; mais les Peuples Payens y causoient une violente persécution. Les Chevaliers Teutoniques vinrent donc dans ce Pays; & après une cruelle guerre qui dura cinquante-trois ans, ils s'en rendirent entiérement maîtres en 1283, & forcèrent tous les Peuples de faite profeffion du Chriftianifme. Ils tournèrent enfuite leurs armes contre la Pologne, qui poffédoit une partie de la Pruffe, & ils la lui enlevèrent. Enfin, plufieurs Villes fe foulevèrent contre eux, à caufe de la dureté de leur Gouvernement, & fe mirent en 1454 fous la protection de la Pologne. Cela occafionna une guerre fanglante, qui ne fut terminée qu'en 1466. Alors la paix fe fit, à condition que la Pologne poffèderoit la Pruffe Occidentale, & que la partie ultérieure ou l'Orientale refteroit aux Chevaliers, qui à l'avenir la tiendroient comme un Fief de la Couronne de Pologne, dont leur Grand-Maître lui en feroit hommage en perfonne. C'eft depuis ce temps que la Pruffe a été divifée en deux parties. Nous dirons dans le Chapitre II ce qui eft arrivé dans la fuite à la partie Orientale, qui ne dépend plus en aucune manière de la Pologne.

La Pruffe Occidentale ou Polonoife renferme quatre Palatinats: fçavoir, de *Pomérellie*, de *Culm*, de *Marienbourg*, & de *Warmie*.

1. Le Palatinat de *Pomérellie* eft à l'Occident de la Viftule: il eft fort grand, mais il y a des déferts & des montagnes. Les Goths y demeuroient, avant qu'ils vinffent s'établir, au IVe. Siècle, aux environs du Danube, d'où ils paffèrent en Italie & en Efpagne.

DANTZICK, *Capitale, Place forte*, à l'embouchure de la Viftule. C'eft une des plus confidérables Villes de l'Europe, pour fa grandeur, fes richeffes & fon commerce. Les Eglifes y font magnifiques, & les maifons bien bâties. Cette Ville eft *Libre* & *Anféatique*, gouvernée par un Sénat appellé *Régence*, fous la protection de la Pologne, à qui cette Ville paye un certain tribut. Son Port eft célèbre pour le commerce de tout le Nord, qui confifte principalement en bled, que cette Ville fournit à différens Pays par la Mer Baltique. Le Roi de Pologne reçoit la moitié des droits qui fe lèvent au Port de Dantzick : la monnoie y est frappée à son coin, & la Justice y est rendue en son nom. Les Magistrats sont Luthériens, ainsi que la plûpart des Habitans : il s'y trouve aussi beaucoup de Calvinistes, & quelques Catholiques, à qui on permet l'exercice de leur Religion. Cette Ville a plusieurs beaux bâtimens, comme la Bourse, le Collège, les Arsenaux. C'est la patrie de Philippe Cluvier, sçavant Littérateur & Géographe, mort en 1623.

Près de Dantzick est le Monastère d'*Oliva*, célèbre par le Traité de Paix fait en 1660, entre la Suède & la Pologne.

2. Le Palatinat de *Culm*, à l'Orient de la Vistule.

CULM, *Capitale*, *Evêché*, sur cette Rivière.

THORN, sur la Vistule. Cette Ville étoit autrefois très-forte ; mais les Suédois l'ayant prise en 1703, en ont ruiné toutes les fortifications. C'est la patrie de Nicolas Copernic, dont le système sur le mouvement des Astres, est devenu malgré les décrets de l'Inquisition, celui de tous les Sçavans.

3. Le Palatinat de *Marienbourg*.

MARIENBOURG, *Place forte*, sur un bras de la Vistule, lequel porte le nom de *Noga*. Cette Ville étoit autrefois la résidence des Grands-Maîtres de l'Ordre Teutonique.

ELBING, belle Ville fort marchande.

4. Le Palatinat de *Warmie*.

HEILSBERG, *Capitale*, à l'Est de Marienbourg. Elle a un bon Château où demeure l'Evêque de Warmie.

FRAVENBERG, sur le Golfe de Frich-Haff. Cette Ville a une Eglise, qui est la Cathédrale de l'Evêque de Warmie, & dont les Chanoines font preuve de noblesse de seize quartiers ; l'Evêque en est Seigneur. Copernic, si connu par son Système du monde, étoit Chanoine de cette Eglise, où il est enterré : il est mort en 1543.

§. II. *De la petite Pologne.*

Elle est au Midi de la grande Pologne, & l'on y joint souvent la Russie Noire, &c. mais, à parler proprement, elle ne contient que trois Palatinats : ceux de *Cracovie*, de *Sandomir* & de *Lublin*.

1. Le Palatinat de *Cracovie*.

CRACOVIE, ancienne Capitale du Royaume, *Evêché*, *Université*, sur la Vistule. Elle est divisée en quatre Villes ou Quartiers, qui sont *Cracovie*, *Casimirie*, *Stradomirie* & *Cléparia*. Dans la première se trouve la Cathédrale, dédiée à S. Stanislas, Patron de Pologne : on y couronnoit ci-devant les Rois. Il y avoit dans ce premier quartier un beau Palais royal bâti sur un rocher ; mais les Suédois s'étant rendu maîtres de Cracovie en 1702, le réduisirent en cendres. Les Juifs ont une Synagogue dans le quartier qu'on appelle *Casimirie*. Il y a grand nombre d'Eglises dans Cracovie : la plus remarquable est celle de Notre-Dame : elle est bâtie dans la grande Place. C'est un vaste édifice qui répond à dix grandes rues, & est environné de quatre superbes rangs de Palais à l'Italienne. L'Evêque de Cracovie est le premier du Royaume, & le Castellan de cette Ville marche devant son Palatin. L'Université de Cracovie se fait gloire d'être Fille de celle de Paris : elle a été fondée par le Roi Casimir I, en 1364. Ce Prince obtint du Collège de Sorbonne des Professeurs, qui ont été les principaux Auteurs de la grande réputation qu'elle s'est acquise. C'est la patrie du Cardinal Stanislas Hosius, l'un des Présidens du Concile de Trente, & un des plus grands Evêques du XVIe. Siècle.

WILLISCA *, petite Ville à six lieues de Cracovie, au Sud-Est : elle est remarquable par ses mines de sel, dont le Roi de Pologne tire un de ses plus considérables revenus. Elles furent découvertes en 1252 ; elles se trouvent sous la Ville, qui à l'exception de l'Eglise, est toute entière composée de maisons creusées sous terre. On descend dans ces mines par quatre ouvertures : les deux principales sont dans la Ville, & servent à tirer en haut les grands quartiers de sel qu'on y expose devant les portes, pour être foulés & brisés par les pieds des hommes & des chevaux, avant que d'être broyés plus menu dans les moulins. Les deux autres descentes servent sur-tout pour porter dans les souterreins le bois & les choses nécessaires aux travailleurs. Les trous sont quarrés, de quatre à cinq pieds de large, & revêtus de fortes planches jusqu'en bas. Sur l'ouverture est une grande roue qu'un cheval met en mouvement, pour faire monter ou descendre un cable gros comme le bras. Quand les travailleurs, à l'aide de ce cable, auquel ils attachent une corde qu'ils passent autour de leur corps, sont descendus, & qu'ils ont trouvé le premier fond à cent toises plus bas que l'ouverture, ils quittent leur corde ; & à l'aide d'une lampe, s'avancent de côté par différens détours jusqu'à la seconde ouverture qui est encore de cent toises de profondeur. Ils y descendent par des échelles proprement ajustées dans toute la longueur du trou. Ce n'est qu'à plus de deux cens toises sous la Ville, qu'on trouve les carrières de sel. Les ouvriers creusent de tous les côtés, en observant de maintenir le haut des grandes ouvertures avec de fortes pièces de bois & de bonnes étaies. Une singularité fort remarquable, c'est qu'il entre dans ces carrières un ruisseau d'eau douce qui ne tarit que dans les grandes sécheresses, qui passe tout à travers, & sert au rafraîchissement des travailleurs, qui y sont au nombre de plus de mille, avec quelques chevaux pour transporter le sel au pied des ouvertures. Ces chevaux sont condamnés à une nuit éternelle : l'air de

ces

ces souterreins est si rude, que ces animaux y deviennent aveugles en peu de temps. Les travailleurs remontent de temps en temps pour jouir d'un air plus pur, & pour s'acquitter de leurs devoirs de religion.

2. Le Palatinat de *Sandomir.*

SANDOMIR, sur la Vistule, *Place forte*, & belle Ville, avec une Eglise Collégiale fort riche, un Collège des Jésuites, & plusieurs autres Maisons religieuses.

3. Le Palatinat de *Lublin.*

LUBLIN, Ville riche, marchande, & célèbre par trois belles Foires qui durent un mois chacune. Lublin a une Citadelle & une Académie, ou un Collège. Les Juifs y ont une belle Synagogue. Les Diètes s'y assemblent souvent.

§. III. *De la Russie Noire ou Rouge.*

Elle comprend trois Provinces : la Russie propre, la Volhinie, la Podolie.

I. *La Russie propre.*

Cette Province qui étoit autrefois possédée par les Russes, & dont les Polonois s'emparèrent dans le XIVe. Siècle, contient deux Palatinats : celui de *Russie* & celui de *Beltz.*

1. Le Palatinat de *Russie.*

LEOPOLD *ou* LEMBERG, *Archevêché*, dans le milieu de la Province. C'est une grande Ville, riche & marchande. Son Archevêque est le second Prélat de Pologne : les Arméniens y ont aussi un Archevêque qui est uni au Saint Siège, & les Grecs, un Evêque qui s'est réuni depuis quelque temps à l'Eglise Romaine, aussi-bien que les autres Evêques Grecs qui se trouvent en Pologne. Léopold est défendue par deux bons Châteaux.

Tome I.   E e

PREMISLIE, *Evêché*, sur le *San*. C'est une jolie Ville, dont l'Evêque est suffragant de Léopold.

2. Le Palatinat de *Beltz*.

BELTZ, *Capitale*, Ville considérable, mais dont les maisons sont de bois.

ZAMOSKI *, au Nord-Ouest de Beltz, *Ville forte*, avec titre de Principauté, & une *Université*, qui est fille de celle de Cracovie.

CHELM, au Nord, *Evêché*, Capitale d'un petit Territoire auquel elle donne son nom.

II. La Volhinie.

Elle renferme deux Palatinats, *Luck* & *Kiow*, quoique cette dernière Ville ne soit plus à la Pologne.

1. Le Palatinat de *Luck* est situé dans la haute Volhinie, au Nord-Ouest.

LUCK, sur le *Ster*, *Evêché*, *Capitale*. Cette Ville est remplie de Juifs & de Grecs, qui y font tout le commerce. Il y a un Evêque Latin & un Evêque Grec.

2. Le Palatinat de *Kiow* occupoit toute la basse Volhinie & une partie de l'Ukraine; mais depuis un peu plus de soixante ans, les Empereurs de Russie en sont maîtres en grande partie : & ce qui est resté de la basse Volhinie aux Polonois, n'a que quelques petites Villes, telles que *Zitomiers* & *Biela-Cerkiew*.

III. La Podolie.

Elle contient deux Palatinats : ceux de *Podolie* & de *Braclaw*. On la partage en haute & basse : Kaminieck est dans la haute, & Braclaw dans la basse.

1. Le Palatinat de *Podolie*.

KAMINIECK, *Evêché*. C'est la plus forte Place de Pologne. Les Turcs qui l'avoient prise en 1672, l'ont rendue aux Polonois en 1699, par le Traité de Carlowitz.

ROYAUME DE POLOGNE.

2. Le Palatinat de *Braclaw* est dans la basse Podolie, qui fait partie de l'*Ukraine*, c'est-à-dire, de la Frontière. Les Polonois sont maîtres des meilleures Villes : les Cosaques occupent la campagne.

BRACLAW, *Capitale*, sur le Bog. C'est une grande Ville bien fortifiée.

L'*Ukraine* qui est habitée par les *Cosaques*, dépendoit ci-devant en partie de la Pologne. Le Palatinat de Braclaw s'y étendoit, aussi-bien que celui de *Kiow*, qui étoit regardé comme de la basse Volhinie : & au milieu de l'Ukraine étoit le Palatinat de Belgorod ; mais ces Pays appartiennent aujourd'hui à la Russie. Les Cosaques qui habitent l'Ukraine, sont originairement une ancienne espèce de Tartares, qui tiroit son nom du grand Pays de *Capchac*, qui s'étendoit depuis le Niéper jusqu'au-delà du Volga, au Nord de la Mer Caspienne & de la Mer Noire. Ces peuples, après avoir été fort opprimés aux XIIIᵉ. & XIVᵉ. siècles par les Mogols ou grands Tartares, se sont fort multipliés vers l'Occident, par la jonction de nombre de fugitifs & de bandits des Nations voisines : sçavoir, de Polonois, Valaques, Moldaves, Hongrois, &c. Ils sont aujourd'hui divisés en trois branches : 1. les Cosaques *Jaiksi*, qui habitent vers l'Orient au-delà du Volga, & dont nous parlerons en faisant la description de la grande Tartarie en Asie : 2. les Cosaques *Donski*, qui demeurent aux environs du Don, & qui sont soumis depuis long-temps à la Russie, comme les précédens : 2. les Cosaques *Saporovi*, qui habitent à l'Occident près le Niéper : ils ont pris leur nom des Isles & Cataractes de ce Fleuve. Ces derniers qui sont les plus nombreux, se mirent sous la protection de la Pologne en 1562, & ils s'engagèrent de défendre la frontière contre les Turcs, les petits Tartares & les Russes. Après s'être fort bien acquitté de cet emploi pendant près d'un

Siècle, la dureté des Nobles Polonois leur donna occasion de travailler à secouer le joug qu'on vouloit leur imposer, & enfin ils se sont donnés à la Russie. Chaque branche de ces Cosaques a un *Hetman*, ou Chef de la Nation. Ils professent la plûpart la Religion Grecque; mais les *Jaicksi* ont encore plusieurs pratiques qui tiennent beaucoup du Mahométisme & du Paganisme.

Article II.

Du Duché de Lithuanie.

LA *Lithuanie* avoit autrefois des Souverains, qui prenoient le titre de Grands-Ducs. Ce n'a été que dans le XVIe. Siècle, sous Alexandre, prédécesseur de Sigismond I, père de Sigismond-Auguste, le dernier de la postérité de Jagellon, ou plutôt sous Sigismond-Auguste lui-même, en 1569, à la Diète de Lublin, que la Lithuanie fut parfaitement unie au Royaume de Pologne, à condition qu'elle subsisteroit comme une Principauté alliée, qui auroit ses grands Officiers, son Armée, son Trésor & ses Généraux; qu'elle conserveroit ses Coutumes, & qu'elle auroit part à l'élection du Roi, qui se feroit néanmoins en Pologne. Elle n'est obligée de fournir que le tiers des troupes de la Couronne; & pour les revenus du Roi, le quart seulement pour sa quote-part.

Ce Pays est plat, & assez couvert de bois & de marais, ce qui fait qu'il n'est pas tout-à-fait si fertile, ni si peuplé que la Pologne. La Noblesse de Lithuanie est plus fière & plus dure envers les Paysans que celle de Pologne.

La Religion dominante est la Catholique. On y trouve quelques Chrétiens Grecs, des Sociniens, des Caraïtes, Secte de Juifs qui n'admet pas les Traditions, & enfin des Mahométans.

Les principales Rivières sont le *Dnieper* ou *Nieper*, à l'Orient, & la *Duna* ou *Dina*, au Nord. Le Niéper traverse la partie Orientale du Duché, du Septentrion au Midi; & la Duna, la Septentrionale d'Orient en Occident. Une autre Rivière de ce Pays est le *Pripeck*, qui prend sa source au Sud-Ouest de la Polésie, traverse la partie Méridionale de la Lithuanie d'Occident en Orient, & se jette dans le Niéper.

On divise la Lithuanie en quatre parties: sçavoir, la *Lithuanie* propre, à l'Occident & au Midi; la *Russie Lithuanienne*, à l'Orient de la précédente; la *Samogitie*, au Nord-Ouest, & vers la Mer Baltique; la *Livonie Polonoise*, au Nord: à ces quatre Pays l'on joint ordinairement le Duché de *Curlande*, qui est Vassal de Pologne.

§. I. *La Lithuanie propre.*

Elle renferme trois Palatinats: celui de *Wilna*, celui de *Troki*, & celui de *Brzescie*.

1. Le Palatinat de *Wilna*.

WILNA, sur la *Wilia*, vers son embouchure dans la Wilna, *Evêché*, *Université*. C'est une grande Ville bien peuplée, mais mal-propre. Les maisons ne sont que de bois, excepté le Palais des anciens Ducs. Outre ce Palais, qui est bâti de briques, & qui est au haut de la Ville, il y en a un autre au bas, construit aussi de briques, & flanqué de tours, avec un Arsenal bien fourni d'artillerie & de toutes sortes d'armes. Ce dernier Palais a été commencé par Sigismond I, & achevé par Sigismond-Auguste, qui y plaça une belle Bibliothèque. La Cathédrale qui porte le nom de S. Stanislas, a le corps de S. Casimir, Prince de Pologne, canonisé par Léon X. Le Roi Sigismond III fit mettre sur le tombeau de ce Saint une tombe d'argent de 3000 liv. pesant, orna sa Chapelle d'un fort beau marbre, y ajouta un Autel aussi d'argent, & fit présent à cette Eglise d'une cloche si pesante, qu'il faut 24 hommes pour la sonner. Entre les Monastères, on remarque celui des Bernardins, tout bâti de pierres de taille. Les autres Edifices publics sont la Maison des Russiens, qui y vendent toutes sortes de pelleteries qu'ils apportent de Russie, la Chancellerie, la Maison des Allemands, le Palais Episcopal & celui du Gouverneur, & le Palais où se rend la Justice. L'Eglise du Collège des Jésuites est magnifique : elle est bâtie au milieu de la Place de la Ville. Ce Collège a été érigé en Université par Grégoire XIII, en 1579 ; il a six Professeurs en Théologie, un en Hébreu, quatre en Droit, cinq en Philosophie, & sept pour les Humanités. Les Grecs y ont un Evêque, autrefois sous le Patriarche de Constantinople, mais aujourd'hui réuni à l'Eglise Romaine. Les Juifs & les Mahométans y ont liberté de conscience. Les environs de cette Ville sont habités par des Tartares, descendus de ceux qu'un Général de Vitolde, oncle de Jagellon, amena captifs en 1397, en Lithuanie. Ils ont conservé le Mahométisme & tous leurs usages ; mais ils sont moins barbares que les Tartares de Krimée, ou petits Tartares : ils sont sobres & d'une fidélité à toute épreuve ; leur air & leur figure est généralement plus supportable que celle des Calmoucks ou Grands Tartares.

Braslaw, au Nord de Wilna, sur un petit Lac : c'est une Ville assez considérable : elle a un Château fortifié, bâti sur un rocher escarpé.

2. Le Palatinat de *Troki*.

Troki, *Capitale*, à l'Ouest de Wilna, sur un lac : elle est bien bâtie, & a un beau Château.

Grodno, au Sud-Est de Troki, sur le bord du

ROYAUME DE POLOGNE.

Niémen. De trois ans en trois ans, les Diètes de Pologne s'assemblent dans cette Ville. Son Pont est le plus beau de toute la Pologne. La Citadelle, le Palais du Roi & le Collège des Jésuites méritent d'être vus.

3. Le Palatinat de *Brzescie*, autrement la *Polésie*.

BRZESCIE, *Capitale*, sur le Boug; Ville grande & fortifiée. On y voit la plus grande Synagogue que les Juifs ayent dans toute l'Europe, mais elle n'approche pas pour la beauté, de celle des Juifs Portugais d'Amsterdam.

PINSK, sur la Pina, Ville forte par sa situation dans des marais, dont elle est environnée. La plus grande partie de ses Habitans sont Grecs, & fort appliqués au commerce : ils ont un Evêque de leur communion.

§. II. *La Russie Lithuanienne.*

Elle est partagée en cinq Palatinats, qui sont *Novogrodeck*, *Minscki*, *Mscislaf*, *Witepsk* & *Polock*.

1. Le Palatinat de *Novogrodeck*.

NOVOGRODECK, *Capitale* : ses maisons sont bâties en pierres. Le Conseil souverain de Lithuanie s'y assemble en été alternativement, & à Minscki. Les six mois d'hiver il s'assemble à Wilna, Capitale de la Lithuanie.

2. Le Palatinat de *Minscki*.

MINSCKI, *Ville forte*, qui a deux Citadelles.

3. Le Palatinat de *Mscislaf*.

MSCISLAF ou MSCISLAW, sur la frontière de Moscovie ou grande Russie. C'est une Ville très-forte, dont les environs ont de bons pâturages & de belles forêts.

MOHILOF ou MOHILOW, *Place forte*, près du Niéper, grande Ville bien bâtie & très-marchande.

Les Russes y viennent prendre sur-tout des parfums. Ils y ont un Evêque de leur communion.

4. Le Palatinat de *Witepsk*.

WITEPSK, sur la Duna. Cette Ville a un Château, & est bien fortifiée : il s'y fait aussi un grand commerce.

5. Le Palatinat de *Polocz*.

POLOCZ, sur la Duna, à l'embouchure de la *Polata*. Cette Ville a deux Châteaux pour sa défense.

§. III. *La Samogitie*.

C'est un Pays plein de bois : on y trouve beaucoup d'élans, & de miel : les chevaux en sont fort estimés. C'étoit autrefois un Duché, qui a passé souvent des Lithuaniens aux Chevaliers Teutoniques, & qui enfin a été incorporé à la Pologne vers l'an 1525. Il est partagé en trois Gouvernemens qu'on nomme *Capitaineries*, qui prennent le nom de leurs Capitales.

1. La Capitainerie de *Rosienne*.

ROSIENNE, *Capitale*, sur la *Dubissa*, qui se jette dans le Niémen.

2. La Capitainerie de *Medniki*.

MEDNIKI, *Capitale*, au Nord-Ouest de Rosienne.

3. La Capitainerie de *Poniewiess*.

PONIEWIESS, *Capitale*, au Nord-Est de Rosienne.

BIRZE, au Nord de la précédente ; Ville assez belle, avec titre de Duché. Elle a un magnifique Château qui appartient à la Maison de Radzivil, l'une des plus anciennes & des plus puissantes de Lithuanie.

§. IV. *La Livonie Polonoise*.

Cette petite partie de la Livonie, qui est au Sud-Est de la grande, resta à la Pologne par le Traité d'Oliva, fait en 1660, avec les Suédois, qui eurent alors la possession tranquille du reste de la Livonie, aujourd'hui Province de Russie.

DUNEBOURG, *Place forte*, sur la Duna ou Dina, est la principale Ville de la Livonie Polonoise.

§. V. *Le Duché de Curlande.*

Ce Duché a fait partie de la Livonie jusqu'en 1561. Il en fut séparé alors, la Livonie ayant été cédée à Sigismond-Auguste, Roi de Pologne, par Gothard Ketler, Grand-Maître de l'Ordre des Chevaliers Porte-glaives ou de Livonie, à condition que Ketler & ses successeurs tiendroient la Curlande en souveraineté, mais comme un Fief mouvant de la Pologne. Ferdinand, dernier Duc de la famille de Ketler, étant mort en 1737, les Etats de Curlande qui avoient élu le Comte Maurice de Saxe, lequel est mort en 1750 Maréchal de France, & dont l'élection avoit été déclarée nulle par la Pologne, furent forcés par la Russie d'élire le Comte de Biren, favori de l'Impératrice Anne Jwanouna, qui obtint pour lui de la Pologne l'investiture du Duché de Curlande. Ce nouveau Duc ayant été disgracié en 1740, par la Cour de Russie, & exilé en Sibérie, la Princesse Anne de Meckelbourg, Régente de Russie pendant la minorité de son fils, l'Empereur Jean, fit élire son beau-frère Louis-Ernest de Brunswick-Bevern. Mais comme peu de temps après, cette Princesse & son fils furent obligés de céder le Trône de Russie à l'Impératrice Elizabeth, la Pologne différa de ratifier l'élection du Prince de Brunswick-Bevern ; de sorte que ce Duché fut quelque temps gouverné par les Etats du Pays. Ils ont élu en 1758 un fils du Roi de Pologne pour leur Duc ; mais il n'a pu y rester, & le Duc de Biren y est revenu avec le secours des Russes. Son fils a été investi de ce Duché par le Roi de Pologne, en 1764.

La plûpart des Curlandois sont Luthériens; mais il y a parmi eux des Catholiques qui ont des Eglises. On divise ce Duché en *Sémigalle* & en *Curlande* propre.

1. La *Sémigalle* est à l'Orient.

MITTAW, *Capitale* de tout le Duché, & *Ville forte*, sur le *Bolderau*. Elle est d'une moyenne grandeur, bien bâtie & bien peuplée. Le Château du Duc qui a été rebâti, après avoir été détruit en 1706 par les Russes, est magnifique, aussi-bien que l'Hôtel-de-Ville qui n'a été achevé qu'en 1743.

2. La *Curlande* propre est à l'Occident.

GOLDINGEN, sur la *Wéde* ou *Weta*, est la Ville la plus considérable du Duché après Mittaw : elle a un beau Château.

WINDAU, *Port*, sur la Mer Baltique, à l'embouchure de la Wéde.

CHAPITRE II.
Du Royaume de Prusse.

ON a vu ci-devant, *pag.* 645, de quelle manière la Prusse fut partagée en deux. La partie Orientale, qui devint un Duché, & qui est aujourd'hui un Royaume, est possédée par l'Electeur de Brandebourg, qui porte le titre de Roi de Prusse.

Jusqu'en 1525, cette partie de la Prusse avoit appartenu aux Chevaliers Teutoniques ; mais alors un Prince cadet de la Maison de Brandebourg, nommé Albert, qui étoit Grand-Maître de l'Ordre Teutonique, & qui avoit embrassé le Luthéranisme avec une partie des Chevaliers, vint à bout de s'attribuer ce Pays en propriété à lui & à ses descendans, en le rendant une Principauté séculière, à condition qu'il en feroit hommage à la Pologne, & qu'il porteroit le titre de Duc : de-là est venu la dénomination de *Prusse-Ducale*. En 1569, Joachim II,

TABLE DES CHAPITRES.

PREMIÈRE PARTIE,

Dans laquelle on traite de la Sphère & du Globe Terrestre en général.

PREMIÈRE SECTION.

De la Sphère.

CHAP. I. Des Cercles qui composent la Sphère, p. 1
De l'Équateur, 3
Du Zodiaque, 4
De l'Horizon, 7
Du Méridien, 11
Des deux Colures, 12
Des quatre petits Cercles, 13
Des Astres, & de leurs mouvemens, 14
Des Etoiles fixes, ibid.
Des Planètes en général, 16
Du Soleil, ibid.
De la Lune, 18
Des cinq autres Planètes, 22
CHAP. II. Application de la Sphère au Globe Terrestre, 23
CHAP. III. Des divisions de la Terre formée par les Cercles du Globe, 29
ART. I. Première division de la Terre par les Zones & les Ombres, ibid.
ART. II. Seconde division de la Terre par les Longitudes & les Latitudes. 31
CHAP. IV. Des Climats, & des autres choses qui concernent le Globe Terrestre, 32
§. I. Des Climats, ibid.
§. II. Des différentes opérations que l'on peut faire sur le Globe, 35
§. III. Des principaux points qui partagent l'Horison, 41

SECTION II.

Description générale du Globe Terrestre ou de la Mappemonde, 43
CHAPITRE PRÉLIMINAIRE. Des termes particuliers à la Géographie, & des mesures dont elle fait usage, ibid.
CHAP. I. Division générale

du Globe Terrestre, 47
Art. I. De la Terre, ibid.
Art. II. De la Mer, 49
Chap. II. Des principaux Isthmes, Golphes, Détroits Lacs, & Rivières, 51
§. I. Des principaux Isthmes, ibid.
§. II. Des principaux Golfes & Détroits, 52
§. III. Des Lacs les plus fameux, 53
§. IV. Des Rivières, ibid.
Chap. III. Des Villes Capitales des quatre Parties du Monde, 54
§. I. En Europe, ibid.
§. II. En Asie, 55
§. III. En Afrique, ibid.
§. IV. En Amérique, 56
Amérique Septentrionale, ibid.
Amérique Méridionale, ib.
Chap. IV. Des Religions, Langues, Figures & Couleurs des différens peuples de la Terre, 57
Art. I. Des différentes Religions des Peuples qui habitent la Terre, ibid.
Art. II. De l'étendue de chaque Religion, 58
§. I. De l'étendue du Judaïsme, ibid.
§. II De l'étendue du Christianisme, ibid.
§. III. De l'étendue du Mahométisme, 61
§. IV. De l'étendue de la Religion Payenne, ibid.
Art III. Des différentes Langues des habitans de la Terre, 63
§. I. Du nombre des Langues générales, ibid.
§. II. De l'étendue de chaque Langue générale, 64
Art. IV. De la figure & des différentes couleurs des habitans de la Terre, 66

SECONDE PARTIE.

De l'Europe, 68.

Section I.

De la France, 71
Division de la France en trente-deux Gouvernemens, 74
Chap. I. Provinces & Gouvernemens du Nord, 75
Art. I. Du Gouvernement de la Flandre Françoise, ibid.
§. I. La Flandre Françoise, ibid.
§. II. Le Cambresis, 79
§. III. Le Hainaut François, ibid.
Art. II. De l'Artois, 81
Art. III. Du Gouvernement de Picardie, 84
§. I. De la haute Picardie, ibid.
1. L'Amienois, 85
2. Le Santerre, 86
3. Le Vermandois, 87
4. La Tiérache, 88
§. II. De la basse Picardie, ib.
1. Le Pays reconquis, 89
2. Le Boulonnois, ibid.

DES CHAPITRES.

3. Le Ponthieu, 90
4. Le Vimeux. 91
Art. IV. Du Gouvernement de Normandie, ibid.
§. I. De la haute Normandie, 92
I. Le Diocèse de Rouen, ibid.
1. Le Vexin Normand, ib.
2. Le Roumois, 93
3. Le Pays de Caux, 94
4. Le Bray, 96
II. Le Diocèse de Lisieux, ibid.
III. Le Diocèse d'Evreux, 97
§. II. De la basse Normandie, 98
1. Le Diocèse de Seès, ibid.
2. Le Diocèse de Bayeux, 99
3. Le Diocèse de Coutances ou le Cotentin, ibid.
4. Le Diocèse d'Avranches, 100
Art. V. Du Gouvernement de l'Isle de France, 101
1. L'Isle de France propre, ibid.
2. La Brie Françoise, 105
3. Le Gatinois François, ibid.
4. Le Hurepoix, 107
5. Le Mantois, ibid.
6. Le Vexin François, 109
7. Le Beauvoisis, ibid.
8. Le Valois, 110
9. Le Soissonnois, 111
10. Le Laonnois, ibid.
Art. VI. Du Gouvernement de Champagne & de Brie, 112
§. I. De la haute Champagne, 114
1. Le Remois. ibid.
2. Le Pertois, 115

3. Le Rethelois, ibid.
II. De la basse Champagne, 116
1. La Champagne propre, ibid.
2 Le Vallage, 118
3. Le Bassigny, 119
4. Le Sénonois, 120
§. III. De la Brie Champenoise, ibid.
1. La haute Brie, ibid.
2. La basse Brie, 121
3. La Brie pouilleuse, ibid.
Art. VII. Des Gouvernemens de Lorraine, & des 3 Evêchés. 122.
§. I. Du Duché de Lorraine, 125
§. II. Les 3 Evêchés, 128
1. Le Messin, ibid.
2. Le Verdunois, 129
3. Le Toulois, ibid.
§. III. Du Duché de Bar, 130
Art. VIII. Du Gouvernement d'Alsace, 132
§. I. De la haute Alsace, ib.
§. II. De la basse Alsace, 133
§. III. Du Suntgaw, 135
Chap. II. Provinces & Gouvernemens du milieu, ibid.
Art. I. Du Gouvernement de Bretagne, ibid.
§. I. De la haute Bretagne, 136
§. II. De la basse Bretagne, 139
Art. II. Du Gouvernement du Maine, 143
§ I. Du Maine, ibid.
Le haut Maine, 144
Le bas Maine, 145
§. II. Du Perche, 146
Art. III. Du Gouvernement d'Anjou, 147
§. I. Du haut Anjou, 148
§. II Du bas Anjou, 149

TABLE

ART. IV. Du Gouvernement de Touraine, 151
La haute Touraine, 153
La baſſe Touraine, 154
ART. V. Du Gouvernement de l'Orléanois, 155
I. L'Orléanois propre, ibid.
II La Beauſſe, 157
III. Le Blaiſois, 159
IV. Le Gatinois Orléanois, 160
ART. VI. Du Gouvernement de Berri, 161
I. Le haut Berri, 162
II. Le bas Berri, 164
ART. VII. Du Gouvernement de Nivernois, 165
ART. VIII. Du Gouvernement de Bourgogne, 167
I. Le Pays de la Montagne, 169
II. L'Auxerrois, ibid.
III. L'Auxois, 171
IV. Le Dijonois. ibid.
V. L'Autunois, 173
VI. Le Challonois, 174
VII. Le Charolois, 175
VIII. Le Maconnois, 176
De la Breſſe & du Bugey, ibid.
1. La Breſſe, ibid.
2 Le Bugey, 177
La Principauté de Dombes, 178
ART. IX. Du Gouvernement de Franche-Comté, 179
I. Le Bailliage d'Amont, 180
II Le Bailliage de Beſançon, 181
III Le Bailliage du Milieu, ou de Dole, 182
IV. Le Bailliage d'Aval, 183
ART. X. Du Gouvernement de Poitou, 185
I. Du haut Poitou, 186
II. Du bas Poitou, 187
ART. XI. Du Gouvernement d'Aunis, 189
ART. XII. Du Gouvernement de la Marche, 191
I. De la haute Marche, 192
II. De la baſſe Marche, ibid.
ART. XIII. Du Gouvernement de Bourbonnois, 193
I. Du haut Bourbonnois, ibid.
II. Du bas Bourbonnois, 194
CHAP. III. Provinces & Gouvernemens du Midi, 195
ART. I. Du Gouvernement de Saintonge, ibid.
§. I. De la Saintonge, ibid.
1. De la haute Saintonge, 196
2. De la baſſe Saintonge, 197
§. II. De l'Angoumois, 198
ART. II. Du Gouvernement de Limoſin, 199
I. Du haut Limoſin, 200
II. Du bas Limoſin, 201
ART. III. Du Gouvernement d'Auvergne, 202
I. De la haute Auvergne, 203
II. De la baſſe Auvergne, 204
ART. IV. Du Gouvernement de Lyonnois, 207
I. Le Lyonnois propre, 208
II. Du Forez, 211
III. Du Beaujolois, 212
ART. V. Du Gouvernement de Dauphiné, ibid.

DES CHAPITRES.

§ I. Du haut Dauphiné, 214
  1. Le Graifivaudan, ibid.
  2. Le Royannès, 215
  3. Les Baronies, ibid.
  4. Le Gapençois, ibid.
  5. L'Embrunois, 218
  6. Le Briançonnois, ibid.
§. II. Du bas Dauphiné, ibid.
  1. Le Viennois, 219
  2. Le Valentinois, 220
  3. Le Tricaſtin, ibid.
  4. Le Diois, 221
ART. VI. Du Gouvernement de Guyenne, ibid.
§. I. De la Guyenne, 222
  I. La Guyenne propre, ibid.
  II. Le Bazadois, 223
  III. Le Périgord, 224
    1. Le haut Périgord, ibid.
    2. Le bas Périgord, 225
  IV. L'Agenois, ibid.
  V. Le Quercy, 226
    1. Le haut Quercy, ibid.
    2. Le bas Quercy, 227
  IV. Le Rouergue, 228
    1. Le Rouergue, ibid.
    2. La haute Marche, ibid.
    3. La baſſe Marche, 229
§. II. De la Gaſcogne, ibid.
  I. Les Landes, ibid.
  II. Le Condomois, 230
  III. L'Armagnac, ibid.
  IV. La Chaloſſe, 231
  V. Le Pays des Baſques, 232
    1. Le Labour, ibid.
    2. Le Vicomté de Soule, ibid.
  VI. Le Bigorre, 233
  VII. Le Cominge, ibid.
  VIII. Le Couſerans, 234
ART. VII. Du Gouvernement de Béarn, ibid.
  I. Du Béarn, ibid.
  II. De la baſſe Navarre, 236

ART. VIII. Du Gouvernement de Foix, 237
ART. IX. Du Gouvernement de Rouſſillon, 238
  1. La Viguerie de Perpignan, ibid.
  2. La Viguerie de Conflent, 239
  3. La Cerdagne Françoiſe, 240
ART. X. Du Gouvernement de Languedoc, ibid.
§ I. Du haut Languedoc, 242
  1. Le Dioceſe de Touloufe, ibid.
  2. Le Dioceſe de Montauban, (en partie.) 245
  3. Le Dioceſe d'Alby, ibid.
  4. Le Dioceſe de Caſtres, 246
  5. Le Dioceſe de Lavaur, 247
  6. Le Dioceſe de Saint-Papoul, ibid.
  7. Le Dioceſe de Mirepoix, ibid.
  8. Le Dioceſe de Rieux, ibid.
  9. Le Dioceſe de Cominges, (en partie.) 248
§. II. Du bas Languedoc, ibid.
  1. Le Dioceſe d'Alet, ibid.
  2. Le Dioceſe de Carcaſſone, ibid.
  3. Le Dioceſe de Saint-Pons, 249
  4. Le Dioceſe de Narbonne, ibid.
  5. Le Dioceſe de Béziers, 250
  6. Le Dioceſe d'Agde, ibid.
  7. Le Dioceſe de Montpellier, ibid.

8. Le Diocèse de Lodève, 252
9. Le Diocèse de Nismes, ibid.
10. Le Diocèse d'Alais, 254
11. Le Diocèse d'Usez ib.
§. III. Des Cévennes, 255
　1. Le Gévaudan, ibid.
　2. Le Vivarais, ibid.
　3. Le Vélai, 256
ART. XI. Du Gouvernement de Provence, ibid.
§. I. De la haute Provence, 257
§. II. De la basse Provence, 259
Du Comtat Venaiscin, & du Territoire d'Orange, 266
§. I. Du Comtat Venaiscin, ib.
§. II. Du Territoire d'Orange, 268
Analyse des choses qui sont les plus remarquables dans le Royaume de France, 269
§. I. Des Fleuves & Rivières principales de France, 270
§. II. Des principaux Ports de Mer de France, sur l'Océan & la Méditerranée, & des Départemens de la Marine, 271
Départemens de la Marine, ibid.
§. III. Des eaux minérales les plus remarquables, 272
§. IV. Des Capitales des Gouvernemens des Provinces de France, ibid.
Gouvernemens du Nord, ibid.
Gouvernemens du Milieu, 274
Gouvernemens du Midi, 276
§. V. Des Archevêchés & Evêchés, & des Chambres Ecclésiastiques, 278
§. VI. Des Universités & Académies, 279
§. VI. Des Conseils d'Etat, des Parlemens, des Conseils souverains & des Conseils supérieurs, &c. 280
§. VIII. Des Pays de Droit Ecrit, 286
§. IX. Des Chambres des Comptes & des Cours des Aides, ibid.
§. X. Des Généralités & Elections, 287
Généralités sans Elections, 290
§. XI. Des Pays d'Etats, 291
§. XII. Des Cours & Hotels-des-Monnoïes, ibid.
De l'ancienne Gaule, 293

SECTION II.

Des dix-sept Provinces des Pays-Bas, 295
ART. I. Des Pays-Bas Espagnols ou Autrichiens, 296
§. I. Le Duché de Brabant, 299
§. II. Le Duché de Luxembourg, 301
§. III. Le Duché de Limbourg, 302
§. IV. De la Gueldre méridionale, ibid
§. V. Le Comté de Flandre, 303
　1. Le Quartier de Gand, 304
　2. Le Qartier de Bruges, 306
　3 Le Quartier d'Ypres, ib.
　4. Le Tournaisis, ibid.
§. VI. Du Comté de Hainaut, ou du Hainaut Autrichien, 307

DES CHAPITRES.

§. VII. *Du Comté de Namur*, 309
§. VIII. *Des deux anciennes Provinces d'Anvers & de Malines, qui dépendent aujourd'hui du Brabant,* ibid
Art. II. *Des Provinces-Unies,* 311
§. I *La Gueldre Hollandoise ou Septentrionale,* 316
§. II. *La Hollande,* 318
§. III. *La Zélande,* 324
§. IV. *La Province d'Utrecht.* 325
§. V. *La Frise,* 326
§. VI. *La Province d'Overissel,* 327
§. VII. *La Province de Groningue,* 328
§. VIII. *Du Pays de la Généralité, ou de la Flandre Hollandoise, du Brabant Hollandois, &c.* 329
§. IX. *Les principales possessions des Hollandois en Asie, en Afrique & en Amérique,* 332

SECTION III.

De L'Espagne 333
Art. I. *De la Biscaye,* 339
  I. *De la Biscaye propre,* 340
  II. *Le Guipuscoa,* ibid.
  III. *L'Alava,* 342
Art. II. *De la Principauté des Asturies,* 343
  I. *Asturies d'Oviédo,* ibid.
  II. *Asturies de Santillane,* 344
Art. III. *De la Galice,* ibid.
Art. IV. *De la Navarre,* 346
Art. V. *Du Royaume d'Aragon,* 348

Art. VI. *De la Castille Vieille,* 351
Art. VII. *De la Castille Nouvelle,* 355
  1. *L'Algarie,* 356
  2. *La Sierra,* 361
  3. *La Manche,* ibid.
  4. *L'Estrémadure,* 362
Art. VIII. *Du Royaume de Léon,* 364
Art. IX. *De l'Andalousie,* 367
Art. X. *Du Royaume de Grenade,* 373
Art. XI. *Du Royaume de Murcie,* 377
Art. XII. *Du Royaume de Valence,* 378
Art. XIII. *De la Principauté de Catalogne,* 381
Art. XIV. *Des Isles d'Espagne,* 385
Des possessions du Roi d'Espagne hors de l'Europe, 387

SECTION IV.

Du Portugal, 389
§. I. *De la Province Entre-Douro & Minho,* 391
§. II. *De la Province de Tralos Montes,* 393
§. III. *Du Beira,* ibid.
§. IV. *De l'Estrémadure,* 395
§. V. *De l'Alentejo,* 398
§. VI. *Du Royaume d'Algarve,* 400
Des possessions de Portugal en Asie, en Afrique, & en Amérique, 401

SECTION V.

De la Suisse, 402
Art. I. *Des treize Cantons*

TABLE

Suisses, 406
§. I. Des Cantons Catholiques, ibid.
1. Le Canton d'Uri, ibid.
2. D'Undervald, 407
3. De Schwitz, ibid.
4. De Zug, 408
5. De Fribourg, ibid.
6. De Soleure, 409
7. De Lucerne, 410
§. II. Des Cantons moitié Catholiques & moitié Protestans, 411
1. Le Canton de Glaris, ibid.
2. D'Appenzel, ibid.
§. III. Des Cantons Protestans, 412
1. De Zurich, ibid.
2. De Bâle, 413
3. De Schafouse, 414
4. De Berne, 415
§. IV. Des Sujets des Suisses, 417
I. Sujets des Suisses du côté de l'Allemagne, ibid.
II. Sujets des Suisses du côté de la France, 419
III. Sujets des Suisses du côté de l'Italie, ibid.
Art. II. Des Alliés des Suisses, 420
1. De la Ville de S. Gal, 421
2. De l'Abbé de S. Gal, ibid.
3. Des Grisons, 422
4. Du Valais, 424
5. De la République de Genève, 426
6. De la Principauté de Neuchâtel, 427
7. De la Ville de Bienne ou Biel, 428
8. De la Ville de Mulhausen en Alsace, ibid.

Section VI.

De l'Italie, 429
Chap. I. L'Italie septentrionale, 432
Art. I. Des Etats de la Maison de Savoye, ou du Roi de Sardaigne, ibid.
§. I. De la Savoye, 434
1. Le Genevois, 435
2. Le Chablais, ibid.
3. Le Faucigny, ibid.
4. La Savoye propre, 436
5. La Tarantaise, ibid.
6. La Maurienne, ibid.
§. II. Du Piémont, 437
1. La Principauté de Piémont, ibid.
2. Le Duché d'Aoust, 439
3. La Seigneurie de Verceil, ibid.
4. Le Comté d'Ast, 440
5. Le Marquisat de Saluces, ibid.
6. Le Comté de Nice, 441
§. III. Du Marquisat de Montferrat, 442
§. IV. Territoires détachés du Duché de Milan, 443
Art. II. De la Seigneurie ou République de Gênes, 445
Art. III. Du Duché de Parme, 448
1. Le Duché de Parme, 449
2. Le Duché de Plaisance, ibid.
3. Le Marquisat de Busseto, 450
4. Le Duché de Guastalla, 451
Art. IV. Du Duché de Modène, ibid.

DES CHAPITRES.

Art. V. *Des Etats de la Maison d'Autriche en Italie*, 453
§. I. *Le Duché de Milan*, ibid.
§. II. *Le Duché de Mantoue*, 457
Art. VI. *De la Seigneurie ou République de Venise*, 459
Chap. II. *De la Partie d'Italie qui est au milieu*, 469
Art. I. *Du Grand Duché de Toscane*, ibid.
  I. *Le Florentin*, 490
  II. *Le Pisan*, 472
  III. *Le Siennois*, 473
De quelques Etats enclavés dans la Toscane, 474
  1. *De l'Etat des Garnisons*, 475
  2. *De la Principauté de Piombino*, ibid.
  3. *De la République de Luque*, ibid.
Art. II. *De l'Etat de l'Eglise*, 476
  1. *La Campagne de Rome*, 478
  2. *Le Patrimoine de Saint Pierre*, 482
  3. *Le Duché de Castro*, 483
  4. *L'Orviétan*, ibid.
  5. *De la Terre de Sabine*, ibid.
  6. *Le Pérouzin*, ibid.
  7. *L'Ombrie*, 484
  8. *La Marche d'Ancône*, 485
  9. *Le Duché d'Urbin*, 486
  10. *La Romagne*, 487
  11. *Le Bolonois*, 488
  12. *Le Ferrarois*, 489
Chap. III. *De la partie méridionale de l'Italie, qui contient le Royaume de Naples*, 491
§. I. *La Terre de Labour*, 493
  1. *La Terre de Labour propre*, ibid.
  2. *La Principauté Citérieure*, 504
  3. *La Principauté Ultérieure*, ibid.
§. II. *De l'Abruzze*, 505
  1. *Le Comtat de Molise*, ibid.
  2. *L'Abruzze Citérieure*, ibid.
  3. *L'Abruzze Ultérieure*, 506
§. III. *La Pouille*, ibid.
  1. *La Capitanate*, ibid.
  2. *La Terre de Bari*, 507
  3. *La Terre d'Otrante*, 508
§. IV. *La Calabre*, 509
  1. *La Basilicate*, 510
  2. *La Calabre Citérieure*, ibid.
  3. *La Calabre Ultérieure*, 511
Chap. IV. *Des Isles de l'Italie*, 512
§. I. *De la Sicile*, ibid.
  1. *La Vallée de Démona*, 514
  2. *La Vallée de Noto*, 515
  3. *La Vallée de Mazara*, 516
  4. *Les Isles de Lipari*, 517
§. II. *De l'Isle de Sardaigne*, 518
§. III. *De L'Isle de Corse*, 520
§. IV. *De l'Isle de Malte*, 521

Section VII.

De l'Allemagne, 523

CHAP. I. *Des Cercles de la haute Allemagne, ou Méridionale,* 532
ART. I. *Du Cercle d'Autriche,* ibid.
§. I. *De l'Archiduché d'Autriche,* 533
1. *La baſſe Autriche,* 534
2. *La haute Autriche,* 536
§. II. *Le Duché de Stirie,* ibid.
1. *La haute Stirie,* ibid.
2. *La baſſe Stirie,* 537
3. *Le Comté de Cilley,* ibid.
§. III. *Le Duché de Carinthie,* ibid.
1. *La baſſe Carinthie,* 538
2. *La haute Carinthie,* ibid.
§. IV. *Le Duché de Carniole,* 539
§. V. *Le Comté de Tirol,* 541
Des Evêchés de Trente & de Brixen, ibid.
§. VI. *La Souabe Autrichienne,* 542
ART. II. *Du Cercle de Bavière,* 544
§. I. *Les Etats du Duché de Bavière,* 545
§. II. *Le Duché de Neubourg, &c.* 547
§. III. *L'Archevêché de Saltzbourg,* 548
§. IV. *L'Evêché de Freiſingen,* 549
§. V. *L'Evêché de Ratisbonne,* ibid.
§. VI. *L'Evêché de Paſſaw,* 550
ART. III. *Du Cercle de Souabe,* 551

§. I. *Le Duché de Virtemberg,* 552
§. II. *La Principauté & Comté de Furſtemberg,* 553
§. III. *Le Marquiſat de Bade,* ibid.
§. IV. *L'Evêché d'Augsbourg,* 554
§. V. *L'Abbaye de Kempten,* 555
§. VI. *L'Evêché de Conſtance,* ibid.
§. VII. *Principales Villes Impériales de Souabe,* ibid.
1. *Entre le Danube & la Bavière,* ibid.
2. *Entre le Neckre & la Franconie,* 557
3. *Entre le Neckre & l'Alſace,* 558
ART. IV. *Du Cercle de Franconie,* 559
§. I. *L'Evêché de Bamberg,* 560
§. II. *L'Evêché de Wirtzbourg,* 561
De quelques Etats voiſins de Wirtzbourg, ibid.
§. III. *L'Evêché d'Aichſtet,* 563
§. IV. *Le Marquiſat de Culembach ou de Bareith,* 564
§. V. *Le Marquiſat d'Anſpach,* ibid.
§. VI. *Des principales Villes Impériales de Franconie,* 565
CHAP. II. *Des Cercles de la haute Allemagne, ou ſeptentrionale,* 566
ART. I. *Du Cercle de Haute-Saxe,* ibid.
§. I. *La Saxe,* 567
1. *Duché & Electorat de Saxe,* ibid.
2. *La*

DES CHAPITRES.

2. La Misnie, 568
3. La Thuringe, 571
4. La Principauté d'Anhalt, 572
§. II. La Marche de Brandebourg, 573
§. III. Le Duché de Poméranie, 576
 1. Poméranie Prussienne, 577
 2. Poméranie Suédoise, 578
Art. II. Du Cercle de la Basse Saxe, 579
§. I. Le Duché de Brunswick, 580
§. II. L'Evêché de Hildesheim, 581
§. III. La Principauté de Halberstat, ibid.
§. IV Le Duché de Magdebourg, 582
§. V. Des Etats de la Maison de Brunswick-Hanovre, ou de Hanovre-Lunebourg, 583
§. VI. Le Duché de Méckelbourg ou de Mécklembourg, 585
§. VII. Le Duché de Holstein, 586
§. VIII. L'Evêché de Lubeck, 587
Art. III. Le Cercle de Westphalie, 588
§. I. L'Evêché de Liége, 589
§. II. Le Duché de Juliers, 590
§. III. Le Duché de Berg, 591
§. IV. Le Duché de Westphalie ou le Saureland, ibid.
§. V. Le Duché de Clèves & le Comté de la Marck, ibid.
§. VI. L'Evêché de Munster, 592

§. VII. L'Evêché de Paderborn, 593
§. VIII. L'Evêché d'Osnabruck, 594
§. IX. La Principauté de Minden, & le Comté de Ravensberg, ibid.
§. X. Les Comtés d'Hoye, & de Diepholt, 595
§. XI. Le Duché de Ferden, ibid.
§. XII. Le Comté d'Oldenbourg, 596
§. XIII. La Principauté d'Oost-Frise, ibid.
Art. IV. Le Cercle Electoral, ou du Bas Rhin, 597
§. I. L'Electorat de Mayence, ibid.
§. II. L'Electorat de Trèves, 598
§. III. L'Electorat de Cologne, 599
§. IV. Le Palatinat du Rhin, 600
Art. V. Le Cercle du Haut Rhin, 602
§. I. L'Evêché de Worms, 603
§. II. L'Evêché de Spire, 604
§. III. L'Evêché de Bâle, ibid.
§. IV. Le Duché de Deux-Ponts, 605
§. V. Le Duché de Simmeren, ibid.
§. VI. Le Landgraviat de Hesse, & la Wétéravie, 607
 1. La Hesse, ibid.
 2. La Wétéravie, 609
§. VII. Le Comté de Nassau, 611
§. VIII. L'Abbaye & Evêché de Fulde, 612

Tome I.   F f

TABLE DES CHAPITRES.

CHAP. III. *De la Bohême & de ses anciennes dépendances,* 613
§. I. *La Bohême propre,* 615
§. II. *Le Marquisat de Moravie,* 617
§. III. *Le Duché de Silésie,* 619
  1. *Basse Silésie,* ibid.
  2. *Moyenne Silésie,* 620
  3. *Haute Silésie,* 621
  Haute Silésie Prussienne, 622
  Haute Silésie Autrichienne, ibid.
§. IV. *Le Marquisat de Lusace,* 623
  1. *Haute Lusace, ou Méridionale,* 624
  2. *Basse Lusace, ou Septentrionale,* 625

SECTION VIII.

Du Royaume de Hongrie, 626
§. I. *La haute Hongrie,* 628
§. II. *La basse Hongrie,* 631
§. III. *L'Esclavonie,* 632
§. IV. *De la Transylvanie,* 633

SECTION IX.

De la Pologne, & du Royaume de Prusse, 634
CHAP. I. *De la Pologne,* 635
ART. I. *Du Royaume de Pologne, proprement dit,* 641
§. I. *De la grande Pologne,* ibid.
  I. *La grande Pologne propre,* ibid.
  II. *La Cujavie,* 642
  III. *La Mazovie,* 643
  IV. *La Prusse Polonoise ou Royale,* 644
§. II. *De la petite Pologne,* 647
§. III. *De la Russie Noire ou Rouge,* 649
  I. *La Russie propre,* ibid.
  II. *La Volhinie,* 650
  III. *La Podolie,* ibid.
ART. II. *Du Duché de Lithuanie,* 652
§. I. *La Lithuanie propre,* 653
§. II. *La Russie Lithuanienne,* 655
§. III. *La Samogitie,* 656
§. IV. *La Livonie Polonoise,* ibid.
§. V. *Le Duché de Curlande,* 657

Voyez la fin de l'Avertissement, sur l'Etat présent de la Pologne.

CHAP. II. *Du Royaume de Prusse,* 658

Fin de la Table des Chapitres du Tome I.

AVIS.

Lorsque l'Abbé de la Croix mourut, il se préparoit à donner une cinquième Edition de son Livre. Il y avoit fait très-peu de corrections, l'Ouvrage paroissant assez travaillé pour n'en plus admettre qu'un petit nombre. Mais, se méfiant toujours de ses lumières, dans un sujet si varié, & où il est si difficile de se défendre contre les erreurs que l'immensité des faits rend presqu'inévitables, il engagea un de ses amis (*) à revoir son Ouvrage sur les Cartes, & à vérifier les traits d'histoire les plus essentiels. Cette Edition ainsi revue, parut en 1762; elle a fait la base de celles qui ont suivi, & que l'on n'a cessé d'enrichir avec un soin toujours nouveau.

Ces Editions ont sur les précédentes un avantage que l'Abbé de la Croix avoit toujours souhaité de procurer à sa Géographie, & pour lequel il s'étoit donné bien des mouvemens. Elles sont accompagnées d'un Atlas, ou Collection, d'environ 73 ou 75 Cartes, dressées par d'habiles Maîtres, qui donnent un détail très-ample des principales parties de la surface du Globe terrestre. Pour en rendre l'usage plus commode, on a réduit le format de ces Cartes à la moitié de celui des Cartes ordinaires; chacune occupant une demi-feuille dans toute son étendue. En adoptant ce format, on a évité de resserrer le champ qu'elles occupent, de manière à les rendre inutiles; & on leur procure l'avantage de contenir à peu près tout ce qui est dans les grandes, & de pouvoir être consultées plus commodément. Il n'est personne qui n'ait éprouvé l'embarras des Cartes d'un grand format. Lorsqu'on lit une histoire ou un voyage, on voudroit chercher sur la Carte les lieux dont il y est fait mention, pour se rendre les choses plus présentes à l'esprit, & même plus sensibles, en suivant la marche d'une Armée ou celle d'un Voyageur. La difficulté de recourir à une Carte ordinaire, embarrassante par sa grandeur, fait qu'on ne la consulte point, parcequ'il faudroit interrompre trop long-temps une lecture à laquelle on prend intérêt. Des Cartes de la forme de celles qu'on annonce n'ont point cet inconvénient. Leur grandeur n'excédant guères celles d'un *in-folio* ordinaire de

---

(*) M. Drouet, de la Société Militaire de Besançon, Bibliothecaire de MM. les Avocats.

Libraire; on peut les placer commodément par-tout, les avoir sous les yeux lorsqu'on fait une lecture, & les consulter sans dégoût.

Comme cet Atlas est dressé principalement pour la Géographie Moderne de M. l'Abbé de la Croix, dont elle est le développement, & par conséquent une dépendance nécessaire, on a apporté une attention singulière à marquer sur les Cartes qui le composent, généralement tous les lieux dont cette Géographie fait mention, & à les désigner le plus clairement qu'il a été possible. Il devient nécessaire aux personnes qui veulent apprendre solidement la Géographie dans quelque Ouvrage qu'on l'étudie, & lire avec fruit les Historiens Modernes & les Voyages.

Les Cartes qui composent cet Atlas sont numérotées, & rangées dans l'ordre des Articles du Livre pour lequel elles sont faites. Elles sont toutes gravées par le Sr. Latré, Graveur ordinaire de Monseigneur le Dauphin: son nom répond au public de la propreté & de l'exactitude de la gravure. On avertit que, conformément au desir du public, on a complette cet Atlas, qui, pendant plusieurs années, n'étoit que de 36 Cartes: actuellement il est plus du double. Cette seconde partie qui est un supplément nécessaire à la première, contient les détails des Provinces de France en treize feuilles; elle contient aussi, les développemens de plusieurs Régions, qu'il étoit intéressant de connoître plus particulièrement. On trouvera dans ces dernières Cartes, toutes dirigées par M. Bonne, des choses très-intéressantes, dont il rend un compte succinct dans un Avertissement.

Cet Atlas se vend chez le sieur Lattré, rue S. Jacques, dans la porte cochère vis-à-vis la rue de la Parcheminerie; & chez Delalain, Libraire, rue de la Comédie Françoise, où l'on vend la Géographie moderne.

	l.	s.
On vend la première partie seule, relié en carton..	20	
idem, relié en veau	25	
Papier fin & lavé, relié en carton	26	
idem, relié en veau	31	
Seconde partie, relié en carton	22	10
idem, relié en veau	27	10
Papier fin & lavé, relié en carton	30	
idem, relié en veau	35	
Les deux parties réunies ensemble, pap. ordinaire.	42	
idem, relié en veau	46	
En papier fin lavé, demi-reliûre	56	
idem, relié en veau	60	

www.ingramcontent.com/pod-product-compliance
Lightning Source LLC
Chambersburg PA
CBHW061956300426
44117CB00010B/1359